한국 산업복지론

KOREA | Occupational Social Welfare

김 의 명

Occupational Social Welfare

양 성 원

사랑과 인내로 눈동자 같이 보살펴 주셨고,

또 영원히 인도해주시는 은혜에 감사하여,

이 책을 주님께 바칩니다.

머리말

인류의 역사가 시작된 후로 인간과 인간을 둘러싸고 있는 환경은 끊임없이 변화해 왔다. 좀 더 정확히 말하자면, 인간은 자신과 자신의 환경을 쉬임없이 변화시켜 왔다고 보는 것이 더 타당하다. 생존 그 자체를 위해 사투하던 원시공동사회를 벗어나서 농경사회에 정착하면서, 생존의 위협은 전에 비해 많이 줄어들었지만, 빈곤과 억압이 대부분의 인간에게 체계화되었던 농경사회는, 인간이 머무를 수 있는 안락한 터전은 전혀 아니었다. 수천 년에 걸쳐 자연과의 전쟁을 치르고 나서, 인간은 전대미문의 풍요와 편리를 구가하게 된 산업사회에 진입하게 되었으나, 산업사회 역시도 무분별한 자연 파괴로 인한 심각한 환경오염문제를 필두로, 풍요 속의 빈곤, 불평등, 개인적 · 정신적 문제 등이 자본주의 시장경제체제로 자리매김 된 산업사회의 질서안녕을 송두리째 위협하고 있었다. 인류는 무한대의 욕구충족과 변화과정에서 야기되는 문제들을 해결하지 못하고 회피하기 위해 또 다른 변혁을 꾀하였고, 그것이 20세기 말엽부터 시작된 지식정보사회이다. 산업사회에서 획득한 물질적 풍요와 다져진 조직체계를 기반으로 문화적 자율성을 특징으로 하는 새로운 시대, 즉 지식정보시대의 시작이라고 새로운 밀레니엄의 서막을 알리는 축포를 터트린 기억이 아직도 생생하지만, 인류가 사는 지구촌에는 환경재앙, 질병, 빈곤, 불평등으로 인한 양극화 현상, 전쟁, 기근 등으로 인해 지구촌의 대기에는 갈등, 혼돈 그리고 고통이 가실 날이 없다.

이러한 현상을 사회복지분야로 좁혀서 살펴보면, 물질적인 풍요와 편리에 필연적으로 수반되는 사회의 제반문제를 해결하기 위하여 공공복지가 복지국가라는 우산 아래, 산업화가 정착된 국가에서부터 성공적으로 수립되어 의미 있는 기능을 수행해 왔으나, 1970년대 중동전쟁으로 인한 오일 쇼크의 여파로 복지선진국들에서 경제침체가 심화되면서, 복지국가의 위기 혹은 종말설이 난무하며 선진국의 국가복지체제가 대규모로 변혁체제에 돌입하게 되었다. 이러한 복지국가의 종말설은 국가 내의 경제적 분야와 사회

적 분야가 분리되어 경제 불황시기에 갈등관계를 표출하며 유기적인 관계를 이루지 못한 데 원인이 있다고 분석되었다. 이에 Mishra는 경제 · 사회분야가 분리되어 있던 영국식의 분화적인 복지국가(differentiated welfare state)의 실제적인 자생능력이 쇠진된 것이라고 복지국가의 위기설과 종말설을 해석하고 있다(Mishra, 1984).

이러한 상황에서 기업복지가 하나의 대안으로 부상하고 있다. 이윤창출을 목적으로 하는 경영과 인간의 문제해결을 목표로 두고 있는 사회복지가 유기적으로 연결되어, 성장과 분배, 경제적인 동기와 사회적인 동기가 서로 조화를 이루어, 마치 성격이 다르면서도 서로를 필요로 하는 공생관계를 이루는 기업복지가 의미 있는 하나의 대안으로 점차 부각되어 왔다. 이러한 맥락에서 기업복지의 중요성이 산업사회를 넘어 지식정보화사회에서 세인의 이목이 점차 집중되고 있다.

지식정보화사회의 기치 아래 21세기를 맞은 세계경제는, 미국에서 시작되어 유럽공동체 전역을 휩쓰는 글로벌 금융위기로 인해 위기의 국면에 처해 있는 작금의 현실은, 새로운 형태의 경제 질서를 요구해 오고 있다. 과감한 구조조정과 주주의 이익을 최우선시하는 신자유주의를 바탕으로 한, 자본주의체제가 그 한계를 드러내면서 지속 가능한 성장과 공생을 가능하게 하는 새로운 형태의 자본주의의 등장을 필요로 하고 있고, "기부는 또 하나의 투자이다."라고 외치며 기부운동을 주도하는 Bill Gates나 Warren Buffett 등이 주창하는 공생적(창조적) 자본주의가 각광을 받고 있다. 이러한 상황에서, 2008년 글로벌 금융위기에서 단 한 차례의 해고도 없이 높은 수익을 일궈낸 SAS기업의 '직원우선주의' 가 많은 사람들로부터 주목을 받고 있다. 고객 중심 경영주의를 기초로 하여 타의 추종을 불허하는 파격적인 기업복지를 제공하는 기업 SAS의 Goodnight 회장의 경영철학은 신자유주의에 바탕을 둔 종래의 자본주의체제 속에서 난관에 봉착한 수많은 기업들에게 새로운 돌파구를 제시해주고 있다. 더 나아가 원색적 이기주의를 바탕으로 한 무분별한 자본 축적의 노력으로 인해 사회의 양극화 현상의 주범이 되어온 자본주의제도의 대안으로서, 기업주의 자발적인 나눔의 한 방편으로서의 기업복지가 창조적 자본주의의 큰 틀 안에서 신자유주의적 자본주의의 한계를 극복하는 하나의 수단으로 부상하고 있다.

같은 맥락에서 한국 정부는 1995년에 내세운 21세기 삶의 질을 높이려는 복지설계도 속에서도 경제적 측면(성장)과 사회적 측면(분배)의 조화를 이루는 균형적 복지국가를 한국형 복지국가의 청사진으로 제시하고 있으며, 구미 학계나 한국사회복지학계에서도 정부, 기업, 민간부문의 파트너십(partership)을 근간으로 하는 생산적 복지국가 모형을 미래의 모형으로 강조하고 있다. 한국의 사회복지의 역사에서도 기업복지의 중요성은 역력히 나타나 있다. 한국기업복지의 역사는 산업화과정이 시작된 1960년대 초반을 기점으로 시작되어 사회보험제도가 거의 전무하던 1970년대 후반까지 기업복지는 근로자생계에 필수불가결한 버팀목이 되어 주었다. 임금으로 채우기 부족한 의식주 및 건강의 기본생계를 사택, 기숙사, 식당, 의료시설 등의 기업복지제도로 보조해 주었고, 제한적이고 간헐적으로 수립되어 온 공공복지의 미흡함과 틈새를 막아주는 데 결정적인 역할을 해왔다고 하여도 과언이 아니다. 공공복지제도가 자리를 잡기 시작했던 1980년대 중반부터 2000년까지 30인 이상의 기업에서 임금총액은 연 평균 5.4배 증가한 데 비해 기업복지비용은 6.6배 증가하였다. 1987년, 전체 노동비용 중 임금이 차지하는 분포가 83.9%이고 기업복지는 6.4%를 차지했으나, 2001년에는 임금이 69.1%이고 기업복지가 6.2%를 차지한 것으로 미루어 보아 기업복지의 중요성이 점증되었음이 한눈에 나타난다. 기업복지의 발전 전망에 대해서도 2003년 노동연구원의 조사에 의하면 증가한다는 예측이 67.9% , 불변이 25.4%인 데 비해, 감소한다는 예상은 3.7%이며, 대기업의 경우 75%가 증가를 예상한 반면 3.95%만이 감소를 예측하였다. 기업복지를 이끌어 가는 것이 예외 없이 대기업인 것을 감안하면 한국기업복지의 전망은 매우 밝다고 할 수 있다(김정한 외, 2004).

한국에서 전문적인 사회복지의 역사는 일천하다. 1950년 한국전쟁 기간 동안 외국의 원조와 함께 서구의 전문적 사회복지실천기술이 소개되기 시작하여, 1980년대 비록 명목적이지만 복지국가의 기치 아래 사회보험제도가 수립되고 점차적으로 확대되었다. 1990년대에 접어들어 사회복지전문요원을 공무원으로 대폭 고용하는 등 사회복지가 급격하게 확산되기 시작하였고, 사회복지 전문가들이 이전까지는 허허벌판 같았던 노인복지, 장애인복지, 청소년복지, 교정복지, 정신보건분야 등에 제도적 장치가 마련되어

가면서 속속 진출하게 되었고, 군대, 학교에까지 진출하게 되어, 사회문제가 발생하는 곳에는 거의 예외 없이 사회복지사가 진출하는 상황이 되었다. 이러한 시점에서 사회복지가 아직 제대로 진출하지 못한 곳이 있으니 그곳이 바로 기업이다. 국가경제의 견인차라고 여겨지는 산업체에 종사하는 사무직, 생산직의 수많은 근로자들은 여러 가지의 사회적 · 심리적 문제로 근로현장에서 내몰릴 위험에 처해 있지만, 정작 그러한 문제를 해결해야 할 사회복지는 근로자의 문제에 소홀하거나 무관심한 상태이다. 국가복지의 미래 청사진에서 중요한 의미를 담고 있고, 실제로 산업현장에서 매우 중요한 기능을 담당해왔으며, 또 전망과 발전 가능성이 크다고 볼 수 있는 기업복지가, 실제 전문가를 양성해야 하는 학계에서조차 철저히 외면당해왔다고 볼 수 있다. 기업복지에 관한 연구도서는 손꼽을 정도이고, 몇 년에 한 번 정도 박사학위 논문이 나오지만 후속연구를 찾아보기 힘들며, 그나마 그러한 학술적인 연구들도, 실제 산업복지현장과는 동떨어진 현상이라고 보인다. 예컨대, 사회복지학계의 대표적인 학술지인 〈한국사회복지학〉을 보면 그런 상황이 두드러진다. 1990~2014년까지 820여 편에 가까운 논문들 중에 기업복지에 관련된 논문은 고작 다섯 손가락 안에 들 정도이고, 기업복지 관련 전공도서 역시 열 손가락을 크게 넘지 못한다. 기업복지에 관한 연구는 한국노동연구원에서 꾸준히 시도되어 오고 있으나, 기업복지의 실태나 프로그램을 소개하는 내용으로 학술적인 연구와는 거리가 있는 실정이어서, 산업복지 관련 전문 인력 양성과는 거리가 있다고 보여진다. 기업복지에 관한 학술적인 연구 못지않게, 아니 그 보다 더 중요한 것은 산업복지 관련 전문 인력 양성인데, 한국의 수많은 사회복지 관련 학과에서 산업복지 전문가를 배출하는 곳이 전무한 상황이며, 필자가 몸담고 있는 한국 유일의 산업복지학과 역시 예외는 아니다. 산업복지의 학문적인 실천현장이 기업이라는 특성상 경영학과 혼합되어 있어서 가치관에 있어 이질적이고, 실천현장의 특수성 때문에 소홀히 여겨지며, 심지어는 배척까지 당하는 현실인 것이다.

이런 상황에서 산업복지 전문인력 양성에 기초적이고 필수적인 작업이 교재개발이라고 할 수 있다. 현재 산업복지 관련 교재가 손에 꼽을 정도로 있지만, 너무 이론에 치우치거나 과도하게 포괄적인 면이 있고, 또 사회복지정책이나 실천분야와 중복되는 경우가 많다. 특정집단을 대상으로 하는 기업복지에 대해서는, 다른 문헌에서 자세히 다루어진 연고로, 이 책에서는 생략하고, 기업복지제도(프로그램)에 대한 기술도 가능한 한 최소화하도록 노력하였다. 기업복지 관련 문헌에 대해서 가장 아쉬운 점은 한국기업복지제도에 대한 체계적이고 구체적이 고찰이 없거나 미흡하다고 느껴진다는 것이었다. 이런 현실에서 한국산업복지에 대한 여러 연구에 벽돌 한 장을 더 얹는다는 심정으로 30여 년을 미루다가 정년을 반 년 앞두고 본 교재를 저술하기로 마음을 정하였다.

이 책의 특징은 다음과 같다.

1. 이 책은 일차적으로 대학에서 산업복지에 관심을 가진 학생과 교수를 대상으로 쓰였다. 그래서 전문학술도서라기보다는 산업복지에 관련된 가치관, 이론, 역사적 배경, 기능, 효과와 실제 시행되는 제도를 총 망라한 산업복지의 길라잡이에 더 가깝다고 볼 수 있다.
2. 이 책의 명칭은 산업복지이지만 실제로 산업복지의 핵심이 되는 사용자가 근로자와 그의 가족을 대상으로 제공하는 기업복지가 중점적으로 다루어진다. 사회복지의 중요분야인 사회복지정책(사회보험)이나, 근로자가 노동조합을 통해서 스스로 제공하는 자주(조합)복지는 대부분 논의에서 제외되고, 그 이유에 대해선 다음 장에서 상세히 기술된다.
3. 이 책은 한국기업복지제도에 초점을 맞추고 있다. 구체적으로 말하자면, 제1부에서 다루어지는 기업복지의 이해 부분(가치관, 이론 및 역사적 배경, 성격)은 제2부의 한국기업복지제도의 실체를 표면적이고 심층적으로 살펴보는 분석의 준거 틀로 사용하기 위해 자세히 수록하였다. 따라서 책의 전체적인 내용의 파악을 소홀이 한 채 구체적인 내용을 살펴보는 학생들의 보편적인 특성을 감안하여, 구체적인 내용이나 사례를 기술하기 전에 전기된 내용을 간략하게 요약하였다. 이것은 중복되는 형태로 나타나서 독자에게 거부감을 유발할 수 있고, 특히 제1부 기업복지의 이론적인 배경과 선진국의 실태를 준거 틀로 삼아 기술되는 제2부 한국기업복지 분석에 이러한 중복이 많아짐에 따라 사전에 양해를 구한다.

4. 이 책은 가시적인 부분인 제도(프로그램)와 비가시적인 부분인 기초, 혹은 배경을 유기적으로 연결하는 데 역점을 두었다. 즉, 현재 시행되는 기업복지체계의 기초가 되는 이념적 배경, 이론 및 역사적 배경을 현재 한국에서 상시적으로 실시되고 있는 기업복지제도의 성격, 기능, 효과와 상호 연결시켜서 기업복지의 표면적인 부분과 심층적인 부분을 연결지어 맥락을 파악할 수 있도록 구성하였다.

이 책은 크게 세 부분으로 구성되었다. 제1부는 기업복지의 전반적인 이해를 담고 있는데, 1장 근로복지의 개념, 2장 기업복지의 이념적 배경, 3장 기업복지의 이론적 배경, 4장은 기업복지의 역사적 배경으로, 1장부터 4장까지는 기업복지의 기초가 되는 내용들이 소개되어 있어서, 이 부분을 기업복지의 수면에 잠긴 '비가시적 부분'으로 설정하였다. 또한 5장 기업복지의 체계, 6장 기업복지의 특성, 7장 기업복지의 기능, 8장은 기업복지의 효과로, 5장에서 8장 까지는 기업복지의 수면 위로 드러나는 '가시적 부분'으로 , 현재 실시되고 있는 기업복지제도의 실태와 정체성이 기술되었다.

제2부에서는 한국기업복지제도의 분석을 시도하였다. 9장은 한국기업복지의 역사적 배경으로 제도의 변천사를 소개하고, 발달요인, 주요 맥락을 분석하였으며, 한국기업복지제도의 결정요인을 도출하여 정리하였다. 10장에서는, 7장과 8장에서 기술된 선진국의 기업복지의 기능과 효과를 분석의 준거 틀로 하여 한국기업복지제도의 기능과 효과를 비교분석하였으며, 11장에서는 여태까지 살펴본 한국기업복지의 실태와 분석내용을 근거로 하여, 한국기업복지제도의 문제점을 도출하고, 이를 개선하기 위한 과제를 제시하였으며, 이러한 분석을 기초로 하여 한국기업복지제도에 대한 전망으로 끝을 맺었다. 제3부에서는, 근로복지공단에서 권장하는 다섯 종류의 선진기업복지 프로그램을 포함한, 향후 한국기업복지의 근간으로 지목되는 7개의 기업복지제도(프로그램)를 간략하게 수록하였다.

일제강점기 36년과 같은 길고 긴 기간이었지만 교단에서는 한 순간 같이 짧게만 느껴졌던 기간 동안 기업복지를 붙들고 있으면서도, 마지막까지 정리하지도 못한 부족한 저자가, 미흡하나마 지금의 졸고를 내놓게 된 것은, 온전히 주님을 위시한 모두의 은혜라고 밖엔 생각할 수가 없다. 거기에는 어머니의 끊임없는 기도가 있었고, 부족한 남편을 위해 사랑과 인내를 머금은 아내 박영신이 항상 곁에 있었으며, 내 목숨보다 귀히 여겨지는 자녀 유신, 유리가 있었다. 또한 하늘에서 내려온 듯 선녀 같은 며느리 보경과, 유신과 그녀를 통해 항상 생각하고, 태평양 건너로 바라만 보는 기쁨 그 자체인 손자 하늘과 손녀 소망이가 있었다. 정년을 한 학기 남기어서 책을 교재로 해서 가르칠 학생도 없는 노교수에게 저술을 부탁해주시고, 또 흔쾌히 수용해주신 양성원의 강철원 사장님께 무한한 감사를 드린다. 하늘을 우러러 보아도, 주위를 돌아보아도, 미래를 응시해 보아도, 감사, 감사함뿐이다.

2016년 1월
아직 얼지 못하는 진량벌 문천지를 바라보며
김의명

CONTENTS

차례

C O N T E N T S

Part 2 한국기업복지 분석

Part 3 기업복지제도(프로그램)

Part 01

기업복지의 이해

Chapter 01

근로복지의 개념

1. 근로복지의 명칭

근로복지란 근로자(와 그의 가족)에게 복지를 제공하는 제도를 일컫는 명칭으로 다양한 용어들이 존재한다. 현재 사용되는 명칭으로 근로복지, 노동복지, 산업복지, 직업복지(occupational welfare), 부가급여(fringe benefits), 종업원혜택(employee benefits), 산업사회사업(industrial social work), 직업사회사업(occupational social work), 근로 후생복지, 복리후생, 기업복지 등이 있다.

다양한 명칭 중에서 가장 포괄적인 내용을 담고 있는 것이 근로복지와 노동복지이다. 우리나라의 경우 과거에는 근로복지라는 용어가 관행적으로 널리 쓰였고 일본에서는 같은 의미로 노동복지란 용어를 사용하기도 한다. 이 두 가지 명칭은 어떤 개념에 복지를 관련지어 서술한 것으로 내용은 대충 짐작할 수 있지만 흔히 복지를 규명하는 주체, 대상 등에 대한 내용이 언급되지 않아 학문적 혹은 실천적인 측면에서 구체적으로 접근해야 하는 전문 인력에게는 적절하지 못하다. 그런 면에서 사회복지학계 및 실천현장에서 산업복지라는 용어를 더 많이 사용해왔다. 산업복지란 용어는 근로복지 혹은 노동복지라는 개념과 내용이 같으면서 주체와 대상 그리고 기능이 좀 더 구체화되어 있어 진일보한 명칭이라고 생각된다. 산업복지란 근로자에게 복지를 제공하는 모든 주체를 포함하는 것으로, 국가, 기업, 노동조합, 사회복지기관과 사회복지 관련 회사 등을 통칭하며 근로자와 그의 가족을 대상으로 하는 일반적인 명칭으로 현재 가장 보편적으로 쓰이고 있다. 그러나 이 책에서는 산업복지라는 명칭이 특히 주체에 있어서 과도하게 포괄적인 이유로 좀 더 구체적인 명칭으로 대체된다.

직업복지(occupational welfare)란 Titmuss가 1958년 "복지국가에 대한 논문 모음(Essays on the Welfare State)"이라는 그의 저서에서 처음 소개한 개념으로 사회복지를 사회복지(공공복지), 재정(조세)복지와 직업복지의 3분야로 분류하면서 등장한 이론적인 명칭이다. 이 개념을 바탕으로 후에 사회복지의 모형 중 하나인 '산업성취 수행형 모형'이 개발되었으나 이론적인 용어로서 기업복지의 실천현장에서는 별로 쓰이지 않는다.

부가급여(fringe benefits), 종업원혜택(employee benefits), 산업사회사업(industrial social work), 직업사회사업(occupational social work)은 서구, 주로 미국에서 많이 사용되는 명칭이다. 부가급여는 부가혜택((fringe benefits)이라 일컬어지기도 하는데, 중심 급여(core benefits)인 임금에 대비되어 주변(fringe), 즉 본질적인 부분에 부속된 외변적인 성격을 띤 급여로서 임금의 부족분을 보완하는 성격을 내포하고 있다. 음식에 비유하자면, 임금이 주식이 되고 부가급여는 후식(dessert)으로 비유할 수 있다. 이 명칭은 기업복지를 통해 삶의 질 향상 및 문화적 쾌적함을 추구하는 미국의 실상을 잘 반영하는 것이다. 또 다른 부가적인 성격은 공공복지의 부재 혹은 미흡한 면을 채우거나 부가적으로 보완하는 성격을 가지고 있어서 미국의 공공산업복지제도에서 제외된 유급휴가, 병가, 의료서비스, 연금서비스를 부가급여로 제공하고 있다. 그런데 2006년의 경우 부가혜택이 근로자의 임금에 77% 정도에 달하고, 총 노동비용의 44%를 상회하기 때문에 '부가'라고 지칭하기에는 적합하지 않은 면이 있다.

미국에서는 부가급여라는 명칭보다 같은 의미를 가진 종업원복지혜택(employee benefits)이 더 보편적으로 사용된다. 기업은 물론 미국상공회의소 같은 기업조직에서 실제로 널리 쓰이는 명칭으로 연금, 보험, 휴가비 등 금전적인 혜택을 중시하는 제도이며, 전문적인 개입방법과 프로그램 등의 복지서비스를 포함하기 때문에 우리나라에서 사용하는 명칭으로서는 적절해 보이지 않는다. 종업원복지혜택(employee benefits)과 함께 미국에서 널리 사용되는 명칭으로 산업사회사업(industrial social work)이 있다.

산업사회사업이란 근로자복지를 추구하는 전문적인 사회복지실천방법을 뜻하며 미국의 재계나 학계에서 널리 쓰이고 있다. 산업사회사업이란 근로자의 사회 · 심리적인 문제의 해결을 돕기 위해 제공되는 체계적이고 전문적인 상담서비스로서 미국에서 발전하여 한국에 유입된 기업복지 프로그램이다. 미국에 비해 기업복지 관련 전문적인 접근방법이 매우 낙후되어 있고, 현재까지도 생계보조적인 성격을 짙게 띠고 있는 상황에서, 전문화된 사회복지실천방법론이 제대로 인식되어 있지 않은 한국 기업사회에서 쓰기에는 전혀 적합한 명칭이라고 볼 수 없다.

직업사회사업(occupational social work)이란 산업사회사업과 동일한 내용인데, 명칭만 바뀐 것으로 산업복지 선진국인 구미에서 널리 통용되고 있다. 산업사회사업이 직업사회사업으로 명칭이 바뀐 이유는 지식정보화사회로 불리는 탈산업사회에 진입과 직접적인 관계가 있다. 산업사회를 벗어나 정보사회에 진입함으로 인해 산업체(광업, 제조업)에 종사하는 근로자의 비중이 대폭 감소하고, 금융, 서비스 업종 같은 제조업과는 무관한 업종에 종사하는 근로자가 대폭 증가하는 현상이 최근의 추세이다. 예컨대, 2012년 미국의 경제구조는 서비스업 중심으로 재편되어서 실제 미국노동력의 70%가 서비스업 분야에 종사하고 있으며, 한국의 경우에도 2015년 제조업종의 비율이 28.5%인 데 비해 서비스업종의 비율은 63.5%까지 증가하였다(고용노동부, 2015). 이러한 상황을 고려하여 1987년 네덜란드에서 열린 국제사회복지협의회(ICSW)의 유럽 심포지엄 기업복지 분과에서 산업사회사업의 명칭을 직업사회사업으로 변경하기로 결정한 바 있다(European Center, 1988).

근로후생복지, 복리후생, 기업복지는 일본에서 주로 사용되는 명칭으로 최근까지 근로자에게 제공하는 제반 복지기제를 복리후생이라고 불렀으나 근래에는 몇 가지 이유로 적당한 명칭이 아니라는 주장이 힘을 얻고 있다. 첫째, 복리후생이란 종래 경영학의 노무관리의 일환으로 실시해 오던 명칭으로 그 속에는 경영자의 온정적 · 시혜적 가치관이 뿌리 깊게 자리 잡고 있다. 그러나 제2차 세계대전을 전후하여 노동조합이 정착되면서 단체 교섭력이 증대되고, 근로자복지와 근로조건에 대한 국가의 입법활동이 활발히 진행되어 왔고, 산업민주주의의 확대 및 기업의 사회적 책임 등의 요인으로 복리후생에 내재되어 있던 자발적 · 임의적 · 온정적인 성격이 많이 퇴색되어 왔다. 둘째, 예전에 비해 상대적으로 노동조합이 강해지고 복지 수혜자인 근로자들의 발언권이 강화되어 복리후생에 담긴 종래에 사용자 중심의 권위주의적인 성격에 수혜자 중심의 권리주의적인 성격이 더해지면서 전근대적인 이미지인 복리후생이라는 명칭에 반발이 일기 시작하였다(우재현, 1983). 셋째, 복리후생의 저임금 보완 기능이 점차적으로 축소되고, 국가의 공공산업정책을 대신하는 역할에서 보완하는 기능으로 흡수 통합되면서, 기업에서 근로자에게 제공되는 특성이 크게 훼손되었다. 이러한 이유로 일본에서는 최근 복리후생보다는 기업복지라는 명칭을 많이 사용하고 있다(김정한 외, 2004).

이미 살펴본 바와 같이 근로자를 대상으로 하는 복지에는 여러 명칭이 존재하고 나름대로 이유와 특성을 내포하고 있다. 근로자복지에 관한 명칭이 이처럼 다양하게 사용되는 것은 관련자의 관심의 범위와 초점이 어디 있느냐에 따라서 용어의 선택이 달라질 수 있다. 이 책에서는 기업복지란 용어를 사용하기로 한다. 첫째 이유로 기업복지라는 명칭에는 주체(기업)가 정확하게 명시되어 있다. 둘째, 공공복지와 대칭이 되는 민간복지의 주요 영역으로서 제공자가 제공하는 목적이 분명히 나타나 있으며, 셋째, 기업이라는 공간이 명확하므로 대상(근로자와 가족)이 구체화된다. 이 책에서 기업복지라는 명칭을 선택하게 된 구체적인 이유에 대해서는 다음 절인 기업복지의 정의에서 자세히 기술할 것이다.

2. 근로복지의 정의

근로자(와 가족)를 대상으로 하는 복지의 개념에는 학계나 실천현장에서 통일된 정의는 존재하지 않는다. 그래서 Straussner는 '직업복지(산업복지)의 영역은 아직도 정의를 내리고 있는 중'이라고 언급한 바 있다(Straussner, 1990). 이 책에서도 많은 명칭 중에서 필자가 가장 바람직하다고 보는 명칭을 선택하였고, 정의 역시도 많은 논란 속에서 필자가 가장 적절하다고 판단되는 정의를 제시하고 있다.

일반적으로 명칭이 한 단어 혹은 복합 단어로서 어떤 개념이나 사물의 속성을 나타내는 것이라면 정의는 보통 한 문장 혹은 두 문장으로 그 대상의 전체적인 속성을 다른 사물 혹은 개념과 구별지어 표현하는 것이라고 할 수 있다. 한눈에 보아서 사물이나 개념의 속성과 전체 내용 혹은 의미를 파악함을 목적으로 그 속성을 대표하는 주요 요인들을 추출하여 간략하게 묘사하는 것이 정의라고 한다면 사회복지의 정의를 내릴 때는 다음의 4가지 요소가 포함되어야 전체를 함축할 수 있다고 보여진다. 즉, 사회복지는 인간과 인간 간의 서로 주고받는 관계를 의미하므로 사회복지의 정의에는 주체(제공자), 대상(수혜자), 급부(제공되는 것)와 목적의 4가지 요소에 대한 내용이 일반적으로 포함된다. 또한 제공자나 대상 혹은 급부 등의 범위에 따라 넓은 의미(광의)의 정의와 좁은 의미(협의)의 정의로 나뉘어진다.

1) 산업복지(광의의 개념)

산업복지의 일반적인 정의로 한국 산업복지에 관한 연구에 선구자 역할을 수행했던 우재현의 정의(1995)를 살펴보면, 산업복지란 "국가 또는 지방공공단체, 기업, 노동조합, 협동조합 등이 주체가 되어 근로자와 그의 가족의 생활의 안정, 생활수준의 향상 등 생활복지의 증진을 목적으로 실시하는 제 시책, 시설, 서비스 활동의 종합적 · 통일적 체계이다."라고 하였다. 좀 더 구체적으로 말하자면, 산업복지는 "기업에 있어서 기업 내의 복지, 노동조합을 조직적 기반으로 하는 자주복지(노동자복지) 및 국가와 지방자치단체에 의한 공공산업복지가 중심이 되며, 이 세 개의 산업복지는 각각 주체나 목적이 다르지만 특정한 근로자의 생활조건에 관한 복지적 기능이라는 면에서 공통점을 가진다."라고 기술하였다.

그러나 이 책에서는 근로자에게 복지를 제공하는 주체를 상 · 하위개념으로 분류하여, 상위개념으로 국가, 기업, 노동조합(노사정)을 들 수 있고, 하위개념으로 사회복지 관련 기관과 사회복지 회사(영리법인) 등이라고 세분화하였다. 여기에서 상위의 개념이란 제공자의 입장에서 재정 부담과 서비스 제공 모두를 책임지는 경우를 뜻하고, 하위개념이란 자체적인 재정 부담 없이 서비스만 제공하는 경우를 말한다.

(1) 주체

① 국가

근로자에게 복지를 제공하는 대표적인 주체로서 국가를 들 수 있다. 국가가 근로자를 대상으로 하는 복지의 주체인 경우를 공공산업복지 혹은 법정복지라고 한다. 공공산업복지(법정복지)는 근로자의 복지를 위해 법령에 따라서 기업으로 하여금 의무적으로 시행하게 하는 복지제도를 말한다. 민간복지와 대비되는 개념인 공공복지라고 부르지 않는 이유는 공공복지의 영역 속에 비근로자를 대상으로 하는 공공부조가 포함되어 있기 때문이고, 공공복지영역에서 근로자를 대상으로 하는 사회보험이라고 부르지 않고 공공산업복지라고 부르는 이유는 건강보험, 산재보험, 고용보험, 연금제도 이외에도 법령에 의해 의무적으로 실시되는 장애인 고용부담금, 퇴직금제도, 유급휴가, 생리휴가 등의 각종 휴가와 병가 등의 비노동급여 등이 사회보험에 추가로 제도화되었기 때문이다. 사내근로복지기금제도, 종업원 지주제도, 근로자 재산형성 저축제도 등은 세금 감면 혜택 등으로 유도, 권장 및 지원되는 제도이므로 법정복지에 포함되지 않으나, 영유아보육법 시행령에 의거하여 상시 여성근로자 300명 이상의 기업이 직장보육시설을 갖추는 것은 법으로 정해진 것으로 법정복지에 포함된다.

산업복지에 대한 논의를 시작할 때 가장 큰 문제로 부각되는 것이 '주체' 에 관한 내용이다. 주체가 누구이든 근로자와 그의 가족에게 복지를 제공함을 통해 삶의 질을 향상한다는 목적은 대동소이하지만, 제공자가 누구냐에 따라서 제도의 성격과 내용은 근본적인 측면부터 실제적인 측면까지 판이하다. 근로자와 그의 가족을 대상으로 하는 산업복지제도에 대한 접근방법을 크게 2가지로 구분할 수 있다. 하나는 국가에 의해 강제되는 법정복지를 포함하는 접근방법과, 다른 하나는 '법정복지'를 제외하고 기업복지 혹은 '법정 외 복지'만을 분리해서 다루는 방법이다. 박세일은 근로복지를 광의와 협의로 구분해서 정의하면서, 광의의 근로복지는 '근로자들의 물질적 · 정신적 행복 혹은 만족을 높이기 위해 근로조건이나 생활조건을 개선하는 제시책'이며, 협의로는 '임금이나 근로시간 같은 기본적 근로조건 이외에 부가적 내지 부차적 근로조건의 개선을 통해 근로자의 복지를 향상시키는 것을 목적으로 하는 정책이나 활동'이라고 정의하였다(박세일, 1988). 그는 근로복지를 광의와 협의로 구분하여 정의를 내렸지만 두 정의 모두 법정복지와 법정 외 복지를 포함하고 있다. 근로복지에 대해서 한국노동연구원에서 활발한 연구 활동을 해오고 있는 김정한(2004)도 근로복지를 '법적 강제성 여부에 관계없이 노동자와 그의 가족들을 대상으로 기업이 비용의 일부 혹은 전액을 부담하여 실시하는 복지사업 또는 제도'로 정의하여 법정복지와 법정 외 복지 모두를 포함하는 산업복지의 정의를 택하고 있다.

이에 비해 류진석은 근로복지의 의미를 '정기적인 화폐임금이나 법적 강제에 의해 기업이 부담하는 법정복지를 제외한, 기업이 제공하는 금전적 · 물질적 총체' 라고 한정하고 있고(류진석, 1997), 한국사회복지협의회(1993)에서 발행한 《사회복지사전》에도, 기업복지는 '기업의 책임과 비용부담하에 그의 종사원이 직장 내외에 생활을 통해서 물질적 · 정신적 욕구를 충족할 수 있도록 지속적 복지를 실현하는 것을 목적으로 직장이 제공하는 임금 등 근로조건 외에 모든 급부 · 시설 및 활동의 종합적 체계라고 정의하고 있다. 근로자와 가족을 대상으로 하는 복지에 대한 정의에 법정복지와 법정 외 복지 모두를 포함하는가에 대한 학자들의 견해를 종합적으로 비교하면 〈표 1-1〉과 같다.

〈표 1-1〉 기업복지 개념구성의 차이

구분	법정복지 포함 여부	사용자의 부담 형태	서비스 형태의 구별	비노동급여 포함 여부
우재현	X	전부	X	O
최균	X	전부/일부	현금 제외	O
송호근	X	전부/일부	X	O
배무기	O	전부(개별, 단체)	현금제외	O
김정한	O	일부/전부	X	O
Zoeteweij	X	전부	X	O
Clerc	O	전부(개별, 단체)	X	O

구분	법정복지 포함 여부	사용자의 부담 형태	서비스 형태의 구별	비노동급여 포함 여부
노동부	O	구별안함	X	X
박세일	O	–	X	X
사회복지사전	X	–	X	X
UN	X	전부	–	O
Pearson	X	전부	X	O
샤구찌	X	전부	X	O
원석조	X	–	X	O
김의명	X	전부/일부	X	O

산업복지의 정의에 법정복지를 근로자를 대상으로 하는 복지에 포함하는 견해에 대해 류진석과 송호근은 강력하게 반대의견을 피력하고 있다. 송호근은, 통상적으로 국가복지로 간주되는 사회보장제도는 물론, 국가보조나 국가규제에 의해 강제적으로 기업에 시행되는 복지 프로그램은 기업복지제도의 범주에서 빠져야 함을 강조하며 많은 연구들에서 이러한 측면이 간과되고 있다고 주장하고 있다. 그는 김대모의 정의인 "기업복지는 근로자의 복지향상을 목적으로 하고, 그 비용의 일부 또는 모든 제도를 의미한다(김대모, 1990)."에 대해서 이렇게 되면 재정의 일부를 기업이 부담하지만, 국가가 공여하는 사회보험제도와 같은 국가복지의 핵심을 기업복지로 분류하게 되는 오류가 발생한다고 지적하고 있다(송호근, 1995).

근로복지를 광의의 개념인 산업복지로 보아 법정복지를 포함하는 것은 근로복지에 대한 피상적인 관찰단계에서는 충분히 설득력이 있을 수 있으나, 근로복지를 심층적으로 분석하고, 그 사회의 하나의 복지대안체제로 인정하며 연구하거나 실행하는 학계나 실천현장에 있어서는 크나큰 오류와 혼란을 초래할 수 있다. 예컨대, 외국 여행 중 길거리에서 지나치는 백인을 만나 간단하게 인사하며 길을 묻는 수준이라면 그가 미국인인지 캐나다인인지 여부는 별로 중요하지 않지만, 그와 사업을 논의하거나 친구 혹은 연인의 관계를 꿈꾸고 있다면 그의 국적을 깊이 파악하고 따지는 것은 매우 중요하다. 왜냐하면 미국이나 캐나다가 서로 인접국이고, 백인이며, 영어라는 공용어(캐나다는 영어와 불어가 공용어)를 쓴다는 것이 공통점의 한계이며, 그 외에 정치, 경제, 사회, 문화의 거의 모든 면에 있어서 이질성이 동질성을 훨씬 능가하기 때문이다. 다른 예를 하나 더 든다면, 남한과 북한이 한 뿌리를 가진 민족이고 외모나 언어가 같다고 해서 한 묶음으로 취급해서는 엄청난 일이 벌어질 수 있다. 함께 광복절 기념행사를 가지거나 올림픽 등에 단일팀을 구성하여 참가하는 경우라면 큰 문제는 없겠지만, 만일 현재의 상황에서 통일에 대한 논의를 하면서 북한도 우리 생각과 같으리라 판단하여 일을 진행한다면 예상을 넘는 혼란과 갈등이 초래될 것은 불을 보듯 뻔하다. 그 이유는 현재 남한과 북한이 정치, 경제, 사회, 문화적인 측면에서 극도로 이질적 내지 적대적이기 때문이다. 같은 맥락에서 공공복지의 성격을 내포한 '법정복지'와 민간복지의 특성이 현저한 '법정 외 복지'를 한 묶음으로 보고 접근하는 것은 엄청난 혼란과 오류를 초래할 가능성이 매우 높다.

근로복지실천현장이나, 특히 학계에서 근로자의 복지에 대해 접근하는 이유는 근로현장에서 서로 맞닿아 있는 법정복지와 법정 외 복지제도를 각각의 특성에 따른 복지제도의 대안으로 삼고 상호 연결시키면서 보완적인 관계를 구상하여 그 사회에 맞는 복지국가 모형 수립을 위한 퍼즐(puzzle)을 맞추어 가면서 모색해 나가는 것이라고 볼 수 있다. 그러하기에 각각의 제도의 특성을 심층적으로 연구하여 최상의 조합의 공식을 산출하는 것이 복지체제를 구상하는 올바른 과정일 것이다. 이런 맥락에서 볼 때, '법정복지'와 '법정 외 복지'를 포괄적으로 함께 다루는 경우 심각한 문제가 발생할 수 있고 그 원인을 열거하면 다음과 같다. 첫째, 법정복지와 법정 외 복지는 그 뿌리부터 다르다. 이념적인 측면에서 보면 법정복지는 평등이라는 가치관을 기초로 개인의 빈곤 등의 문제가 개인의 책임이라기보다 환경(제도)이라는 인식하에 제도주의를 바탕으로 하여 형성된 공공복지를 의미한다. 반면에 '법정 외 복지'는 사회문제가 개인의 책임이라는 것을 강조하여 개인 스스로 해결하는 것이 바람직하며, 그렇지 못할 경우 국가가 최후의 보루로 개입한다는 잔여주의를 바탕으로 한 민간복지에 이념적 기초를 두고 있다. 이러한 특성은 이질적일 뿐만 아니라 서로 대칭적이다.

근로복지에 대해 처음으로 학문적 측면에서 그 실체를 규명한 학자가 사회정책의 대가인 Titmuss이다. 그가 대부분의 서구 선진국가의 복지제도 근간이 공공복지로 자리매김한 1950년대의 사회복지를 사회복지(공공복지), 재정복지(조세복지), 직업복지로 분류한 이유는 그저 지적 호기심이나, 학자로서 연구의 일환으로 접근한 것이 전혀 아니었다. 자본주의 시장경제를 도입하고 있는 경제선진국에서 원색적 이윤추구의 논리가 팽배하던 경제 · 사회적 상황에서, 1929년부터 불거진 경제대공황을 겪으면서 자본주의의 실체(한계)가 드러났고, 민간복지체계의 한계와 모순 또한 부각되었다. 공공복지를 뼈대로 하는 복지국가가 왕성하게 발전하던 시기에 공공복지의 목적에 역행하면서 산업사회에서 그의 입지를 점차적으로 강화해가고 있는 기업복지에 Titmuss가 눈을 돌리게 되면서, 사회복지의 분류에서 직업복지를 분리해 내었다. Titmuss의 이러한 노력은 사회복지의 세 모형개발로 진전되어, 자본주의체제를 수정 내지 변혁을 꾀하는 제도적 재분배 모형과, 자본주의 체제를 보완하여 영속화를 염두에 두고 있는 잔여적 모형에 추가해서 민간복지에 뿌리를 둔 직업복지의 기초 모형인 산업성취수행형 모형으로 분리하였다. 산업성취수행형 모형은 산업성취, 즉 기업의 생산성 향상을 통한 이윤추구 목적을 달성하기 위해 수행하는 앞잡이의 기능을 띤 복지 모형이 바로 기업복지로서 그는 이모형을 '시녀적 모형(handmaiden model)'이라고 명명하였다. 이와 같이 '법정 외 복지'는 '법정복지'와 다르게 기업 생존과 불가분의 관계를 가지며 자본주의적 구조법칙에 더 종속적이다. Titmuss의 후학인 Reisman은 그의 저서 《Richard Titmuss》(1977)에서 Titmuss가 공공복지의 성격을 띤 사회복지에서 직업복지를 분리해서 부각시킨 이유는 직업복지의 도덕적인 문제점과 위험성을 고발하는 이른바 '도덕적 기소(moral indictment)'를 제기하기 위함이라고 주장하였다(Reisman, 1977). 사회복지의 이념적 스펙트럼(spectrum)에서 사회민주주의자 혹은 페이비언 사회주의자로 불리며, 사회복지의 목표가 사회통합을 통한 '유기적인 사회공동체 구현'이라고 주장하는 Titmuss는 불평등 지향적인 자본주의 논리의 터전 위에 세워진 직업복지야말로 사회통합에 걸림돌이 될 뿐만 아니라 역행하는 복지제도라고 신랄하게 비판하였다.

학문적인 성격으로 보아도 '법정복지'와 '법정 외 복지'는 이질적인 동시에 대칭적인 성격을 띠고 있다. 법정복지는 사회복지를 기초로 한 가치관, 성격, 내용을 함축하고 있는 반면 '법정 외 복지'는 경영학의 기반 위에 자리 잡고 있다. 학문적인 측면에서 기업복지(법정 외 복지)란 사회복지와 경영의 혼합된 형태(사회복지의 분야 중 하나인 근로자 복지와 경영학의 한 분야인 노무관리)로 양 학문 간에 유기적인 관계가 실체화된 것으로 볼 수 있지만 양 학문은 가치관, 목적, 내용 등 여러 면에서 서로 대칭된다. 사회복지학과 경영학의 관계는 제6장 제1절 '기업복지의 학문적인 성격'에서 좀 더 상세히 논의될 것이다.

'법정복지'와 '법정 외 복지' 의 관계는 그 목표에서도 상반된다. 법정복지의 목적은 사회복지에서 추구하는 사회문제의 해결과 삶의 질의 향상이지만, '법정 외 복지'는 경영학에서 추구하는 이윤창출이다. 사회복지는 인간의 복지(person)가 1차적인 목적인 데 비해 경영학에서는 이윤창출(profits)을 목표로 삼고 있다. 다시 말하면, 사회복지에서는 복지가 목표이고 이윤창출은 그 목표를 가능하게 하는 수단인 데 반해 경영학에서는 복지가 수익성 목적을 창출하는 수단으로 여겨진다. 그 외에 법정복지와 법정 외 복지의 차이점을 들자면, 전자는 급여혜택의 근거가 국민의 기본적인 욕구(basic needs)에 있고 수혜자가 국민이지만, 후자는 급여혜택의 근거가 특정기업에 고용이라는 자격(entitlement)에 있다는 점이다. 같은 맥락에서 전자는 보편주의적 원칙에 기초하여 수혜자의 권리의식을 내포하고 있는 반면, 후자는 선별주의 원리에 기반을 두고 있기에 수혜자의 특전이라고 여겨지는 성격이 있다. 법정복지와 법정 외 복지의 차별성과 대칭성에 대해서는 법정 외 복지인 기업복지의 성격과 기능 및 효과를 논의하는 과정에서 더욱 현저하게 나타날 것이다.

이미 살펴본대로 '법정복지'와 '법정 외 복지'를 하나로 묶어 다루는 것이 전혀 바람직하지 못하다고 생각되기에 두 제도를 분리해서 다루기로 하고, 이 책에서는 '법정 외 복지'에 초점을 맞추어 법정복지는 논의 대상에서 제외하기로 한다. 제외 이유로 법정복지가 근로자와 그의 가족에게 중요하지 않아서가 전혀 아님을 밝혀 둔다. 실제로 법정복지는 근로자와 그의 가족의 기본적인 욕구를 담당하는 것 외에, 이념적인 측면에서나 실제적인 측면에서 근로자복지에 더욱더 바람직한 제도임에는 의심의 여지가 조금도 없으나, 법정복지에 관한 내용은 사회복지학의 제도론(사회복지정책, 사회복지행정, 사회보장론 등)에서 심층적으로 다루어지는 데 비해 기업이 주체가 되는 기업복지에 대해선 상대적으로 연구가 너무 미흡하기 때문에 이 책에서는 근로복지에서 법정복지를 제외한 '법정 외 복지'를 심층적으로 다루려고 한다.

② 노동조합

노동조합이 주체가 되어 행해지는 근로복지를 자주복지 혹은 조합복지라고 한다. 자주복지란 민간복지의 일종으로서 근로자의 집합체인 노동조합이 복지제공자가 되어 근로자 스스로 복지를 실시한다고 해서 우재현에 의해 붙여진 명칭이고, 조합복지란 문자 그대로 노동조합에서 시행된다고 해서 불리는 이름이다. 노동자들이 자체적으로 실시하던 복지제도는 산업혁명 이전부터 행해져 왔다. 14세기 후반에 직인(journeyman)들이 독자적인 직공조합을 조직하여 장인(meister)이나 도시 관리들을 대상으로 임금, 노동시간 개선 및 복지활동을 개시하였다. 이러한 복지사업에는 사고, 노령, 실업, 신체장애에 대한 급여, 홍수 등의 천재지변과 도둑, 감금 등으로 인한 재정적인 소실을 입었을 경우 보조금, 장례비용, 대부금, 법정강제 징수금에 대한 보조금 지원 등이 있었다(이정환 외, 2007).

산업혁명 이후 노동조합이 활성화되기 시작하면서 자주복지제도도 발전하기 시작하였다. 영국의 경우 우애조합(friendly society)을 중심으로 한 공제활동이 오랜 전통을 가지고 발달되어 왔고, 1880년대 숙련공 중심의 직업별 노동조합(craft union)이 출현하였으며, 이어서 1848년 Rochdale공정개척자 조합 이후 협동조합(소비조합)이 발달하여 이 세 조직을 중심으로 한 자주복지가고 부담, 고복지의 원리에 의거해서 생성되어 발달하였다. 그러나 1880년대 이후 미숙련공, 반숙련공의 숫자가 급격히 증가하여 일반노동조합(general union)과 산업별 노동조합(industrial union)이 발달하면서부터 자주복지제도가 고 부담원리를 유지하기가 어려워지는 상황에서 확산되는 공공산업복지와 기업복지에 의해 서서히 대체되면서 자주복지의 역할과 기능은 점차적으로 감소되었다(곽효문, 1995).

한국의 자주복지사업은 1920년대 조선노동공제회의 활동에서 그 기원을 찾을 수 있다. 이 공제회는 지식개발, 품위향상, 저축 장려, 위생장려, 환난구제, 직업소개, 기타 일반 노동상황에 대한 조사와 연구를 사업 목적으로 하여 설립되었고, 그 이듬해 서울 시내에 한국 최초로 소비조합을 설립하였다.

1990년대 공식적으로 한국노총에서 시행하는 자주복지 프로그램들을 크게 세 범주로 구분할 수 있다. 평화은행과 협동조합 운영과 같은 신용사업과, 공제사업과 유통센터 같은 소비조합의 소비사업이다. 그러나 노총이 심혈을 기울여 조직한 대표적인 신용사업조직인 평화은행은 경영상의 실제적인 통제력을 거의 행사하지 못하다가 IMF 경제위기의 여파로 2002년 현재의 우리은행으로 합병되었으며, 금융공제제도나 소비조합 같은 유형은 기업에서 실시하는 복지제도의 확대에 따라 점차 그 유용성을 상실해 왔고, 소비사업은 노총 자체의 생존을 유지하기 위한 수익사업으로 전락하였다(송호근, 1995). 우리나라의 자주복지의 약화는 노동조합이 과거 독재정권의 경계대상이 되어왔고, 1990년대 중반까지 군사정권의 탄압을 받았던 대표적인 조직으로서 역사적으로 자율성을 갖추고 발전할 수 없었던 환경과 무관하지 않다고 보이며, 현재로서도 한국노총과 민주노총 간의 분열과, 노동조합이 노동조합 자체로 조직의 확장과 임금 등 기본적인 조건 확보에 주력한 나머지 내세울 만한 자주복지 발전을 할 수 없었다고 판단된다.

이 책에서 자주복지 역시 분석과 논의의 대상에서 제외되는 데는 두 가지 이유를 들 수 있다. 하나는 이 책의 주제인 기업복지와의 이질성이다. 기업복지와 자주복지 모두 민간복지의 영역에 속한다는 것이 공통점이지만 두 복지제도의 이념과 목적이 제공 주체와 같이 전혀 일치하지 않는다. 기업복지는 기업의 이윤창출이 주요 목표인 데 비해 자주복지는 근로자의 복지향상이 목적이고, 기업복지의 가치관적인 배경이 수익성 및 온정주의라고 한다면, 자주복지의 배경은 자율성과 권리의식이다. 기업복지의 수혜자의 입장이 기업의 종업원이라면 자주복지의 혜택을 누리는 수혜자는 기업복지보다 더 제한적인 조합원이다. 자주복지가 이 책의 논의에서 제외되는 더 중요한 이유는 근로복지에 있어서 자주복지의 비중이다. 일본의 경우 자주복지가 상대적으로 발달해 있고, 경우에 따라서 기업주와 경쟁하면서 근로자의 복지를 제공하기도 하지만, 전기한 대로 한국 기업사회에서 자주복지의 위상과 비중은 매우 낮다고 볼 수 있다.

③ 사용자

사용자가 주도적으로 근로자와 그의 가족에게 복지를 제공하는 것이 기업복지라고 이미 언급된 바 있다. 기업복지야말로 이 책에서 중점적으로 다루어지는 내용이다. 기업복지에 대한 논의는 후에 언급될 협의의 정의로서 기업복지를 설명할 때 포괄적이고 심층적으로 다루어질 것이다.

④ 사회복지기관

근로복지의 상위개념이 노 · 사 · 정으로 국가, 노동조합, 기업을 포함하고 있다면 재정 부담과는 무관하게 서비스만을 제공하는 사회복지기관을 산업복지의 하위개념에 포함시킬 수 있다. 최근 기업복지가 공급자 위주에서 수요자 중심으로 전환되면서 아웃소싱(outsourcing)이 새로운 추세로 대두되고 있다. 아웃소싱이란 기업복지를 외부에 위탁하는 것을 지칭하는 것으로서 다양한 서비스의 제공과 서비스 질의 향상을 기할 수 있고, 기업의 입장에서 보면 비용 면에서 효율화를 도모할 수 있기 때문에 외부 서비스 전문회사에 운영을 위탁하는 것이 새로운 대안으로 제시되지만(김정한 외, 2004), 종업원에게 전문적인 사회복지서비스를 제공하는 형태는 이미 1930년대부터 실시되어 왔고, 현재 대표적인 서비스로 근로자 지원 프로그램(employee assistance programs)이 있다.

일반적으로 대기업의 경우 자체적으로 전문사회복지사를 고용하여 회사 내에서 프로그램을 운영하는 경우가 허다하지만, 경제적인 이유 등으로 회사가 자체적으로 전문상담센터를 운영할 수 없거나, 자체 조직을 보유하는 것이 효율성이 떨어진다고 판단되는 경우 지역사회에 있는 전문 사회복지기관에 서비스를 의뢰하는 경우가 비일비재하다. 예컨대, 공단지역의 종합복지관이나 청소년복지관 등에서 근로자와 그의 가족을 대상으로 전문적인 사회복지서비스를 제공하는 경우 운영 재정을 국가가 전적으로 부담하는 경우도 있고, 기업에서 일부를 부담하는 경우도 있다. 이와 같이 주로 사회복지 관련 기관에서 정부의 재정, 민간재정, 기업의 보조금, 혹은 자체 재원으로 근로자와 그의 가족에게 전문적인 사회복지서비스를 제공하는 경우가 우리나라에도 점차적으로 확산되는 기미가 보인다. 기업복지제도가 더욱 전문화되면서, 근로자와 그의 가족의 사회 · 심리적 문제 해결을 돕는 추세가 확산될수록, 기업복지서비스의 전달자로서 사회복지 기관 및 기타 아웃소싱과 관련되는 외부기관의 주요성은 커질 것으로 예상된다.

⑤ 사회복지회사(영리 법인)

최근 기업복지의 새로운 추세로 아웃소싱을 통해 외부서비스 전문회사에게 기업복지제도나 프로그램을 위탁 운영하는 추세가 있지만, 근로복지의 하위개념의 주체로서 사회복지회사는 미국에서 1970년대부터 설립되어 현재에는 근로자 지원 프로그램(employee assistance programs)과 같은 사회복지 전문서비스를 기업에 설립해주고 운영하거나 자문에 임하는 회사가 중요한 위치를 점유하고 있다. 비영리사회복지기관이 셀 수 없이 많은 미국에서 사회복지 전문회사가 설립된 배경에는 몇 가지 이유가 있다. 첫째, 일반인의 사회복지에 관한 인식은 대체로 호의적이지만 기업사회에서 사회복지에 대한 선입견은 대체로 부정적이다. 재계에서 특히 기업주들 가운데는 사회복지를 '철없이 마음씨만 좋아 빠진 얼간이(do-gooders 혹은 bleeding heart)'라고 여기며 의심의 눈초리를 거두지 않는 경향이 농후한 상황에서, 사회복지회사는 일반 자선단체나 국가가 운영하는 복지단체가 아니라 기업과 경영논리가 같은 회사(대부분 주식회사)라는 점에 신뢰감을 갖게 한다. 두 번째 이유는, 비영리사회복지기관은 일반적으로 공공 재정이나 기부금 등에 의존하므로 이익/손해의 개념이 부족한 데 비해서 사회복지회사는 기업체와 같은 성과조직으로 수지타산에 의해 기업의 성패가 좌우되므로 기업에서 볼 때 방만한 경영을 하지 않는다는 믿음이다. 셋째, 사회복지회사 역시 영리를 추구하는 조직이므로 높은 수준의 전문 인력과 운영 방식으로 문제해결의 성과가 일반 사회복지기관에 비해 높게 나타나는 점이고, 마지막으로 사회복지회사의 인력은 회사 외부에서 파견된 인력이므로 노사관계에서 중립적인 위치를 고수할 수 있다고 여겨진다(Carter, 1977). 이와 같은 이유로 외부회사와 계약을 맺어 근로자에게 전문적인 사회복지서비스를 제공하는 것이 비영리단체나 공공기관의 서비스를 받는 것보다 비용 면에서는 더 들더라도, 위에서 말한 심정적인 동질감 및 양질의 객관적인 서비스 등의 이유로, 특히 미국의 대기업에서는 사회복지회사를 선호하는 경향이 크다.

미국에서 1970년대 초기에 등장한 사회복지회사로 (주)Human Affairs를 들 수 있고, 현재에는 세계 최대의 근로자 지원 프로그램(employee assistance programs-EAP) 관련 회사로 (주)Compsych가 있는데, 2015년 현재 2만 9,000개 회사의 EAP에 설립, 자문 등 지원하고 있으며 대상 인원은 7,800만 명으로 4년 사이에 2배가 증가되었다(머니투데이, 2015).

(2) 대상(수혜자)

국가가 복지의 제공자인 법정복지의 경우 복지의 대상은 국민이고, 좀 더 구체적으로 말하면, 근로자와 그의 가족이다. 근로자가 질병이나 정신적 혹은 육체적인 장애로 인해 노동력을 상실하게 되면 사회보험에서 공공부조로 이관된다. 법정복지는 문제보유자를 원칙적으로 피해자로 보기 때문에 국가는 가해자격인 경제 및 사회제도와 간접적인 가해자를 대신해서 피해보상 차원에서 복지 제공의 의무를 가지고, 피해자는 권리의 차원에서 피해보장 성격의 복지혜택을 누린다. 또한 공공산업복지의 대부분이 사회보험제도의 성격을 띠고 있기 때문에 건강보험이나 고용보험 등 근로할 때 보험료를 납부하고 근로할 수 없는 상황이 되면 보험료를 지급받을 권리의 성격을 가진 복지라고 인식된다. 일반적으로 수혜대상이 근로자와 직계가족에 한정되어 있어서 기업복지보다는 수혜자의 폭과 기준이 상대적으로 좁고 엄격하다.

사용자가 복지의 제공자인 기업복지의 대상은 그 기업에 종사하는 종업원과 그의 가족이나 수혜대상자의 폭은 공공산업복지보다 보편적으로 더 포괄적이다. 공공산업복지는 주로 근로자와 그의 직계가족에게 제공되지만 기업복지는 근로자의 가족을 포함하는 영역이 매우 넓다. 예컨대, 경조서비스나 기업에서 제공하는 문화 · 친교행사에는 종업원의 직계가족 이외의 가족들도 포함되는 경우가 많다. 급여혜택의 근거가 특정 기업에 고용이라는 자격(entitlement)이라는 한계로 인해 특정기업에서 정규직과 똑같은 일을 해도 비정규직은 대부분의 기업복지 혜택에서 제외된다. 기업복지의 대상이 기업(사용자)에 의해 정해지기 때문에 기업복지의 수혜대상은 규모별로, 업종별로 크게 차이가 나고, 기업 내에서도 근속연수, 직위, 성별에 따라 천차만별이다. 이러한 기업복지의 차별적인 성격과 그에 따른 문제점은 후에 기업복지의 성격과 효과를 다루는 장에서 자세히 기술된다. 그러나 기업복지는 차별적인 성격과 상반되는 성격도 있으니 이른바 집단성이다. 기업복지는 집단 간에 차등을 두는 경향이 많지만, 집단 내에서는 생산성의 높고 낮음이나 회사에 기여도 여부와 상관없이 동일한 혜택을 제공하는 면도 있다. 이러한 대상자에 대한 차별적인 원칙과 집단성에 관한 내용은 후에 기업복지제도의 효과에서 자세히 다루어진다.

노동조합에서 주관하는 자주복지에서는 조합원인 근로자가 복지수혜의 대상이다. 노동조합의 조직과 형태에 따라 수혜자의 폭이 좌우되는데, 기업 내부에 한정되는 기업별 노조의 경우 단위노조의 조합원이 수혜자가 되고, 같은 직종에 속하는 노동자들로 조직된 직종별 노동조합에서는 조합원이 복지혜택을 받는데, 결속력이 강하며 기업주에 대한 교섭력 역시 상대적으로 강한 반면 조합원의 자격여건상 독립적이기 때문에 수혜대상에 있어서 배타적인 성격이 강하게 나타난다.

하위개념인 사회복지기관이나 사회복지회사는 객관적인 상황에서 서비스를 전달하는 입장이므로 서비스를 구입하는, 즉 재정 부담을 통해 고용하는 주체에 의해 수혜대상이 정해진다.

(3) 급부

국가에 의해 제공되는 공공산업복지의 급부는 제도, 현금, 서비스 등으로 구분된다. 근로자의 기본생계유지를 보장하는 사회보험제도에서는 원칙적으로 국가가 재정을 지원하지 않는다. 예컨대, 정년퇴직으로 일자리를 잃었을 때 국가가 지급하는 연금은 근로자가 재직 시 부담했던 기여액과 같은 비율의 사용자의 부담비용에 연금공단에서 얻은 투자 수익 등이 합산되어서 지급되는 것으로서 국가는 일반적으로 행정비용을 부담한다. 물론 연금재정이 고갈되었을 때는 세금에서 부담하지만 그것은 어디까지나 대비 규정으로서 원칙적인 규정은 아니다. 그러므로 국가가 근로자의 복지를 위해 제공하는 것은 법정구속력으로 의해 수립된 제도이고 우리나라에선 4대 사회보험이 대표적인 예이다.

사회보험제도 외에 현금으로 근로자복지를 위해 지원하는 예는 세금감면제도이다. 국가가 직접 세금으로 지원하는 방법이 있지만, 기업으로 하여금 기업복지를 제공하게 하는 유인책으로 기업복지에 대한 세금감면제도는 당연히 받을 세금을 사전에 탕감해주는 것으로서 현금으로 지원하는 것과 같은 효과를 보인다. 국가는 근로자의 복지를 위해 서비스를 제공하기도 한다. 중소기업의 기업복지 발전을 위해 공공기관인 근로복지공단에서 선진기업복지 프로그램 개발을 위한 교육과 자문 등의 여러 서비스를 제공하고, 공단지역의 근로자복지회관이나 종합복지관과 같이 국가나 지방자치기관이 직접 운영하거나 대부분 국가의 재정으로 운영되는 사회복지기관을 통해서 교육훈련이나 근로자 지원 프로그램(EAP) 등을 지원하는 것도 국가가 제공하는 서비스의 일례이다.

기업이 제공하는 급부는 매우 다양하다. 현금 및 현물, 서비스, 시설 등에 관한 기업복지체계는 그 다양성을 가늠하기가 어려울 정도이다. 위에 서술한 공공산업복지는 Maslow의 1단계인 생존의 욕구와 2단계인 안정과 안전에 욕구충족을 위한 복지제도로 국한되는 경향이 있는 데 비해, 기업복지는 1단계에서 5단계인 자아실현의 욕구까지 모든 욕구단계를 아우른다. 기업복지에 의해 제공되는 급부는 기업복지의 대상자인 근로자의 욕구에 따라 변화되어야 하고, 실제로 변화되어 온 이유는 기업복지제도 자체가 근로자의 환심을 사기 위한 도구이기 때문이다. 기업복지의 역사에서, 초기에는 임금만 가지고는 근로자의 기본적인 생계가 유지되기 힘들었고, 공공복지제도는 거의 시행되지 않았기 때문에 대부분의 기업복지제도는 생계보조적인 성격을 띠고 있었고, 우리나라에는 아직까지도 생계보조 성격이 매우 강하다. 그러나 산업발전이 이루어지며 근로자의 임금이 생계유지를 할 만큼 혹은 그 이상으로 상승하면서 기업복지제도의 성격은 삶의 질 향상을 위한 기제로 변화해 오고 있고, 향후에도 지속적으로 변해갈 것으로 전망된다. 기업복지 관련 급부에 대해서는 제7장에서 욕구별로, 내용별로 자세히 소개될 것이다.

노동조합에 의해 제공되는 자주복지 역시 다양한 급부를 제공하고 있다. 현금 및 현물성 복지제도로 공제조합, 협동조합, 소비조합, 장학제도 등이 있으며, 시설 지원으로 사택, 주택조합, 복지회관, 탁아소 등이 있으며, 서비스 제공 형태로 안전 및 사회문화적 서비스, 취미활동, 의료서비스 등이 있다.

사회복지기관이나 사회복지회사에 의해 제공되는 것은 주로 전문적인 사회복지서비스이다. 선택적 기업복지제도가 우리나라의 기업사회에 본격적으로 정착하면서 새로운 추세로 등장하는 아웃소싱의 일환으로 휴양시설, 경조 관련 비품 및 선물, 건강검진, 건강 지원서비스, 단체보험, 문화활동 관련 서비스, 자기계발 프로그램, 경력개발 프로그램 등이 있다.

(4) 목적(기능)

산업복지의 3대 주체인 공공산업복지, 기업복지, 자주복지 간에 가장 두드러지는 차이점은 각각의 제도의 목적(기능)에서 찾아볼 수 있다. 법정복지로 불리는 공공산업복지의 목적은 공공복지의 테두리에서 충분히 설명이 가능하고, 공공복지의 목적은 복지국가의 개념에서 현저히 드러난다. 복지국가의 정의가 여러 가지 있지만 그중 체계적이고 단순명료하게 정리된 정의로서 Briggs의 정의를 들 수 있다. 그가 기술한 복지국가(welfare state)의 핵심적인 내용을 보면, 첫째 국가가 국민에게 최저한의 생활을 보장한다는 것(national minimum)과, 질병, 산업재해, 실직, 정년퇴직 등의 근로를 중단할 수밖에 없는 우발적인 사회적 재난(social contingencies)으로부터 소득을 보장하는 것(social security)과, 국민에게 양질의 사회적 서비스(social services)의 제공이다(Briggs, 1961). 그의 정의를 대상별로 분류해보면, 최저한의 생활보장은 노동력 비보유자를 대상으로 하는 공공부조와 직결되고, 사회적 재난으로부터의 보호는 근로자를 대상으로 하는 사회보험과 연결되며, 사회서비스 제공은 전 국민을 대상으로 한다고 볼 수 있다.

공공복지의 목적은 복지국가에 대한 접근방법과 내용에 따라 차이가 나지만 일반적으로, 빈곤척결과 불평등 완화를 통한 사회통합(사회적 기능)이 으뜸가는 목적이라 할 수 있고, 버금가는 목적으로는 복지제도를 통해서 그 사회가 선택한 정치 · 경제 · 사회적 질서에 순응하게 하는 사회통제(정치적 기능)를 들 수 있으며, 공공복지제도의 세 번째 목적은 경제성장을 통한 이윤창출(경제적 기능)이라고 할 수 있다. 사회복지의 경제적 기능의 예를 들어 잠깐 살펴보면, 건강보험은 건강한 국민, 건강한 근로인력을 유지하여 경제발전을 추구하는 것과 관계되며, 고용보험은 실직 시 생활 지원을 통해서 근로인력을 유지하는 기능과 불황기에 수요를 창출하여 경제침체에서 벗어나는 기능을 가지고 있다. 이와 같이 국가가 주체가 되는 공공산업복지의 목적은 사회통합기능, 사회통제기능, 이윤창출기능의 순서로 그 중요성이 매겨진다고 볼 수 있다.

기업복지의 기능 역시 사회통합기능, 사회통제기능, 이윤창출기능 모두를 포함하고 있는데, 그 우선순위가 반대로 정렬된다는 데서 차이점을 찾을 수 있다. 기업주가 자발적으로 시행하는 기업복지의 으뜸가는 기능은 당연히 경제적인 기능인 이윤창출기능이다. 공공산업복지는 사회복지의 목적이고 기능인 사회문제의 해결과 삶의 질의 향상을 추구하지만, 기업복지에서는 경영학에서 추구하는 이윤창출이 으뜸가는 목적이다. 사회통합 기능까지도 이윤을 창출하는 수단으로 사용된다. 사회통합기능에 대해서 기업복지는 기업을 단위로 하는 부분적인 통합이기 때문에 공공복지에서 말하는 사회 전체의 통합에 역행하는 기능을 수행한다.

노동조합에 의해 주도되는 자주복지의 목적은 미흡한 공공산업복지나 기업복지를 보완하여 근로자의 기본적인 생계수준을 유지하기 위해 시작되었다. 공공복지와 기업복지의 발달에 따라서 퇴조기미를 보이기는 하지만 이러한 보완기능은 여전히 유효하다. 자주복지의 또 다른 목적은 조합원 간의 유대를 강화하고 결속력을 진작시키며, 새로운 조합원을 유인하는 목적으로 시행되어 오고 있다. 그러나 기업노동조합이나 직종노동조합은 조합원의 영리추구를 주요 목적으로 하는 경우가 많고, 산업별 노조는 각 기업단위의 노조원의 이익보다는 노동자 계급 전체의 이익과 복지향상을 추구하는 평등 지향적인 목표를 갖는 것이 일반적인 현상이다. 노동조합의 형태에 따라 태도와 성격에 관계되는 내용은 제3장 제2절 기업복지의 접근방법에서 좀 더 상세히 기술된다.

2) 기업복지(협의의 개념)

근로자와 그의 가족을 대상으로 하는 복지의 광의의 개념을 살펴본 바에 의하면, 복지개념의 핵심인 제공 주체에서 이질적이고 상반되는 요인들이 여러 갈래로 나뉘어져 있다. 재정 부담이 최소한이며 간접적이면서 기업에게 강제적으로 집행을 요구하는 공공산업복지와, 기업이 자율적으로 시행하지만 국가 및 노동조합의 강압 내지 눈치를 보며 시행하는 기업복지, 완전히 자율적이기에 국가나 기업의 뚜렷한 협조 없이 근근이 명맥을 이어가는 자주복지가 복지의 대상이 근로와 관계되어 있다는 이유 하나만으로 하나로 묶여서 여러 종류의 이름으로 불리는 난맥상을 연출하고 있다. 혜택을 받는 입장에서 보면, 보편적인 국민의 권리로서 받은 공공산업복지와, 기업주에 의해 선택된 특수집단에 포함되어 집단 간에 차별적인 특전으로 받는 기업복지, 조합원만이 수혜대상이 되고, 일부의 제도는 기여한 조합원만이 받지만 받을 급부가 거의 없어서 복지제도로서 유명무실한 자주복지가 섞여 있으면서 명칭조차 산업복지, 복리후생, 근로자 복지 등으로 다양하게 불린다. 근로복지를 연구하는 학자나 전문가집단 내에서도 포괄성을 앞세우는 산업복지(법정 복지+법정 외 복지)를 근로자와 그의 가족을 대상으로 하는 복지로 할지 아니면 특수성을 내세우며 법정 외 복지만을 근로자복지로 할지에 대해 의견이 분분한 현상은 〈표 1-1〉에 잘 나타나 있다.

피상적으로 근로복지를 관찰하는 일반인이나, 기업현장에서 기업복지를 제공하는 집단이나, 복지를 제공받는 집단에게는 누가 제공하든, 개념적인 혼란이 얼마나 가중되든 그리 큰 문제가 되지 않을지도 모르지만, 기업복지를 학문적으로 연구하여 한국복지국가를 구상하는 가운데 여러 형태의 복지제도의 특성을 연구 · 분석하여 체계적인 미래 한국의 복지 청사진을 모색하고 발전시켜 나가야 할 책임이 있는 학자나 학도들에게 개념 자체가 불분명하다면 주어진 역할을 감당할 가능성은 희박하다. 그래서 먼저 기업복지를 하나의 학문으로 정립하려는 노력이 필요하며 그 대장정의 첫 발은 통일된 용어와 개념 정립에서 시작된다고 여겨진다.

근로복지가 실제 시행되는 곳이 기업이고, 전기 한바와 같이, 시행 주체 중 하나인 국가가 주체가 되는 공공복지에 대해서는 사회복지학에서 광범위하고 체계적인 연구가 이루어져 왔고, 자주복지의 주체인 노동조합의 근로자 소득과 근로환경 증진 노력 역시 노사관계 및 노동조합에 관한 연구가 경영학계에서 간헐적으로 이루어져 왔지만, 기업이 근로자에게 제공하는 기업복지에 대한 학문적 연구는 찾아보기 힘든 실정이다. 왜냐하면 기업복지는 사회복지적인 방법과 경영학의 방법이 기업 내에서 혼재한 상황이거나, 사회복지실천기술이 기업이라는 경영제도 속에 접목되어 있는 형국이기 때문이다. 그러한 이유에서 경영학과 사회복지학의 역동적 관계에 대한 연구 · 분석이 필연적인데도 불구하고 사회복지 학계나 경영학계 모두 자신의 중요영역이라는 의식의 부재로 기업복지가 양쪽 학문으로부터 모두 등한시되어 왔다. 그래서 사회복지학과 경영학의 이론과 가치관을 기초로 제3세대 학문의 잠재성을 지닌 산업복지학에 대한 연구가 필요하며, 산업복지학의 학문적인 정체성은 기업과 근로자 사이에 상호교환관계가 이루어지는 기업복지에서 찾을 수 있다. 그러므로 필자는 새로운 학문의 기초를 놓는 첫 걸음을 떼는 심정으로, 응용과학으로서의 산업복지를 광의의 정의인 산업복지의 주체에서 국가와 노동조합을 배제하고, 기업만을 주체로 인정하는 기업복지를 산업복지와 동일시할 것을 주장하며 본격적인 논의를 시작한다. 같은 맥락에서 이 책의 제목에는 산업복지라고 썼지만, 읽을 때는 기업복지라고 읽기로 한다.

기업복지에 대한 정의는 여러 가지가 있지만 몇 가지를 소개하자면, 김진수는 "일반적으로 사회복지학문분야에서 기업복지는 고용관계에 있는 노동자와 그의 가족들을 대상으로 기업이 비용의 일부 또는 전부를 부담하여 임의로 실시하는 법정 외 복지를 의미한다."(조흥식 외, 2005)라고 정의하였고, 최균은 기업복지를 "사용자가 노동자 및 그의 가족의 복지향상을 목적으로 그 비용의 일부 또는 전부를 부담하여 제공하는 모든 복지급여 및 서비스의 체계로서, 보수적 성격이 강한 현금급여와 국가에 의해 강제되는 법정 복지를 제외한다."(최균, 1995)로 규정하였다. 두 정의 모두 사용자에 의해 제공되는 면을 재정적인 부담을 통해 명시하였고, 사용자의 자발성에 대해서는 법정 외 복지라는 규정을 통해 강조하였다. 경영학적인 배경을 가진 우재현은 "기업복지란 기업의 책임과 비용부담하에 경영목적 달성을 위한 노무관리의 일환으로, 그의 종업원이 직장 내외의 생활을 통하여 물질적 · 정신적 욕구를 충족시켜 지속적 복지를 실현함을 목적으로 한 임금 등 노동조건 이외에 제 급부, 시설 또는 활동체계를 말한다."(우재현, 1983)라고 정의하였다.

이 책에서는 사용자의 임의적 성격을 강조한 사회과학 백과사전(Encyclopedia of Social Science)에 수록된 Pearson(1935) 의 정의를 토대로 하여 기업복지에 대한 정의에 대해 논의하기로 한다. "기업복지란 근로자와 그의 가족의 복지증진과 기업의 이윤창출을 위해 기업주가 자발적으로 제공하는 물질적 · 금전적 급부의 총체이다." 기업복지제도가 타 복지제도와 비교할 때 대표적이고 으뜸가는 성격은 '자율성'이다. Pearson은 그의 정의에서 기업복지의 자율성에 관한 3가지 조건을 제시하였다. 첫째는 법률적 강제성이 부과되어 있는지에 대한 여부이다. 즉, 기업복지의 자율성은 법으로 정한 것 이상(over and above)을 강조하고 있고, 이에 대한 논의는 이전 법정복지와 법정 외 복지에 관한 논의에서 충분히 다루어졌다고 봐서 두 번째 조건인 '생산의 필요성 이상'에 대해 논의하기로 한다.

기업복지 여부를 결정하는 중요한 기준은 기업 내의 근로자들에게 주어져야 할 기본적 노동 · 생산조건의 성격을 갖는지 여부를 따져봐야 한다. 제공되는 급부 자체가 근로자에게 쾌적한 작업환경을 가져다준다고 해서 무조건 기업복지라고 보기 전에 제공되는 상황을 세심히 살펴볼 필요가 있다. 예컨대, 회사에서 더운 여름날 작업장에 대형 냉방시설을 설치한다고 했을 때 그것이 기업복지시설에 해당되는가에 대한 질문의 정답은 "경우에 따라서이다."라고 할 수 있다. 결론부터 말하면 제철소에 설치된 냉방기는 기업복지시설이 아니지만, 조립공장에 설치된 냉방기는 기업복지시설이다. 폭염 속에 용광로 등 고온의 시설과 생산품이 있는 제철소의 작업장에서 냉방기 없이는 일 분도 일을 할 수 없는 환경이라면 냉방기는 생산을 위한 필수품이므로 기업복지시설이 아니다. 반면에, 조립공장에서는 선풍기만 있어도 일을 할 수 있는 상황인데도 불구하고 냉방기를 설치하는 것은 작업자를 위한 쾌적한 환경을 조성하는 것이기 때문에 기업복지시설인 것이다.

세 번째 기준은 관행(the custom of industry)에 의해서 제공되는 것 이상이 기업복지이다. 본인의 의사와 관계없이 인간을 행동하게 만드는 것은 법 말고 관행이 있다. 그것은 우리의 체면문화 속에서 더 큰 위력을 발휘한다. 어느 사회나 풍습이 있고 그 풍습을 바탕으로 용납되는 행동으로 나타나는 것이 관행이기에 관행에서 벗어나거나 역행한다는 것은 그 집단 속에서 고립될 수밖에 없는 운명에 처하기 십상이다. 그래서 특히 우리사회에서는 많은 경우 관행이 법보다 더 큰 구속력을 가지고 있다. 기업사회에서 예전부터 시행되었던 이른바, 상여금(bonus)도 초기에는 부족한 임금을 보완해 주는 기업주의 자발적인 의지에 의해 시행되어 왔지만, 거의 모든 기업이 액수의 차이는 있지만 상여금 지급을 시행하고 있는 연유로 이제는 정부에서도 상여금을 임금의 일부로 여겨 기업주의 임의성 영역을 벗어나 있다고 볼 수 있다. 이와 같이 관행으로 제공되는 기업복지 성격의 급부도 기업주의 자발적인 선택이 주요 기준이 아니라면 기업복지가 아니라고 인정된다.

Chapter 02

기업복지의 이념적 배경

1. 공리주의
2. 인도주의
3. 온정주의
4. 특전의식
5. 연대주의
6. 선별주의와 잔여주의
7. 성취 및 대가원칙
8. 자유

인문학이나 사회과학분야의 개론의 성격을 띤 학술서적에는 대부분 가치관, 이념 혹은 사상적 배경 같은 부분이 서두 부분에 포함되어 있고 이 책 역시 예외는 아니다. 가치관의 중요성에 대해서는 새삼 역설할 필요는 없지만 이 책에서 가치관 부문은 특히 중요하다. 이 책의 절 반 이상의 분량을 차지하는 제1부 기업복지의 이해는 이 책의 핵심인 제2부 한국기업복지체계를 분석하기 위한 준거 틀로 사용된다는 사실은 이미 언급되었거니와 특히 가치관은 모든 제도의 기반이 되는 준거 틀로 그 중요성이 돋보인다고 할 수 있다. 사회복지학, 경영학 등은 응용과학으로서 기초(순수)과학에 담겨 있는 이론들을 실생활에 응용하기 위한 기술 혹은 방법이라 할 수 있고, 그런 의미에서 응용과학에 포함되는 기업복지 역시 이론이 아니라 행동지향적인 기술(방법)이다. 기업복지체계가 기업의 이윤창출과 근로복지증진을 추구하는 기능을 수행하기 위해 고안된 제도라고 본다면 기업복지를 주도하는 행위자들의 가치관 및 실천적 의미의 파악은 아무리 강조해도 지나침이 없을 듯하다. 왜냐하면 행동은 생각이 실체화되는 형태로 나타나는 것이고, 생각의 바탕을 이루는 근거가 가치관이기 때문이다. 그리고 개별 행동을 분리해서 보면 확실치 않지만, 과거 및 현재의 행동을 종합적으로 고찰해 보면 내면적인 가치관의 흐름을 어렵지 않게 파악할 수 있다.

기업복지에 있어서 가치관이 더 부각되는 이유는 기업복지의 특성인 '사용자의 자발적인 노력'이라는 데서 찾을 수 있고, 기업에서 시행하는 시책에는 기업주(owner)의 의지가 강하게 담겨 있다. 특히, 우리나라 재벌의 지배구조와 행태를 보면 창업주나 세습적으로 추대된 기업주의 의지와 경영철학이 기업의 운영 및 방향설정에 결정적이라는 것은 익히 알려진 바이다. 기업의 일반적인 정책설정과 운영보다 기업에서 상대적으로 낯설은 기업복지분야에서는 기업주의 주관이 더욱더 중요하고 이러한 경향은 다음 장에서 기술되는 기업복지의 역사적 변천과정에서 여실히 확인된다.

기업복지를 연구하는 과정에서 가치관이 매우 중요한 또 다른 이유는, 현재 개별기업의 기업복지제도의 특성을 파악하는 데도 큰 의미를 가지지만, 향후 거시적인 정치 · 경제 · 사회환경과 개별 기업환경의 변화의 흐름 속에 기업복지의 방향성을 가늠하는 데도 매우 중요한 요인이기 때문이다. 기업복지 변천사를 가치관의 측면에서 분석해 보면, 여러 종류의 가치관이 혼재하는 가운데 어떤 가치관이 주도적인 가치관으로 부상되기도 하고, 다른 가치관과 팽팽하게 대립하기도 하며, 또 새로운 가치관에 의해 퇴조의 길을 걷기도 하는 등 마치 밀물과 썰물같이 역동적인 흐름의 역사가 전개되어 왔다. 이렇듯 기업복지의 가치관은 여러 가치관이 혼합된 형태로 존재해 온 것이 역사적 흐름과 현재의 상황이지만, 학문적인 분석의 목적을 수행하기 위해서는 개념적인 측면에서 가치관을 원형(pure form)으로 분리해서 살펴보면 다음과 같다.

1. 공리주의

공리주의(utilitarianism)는 18세기 이후 영국에서 대두된 사회사상으로 개인의 행위 또는 사회제도의 가치를 판단할 경우 그것이 인간의 행복에 미치는 효용을 판단기준으로 한다는 입장을 내세우고 있다. 공리주의의 창시자인 Bentham과 그의 제자 J. S. Mill 등에 의하면 인간에 있어서 유일한 선은 즐거움 혹은 쾌락(pleasure)이요, 유일한 악은 고통(pain)이라는 전제 아래, 최대 다수의 최대의 행복(the greatest happiness of the greatest majority)이 우리가 또는 사회가 선택해야 할 목표요, 도덕적 선이라고 주장하였다. 여기서 중요한 것은 '최대 다수의 행복'이라는 개념으로 선을 개인적 쾌락에만 국한하지 않고 사회 전체의 쾌락 추구를 목표로 삼아야 한다는 것이 이른바 '공리'를 주장한 점이다. 공리주의는 결과주의를 바탕으로 하여 인간의 행복을 동일한 기준으로 환원하여 측정할 수 있다는 전제하에 상품경제를 윤리화한 자본주의의 기초가 되었다. 이러한 획일적인 접근은 J. S. Mills의 감각적 쾌락(배부른 돼지 혹은 만족한 바보)과 정신적 쾌락(배고픈 인간 혹은 불만족한 소크라테스)으로 분리되지만 각각 분리된 영역 속에서의 획일적인 접근은 불가피하다.

공리주의가 우리 사회에 던져주는 의미는 첫째, 사회를 구성하는 인간의 본성과 생활원리를 중세를 지배해 온 종교적인 가치로부터 해방시켜서 인간을 사회과학의 대상으로 설명하는 근본원리를 제시한 점이라 볼 수 있다. 둘째, 공리주의는 귀족과 평민, 지주와 농민이라는 신분제도가 아직 존재하는 사회에 대하여 현세적인 생활, 특히 물질생활을 중시하는 것에 의해 개인의 평등과 자유를 주장한 것이다. 공리주의사상은 산업혁명 이후의 영국자본주의체제 속에서 임금노동자가 시민으로서 개인적 생활기능을 중시하는 근거를 제시하였지만, 계급적 모순에 대한 사회경제정책의 기준을 제시하는 데까지는 미치지 못하였다. Marx는 자본주의사회에서는 다수의 노동자가 자신이 노동한 만큼 재화를 분배받지 못하고 자본가에 의해 잉여가치를 뽑아내는 용도로 사용되기 때문에, 쾌락은 자본가 개인에게 쏠리고 공평하게 분배되지 못한다는 이유로, 다수의 행복은 허울 좋은 구호에 그친다고 비판하고 있다(우재현, 1984).

공리주의사상은 초기의 기업복지의 발전에 중요한 역할을 담당하였다. 일반적인 측면에서, 중세 봉건주의 사회를 풍미하던 평민 내지 농노 등의 피지배계급의 종속적인 사회규범 속에서 개인의 행복을 추구할 권리를 인정하고, 또 일부 소수 지배계급의 행복만이 아니라 피지배계급을 포함한 모든 사회구성원의 행복을 추구하는 것이 선이라는 원리는 최소한 경제적인 측면에서 평등을 추구할 수 있는 권리의식을 심어준 것에서 그 의의를 찾을 수 있다. 공리주의사상은 원색적 자본주의 시장경제체제 속에서 형식적이고 피상적인 권리의식을 심어주어서 자본주의의 제도적 모순의 개선을 견인하는 데는 실패했지만, 소수이지만 구미 제국의 자본가에게 기업복지를 실시하게 하는 지대한 영향력을 발휘하였다. 공리주의사상은 기업복지의 개척자인 영국의 Robert Owen에게 이념적인 주축이 되었고, 그의 공리주의사상에 영향을 받은 프랑스의 Leclaire는 이윤분배제도를 창안하는 등 프랑스 기업복지의 선구자가 되었으며, 세계 최초로 가장 체계적인 복지정책을 수립한 독일 기업복지의 선구자 Krupp 가문 역시 Owen의 영향을 크게 받았다. Owen의 공리주의를 바탕으로 한 기업복지는 대서양을 건너 미국 기업복지의 선구자인 Lowell과 Appleton에게도 의미 있는 파급효과가 있었다(우재현, 1984). 이런 맥락에서 볼 때 기업복지 선구자들은 자신만의 이익만을 탐닉하는 낮은 수준의 감각적 쾌락보다는 내적 교양이 뒷받침된 높은 수준의 정신적 쾌락을 추구하였다고 볼 수 있다.

2. 인도주의

일반적으로 인도주의(humanitarianism)란 '인간의 존엄성을 지상으로 여기고 적극적인 측면에서 인간애를 바탕으로 인류의 복지를 증진시키려는 주의'라는 내용과, 소극적인 측면으로 '인간에게 부과되는 속박과 억압으로부터 해방을 목표로 하는 주의'라는 내용이 모두 포함되어 있다. 인도주의는 인간의 존엄성과 자율성에 초점을 맞춘 인본주의의 성격과, 빈곤한 자, 육체적 · 정신적 질환자 같은 사회적인 약자의 고통을 경감하기 위한 박애주의 성격으로 구분할 수 있다. 사회적 약자를 지원하는 방법에 있어서도 사회악을 초래하는 구조적인 근본원인을 규명하여 제거하려는 사회개혁운동의 거시적인 흐름과, 개인의 문제해결과 복지증진을 위해 개입하는 미시적인 접근으로 나뉘어진다.

인도주의는 기업복지의 초창기에 기업복지 선구자들 중에서 찾아볼 수 있는 대표적인 이념 중 하나이다. 초기의 기업복지의 개척자들은 한편으로는 사회개혁에 뜻을 두고 사회구조적인 문제해결을 위한 노력을 기울이고, 다른 한편으로는 열악한 환경에 처한 근로자와 가족을 보살피는 박애주의를 바탕으로 한 자선적인 복지를 시행하는 경우가 많았으나, 산업사회가 성숙되면서 사회개혁보다는 기업주 자신이 속한 기업의 근로자를 보살피는 방향으로 변환되어서 기업복지의 목표 역시도 서서히 기업의 이윤창출 측면으로 선회되었다. 인도주의의 내용은 인본주의와 기독교적 박애주의로 구분하여 서술된다.

1) 인본주의

인본주의란 인간의 존재를 중요시하고 인간의 능력과 성품 그리고 인간의 현재적 소망과 행복을 귀중하게 생각하는 정신으로 인간의 존엄과 가치를 중시한다(위키백과). 인간의 존엄성을 가장 중요시하는 인본주의에서 인간은 자유의지를 가진 자율적인 존재이므로 인간의 존엄성을 약화시키거나 침해하는 체제나 권위적인 존재에 의한 구속으로부터 해방을 강조한다. 인간 해방의 구체적인 첫 걸음은 신이 세상을 지배한다는 신본주의에 대한 반기를 들면서 시작되었다. 14세기 후반에서 15세기 전반에 걸쳐 이탈리아에서 시작되어 북유럽으로 확산된 르네상스운동은 인간과 자연을 부정하며 신을 중심으로 한 중세의 사상으로부터 탈피하여 인간이 중심이 되는 사회건설을 목표로 인류의 역사에서 새로운 시대를 열었다. 두 번째 단계는 산업혁명을 기점으로 시작된 자본주의 시장경제체제를 기반으로 한 산업사회에서 자본주의의 모순에 의해 초래되는 빈곤과 불평등으로부터 해방되는, 이른바 궁핍, 불결, 무지, 질병, 나태의 5대 사회악으로부터의 해방이다. 인간을 인간답지 못하게 하고 금수의 수준으로 전락시키는 빈곤에서 벗어나서 인간의 존엄성을 되찾는 것을 인본주의에서는 강조한다. 셋째 단계는 20세기에 접어들어 더욱 부각되는 문제로 과학기술문명으로부터 소외되는 이른바 근로자의 소외감(alienation), 아노미(anomies) 및 사회구조로 인한 불평등현상을 극복하고 인간의 존엄성을 회복하는 것이다.

초기 기업복지의 인본주의 가치관은 두 번째 단계인 5대 사회악으로부터 해방과 직결되어 있다. 산업화 초기에 상상하기 힘들 정도의 열악한 근로환경과 생활환경 속에서 농촌에서의 종획운동 등으로 인해 도시로 내몰린 근로자들은 빈곤, 나태, 무지, 불결, 질병 등으로 찌들어 있었다. 그러나 기업복지 선구자들의 생각은 동물의 행태와 별반 차이가 없는 저들도 신이 창조한 귀한 존재요, 그들에게 충분한 양식과 적절한 교육 및 위생시설이 제공된다면 그들도 인간으로서 존엄성을 찾을 수 있다는 믿음에서 종업원들에게 식사, 주택, 매점, 위생시설 등을 제공하였다. 이와 같이 기업복지 초기의 자선적 성격을 띤 기업복지는 기업주들의 인본주의적 가치관의 발로였다. 산업화 과정이 절정에 다다르는 20세기 중 · 후반 근로현장에서 소외감, 아노미현상들로 인해 야기되는 사회 · 정신적인 문제들의 해결을 돕기 위해 실시되어 온 전문적 기업복지상담서비스 역시 이윤창출의 기능과 함께 인간의 존엄성의 회복을 돕고자 하는 기업주들의 인본주의적 성격과 무관하지 않다.

2) 기독교적 박애주의

기독교적 박애주의는 선행을 통해서 내세에 대한 구원을 얻을 수 있다는 보편적인 종교적 신념과 긴밀하게 연결되어 있다. 불교에서도 선을 쌓은 행동인 '적선'이 윤회의 굴레를 벋어나서 해탈에 이르는 중요한 수단이며, 이는 도교의 효도를 중시하고 공과 격(장생불사하는 데 도움되는 행동과 그 반대 행동에 대해 수치화된 지침) 같은 계율과도 맥을 같이한다. 또한 힌두교에서 달마(Dharma)나, 칼마(Karma) 등의 환생의 신앙 역시 선한 업을 쌓을 것을 필수적으로 여긴다. 기독교의 경우 선행이 내세의 구원에 직접적인 조건은 아니지만 선행을 강조하는 데는 천주교나 개신교를 막론하고 큰 차이가 없다. 기독교 2대 계명의 하나가 "이웃 사랑하기를 네 몸과 같이 하라."이며 선한 사마리아인의 비유(good samaritan)가 기독교의 경전인 성경에 잘 나타나 있다. 하나를 더 추가하자면, '주릴 때에 먹을 것을 주고 목마를 때 마시게 하고, 나그네 되었을 때 영접하고, 병들거나 옥에 갇혔을 때 돌보는 행동' 등 형제 중 지극히 작은 자에게 한 행실이 하나님께 한 것이라고 성경에 구체적으로 기록되어 있다. 기독교 등 종교를 신봉하는 기업주의 입장에서 근로자를 잘 보살피는 선행의 목적이 내세 구원의 조건으로 믿거나, 믿음으로 구원받았기에 선한 행동을 해야 할 책임의식에 근거하거나, 기업복지 초기에 기독교 문화권인 구미제국에서 기업복지 선구자들의 기독교적 신앙은 초기 기업복지의 기틀을 이룩하는 데 매우 중요한 가치관적 토대가 되었다는 데 이견의 여지가 없다.

기독교적 박애주의가 초기 기업복지의 중요한 가치관적 토대가 된 또 다른 내용이 성경에 자세히 기록되어 있다. 그것을 신약성서에서 천국을 소개하는 '포도원의 일꾼의 비유'에 잘 나타나 있다(마태복음 20장 1~16절). 이 비유의 내용을 간략하게 소개하자면, 포도원에 품꾼을 고용하기 위하여 포도원 주인이 아침 일찍부터 노동시장에 나가서 하루 품삯으로 한 데나리온을 주기로 흥정하고 오전 7시에 일꾼을 고용하고, 계속해서 오전 9시, 오후 12시, 3시, 5시에 같은 품삯을 주기로 하고 일꾼을 고용하였다. 일하는 장소가 포도원이니 겨울보다는 여름이라고 추정할 때 오전 7시부터 오후 7시까지 일을 했다고 가정하면, 12시간 일한 일꾼과 2시간 일한 일꾼이 같은 임금을 받은 것으로 되어 있다. 첫 일꾼의 임금인 한 데나리온이 적정 임금이라 본다면(그렇다고 생각했기에 일을 시작하였다고 봄) 마지막 일꾼이 받은 한 데나리온은 임금이라고 보기엔 너무 터무니없이 큰 액수요, 그러한 임금체계는 노동시장을 교란하는 것으로 지탄의 대상이 되어도 마땅해 보인다.

아침 7시에 고용된 첫 번째 일꾼들은 근로능력이 최상이라고 인정되는 일꾼일 가능성이 높은 반면에, 오후에 온 일꾼들, 특히 맨 마지막에 고용된 일꾼들은 일반적으로 노동시장에서 '낙오자'로 여겨진다고 볼 수 있다. 오후 5시까지 쓰는 이가 없었던 일꾼들은 노동시장에서는 쓸모없이 여겨지던 잉여 노동력이요, 포도원에서 가장 늦게부터 일할 수 있었던 그날도 그들을 고용한 주인을 만나지 못했다면, 여느 때와 같이 일할 기회를 얻지 못하여 주린 배를 부여잡고, 부양가족을 염려하며 쓸쓸히 발길을 돌림직했을 병약자, 장애인 같은 사회의 취약계층 혹은 빈곤층 노동자였을 것이다. 짐작컨대 마지막으로 고용된 일꾼들은 아예 일자리를 찾아서 나오지 않거나, 몇 시간 기다려 보다 상심해서 발길을 돌렸거나, 아니면 일이 끝날만한 시간에 포도원 문전에서 구걸을 시도 할 가능성이 높은 계층이기도 하다. 이런 일꾼들은 일을 시킬 시간도 한두 시간 남짓하고, 노동능력 역시 첫 번째 일꾼과 비교할 수 없을 만큼 저조한 사람들이었지만(첫 번째 일꾼은 숙련공이고 마지막 일꾼은 미숙련공일 가능성이 높음) 포도원 주인은 이 마지막 사람들에게도 일할 기회를 주었다.

노동시간이나 노동생산성과 무관하게 같은 임금을 준 포도원 주인이 비정상적인 사람이 아니라고 가정한다면, 마지막 일꾼이 받은 한 데나리온은 임금과 복지급여가 결합된 액수이다. 좀 더 정확하게 말하자면, 마지막 일꾼의 임금 1/6만이 임금이요 나머지 5/6는 복지급여라고 볼 수 있다. 첫 번째 일꾼이 받은 임금은 노동의 대가인 '근로임금(working wage)'이요, 마지막 일꾼의 임금은 노동생산성이나 생산량과는 거리가 먼 '사회임금(social wage)'이라고 볼 수 있다. 즉, 주인은 마지막 일꾼이 받은 급여의 대부분인 복지급여를 임금에 포함시켜 일방적인 수혜가 아닌 노동의 대가인 임금으로 제공한 것이다.

기록된 인류의 역사에서 가장 오래된 기업복지에 대한 기록에 나타난 내용이 근로자의 생산성, 생산량, 근로자로서의 자질 등에 따라 차등 지불되는 현재의 기업복지제도보다 근로능력 혹은 생산성 등의 특성보다는 기본적인 욕구충족을 보장하는 복지국가의 원리와 더 맞닿아 있다. 실제로 복지국가의 이념적인 기초가 생성되던 19세기 중반, 경제사회주의(social economy)를 주창한 John Ruskin은 그의 저서 《이 마지막 사람에게도(Unto this Last)》에서 이 포도원의 일꾼의 비유를 예를 들어 노동자는 노동할 권리가 있으며 노동의 공평한 보수로 생존하는 것을 생존권이라고 보았다(Ruskin, 1862). 비록 이 비유가 기업복지보다는 복지국가의 원칙에 더 근접하다고 보여지나 근로자의 기본적인 욕구를 충족해주기 위해 부족한 임금에 복지급여를 얹어서 인간다운 생활을 영위할 수 있도록 배려해 준 초기 기업복지의 개척자들에게서 기독교적 박애주의의 흔적과 영향력은 충분히 짐작되고 남음이 있다.

3. 온정주의

온정주의(paternalism)는 정부나 어떤 조직이, 종사자에 대하여 가부장적 가족관계의 모델에 따라 보호 · 규제하는 체계를 말한다. 이런 관계는 아버지가 의식주 및 교육 등 생활 전반에 걸쳐 자녀를 보살피고, 자녀는 부모의 은혜를 갚는다는 차원에서 아버지의 명령에 순종하고 따르는 효도의 형태로 나타난다. 이러한 가족관계에서 파생된 온정주의적 관계는 권력자가 지배하는 것이 피지배 계층에게는 최상의 이익을 보장하는 것이라고 주장하면서 사회적, 경제적, 정치적 불평등을 합법화하는 역할을 하기도 한다. 봉건주의 사회에서 대토지를 소유하고 있는 영주 밑에서 영주의 경제활동을 수행하는 데 필수적인 생산수단인 노동력을 가진 농민의 입장에서, 경제적인 분야뿐만 아니라 경제외적 부문까지 강제수단에 얽매일 수밖에 없는 이유는, 외부의 침입에 대한 대비 및 농업을 통한 생계유지활동 등 방어수단과 토지를 가진 영주의 보호와 도움이 없이는 연명할 수 없는 상황으로 인해 종속적 상황에 처하게 되었기 때문이다. 온정주의가 정치세력에게 이용된 사례는 Bismark의 사회보험제도의 도입을 통해 여실히 드러났고, 기업사회에서는 노사관계 및 기업복지제도를 통해 그 영향력을 과시해 왔다.

온정주의는 노사관계를 대등한 인격자 상호 간의 계약에 의한 권리 · 의무관계로 보지 않고, 사용자의 온정에 따른 노동자 보호와, 이에 보답하고자 더욱 노력하는 노사 간의 협조관계로 보는 것이며, 합리적인 계약관계 대신에 서로의 정감(情感)에 호소함으로써 노사관계를 원활하게 하려는 노무관리방법으로 나타난다. 기업 내에서 사용자와 종업원 간의 관계에서 나타나는 온정주의의 두 가지 특성은 첫째, 사용자와 종업원 사이의 최소한의 수직적 관계(직무 관계) 이상의 수직적 관계로 나타나고, 둘째 사용자가 근로자의 공식적인 업무활동과 전혀 관계없는 부문에 관심을 표명하는 것이다(Bennet, 1963). 전자는 직장의 상사가 업무와 무관한 부문, 예를 들면 부서 직원의 사생활에 수직적인 영향을 끼치는 상황이고, 후자는 회사에서 업무와 전혀 관계없는 종업원가족의 경조사 및 개인 사생활에 관심을 갖고 후원하거나 보조하는 경우를 말한다. 업무와 관계없는 부하직원의 사생활에 간섭하고 압력을 넣는 강도가 높을수록, 회사의 업무와는 관계없는 부하직원의 사생활에 관심어린 지원과 협조가 높을수록 온정주의의 색채가 짙다고 볼 수 있다. 이러한 온정주의적인 관계를 통해서 종업원은 회사에 대한 애착심과 충성심을 표현하고, 회사에서는 그에 대한 반대급부로 종업원과 그의 가족의 건강, 교육, 경조사 등의 개인적인 문제에 협조 내지 지원하는 기업복지제도를 제공한다.

온정주의는 기업복지역사 초기의 기업복지 실시이유로 인도주의와 함께 양대 축을 형성해 왔으나, 산업화 과정 및 정치, 경제, 사회운영체계가 과학적이고 전문적으로 진화해 오면서 선진기업사회에서는 퇴조를 거듭해 왔다. 특히, 미국에서는 노동조합의 거센 반발과 단체교섭제도의 정착 등으로 인해 수평적인 노사관계가 수립되면서 기업 내에서 온정주의의 색채를 찾아보기가 매우 힘들어졌지만, 우리나라나 일본에서는 아직도 산업적 온정주의 혹은 신 온정주의(neo-paternalism)를 기반으로 한 공동적 조합주의(communal corporatism)가 아직도 만연하고 있다. 신 온정주의에 기초한 공동적 조합주의란 자비와 충성심을 근본으로 하는 전통적인 가족적 온정주의의 특성이 기업사회의 제도적인 규율과 절차, 예컨대 임금체계, 근무 수칙, 기업의 원칙 및 정책 등에 녹아 들어가 있는 현상을 말하며(Nishio, 1982), 우리나라나 일본기업복지의 전형적인 이념적 기초라고 볼 수 있다.

4. 특전의식

기업복지의 의미 있는 가치관적 배경으로 특전의식(privilege)을 들 수 있다. 왜냐하면 기업복지 급여혜택의 근거가 특정기업에 고용이라는 자격에 있기 때문이다. 기업복지가 개별기업에 의한 선택적 보상의 성격을 내포하고 있기 때문에 기업복지를 제공하는 기업에 고용되었다는 것, 기업복지제도 중 기업복지 시행세칙에 준하여 일부 근로자만이 혜택을 누리거나 차등으로 지급되는 복지제도를 통해 혜택을 누리게 되는 경우, 기업복지가 자발적인 제공이라는 측면에서 보면 근로자의 권리가 아니라 은혜 혹은 특전이라고 볼 수 있다. 특히, 19세기 기업복지의 생성기에 기업복지는 기업주의 일방적인 선물의 성격으로 자애로운 기업주에 의해 선택받은 근로자의 행운의 의미가 담긴 특전으로 인식되었다.

기업복지의 특전적인 성격은 기업복지가 포함된 민간복지의 특성에 의해 설명될 수 있다. 민간복지의 영역에는 가장 오래된 가족제도를 통해 지속되어 온 '연 복지'와, 인류가 농경사회를 이루어 정착하면서 도시, 국가 등의 집단체계가 형성되면서 생기게 된 '자선복지' 또 산업사회의 출현과 동시에 모습을 나타낸 '기업복지'가 있다. 민간복지는 일반적으로 가족주의, 인도주의, 공동체의식의 발로로서 복지제공자가 복지수혜자에 비해 우월한 위치로 부상하여 낙인 등의 문제를 유발하지만, 제공자의 동기가 인도적 · 종교적 측면의 자기만족의 성격이 있다고 볼 수 있어서 대상에게 어떤 반대급부를 기대하거나 요구하지 않는 성격도 내포하고 있다. 민간복지의 세 영역 중 제도화된 자선복지와 기업복지를 따로 떼서 비교한다면, 자선복지의 이념적 기초는 인도주의(인본주의, 박애주의)로서 인간 대 인간으로 수평적 성격이 현저하게 나타나는 반면, 기업복지는 인도주의보다는 온정주의에 기초하여 고용주와 종업원 간의 수직적 성격이 강하다. 또한 종교적 신앙에 기초했거나 인도주의적 자선복지는 제공자가 수혜자에게 요구하는 것이 일반적으로 선언적이고 구체적이지 않은 편이다. 예컨대, 종교적 신앙을 바탕으로 한 인도주의적 사역을 살펴보면 기독교에서는 라틴어의 코람 데오(coram Deo), 즉 '하나님 앞에서'를 강조하는데, 이것은 자선활동이 신에게 구원받아 영혼을 빛진 자가 신에 대한 의무로서 당연히 해야 할 것을 강조하고, 또한 자선을 행할 때는 "오른손이 하는 것을 왼손이 모르게 한다."는 극단적인 은밀성을 강조하고 있다. 유교에서도 '의(義)'의 개념이 '보상을 바라지 않은 행동'이라고 규정하고 있다.

그러나 기업복지의 중요한 이념적 토대 중 하나인 온정주의는 전기한 바와 같이 종업원을 기업의 가치관에 통합시켜서 생산성 향상과 사회통제의 수단으로 사용되어 왔다. 복지혜택을 충분히 누린다고 생각하는 근로자는 현재의 특전을 계속 유지하기 위해서, 그렇지 못한 근로자는 복지혜택을 더 얻기 위해서 기업주의 눈치를 보지 않을 수 없게 된다. 사용자는 종업원에게 복지를 제공하고 그 반대급부로 애사심과 충성심을 요구하는 기업복지는 일방통행적인 성격이 강한 자선복지보다는 '누이 좋고 매부도 좋은'의 상호교환의 성격을 띠고 있다.

20세기 중반에 접어들면서 온정주의와 일방적인 시혜라는 인식을 기초로 한 특전의식은 노사 간의 단체교섭제도가 정착되기 시작하면서 점차적으로 수그러들기 시작하였다. 그럼에도 불구하고 기업복지체계에 내재되어 있는 특전이라는 가치관은 기업복지가 노동의 대가가 아닌 기업주의 자발적인 제공이라는 면에서 기업복지의 중요한 가치관 중 하나로 자리매김을 하고 있으며, 기업의 고위직급(senior executive)에 있다는 이유로 잘 드러나지는 않지만, 상상을 초월한 기업복지 혜택을 누리는 경우에는 특전의 성격이 역력하게 나타난다. 이와 같이 기업복지의 비임금적인 성격으로 미루어 볼 때 기업복지가 근로자의 권리로 변화되지 않는 한 기업복지의 특전적인 성격은 지속될 것으로 보인다.

5. 연대주의

연대주의(solidarity)에 대한 내용을 사회과학 관련 사전 등에서 찾아보면 대체적으로 사회연대주의(social solidarity)에 대한 내용이 언급된다. 사회연대주의란 사회의 구성원 간에 만들어 지는 밀접한 상호 의존의 상관관계에서 구성원들이 자기의 행동에서와 같이 타인의 행동에 대해서도 책임을 짐으로써 이 행위로 만들어지는 이익을 함께 향유하려는 사상으로 정의된다(우재현, 1985). 사회연대주의적 이념의 핵심은 이해관계가 서로 다른 기층민중 간의 타협을 유도하거나 이들의 단결을 통해 힘을 얻기 위한 관계라고 할 수 있고, 이러한 내용은 Durkheim의 '기계적 연대'와 '유기적 연대'에 자세히 기술되어 있다. '기계적 연대'란 Durkheim에 의하면, 상대적으로 단순한 사회구조와 노동 분화의 수준이 낮은 사회에서 나타나며 동질적 유사성에 기초한 연대를 말한다. 이러한 동질성은 공통의 경험과 믿음을 바탕으로 서로 이어져 있기 때문에 이러한 '공유된 믿음'의 강도는 커서 개인을 억압하여 공동체의 관습적 삶에 복종하도록 강요한다. 반면, 유기적 연대는 사회 구조의 복잡성이 증가하고 노동 분화의 수준이 높은 사회를 말하며, 사회가 발달하는 과정에서 진행되는 직무의 전문화와 사회적 차이의 증가는 유기적 연대라고 부를 수 있는 새로운 질서를 가져왔다고 주장하였다(위키백과).

기업복지의 기초가 되는 가치관을 구태여 사회연대주의에 의거해서 연결을 시도한다면, 그것은 Durkheim이 정의한 '기계적 연대'에 해당된다고 할 수 있다. 기업주가 기업복지라는 수단을 빌미로 의도하고 추구하는 연대란 동질적 유사성인 '공유된 믿음(근로자가 고용된 회사에 대한 소속감)'이며, 기업복지가 종업원 개인을 기업공동체의 목적과 방침에 복종하기를 강요하는 기제로 사용된다고 판단된다.

기업은 온정주의적 긴 팔로 근로자와 그의 가족들에게 다양한 복지 급부를 제공함을 통해 기업연대주의를 고취하려고 시도해 왔으며, 일본의 기업노조를 전형적인 예로 들 수 있다. 이에 대해 Titmuss는 기업복지의 발달이 사회 전체(기득권층/소외계층, 부유한 자/빈곤한 자…)의 통합을 저해하는 부분적인 통합이라고 탄식한다고, Reisman은 그의 저서에서 기술하였고, 더 나아가서 그는 기업복지가 기업의 막강한 힘을 더욱 강화해주는 역할을 하는 것이 마치 중세 천주교의 무소불위의 권력을 지탱할 수 있게 해준 고해성사와 성만찬과 같은 기능을 하고 있다고 지적하였다(Reisman, 1977). 기업복지가 사회통합에 걸림돌이 되는 내용에 대해서는 기업복지의 사회적 효과를 논하는 제8장에서 자세히 기술될 것이다.

6. 선별주의와 잔여주의

사회복지의 이념적 배경을 자유와 평등의 개념을 중심으로 나누면 보편주의/선별주의와 제도주의/잔여주의의 대칭적 개념으로 분류할 수 있다. 평등이라는 본질적인 가치관에 포함되는 이념이 보편주의와 제도주의라면, 자유라는 가치관에 포함되는 이념은 선별주의와 잔여주의이다. 사회복지에 관계되는 행위자의 입장에서 보면 제도주의/잔여주의는 복지의 제공자에 초점을 맞추고 있는 데 비해 보편주의/선별주의는 복지의 수혜자에 관한 내용이다. 한 꺼풀 벗겨서 살펴보면, 제도주의에서 복지의 제공자는 국가(공공복지)이고, 잔여주의에서 강조하는 제공자는 개인이나 민간기관 등(민간복지)이며, 보편주의에서 보는 복지수혜자는 전체 국민인 반면, 선별주의 측면의 복지 수혜자는 복지를 필요로 하는 국민 중 선별과정을 통해 선정된 소수라고 보면 된다.

평등이라는 가치관의 범주에 속하는 제도주의/보편주의에 비해, 자유라는 가치관에 포함되는 잔여주의/선별주의에 관한 논의는 사회문제의 '책임소재'의 규명에서 시작된다. 잔여주의적인 관점에서 살펴보면, 전통적인 농경사회에서는 개인의 생계가 유지될 수 없는 빈곤 등의 문제의 책임을 그 자신과 가족에게 있다고 여겼고, "가난 구제는 나라도 못한다."는 우리나라의 속담이 이런 인식을 대변해주고 있다. 그러나 자본주의 시장경제체제의 산업사회가 도래하면서, 자유방임이라는 원칙을 기반으로 한 자본주의 체제 속에서 극한 상황의 경쟁구조가 정착되면서 노동력 같은 개인적 자질이나 재화가 부족한 사람들은 경쟁위주의 경제체제에서 밀려나기 시작하였다. 자본주의 가치관의 한 축을 이루고 있다는, '경쟁에서 뒤처지는 현상은 자연적인 현상이기 때문에 개입을 필요로 하지 않는다'는 이른바 사회적 진화론(social darwinism)의 위세는 사회의 공동적인 개입마저 비판의 대상이 되었다.

그러나 자본주의 시장경제체제 자체에는 근본적인 결함이 없으나 산업사회에서 나타나는 빈곤 등의 사회문제는 자본주의 시장경제체제의 기능적인 문제와 연관성이 있고, 또 사회적인 측면에서 갈등을 예방할 필요성 등이 인정되어 자율성을 바탕으로, 시장의 효율성을 크게 저해하지 않는 한 임시적이고, 한시적이며, 보충적인 최소한의 개입을 인정하였다. 즉, 빈곤의 책임이 그 자신이나 가족에게 있으니, 해결책임도 역시 그들에게 있다는 논리를 바탕으로 인도적인 혹은 종교적인 견지에서 도울 의향이 있다면 자발적인 민간복지를 통해 복지를 제공하는 것이 바람직하고, 그것으로 부족하다면 국가의 입장에서 급여 수준이 낮은 최소한의 복지를 최후의 보루로서 제공하는 것이 잔여적 복지의 핵심적인 내용이라고 볼 수 있다. 동일한 맥락에서 볼 때, 복지제공자의 입장에서 선정의 기준이 복지욕구보다는 수급조건을 더욱 중요시하여, 수급조건에 부합하는 복지대상자를 까다로운 관료주의적 과정을 통해 선정하는 것이 선별주의라고 할 수 있다.

제도주의가 출현한 배경을 살펴보면, 일을 하기 위해서는 직장이라는 구조적인 체계가 필요해지고, 기업이 국가를 포함하는 거시적인 산업구조 속에 핵심으로 자리 잡으면서, 자본주의 시장경제체제는 '보이지 않는 손'에 의해(수요와 공급이) 자율적으로 규제가 되기 때문에 자율성을 침해하는 외부의 개입은 전혀 필요하지 않다고 주장한다. 그러나 자본주의 시장경제체제는 '보이지 않는 손' 의 비효율성 내지 역기능에 의해 파탄의 위험에 처하고 급기야는 세계경제 대공황이라는 세계적인 참사에 직면하게 되면서 '보이는 손'인 국가의 개입을 절실히 요구하게 된다. 자본주의 시장논리의 모순과 문제가 수면 위로 부상하던 20세기 초반부터, 공급이 수요를 창출한다는 '보이지 않는 손'의 신화가 깨어져 가면서 실직 사태가 봇물처럼 터지고, 실직 등으로 인해 야기된 빈곤문제가 개인의 문제(게으름 등)가 주요 원인이 아니라 자본주의체제의 구조적 모순이라는 사실이 구체적으로 드러나며 "빈곤이 그들 자신의 책임이 아니다(No faults of their own)."라는 인식이 확산되기 시작한다. 빈곤문제해결의 책임 역시 그들 자신보다는 구조적 환경에 있으며 그 환경을 대표하여 집합적 책임이 있는 국가가 빈곤 등의 사회문제에 개입해야 할 당위성이 설득력을 얻었다. 이러한 맥락에서 빈곤의 책임이 빈곤자 자신보다는 외부에 있다는 인식이 확산되면서 국가는 사회문제해결에 의무를 가지고 개입하게 된다. 또한 사회문제로 고통을 당하는 집단이 경제 · 사회구조의 피해자로 인식되어, 사회적으로 보상받을 권리인 사회권(social rights)을 획득하게 되고, 그러한 권리는 국민이면 누구나 누릴 자격이 있기에, 욕구(need)가 있다면 개인의 자격이나 기타 상황에 관계없이 누릴 수 있다고 보는 것이 보편주의이다.

이러한 가치관들을 기업복지와 연결해서 생각하면, 제도주의/잔여주의의 논의는 일차적으로 국가와 기업 간의 관계를 규명하는 배경이 된다. 즉, "근로자와 그의 가족의 복지문제에 대한 일차적인 책임을 누가 지는가?"에 대한 태도에 따라 제도주의 혹은 잔여주의의 성격이 나타난다. 국가가 전적으로 나서서 근로자의 근로 중단 시 근로자와 그의 가족이 생계유지와 삶의 질 향상에 주도적인 역할을 한다면, 그것은 높은 수준의 제도주의라고 할 수 있고, 국가는 근로능력이 없는 집단에게 복지를 제공하고(공공부조), 근로자와 그의 가족의 기본적인 욕구충족과 삶의 질 향상의 책임을 기업에게 전가한다면 그것은 잔여주의의 전형이라고 볼 수 있다. 이와 같이 기업복지가 그 사회 복지체계에 중요한 위치를 차지한다면 그 사회는 잔여적 성격이 강하고, 반대로 그 사회에서 기업복지의 기능과 역할이 주변적이거나 미미하다면 그 사회의 복지제도의 성격은 제도주의적인 형태라고 볼 수 있다.

기업복지의 입장에서 보편주의/선별주의 여부를 관련짓는다면, 단연 선별주의가 기업복지의 가치관적 기초가 된다는 것에는 의심의 여지가 없다. 기업복지체계의 내용을 세심히 들여다보면, 기업복지는 직급, 근속연수, 정규직 여부, 작업내용(사무직/생산직), 심지어는 성별에 따라 구별된다. 이와 같이 기업복지는 복지욕구에 따라 제공되기보다 제공자에 의해 결정된 수혜자격에 준해서 제공된다는 잔여주의 특성이 그대로 반영되는 전형적인 선별주의적인 제도라고 규정할 수 있다.

7. 성취 및 대가원칙

기업복지의 이념적인 기초로서 두 가지 가치관을 선택한다면 주저하지 않고 온정주의와 성취 및 대가원칙을 꼽을 수 있다. 나라에 따라 시기마다 차이는 있지만, 1950년대를 기준으로 기업복지 역사의 전반부에는 온정주의적 색채가 더욱 짙었다고 본다면, 후반부에는 성취 및 대가원칙이 더 의미 있는 이념적 배경으로 확고한 위치를 점유 해왔다고 판단된다. 기업복지는 사회복지체계의 일부이지만 일반적으로 인간의 사회적 욕구 충족보다는 노동윤리(work ethics)에 더욱 충실해 왔다고 보인다. Titmuss에 의하면 기업복지는 인간의 사회적 욕구의 충족의 기준이 인간의 필요 혹은 욕구(social needs)라기보다는 개인의 장점, 근로 여부, 생산성, 생산량에 치우쳐 있다고 보았고(Titmuss, 1974), 그것은 선별주의원칙에 의거하여 직급, 근속연수 등을 기준으로 하여 차별적으로 제공하는 행태로 나타나고 있다. Gil은 기업에 필요한 노동력을 확보하기 위해서, 직급에 따라 차별적으로 제공되는 기업복지혜택이 생산활동에 직접적으로 연결되지 않음에도 불구하고, 복지제도 같은 보상체계에까지 동기를 유발하는 기제를 심어 놓았다고 지적하였다(Gil, 1970).

기업복지의 중요한 가치적 배경으로 자리 잡고 있는 성취 및 대가원칙은 인간에게 주어지는 기회가 시장에서 결정된다는 자본주의 원칙의 중요한 이념적 기초의 역할을 담당하고 있다. 자본주의체제의 배경이 되는 가치로서 자유(방임), 개인주의, 사회적 진화론, 성취 및 대가원칙, 불평등을 들 수 있다. 물론 기술된 5가지의 가치관에 의해 필연적으로 파생되는 불평등과 부익부 빈익빈 현상에 대한 근원적인 처방으로 개신교 원리인 청빈과 청지기 의식이 자본주의 이념적 기초에 포함되어 있지만, 후에 기술된 두 가지 가치관은 기업복지보다는 공공복지의 기초가 되는 가치관이므로 작금의 논의에서는 제외시킨다.

자본주의의 효용성에 대해 논하자면 다양하고 복잡한 설명과 분석이 필요하지만 쉬운 말로 요약해서 표현한다면 '인간을 최선을 다해 노력하게 하는 방법' 혹은 '물불을 가리지 않게 일하게 하는 원칙'이라고 해도 큰 무리는 없을 것이다. 우선 자본주의체제는 자유방임 원칙을 통해서 자본주의 산업사회 이전에 봉건지주의 이익을 위해 일하던 전문적인 지식과 기술을 겸비한 부르주아 계급(성 안에 사는 사람들)이 독립해서 소신껏 일하고, 최선을 다할 수 있는 환경을 제공한다. 개인주의 사상은 자본가, 노동자 할 것 없이 개인의 이익을 맘껏 추구함을 통해 사유재산을 보유할 수 있기에 자발적으로 한계에 다다르도록 일하게 만든다. 사회적 진화론은 경쟁에서 뒤쳐진 자에겐 자연법칙에 의거 하여 도태되어야 한다는 서릿발 같은 경고로 인해 뒤처지지 않도록 배전에 노력을 기울이고, 네 번째 노력한 만큼 자신의 몫이 된다는 성취 및 대가원칙이 인간을 극한의 노력 속으로 몰아넣는다.

성취 및 대가 원칙을 설명하기 위해서 톨스토이 단편소설, 《사람에겐 얼마만큼의 땅이 필요한가?》의 내용을 약술하자면, 제정러시아 시절 바흠이라는 소작농이 있었는데, 그의 일생일대의 소원은 자기 자신의 땅을 갖는 것이었다. 그러한 그에게 천재일우의 기회가 찾아오는데, 해가 뜰 때부터 걸어서 해가 질때까지 출발 지점으로 돌아오면 그가 걸은 땅은 모두 그의 소유가 되고, 그렇지 못하면 땅은 고사하고 1,000루블을 잃게 된다는 제안이었다. 그는 뛸 듯이 기뻐하면 그 제안을 받아들이고 해가 뜨기가 무섭게 온 힘을 다해 뛰게 된다. 해가 뉘엿뉘엿 질 때 가 되어서도 출발지점에 도착하지 못한 그는 죽을 만큼 내 달리게 되고, 드디어 출발지점에 도착한 순간 그는 피를 토하고 죽게 된다. 넓은 토지를 소유하려 악착같이 달려들다 고작 한 평 남짓의 그의 무덤을 시신이 완전히 썩어서 없어질 때까지만 시한부로 차지한다는 것이 어리석은 농부의 이야기이다. 이 이야기에서 성취 및 대가원칙을 나타내는 것은 바흠의 뛰던 모습이요, 그가 주파한 거리이다. 아무도 강요하지 않았는데, 죽도록 뛰던 그의 모습과, 주어진 하루 해 시간에 전문적인 마라토너조차 주파하기 힘든 엄청난 거리는 뛴 것은 성취 및 대가원칙하에 보통 인간은 최선을 다해 노력하고 가히 초인적인 성과(업적)를 내는 것이 가능하다는 사실이다.

톨스토이 단편소설의 예에서 볼 수 있듯 성취 및 대가원칙이 내재된 기업복지제도는 기업주, 근로자 모두 자의에 의해서 최선을 다하게 되고 그러한 노력은 기업주에게 큰 이윤창출을 가능하게 하며, 근로자는 노동의 대가로 받는 임금에 추가된 복지급부를 누리게 된다는 것이다. 이렇듯, 성취 및 대가원칙은 기업복지제도에 으뜸가는 목적 혹은 실시 동기인 이윤창출 기능의 기초가 되고 이에 대한 구체적인 내용은 다음 장에서 상세하게 논의된다.

8. 자유

기업복지의 기초를 형성하는 가치로서 자유에 대해서는 아무리 강조해도 과함이 없을 듯하다. 기업복지가 자율성을 바탕으로 하는 민간복지의 대표적인 분야인 것이 이유 하나요, 기업복지의 정의에 잘 나타나 있듯, 기업복지는 법으로 정한 것, 생산에 필수적인 것, 관행인 것 그 이상의 복지급부라는 특성이 기업복지의 자율성을 여실히 증명하고 있다. 자유의 성격과 관련 주체를 살펴보자면, 자유는 적극적인 측면과 소극적인 측면으로 대별된다. 적극적인 자유란 어떤 목표를 달성하기 위한(free to~) 자유를 말하고, 소극적인 자유란 간섭을 받지 않거나, 속박에서 벗어나는(free from~) 자유를 의미한다. 기업복지와 자유에 대해 관련 당사자를 열거한다면, 그것은 사용자, 근로자, 비근로자로 구분할 수 있다. 그리고 서로 얽혀 있는 관계에서는 관련자 간에 자유는 상호 갈등형태의 역동성으로 나타난다. 홉하우스(Hobhouse, 1964)는 그의 저서 《자유주의(Liberalism)》에서 "보편적인 자유의 첫 번째 조건은 보편적으로 제한하는 장치의 존재이다. 그러한 보편적인 제한 장치가 없는 한 어떤 사람은 자유로울 수 있지만, 다른 사람은 부자유스러워 질 수 있다."라고 언급했다.

기업복지를 통한 자유의 효과도 행위자에 따라 다르게 나타난다. 사용자가 기업복지를 통해 획득할 수 있는 자유의 성격은 소극적 자유로서 기업복지를 통해서 간섭받지 않는 자유를 누릴 수 있다. 사용자를 구속하거나 간섭할 수 있는 대상은 국가와 노동조합이다. 기업에서 기업복지를 적극적으로 실시하는 경우 정부는 근로자를 위한 사회복지정책의 입법을 서두를 필요를 못 느낀다. 그 이유는 국가의 입장에서 근로자의 기본적인 필요를 기업이 적절하게 대처한다고 보기 때문이며, 또 다른 이유는 근로자를 대상으로 하는 사회보장책을 실시하라는 노동조합의 압력이 기업복지를 소극적으로 실시할 때보다 적어진다는 사실이다. 근로자가 기업복지를 통해 그들의 기본적인 욕구가 적절히 충족된다고 여기면 구태여 국가에게 공공산업복지정책을 요구할 필요가 감소된다. 이와 같이 기업복지는 기업주가 복지비용을 부담하는 반대급부로 국가와 노동조합의 구속이나 간섭으로부터 자유로울 수 있다.

근로자의 경우는 반반이라고 보여진다. 우선 기업주가 제공하는 복지혜택을 통해, 빈곤이나 재정적인 이유로 누릴 수 없는 것을 누릴 기회를 가짐을 통해 재정적으로 여유롭지 못해 기대할 수 없었던 풍요로움의 자유를 향유할 수 있다. 반면에 기업복지의 온정주의적인 성격과 선별적인 특성으로 인해 기업주에게 종속되는 경향이 농후하고, 현물이나 서비스 및 시설로 제공되는 기업복지제도의 특성상 현금같이 선택할 수 있는 자유가 제한된다.

마지막으로 기업복지로부터 제외되는 비정규직 근로자나 노동능력이 없는 빈곤자의 경우에는 기업복지의 확산으로 인해 빈곤에서 벗어날 수 있는 기회를 원천적으로 봉쇄당할 가능성이 높아진다. 기업복지가 활성화된 국가라는 의미는 공공복지가 상대적으로 미흡하다고 할 수 있고, 공공복지 확대에 대한 압력이나 요청도 미약하다고 볼 수 있다. 근로능력이 없는 자나 비정규직같이 기업복지혜택에서 제외된 집단에게 유일한 희망은 공공복지의 확대인데, 기업복지의 확산이 공공복지의 발전을 원천봉쇄하는 결과를 초래함으로 인해 기업복지에서 제외된 자들에게는 빈곤의 속박에서 벗어나기 힘들어진다. 이와 같이 기업복지가 자율적인 특성으로 인해 자유의 증가를 가져오지만 그것은 소외계층의 희생의 대가로 얻어지는 기득권층의 자유임에 틀림이 없다.

Chapter 03

기업복지의 이론적 배경

1. 기업복지 관련 연구의 실태
2. 기업복지체계의 접근방법
3. 기업복지 관련 이론

1. 기업복지 관련 연구의 실태

우리나라의 기업복지에 관련된 학술적인 연구가 매우 일천하고 미흡하다는 내용은 머리말에서 이미 밝힌 바 있으나, 미국 등의 기업복지 선진국의 체계적인 연구도 타 학문 분야에 비해서 매우 낙후되어 있다고 볼 수 있다.

서구에서의 경우 기업복지에 관한 일반적인 연구는 지속적으로 진행되어 왔고, 특히 기업복지제도 중 전문적 상담 프로그램인 근로자 지원 프로그램(EAP)에 관해서는 활발한 연구가 진행되어 오고 있지만, 기업복지제도의 평가, 특히 기업복지제도의 수익성 평가에 대한 연구는 전무한 실정이다. Root(1982)는 그 이유로 근로자복지(employee benefits)는 주로 노무관리분야에서 다루고 있으며, 각 기업별로 실시되는 기업복지제도의 특성 상 종합적이고 체계적인 연구가 이루어지기 어렵다는 점을 들고 있다. 매년 미국상공회의소(U.S Chamber of Commerce)에서 미국 내의 2,000여 개의 기업을 상대로 기업복지의 실태를 조사하여 발표하고 있으나, 그것은 미국 전체의 개괄적인 자료로서 체계적이고 학술적인 연구는 전혀 아니며, 또한 개별 기업에 관한 내용과는 거리가 멀다. 기업복지제도는 기업의 개별적인 의도와 필요성에 의해서 실시되는 것이고, 기업 간의 경영전략과 맞물려 있어 대외 기밀시되는 경우도 있기 때문에 대외적으로 알려진 기업복지제도에 관한 평가지표에 관한 내용은 찾기가 매우 어렵다고 할 수 있다.

2. 기업복지체계의 접근방법

기업조직의 이윤추구라는 존재 목표를 성취하는 경영 측면의 기능과 근로자와 그의 가족의 기본적인 욕구충족부터 삶의 질을 향상하는 사회복지 측면의 기능을 양 날개로 하는 기업복지의 접근방법을 크게 두 분야로 구분할 수 있다. 하나는 제공 주체를 기준으로 하는 접근방법으로서, 기업 자체의 내부적인 필요성에 의해 기업복지가 형성되고 발전했다는 기업 중심적인 시각과, 국가의 제도적인 개입과 제약으로 인해 기업복지가 발달했다는 국가 중심적 시각이며, 세 번째는 기업 자체의 필요성과 국가의 공공산업복지 정책이 혼합되어 성장하고 발전했다는 상호작용적 접근방법으로 분리해서 살펴볼 수 있다. 이 책에서는 이러한 접근방법을 주체 · 환경적 접근방법으로 명명하여 분석을 시도한다.

또 다른 접근방법은 사회복지학의 접근방법에 따라 기업복지에 접근하는 방법이다. 일반적으로 사회복지학은 크게 두 개의 축을 주축으로 접근하는데, 하나의 축은 거시적 접근방법으로 제도론이라 일컬어지는 사회복지정책과 행정을 주축으로 형성되는 흐름이고 다른 하나는 미시적 접근방법으로 사회복지 실천적인 면에서 접근하는 흐름이다. 이 책에서는 전자를 제도적 측면의 기업복지로 분류하고 후자는 실천적 측면의 기업복지로 나누어 논의한다.

1) 주체 · 환경적 접근방법

기업복지연구에 관한 접근방법으로 기업복지의 발전을 국가의 정책의 틀에서 설명하는 방법과, 기업 자체의 결정방식과 요인에 초점을 맞추어 이해하고 설명하는 방법이 있다. 기업복지의 발달을 국가의 정책지향 혹은 시장개입방식에 따라 이루어지고 있다는 데 주안점을 두는 국가정책론적 접근방법에 관한 연구는 최균(1992)과 송호근(1993)의 연구로 대표되고, 기업복지의 결정방식과 요인에 대해 초점을 맞추는 기업조직론적 접근방법에 관한 면에서는 홍경준(1996)의 연구가 논의의 중심축을 이루고 있다.

(1) 국가정책론적 접근방법

국가가 주체가 되고 기업이 대상이 되는 국가와 기업 간의 관계를 Rein은 4가지 형태로 구분하였다(Rein, 1983). 첫째는 명령(mandating)으로 국가가 공공산업복지를 법제화하는 형태를 말하며 영국의 사회복지 관련 정책이나 미국의 사회보장법 등을 예로 들 수 있다. 둘째는, 규제(regulating)로 기업에게 제도 자체를 법으로 정해서 강요하지는 않지만, 기업이 실시하는 복지제도가 근로자의 이익에 부합되도록 감독하고 규제하는 것으로, 기업이 실시하는 퇴직연금이 원칙대로 시행되도록 규제 · 감독을 목적으로 하는 근로자 퇴직소득보장법(Employee Retirement Income Security Act)을 실례로 들 수 있다. 세 번째 형태는, 권장(stimulating)으로서 국가가 기업으로 하여금 기업복지를 실시하거나 확대 실시를 위해 세금 감면 등의 방법으로 유도하는 형태를 말하고, 마지막은 후원(supporting)으로 세제 혜택에 한 발 더 나아가서 자금을 지원하거나 여타의 방법으로 기업의 복지활동을 돕는 형태를 말한다. 이 네 가지 형태에서 보면, 명령이 가장 직접적인 통제의 기능을 담당하고 있고, 규제, 권장으로 내려가면서 간접적인 통제의 기능으로 바뀌며 그 강도도 점차 옅어지고, 마지막 후원의 형태는 통제의 영역으로부터 벗어나 있다고 할 수 있다

국가정책론적 접근방법은 최균에 의하면, 경제정책을 중심으로 시장대체 전략과 시장기구 활성화 전략으로서의 시장 순응적 전략과 시장 형성적 전략으로 구분된다. 시장대체 전략은 일반적으로 복지국가의 출현을 통한 사회보장제도의 수립 및 확대와 맥을 같이 하는 것으로서, 국가가 시장에 적극적으로 개입하여 시장의 기능을 대신하거나, 시장의 원리를 수정하는 정책을 실시하여, 노동자계급(working class)의 복지문제도 국가의 책임으로 인식하는 형태로 나타난다(제도주의). 반면, 시장기구 활성화 전략은 국가가 시장에 대한 적응력을 강조하는 시장 순응적 전략(사회통제)과, 일정한 개입과 시장의 비합리적 요소에 대한 소극적인 개입을 통해 시장기능의 재편성 및 시장구조의 정리를 위한 시장 형성적 전략을 포함한다. 따라서 노동자계급의 복지문제는 기업 등의 시장기구에 맡기는 국가의 소극적인 태도로 나타나며 노동자계급의 복지향상요구는 억압되고 배제된다. 이런 맥락에서 최균의 '기업복지발달은 자본노동관계에 대한 국가의 개입방식의 산물'이라고 보는 것이 국가정책론적 접근방법의 대표적인 견해이다(최균, 1995).

이러한 국가 중심적 시각에 대해서 송호근은 최균의 주장이 국가의 개입방식을 단선적으로 파악하고 있다고 비판한다. 시장의 개념은 노동시장, 생산시장, 상품시장, 금융시장 등 다차원적으로 분류되고, 여기에 개입하는 국가의 전략도 복합적이라고 주장한다. 그는 시장을 노동시장과 생산시장으로 구분하고 이 두 시장에 대한 개입방식도 달라서 노동시장에는 시장적응정책으로 대응하고, 생산시장에 대해서는 시장형성정책을 기본원리로 추구함으로써, 자본가의 정치적 지원과 충성의 대가로 국가의 혜택이 제공되는 것이며, 그 혜택의 대가로 기업으로 하여금 복지책임을 담당하게 하고, 이러한 요구가 수용되는 과정에서 기업복지의 발달이 이루어진다고 본다. 즉, 송호근은 기업복지의 형성과 발전을 국가의 '지대추구행위(자신의 이익을 위해 로비, 약탈, 방어 등 비생산적인 활동에 경쟁적으로 자원을 지나치게 소비하는 현상)' 의 결과라고 주장하였다(송호근, 1995).

기업복지발전을 위한 국가 중심적 역할은 국가의 복지정책, 임금정책, 조세정책 등으로 나타날 수 있다. 국가는 공무원연금제도를 통해 기업연금제도의 성장을 자극할 수 있다. 피용자인 공무원에 대한 복지의 향상은 민간부문의 근로자들이 자신이 기업주에

게 유사한 복지제도에 대한 요구의 단초가 될 수 있고, 이러한 현상을 공공복지 전체에 동일하게 적용될 수 있다.

기업복지와 관련된 국가의 역할은 국가의 성격과 정치구조와도 전혀 무관하지 않다. 복지국가의 기여요인 중 국가 행정조직의 중앙 집중적 형태가 중요한 요인으로 자리 잡고 있다. Wilensky는 "정치구조가 중앙집권적일수록 공공복지 지출은 더 높아진다."고 강조했다(Wilensky, 1958). 또한 국가 관료의 청렴성 및 국가능력의 확장에 대한 사회적 합의는 공공복지발전에 전제조건이 된다(Orloff & Skocpol, 1984). 기업복지제도는 위의 서술과 반대의 경우 활성화된다. 그리고 정치권력 및 사회 주도세력의 성격에 따라 국가의 개입 형태는 달라진다. 보수적 자본가집단의 영향력이 강한 경우 개혁적인 공공복지제도의 확충은 어렵겠으나, 노동자 친화적인 진보세력이 사회의 주도 세력일 경우 공공복지를 대체하는 기업복지가 주요 복지체제로 부상할 가능성은 낮다.

고용정책에 있어서 고용관계법에 대한 국가의 태도와 입장이 기업복지제도에 의미 있는 영향을 미칠 수 있다. 예를 들면, 미국의 고용연령차별금지법으로 인해 근로자의 정년 연령이 65세에서 70세로 연장되자 조기퇴직 보너스 같은 기업복지제도가 생겨났다. 국가의 노동정책이 기업의 노동자 전략을 결정하고 그에 따른 기업복지제도에 크게 영향을 미친다는 주장이 설득력을 얻고 있다(김정한 외. 2004)

국가의 기업복지에 대한 조세감면정책과 기업복지 제공에 대한 요구는 기업복지발달에 중요한 요인이 된다. 국가가 기업이 시행하는 기업복지에 대해 세금을 감면해 주는 것을 근로자의 복지에 대한 국가의 책임을 기업에 전가하게 되고, 이에 대한 반대급부의 수단 중에 하나로 조세감면혜택을 이용한다. 또한 정부가 기업에 복지 제공을 요구하는 경우 당연히 기업복지가 성장하는 것이 논란의 대상이 될 수 없다. 이런 상황은 영국, 네덜란드, 스위스 등 국가가 기업에게 기업연금 실시를 요구함으로써 기업의 복지지출이 급등한 사례로 꼽히고 있다(Esping-Anderson, 1992).

(2) 기업조직론적 접근방법

기업복지의 발달을 설명하는 데 있어서 기업조직의 복지 제공의 필요성을 강조하는 시각은 기업복지를 기업의 내부 노동시장 현상의 하나라고 파악하고, 기업조직의 특성 자체가 내부 노동시장을 형성할 필연성을 제공하였다고 주장한다. 내부 노동시장개념이란 근로자에 대한 보상체계가 이중으로 구분되어 두 개의 노동시장이 존재한다는 이중 노동시장론(dual labor market theory)을 근거로 하고 있으며, 기업규모 간 임금과 고용체계의 차이를 설명하고 대기업과 중소기업 간의 노동이동의 특징을 나타내는 데 주로 사용된다(김정한 외, 2004).

기업복지의 내부적 결정요인을 설명하는 또 다른 접근은 이중노동시장개념과 연결되는 '효율임금구조론'에서 찾아볼 수 있다. 이 이론은 기업이 효율적인 임금을 책정하는 기준을 다섯 가지 모형으로 제시하는데, 그것은 노동이동 모형, 근무태만 모형, 역선택 모형, 선물교환 모형, 노동조합위협효과 모형이다. 효율임금이론에서 나타난 효율적인 임금책정의 기준은 대기업과 중소기업이 임금정책을 수립할 때 각각의 채택 이유와 서로 간의 차이점을 설명해주며 임금뿐만이 아니라 기업복지에 정책결정의 고려사항에 대해 임금과 연관지어 설명하고, 기업규모별 기업복지의 격차에 대해서도 논의를 제공한다(최균, 1995).

기업이 기업복지를 도입 · 확산하는 원인은 기업주들이 노동시장에서 야기되는 예측불허의 불확실성을 줄이기 위한 대안이라는 주장을 담고 있는 것이 불확실성이론이다. 이 이론에서는 기업이 맞닥뜨릴 가능성이 높은 요인들을 네 가지 유형으로 분류하는데, 그중 기업복지와 관련된 요인은 감시의 문제, 통제의 문제, 적응의 문제라고 할 수 있다. 불확실성이론에서는 기업복지의 발달이 기업조직이 노동시장의 수요와 공급과정에서 파생되는 여러 종류의 불확실성에 대해 대응한 결과라고 주장한다.

기업조직론적 접근방법을 설명하는 또 다른 이론은 '관료적 통제이론'이다. 이 이론은 일반적으로 사회통제이론(음모이론)의 범주에 속하는데, 이 이론에서는 기업복지의 도입과 확산의 주된 원인을 노동운동에 대한 합법적인 통제라고 이해한다. 기업에서 기업복지를 실시하는 이유는 노동조합의 결성을 방해하거나, 현존하는 노동조합의 세력을 약화하거나 분열을 초래하여, 기업의 방침에 순응하게 하는 데 사용하는 제도적 장치로 설명한다. 상기된 이론들은 다음 절인 '기업복지 관련 이론'에서 상세하게 기술된다.

(3) 상호작용론적 접근방법(김정한 외, 2004)

이미 살펴본 기업조직론적 접근방법과 국가정책론적 접근방법은 각각 나름대로 기업복지를 설명하는 데 있어서 유용성과 한계가 동시에 존재한다. 실제로 기업복지의 실천현장에서는 국가정책과 기업의 조직성 특성이 맞물려가며 섞여서 기업복지제도에 영향을 끼치기 때문에 어느 하나의 접근방법만을 강조하는 것은 기업복지발달에 대한 통합적인 설명에 미칠 수 없다는 한계에 직면하게 된다. 이런 맥락에서 볼 때 하나의 접근방법이 설명할 수 없거나 설명할 수 없는 부문에는 다른 접근방법의 설명으로 보완하거나 채우는 상호작용론적 접근방법의 도입이 중요시된다.

기업복지에 대한 내부적 필요성이 기업복지의 제공수준을 결정하는 기본적인 요소라는 것은 주지의 사항이지만 기업은 독립적으로 활동하는 것이 아니라 경제적 · 제도적 환경 속에서 이들과 상호작용하면서 자신의 이윤추구와 생존을 위한 최적의 전략을 선택하는 존재이므로 어느 시기에 내부적 필요성 중 어떤 요소가 복지비 지출의 주된 요인으로 작용하는가는 기업이 처한 환경에 따라 다르게 나타날 수 있다.

기업이 통제할 수 없는 경제적 · 제도적 환경을 만들고 기업의 행위에 가장 큰 영향을 미치는 것이 국가이다. 국가는 국민들에게 복종을 요구하는 최고의 억압적 · 재정적 · 사법적 · 행정적 조직이기 때문에, 국가의 법체계 및 정치문화에서 나오는 신호나 유인은 기업의 행위에 직접적인 영향을 미친다. 국가는 기업의 행위에 관한 전반적인 법과 규율을 만들어 내며, 또한 기업이 이를 준수하도록 압력을 행사할 수 있다.

국가는 노동관계법을 통해 기업의 노동통제의 필요성에 영향을 미친다. 국가가 노동조합의 활동을 금지하거나 법적 제약을 가하는 경우, 노동자의 세력이 결집되어 집단적인 힘을 발휘하기 어렵기 때문에 기업이 노동자를 통제할 필요성이 적어지게 되고, 따라서 기업주가 노동자의 단체행동을 방지하기 위해 포섭적인 회유책(기업복지)을 사용할 필요가 거의 없어진다고 볼 수 있다. 이때 기업복지비 지출은 감소할 수도 있고, 아니라면 기업복지를 기업의 조직적 특성이나 경영 전략에 따라 활용하게 될 가능성이 높아진다.

반대로 국가가 노동조합의 활동을 합법적으로 보장하여 노동조합의 세력이 확장되고 노동조합의 단체행동에 대한 개입이 감소한다면, 기업은 직접적으로 노동자를 통제할 필요성을 절감하게 되고, 기업은 근로자의 충성심과 애사심을 고취하며 파업 등의 노동쟁의행위를 방지할 수 있는 무기로 기업복지를 사용하게 된다. 예컨대, 1935년 미국에서 와그너법(Wagner Act)의 제정으로 인해 노동조합이 합법화되자 노조는 기업주의 자유재량을 제한하고 노동자의 의견을 더 많이 반영하며, 고용, 안전, 승진기회, 기업연금 등을 보장하는 인사제도를 채택하도록 압력을 가할 수 있었다. 이러한 노조의 압력에 대처하기 위하여 기업주는 기업복지를 포함한 내부노동시장을 발달시킬 수 있었다.

노동조합이 합법화된 경우, 노동조합의 조직 형태, 단체교섭 등을 규정하는 국가의 노동관계법에 따라 기업복지에 대한 노동자의 선호도는 달라질 수 있다. 노동자의 기업복지 선호도가 높은 경우, 기업복지의 수준과 내용이 단체교섭의 중요한 쟁점이 될 수 있기 때문에 기업주는 노동자의 통제와 충성심을 얻기 위한 도구로서 기업복지를 유인도구로 사용할 가능성이 높게 된다. 이와 같이 서로 상이한 기업 내부의 여러 가지 필요성과 국가의 노동 및 생산시장에 개입하는 각종 전략이 상호작용을 일으키면서 파생되는 복합적인 상황이 기업복지의 발달로 귀결되는 현상이라는 지적의 타당성이 높이 인정된다.

2) 제도 · 실천적 접근방법(조흥식 외, 2005)

사회복지학의 학문적 접근방식에는, 사회복지정책과 사회복지행정을 아우르는 거시적 접근방법(macro aspect)과 개별사회사업, 집단사회사업이 포함되는 미시적 접근방법(micro aspect)이 있으며, 지역사회복지를 지칭하는 중간 영역으로 중간적 접근방법(metro aspect)이 있는데, 기업복지와 직접 관련되는 것은 거시적 방법과 미시적 방법이다. 거시적 접근방법은 사회문제의 근원적인 원인이 사회제도의 결함으로 인해 발생된다는 견해를 바탕으로 제도의 변화를 핵심적인 과제로 삼고 있는 반면, 미시적 접근방법은 개인의 결함에 초점을 맞추어 행동수정 및 인간관계의 조정기술로 문제 해결을 시도한다.

(1) 제도적(거시적) 측면

기업복지에 대한 거시적 접근방법은 위에서 언급된 국가정책적인 접근방법과 궤를 같이하며, 공공산업복지정책이 이에 해당된다. 거시적 접근방법은 기업에서 추구하는 이윤창출과 근로자 복지향상을 위한 제도적 장치수립 및 운영과 기업 내의 사회문제에 대해 제도적인 해결과 변화에 주안점을 두며 이 경우 경영학적인 방법이 주요 수단이 된다. 기업복지의 거시적 접근방법인 공공산업복지정책에서 개입대상으로 보는 문제는 노동시장에서의 경제적 불평등, 노동과정에서 제기되는 각종 개인적 · 사회적 욕구와 노동력의 재생산을 위협하는 질병, 노령, 실업, 산업재해 같은 사회적 위험 등이다.

이런 문제들에 대한 국가의 개입은 노동시장에 대한 개입, 노동과정에 대한 개입, 노동력 재생산을 위한 개입으로 구분된다. 노동시장에 대한 개입은 국가의 임금정책, 조세정책, 노동관계정책 등의 형태로 나타난다, 노동과정에 대한 직 · 간접적인 개입은 근로시간, 산업안전, 보건 등에 관련하여 기업이 기본적으로 구비해야 할 노동조건들을 근로기준법, 산업안전보건법 등의 법률적 장치를 통한 규제로 나타난다. 공공산업복지 정책의 범주 안에서 노동력 재생산에 관련된 국가의 개입은 소득보장의 기능을 가진 사회보험이다. 사회보험은 노동력 재생산과정과 관련하여 국가의 공공재원을 활용하여 직접 사회복지 재화나 서비스를 공급하는 방식으로 개입하는데, 때론 근로기준법을 통해서도 간접적으로 규제하는 방식도 사용되어 왔다.

(2) 실천적(미시적) 측면(조흥식 외, 2001)

사회복지학의 실천적 접근방법으로 근로자와 그의 가족에 복지증진을 목적으로 하는 분야를 전통적으로 산업사회사업(industrial social work)이라고 하는데, 기업복지의 용어부분에서 언급한 대로, 현재에는 산업(industrial) 대신 직업(occupational)으로 교체되어 직업사회사업(occupational social work)이라고 불린다. 미시적인 접근방법으로서의 직업사회사업은 전문적인 사회복지실천기술을 통해 근로자의 사회 · 심리적인 문제의 해결을 돕고 더 나아가 삶의 질 향상을 도모한다.

직업사회사업 혹은 직업사회복지의 개입수준은 우선적으로 개인의 문제이다. 따라서 직업사회복지를 통해 개인이 과거의 효율성과 생산성을 회복할 수 있도록 돕는 것이 사회복지 전문가의 역할이다. 이 수준에서 활용 가능한 개입으로 진단적 평가, 상담, 정보수집과 의뢰, 사례관리, 집단지도 등이 있다. 이런 활동들은 노동집약적인 것이어서 사회복지전문직의 많은 시간과 노력의 투입을 필요로 하는 반면, 기업이 투자해야 할 자원의 양은 상대적으로 적다.

다른 차원의 개입수준은 기업 자체의 내적 구조나 작동과정과 관련되어 있다. 사회복지전문직의 역할은 기업에 영향을 주는 내적 · 외적 상황들을 평가하고, 기업이 새로운 상황에 적응할 수 있도록 변화를 계획함으로써 기업조직의 내적 변화를 촉진하는 것이다. 이 수준에서 필요한 개입들은 욕구측정, 계획, 훈련, 평가, 중재, 지지와 같은 것이다. 이 수준에서의 개입은 때론 상당한 규모의 자원투자를 필요로 하며, 작업조직의 정책 및 변화과정을 필요로 하기 때문에 기업의 총수와 같은 고위층의 절대적인 지지가 필수적이다.

직업사회사업의 개입수준에는 기업에 직 · 간접적으로 영향을 미치는 지역사회까지 포함된다. 기업복지의 대상이 근로자와 그의 가족이라는 점을 상기할 때, 특히 근로자의 가족은 근로자보다 지역사회에 더욱더 밀착되어 있다. 사회복지전문가의 역할은 기업과 지역사회 모두 유익하도록 지역사회에 내적 변화가 이루어지도록 지원하는 것이다. 중요한 개입의 형태로 사회계획, 지역사회조직, 대외교섭, 정책분석, 로비활동 등을 들 수 있다. 개입과정에서 기업은 개인이나 조직수준보다 더 많은 자원을 사용해야 하지만, 지역사회 역시 상당한 자원의 투자를 아끼지 않아야 한다. 이 수준의 개입을 통해 기업도 혜택을 입지만, 일차적인 수혜자는 지역사회이기 때문이다.

직업사회사업의 영역은 사회복지의 대상과 겹쳐진다. 기업환경에서 종사하는 사회복지전문직은 기업에 퍼져 있는 다양한 개인(종업원)들의 문제들을 개입의 초점으로 삼기 때문에 상당히 넓은 범위에서 활동하게 된다. 그래서 직업사회복지의 실천은 기업에서 활동하는 다양한 종업원들이 표적집단인데, 거기에는 일반 종업원은 물론 중간 관리자나 최고 경영자까지 포함된다. 사회복지전문가의 개입대상이 되는 문제 역시 다양해서 결혼, 이혼, 출산, 사망 등 중요한 생애주기 속의 상황뿐 아니라, 건강, 이직과 퇴직, 성희롱과 집단적 학대 및 괴롭힘, 동료와의 부적응 등 기업 내 작업환경에서 발생할 수 있는 각종 갈등상황과 배우자 혹은 자녀와 갈등, 음주 및 약물 등 기업 외의 문제 모두가 포함된다.

직업사회사업의 일반적인 영역은 근로자 상담(employee counseling)이라 불리는 전통적인 영역이다. 이 영역의 직업사회사업의 핵심영역으로 특히 직무 수행에 관련하여 근로자가 가지게 되는 개인적 · 정서적 · 행동적 문제에 대처하기 위한 사회 · 심리적 서비스, 규정, 정책 등으로 특정지어진다. 동시에 이러한 실천영역은 건강의 유지 및 증진, 질병의 예방 프로그램을 수반한다.

직업사회사업의 실천영역은 기업조직 그 자체이다. 이 경우 기업에 소속된 근로자 전체의 이해관계나 욕구와 관련된 광범위한 정책이나 서비스를 개발하고 시행한다. 구체적인 활동으로 기업이나 노동조합의 후원에 기초한 근로자 가족을 위한 탁아(day care)서비스 제공, 기업복지급여체계의 설계 및 확정, 근로자 가족에게 긴장과 스트레스를 초래하는 인력배치정책의 재검토, 평등고용과 차별철폐 등을 포함한 공정한 사규의 설계 및 정비, 투명하고 공정한 경영방침에 관한 협의 및 개발, 혁신적이며 전향적인 퇴직, 부분 퇴직 프로그램의 개발, 안전 및 건강증진을 위한 작업환경의 조성 등이 있다.

서비스 업종의 비중이 급격히 확대되는 상황에서, 산업계와 기업이 점차로 고객과의 접촉빈도가 많아짐에 따라, 이들에게 제공하는 서비스의 중요성이 점차 커져왔다. 소비자의 특수한 욕구에 부응하는 독특하면서 광범위한 서비스의 필요성이 대두되면서 기업의 여기에 대한 관심 역시 증대하고 이는 실정이다. 소비자서비스 모형은 특히 취약한 소비자나 고객에게 사회복지적인 개입을 행하는 실천영역으로 소비자 교육활동, 회사의 상품이나 서비스 제공, 단기 상담 등이 구체적인 사역에 포함된다.

직업사회복지의 대외적인 실천영역으로 기업을 둘러싸고 있는 지역사회를 경제적, 사회적으로 보다 풍요롭게 하기 위한 기업의 다양한 노력들이 있는데, 이것은 흔히 기업의 사회적 책임으로 요약된다. 이모형은 지방세제, 고용기회, 생필품의 가격과 품질, 거주비용, 치안 등 지역사회의 다양한 요소들이 기업의 생존과 발전에 직 · 간접적으로 영향을 미친다는 사실에 착안하여 발전해 왔다. 이 모형에 따른 대표적인 실천방법은 지역사회 주민들의 복지증진을 위해 다양한 물적 · 인적자원을 기부하는 것이다.

직업사회복지의 마지막 실천영역은 기업이나 근로자 모두의 삶의 질에 영향을 미칠 수 있는 공공정책영역이다. 이 모형에서 직업사회복지실천은 기업과 근로자의 복지에 직 · 간접적인 영향을 미치는 정부정책, 서비스, 프로그램을 개발하고, 분석하고, 힘을 실어주는 것이다. 정책 입안 및 분석, 프로그램 개발, 정보망 형성(networking) 등이 모형에서 사회복지 전문가에게 요구되는 기술이다.

3. 기업복지 관련 이론

이론의 사전적인 의미는 '사물의 현상이나 이치를 논리적으로 일반화한 체계' 이다. 이에 대해 과학적 방법의 특징을 제시한 F. N. Kerlinger는 "이론이란 현상을 설명하고 예측하기 위한 목적으로 구성된 일련의 상호 연관된 구성관계를 구체화함으로써 그 현상에 대한 체계적인 모습을 제시한다."라고 정의하였다(kerlinger, 1986). 더 나아가서 그는 사회과학이론의 목적을 '인간과 인간 사이의 관계 및 인간과 사회에 대한 현상을 묘사, 설명, 예측하기 위한 것'이라고 기술하였다. 여기에서 설명이라 함은 개념에 대한 조작화의 과정에서 도출되는 변수 간의 인과성을 규명하는 것을 말하며, 이것이 이론의 존재이유(설명 및 예측)로 인식된다. 이론의 또 다른 목적 혹은 기능은 객관적인 면에서 예측을 가능하게 해주는 것이다. 이것은 이론이 사회현상의 독자적인 규칙성을 발견할 수 있게 해줌으로써 가능하다.

이 책에서 이론의 구체적인 내용을 제시하는 이유는 자명하다. 우선 인과성을 규명한다는 면에서 보면, 기업복지의 발달사에 대한 고찰에서, "기업복지가 왜 발달(퇴보)했는가?", "왜 그러한 성격을 띠고 있는가?" 등의 질문에 대한 이유를 규명하는 것이 이론을 통해 가능하기 때문이다. 기업복지의 기능적인 측면에서 보면, "왜 기업복지가 기업에 이윤창출에 중요한 기제가 되는가?", "왜 기업복지를 통해 사회통제를 시도하는가?", "기업복지를 통해서 어떻게 그러한 기능이 실현되는가?" 등의 질문에 대해 그에 관련되는 이론이 그 해답을 제시한다. 기업복지 관련 이론은 현재의 기업복지의 실태나 기업복지의 효과(결과)에 대해서도 근본적인 원인에 대한 통찰(insight)을 제공한다. 이와 같이 기업복지 관련 이론들은 '문제해결'이라는 원초적인 목적을 지닌 기업복지 관련 연구자나 실천가들이 가지고 있는 문제의 원인에 대한 궁금증에 해답을 제시해 주기 때문에 필수적이다.

이론의 또 다른 기능은 예측을 가능하게 해주는 것이다. 이론은 어떤 사회현상에 반복되는 유형(pattern)으로 나타나는 독자적인 규칙성을 제시하기 때문에, 원인에 대한 체계적이고 심층적인 분석이 가해지면 그의 종속변수인 결과에 대한 예측을 가능하게 한다. 이러한 이론의 예측기능을 통해 일반적인 면에서는 기업복지의 현재를 분석함을 통해 기업복지의 미래를 예측할 수 있고, 구체적인 면에서 한국기업복지제도의 분석을 통해, 좁게는 한국기업복지제도의 전망이 가능하고, 넓게는 한국형 복지국가의 청사진 구축에 일부분의 역할담당을 가능하게 한다.

이 장에서는 학문의 원형적인 모형과 제공 주체별로, 기업, 국가, 노동조합과 관련되는 이론이 서술된다. 원형적인 모형은 산업성취수행형 모형이 서술되고, 기업 주체에 관련되는 이론에는, 인간관계이론, 과학적 관리이론, 기능적 능률성이론, 이중 노동시장이론, 효율임금 이론, 불확실성이론, 관료적 통제기제이론이 포함되고, 국가 주체인 경우 동형화이론, 수렴이론, 사회통제이론이 기술되며, 노동조합 관련으로 산업시민권 이론이 소개된다.

1) 산업성취수행형 모형

Titmuss는 그의 저서 《사회정책》(Social Policy, 1974)에서 사회정책을 제도적 재분배 모형(institutional redistributive model), 잔여적 모형(residual model)과 산업성취수행형 모형(industrial achievement performance model)으로 구분하였다. 기업복지의 이론적 토대로 제시된 산업성취수행형 모형은 기업복지제도를 자본주의 시장경제체제의 부속물의 역할을 담당하는 제도로 규명되었다. 학문영역으로서 직업복지는 사회복지에 포함되어 있으면서도 사회통합, 사회공동체 형성 등의 Titmuss가 신봉하는 사회복지의 목적을 위해 존재하는 것이 아니라, 사회복지의 이념과 목표에 상반되고 저해하는 자본주의 원리와 경영학적 방법을 위해 시중드는 모습에 대하여 그는 정면으로 비판하였다. 그래서 Titmuss는 이모형을 시녀 모형(Handmaiden model)이라고 묘사하였다(Titmuss, 1974).

이 모형에서는 개인의 사회적 욕구(needs)가 경영학에서의 분배 기준으로 사용되는 개인의 능력, 재능, 장점, 기여도, 생산성 등에 의해 분배된다고 설명하고 있다. Titmuss는 산업성취수행형 모형의 이론적 기초로서 경제학과 심리학의 노력, 동기, 보상, 계급사회의 형성, 집단충성심 등에 관한 이론들을 열거하였다. Titmuss가 제시한 산업성취수행형 모형은, 전기한 바대로, 사회복지를 세 분야로 분류하면서, 그중 직업복지(occupational welfare)의 이질적이고 (그의 페이비언 사회주의자의 입장에서 볼 때) 반사회복지적인 성격을 고발하기 위해 직업복지의 기반이 되는 모형으로 제시되었으나, 1973년 그의 사망으로 인해 후속적인 연구가 이루어질 수 없었다. 그래서 산업성취수행형 모형이 수록된 그의 저서 《사회정책》도, 그가 사망한 이듬해인 1974년, 그의 아내 Kay Titmuss와 후임자 Abel-Smith의 편집으로 출간되었다.

기업복지제도가 노동인력을 근로자/비근로자, 정규직/비정규직으로 구분하고, 기업규모별, 업종별로 차등화해서 지급하며, 기업 내에서도 직급, 근속연수, 임금, 노조 가입 여부, 성별 등에 따라 차별적으로 지급함을 통해 기업 내외에서 극심한 불평들을 조장하는 것도 산업성취수행형 모형에서 지적하는 직업복지의 본래의 성격으로 인한 것이다. 또한 기업복지가 신 온정주의를 바탕으로 한 기업 가족주의로 애사심과 충성심을 고취하는 데 사용되고, 부분적인 결속을 조장함으로 인해 사회 전체의 통합을 저해하는 기업복지의 반사회복지적인 성격 역시 이 모형으로 충분히 설명될 수 있다. 산업성취수행형 모형은 Esping-Andersen이 제시한 복지의 상품화하고도 직결되어 있다. '기업복지가 공공복지와 달리 시장의 결정력을 강화시키고, 자본주의적인 분배관계를 재생산하며, 노동시장의 수요-공급기제와 밀접한 관계를 맺고 있는 시장적 특성을 강하게 지니고 있는 복지재라는 지적(최균, 2002 :178) 역시도 산업성취수행형 모형과 같은 맥락으로 인식될 수 있다.

2) 인간관계이론

인간관계이론(곽효문, 1995)이란 근로자의 생산활동을 물리적 노동조건의 개편이나 경제적 요인만을 동기화하고 설명하고자 했던 과학적 경영방법(Taylorism)의 한계를 지적하고자 Harvard 대학의 Mayo 교수 등이 Hawthone 공장에서의 조명실험, 계전 조립실험, 면접실험, 뱅크 배선 관찰실험을 통해 정립된 이론이다. 결과를 요약하자면 첫째, 생산능률은 동적인 개인의 기분에 크게 의존되어 있기 때문에 작업의 어려움, 물리적 작업조건, 작업시간과 급여의 액수보다 구성원의 일 자체에 대한 태도, 기분 등이 생산성에 큰 영향을 미친다는 것이다. 둘째, 이러한 구성원의 태도와 기분은 그들의 인간관계와 밀접하게 관련되어 있다는 것이다. 조직의 특성이 구성원의 특정 행동양식과 깊은 상관성이 있고, 상사의 지도감독, 상사와 일반구성원 사이의 인간관계, 조직과 조직의 관리방침, 최고관리층의 태도와 행동이 구성원 사이의 태도와 기분, 그리고 감정이나 신념에 커다란 변화를 일으킨다는 것이다. 셋째, 이러한 인간관계는 조직의 공식적 조직보다도 비공식 조직의 영향을 더 크게 받는 다는 것이다. 인간관계이론을 종합하자면, 기업조직은 단순히 물리적, 기술적인 시설뿐만 아니라 인간의 조직체이므로 집단귀속감이나 동료 및 상사로부터의 인정이 근로자에게 만족을 가져다주며 더 나아가서 생산성 향상에 긍정적인 역할을 할 수 있다는 것이다.

인간관계이론을 기업복지의 관점에서 보면, 인간이 단순히 합리적인 인간으로서 물리적 노동조건이나 물질적 동기유발체제에 국한되지 않고 사회 · 심리적측면에서 비합리적이고 복잡하며 미묘한 존재라는 것을 부각시켜 종래의 관리개념을 바꾸어 놓은 중요한 역할을 했다고 볼 수 있다. 그런 맥락에서 인간관계이론은 기업복지의 변천사에서 기업복지발전에 두 가지로 의미 있는 공헌을 했다고 여겨진다. 하나는, 1920년대 말부터 급격하게 기업복지의 퇴조에 박차를 가했던 과학적 경영방법의 한계를 기업사회에 크게 부각시키면서 사회복지가 기업에 정착할 수 있는 과학적인 근거를 마련했다는 점이다. 그때의 상황을 조망하면, 그 시점까지 주를 이뤘던 온정주의적이고 자선적인 기업복지체계의 가장 큰 문제점은 비과학적이라는 지적이었다. 그 시절의 기업복지체계는 빈곤한 사람에게 현금이나 현물 등의 직접적이고 단선적인 지원을 제공했고, 그것은 빈곤 자체의 근본적인 문제의 해결책인 자기주도적인 문제해결능력 배양(전문 사회복지적 접근)보다는, 빈곤의 증상인 헐벗고 굶주림 자체에 대한 구제에 치중하는(구호 사업적 접근) 측면이 강했기 때문에, 전근대적이고 비과학적인 성격이라는 것이 기업복지에 대한 비판의 명분이었고 또한 과학적 관리방법에 의해 기업사회에서 밀려나게 된 주요 원인이었다. 그러나 근로자의 생산활동을 단순히 물리적인 노동조건이나 경제적인 행동만으로 설명하고자 했던 과학적 관리이론의 한계를 명백하게 지적하며, 과학적이고 체계적인 실험을 통해 정립된 인간관계이론이 기업복지의 논리적 · 과학적 기반이 되었다.

인간관계이론이 기업복지발전에 크게 기여한 또 다른 역할은 사회복지학이 경영학과 쌍벽을 이루면서 경영조직인 기업사회에 뿌리를 내릴 수 있는 근거가 되었다는 점이다. 다른 말로 하면, 사회복지 전문실천방법인 직업사회복지가 기업복지실천방법의 하나로 기업사회 내에 자리매김할 수 있는 단초가 되었다는 의미이다. 인간관계이론을 이론적인 근거로 기업사회에 소개한 전문 사회복지 프로그램이 1930년대 미국 기업사회에서 시작되었고, 술 중독 해소 프로그램(Occupational Alcoholism Program－OAP)을 필두로, 1940년대 근로자 정신건강 프로그램(Occupational Mental Health Program－OMHP)이 출현하고, 1960년대에는 마약중독 해소 프로그램, 1970년대에 근로자 지원 프로그램(Employee Assistance Programs－EAP), 1980년대 근로자 증진 프로그램(Employee Enhancement Programs－EEP)의 전통으로 이어져 왔다(이러한 전문 프로그램에 대해서는 기업복지의 역사에서 자세히 서술하기로 한다).

3) 과학적 관리이론

과학적 관리이론(Scientific Management Method－Taylorism) 혹은 과학적 경영방법이 기업복지 관련 이론에 포함된 것은 이 이론이 기업복지의 근거가 되는 이론으로서가 아니라, 그 반대의 이유인 기업복지의 퇴조의 결정적인 역할을 한 이론이기 때문이다. 과학적 관리이론은 온정주의와 인도주의를 바탕으로 한 초기 기업복지의 자선적 특성을 맹렬히 비난하며, 기업조직 같은 과학적이고 체계적인 효율성을 바탕으로 해야 할 조직에 철저하게 비효율적이고 낭비적인 기업복지가 자리 잡고 있음을 통렬하게 비난하였다. 실제로 과학적 관리이론을 정립하였던 창시자 F. W. Taylor는 기업복지를 '장난(joke)'라고 비하하였다(Nelson & Campbell, 1972). 후에 기업복지의 변천사에서 자세히 언급되겠지만, 과학적 관리이론이야 말로, 1920년대 말부터 기업복지를 기업사회에서 몰아낸 가장 으뜸가는 요인이었지만, 아이러니(ironical)하게도 인간관계이론이 정립되게 된 배경도 되었다. 즉, 인간관계이론이 정립되게 된 배경에는 근로자의 생산활동을 물리적 노동조건의 근본적인 변화와 경제적 요인만으로 동기부여를 시도했던 과학적 관리이론의 한계를 증명하기 위해서 출현했기 때문이다. 다음에 기술되는 과학적 관리이론을 위에 기술된 인간관계이론과 비교해서 보면 이해의 폭이 보다 넓어질 것으로 생각된다.

과학적 관리이론이란 '작업관리(work management)' 추세의 일환으로 Frederick W. Taylor가 고안한 관리방식으로 1903년 그가 저술한 《작업장 관리(Shop Management)》에 자세히 수록되어 있다. 이 책에서, 인간의 행동은 기계와 같이 기술적으로 측정되고, 분석되며, 조정될 수 있다는 전제 아래 작업과정의 능률을 최고로 높이기 위하여 시간연구와 동작연구를 기초로 노동의 표준량을 정하고, 임금을 작업량에 따라 지급하는 것이 합리적인 방법임을 주장하였다. 과학적 관리이론의 4가지 내용으로는 첫째, 동작연구를 통해 작업별로 결정하고, 시간연구를 통해 작업자별로 하루 동안의 공정한 작업량을 결정한 후 직무설계를 하게 되는 작업관리라는 핵심부분이 있고, 둘째, 일단 과업이 결정되면 그 과업에 가장 적합한 작업자를 선발하고 그의 과업수행능력을 향상시키기 위해 교육훈련을 실시하며, 셋째, 작업자들이 주어진 과업을 최선을 다해 수행할 수 있도록 성과급제도(piece-rate system)를 도입하고, 마지막으로, 작업조직의 노동생산성을 향상시키기 위해 직능별 직장제도를 도입하여 기획기능과 작업기능을 분리한다(Haber, 1964).

과학적 관리이론은 온정주의 및 박애주의를 바탕으로 하는 기업복지제도를 실시함을 통해 근로자의 자발적인 애사심과 충성을 유도해 온 것에 반하여, 제도적이고 기술적인 통제와 고임금을 통해 근로의욕을 고취함으로써 낮은 원가에 높은 생산성을 이룩하여 기업의 수익성 창출에 크게 기여했지만, 근로자의 사기가 저하되고, 자부심이 결여되며, 근로자의 소외감을 초래하였다(Nelson & Campbell, 1972).

4) 기능적 능률성이론

기능적 능률성이론(functional efficiency theory)은 기업복지제도의 수익성을 제고하는 요인 중 생산성향상의 기초가 되는 이론으로서 기업복지제도가 이윤을 창출하는 투자라는 주장을 뒷받침해 주는 이론이다. 시장에서 경쟁에 노출된 기업이 생존과 발전을 위한 효율성을 높이기 위해 추진하는 관리혁신의 구체적인 내용을 크게 둘로 나눌 수 있는데, 그것은 기계화를 진전시키는 것과, 근로자의 노동 강도를 높이는 것이다. 기계화를 통해 능률성을 높이는 것은 위에 기술한 과학적 경영방법의 대표적인 수단으로서 생산에 소요되는 시간과 근로자의 생산노력을 감축시키는 등의 요인으로 분명 생산성 향상을 가져오지만, 이런 현상이 지속되면 고용인원의 감축으로 인한 실업률의 증가나 근로자의 소외감 등 인적자원에 관련된 여러 문제를 유발하기도 한다.

노동 강도를 높임을 통해 생산성 향상을 꾀하는 수단에는 임금 같은 동기부여나 근로자의 만족감을 높이고 사기를 앙양하는 방법 등이 있는데, 임금 같은 동기부여수단을 통한 내용은 후술되는 효율임금이론에서 자세히 기술된다. 기업주가 근로자를 잘 보살피면 노동의 능률성이 증가하고 그것이 곧 생산성향상으로 이어진다는 것은, 마치 기계를 잘 관리하면 기계의 효율성이 높아지듯 기계를 작동하는 근로자를 기업에서 잘 보살피면 노동생산성이 증가하게 되고, 이는 기업이윤창출과 직결된다는 논리이다. 근로자의 노동 강도를 강화하면 그만큼 추가적인 노동력의 소모가 불가피하기 때문에 노동력 자체에 손상을 가져와 재생산에 필요한 노동의욕의 저하나 이직 등의 많은 어려움에 직면하게 된다. 따라서 노동 강화를 위해서는 이에 대처하는 적절한 임금과 노동시간 축소 등 노동조건 개선과 아울러 근로자에게 직무에 대한 만족감을 높이는 유급휴가, 휴양소 설치, 사내 친목활동 등의 기업복지의 제공 혹은 확대를 필요로 하게 된다.

기업 내의 효율성 향상은 사용자와 근로자의 목적이 동일할 때 특히 큰 효력을 발휘하는 경향이 있으므로(Jois, 1981), 사용자는 근로자의 조직에 대한 몰입도의 지표인 애사심과 충성심을 고취하는 기업복지의 제공을 통해 생산성 향상을 통해서 이윤을 추구하고, 근로자 역시 기업복지를 통해 임금 이외의 추가적 급부를 확보하게 되므로 기능적 능률성이론은 기업복지제도가 산업의 기능적 효율성을 높이는 의미 있는 제도라는 주장을 뒷받침해 준다.

5) 이중 노동시장이론(김정한 외, 2004)

동일한 생산성과 인적 자본(human capital)요소를 지니고 있는 노동자에게 지급되는 보상체계는 동일해야 한다는 주장 아래 단일시장 혹은 통합노동시장을 전제로 하는 신고전파의 경제학에 반기를 들고, 대기업과 중소기업 간의 보상체계를 구성하는 논리가 다름으로 인해 두 개의 노동시장이 존재한다는 것을 설명하기 위해 등장한 이론이 이중노동시장이론(dual labour market theory)으로서 기업규모 간 임금과 고용체계의 차이를 설명하는 중요한 이론적 접근으로 평가되고 있다.

1차 노동시장은 숙련공 중심으로 고임금과 양호한 근로조건을 제공하는 대기업들을 지칭하고, 2차 노동시장은 비숙련공 중심으로 상대적으로 저임금과 열악한 근로조건을 지니고 있는 중소기업을 말한다. Piore와 Doeringer는 노동시장이 분절되는 원인을 다음과 같이 설명하였다. 계약을 통해 외부에서 노동인력 같은 자원을 조달할 경우 발생되는 거래비용을 피하기 위해서 자원을 내부화함으로써 기업이 필요로 하는 특수적 기술을 기업 내에 축척하여 고용을 안정시키는 효과가 있다고 판단하기 때문이라는 것이다. 이로 인해 고용이 보장되고 임금수준도 높은 1차 노동시장을 내부 노동시장이라 한다. 내부 노동시장개념은 경쟁적인 노동시장과 절연된 노동공급체계를 기업에 도입하는 장기계약을 의미한다. 내부 노동시장은 노동자의 채용, 임금결정, 배치, 훈련 등이 외부 노동시장과 독립적이고 규정된 기업 자체의 일련의 규칙에 의해 행해지고, 직무위계, 직무사다리, 세분화된 임금체계 및 보상에 관한 규정, 고용보장 등의 특성을 가지고 있다(Doeringer & Piore, 1971).

그러나 기업이 고용을 내부화하여 거래비용을 낮추더라도 내부 시장의 비효율성의 원인이 되는 높은 인건비와 고용의 경직성은 기업으로 하여금 숙련도가 높지 않은 일반직무의 경우 외부로부터의 고용을 고려하게 되는데, 이것이 비정규직의 양산을 초래하게 되는 이유이다.

기업이 내부 노동시장을 도입하는 이유에 대한 설명은 기업복지를 도입하는 이유와 동일하다. 기업이 효율성의 관점에서 내부 시장을 도입하는 태도를 근로자의 장기근속을 강조하는 시각과 노동통제를 강조하는 시각으로 나누어 볼 수 있다. 전자를 권력관계적 관점이라고 보는데, 이 경우 기술 인력의 충원과 채용비용을 절감하기 위한 기업의 필요성과, 기업에서 필요한 특수적인 경험과 숙련된 기술을 가진 근로자가 그의 특성의 대한 보상을 극대화하기 위한 요구가 맞물려서, 시장임금의 보상체계로서의 기업복지를 제공한다는 것이다. 다시 말하면, 기술이 발전된 부문에서 노동자들은 직무에 관련된 복잡한 기술을 습득해야 하는데, 여기에 소요된 비용은 기업주가 부담하게 된다. 기업특수적인(firm-specific skill) 기술을 습득한 노동자들이 이직하는 경우 기업주들은 새로운 채용과 기술훈련을 위하여 추가적인 부담을 해야 하기 때문에 이들을 기업에 계속 머무르도록 하기 위해 승진 기회와 기업복지라는 유인책을 사용한다는 것이다.

후자인 노동통제 시각에서 기업복지 제공의 이유를 살펴보면, 노동조합의 교섭력과 조직력의 신장을 대비하기 위하여 기업이 직무배분과 승진사다리의 운영규칙을 기업 내부에 만들어서 그것을 노동자에 대한 통제수단으로 확보하고 노동자의 기업에 대한 헌신 도를 높이기 위해 기업복지를 제도화하는 경향이 있다. 이런 측면에서 보면, 기업복지가 기업이 노동계급의 도전에 대한 '분할지배(divide and conquer)' 전략의 하나의 수단으로 사용된다고 볼 수 있다.

6) 효율임금이론(최균, 1995)

효율임금이론(Efficiency Wage Theory)이란 근로자의 생산성을 높이기 위해 균형임금보다 더 높은 임금을 지불하는 것이 이윤의 극대화를 추구하는 기업에게 더 이익이 된다는 이론이다. 효율임금이론은 크게 다섯 가지의 하위 모형으로 구성되어 있는데, 이들 모형으로는 노동이동 모형(turnover model), 역 선택 모형(adverse choice model), 근무태만 모형(shirking model), 선물교환 모형(gift exchange model), 노동조합 위협효과 모형(union threat model)을 들 수 있다(이주호, 1992).

노동이동 모형이란 기업이 시장의 균형임금보다 더 높은 임금을 지불하는 이유를 이직에 따른 기회비용으로 본다. 이직에 따른 기회비용은 유능한 인력의 기업유출과 이에 따른 신규 인력의 선발, 교육, 훈련 및 배치에 따른 비용을 의미하는데, 이직 확률은 해당기업이 경쟁기업보다 높은 임금을 지불하는 경우 감소하는 경향이 있기 때문에 이직비용이 높은 기업들은 상대적으로 이직비용이 낮은 기업에 비해서 높은 임금을 지불하게 된다는 것이다.

근무태만 모형은 현재의 임금수준이 다른 기업의 임금수준보다 높을 경우 근무 태만으로 해고를 당했을 때 감수해야 할 비용이 상대적으로 크기 때문에, 태만으로 인한 해고위협을 피하기 위하여 보다 성실하게 근무한다는 내용이다. 이 모형은 실업에 따른 한계임금의 감소가 클수록 근무태만 방지 기제로서 고임금이 효율적으로 작동되며, 이를 통해 기업은 감독비용의 감소를 경험하게 된다.

역 선택 모형은 기업이 노동자를 채용할 때 생산성이 높은 노동자를 유인하기 위해서 상대적으로 높은 임금을 지불한다는 내용을 강조한다. 즉, 노동자의 능력을 정확하게 파악하지 못하는 상황에서 높은 임금의 제공은 생산성이 높은 노동자를 유인할 수 있는 가능성을 높인다는 것이다.

선물교환 모형은 노동자의 유효노동이 노동규범에 의해 영향을 받는다는 사실에 기초하고 있다. 기업에서 노동자에 행하는 '공정한 대우'가 노동자에게 선물이라는 인식을 심어주고, 이에 대해서 노동자는 높은 수준의 작업노력을 기울인다는 것이다.

마지막으로 노동조합위협효과 모형은 다시 내부자-외부자 모형(inside-outside model), 과 렌트분배 모형(rent sharing model)으로 구분된다. 내부자-외부자 모형에서는 기업이 신규 근로자를 고용하고 기존의 근로자를 해고하는 등의 행위에는 거래비용이 발생하는데, 이 경우 노동조합의 임금인상 요구는 이 비용과 비교를 통해 결정된다는 내용이다. 렌트분배 모형은 교섭력 모형이라고도 하는데, 이 모형은 사용자와 노동조합 사이에서 단체교섭을 통해서 렌트(기업의 총 수입에서 노동자의 기회임금을 뺀 값)가 분배되는 과정을 통해서 임금이 결정된다고 본다. 이 모형에 의하면, 노동조합의 교섭력이 큰 기업일수록, 노동자들이 받는 임금은 높아진다. 또한 이 모형은 노동조합이 조직되지 않았더라도 노동조합의 위협효과가 큰 기업에서는 노동조합 회피 전략의 일환으로서 높은 임금이 제공될 수 있다는 점을 설명하고 있다.

다섯 모형을 통해 설명된 효율임금이론의 내용을 요약하자면, 노동력의 이동에 따른 이직비용이 크고, 기업이 부담하는 해고(채용, 훈련)비용이 크며, 노동자의 태만을 감독하는 비용이 크고, 노동자의 직무내용에 대한 노동성과의 평가 및 측정이 어려울수록, 그리고 우수한 노동력의 확보를 필요로 할수록, 노사분규로 인한 생산성 손실이 클수록, 노동조합의 발언효과가 클수록, 기업이 기업복지비용에 효율임금이론의 원리를 채택할 가능성이 높아진다고 볼 수 있다.

이상의 조건을 이중노동시장과 견주어 볼 때, 내부시장인 대기업이 효율임금정책을 채택할 가능성이 매우 높다고 할 수 있다. 그 근거를 살펴보면, 첫째, 대기업의 경우 높은 자본장비율로 인한 기업특수적인 숙련기술의 필요성이 크고 기술적 분업이 복잡하고 경직적이기 때문에 이직비용과 해고비용이 상대적으로 더 크다고 할 수 있다. 둘째, 대기업은 생산과정의 복잡성으로 인하여 노동감독비용이 상대적으로 클 뿐만 아니라 노동성과의 측정도 용이하지 않다고 볼 수 있다. 셋째, 대기업은 특수적 숙련의 요구와 높은 장비율은 우수한 인력에 대한 수요를 더욱 증대시킨다고 할 수 있고, 마지막으로 노동조합조직이 대기업을 중심으로 활성화되어 있고 노동조합의 발언효과 역시 매우 크기 때문이다.

효율임금이론과 기업복지의 관계는 기업복지와 임금수준이 일정한 비례적 관계를 지니고 있다는 '일정비례가설'에 근거를 두고 있다, 기업복지와 임금은 노동비용으로서 공통적 특성을 가지고 있기에 기업복지의 작동원리는 임금과 유사하다고 할 수 있다. 같은 맥락에서 효율임금이론은 대기업과 중소기업 간의 기업복지의 불평등성 현상을 설명하는 이론적 기초가 된다.

효율성임금이론의 다섯 모형을 기업복지와 구체적으로 연결해 보면, 이직과 해고를 포함하고 있는 노동이동 모형, 근무태만 모형과 관계되는 제도는 기업연금과 사택, 기숙사 등과 과거에 유행했던 산업체 부설학교를 들 수 있고, 역 선택 모형은 기업복지가 유능한 근로자를 유인하는 수단으로 널리 쓰여진 관행과 연결되며, 노동조합위협효과 모형은 현재와 특히 과거의 기업과 노동조합의 상호 역학관계를 분석하는 데 유용하게 쓰일 수 있다.

7) 불확실성이론

불확실성이론은 기업은 무한경쟁의 시장에서 여러 측면의 불확실성에 직면해 있다는 전제로 시작하여, 기업복지를 불확실성에 대응하는 기제로서의 제도화된 정책으로 이해된다고 보고 있다. 불확실성이 존재하는 이유는 기업주와 근로자들이 제한적 합리성과 기회주의적인 속성을 가졌다는 견해로부터 출발한다. 기업주의 제한적 합리성이란 기업주와 근로자 간의 장기적인 계약을 하는 경우 앞으로 전개될 복잡한 상황에 대해 적절히 예측할 수 있는 능력을 갖지 못했다는 점이다. 즉, 기업주는 정보처리에 있어 인지적인 한계를 가지고 있기 때문에 완벽하게 합리적인 의사결정을 할 수 없으므로 제한된 정보를 가지고 의사결정을 한다는 것이다.

불확실성에는 4가지가 있는데, 그중 불확실성Ⅵ는 '기업에서 필요로 하는 생산 원자재의 안정된 공급과 생산품의 안정적인 산출(판매)' 에 관한 내용으로 기업복지와 직접적인 관계가 없기 때문에 제외하고, 불확실성 Ⅰ, Ⅱ, Ⅲ에 대해서만 논의하기로 한다. 불확실성 Ⅰ과 Ⅱ는 기업 내부의 특성을 가지는데, 불확실성 Ⅰ은 현대사회의 일반화된 복합생산이 협력을 통해 이루어지는 '팀 생산' 과정을 통해 이루어지는데, '팀 생산'은 복잡하게 연계된 분업과 협업을 통해 이루어지기 때문에 참여한 사람들 각자가 기여한 몫을 정확하게 측정할 수 없는 문제가 불확실성Ⅰ의 내용이다. '팀 생산' 을 통해 만들어진 생산물은 공공재 같아서 편익은 모든 사람에게 배분되지만 그에 대한 비용을 적절하게 부과하는 것은 매우 어려운 일로, 이로 인해 '팀 생산'에 비효율성이 대두된다(Alchain & Demsetz, 1972).

이런 비효율성을 최소화하기 위해서 각자의 기여도에 대한 측정(monitoring)업무가 추가되어야 하고, 이런 업무는 '전업측정자(full time monitor)' 혹은 '전업감시자'를 필요로 하게 된다. 따라서 기업주는 기업 내부에 감시역할을 담당하는 위계적 체제를 제도화함으로써 보호적 안전장치를 만들려는 동기를 갖게 된다. 기업주들은 내부노동시장을 형성하여 노동력의 증진, 훈련, 배치 등을 조직화하고 필요로 하는 기술과 경쟁력을 구비한 인력을 장기고용계약을 기초로 한 보호적 지배구조를 구조화하며 훈련, 승진기회, 기업복지 등은 지배구조의 구체적인 내용이 된다.

불확실성 Ⅱ는 기업 내에서 제기되는 정치적 문제인 노동조합과의 관계와 관련되는 '통제'와 연결되어 있다. Bowles에 의하면 노동자들은 자신의 노동력의 판매를 통해서만 생계를 유지할 수 있고, 자본가의 이익은 노동자를 통한 잉여가치를 동해서 얻을 수 있기 때문에, 노동자의 노동 강도가 높을수록 잉여가치가 커지는 이유로 인해 고용주와 노동자 사이에는 근본적인 갈등관계가 존재한다고 주장한다. 기업주는 자신의 이익을 극대화하기 위해서 노동과정과 노동자에 대한 감시를 하기 위해 보다 유용한 통제기제를 개발하려는 노력을 하게 되고, 기업주는 노동자의 단체적인 행동을 적절한 선에서 제어하려 하게 된다. 이런 맥락에서 기업복지는 노동자의 집합적인 행동을 제어하는 수단으로 기업에 의해 제도화된 것으로 이해된다(Bowles, 1985).

불확실성 Ⅲ은 기업 외부의 제도적 환경으로부터 제기되는 것으로, 아래의 기업복지의 제도를 다루는 부분에서 '동형화이론'으로 논의된다.

8) 동형화이론

동형화이론(불확실성 Ⅲ)은 기업조직 밖의 제도적 환경으로부터 제기되는 불확실성에 관한 내용으로 불확실성 Ⅲ에 해당된다. 제도적 환경에 내재된 불확실성 Ⅲ에 대한 논의는 Mayer와 Rowan에 의해 제기되었다. 이들에 따르면, 기업복지가 현대사회의 공식적 조직 형태인 관료주의적 체제의 통제와 조정을 원활하게 하기 위한 '합리적 수단'으로 인정되어서 현대사회에서 효율성을 극대화하는 믿음에 따라 공식적인 형태로 발전하였다고 주장하였다(Mayer & Rowan, 1977).

Mayer와 Rowan은 그러한 믿음을 '합리화된 신화(rationalized myth)' 로 개념화하는데, '합리화된 신화'란 자원의 투입이나 산출, 혹은 기술적 조건과는 독립되어 제도화된 신념, 규칙, 역할 등의 상징적인 요소에 따른 것으로 제도적 환경에서 창출되며, 조직은 그것을 수용함으로써 정당성과 생존능력 및 자원을 극대화시킬 수 있다. 이와 같이 기업조직이 제도적 환경의 '합리화된 신화' 를 수용함으로써 특정 제도적 기제들을 창출하게 되는 과정을 이들은 제도적 '동형화(instutional isomorphism)'라고 부른다.

Dimaggio와 Powell은 제도적 동형화를 규범적(normative), 강압적(coercive), 모방적(mimetic) 동형화로 구분하였다. 규범적 동형화란 전문화의 진전에 따라 조직 내에서 특정 업무에 종사하는 구성원들이 기업조직의 목표와 이해관계와는 구분될 수 있는 사회적 규범에 입각해서 행동할 수 있음을 의미하며, 그런 이유로 이들의 행위는 사회적 규범과 관련된 정당성을 가지고 있기 때문에 '합리화된 신화'로서 기업조직에 수용된다(Dimaggio & Powell, 1983). 예컨대, 사회복지전문가가 기업에 고용된다면, 그는 기업조직의 목표와 이해관계와 구분되는 사회복지의 전문적 지식과 가치, 규범에 기초하여 행동하고 그런 행동은 사회 규범적으로 정당성을 확보한 것이기에 기업조직에 의해 받아들여질 수 있다(조흥식 외, 2005). 강압적 동형화는 정치적 영향과 정당성의 문제와 관련된 것으로 기업이 의존하는 다른 조직, 체제 혹은 기업을 둘러싼 사회적 · 문화적 압력의 형태로 나오는데, 기업의 경우 국가기관이나 법률적 장치가 강압적 동형화를 초래하는 핵심적인 환경이다. 모방적 동형화는 기업이 자발적으로 성공사례를 벤치마킹(bench marking)을 통해 모방하는 과정으로 정의할 수 있는데, 일반적으로 기업조직의 목표나 해결책이 애매하거나 환경이 불확실할 때 모방적인 동형화가 나타날 가능성이 높다.

동형화이론과 기업복지의 관계는 강압적 동형화와 모방적 동형화를 통해 현저하게 나타나는데, 강압적 동형화는 기업복지의 접근방법 중 국가정책론적 접근방법에서, 기업복지가 시장순응적 전략 혹은 시장형성적 전략에 크게 좌우된다는 전제 아래 국가의 공공산업복지정책, 고용정책, 임금정책, 조세정책 등에 국가의 개입이 내제해 있다고 볼 수 있다. 전기한 바와 같이, 최균의 '기업복지 발달은 자본노동관계에 대한 국가의 개입방식의 산물'이라는 주장이 전형적이 강압적 동형화의 근거라고 볼 수 있다.

모방적 동형화의 사례는 1970년대 우리나라의 복지제도가 일본식 기업조직이나 노무관리 기제를 모방했다는 Russell의 주장에 근거를 두고 있다(Russell, 1991). 이 내용에 관해서는, 후에 기술될 한국기업복지제도의 발달요인 중 '문화 확산' 부문에서 좀 더 구체적으로 다루어진다.

9) 수렴이론-기술결정론(Mishra, 1981)

수렴이론(convergency theory)은 경제발전이 높은 수준에 이르게 되면 각 사회(나라)의 사회복지제도가 유사한 형태로 수렴된다고 주장하는 이론이다. 각각의 사회의 차이를 나타내는 정치 · 경제 · 사회 · 문화적 요인 중에 가장 근본적인 위치를 차지하며 모든 체제에 지대한 영향을 미치는 것이 이념(ideology)이고, 따라서 이념적으로 매우 다른 사회의 사회복지제도 역시 판이할 수밖에 없는 것은 자명한 사실이다. 반면에 과학기술(technology) 자체는 객관적인 성격을 띠기 때문에 어느 사회에 적용되건 그 자체는 동일하다. 전통문화와 이념이 천차만별이던 농경사회를 지나 산업사회에 진입하였다는 것은 산업사회의 논리(logic of industralization)가 과학기술이라고 볼 때 각 사회가 산업화되면서 각 사회마다 그 사회를 규정짓고 특화하던 전통이념의 자리가 객관적인 특성을 가진 과학기술로 점차 대체 되면서, 이념 역시 산업사회의 논리에 의해 지배된다는 것이다. 이것이 이른바 Daniel Bell이 주창한 '이데올로기의 종말론'이다.

여기서 각 사회의 수렴현상은 산업사회의 논리의 대두와 그것을 바탕으로 한 과학기술의 발전으로 설명된다. 산업사회에 접어드는 사회 내에서 전통적 이념은 말할 것도 없고, 정치 이데올로기 역시 위력을 잃기 시작하여 공산주의 이데올로기가 점차 퇴색되면서 자본주의 방향으로 움직이고, 자유주의(자본주의체제) 역시 사회주의(체제)방향으로 선회하면서 중간 지점에 근접한 수정자본주의 내지 사회적 민주주의를 모두 아우르는 복지국가의 형태를 갖추게 된다는 주장이다.

이러한 수렴현상으로 인해 각 나라의 사회복지 형태 역시 유사한 형태로 진행된다고 주장한다. 산업사회 안에 존재하는 사회복지체계란 산업사회의 논리에 따라 산업사회에 필요한 인재 양성 및 근로의욕 고취 등에 필요한 견인요인(pulling factor)의 역할을 감당해야 하고, 또한 산업화 과정에서 야기되는 문제인 실직, 질병, 산업재해, 퇴직 등의 문제를 해결하여 유능한 노동력을 유지해야 할 추진요인(pushing factor)의 기능도 동시에 수행해야 하기에, 수렴이론의 입장에서는 근대 사회복지의 존재 이유를 '산업화과정에 필수적으로 수반되어야 할 기제'라는 관점에서 설명한다.

Mishra는 이러한 수렴의 테두리 안에서 각 사회마다 사회복지체계의 편차가 존재한다는 사실을 인정하는데, 각 사회복지체계는 각 사회의 산업화과정을 주도해 나가는 산업화 엘리트(industrializing elite)에 의해 좌우된다고 본다. 만일 어떤 사회를 주도하는 세력이 전통적이고 온정적인 성격을 가지고 있다면 국가의 개입이 상대적으로 강화된 사회복지체제를 유지할 것이고, 주도세력이 신흥 중산층 계급이라면 민간복지 중심의 잔여적인 복지체제를 구축할 가능성이 높으며, 그 사회의 중심세력이 사회주의자이거나 공산주의 세력이라면, 국가가 모든 복지기능을 관장하는 전체주의적 복지체계를 구축할 가능성이 매우 높다는 것이다.

기업복지와 수렴이론의 관계는 구체적이고 직접적인 것은 아니다. 원론적인 측면에서 사회복지를 산업화 과정에 필요한 수단으로 설명하는 측면은 광의의 근로자 복지 중 공공산업복지의 필요성과 기능에 대한 근거를 제공한다. 산업화의 목적이 이윤창출과 직결된다고 보면, 기업복지가 산업화의 주역인 기업조직의 목적인 이윤창출 기능을 수행한다는 측면을 수렴이론에서는 간접적으로 지지하고 있다고 볼 수 있다. 첨언하면 산업화를 주도하는 엘리트와 복지체제의 연관성에 대한 분석은, 한국의 기업복지가 미국, 일본을 제외한 선진국과 비교하여 볼 때 한국 사회복지체계 안에서 그 비중이 상대적으로 높다는 현실을 설명하는 하나의 단초를 제공한다. 재벌 같은 우리나라의 산업주도세력이 전통적인 귀족이나 부호의 배경을 가지고 있거나, 민족자본에 기초한 집단이기보다는, 신흥 중산층에서 발생된 계급이고, 그런 현상으로 인해 잔여적인 성격의 기업복지가 주목받을 만큼 성장해 왔다는 역사적 과정은 수렴이론을 통해 유추해 볼 수 있다.

10) 사회통제이론-음모이론(conspiracy theory)

사회통제이론(social control theory)에서는 사회정책의 주된 목적을 사회질서의 유지와 안정을 꾀하기 위한 사회통제라고 규정하고 있다. 따라서 사회정책의 변화 시기는 사회적 지배계층이 기존의 사회질서가 위협을 받고 있다고 느끼는 시점이며, 사회정책의 변화가 진화적인 과정뿐만 아니라 갈등과정을 통해 개선과 개악이 교차될 수밖에 없다고 주장한다. Piven과 Cloward는 계급갈등과 정치적 편의주의의 중요성을 강조하면서 이를 뒷받침하기 위해 경제 대공황 이후의 미국 사회복지사를 분석하였다. 그 결과 그들은 대량실업으로 인해 시민 소요사태가 발생하면 공공복지제도가 시작되거나 확장되며, 반대로 정치적 안정이 회복되면 그러한 프로그램이 폐지되거나 축소된다는 사실을 발견했다(Piven & Cloward, 1971). 이 이론에서는, 사회보험의 원조라고 알려진 Bismark의 입법동기를 당시 격화일로에 있는 노동자계급 중심의 사회주의운동을 저지시켜 기존질서를 유지하기 위한 속셈이라고 해석한다.

음모이론의 또 다른 시각은 마르크스주의자들에 의해 제공된다. Saville은 사회정책을 자본주의에 절대 필요한 안정과 효율의 유지를 위한 물리적 강압책의 대안으로 보고 있고, O'Conner는 정부의 사회복지 지출이 시장의 법칙에 의해 결정되는 것이 아니라 계급 또는 집단 간의 사회 · 경제적 갈등에 의해 구조적으로 결정된다고 보았다. 이와 같이, 마르크스주의자들은 사회정책을, 단기적으로는 폭력사태의 방지를 위한 자본주의자들의 방편으로, 장기적으로는 노동자 계급의 혁명적 열정을 잠재우는 전략의 일환으로 보고 있다(김상균, 1987).

기업복지와 음모이론의 접목은 효율임금이론 중 노동조합위협효과 모형과, 동형화 이론에서 국가가 기업을 통제하는 강압적 동형화에 잘 나타나 있다. 또한 기업복지를 통해 노동조합을 통제하는 내용은 기업복지가 관료적 통제기제의 일환으로 사용된다는 주장을 통해서 자세히 밝혀졌다. Edwards는 현대의 기업조직이 정치적 · 경제적 조건과 변화 속에서 노동과정에 대한 합법적인 통제를 유지하기 위한 자본가와 경영자들의 전략에 따라서 변화하였는데, 자본가가 작업을 조직하고 노동자의 집단활동에 대한 통제를 행사하기 위해 시행한 기업조직의 변화 중 상당수는 노동자들의 노동동기를 약화시키는 문제를 야기하게 된다고 본다. 이렇게 노동동기의 약화문제를 해결하고 노동자들을 분할지배하기 위해 도입되는 기제가 기업복지로서, 기업복지가 가지고 있는 차등보상의 성격과 수혜범주의 제한성이 노동 동기를 유발하고 기업에 대한 충성심을 강화할 수 있으며, 노동자들을 수혜자와 그렇지 않은 범주로 분열시킬 수 있기 때문이다(Edwards, 1979).

그의 주장에 의하면, 기업복지제도가 경쟁자본주의단계에서 도입되어 독점자본주의단계에서 확장된다. 경쟁자본주의단계란 과거의 숙련노동자에 의해서 행해지던 노동과정이 대량생산 공장제 기계공업 위주의 동질화된 노동과정으로 변화된 단계로서, 대기업이 탄생하여 거대조직이 생기고 많은 노동자들이 같은 작업장 내에 집결해서 작업하게 됨으로써 노무관리의 필요성이 대두되는 시기이다. 대량생산 공장제 기계공업에서 이루어지는 일관적인 생산공정은 이를 통제하고 조화시키기 위해 많은 감시요원을 필요로 하게 된다. 그러나 감독역할을 수행하는 사무직 노동자들의 직무는 생산직에 비해 단순한 과업으로 분리하기 어렵기 때문에, 이들의 직무수행을 통제하고 합리적인 노무관리를 하기 위한 유인체계의 일환으로 기업복지가 발달한다(불확실성 I : 감시 기능).

독점자본주의 단계가 되면 동질화된 노동자의 단결은 자본축적에 장애가 되기 때문에 대부분의 기업주들은 의식적이고 적극적으로 노동력의 분절을 심화시키기 위해 작업을 세분화하고 이들을 서로 경쟁하도록 조정하게 되는데, 이때 동질화된 노동자들의 세력을 통제하기 위하여 기업복지제도가 성장하게 된다는 것이다(불확실성 II –통제기능)(김정한 외, 2004).

11) 산업시민권이론

산업시민권이론(theory of industrial citizenship)은 T.H. Marshall이 영국복지국가 형성의 사회학적 근거로서 제시한 시민권이론이 산업사회의 노동조합의 성격을 규명하기 위해 그에 의해 응용된 이론이다. 시민권이론(citizenship theory)에서는 영국복지국가(The British Welfare State)의 수립의 기본 요인을 권리의 쟁취로 설명하고 있다. 18세기 영국 시민들은 왕과 귀족으로부터 언론, 출판, 집회, 결사의 자유 등의 공민권(civil rights)을 쟁취하고, 이러한 권리를 바탕으로 하여 19세기에는 선거권과 피선거권을 의미하는 정치권(political rights)을 얻게 된다. 20세기에는 정치권을 기반으로 하여 선거제도를 통해 국민이 선택한 정당을 통해 사회권(social rights; 인간의 기본적인 생활을 국가로부터 보장 받을 권리)을 쟁취하게 되고, 이것이 바로 국민에 의해 선택된 영국의 노동당을 통한 복지국가의 수립이었다(T.H. Marshall, 1965).

이 이론을 바탕으로 노동운동을 살펴보면, 영국의 일부 노동조합은 정치권과 시민권 간의 선택에서 시민권 선택에 머물렀다고 Marshall은 지적하고 있고, 그것은 구체적으로 노동조합이 '단체교섭권 쟁취'에 머물렀던 행태에 관한 지적이다. 노동조합에 있어서 정치권이란 정치체제를 바꿀 수 있는 권리를 말하는데, 그러한 권리는 노동자들에게 가해지는 정치적 억압과 빈곤 등을 초래하는 자본주의 시장경제체제에 대한 도전과 투쟁을 통해서만 쟁취할 수 있었다. 그런 상황에서 노동조합은 그들을 옥죄는 자본주의 시장경제체제에 대항하기보다는 순응하여 받아들이는 입장을 선택하여서, 노동자들의 기본적인 욕구를 자본주의 체제에 도전이 되지 않는 단체교섭제도를 선택하였다. 즉, 국민의 기본적인 욕구가 공민권인 것 같이, 노동자의 기본적인 욕구가 인간다운 삶을 영위할 수 있는 적절한 임금과 복지이고, 이러한 임금과 복지를 단체교섭제도를 통해 얻었다고 Marshall은 지적하고 있다.

이러한 그의 지적은 노동조합이 정치적인 과정에 뛰어들어 집권을 통해 노동자 계급 전체의 권리와 복지향상을 목표로 하기 위해 노력하는 개혁노동조합과, 근로자의 높은 임금과 복지를 위해 단체교섭제도 속에서 안주하거나 투쟁하는 영리추구 노동조합을 비교하면서, 조합원의 이윤만을 추구하는 미국 영리노조에 대한 간접적인 비판으로 해석되고 있다.

Chapter 04

기업복지의 역사적 배경

1. 구미의 기업복지 변천사
2. 일본의 기업복지 변천사
3. 기업복지의 발달요인 분석

인간사회의 여러 현상을 과학적 · 체계적으로 연구하는 모든 경험과학인 사회과학의 입문서를 살펴보면, 거의 예외 없이 책 전반부에 그 학문분야의 역사가 기술되어 있다. 역사란 '인간이 경험한 과거 또는 인간의 행위를 구성하는 과거의 사실에 대한 연구' 로 정의되며, 당케는 역사를 '과거와 현재의 끊임없는 대화'라고 규정하고 있다. 대부분의 개론서에 역사가 포함되는 이유와, 역사적 배경을 중요하게 다루는 이유를 질의 응답형식으로 기술하고자 한다.

첫째, "왜 역사를 학습하여야 하는가?" 이에 대해 대개 4가지 이유가 제시되는데, 1) 현재의 모습을 이해하기 위해 역사를 배워야 한다고 한다. 현재의 개인, 제도 및 사회 전반에 대한 정체성을 규명하기 위해서 역사의 중요성은 아무리 강조해도 부족할 듯하다. 2) 세상을 살아가는 지혜를 역사를 통해 습득할 수 있기 때문이며 이것을 역사를 통해 삶의 교훈을 얻을 수 있다는 내용이다. 3) 현재 겪고 있는 문제에 대해 역사를 통해 대처방법을 찾기 위해서이다. 4) 역사는 다가오는 미래를 개인 혹은 사회의 주관적인 선택에 의거하여 설계할 수 있도록 도와주는 것이다.

두 번째 질문은, "왜 기업복지 관련 역사를 학습해야 하는가?"이다. 이 책에서는 기업복지의 역사를 학습하는 이유에 대해 위의 이유 모두가 포함되지만, 특히 두 번째 이유인 정체성 규명과 네 번째 이유인 미래에 대한 설계에 관한 내용이 중요하다. 우리나라의 기업복지제도는 사회보장제도보다 더 긴 역사를 가지고 있다. 기업복지제도가 경제발전과, 국민의 대다수를 차지하는 근로자 및 그의 가족 복지증진에 중요한 역할을 담당해 왔지만, 기업복지체계의 내용, 기능 및 효과 등에 대해서는 공공복지에 비해 상대적으로 잘 알려져 있지 않고, 이에 대한 연구도 매우 미흡한 현실이다. 그리고 선진국의 기업복지의 역사에 대해 세심하게 고찰하는 목적은 그 자체를 알리는 것보다는, 선진국의 기업복지 발달과정을 살펴보고 발달요인을 분석하여 우리나라 기업복지제도의 현재의 모습을 체계적이고 심층적으로 규명하는 데 있다. 역사를 배우는 네 번째 이유인, '미래에 관한 예측과 그에 따른 설계'가 이 책에서 강조되는 이유는 말할 것 없이 우리나라의 미래의 복지 모형을 구상하는 작업과 맞닿아 있다. 현재의 우리나라의 기업복지의 정체성을 체계적으로 확립함을 통해서, 기업복지가 "한국복지국가 모형에서 어떤 위치를 차지하고, 어떤 역할을 담당하며, 공공복지와 자선복지 등과 어떠한 관계를 정립하는가?"라는 질문 등에 대한 대안을 모색할 수 있다.

세 번째 질문은, "많은 선진국 중 왜 미국(영국)과 일본의 기업복지제도를 중점적으로 서술하는가?"라는 질문이다. 이 질문은 기업복지 역사에 대한 고찰이 한국기업복지의 변천사와 발전과정의 요인 분석을 목적으로 하고 있다는 점과 직결된다. 미국과 일본은 서양과 동양의 차이가 있고, 기업체제에 대한 국가의 개입의 성격은 매우 다르지만, 두 나라 모두 산업화 · 지식정보화 수준에 있어 첨단의 위치에 있음에도 불구하고 공공복지의 측면에서는 후진국으로 간주되고 있는데, 더욱 중요한 이유로 두 나라 모두 공공복지의 역할보다는 기업복지의 역할이 크다는 점이 우리에게 의미 있는 시사점을 제공한다.

1. 구미의 기업복지 변천사

1) 제도적인 측면

사회복지의 역사를 개괄적으로 살펴보면 비공식적 형태에서 공식적인 조직의 형태로 진화되어 온 것임을 알 수 있다. 가족, 친척 및 친구관계의 범위에서 이루어지는 연(緣)복지로 시작되어 사회가 점차적으로 대규모화되고 복합적으로 변화됨에 따라 자선복지와 기업복지가 출현하고, 최종단계로 공공복지제도가 수립되었다. 중세기 말까지는 연복지와 자선복지제도가 사회복지의 근간을 이루었으나 산업혁명을 기점으로 기업복지제도가 출현하였고, 선진국의 경우, 20세기 초 · 중반 공공복지(이른바 복지국가의 출현)에게 그 주도권을 내어줄 때까지 기업복지는 산업사회의 발전에 의미 있는 역할을 했다고 할 수 있다. 현재에도 기업복지가 공공복지, 자선복지제도와 함께 선진산업국의 제3의 복지제도로서 자리 잡고 있다(Bargal, 1988: 6).

산업화과정이 자본주의 시장경제제의 틀 속에서 확대 · 발전되면서 야기되는 풍요 속의 빈곤문제와 경제적 불평등문제를 해소하기 위해 공공복지가 국가복지체계의 기본 틀로 자리를 잡으면서 기업복지는 쇠퇴의 조짐이 역력했으나, 그러한 상황은 선진산업국의 문화적 · 정치적 · 경제적 배경에 따라 각기 다른 현상으로 나타났다. 복지의 최첨단 선진국이라고 불리는 스칸디나비아 제국에서는 공공복지의 괄목한 만한 발전으로 인해 기업복지는 극히 주변적인 역할로 축소되었으나, 영국이나 프랑스 같은 나라에서는 기업복지가 공공복지를 보완하는 의미 있는 역할을 담당해오고 있으며, 독일에서는 기업복지의 비중이 점차적으로 증대되어 왔고, 미국과 일본에서는 기업복지가 매우 중요한 복지제도로 자리매김하고 있다.

(1) 태동기(산업혁명기, 1800년대 초기~1880년)

기업복지의 생성은 산업혁명의 초기에 시작된 운동으로 인도적인 기업주가 그 당시 널리 퍼져 있는 열악한 근로조건에 대한 대처방안으로 나타났다(Kim, 1986). 산업혁명은 18세기 후반부터 19세기 중엽에 걸쳐 일어난 기술혁신에 따른 사회경제적인 대변혁을 지칭하는 것으로, 생산형태상 공장제 수공업이 공장제 기계공업으로의 산업의 지배적 생산형태로의 변혁을 의미한다. 그 결과 중세의 장원제도가 무너지고 산업조직에서도 길드(Guild)체제 역시 붕괴되었다. Thomas More가 "양이 농민을 먹어 치운다."고 말하였듯이 1 · 2차 종획운동(Enclosure Movement)을 거치면서 경작지에서 밀려난 농민은 신흥도시로 대거 몰려들었고, 노동력이 과다 공급된 상태에서 이들의 근로조건과 생활은 인간 이하의 그것이었다. 일반적으로 산업화의 초기에 경제가 전환점에 이르기까지는 미숙련노동력이 무한정 공급되어(Lewis, 1954) 노동력의 과다공급 상태이므로 근로여건은 열악하기만 하였고, 이에 대해 복 받은 우등자(superiors)가 불행한 열등자(interiors)에게 베푸는 자비로서 사용자가 온정주의와 인도주의를 바탕으로 기업복지를 도입하게 되었다.

이러한 과정 속에서 당시 Robert Owen이 나폴레옹전쟁에 뒤따르는 불경기에도 불구하고 뉴 라나크(New Lanark)에 공장 촌을 건설하고, 프랑스에서는 생 시몽의 뒤를 이어 샤를르 퓨리에(Charles Marie Fourier)가 '행복한 인간의 필수조건인 인격의 창조적 표현' 을 위해 적합하고 유익한 직업을 찾을 기회가 만인에게 주어진 '공동부락(phalanxes)'을 세운 것은 대표적인 기업복지의 사례이다(우재현, 1990).

영국의 Owen이나 프랑스의 E. J. Leclaire, 독일의 Krupp, 미국의 Lowell 등의 초기 산업복지의 개척자들이 공통으로 추구하는 목표는 생산의 효율과 복지를 조화시킨 공동체로서의 기업이었으나, 이와는 다른 성격으로 일부에서는 근로자의 특수한 니드(needs)를 충족시키기 위해 복지 서비스나 시설이 제공된 것은 당해 산업이나 기업의 필요에 의한 것이었다.

이 시기의 공공복지제도의 성격은 영국의 초기 공장법이 노동력의 재생산을 위한 사회정책적인 의미의 입법이라기보다는 구빈법적인 성격이 강하였고(김형배, 1992), 기업복지 역시 사용자의 인도주의, 기독교적 박애주의와 온정주의가 결합된 구빈적인 시혜였다. Carter는 태동기의 기업복지를 자선적 산업복지단계(Philanthropic Industrial Welfare)라고 명명하고 있다(Carter, 1977).

이 시기를 기업복지의 태동기라로 부르는 이유는 Froud의 견해처럼 이 시기부터 근로자의 임금이나 근로시간 등 기본적인 근로조건 외에 근로자 생활조건에 대한 사용자의 노력과 조치를 기업복지로 보기 시작했기 때문이다(Froud, 1986). 이러한 움직임은 산업혁명이 최초로 도래한 영국이 해당하며, 근로자를 선한 의지에서 기업이 자발적으로 보살핀다는 개념으로 시작하였으며, 이 같은 시도는 세계 3대 이상적 사회주의자의 한 사람인 Owen과 그의 장인 Dale 등이 최초로 기업 내 복지후생을 시도한 것으로 실체화되었다.

당시의 사상은 공장입법이나 기업 내 복지시설 등을 통해 자본주의사회에 존재하는 근로자의 비참한 생활 상태에 대한 인도주의적 동정으로 출발하였으나(김성국, 1996), 근로자를 위한 복지시설이나 교육시설이 이상적인 기업이 건설에 도달할 수 있다는 관념과 동시에 기업의 노동력 관리에 도움이 된다는 경영전략적인 사고가 혼합된 것이었다. 그리하여 근로조건을 개선하기 시작하였고, 따라서 특히 연소 근로자들에 대하여 취업기간 중에 교육시설이나 도서실, 의료시설, 매점 등을 신설하여 복지증진을 시도하였다. 그러나 이 단계에는 노동력이 정착되어가는 은혜적 노사관계의 단계로서 노동정책이나 국가 차원의 공공산업복지정책은 존재하지 않았다.

이 시기의 기업복지 출현과 관련하여 노동복지의 3대 핵심을 구성하는 자주복지에 대한 이해가 필요하다. 시대사적으로 검토한다면 우선 근로자들이 스스로 공제조합이나 자조조합을 통해 자신들의 생활보호를 강구하다가 이의 부족분에 대해 사용자가 자혜적이고 인도적인 차원에서 기업복지를 통해 보상하였으며, 위에서 언급한 기업복지의 폐해와 정치적 부담으로 인해 국가가 최종적으로 입법적 규제와 권장을 통해 노동복지정책에 동참하게 된다. 우선 근대적인 공제조합의 출현은 영국의 경우 1634년 보로스토우네에 설립된 조합이 최초인데 산업혁명을 거치면서 빈부격차가 심화되어 광범위하게 전파되면서 우애조합(friendly society)의 형태로 일반화되었다.

기업복지가 시기적으로 영국보다 반 세기 정도 늦게 시작된 미국의 경우도 역시 근로자들이 자신의 생활보호를 위해 제일 먼저 취한 집단적인 행동은 역시 자조적인 공제조합을 설립하는 것이었다. 미국은 영국이나 독일과는 달리 지역이나 직종을 중심으로 자생적으로 설립하기도 하였으며, 노동조합이 앞장서서 공제제도를 직접 도입 · 운영하는 경우도 있었다. 이러한 최초의 공제조합은 1788년 지역 중심으로 설립된 필라델피아의 자유 아프리카 조합(FASP : Free African Society of Philadelphia)이었으며, 노동조합이 직접 도입한 최초의 공제제도는 1877년 화강암 절단자 노동조합(Granite Cutter' Union)이 도입한 것이었다.

(2) 도약기(독점자본주의 전반기 1880~1910년대)

기업복지가 초기의 자선적인 시혜의 성격만을 고집했다면, 기업복지는 아마도 19세기가 저물기 전에 산업사회에서 자취를 감추었거나, Owen 같은 극소수의 이상주의자들에 의해 근근이 명맥을 유지했을지도 모른다. 그러나 기업복지체제가 지속되면서 기업복지가 자선적이고 일방적인 급부가 아니라 상호 이익적인 급부로서 사용자에게도 크나큰 이익을 가져다준다는 사실이 실증적으로 속속 밝혀졌다. 그 시기의 온정적인 기업복지는 근로자에게 충성심과 애사심을 고취하였는데, 상호이익을 가져다주는 현상은 특히 기업이 어려움에 처했을 때 확연히 드러났다. 즉 기업복지의 이윤창출기능의 실제적인 조짐이 드러나기 시작했던 것이고, 그러한 기업복지의 경제적인 기능은 생산성 향상을 통해서가 아니라 주로 사회통제의 성격을 통해서 가시화되었다. 기업복지 제공을 통해 사용자와 근로자 간에 '자녀같이 보살피고, 가부장에게 효도하는' 이른바 온정주의적 관계가 구축된 상황은, 근로자를 관리 · 통제할 기제인 '인사관리' 혹은 '노무관리' 가 부재했던 그 시기에 기업의 확장과 발전에 중요한 견인차 역할을 하였다.

기업복지를 통해 근로자를 통제하는 방법은 두 가지 형태로 나타난다. 하나는 근로자에 대한 개별적인 통제이고, 다른 하나는 근로자에 대한 집단적인 통제이다. 근로자의 개별적인 통제의 내용을 살펴보면, 영국의 경우, 모직공업의 발달과 1차, 2차에 걸친 종획운동으로 경작할 토지를 잃은 소작인들이 대거 도시로, 기업으로 몰려들었으나 기업으로서는 그들을 마땅히 통제할 기제가 준비되지 않았다. 기업사회 자체의 경영 및 생산체계, 생산방식, 노동체계가 근로자 등에게는 당연히 생소할 수밖에 없었고, 근로를 지속하기 위해 필요한 기본적인 기술 및 소양과, 주택과 교통 같은 기본적인 수단이 제대로 구비되지 않은 상황에서, 기업복지제도야 말로 근로자들을 기업에서 요구하고 필요로 하는 종업원으로 길들이는 유일하고 효율적인 수단이 되었다. 따라서 기숙사제도는 근로자의 도주방지나 사생활감시, 혹은 장시간노동을 위한 임시방편으로 시도되었고, 강제 저축제도는 근로자의 이직과 사직을 방지하기 위한 목적으로, 구매제도는 근로자에게 각종 소비재를 높은 가격으로 독점 공급하여 보다 많은 이윤을 얻기 위한 목적으로 시작되었다. 이와 같이 초기의 기업복지는 사용자의 온정주의적 색채와 노동 강화를 통한 저임금을 유지하기 위한 권위적인 노동착취의 수단으로 이용되었다.

근로자에 대한 집단적인 통제는 노동자의 노동운동에 대한 기업의 대비 및 자구책으로서의 기업복지제도를 활용했던 역사에서 여실히 나타난다. 기업복지의 도약기는 경제사적으로는 독점자본주의기에 해당하며 이 시기를 기점으로 기업복지가 체계적으로 발전할 수 있는 기반을 형성하였다고 할 수 있다. 독점자본주의란 자본주의의 발전 단계에 있어서 생산과 자본의 집적 및 집중이 고도에 달하거나, 은행 자본과 산업 자본의 융합 등이 이루어져 소수의 거대한 독점 기업이 지배적인 힘을 가지게 되는 단계로, 19세기 말부터 20세 초반에 걸쳐 나타난 서구의 자본주의를 이른다. 그 배경에는 독점자본의 형성이 미숙련공과 반숙련공의 증대를 가져와, 1880년대의 일반조합의 창설에서 알 수 있듯이 일반화되어, 이전의 업종별 조합에서처럼 고부담 고복지가 불가능해지면서 기업복지를 통해 단체교섭의 장으로 끌어들여 해결하고자 하였다. 또 다른 점은, 노사관계의 형태가 온정적에서 완화적으로 변화하면서 노동능률의 향상과 노조결성의 방지 내지 노사관계의 원활화를 위해 사업주가 적극적으로 기업복지를 도입했다고 할 수 있다. 이러한 시대적 성격은 선거권과 관련하여 노동조합의 정치세력화는 사회적 주도권을 결정하는 중요한 변수로 작용하기 시작하였고, 정부의 정책 역시 지속적인 산업부흥을 위해 당근과 채찍의 정책이 본격적으로 사용되기 시작하였는데, 사회보험 등의 도입이 노동정책으로 자리 잡으면서 사용자의 사회적 책임은 잠시 주춤하게 되었다.

이와 같이 기업복지는 초기 기업복지의 자선적인 성격과 사회통제기능을 통해 시도되던 영리추구의 동기가 결합되어 이른바 '복지자본주의(welfare capitalism)'를 발판으로 삼아서 도약할 수 있었다고 판단된다. 그리고 19세기 중반부터 선진국의 산업의 중심축이 대서양을 건너 미국으로 옮겨지면서, 기업복지에 관련된 구심점은 신흥경제대국으로 부상하던 미국으로 옮겨가게 되면서 전성기를 구가하게 된다.

(3) 전성기(독점자본주의 후반기 : 1910~1920년대 말)

미국사회에서 초기 단계의 기업복지는 19세기 후반부터 1920대 후반까지 지속되었던 '복지자본주의'라는 틀 안에서 출발하였다(Akabas, 1985). 일반적으로 미국은 1840년대를 전후하여 산업혁명을 시작하였으나 1865년의 남북전쟁이 종식된 후 비로소 본격적인 산업화의 과정으로 진입하게 되었다. 이 시기에 자본가들은 근로자들의 안락함과 개선을 위해 자발적으로 여러 가지 형태의 기업복지 프로그램을 제공하게 되었는데, 당시 제공되던 프로그램의 내용은 의료, 주택, 교육, 오락, 집단상담과 개별상담 같이 금전적 · 물질적인 혜택과 직접적인 서비스가 포함되었다(성숙진, 1996).

그러나 미국의 경우에서는 초기 기업복지의 출현이 사용자의 온정주의적 배려에서 실시되었다는 흔적은 찾기가 쉽지 않다. 이것은 영국에 비해 반 세기 이상 산업화시기가 늦었고, 영국의 자선적이고 온정적이던 기업복지의 퇴조에 대한 학습효과를 이미 보았다고 여겨지는 이유와, 문화적으로 영국에서 자유를 찾아 분리되어 나와 건국된 미국이기에 기업은 물론 미국 전체 사회에 온정주의의 잔재는 그 시절에도 매우 미약하였을 것으로 추정된다. 애초부터 미국에서는 권위적 기업공동체 문화가 깊숙이 자리 잡고 있었고, 따라서 높은 이직률, 낮은 생산성, 강도 높은 파업, 여성 노동자와 이주 노동자의 비중이 커짐에 따라 작업장에서 발생하는 인적관리 문제를 해결하기 위한 통제적 수단으로 기업복지가 도입되었다.

초기에 제분공장이나 방직공장의 노동력은 시골 출신의 젊은 여성노동자로 구성되었는데, 이들을 교육시키고 사회화시킬 필요가 대두되자 사용자들은 복지전담직원(welfare secretary)을 고용하는 등 온정주의적 색채를 띠기는 하였으나, 1886년 미국노동총동맹이 결성되고, 1890년대의 주기적인 경기불황과 1905년에는 사회주의 지향의 노동자조직인 세계 산업노동자(IWW)가 결성되어 과격한 노동운동에 직면하게 되자, 사용자들은 근로자들의 저항을 저지시킬 목적으로 복지자본주의를 시도하게 되었다. 즉, 근로자들을 분열시키고 진압하고자 사용자 추종세력인 소수집단에 대해서만 복지혜택을 제공하고 따라서 그런 혜택을 받으려는 근로자들이 서로 경쟁하도록 만듦으로써 분열을 도모하였다.

이러한 노동환경의 변화는 기업으로 하여금 우수근로자의 유치를 필요로 하게 되어 인사노무관리의 개념이 형성되었으며, 본격적인 사무직근로자계층이 형성되었다. 또한 여성의 사무직진출이 이루어져 다양한 근로자계층과 분포가 이루어짐으로써 이들의 욕구에 부합하는 기업복지 프로그램이 개발되었다. 또한 이 시기에는 독점자본의 형성으로 자본과 경영의 분리현상이 나타남으로써 자본소유의 주주와 전문 경영을 담당하는 경영자 개념이 형성되어 다양한 기업복지 프로그램의 발전을 촉진하게 되었다.

20세기에 접어들어 1920년대 후반까지 기업복지는, 특히 미국에서 괄목할만한 발전을 이룩하게 된 요인으로 노동조합의 활성화(합법화), 경제의 호황, 복지담당전문가(welfare secretary 혹은 welfare agent)의 출현, 기업복지를 제외한 인사관리 혹은 노무관리 제도의 부재 등의 구체적인 이유를 들 수 있으나, 제 요인의 핵심적인 요소는 이윤창출의 동기였다. 산업사회가 대규모 기업 중심으로 전환되면서 기업은 기업복지를 통해 노사안정을 기했고, 근로자들의 충성심 및 애사심이 유발된 기업의 경쟁력은 그렇지 않은 기업의 추종을 불허하였다. 미국기업복지의 개척자로서 대표적인 인물인 내셔널금전등록기의 John Henry Patterson은 기업복지의 이윤추구기능을 강조하는 슬로건으로 'It pays'. 즉, 기업복지는 투자한 이상의 이익을 가져오며, 복지비용 대비 이익의 실제적인 계산이 가능하다고 주장하였다(Nelson & Campbell, 1972).

기업복지가 전성기를 구가하는 과정 속에서는 점차 근로조건이나 작업조건을 개선하는 것은 복지후생의 개념에서 제외되기 시작하여 공장 내외에서의 근로자 생활을 좀 더 윤택하게 할 수 있는 시설 및 제도가 관심의 주 대상이 되었다. 또한 근로조건의 결정방식 역시 비록 차원이 낮기는 하지만 단체교섭이나 노동입법의 영향을 받게 되므로 노사관계의 근대적 성격을 띠게 되었다.

특히, 이 단계에 있어서는 사용자와 근로자가 점차 대등한 위치에 서게 되면서 근로조건의 결정에 관하여서도 사회적 영향을 크게 받게 되어, Sheldon은 근로자의 입장은 이미 사용자의 일방적인 사고나 결정에 종속되는 것은 아니라고 하였다(Sheldon, 1984). 일반적인 노사관계 단계의 측면에서 보면, 노동과 자본의 분리에 따라 한편으로는 노동조합의 형성과 발전을, 다른 한편으로는 경영자단체의 형성과 발전을 기하는 근대적 노무관리로서 종업원의 복지향상과 의사소통을 매체로 하여 노사 양자 간의 대립을 유화하는 완화적 노사관계 단계에 해당한다. 이러한 복지자본주의 열풍은 1929년 대공황이 시작될 때까지 이어졌으나, 대공황과 정치 · 사회적인 이유로 노동운동이 쇠퇴하면서 급격히 축소되었다.

(4) 쇠퇴기(경제공황기 : 1930~1940년)

초기의 산업혁명을 거치면서 산업화가 급속도로 진행됨에 따라 기업복지는 다종다양하게 발전하였다. 산업혁명 이후 자본가들은 자유경쟁을 통해 자본을 축적 · 대규모화하는 동시에 경쟁에서 실패한 다른 기업들을 흡수해나가기 시작했고, 이에 따라 생산과 자본의 집적 · 집중 현상이 전개되었다. 뿐만 아니라 산업의 보호주의가 전반적 추세였던 19세기말에는 중공업의 성숙에 힘입어, 섬유공업을 위주로 했던 산업혁명기와는 현저히 다른 수준의 경제적 여건이 마련되었다. 과학기술의 발달에 따른 산업의 근대화 과정은 기업 내에서 고정자본 비율을 증대시켜 자본의 유기적 구성 도를 높임으로써, 산업 간의 자유로운 자본이동을 불가능하게 만들고 이윤율 저하현상을 초래했다.

자본주의의 자유경쟁 원리는 이윤율 저하의 경향을 더욱 심화시켰고, 기업가들은 이 같은 현상을 극복하고 이윤 총액을 증대시키기 위해 생산규모를 더욱 확대하고 생산량을 무한히 증대시켜 나갔다. 이 모든 움직임들은 마침내 '과잉생산'이라는 자본주의의 고질적인 병폐를 낳는 요인이 되었다. 기업가들은 제각기 치명적인 수준까지 제품가격을 인하함으로써 이러한 상황을 탈피하고자 하였으나, 결국 이 과정에서 다수의 산업자본가들은 몰락하게 되었고 그에 따른 대량실업사태가 그 시기의 선진국의 노동시장에 어두운 그림자가 짙게 드리웠다(김의명 · 강종수, 1999).

1920년대 후반, 이러한 상황의 배경 속에 기업복지는 급격히 쇠퇴하기 시작하였다. Dobbin은 1928년부터 1935년 사이에 기업복지 프로그램들은 많게는 56%, 적게는 28% 정도 감소했다고 보고하였다(Dobbin, 1992). 그 이유로 기업복지 선구자들의 퇴진, 과학적 경영방법의 출현과 확산, 경제공황과 노동조합의 반대를 들 수 있다. 첫 번째 이유로, 기업복지 선각자들의 퇴진과 그에 따른 세대교체를 꼽을 수 있다. 영국과 마찬가지로 기업복지의 도약기에 미국의 기업복지를 도입하고 발전시킨 주역은 기업복지의 필요성을 절감하는 대기업의 총수라고 볼 수 있다. 대표적인 인물로 국립금전등록기회사(National Cash Register Company)를 설립한 Patterson이나 Joseph Bancroft 등이 있는데, 그들은 미국의 산업화 초기에 대기업을 창업하고 크게 확산시킨 창업자들로서 온정주의적 색채가 매우 짙거나, Patterson의 경우와 같이 기업복지의 이윤창출기능을 신봉하는 기업복지의 절대적인 지지자였다. 그들은 대부분 창업 이후 대기업으로 확장되던 과정에 그와 함께 동고동락한 간부들과 근로자들에게 각별한 애정을 지니고 있었다. 그러한 기업복지의 선구자들이 1920년대 사망 혹은 고령으로 일선에서 물러나고, 그의 자녀세대로 경영체제가 교체되면서 기업복지가 퇴조한 원인은 그들의 후계자들이 대부분 그들의 부모세대와 기업경영에 대한 가치관이나 소신과 판이하게 달랐기 때문이다. 그때의 기준으로 신세대인 그들은 창업세대와 같이 온정주의적이 아니었고, 그들이 기업 총수의 지위를 인수받던 상황은 미국 및 세계 경제가 공황을 향해 치닫던 시기였으며, 무엇보다도 그들은 기업복지 쇠퇴의 결정적인 이유가 되는 과학적 경영방법에 심취한 세대였기 때문이다.

기업복지 쇠퇴의 으뜸가는 이유는 두 번째 이유인 과학적 관리방법의 출현과 확산이라고 보여진다. 과학적 경영방법은 근로자의 근로행동을 측정하고, 분석하며 통제할 수 있는 기술의 개발에 관한 내용으로 시간과 행동연구 및 도급제(A Piece Rate System) 같은 동기유발 임금제도(incentive wage)를 핵심내용으로 하고 있어서 기업복지를 통한 근로자의 욕구지원보다는 종업원의 효율적인 관리가 생산을 증대시키어 더 많은 이익을 창출할 수 있다고 강조하였다. 기업복지가 과학적 경영방법으로 대체되었던 이유는 기업복지가 근로자의 복지향상에 문제를 야기한 것이 아니라 이윤창출기능에서 과학적 경영방법에 크게 못 미친다는 이유 때문이었다. 과학적 경영방법의 출현은 우리 속담, "호랑이 없는 산에서 여우가 왕 노릇한다."에 비유할 수 있다. 그때까지는 기업복지가 거의 유일한 노무관리 기제로 이윤창출을 목적으로 하는 기업에서 맹위를 떨쳐왔지만, 기업복지란 인간의 심리적 정서에 호소하는 비과학적인 성격을 내포하고 있음을 부정할 수 없는 상황이었다. 비용효과 측정 등의 체계적이고 조직적이며 객관적이고 과학적인 기업조직에서 비과학적이고, 이윤보다는 인간 중심 복지의 설자리는 애초부터 매우 제한적일 수밖에 없었다. 그런 측면에서 볼 때 이윤창출이라는 원초적인 기업윤리를 바탕으로 해서 과학적인 방법 그 자체로 인정되는 과학적 경영방법이 기업사회에서 사회복지적 접근방법인 기업복지를 몰아내는 것은 당연히 정해진 수순이었다. 산(기업)의 왕은 당연히 호랑이(경영)요, 호랑이가 없을 때 여우(복지)가 큰 소리를 칠 수 있지만, 산을 지배하는 호랑이 출현이 여우의 퇴출을 의미한다는 것과 같은 이치이다.

〈표 4-1〉 기업복지와 과학적 관리 기법의 차이점

구분	기업복지	과학적 관리기법
주요 적용산업	섬유 등 경공업과 유통업	기계산업 등 중화학 공업
표적집단	여성 근로자	남성 근로자
주요 적용지역	도시 외곽지역, 고립된 지역	대도시의 공업 밀집지역
이론(이념)적 배경	인도주의, 온정주의	수익성, 효율성 이론

자료: 조흥식 외(2001), 산업복지론, 89

세 번째 이유는 경제 대공황의 도래이다. 수많은 기업이 줄줄이 도산하거나 겨우 명맥을 이어가며 근로자에게 임금도 제대로 줄 수 없는 상황에 처한 기업에서 기업복지란 언감생심이요, 어불성설격으로 당연히 퇴출 이외엔 다른 방법이 있을 수가 없었다.

마지막 이유로는 노동조합의 반대를 들 수 있다. 원래부터 노동조합은 기업복지가 온정주의를 바탕으로 해서 종업원을 조직에 몰입시키는 수직적 통합의 특성과, 기업복지에 내재되어 있는 사회통제 성격에 대해서 크나큰 반발심이 있었다. 노동조합이 기업복지를 반대하는 이유를 네 가지로 정리해 보면 다음과 같다.

① 노동조합에서는 기업복지를 임금의 대체제로 인식하였다. 노동자의 입장에서는 특전의 성격을 띤 시혜적 복지가 생계 및 삶의 질 향상에 도움이 되지만 대신 기업주의 종속되는 반대급부에 대해서는 매우 불편한 심기였음이 분명하다. 기업복지는 노동자의 입장에서 보면 돈 받고 자유가 제한되는 결과가 초래되나, 노동의 대가로 받는 임금은 당연한 권리로 받는 것이기에 임금으로 받는 것을 선호하였다. 따라서 임금으로 줄 급부 중 일부를 기업의 의도에 따라 활용되는 기업복지로 제공한다고 생각했다. 1920년대까지 많은 노동자들은 기업복지를 "남녀 노동자의 생산적인 에너지를 소진시키는 것으로 가장 바람직하지 않은 수단이다."라고 보았다(Todd, 1920). 1930년대에 걸쳐 노동조합은 기업복지가 근로자가 받을 임금의 일부라고 주장하며 기업주가 일방적으로 중단한 기업복지를 들어 법원에 제소했으나, 대부분의 법정에서 기업복지는 임금의 일부가 아니라 부가급부(fringe benefits)라고 인정하여 노동조합이 패소하였다(Allen, 1969). 예컨대, 1942년 전시노동위원회(National War Labour Board)가 강력한 임금억제정책을 펴면서 보험 및 연금제도와 기

타 부가급여에 대한 사용자가 제공하는 기여금은 '임금의 범주'에 포함되지 않는다는 규정을 발표하였다. 그리하여 노동조합이 일단 기업복지를 임금의 일부라 주장하여 근로자의 권리로 기업복지를 받는 것은 수포로 돌아갔지만, 그 후에 단체교섭제도에 포함시켜 기업복지를 근로자의 권리로 받을 길을 열어놓았다.

② 노동조합에서 기업복지에 대해 크나큰 반감을 나타내는 이유는 기업복지가 노동조합의 결성이나 활동의 통제수단으로 활용되었기 때문이다. 이중 노동시장이론에서는 사용자는 특수적인 경험과 숙련된 근로자의 이직을 방지하기 위해 승진의 기회나 기업복지를 제공하고, 효율성 임금이론의 노동조합위협효과 모형에서는 높은 임금과 병행해서 기업복지를 제공한다고 보고 있다. 불확실성이론에서도 내부노동시장을 공고히 하기 위해 훈련, 승진기회나 기업복지를 제공함을 통해 지배구조를 형성하며 기업복지를 노동자들의 단체행동을 제어하는 수단으로 기업 내에 제도화된 기제라고 지적하고 있다. 이와 같이 노동조합에서는 기업복지를 통해 노동조합 결성을 방해하고, 노동조합 중심의 단체 행동을 적절한 선에서 제어하거나 약화시키는 방법으로 고용주가 기업복지를 노동계급의 도전에 대한 분할지배전략의 도구 중 하나로 사용한다는 확신에 가까운 의혹이 기업복지를 반대하는 으뜸가는 이유로 지목되고 있다.

③ 노동계의 기업복지에 대한 부정적인 시각은 기업현장에서 기업복지 업무를 담당하던 복지전담직원(welfare secretary 혹은 welfare manager)들이 근로자의 근로행위로부터 사생활까지 회사에 보고하였던 행태로도 촉발되었다. 노동조합에서는 복지전담직원들을 '밀고자(stool pigeon)'로 치부하며 비판 내지 경멸하였다. 그런데 특기할 사항은, 이러한 복지담당직원들은 대부분 흑인이었으며, 1930년 철강 산업의 경우 전체 흑인노동자 중에 18.5%가 복지 전담직원이었다는 사실이다(Kinney, 1945). 1930년대 미국사회에서의 인종차별실태는 현재에 비할 수 없을 정도로 심각했을 시기인데, 복지전담직원이란 일반 미숙련노동자보다 상대적으로 교육수준이 높은 사무직 근로자(white collar worker)였던 점을 감안한다면, 기업주가 흑인을 대거 복지전담직원으로 고용했다는 사실에는 어떤 묘한 음모가 도사리고 있다고 의심해 볼 수 있다. 그것은 아마도 복지전담직원의 주요 임무가 감시를 담당하는 사회통제의 일환의 성격과 일맥상통한다고 볼 수 있다. 백인과 흑인 노동자는 인종 및 문화적인 면에서 이질적이고, 생활환경도 분리되었으며, 특히 대부분의 흑인노동자들은 인종

차별로 인해 백인 노동자에 대한 적개심을 지녔을 확률이 높다고 본다면, 흑인 복지전담직원들이 백인 노동자에 대한 철저한 감시역할을 수행하는 데 더없이 적합했으리라 여겨지고, 기업주는 아마도 이런 현실에 착안해서 인종 간의 갈등을 통제의 수단으로 이용한 것으로 보인다.

동일한 사회통제의 맥락에서 볼 때, 근로자의 일상을 조사 · 감시할 목적으로 1920년부터 1948년까지 시행된 포드 자동차사회과(Ford's Sociological Section)는 노동자로부터 엄청난 반발의 대상이 되었다. 사회과로부터 철저한 조사와 점검을 통하여 '무결점 생산성(clean and constructive)'이 인정되면, 그렇지 않은 경우에 비해 거의 두 배인 5달러를 하루치 임금으로 받았다(Carter, 1977). 이러한 포드제도(Ford system)는 테일러의 과학적 경영방법과 맞물리며 인간을 기계화한 나머지 구성원들의 인간성은 소외당하여 근로자의 인간적 욕구가 작업공정과 생산양식의 객관적 기준에 의해 무시 내지 억압되며, 근로자들의 욕구불만에 의한 노동능률의 저하를 초래하고, 기업 경영층과의 적대적인 마찰을 가져오게 되었다.

④ 노동조합의 기업복지에 대한 부정적 시각의 네 번째 이유는 사회복지 전반에 대한 거부감이었다. 일례로, 미국의 노동운동가로서 1886년에 미국노동총동맹(American Federation of Labour)을 창설하고, 1895년을 제외하고 평생 회장직을 역임한 Samuel Gompers는 '복지(welfare)' 를 '행복한 삶' 대신 '지옥의 삶'을 의미하는 'hell-fare'라고 비하하였다. 그 이유로, 그 시기의 사회복지계에서 노동자의 파업을, 매우 소극적이었지만, 부정적으로 보았다는 것이다. 파업을 파괴적인 행위로 규정하여 원천적이고 극렬하게 탄압하던 경영계나 국가에 비해 매우 소극적인 표현임에도 불구하고 이에 대해 노동계에서 분노하게 된 원인에 대해, 우리속담 중 "때리는 시어머니보다 말리는 시누이가 더 밉다."가 설명의 실마리를 제공한다. 시어머니의 강렬한 압제는, 그가 손 윗세대이고 그래서 며느리를 이해하지 못하는 것이라 치부하면 이해가 가능하나, 시누이는 며느리와 같은 세대이고 자신도 며느리의 입장이거나 될 처지에 있는데도 불구하고 부정적인 태도를 보이는 것에 대해 며느리가 분노하는 것과 같이, 사회적 약자를 돕는 것이 사회복지의 목적이라 하면서, 자본가에 비하면 약자인 노동조합보다 강자인 기업의 편을 드는 듯한 사회복지계의 태도가 심히 못마땅했을 법하다.

기업복지 퇴조의 이유로 네 가지를 들었지만, 그중 가장 영향력이 있는 요인으로 보이는 것은 과학적 관리방법의 출현과 노동조합의 반대이다. 전자가 생산성 향상을 통한 기업의 이윤창출 목적에 더욱 우월한 대안으로 부상하여 기업복지 제공자인 사용자를 유인하고, 후자는 감시 · 통제적 성격의 기업복지를 비난하고 거부하여서, 제공자와 수혜자 모두 기업복지를 원치 않은 상황이 되었으니 기업 내에서 기업복지의 설자리는 더 이상 보이지 않게 되었다.

(5) 재생기(수정자본주의 초기 : 1940년대 전반기~1950년대)

제2차 세계대전을 거치면서 기업복지는 다시 도약하게 되는 전환기를 마련하였는데, 다시 발전하게 된 주요인으로는 노동운동의 활성화(이신행, 1996), 국가의 복지정책, 사용자의 인식전환, 경영전략의 변화 등을 들 수 있다. 노동조합은 기업복지가 지니고 있는 고용주의 은혜적이고 노무관리적 성격을 가능한 한 약화시키고, 노동조합이 단체교섭을 통해서 쟁취한 권리로서 기업복지를 규정지으려고 하였다(K.Mann, 1989). 이때 국가의 정책변화로 인해 기업복지가 사용자의 일방적인 시혜에서 근로자의 권리로 탈바꿈하게 되어 운영 및 관리에도 노동조합이 직접 참여하게 된다. 이렇게 기업복지가 사용자의 시혜에서 근로자의 권리로 인식하게 된 중요한 전환점은 미국연방대법원의 두 가지 기념비적인 판결이 있었기 때문에 가능해졌다. 그중 하나는 1948년 전국노동관계위원회(NLRB)가 단체교섭의 대상이 되는 임금의 개념에 연금계획을 포함시켰는데, 1949년 연방대법원의 Inland Steel Co. vs National Labor Relations Board의 판결로 지지되었고, W. W. Cross & Co. vs National Labor Relations Board의 판결로는 교섭대상에 집단건강계획과 산재계획도 포함되게 되었다(U.S., 1976).

이 판결은 기업복지가 단체교섭의 대상이 된다는 것을 법적으로 보장해 주는 중요한 의미를 가지며, 곧이어 노동관계위원회는 이 판결을 보험제도에까지 확대 적용했고, 1949년에는 다시 사용자는 노동조합과 상의 없이는 단체보험제도를 실시할 수 없다는 판결을 내렸다. 이로써 기업복지의 단체교섭 대상화는 완전한 법적 보장을 받게 되었다. 또한 1955년 Ford Motor Co.와 근로자들 사이에는 보충적 실업연금계획(SUB)에도 합의하게 되었다(Root, 1982). 이 두 판결과 단체교섭의 선례는 결국 퇴직 후 및 각종 복지계획들이 노동관계법(LMRA)이나 Taft-Hartley법으로 입법화되고 또한 유사한 제도의 급속한 전파로 이후 기업복지가 증대되는 토대가 되었다.

따라서 이 시기의 큰 특징 중 하나인 노동운동의 활성화는 기업복지가 광범위하게 실시하게 된 중요한 역할을 수행한 셈이 되며, 단체협약에 새로운 기업복지 프로그램이 채택될 경우에는 비 노조기업으로까지 확대되는 현상을 보였다. 대표적인 사례로 미국의 자동차노동연맹, 철강노조 및 통신노조 등에 새로 채택된 치과보험제도가 1970년대 중반 이후 급속히 확산된 것을 들 수 있다.

기업주들은 경직적인 노동비용의 절감과 노동시장의 탄력적인 운용을 위하여 기업복지를 활용하는 경영전략을 펴기도 하였다. 임금수준을 결정하는 가장 대표적인 요인이 생산성이라고 가정할 때 생산성 향상 분은 결국 종업원의 근로대가이므로 임금과 기업복지의 형태로 지급되어야 마땅하지만, 기업으로서는 임금보다 기업복지로 제공함이 미래불확실성에 대한 하나의 대처방안이 될 수 있다고 인식했다.

이 시기에 기업복지가 급속하게 발달할 수 있었던 배경에는 무엇보다 노동운동의 방향과 경영자의 전략이 상호 타협되었다는 측면을 간과할 수 없고 이러한 현상은 산업시민권이론으로 설명될 수 있다. 우선 노동조합의 측면에서 볼 때, 미국의 경우, 1945년 후반과 1946년에 발생한 대규모의 노동파업에 직면하여, 47년에는 Taft-Hartley법을 제정하여 노동조합의 활동을 억압하고, 또한 냉전시대 미 · 소 간의 대립으로 CIO의 개혁적인 지도자들을 대거 추방하게 되며 비교적 온건한 노동운동을 전개하게 되었고, 그 결과 55년에는 AFL-CIO의 합병이 이루어짐으로써 실리지향적 노동운동이 전개되었다. 그 결과 이 시기의 기업복지는 효율적이고 영리지향적인 기업활동을 촉진시키기 위해 노사관계를 안정화할 수 있는 수단으로 활용되어 노동조합 측은 임금과 복지확보에 치중하였고, 사용자 역시 임금과 복지부분의 상승을 보장하는 대신 작업조직에서의 완전한 통제를 행사하고자 하였다(U.S. 1976).

사용자들이 노동조합의 요구를 수용할 수 있었던 배경에는 당시 미국이 누린 경제적인 호황으로 인해 임금과 복지수준을 상승시켜 주고도 충분히 이윤이 남는 시기였기 때문이다. 한편, 미국에서 사회보장법과 와그너법 등에 의해 국가복지가 처음으로 체계화되었는데, 오히려 이 법들이 기업복지의 발전을 촉진시키는 결과를 낳았다. 이것이 빈자는 국가복지로, 노동자는 기업복지에 의존하는 분절화된 복지체계(segmented welfare regime)의 틀을 형성하는 근거가 된다고 송호근은 주장하였다(송호근, 1995). 이 시기는 법률 또는 사회적 영향력에 의한 기업복지의 실시로 온정주의적인 성격과 고용주의 영향력이 상대적으로 축소되며, 고용주 측은 기업복지비 지출을 노동비용으로 인식하기 시작하여 이를 총액임금의 일부 또는 노동생산성과 결부시켜 고려하기 시작한다는 특징이 있다(최균, 1992).

기업복지 재생기의 주요 요인 중 하나로 국가의 임금통제정책을 들 수 있다. 1929년 미국증권시장의 붕괴를 기점으로 세계적으로 그 여파가 급속하게 확산되었던 경제공황이, 케인즈(Keynes)의 일반이론을 기초로 국가가 경제 · 사회적인 측면의 개입 형태로 2차에 걸친 뉴딜(new deal)정책과 사회보장법(Social Security Act) 등이 시행되면서 경제적인 안정을 찾았다. 경제공황의 근본적인 원인이 공급과잉으로 인한 연쇄도산현상이고, 연쇄도산은 대량실업 사태를 유발하여 수요의 극심한 부재상태가 현실화되었으나, 뉴딜정책과 공공복지정책을 통해 수요가 창출되고, 또한 세계대전 중의 극도의 궁핍은 역시 그 자체가 수요였다. 이런 수요의 증폭상황에 따라 전쟁으로 인한 군수물자 및 생필품 생산이 과열되면서 세계경제는 전대미문의 호황국면에 접어들게 되었다. 이러한 경제의 호황상태는 제2차 세계대전 후 가속화되기 시작하였고, 완전 고용에 근접하던 노동시장에 임금인상 욕구가 폭발적으로 일어났으며 또 실체화되기 시작하였다. 그러나 큰 폭의 임금인상은 인플레이션을 유발하는 지름길이었고, 따라서 제2차 세계대전이나 한국전쟁 같은 전시상황에서는 국가에 의한 임금동결정책이 시행되었다. 임금은 현금으로 지급되기에 인플레이션의 직접적인 원인이 되지만, 기업복지는 현물이나 서비스로 지급되고, 또 미래 대비 성격으로 인플레이션에 크게 영향을 미치지 않기 때문에, 정부의 인금인상 가이드라인 제시나 인금인상 억제정책 등과 같은 '도덕적 권고(moral suasion)' 등에 따라 임금인상에 따른 불이익을 감수하기보다는 임금을 동결하고 차선으로 기업복지가 증대되었다(Rosenbloom, 1992).

(6) 성숙기(수정자본주의 중 · 후기 : 1960년 이후)

1960년대를 거치면서 기업복지는 성숙기의 단계로 접어들게 되면서 조화로운 발전과정으로 노동자의 복지향상 그 자체가 목적으로 진화되어 단체교섭과정에 필수적으로 포함되며, 또한 기업복지가 국가의 노동복지정책과 결부되어 나타났다(최균, 1992). 그후 기업복지는 꾸준히 발전을 거듭해 와서 현재는 거의 대부분의 근로자들이 어떤 형태로든 기업복지제도의 혜택을 받게 되었다.

근로자의 생계보조 성격을 띠던 기업복지제도가 1950년대 이후의 풍요시대와 맞물려서 사용자의 선택 중심적이던 종래의 기업복지가 근로자의 다양한 노동특성과 욕구의 변화에 부응하기 위한 기제로 바뀌면서, 직장 보육시설, 변동 근무 시간제, 육아 휴직 등의 근로자와 그의 가족들이 필요로 하는 복지서비스, 프로그램, 시설 등으로 선택의 폭이 넓어졌다. 기업복지를 통해 근로자의 작업만족도를 높이고, 사용자는 그에 따른 소기의 제공목표를 달성하게 하는 새로운 접근방법인 선택적 기업복지제도가 급속히 확산되기 시작했다. 이 제도는 종업원 개개인이 처한 상황이나 선호도에 비추어 본인의 의지에 의해 기업복지의 혜택의 유형이나 수준을 선택할 수 있는 제도를 말한다.

성숙기의 미국의 기업복지제도는 공공복지제도의 대체제의 성격을 띤다. 일반적으로 사회보험제도는 질병, 산업재해, 노령, 실직과 같이 근로능력 혹은 근로기회를 상실

〈표 4-2〉 노동비용 대비 기업복지 지출 비중(미국)

혜택의 종류		1996	2002	2006
휴가 관련 혜택	전체	12.4%	10.9%	11.1%
	유급 휴일(공휴일)	3.3%	3.1%	3.4%
	유급 휴식	2.2%	1.0%	0.6%
	병가	1.2%	1.5%	1.5%
	유급 휴가	5.4%	4.2%	3.6%
	기타	0.3%	1.2%	2.0%
의료 관련 혜택	전체	10.9%	11.0%	14.5%
	질병 혹은 사고보험	0.5%	0.3%	0.2%
	민간의료보험료	7.1%	7.4%	10.9%
	치과보험	0.5%	0.6%	0.5%
	퇴직자 의료보험	1.7%	1.3%	1.4%
	기타	1.1%	1.4%	0.5%
퇴직 및 저축 관련 혜택	전체	7.5%	8.0%	8.6%
	퇴직연금	5.8%	5.3%	7.4%
	우리사주제도	0.2%	0.0%	0.1%
	이윤배분제도	0.6%	1.1%	0.7%
	기 타	0.9%	1.4%	0.4%

자료: U.S Chamber of Commerce, Employee Benefits Trending Analysis, 1996-2006.

의 이유로 생계를 유지할 수 없는 경우 사회(국가)가 소득을 보장하는 것인데, 미국의 경우 건강의 위험으로부터 건강회복과 소득을 보장할 수 있는 의료보험이 제공되지 않고 노령연금은 노년의 기본적인 생계유지에 부족한 상황이다. 또한 우리나라에서는 근로자의 휴가, 병가 등은 근로기준법에 의해 법으로 보장되지만 미국에선 법제화되지 않은 현실로 인해서, 미국의 기업복지는 공공산업복지에서 생략되어 있는 건강보험과 휴가 관련 서비스와 미흡한 노령연금을 보완하는 것이 기업복지비용의 90%를 상회하고 있는 실정이다.

미국의 기업복지가 전체 노동비용에서 차지하는 비중은 〈표 4-2〉에 제시한 바와 같다. 미국에서는 1970년대 세계적인 경제침체에 의해 대대적인 구조조정기를 겪으면서 경기가 위축되자 물질 위주의 복지혜택은 점차 퇴조하고 직장 내의 서비스 프로그램이 출현하게 되었다. 이 시기에 발달한 직장 내 서비스 프로그램으로 가장 대표적인 것이 근로자 협조 프로그램으로서 이것은 이윤추구동기(profit)와 문제해결을 통한 복지향상동기(person)의 만남이 이루어 낸 작품으로(김의명, 1998), 20세기 초반 생계보조성격을 바탕으로 한 기업복지시설, 현물 혜택 중심의 기업복지의 틈새에서 나타난 개인상담(personal counseling)에서 그 뿌리를 찾을 수 있다.

2) 실천 기술적인 측면(직업사회복지)

1920년대 자선적 기업복지가 기업에서 퇴출되게 된 이유는 대체로 4가지로 들 수 있는데, 그중 가장 결정적인 요인은 과학적 경영방법의 출현이었다. 전기한 바와 같이, 기업처럼 과학적이고, 체계적인 조직에서 종업원의 마음을 사로잡아 애사심과 충성심을 유도하여 생산성 향상을 꾀하는 자선적 기업복지는 기업조직 내에서 오래갈 수 없었고 그의 수명은 과학적 경영방법의 출현까지였다. 쓰라린 퇴출의 경험을 거울삼아 과학적이고 전문적인 기업복지 프로그램의 모체가 1930년대 태동하고 있었으니 그것이 바로 인간관계이론의 바탕이 된 Mayo에 의해 시도된 '호손(Hawthone)실험'이었다. 문제 있는 근로자의 비정상적인 행동은 그의 정서적 상태와 느낌을 잘 보살핌에 따라 개선의 여지가 있다는 결과를 토대로 웨스턴 전기회사 내에 개인상담 프로그램이 설립되었다(Sonnenstuhl, 1990). Mayo의 호손실험이 전문상담 프로그램에 직접적인 영향을 끼쳤지만 그때의 사회복지와 관련된 환경적 요인도 크게 작용했다고 볼 수 있다. 1920년대에 들어 정신분석학에 이어서 행동주의 심리학이 발달하면서 개인 및 집단상담 중심의 개별·집단사회사업 같은 사회복지실천기술이 정립되기 시작했고(김기태, 2002), 이런 움직임이 기업 내의 근로자를 대상으로 하는 전문상담 프로그램의 이론적 기초가 되었으며 지속적으로 기업복지 전문상담 프로그램의 발전에 결정적인 요소가 되었다.

그 후 개인상담의 전통은 두 가지 흐름으로 전개되는데, 그중 하나는 술 중독해소 프로그램(occupational alcoholism program – OAP)이다. 술 중독해소 프로그램은 1935년에 시작된 단주동맹(AA)운동과 궤를 같이하며 확산되다가 월남전이 끝난 1970년대 초반에 마약중독 문제가 사회문제로 급부상하면서 술중독과 마약중독 해소 프로그램(DAP)이 통합되었다. 개인상담의 전통을 이어받은 또 다른 흐름은 제2차 세계대전 후 정부의 재정 지원하에 여러 곳의 지역사회에 설립되어 지속적인 발전을 거듭한 직무관련 정신건강 프로그램(occupational mental health program)이다.

이 두 가지 흐름이 근로자상담이라는 명제 아래 서로 연결되면서 근로자의 문제를 포괄적으로 다루는 접근방법(broad brush approach)의 필요성이 대두되어서 근로자의 제반 문제를 다루는 근로자 지원 프로그램(employee assistance programs–EAP)이 1970년대 들어 대폭 확대되기 시작했다(Buon & Compton, 1990). 1980년대에 들어서는 근로자의 문제에 대한 예방의 중요성이 증대되면서 전체적인 건강개념(holistic health concept)을 바탕으로 한 근로자증진 프로그램(employee enhancement programs–EEP)이 등장하였다. 근로자 증진프로그램은 흡연, 비만, 일중독 등의 문제해결에 접근함으로써 건강을 위협하는 제반 문제를 사전에 예방하자는 목적을 가지고 지속적으로 발전해 왔고, 또 21세기를 풍미할 새로운 직업사회복지의 전문상담 프로그램으로 주목을 받고 있다(Myer, 1988 : 11).

3) 발달과정의 주요 맥락

구미의 기업복지의 역사적 흐름을 단적으로 말하자면, '우여곡절'이라는 표현이 적절할 것 같다. 원래 복지라는 개념과 근로라는 개념은 동일한 상황에서 존재하는 것이 아니라 서로 상치되거나 혹은 연결되는 개념으로 이해되어 왔다. 근대 이전까지 복지란 빈곤, 구휼의 개념으로 인식되어 왔기 때문에, 일을 한다는 사실은 구휼의 대상에서 벗어난다는 의미이고, 더군다나 산업사회에 접어들어 고정적인 직업을 가졌다는 사실은 구휼 차원의 복지에서는 완전히 벗어났다는 의미로 해석될 수 있다. 이와 같이 복지와는 전혀 무관해 보이는 기업에, 예상치 못했던 기업복지가 출현하게 되고, 자선적인 복지에 경영적인 동기가 혼합되면서 도약기를 맞게 되며, 전성기를 구가하다가 쇠퇴기에 도달했다. 거기서 영원히 퇴출될 운명에 처할 것 같았던 기업복지가, 다시 재생기를 맞아 새로운 모습으로 단장하여 꾸준한 발전을 거듭한 끝에, 현재에는 경영과 복지의 혼합체로 불안한 동거를 유지하며 복지체계의 중요한 위치에 자리매김해 있다.

이 장에서 서술된 제도적 · 실천적인 측면의 구미의 기업복지 변천사의 주요 맥락을 짚어 변화의 흐름을 요약하여 한 눈에 살펴보는 것이 격랑의 물결을 헤쳐 온 기업복지의 과거와 현재를 이해하는 데 도움이 될 것으로 생각된다. 개괄적인 이해를 돕기 위해 〈표 4-3〉에 기업복지 변천사의 주요 맥락을 이념적 기초, 제도의 성격, 제공 주체, 급부의 내용, 대상, 접근방법으로 분류하여 정리해 보았다.

〈표 4-3〉 기업복지 제도의 역사적 변화의 맥락

변화의 주요 흐름	과 거 → 현 재
이념적 기초	공리주의, 인도주의 → 온정주의, 영리추구 → 영리 추구(자본주의)
제도의 성격	온정주의 표현수단, 사회통제 수단 → 생산성 향상의 수단
급부의 성격, 내용	생리적 욕구, 소속감의 욕구 → 안정의 욕구, 자존의 욕구
	시설 중심(불변적) → 서비스, 프로그램 중심(준 불변적)
	생계보조(물질적 지원) → 삶의 질 향상(현금, 서비스 등)
	제공자 위주의 선택 → 수혜자 욕구, 자발적 선택
제공주체	기업주 → 기업, 국가, 사회복지기관, 사회복지 관련 회사, 지역사회
접근방법	비과학적, 비전문적 접근방법 → 과학적, 전문적 접근방법
대상	동일 계층, 정규직 → 다양한 계층(고위직, 전문직, 기혼 여성, 외국인 노동자, 노인 재취업, 비정규직 등)

2. 일본의 기업복지 변천사

다른 선진국에 비해 일본의 산업화는 늦어져서 1800년대 말에 시작되었지만, 일본은 제2차 세계대전이 끝난 1900년대 중반까지도 전체적인 군주제사회였다. 따라서 공공산업복지를 포함한 국가 차원의 복지제도 역시 수립 및 발전의 시기기 늦어진 반면, 산업현장에서는 근로자를 위한 기업복지가 주된 복지기제였다. 일본의 기업복지제도는 종신고용, 기업별 노조, 연공서열제도와 그에 따른 임금과 더불어 일본식 노사관계의 4대 축으로 여겨질 만큼 사회복지영역에서 핵심적인 역할을 한다(최수찬, 2007).

일본 기업복지의 변천사는 크게 5시기로 구분할 수 있다. 제1기는 일본의 산업혁명 시기 이전인 1800년대 말부터 1910년으로 볼 수 있고, 제2기는 기업의 경영진이 노동자를 직접적으로 통제하기 시작한 1910년대 초반부터 1930년대 말까지의 시기이며, 제3기는 전시동원체제로 인해 기업복지제도와 국가정책이 직접적으로 결합된 1930년대 말부터 1945년까지의 시기이다. 제4기는 기업이 노동계급과의 투쟁 속에서 전쟁 이전의 노사관계를 복원하는 1945년부터 1958년까지이며, 제5기는 기업복지가 정착된 1958년부터 현재까지의 시기이다.

1) 1기: 1910년 이전

일본의 기업복지는 19세기 말 명치유신 후 산업혁명의 물결 속에서 등장하기 시작한 기계 중심의 근대적 생산방법의 도입과 이에 따른 기업 및 공장의 성장과 더불어 생성되고 발전하기 시작하였다. 초기의 기업복지는 사회보장에 대한 국민적 이해와 관심이 전혀 존재하지 않았던 상황에서 구미 제국의 사례와 마찬가지로 기업이 자발적으로 제공하였다. 피폐하고 빈곤한 농촌에서 도시로 몰려온 노동자들이 주류를 이룬 산업현장에서 인도주의적 측면에서 그들을 보살피거나 온정주의적 측면에서 보호하는 면도 있었으나, 구미 제국의 사례와 마찬가지로, 노동력을 확보하고 기업조직에 적응시킴을 통해 노동력을 강화하고, 저임금을 유지하려는 사회통제적인 동기가 자선적인 의도 못지않게 중요하였다(岡田義晴, 1990).

근로조건이나 근로자의 기본적인 욕구를 충족시키는 공공산업복지제도가 없었던 일본의 산업혁명의 초기에 기업복지는 근로자의 애사심과 충성심을 고취하고 사기를 진작시키려는 기업주의 온정주의적 경영방법의 일환이었고, 이를 통해 값싼 노동력을 확보·유지하기 위한 시책이었으며, 근로자들은 그것들을 거부할 엄두도 내지 못하며 소극적으로 받아들일 수밖에 없는 상황이었다(이정환 외, 2001).

2) 2기: 1910~1930년대

1900년을 기점으로 전후 약 20년간은 노동인력의 부족과 노동운동의 발호가 중요한 문제로 대두되었고, 기업은 이에 대해 분할 및 지배(divide & conquer) 전략으로 대처하였다. 미숙련 노동자에 대한 통제권을 숙련노동자인 장인(匠人, oyakada)에게 부여하였고, 이들에게는 병원, 부상 및 질병에 대한 지원 등과 같은 기업복지서비스를 제공하였다. 그러나 이러한 시책은 오히려 장인들의 권력남용을 불러일으켜서 기업에 대한 경영진의 통제력을 무력화하는 결과를 초래하였다.

이런 맥락에서 기업주에 의해 제공되는 기업복지는 작업현장에서 기업주가 장인들에게 빼앗긴 경영권을 되찾아오는 기제로 사용되는데, 그때까지는 장인들에게 배타적으로 제공되던 기업복지 프로그램, 예컨대, 사택, 기숙사, 의료시설 및 공동구매점, 직업교육 등이 일반 근로자들에게까지 확대되어 실시되었다. 이러한 기업복지 프로그램은 온정주의적 경영이념에 입각한 것이었는데, 이 온정주의적 경영이념이 확대되어 국가관료와 경영주의 의도적인 노력에 의해 노사관계의 핵심적 가치로 자리 잡게 되었다는 점이 일본적인 특징이다(조흥식 외, 2004). 요약하자면, 이 시기에 일본산업계에 정착된 산업적 온정주의를 바탕으로 한 노사관계는, 전통적 온정주의가 신 온정주의로 변화된 것 같이, 전통적인 이념이 새로운 환경이 요구하는 실용적 요청과 결합하여 생성된 합리적인 대안이라고 할 수 있다.

3) 3기: 1930년대 말~1945년

제2차 세계대전이 발생했던 이 시기에 국가는 원활한 전쟁수행을 위해 안정적인 노동력을 필요로 하였고, 기업은 이러한 국가의 전시동원체제에 맞추어진 기업복지제도를 실시하게 되었다. 후생성, 내무성, 지방자치단체 등이 주도적으로 나서서 기업이나 공장 단위로 산업보국회가 결성되었고, 이로 인해 노동조합이 사실상 무력화되면서 국가의 전시 노동 동원정책과 밀착된 기업의 노무관리제도가 추진되었다. 새로운 노무관리 방식은 근로자의 인격을 존중하고 노사관계를 인간관계로 전환한다는 미명 아래 제도화 되었으며, 유인책으로 생계를 보장하는 생활급여체계의 정착을 통해 근로자의 생활안정을 도모함으로써 국가에 대한 자발적인 헌신과 봉사를 유도하였다. 후속조치로 사무직 근로자와 생산직 근로자 간의 기업복지와 관련된 차별을 최소화하려는 노력을 기울였고, 국방부인회 등의 조직은 복리후생활동이라는 명목하에 근로자와 그의 가족을 위한 교양증진 및 생활지도 프로그램을 실시하였다. 이 시기에는 기업복지 역시 사회적 · 경제적 지위와 관계없이 하나의 일본 국민으로서의 통합 극대화를 시도하는 수단으로 이용되었다(최수찬, 2007).

4) 4기: 1945~1958년

제2차 세계대전 이후 사회가 민주화되면서 노동운동이 활성화되고, 노동조합이 임금인상과 더불어 노동조건의 개선 및 사회보장제도확충을 요구하였으며, 무엇보다도 기업복지에 대한 단체교섭권과 운영에 참여를 강력하게 주장하였다. 일본의 노동조합은 기업복지제도가 기본적인 노동조건의 하나임을 주장한 반면, 기업은 자발성에 의해 결정되는 임의적인 것임을 주장하면서 양자 간의 대립이 표면화되었다. 노동조합은 기업복지를 단체교섭의 대상으로 삼아 단체협약에 명문화하려는 노력을 기울였으나, 일부 성공한 사례를 제외하고는, 기업주의 강한 저항에 부딪쳐 대부분 성공하지 못하였다. 결국 노사 간의 세력관계에 따라 기업이 임의적으로 기업복지를 제공하기도 했으며, 때로는 노사가 협의를 통해서 기업복지 관련 시설 및 운영자금을 공동으로 결정하기도 하였다. 이러한 이유로 이 시기에는 기업 간 기업복지의 실태 및 운영방식이 매우 달랐다. 그리고 근로자 자신들도 나름대로 자주적인 근로자복지를 때론 회사와 경쟁적으로 실시하면서 일본의 기업복지제도는 큰 폭으로 발전하기 시작하였다.

한편, 법적으로 강제성이 있는 사회보장제도는 제2차 세계대전 이후에서야 비로소 확립될 수 있었는데, 1947년 노동자재해보상보험과 고용보험법을 시작으로, 1948년 건강보험법, 1959년 국민연금법이 제정되었다. 그러나 산업화 과정에서 노동자복지에 대한 책임을 기업에 전가하는 강한 전통은 최근까지도 사회보장의 수혜범위와 적용대상이 크게 확대되지 못하는 결과를 낳았으며, 이에 일본에서는 여전히 국가복지보다 기업복지가 상대적으로 더욱 발달하였다(김의명 · 강종수, 1999).

5) 5기: 1958년 이후(이정환 외, 2001)

1950년대의 격동기를 지나 1960년대를 지나면서 경험한 고도의 경제성장, 노동력 부족 현상의 심화, 노동조합의 춘투 등에 힘입은 임금인상, 그리고 1970년대의 성장 위주에서 복지 중시로 선회한 정부의 정책과 노사협조주의가 본격적으로 확산되기 시작하면서, 1970년대 중반에 이르러 근로자의 삶의 질과 근로조건 개선을 위한 유리한 사회적 · 제도적 환경이 조성되었다. 이로 인해 근로자의 생계유지에 치중해왔던 기업복지도 새로운 전환점을 맞이하게 되었다. 우선 임금수준이 대폭 증가해 기업복지의 개념은 저임금 보완적 성격에서 삶의 질 향상기제로 탈바꿈하기 시작했고, 아울러 국가의 사회보장제도의 확충은 기업복지의 기능을 종전의 사회보장제도의 대체에서 보완기능으로 이양시켜주었다. 고도 경제성장과 임금상승에 따른 근로자의 생활향상은 기업복지에 대한 근로자의 욕구를 고도화, 다양화시켰으며, 서구 수준의 임금상승을 확보한 노동조합 역시 기업복지문제에 매우 활발하게 참여하게 되었다. 일례로 1965년 일 경련(日經連)이 발표한 「복리후생 합리화의 기본방향」은, 이전까지 일본 기업복지의 핵심부분이었던 생계보조적 프로그램을 근로자의 생활설계 및 재산형성에 초점을 둔 프로그램과 인간관리론에 기초한 효율적 · 합리적 기업복지의 실시를 제시하였다(조흥식 외, 2001).

기업 측(특히 대기업)에서도 달라진 노동시장의 상황과 국가 시책, 그리고 합리적 기업경영방식에 따라 기업복지를 적극적으로 시행하는 것이 안정적인 노동력 확보와 재생산, 더 나아가 근로자의 생활안정과 정신적인 충족이 근로자와 노동조합으로부터 우호적인 협력관계를 이끌어 내는 데 필수불가결한 방법임을 인식하게 되었다. 여기에 더해, 인구의 고령화 추세에 따른 전체적인 사회보장비용의 증가는 근로자에 대한 기업의 책임을 강조하였다. 이 상황에서 나온 대표적인 일본형 기업복지제도가 바로 '생애종합복지계획'이라는 것이다. 이 제도는 유통, 섬유, 식품, 전기, 금속가공, 광학 등의 산업을 중심으로 운영되었는데, 이 종합계획은 장기적 생산성 향상과 그에 따른 성과적 배분이라는 목표를 갖고 있었다(薪川 敏光, 1993). 이 종합계획 이전의 기업복지제도가 근로자의 회사에 대한 충성심, 소속감의 확보, 노동력 유지 및 배양, 노사관계의 안정을 강조한 반면, 이후의 기업복지는 생산성 향상과 근로자의 '생애 종합복지'에 초점을 두고 있다는 점에서 차별성이 있다고 할 수 있다(한국노동복지센터, 2002).

이와 같은 과정을 겪으면서 오늘날의 일본 기업복지제도는 근로자와 노동조합을 사용자와 대등한 인격 내지 상대로 인정해야 한다는 산업민주주의의 원칙과 근로자의 문제가 노사 양측에 동일하게 중요한 영향을 미친다는 상호주의 입장을 견지하면서 다음과 같은 일반적인 성향을 띠게 되었다. 첫째, 기업주의 은혜적이고 온정주의적인 기업복지로부터 노사 양측이 적극적으로 의사를 반영하고 참여한다. 둘째, 노사 양측이 역할과 비용을 분담하여 함께 책임을 진다. 셋째, 개별적, 일방적인 요구에서 종합적이고 체계적으로 요구된다. 넷째, 복지활동의 효율화와 중점화를 지향한다. 〈표 4-4〉는 일본기업복지제도의 일반화된 내용을 나타내며, 피상적인 수준이지만 일본기업복지제도의 성격에 대한 전체적 조감도라고 할 수 있다.

〈표 4-4〉 일본 기업복지제도의 변천

종류	명치시대 ~ 1970년대 중반	1970년대 중반 이후
주체	기업의 임의	노사의 공동기획, 운용(노사 협의)
목적	귀속감 및 충성심 확보, 노동력 유지 및 강화, 노사관계 안정, 생산성 향상	종업원의 생애 통합복지 제고(결과적으로 생산성 향상, 원만한 인간관계 유지
역할	사회보장제도 대체 기능	사회보장 보완 및 분업, 생애활동 보장
대상	근로자와 그의 가족	근로자와 그의 가족, 지역사회 주민에게도 개방
비용	기업이 전적으로 부담	생산성 향상의 성과배분, 노사 공동부담, 국가 부담(세금 감면)
급부	현물, 시설(사택), 의료, 매점	노후 및 불시의 재해에 대한 소득보장, 재산형성 지원, 문화, 체육, 여가활동, 건강증진

자료: 이정환 외(2001).

1990년 초 일본기업복지에 대한 실태를 살펴보면 〈표 4-5〉에 나타난 바와 같이 생계보조형 성격을 찾아보기가 쉽지 않다. 실시 비율이 80% 이상 높은 기업복지 프로그램 중에서 피복 지원 정도가 생계보조적인 성격이 있다고 보이나, 그 외 주택 융자나 단체 생명보험 등은 기본적 생계유지와는 직접적인 관련성이 없어 보이며, 급식 지원이 76.9%로 낮은 비중은 아니지만 그렇다고 높은 항목에 속하지도 않는다. 온정주의적 잔재에 포함될 수 있는 것이 경조금이고, 그 외 다른 급부는, 프로그램 내용을 자세히 분석해봐야 확연히 드러나겠지만, 프로그램 그 자체만 보면 온정주의적인 색채는 별로 드러나지 않는다고 판단된다.

〈표 4-5〉 일본의 기업복지 : 각종 프로그램 실시 비율(%)

프로그램	실시비율	프로그램	실시비율
경조금	99.4%	생활자금 대여	77.0%
주택 융자	92.3%	급식 지원	76.9%
단체 생명 보험	91.8%	공제회	62.4$
피복(작업복) 지원	91.8%	사내 예금	43.5%
자녀 학자금	81.8%	재가복지(home help)	18.5%
종업원 지주제도	79.4%	육아 휴직제도	14.9%

자료: 유길상(1991).

3. 기업복지의 발달요인 분석

기업복지 역사의 서두에서 언급한 바와 같이, 기업복지 선진국의 기업복지를 세심히 고찰하는 이유는 우선 기업복지의 발달요인을 규명하고, 그 요인을 준거 틀로 삼아 한국기업사회에서 그 요인의 존재 여부를 확인하며, 그 요인이 한국의 정치 · 경제 · 사회적 측면에서 어떠한 의미를 가지고 있고, 또 한국기업복지의 미래에 어떤 영향을 미치는 가에 대해 세심히 분석할 수 있기 때문이다. 그러므로 기업복지 선진국인 미국과 일본의 역사적 고찰을 통해 도출된 요인은 제2부 한국기업복지의 역사 및 현재를 분석하는 준거 틀로 사용된다.

오늘날 선진산업국에서 시행되는 기업복지는 산업화의 오랜 기간에 걸쳐 노 · 사 · 정의 3자 간의 반복적인 갈등과 타협을 거치면서 발전되어 온 것으로서 각 나라마다 산업화의 전개과정과 양상 그리고 그 사회의 지배적인 이념과 노동운동의 변천과정, 그와 연관된 노사관계의 발전과정 등의 역동적인 상호작용 속에서 형성되었다고 할 수 있다. 그러나 선진산업국에서도 비록 산업화의 진전 정도의 차이에 따라 그 시작의 시점이 다를 뿐 기업복지발달과정을 세심히 관찰하면 일정한 형태(pattern)가 확연하게 드러남을 알 수 있다. 기업복지 선진국의 기업복지발전과정을 검토해 보면 기업복지발달에 괄목할 만한 영향을 미친 요인들은, 국가, 노동조합, 기업의 상호작용적인 역할과 노동시장 내 · 외부의 정치, 경제, 사회적 여건의 변화로서 요약할 수 있다. 이 절에서 기업복지발달의 주요 요인들로 살펴볼 내용으로서는 국가의 정책, 노동조합의 성격과 교섭력, 기업주의 이념과 경영 전략, 노동시장의 수급상황과 경기순환, 노동인력의 구조 변화, 기업복지의 전문화, 기업복지 선진국의 영향이 있다.

1) 국가의 정책

기업복지와 관련되는 국가의 역할은 노동정책과 사회복지정책의 수립 및 실시라고 볼 수 있다. 국가의 유지와 발전의 근간이 되는 경제활동이 원활하게 진행되기 위해서는 생산성 있는 근로자의 유지관리와 그들의 욕구를 적절하게 충족시키는 것이 노동정책의 중요한 부분이다. 또한 근로자가 제반 문제로 인해 일을 할 수 없게 되고 그로 인해 생존의 위협을 느끼는 상황이 온다면 국가의 개입으로 근로자가 처한 문제에서 벗어날 수 있도록 돕는 것은 사회복지정책을 통해 이루어진다.

기업복지의 발전과 국가의 역할에 관한 주제는 근로자복지의 책임 주체에 관한 논의에서부터 출발한다. 국가의 개입이 노동정책의 형태로 나타나든, 사회복지정책의 형태로 나타나든, 국가의 모든 정책은 Titmuss가 주장한 바와 같이 '가치의 선택'에서 시작한다. 국가가 사회복지를 사회적 부의 공평분배를 통한 사회적 확대재생산의 개념으로 파악하는지, 아니면 근로자의 근로능력유지 및 향상을 통한 노동력의 재생산 내지 경제적 재생산의 개념으로 파악하든지의 여부에 따라 국가의 사회복지정책과 노동정책의 향방은 전혀 다를 수 있다. 즉, 근로자의 근로능력유지 및 향상과 문제해결을 기업주에게 맡기고 국가가 보조적인 역할을 담당하든지, 아니면 국가가 일차적인 책임을 지고 나머지 부분은 기업주에게 자발적으로 맡기는가 여부에 따라 기업복지의 생존과 번영 여부가 좌우된다고 할 수 있다. 환언하면, 국가가 적극적으로 개입하여 시장기구의 모순과 폐해를 해결하고자 하는 제도주의(institutionalism)적인 입장을 국가의 복지이념으로 규정하는 나라에서는 기업복지보다 공공산업복지를 더욱 강조할 것이고, 반대로 국민의 1차 적인 복지 책임을 민간복지분야에 맡기고, 민간복지에서 제외되는 부문만을 국가가 최후의 보루라고 인식하는 잔여주의(residualism)적 입장을 견지하는 국가에서는 기업복지를 국가복지의 중요한 기제로 규정할 가능성이 높다.

일반적으로 국가의 복지정책은 근대 이후 복지국가의 이념을 도입하기 이전까지는 노동자계층에 대한 복지는 자본, 즉 경영자의 책임으로 전가하는 경향이 강하여서, 기업복지의 초기와 중기에는 사용자의 인식과 기업의 경영 전략요인이 상대적으로 매우 중요하였다. 실제로 빈곤 근로자에 대한 책임을 기업에게 전가하는 성향이 높은 나라, 예컨대 미국이나 일본에서는 기업복지가 발전해왔고, 근로자의 복지에 관한 책임을 국가가 전적으로 담당한 스칸디나비아의 여러 나라나 많은 부분을 담당하는 영국 같은 나라에서는 기업복지가 상대적으로 낙후되었다.

미국의 경우 1935년 사회보장법과 함께 뉴딜(New Deal)정책의 일환으로 전국노동관계법, 일명 와그너법(Wagner Act)이 제정되어 미국복지국가의 초석을 놓았는데, 이러한 법들이 오히려 기업복지의 발전을 촉진하는 계기가 되었다고 언급한 바 있다. 와그너법은 노동 3권을 인정하여 노동자의 지위와 노동운동에 크게 기여하였고, 특히 노동자의 단결권과 단체교섭권을 보장하기 위해 부당노동행위제도와 교섭단위제도를 신설했으며, 실시기관으로서 후에 기업복지를 단체교섭의 대상이라는 결정을 내려 기업복지 재생기에 기업복지발전이 결정적인 역할을 한, 전국노사관계위원회(National Labour Relations Board/NLRB)를 두었다. 와그너법이 노동조합에게 너무 많은 권리를 인정한다고 판단되어, 1947년 와그너법의 대폭적인 수정안인 테프트-하틀리 법(Taft-Hartley Act)이 통과됨에 따라 노동유연성을 확대하고 파업권 제한 등으로 노동조합의 세력이 크게 축소되었다. 이 법은 제2차 세계대전 이후 미국에서는 노동조합에 대한 공산주의자의 침투 우려, 노동조합의 규모와 영향력의 엄청난 성장, 일련의 대규모 파업 등으로 인해 반(反)노동조합 분위기가 된 상황에서 순조롭게 통과되었다. 1955년 미국의 양대 노동조합인 미국노동총연맹(American Federation of Labour-AFL)과 산업별 노동자회의(Congress of Industrial Organization-CIO)가 통합되면서 미국의 노동조합은 영리지향적인 성격으로 변화했는데, 테프트-하틀리법이 그 배경으로 지목된다. 이 법으로 인해 약화된 노동조합은 반대로 경영자의 권력을 상대적으로 크게 신장시키며 결과적으로 미국기업복지발전에 지대한 역할을 하였다.

이와 같이 와그너법은 노동조합을 촉진 · 강화하여 단체교섭제도를 통한 기업복지의 발달에 크게 기여하고, 반면에 와그너법의 폐단을 없애기 위해서 출현한 테프트-하틀리법은 노동조합의 약화가 경영자의 득세를 초래하여 그 역시 기업복지발전에 크게 기여하였으니, 이런 상황이야말로 현실적 이익에 휘둘리는 역사의 아이러니(irony)라 아니할 수 없다.

기업복지제도가 잘 발달되어 있는 일본도 미국과 맥을 같이한다. 일본은 제2차 세계대전 후에는 패전국으로 경제복구와 사회 안정에 총력을 기울여야 했기 때문에 1970년도에 접어들어서야 사회보장제도의 구축을 시도했다. 그러나 이 시기는 중동전쟁으로 인한 1차 유가파동으로 세계경제가 침체기에 진입하던 시기였기에 1973년과 1974년을 '복지 원년'으로 설정하고 야심찬 계획을 수립하던 일본정부에게는 큰 충격이 아닐 수 없었다. 복지성장은커녕 오히려 복지를 축소해야 할 처지에 놓인 상황에서, 1960년대 말에 발표된 '복리후생 기본방향'은 일본사회가 서구의 복지병을 피하기 위해서는 새로운 형태의 복지체계의 구축이 필요하다는 것을 역설했고, '기업복지의 중시'와 '민간(개인 · 가족 · 기업) 복지역할 증대'가 새로이 구상되던 '일본형 복지사회'의 핵심 중에 하나였다. 그리고 이러한 흐름은 그 후에 발표된 '생애종합복지계획'에 의해 더욱 공고화되었다.

이러한 성격의 '일본형 복지사회'가 발전하게 된 배경에는, 국가가 기업별 노동조합체제를 승인한 노동정책에 크게 힘입었고, 일본의 장기집권 세력인 자민당이 기업복지의 중요한 지원세력이 되었다는 점이 중요한 요인이 되었다(한국노동복지센터, 2002). 이렇듯 온정주의적인 틀을 벗어나지 못했던 기업 내의 행위자(사용자, 노동조합) 및 기업문화와, 경제침체 및 그의 원흉으로 지목되던 복지국가의 퇴조와, 기업 중심의 민간 복지를 선호하는 정치체계가 어우러져서 기업복지 중심의 일본 복지사회가 진전되어 왔다.

2) 노동조합의 성격과 교섭력

기업복지와 노동조합은 따로 떼어서 생각할 수 없을 정도로 불가분의 관계이다. 왜냐하면 기업복지의 대상이 노동자와 그의 가족이며, 노동조합은 근로자가 주체가 되어 근로조건의 유지, 개선 및 기타 근로자의 경제적 · 사회적 지위의 향상을 도모하는 것을 목적으로 조직되는 단체 또는 그 연합단체이기 때문이다. 그리하여 기업복지 선진국의 기업복지발달의 역사에서 노동조합요인은 국가정책과 사용자의 인식과 전략과 더불어 3대 요인에 속한다. 본 논의에서는 1) 노동조합의 형성과정을 영국과 미국의 예를 들어 간략하게 살펴보고, 2) 기업복지발달사에서 노동조합요인의 중요성을 고찰한 후, 3) 역사적 발달의 요인으로서의 노동조합(성격, 조직력)에 대해 논의하고자 한다.

(1) 기업복지 관련 노동조합의 변천사

노동운동은 18세기 말 영국에서부터 시작되었다. 1787년 Shefield 지방의 금속노동자들의 조직적인 운동이 효시라고 보여지며 강압적인 탄압에도 불구하고 1800년대에 들어서면서 대규모의 직업노조 및 연합노동조합 조직이 결성되면서 그 영향력이 대폭 확대되었다. 그 후 국가의 탄압과 완화가 반복되며 부침이 있었지만, 1845년 전국노동조합협회(National Association of Trades for the Protection of Labour)가 창설되고, 1871년 노동조합법(Trade Union Act) 및 기타 관계법들이 제정되면서 노동운동은 조합과 조합원의 수요에 있어서 괄목한 만한 성장을 이룩하였다. 미국의 경우 1806년 임금인상을 위한 필라델피아의 구두직공들이 단체적으로 행동한 코드웨이너(Cordwainer)사건이 노동운동의 시발점이라고 볼 수 있고, 1843년 도시별 노조연맹대표들이 모여 전국노조를 결성하고 남북전쟁 이후인 1886년 미국노동총연맹(AFL)의 결성으로 본격적인 노동조합시대의 장을 열었다(곽효문, 1995).

미국이나 영국, 일본의 경우 노동운동의 시작은 공통적으로 숙련노동자로부터 시작되어 노동운동이 활성화되는 과정에서 일반노동자를 포함하여 전체노동자 조직으로 확산되어왔다. 산업화 초기에는 산업생산에서 숙련노동자(장인)에 의존도가 매우 높았으나 생산과정이 단순화 · 표준화되고 더 나아가 공장자동화가 실현되면서 숙련노동자의 필요성 및 중요성은 급감하였다. 이에 숙련노동자들이 중심이 되어 단결을 통해 고임금과 기업복지 및 통제력의 기득권을 지키거나 되찾으려 노동조합을 결성하고 국가와 사용자를 대상으로 투쟁에 돌입했다. 이와 같이 초반기에는 숙련노동자들이 노동조합의 주권을 보호하기 위해 형성된 직종별 노동조합 중심의 노동운동이 주류를 이루다가, 노동운동이 점차 확산되면서 일반노동자 조직이 새로이 결성되어 일정 기간 대립과 경쟁을 거듭하다 종래에는 통합하는 형태로 나타났다.

미국의 예로는 1861년 직종별 노조의 성격을 띤 전국노동조합연맹(National Labour Union –AFL의 전신)이 결성되었고, 이에 반해 급진적인 성격을 띤 노동기사단(Knight of Labour)이 직업, 산업, 인종, 신념 등에 관계없이 모든 노동자를 포함하는 사회주의적 성격을 띠고 탄생했다. 그러나 노동기사단은 구성원의 이질적인 성격으로 인해 조직의 유효성이 감소되고, 지나친 호전성 등의 요인으로 인해 많은 구성원들이 탈퇴해서 빛을 잃게 되었으며, 1886년에 전국노동자연맹(AFL)결성으로 인해 결정적인 타격을 받게 되었다. 1930년대 중반 AFL 안에서도 산업별 노동조합의 움직임이 일어 1938년 기존의 AFL에서 산업조직협의회(CIO – Committee for Industrial Organization)가 분리 · 독립하였다가 1955년 미국노동총연맹(AFL–CIO)으로 통합하게 되었고, 영국과 일본의 노동운동의 변천사도 미국의 경우와 맥락을 같이 하였다(곽효문, 1995).

기업복지가 초기에는 인도적 · 온정주의적인 동기로 출발했지만 1800년대 노동조합이 조직되고 급격히 확산되며 투쟁적인 성격을 띠면서(1800년대 유럽을 풍미한 마르크스주의의 영향이 컸음) 기업복지는 사용자에 의해 노동운동을 억제하고, 통제하며, 조정하는 대표적인 기제(mechanism)로 사용되었다. 이러한 기업복지에 대한 노동자의 태도는 시대에 따라, 노동조합의 성격에 따라 다르게 나타났다. 근로조건이 매우 열악하던 산업화 초기에 기업복지는 근로자에게 구세주 같은 존재였다. 농촌에서 종획운동(enclosure movement) 등의 확산으로 토지를 잃고 쫓겨나서 도시빈민촌을 유리방황하던 빈민들에게 근로조건이 어떠하던 일자리가 주어진 것만 해도 감사할 일인데, 기업복지제도의 일환으로 주택, 급식, 의료서비스, 교육 및 문화시설이 무상 혹은 저렴한 가격에 제공되는 것은 자비로운 기업주를 만나 행운의 기회를 잡은 격이었다. 그러나 산업화가 고도로 진전되면서 급변하는 생산과정과 경제환경에 노동자들이 고용이 불안해지고 무방비 상태에 노출되면서, 특히 숙련된 근로자의 경우, 기득권을 유지 내지 빼앗기지 않으려고 노동조합을 테두리로 하여 단결하게 된다.

근로자 개인으로서는 기업복지가 바람직하다고 여겨졌지만, 기업복지가 노동조합 자체의 결성을 방지, 억압 또는 무력화하는 수단으로 둔갑하면서 노동조합의 기업복지에 대한 태도는 부정적으로 바뀌기 시작했다. 기업복지를 기업주의 온정적인 은총으로 받아들이고 대신 기업주에 대한 충성심과 회사에 대한 애사심으로 보답하던 시절에는 기업복지를 누리는 것이 특전이라고 생각했지만, 근로자 자신들이 힘을 합쳐 자신들의 기본적인 권리(마르크스가 주장하는 잉여가치와 기타)를 쟁취하려고 노동운동에 참여하는 상황에서는, 기업복지가 자신들에게 제약을 가하는 족쇄의 모습으로 다가왔다. 그리하여 산업발달이 본 궤도에 오르고 노동운동이 합법화, 대규모화되던 1900년대에 접어들어서는 노동조합에서 기업복지를 전면적으로 반대하는 입장을 취했다.

1920년대 중 · 후반부터 선진산업국의 기업복지가 사양길에 접어들기 시작하는데, 대표적인 2가지 이유 중 하나가 노동조합의 반대라고 할 수 있다. 노동조합이 기업복지를 반대하는 근본적인 이유로 기업복지의 온정적인 성격과 취조적인(행동통제) 성격에 기인하며, 기업복지의 혜택을 받으면 자연히 기업주에게 의존적이 되어 종속되고(특전에 보답해야하는 의무, 충성심 등), 행동의 제약을 감수해야 하기 때문이다. 노동조합이 기업복지를 배척하게 된 구체적인 내용은 4가지로 구분되어 미국의 기업복지 역사에서 세밀하게 기술되었다.

(2) 노동조합의 이념적 성격

기업복지발달의 역사적 요인으로서, 기업복지의 흥망성쇠는 노동조합의 성격에 의해서 좌우되었다. 노동조합의 성격을 한정 짓는 것은 노동조합의 존재 이유 혹은 설립 목적인데, 그것이 조합원이 영리추구 혹은 전체 노동자 계급의 복지구현 여부에 따라 구분되고, 전자인 경우에는 기업복지발전의 디딤돌이 되지만 후자인 경우에는 기업복지발전에 걸림돌이 된다.

노동조합은 이념적인 차원에서 볼 때 영리노조주의(business unionism)와 개혁노조주의(reform unionism)로 대별된다. 영리노조는 노동자전체의 이익보다는 단위노조조합원들의 이익을 대변하며, "얻을 수 있는 것은 무엇이든지 챙겨서 최대한으로 활용하자(taking whatever you can get and making the best out of it)."의 자본주의적 가치관을 기반으로 한다. 영리노조는 기업을 상대로 단체교섭제도와 여타 노동조합활동과 자주복지 등을 통하여 단위 사업장 근로자의 삶의 질 향상을 주요 목적으로 하며 미국의 노동조합과 일본의 기업별 노동조합이 영리노조의 전형적인 표본이라고 할 수 있다.

미국 노동조합이 영리노조의 성격을 띠게 된 역사적 배경을 보면 1869년 설립된 미국 최초의 '노동기사들의 고결한 동맹(Noble Order of the Knights of Labor)'이라고 불리던 전국노동조직 노동기사단(knights of labour)은 구성원들이 사용자의 보복을 피하고 강한 정신적 유대를 갖기 위해 처음에는 비밀조직으로 출발했다. 그러나 무리한 투쟁으로 노동조합에 대한 반감이 생겨나고 조직이 여러 분파로 나누어진 데 대한 조합원들의 불만이 커짐에 따라 노동기사단은 순식간에 쇠퇴했고, 1886년 12월 미국노동총연맹(AFL)이 결성되었다(Daum 백과). 노동기사단에서 분리되어 나와 미국 노동조합의 대표적인 조직으로 발돋음한 전국노동자연맹(AFL)은 영리노조의 전형적인 형태로서 계급투쟁으로 노동자의 권리를 쟁취하는 것보다 협상과 타협을 통해서 자본가를 설득하려는 온건한 성격을 가지고 있어, '노동귀족'의 테두리로 빠져들 가능성이 높다. 영리노조는 구체적인 영리추구의 수단으로 단체교섭제도를 활용하며, 와그너법에 의해 보장된 단체교섭권을 최대한 활용하여, 단체교섭의 주된 대상인 임금에 덤으로 기업복지까지 포함하여 기업복지 발달에 기여하게 된 내용은 이미 발달사(재생기)에서 언급된 바 있다.

미국에서 영리노조가 출현해서 기세를 떨치는 배경을 설명한 이론으로, 이론부분에서 언급된 Marshall의 산업시민권(industrial citizenship)이론을 들 수 있다. 미국의 노동조합은

1단계의 권리인 공민권(civil rights)을 노동조합의 결성(결사의 권리)을 통해 이룩하였으나, 그 다음 단계인 정치권(political rights), 즉 노동조합을 바탕으로 한 정치조직(정당)의 설립은 시도하지 않았다. 왜냐하면 노동자의 정당을 창설한다는 노력은, 미국의 이념적, 경제적 풍토를 감안할 때, 시도되는 과정부터 국가와 경제계의 탄압에 직면하는 것이 불을 보듯 뻔한 상황이었기 때문이다. 그래서 정치적 권리쟁취를 통해(정당 결성 및 집권) 전체 노동자계급에게 복지를 제공하는 것이 불가능하다면 소속 노조원의 복지권리 쟁취가 차선책이라는 판단에서 정치권을 포기하고 공민권을 유지하는 영리노조로의 자리매김한 미국의 노동조합은 실리를 바탕으로 선택을 한 영리노조의 전형으로 평가받고 있다(Mishra, 1981).

반면, 개혁노조는 노동자(계급) 전체의 복지를 구현하기 위해 노력하고, 사회적 불평등을 해소하기 위한 노력을 중요시하며 평등을 추구하는 사회주의에 뿌리를 내리고 있다. 목표를 달성하기 위한 구체적인 방법으로, 노동조합이 중심이 되는 노동자의 정당을 결성하여 사회(복지)정책 제정을 통해 근로자의 복지를 실현하며 불평등해소를 통한 사회통합을 추구하는 정치적이며 거시적인 길을 택한다. 따라서 개혁노조 성격을 띤 노동조합이 중심이 되어 있는 사회에는, 거의 예외 없이 선진화된 복지국가체제가 자리 잡고 있으며, 일본 혹은 미국의 노동조합은 전자의 전형적인 표본이라고 할 수 있으나, 영국 및 유럽 여러 나라의 노동조합은 후자의 성격을 띤다.

(3) 노동조합의 교섭력

기업복지발달사에서 노동조합과 관련된 또 다른 결정요인은 노동조합의 교섭력이다. 노동조합의 교섭력이 약하거나 강할 경우 모두 기업복지발달의 긍정적인 요인이 되어왔다. 노동조합의 교섭력이 강할 경우 노조 발언효과를 통해 기업복지를 쟁취하거나 기업주 편에서 노조회피 전략을 통해 기업복지를 받게 되고, 약할 경우엔 분할지배를 당하는 반대급부로 기업복지의 대상이 되기도 한다.

효율임금이론에는 다섯 가지 하위 모형이 있는데, 그중 노동조합과 기업복지가 직접 연결된 모형이 '노동조합 위협효과 모형'이다. 이모형은 다시 내부자-외부자 모형과 렌트 분배 모형으로 구분되는데, 렌트 분배 모형에 따르면 노동조합이 교섭력이 큰 기업일수록 노동자의 노동조합의 위협효과가 증가하고, 그러한 기업에서는 강성노동조합에 대한 회피 전략으로 높은 임금과 복지가 제공된다고 설명하고 있다.

불확실성이론에서 보면, 불확실성 Ⅱ는 기업과 노동조합에 관한 내용으로 되어 있다. 사용자는 자신의 이익을 위해서 근로자에 대한 감시를 강화하려 유용한 통제기제를 개발하게 되고, 근로자의 집합적인 행동을 적절한 선에서 제어하는 수단으로 기업복지를 제도화한다는 것이다. 이 경우 노동조합의 교섭력이 큰 경우에는 제어하는 수단으로 기업복지를 제공하지만, 교섭력이 작은 경우에도 노동조합의 결성을 미연에 방지하거나, 교섭력이 강화되는 것을 사전에 차단하는 선제적 방어기제로서 기업복지가 사용되기도 한다.

기업복지의 과거와 현재를 고찰해 보면, 이중 노동시장이론을 굳이 인용하지 않더라도, 대기업 노조의 교섭력은 중소기업의 노동조합에 견줄 바가 못 되며, 산업별 노조의 경우에도 대기업노조가 노조 전체를 좌지우지하는 현상이 다반사이다. 이런 상황에서 대기업노조 조합원이 누리는 기업복지혜택이 중소기업에 비해 비할 바가 되지 못하도록 크다는 것은, 이론에서 지적하는 대로, 기업복지급부가 대기업 노동조합의 교섭력과 정비례한다는 자명한 사실을 시사하는 것이다.

실제로 1955년 미국의 노동조합이 미국노동총연맹(AFL-CIO)으로 통합되면서 영리노조 구축의 디딤돌이 되어 미국자동차노조나 철강노조 등이 위세를 떨치며 고임금과 높은 기업복지를 향유하는 현실이나, 기업과 밀착되어 기업별 노조의 형태로 수준 높은 기업복지를 제공받는 일본의 경우 모두 노조의 교섭력과 기업복지의 밀접한 관계를 나타내 보이는 증표라고 볼 수 있다.

3) 기업주의 이념과 경영 전략

기업복지발달요인으로 기업주의 이념과 경영 전략에 대한 논의를 시작할 때 생기는 지적 호기심이 있는데, 그것은 "기업복지의 역사적 발달요인 중에서 어떤 요인이 그 파급효과 측면에서 가장 뚜렷하게 나타나는가?"라는 의문이다. 기업복지발달의 대표적인 3대 요인인 국가의 정책과, 노동조합의 성격 및 교섭력과, 기업주의 이념 및 경영 전략 중 기업복지발달에서 가장 영향력이 큰 요인으로 기업주와 관련된 세 번째 요인을 꼽는 저자의 주장은 근로자를 대상으로 하는 복지의 개념과 정의 선택 여하에 따라 좌우된다. 만일 기업복지의 주체를 노 · 사 · 정으로 보는 광의의 정의를 선택하는 경우, 세 가지 요인 중 가장 영향력 있는 요인을 가려낸다는 것은 기업복지에 대한 체계적이고 심층적인 연구 없이는 쉽지 않다. 왜냐하면 서구에 기업복지발달사에서, 특히 쇠퇴기 이후 국가의 역할은 매우 지대하다고 볼 수 있고, 자주복지 역시도 특히 일본에서는 현재까지도 중요한 역할을 담당하고 있기 때문에, 광의의 개념 속에서 국가, 노동조합, 기업을 다 포함하는 경우 우열을 가리기 어렵다.

그러나 기업복지의 제공 주체를 기업으로 한정하는 협의의 '기업복지의 정의'를 선택할 때는 상황이 다르다. 이 절에서는 기업주 관련 요인이 기업복지의 역사적 발달요인 중에서 으뜸간다는 전제하에 그 주장을 지지하는 내용을 중심으로 기술된다.

(1) 기업주의 이념

기업복지 변천사의 초 · 중기(생성기, 도약기, 전성기)의 기업복지제도의 성립에 있어서 기업주의 역할은 가히 절대적이었다. 기업복지 초기 역사에 대한 기록을 보면 대체로 기업주의 도입 동기와 그 기업에서 제공한 기업복지시설, 프로그램에 대한 내용이 대부분을 차지한다. 즉, 기업복지 수립과정에서 국가의 역할, 혹은 노동조합이나 근로자의 요구 혹은 반응 등에 대한 언급은 어디서도 찾아볼 수 없다. 구체적으로 말하면, 각 나라의 기업복지의 시작은 기업복지를 처음 도입하고 발전시킨 기업주에 대한 서술로서 영국의 Robert Owen과 그의 장인 David Dale, 프랑스의 Charles Marie Fourier와 E. J. Leclaire, 독일의 Krupp 일가, 미국의 Lowell, Appleton과 John Henry Patterson 등에 대해 자세히 서술하고 있다.

기업주 개인에 대한 서술에 치중한 이유를 당시 상황에 비추어 유추해 보면, 그들에 의해 처음으로 기업복지가 시행된 과정에는 우여곡절이 있었음이 분명하다. 그들이 세운 것이 자선단체나 종교단체가 아니라 이윤추구를 목적으로 하는 기업이었고, 기업은 목적뿐만 아니라 운영(경영)에 있어서도 자본과 인적자원의 효율성을 극대화하고 투자비용의 수익성 계산에 따라 평가를 측정하는 경제적인 계산의 단위로 존재하는 조직이다. 그리고 그 평가결과에 따라 기업의 존망 여부가 판가름나는 원색적 자본주의 초기의 상황에서, 기업에서 이윤추구와 상반된다고 인식되는 복지는 기업의 목적과는 전혀 연관성이 없거나, 기업의 몰락을 자초하는 지름길이라 여겨지기 십상이었을 것이다. 그러한 이유로 근로자에 대한 인도주의적 연민이나 온정주의적 책임의식 혹은 기독교적인 박애의식으로부터 발생된 사명감 등의 이유로 기업복지를 추진하는 기업주를, 그의 가족 혹은 기업 내의 측근들은 극구 말렸을 공산이 크고, 그와 경쟁하는 입장에 있는 기업주들은 비난과 조소를 금치 못하였을 것이라고 추측된다. 다른 말로 하면 그때에는 기업복지의 수익성 창출기능과 노동인력에 대한 투자의 개념 등에 대해서 기업 관련 종사자들이나 일반인들은 물론 기업복지를 직접 추진하던 기업주 자신도 전혀 상상할 수 없었을 것이다. 그럼에도 불구하고 기업복지를 추진하여 기업복지라는 새로운 복지 역사의 지평을 열었던 그들을 움직였던 동력은 그들이 갖고 있던 가치관들이 확고한 신념 혹은 신앙의 차원으로 응집되었기 때문일 것이다. 그것이 여러 나라에서 그들이 기업복지의 '창시자'보다는 '선구자'로 일컬어지는 이유이기도 하다. 요컨대, 최소한 기업복지 역사의 초기에는 국가의 개입이나 노동자의 요구 등의 요인보다 기업주의 이념과 경영 전략 요인이 기업복지의 형성과 발전에 절대적인 결정요인이라고 단정할 수 있다.

이러한 현상은 기업복지의 중기인 전성기와 쇠퇴기를 맞으며 기업복지의 실시 이유에 영리추구 성격이 결합되어 기업복지의 성격이 복지자본주의를 바탕으로 한 수익지향성의 방향으로 흐르게 되면서도 변화는 나타나지 않는다. 기업복지의 역사를 살펴보면, 초기에는 단연코 인간 중심이고, 빈곤, 무지, 질병, 불결 등의 문제로 신음하는 노동자들을 빈곤의 덫으로부터 구출하려는 인본주의와 박애주의 정신을 가진 사회복지적 가치관을 가진 기업주들로부터 시작되었다. 그러나 기업복지에 이윤창출기능이 있다는 사실이 산업현장에서 속속 드러나면서, 기업복지가 이윤창출의 도구로 사용되었다. 처음에는 이윤창출의 소극적인 기능인 사회통제의 형태로 나타나 진행되어가다가, 기업복지의 성숙기에 접어들면서, 생산성 향상이라는 기업복지의 적극적 측면의 이윤창출 기능으로 인해 기업복지가 확장되기 시작하였다.

만일 기업복지에 사회문제 해결을 추구하는 인간 중심의 가치관만 존재하였다면, 기업복지의 자취는 역사적 뒤안길에 묻혀서 퇴조했을 가능성이 높다. 그런 의미에서 보면, 기업복지의 경영학적 가치관이 기업복지를 몰락의 위험에서 구했다고도 볼 수 있다. 지금도 기업복지를 적극적으로 실시하는 기업주는 이윤창출과 인간 중심의 두 가지 가치관을 모두 보유했다고 볼 수 있지만, 이윤창출을 목표로 하여 경영학적 원리와 방법을 기초와 수단으로 삼는 것이 기업조직이라는 사실을 감안하면, 기업복지의 경영학적 측면이 단연 우세할 것임이 분명하다.

서로 대칭되는 이념으로 기업복지와 관련되는 이념은 경제적 자유주의와 사회적 자유주의이다. 경제적 자유주의란 개인의 자유를 강조하며, 자본주의의 주요 이념적 배경 중에 하나인 간섭받지 않을 자유, 즉 자유방임을 기초로 한다. 그래서 경제적 자유주의자들은 시장에 대한 정부의 규제를 반대하며, 보이지 않는 손에 의한 자율규제를 주장한다. 반면에 사회적 자유주의 혹은 진보자유주의는 공리주의를 바탕으로 하고 있다. 사회적 자유주의자들은 개인을 경제적 · 사회적 위험으로부터 보호하고, 또한 위험에 빠진 개인을 구출해 내기 위해서 국가의 개입을 요구하며, 국민에게 경제 · 사회적인 면에서 기본적 혹은 적절한 수준을 보장하는 복지국가의 수립을 주장한다.

전기한 두 가지 가치관 중에서 기업복지발달에 크게 영향력을 끼친 가치관은 경제적 자유주의이고, 공공산업복지발달에 큰 역할을 한 가치관은 사회적 자유주의이다. 수렴이론에서 Mishra는, 어느 사회의 산업화의 주도세력이 신흥중산층(middle class)이면 공공복지에 비해 기업복지를 포함한 민간복지가 활성화되고, 왕족, 귀족, 전통적인 지주 계급(dynastic group)이 주도세력인 경우 공공복지가 더 발달한다고 주장했다. 여기서 신흥 주도세력이 대체적으로 경제적 자본주의를 이념적 배경으로 하고, 전통적 부유계급은 사회적 자유주의자에 가깝다고 할 수 있다.

기업복지의 역사에서 보면, 기업복지의 발달은 경제적 자유주의 이념이 주축을 이뤘다고 볼 수 있다. 여기서 자유주의 이념의 구체적인 내용은 '자유방임주의'를 의미한다. 기업주들이 기업복지를 서둘러 도입한 이유는, 기업복지의 이념적 배경인 자유에서 언급했듯이, 국가의 개입을 미연에 방지하기 위해 선수를 친 것에 비유될 수 있다. 그리고 영리노동조합에서 보았듯이 높은 수준의 기업복지를 향유하는 근로자(노동조합)는 국가에게 근로자를 위한 복지요구를 자제할 것이며, 그러면 국가는 자연히 근로자복지를 위한 입법활동에도 소극적인 입장을 취할 것이다. 간섭받지 않을 자유를 누리기 위해서 기업복지를 적극적으로 제공하는 경우는 노동조합에 대한 기업주의 행동에서도 확연히 드러났다. 교섭력과 조직력이 강한 노동조합으로부터 경영권에 대한 침해받기를 거부하는 경제자유적인 가치관을 가진 기업주들은 기업복지를 노동조합의 세력을 약화시키거나, 조합결성을 미연에 방지하는 수단으로 쓰인 사례가 기업복지 관련 노동운동사에는 부지기수이다.

여태까지의 내용을 요약 · 정리하면, 기업복지발전과정의 요인 중 기업주 관련 요인이 핵심적인 요인이라 보이며, 그 이유로서 기업복지의 역사는 복지에 관한 강한 신념까지 기업복지의 개척자들로 인해 시작되었으며, 기업복지의 이념적인 배경 중 경제자유주의와 경영학적 가치관이 기업복지발달의 기초가 되는 이념적 배경으로 자리매김해 왔다는 것이다.

(2) 기업의 경영 전략

기업주의 이념과 기업의 경영 전략을 분리하여 서술하는 이유는 내용이 분리되어서가 아니라 각각 다른 내용의 이해를 돕기 위해서일 뿐, 행동은 생각이 외부로 표현되는 것과 같은 이치로서 서로 긴밀하게 연결되어 있다. 기업은 경제사회에서 재생산하는 하나의 단위의 역할을 맡고 있는 생산력 실현의 주체로서 자본이나 노동력 등의 생산요소를 결합하는 역할을 한다고 정의되고 있다. 이중 기업복지는 당연히 노동력에 연결되어 있으며, 생산과정을 통한 이윤창출을 목표로 하는 주체가 기업이기에 기업복지 역시 그러한 목표를 달성하기 위한 수단으로 사용되어 왔다. 요약하자면, 기업복지는 과거로부터 현재까지 통제적 성격을 띤 경영전략의 일환으로 기용되어 왔으며, 미래에도 마찬가지일 가능성에 의심의 여지가 없다.

기업의 경영전략으로 노동력이라는 생산요소에 투입되는 기업복지는 주로 기업 내부에서 사용되어 왔고, 그 목적은 물론 이윤창출이었다. 기업 내에서 이윤창출 전략은 주로 효율적인 관리 측면과 증진 측면으로 구분되어서, 관리 측면에서 기업복지의 역할은 사회통제이고, 증진 측면에서의 기업복지의 기능은 생산성 향상이다. 기업복지의 변천과정을 고찰해 보면, 기업복지의 전반부에는 개별근로자와 노동조합에 대한 통제가 주요 기능이었는 데 비해, 기업복지 역사의 후반부에는 생산성 향상의 기능이 핵심을 이루고 있다고 보인다.

미국에서 미국노동총연맹(AFL)이 결성된 상황이 말해주듯, 일부 사용자계층과 노동조합의 세력은 폭력적인 투쟁보다는 타협적인 해결책을 모색하기 시작하였고, 노동조합의 교섭력이 증가하자, 대다수의 사용자들은 기업복지기제를 통해 노동조합을 무력화시키거나 길들이는 수단으로 활용하였다. 일본에서도 1900년대 초반에 노동운동이 점차 활발해지기 시작하자 노동조합에 대한 대책의 일환으로 기업복지를 활성화하였고, 포드자동차에서는 노동자를 분열시켜 통제하려는 경영 전략의 일환으로 경영진에 순응하는 근로자에게만 복지혜택을 제공하였으며, 그러한 혜택을 받기 위하여 노동자들 간에 경쟁을 유발하여서 결과적으로 노동자들 사이에 분열이 조장되었다(Males, 1975).

미국에서 사용자의 노동조합에 대한 통제를 위한 경영 전략은 1940년대 말 단체교섭제도가 법적으로 용인받는 시기를 분기점으로 의미 있는 변화가 있었다. 그 전까지는 기업복지제도가 온정적이고 통제적이며 수직적인 성격으로 인해 근로자를 종속시키고자하는 의도가 역력했으나 근로자의 권리를 상징하는 단체교섭제도의 정착 이후로는 기업복지제도가 수평적인 성격이 많이 가미된 유화책의 성격이 짙어졌다. 이와 같이 기업복지는 동서고금을 막론하고, 숙련공을 통제하거나 확보하는 수단으로 도입되었고, 노동운동을 탄압하는 등의 사용자의 필요에 의한 경영 전략으로 사용되었다. 이러한 상황은 기업복지가, 사용자가 비용의 전부 혹은 일부를(기업복지의 조세감면 혜택이 있는 경우) 부담하여 종업원에게 베푸는 일방적인 특전의 성격을 가지고 있기에 기업복지제도에 원초적으로 내재되어 있다고 볼 수 있다.

기업복지 역사의 후반부인 성숙기에 접어들면서 사용자와 근로자의 관계가 수평에 가까워지는 관계가 형성되고, 근로자의 욕구를 반영하는 수혜자 중심으로 축이 이동되면서 기업복지급부의 내용도 다양하게 바뀌었다. 생계를 보조하는 주요수단의 성격에서 삶의 질 향상의 도구로 바뀌었고, 근로자의 다양한 욕구를 충족시킬 목적으로 선택적 복지제도가 실시되기 시작했으며, 근로자의 개인적 · 정신적인 문제의 해결을 목적으로 하는 사회복지적인 전문 프로그램들이 확산되어 오고 있다. 한때 기업복지의 목적, 가치관, 실천방법 등이 기업조직의 생태에 맞지 않거나 때론 역행한다고 기업에서 거의 퇴출되는 운명에 처했던 기업복지가, 현재에선 기업의 목적인 이윤창출을 위한 비중 있는 경영 전략으로서 노동비용에서 임금 다음으로 큰 몫을 차지하고 있고, 기업의 인적자원 관리 및 개발영역에서 의미 있는 역할을 담당하고 있다.

4) 경기의 기복과 노동시장에서의 수급조절

(1) 경제적 불황과 기업복지

기업복지 선진국의 기업복지의 부침의 역사에서 기업복지의 퇴조의 결정적 시기는 경제 대공황이 세계경제를 강타했던 1929년 전후였다. 과잉공급 등으로 인한 자본주의 시장의 결함으로 인하여 기업들이 연쇄적으로 도산되면서 실업과 디플레이션 현상이 급속도로 확산되었고 대부분의 국가에서 노동력 중 실업률이 25%를 상회하였다. 그러한 상황에서 기업복지의 존재는 주목의 대상도 되지 못하였고, 도산을 겨우 면해서 근근이 유지되며 임금도 제대로 주지 못하는 기업에서 기업복지는 대폭 축소되거나 폐지되었다.

이러한 경제적 불황의 여파가 기업복지에 치명적인 타격을 준 상황은 19세기 말엽에도 있었다. 1890년대 경제불황으로 노동조합운동이나 기업복지제도가 대폭으로 축소되었는데, 예를 들면 1880년 이후 복지자본주의의 영향으로 기업복지가 점차적으로 확장되는 시기였음에도 불구하고, 1893년과 1894년 사이에 복지 프로그램을 새로이 실시한 기업은 한 군데도 없었다(Brandes, 1976). 그러나 경기가 다시 회복되면서 1899년과 1904년 사이에는 노조원의 수도 3배로 늘었고, 기업복지를 실시하는 기업의 숫자도 획기적으로 증가하였다. 19세기 말엽에 비해 노동조합의 세력이 확산되고, 기업복지제도가 단체교섭의 대상이 되는 등 기업복지의 권리적인 성격이 확대되고, 기업복지 급부의 내용이 수혜자의 욕구를 충족시키는 방향으로 변해 와서 과거의 상황이 그대로 재현된다는 보장은 없지만, 상식적인 측면에서 볼 때에도 경제적인 기복이 기업복지에 미치는 영향은 매우 크다고 할 수 있다.

(2) 기업복지와 인력수급조절

기업복지제도를 통한 인력의 수급조절은 유능한 근로자 충원과 기업특수적인 기술 및 능력이 있는 근로자의 유지로 구체화된다. 근로자 유치와 이직 방지에 관련된 이념적 배경은 온정주의와 연대의식에서 찾을 수 있다. Shamir과 Bargal은 온정주의를 바탕으로 한 기업복지를 통해 근로자의 조직 대한 결속력과 소속감을 증대시키고, 근로자에게 "회사가 잘되면 내게도 이익이 돌아온다."라는 생각을 심어줌으로써 이직을 통제한다고 주장하였다(Shamir & Bargal, 1982). 연대의식도 온정주의적 성격의 기업복지제도를 통해 형성된 '기업가족 공동체'라는 틀 속에 근로자를 포진시켜 기업의 존재 목적인 이윤창출을 "회사가 잘 되어야 근로자도 잘 된다."는 표어 아래 기업공동체를 이끌어 나간다.

19세기 말부터 20세기 초반에 걸쳐 독점자본주의 형태가 자본주의 시장경제체제 안에서 확고히 자리 잡기 시작한다. 독점자본주의란 자본과 노동력이 집중되면서 소수의 독점기업이 지배적인 힘을 가지는 현상으로서, 이로 인해 노동시장이 대기업과 중소기업으로 분절화 현상이 일어난다. 대기업은 유능하고 생산성이 높은 인력 채용에 총력을 기울이는 동시에, 기업특수적인 기술을 가진 숙련 노동인력을 장기적으로 채용하여 채용비용을 줄이고 숙련된 기술자들을 유지하기 위해서 보상체계를 강구한다. 이러한 내용은, 제3장 기업복지의 이론에서 기술되었는데, 노동시장이론에서는 대기업과 중소기업의 분리과정을 설명하고, 효율임금이론에서는 생산성 높은 근로자의 유인은 역 선택 모형으로, 이직 방지는 노동이동 모형으로 설명하며, 불확실성 I 에서는 내부 노동시장 형성과 기업복지 관련성에 대해 서술한다. 이러한 대기업의 인력충원과 고용유지 및 노동조합 통제 등의 목적을 달성하기 위해 보호적 지배구조를 구조화하게 되며, 지배구조의 구체적인 내용은 임금, 훈련, 승진기회와 기업복지이다.

5) 노동인력구조의 변화

20세기 말 산업사회를 벗어나 지식정보사회로 진입하면서 제조업 중심의 산업구조가 서비스업종 중심으로 전환되었고 대부분의 노동인력의 특성 역시 공장근로자에서 금융, 도소매업, 운수업, 정보서비스업, 전문 · 과학 및 기술 서비스업, 예술, 스포츠 관련 여가 관련 서비스업과 교육, 사회복지서비스업 등으로 전환되는 다양한 변화의 물결이 계속해서 밀려오고 있다. 〈뉴욕 타임즈〉는 고급인력, 혁신적인 문화, 강한 자본 시장들을 갖춘 미국은 값싼 노동자에 의존하는 제조업 분야보다는 엔지니어링, 금융 등 첨단 서비스업에 강점을 가지고 있다고 강조했다. 실제로 2010년 대 초반, 미국 노동력의 70%가 서비스업에서 일하고 있으며 전 세계에서 서비스 수출비중이 가장 높다고 전문가들은 지적하고 있다.

서비스업으로 편중되는 변화는 기업복지의 중요성을 더욱더 부각시킨다. 서비스업종의 경우 직접 소비자와 대면하는 작업환경의 특성으로, 서비스 제공자의 육체적 · 정신적 상태가 직접 고객에게 전달되므로, 서비스인력의 동기부여와 만족에 더욱 세심한 주의를 기울일 필요가 있다. "당신(기업주)이 근로자를 잘 보살피면, 그 근로자는 당신의 고객을 잘 보살필 것이다."라는 기업복지의 대표적인 표어(slogan)가 서비스업종 근로자에게 더욱 적절하게 들리는 것도 그 이유에서다. 이처럼 기업복지제도 역시 제공대상에 적합한 맞춤형으로 진화하고 있으며, 대기업을 중심으로 자체 근로인력에 맞는 새로운 기업복지 프로그램이 개발되고, 진화되며, 확대되는 등 기업복지기제에도 큰 변화의 파도가 치고 있다.

노동인력구조의 또 다른 변화는 경제활동인구 중 여성근로자의 증가이며, 특히 기혼 여성근로자의 증가가 두드러졌다. 미국, 프랑스, 독일에서 보면, 남성에 비해 여성의 경제활동 참가율이 큰 폭으로 상승하였다. 미국의 경우 1983년 여성근로자의 비율이 43%이었는데, 2011년 OECD 통계에 의하면 여성의 경제활동 참가비율이 67.8%로 1983년에 비해 25% 가까이 증가했고, OECD 평균인 61.8%보다 6% 정도 높았다. 남녀 간의 참가율 편차도 1970년에서 1990년의 기간 동안 점차적으로 좁혀져 왔으며, 1995년의 남녀 간 편차는 미국 16%, 프랑스 14.7%, 독일이 21.5%라고 발표되었다. 같은 기간 동안 고용성과에 대한 성별 기여도를 국가별로 살펴보면, 남성의 고용증가분보다 여성의 고용증가분이 더 컸다는 사실이 확인되었다. 미국의 경우 남성의 기여 정도는 39.4%인데 비해 여성의 기여 정도는 60.6%였으며, 프랑스와 독일에서도 비슷한 양상으로 확인되었다(한국노동사회연구소, 1999).

경제활동인구에서 여성의 비율이 양적, 질적으로 증가해 온 현상은 기업복지체계의 필요성과 내용 측면에서 변화를 가져왔으며 향후에도 지속적인 개편 및 확대가 요구된다. 특히, 기혼여성근로자의 증가로 여성의 특성과 관련된 육아휴직, 탁아시설 같은 보육제도, 가정과 일을 병행하는 데 필요한 서비스 및 프로그램과 가정친화적인 복지제도 등의 도입과 확산이 절실히 요구된다.

서비스 업종의 확산과 여성근로자의 증가 외에도 20세기 후반기에 급증하기 시작한 장애인들의 노동시장 참여도 기업복지가 눈여겨 볼 대목이다. 장애인의 노동시장 진입을 가능하게 하는 것은 바로 직업재활(vocational rehabilitation)이고, 직업재활이 국가나 사회적인 지원으로 인하여 장애인 근로자 수가 점차적으로 증가하고 있는 추세이다. 이러한 장애인들이 직장에서의 성공적인 적응을 돕기 위해 그들에게 필요한 기업복지서비스와 시설을 제공할 필요성이 높으며, 장애인이 필요한 복지급부로 직업훈련, 직업지도, 선택적인 취업알선과 의료, 심리, 교육, 사회 재활에 필요한 상담서비스 프로그램과 지원시설 등이 있다. 그 외에도 최근에 들어 노년층의 재취업 증가 추세와, 외국인 노동자 유입 등의 노동인력구조에 새로운 변화가 감지되고 있으며 기업복지 역시 새로운 필요(need)에 부응하는 시도와 전략이 필요시된다.

6) 기업복지전달체계 및 근로인력의 전문화

선진산업국의 기업복지발달에 영향을 미친 요인은 매우 다양하다. K. Mann은 이념, 정부의 조세정책과 사회정책, 임금정책, 경영철학으로서의 가부장주의, 노사관계 전략, 기업이미지, 노동시장의 압력, 노동조합의 압력 등을 들고 있다. 그러나 선진국에서 현재의 효율성과 효과성을 골고루 갖춘 선진화된 기업복지제도를 수립하기 위해서는 기업복지의 체계화 · 전문화 발전 추세에 힘입은 바가 매우 크다고 할 수 있다.

산업화 과정이 점차 높은 단계로 진전되면서 숙련공 중심의 중소규모의 산업조직이 기계화, 자동화의 추세 속에서 대형화되어 가고 그에 따라 고용된 대규모의 미숙련근로자들은 농촌을 떠나온 도시빈민으로서 직업훈련은 물론 규칙적이고 체계적인 적응훈련을 필요로 했다. 미국의 경우 세계 각처에서 몰려든 이민자 출신의 근로자를 산업조직의 틀에 적응할 수 있게 하기 위해서는 좀 더 체계적인 기업복지제도를 필요로 하였다. 미국이나 영국에서는 이러한 상황에 적절히 대처하기 위하여 기업 내에 복지부(welfare department)를 설치하여서 1914년 영국에서는 20여 개 기업에서 복지부를 설치하였고, 많은 기업에서는 기업복지를 전적으로 담당하는 복지전담직원(welfare secretary, welfare agent, social secretary)을 앞다투어 채용하기 시작했다. 대부분 그들은 종교적 · 교육적인 배경을 가진 자들로서 사회복지학과 관련된 전문적인 교육배경은 없었지만, 복지 관련 임무를 담당하기 위해 일정한 훈련을 받았다. 미국에서는 1890년까지 기업복지가 북부에 비해 상대적으로 더 발달된 남부지역의 300개의 공장 중 20%가 기업복지 전담직원을 고용했으며, 이러한 추세는 1900년대에 접어들면서 대폭 확장되었다(우재현, 2001). 1916년 영국에서도 전국적으로 많은 여성과 어린이를 고용하는 모든 기업은 복지전담직원의 고용을 의무화하는 법령이 통과되었다.

1920년대에 들어서면서 미국의 일부 기업에서는 뉴욕 사회사업대학원(컬럼비아 대학의 전신)에서 사회복지를 전공한 인력을 고용하기 시작하였고, 그해 졸업생의 과반수가 기업복지 전문가로 취업하였다(Popple, 1981). 같은 해에 미국에서는 복지전담직원을 산업사회복지사(industrial social worker)라고 부르며 면허를 소지한 전문 직종으로 분류했으며, 이런 추세는 프랑스, 독일, 네덜란드, 페루, 인디아까지 확산되었다. 이와 같이 기업복지 역사의 초기에는 가장 많은 사회복지사가 취업한 분야가 기업이었다(Carter, 1977: 7). 기업복지의 체계화 · 전문화 과정이 늦게 도입된 일본에서는 1965년 일경연이 발표한 '복리후생 합리화의 기본방향'에서 이전까지 기업복지의 핵심적인 내용이었던 생계보조적인 성격의 기업복지 프로그램을 근로자의 생활설계 및 재산형성에 초점을 둔 프로그램과 인간관리론에 기초한 효율적 · 합리적 기업복지로 전환한다는 내용을 천명하였다(김의명 · 강종수, 1999).

기업복지 관련 전문가의 출현은 1970년대 금융 · 보험업계에서도 찾아볼 수 있었다. 〈표 4-2〉에 나타난 바와 같이, 미국기업복지제도에서 생계보조형태의 기업복지는 거의 완전히 자취를 감추었다고 해도 과언이 아니다. 미국의 기업복지제도 중에 생계보조형 프로그램으로 분류될 수 있는 프로그램은 회사급식제도로 1985년 미국 상공회의소의 조사에 의하면 고작 0.1%에 불과했다. 2006년의 경우, 근로자의 삶의 질 향상과 관계되는 휴가 같은 비노동급여(payments for time not worked)로 11.1%를 제외하면, 근로할 수 없어 수입이 중단된 상황의 생계비에 속하는 퇴직연금 관련 비용이 5.8%, 건강문제 해결에 필요한 의료 관련 비용이 14.5%로 기업복지 총액에 58%를 점하고 있다. 이런 상황은 미국의 공공복지의 상대적인 낙후성을 잘 나타내는 것으로서 근로자를 위한 의료보험의 부재와 미흡한 연금제도에 기인한다고 할 수 있다.

퇴직 관련 기업복지제도의 주종을 이루는 것이 기업연금과 의료 관련 보험이다. 금융 혹은 보험회사의 입장에서 보면 기업을 대상으로 하는 퇴직연금 상품이나 의료관련 보험상품은 계약규모나 지속성 등에서 천문학적인 규모로서, 금융 · 보험업계에서는 기업을 고객으로 모시기 위해 총력을 기울이는 것은 자명한 사실이다. 그래서 금융 · 보험업계 회사에서는 자체적으로 기업복지 전문가를 양성하여 잠재적 고객인 기업의 복지제도에 대해 평가하고 자문하는 과정을 통해 자사의 연금 상품 및 의료보험 관련 상품을 판매한다. 보험 · 금융회사의 이러한 노력으로 기업복지 전문가가 양성되고 기업복지제도의 발전을 가져오지만, 기업의 특성상 이에 관한 지식, 기술, 방법 등이 대외비밀로 간주되어 공유되지 않으므로, 응용학문으로서의 기업복지발전에는 영향을 끼치지 못한다.

선진산업국의 기업복지발전에 지대한 영향을 끼친 또 다른 요인은 기업복지 프로그램의 과학화 과정이었다. 20세기 초반까지 선진산업국에서 풍미하던 기업복지가 불과 10여 년의 기간 동안 역사의 뒤안길로 사라질 뻔했던 위기의 대표적인 이유 중 하나는 기업복지가 과학적인 방법이 되지 못한다는 이유에서다. 과학적 경영방법이 직접적이고, 체계적이며, 과학적이고 객관적이었던 반면 기업복지는 간접적이고, 비체계적이며, 비과학적이고, 온정적이라고 할 수 있다. 이러한 쓰라린 경험을 거울로 삼아 과학적이고 전문적인 방법으로서의 기업복지 프로그램이 1930년대 태동하고 있었으니 그것은 이른바 사회복지 전문상담 프로그램의 대표격인 근로자 지원 프로그램(EAP)의 출현이다. 이에 대한 구체적인 내용은 미국의 기업복지 역사 부분의 실천기술적인 측면에서 기술되었다.

근로자 지원 프로그램이 직업사회복지의 대표적인 프로그램으로 정착하여 확산일로에 있는 여러 가지 이유 중 미국의 사회복지인력이 중요한 역할을 담당했다. 이에 대한 역사적 배경을 살펴보면, 1950년대 이후 미국과 세계경제는 미증유의 경제적인 호황을 이루게 되어 이른바 '풍요시대(affluent society)'를 구가하게 되지만, 반면에 빈곤, 불평등 등의 사회문제와 인종갈등, 소수민족, 학생, 여성 등 소외계층이 각자의 억눌렸던 욕구를 분출하면서 사회적 갈등상황이 사회불안을 조성했다. 이에 미국의 Johnson 정부에서는 1964년 '빈곤과의 전쟁(war on poverty)'을 선포하고 지역사회 활동계획(Community Action Program: CAP)을 미국 전역에 걸쳐 실시하여 막대한 자금을 퍼붓고, 제도, 프로그램을 기획하며 설치하게 되었다. 그러나 항상 남아돈다고 생각하고 신경 쓰지 않았던 사회복지 전문인력이 턱없이 모자르는 상황으로 인해 많은 계획에 차질을 빚게 되면서, 한국 속담에 "개똥도 약에 쓰려면 없다."의 상황이 현실화된 것이다. 이로 인해 많은 대학에서 사회복지학과의 정원을 늘리고 또 신설하여 1960년대 말에는 사회복지 전문 인력이 대거 사회복지실천현장으로 쏟아져 나오게 되었는데, 1970년대 초반 중동전쟁을 신호탄으로 미국 경제를 필두로 해서 세계경제가 침체되면서, '복지국가의 위기' 혹은 '복지국가의 종말'의 분위기 속에 공공복지는 극도로 위축되기 시작했다. 그러한 상황에서 대학에서 양산된 수많은 사회복지사(social worker)들의 숫자에 비해, 일자리는 절대적으로 부족해지자, 일부 도전적인 사회복지사들이 과거에 많은 사회복지사를 고용했던 기업에 새로운 기업복지 프로그램을 개발해서 진출하게 되는데, 그것이 근로자 지원 프로그램(EAP)이었다. 이러한 역사적인 사실은 동기부여된 전문인력에 의해 기업복지제도가 생성되고 발전되는 것을 여실히 보여 주는 단적인 예이다.

이와 같이 기업복지제도가 체계적이고, 전문적이며, 과학적인 방법을 바탕으로 한 제도로 탈바꿈했을 때, 기업사회에서 인정받아 널리 애용되며 밝은 장래를 기약받을 수 있다는 것을 근로자 지원 프로그램(EAP) 같은 기업복지 전문상담 프로그램이 잘 대변해 주고 있다.

7) 기업복지 선진국의 영향

기업복지 발달과정에서 '기업복지 선진국의 영향' 요인은 '문화확산(cultural diffusion)' 혹은 '문화전파'의 개념을 기초로 하고 있다. 문화전파란, 한 사회의 문화요소와 사상이 다른 사회로 확산되어 타 문화권에 스며드는 현상을 말하여, 이 요인의 이론적인 근거로 Mayer와 Rowan에 의해 제기된 '불확실성 Ⅳ' 혹은 '동형화 이론'을 들 수 있다. 문화전파는 동형화의 세 가지 형태 중 모방적 동형화에 해당되는데, 모방적 동형화는 기업이 자발적으로 외부의 성공사례를 학습과정(bench marking)을 통해 모방하는 것으로, 일반적으로 기업조직의 목표나 해결책 혹은 기업을 둘러싸고 있는 환경이 분명치 않거나 불확실 할 때 나타날 가능성이 높다고 정의된다.

Rys는 문화전파가 사회정책의 발전에 매우 의미 있는 요인이라고 주장하였다. 프랑스 혁명정부에 속한 구제위원회에서는 영국의 구빈법을 세밀하게 연구하여 혁명정부에 제안서를 제출했으며, Bismark도 독일의 노령인구를 위한 사회정책 수립에 프랑스의 예를 참조하였다고 한다(Higgins, 1981). 기업복지 역사에서도 문화전파의 예는 어렵지 않게 찾아볼 수 있다. 특히, 기업복지 초창기에 프랑스와 독일의 기업복지제도는 영국의 Owen으로부터 이념적인 면과 실제의 제도에서 많은 영향을 받았고, 그 후 영국을 위시한 프랑스, 독일의 기업복지체계가 미국에 지대한 영향력을 끼친 것은 이미 잘 알려진 역사적 사실이다. 우리나라의 기업복지체계 역시 일본과 미국의 크나큰 영향을 받은 것은 부인할 수 없는 사실이며, 이에 대해서는 2부 한국기업복지 역사의 결정요인에서 구체적으로 기술될 것이다.

Chapter

05

기업복지의 체계

여기까지 기술된 내용은 대부분 기업복지의 드러나지 않은 부분에 관한 것이었다. 제1장 기업복지의 개념에서는 기업복지의 명칭과 외부적인 개관이 소개되었지만, 제2장부터는 기업복지의 뿌리 부분인 이념적 배경이 기술되고, 제3장에는 역시 기업복지제도의 뼈대를 구성하는 이론이 소개되었으며, 제4장에는 기업복지의 과거의 모습에 대한 고찰과 분석이 이루어졌고, 이제 제5장에 이르러 기업복지의 실체인 기업복지의 체계가 그 모습을 드러내게 된다.

기업복지의 체계는 내용별, 욕구단계별, 생애주기별, 주체별, 산업화과정별로 살펴보는 방법이 있다. 주체별 접근에 대해서는, 제1장 광의의 근로자 복지개념과 법정복지/법정 외 복지에 관한 논의에서 다루어졌고, 생애주기별로 보는 방법이나 산업화과정별로 보는 방법은 분류 자체가 기업복지의 내용을 이해하는 데 큰 도움이 못 되고 중복의 틀에서 크게 벗어나지 못한다고 판단되어 생략하였으며, 기업복지를 내용별로, 욕구단계별로 검토해보기로 한다.

1. 내용별 분류(고용노동부, 2014)

기업복지란 '기업주가 자발적으로 제공하는 물질적 · 금전적 급부의 총체'라는 기업복지 정의의 급부에 관한 내용이 암시하듯, 기업복지의 형태와 범위는 매우 다양하고 넓다. 따라서 기업복지체계에 포함되는 항목은 연구자나 연구기관에 따라 다르고 분류하는 방법 역시 다양하다. 그중에서 고용노동부가 매년 발간하는 〈기업체 노동비용 조사보고서〉가 가장 유용하다. 일반적으로 어떤 분류 기준의 활용 정도는 비교 · 분석에 관한 유용성에 좌우된다. 특정 분류체계로 인해 정리된 내용을 다른 체계와 비교하기 힘들다면 그 분류체계의 가치는 인정받기 힘들다. 그런 면에서 볼 때 〈기업체 노동비용 조사보고서〉는 다른 국가들과의 비교연구가 가능할 수 있도록 구성되어 있고, 신빙성 있는 국가기관에서 발간하였다는 것도 또 다른 장점으로 추가될 수 있다. 우리나라의 〈기업체 노동비용 조사보고서〉는 일본의 그것과 동일할 뿐 아니라 국제적으로 표준화된 '국제표준 노동비용 분류체계(International Standard Classification of Labour Cost)'와 유사하기 때문에 기업복지에 대한 비교연구에 유용하게 쓰일 수 있다(송호근, 1995).

〈기업체 노동비용 조사보고서〉의 내용 중에서 '법정 외 복리제도'의 내용이 기업복지를 의미하는 것으로, 보고서에서는 이 제도를 주거, 건강 · 보건, 식사, 보육, 보험료 지원, 학비보조, 근로자 휴양 · 문화 · 체육 · 오락, 우리사주 지원금, 사내근로복지 출연금, 기타의 10개 분야로 분류한다.

1) 주거 지원 프로그램

주거 지원제도에는 기업이 소유하거나 임대하여 근로자에게 제공하는 주택, 독신자 주택 혹은 기숙사, 주택자금 대여, 전 · 월세 자금 지원, 주택분양, 주택조합, 택지분양, 원거리 근로자 주택임차료 보조 등이 포함된다.

2) 건강 · 보건에 관한 프로그램

기업이 근로자를 위하여 운영하는 병원, 의원, 진료소 등의 시설 · 장비 및 운영비 지원과 의무건강검진 외의 기업이 부담하는 정밀 건강검진 및 의료비의 일부 내지 전액 지원, 의료비 대부제도, 의무실 운영 등이 포함된다. 기업복지 지원비용에 포함되는 의료 및 보건 프로그램의 비용은 회사의 의무실 등 시설비용, 건강진료 등 진료 예방에 소요된 비용, 위탁베드계약에 소요된 비용, 인건비(고용의사, 촉탁의사, 간호사 등), 물품 구입비 등이다.

3) 식사 지원 프로그램

식사 지원 프로그램은 우리나라에서 기업복지제도 중 가장 보편적이고 비중 있는 프로그램으로 2013년의 경우 전체 기업복지비의 37.2%를 차지하였다. 기업이 직접 급식시설을 설치하거나 외부 식당을 이용하게 하는 방법으로 구분된다. 급식시설을 직접 건립하여 운영하는 경우 기업에서 직영하거나 외부에 위탁운영하는 방법이 있고, 외부 식당을 이용하게 하는 경우 식권을 지급해서 추후에 정산하거나 일정한 금액의 현금을 식비 용도로 지급한다.

4) 보육 지원 프로그램

기업에서 보육시설을 건립할 경우 시설유지비, 탁아 및 육아비용, 보육교사 및 종사원의 인건비를 지원하는 프로그램을 말한다. 기혼 여성의 경제활동 참여율이 증가하면서 보육 지원 프로그램의 중요성이 점차 증가하고 있다. 유아보육법 시행령에 의거하여 상시 여성근로자 300명 이상의 기업이 직장보육시설 구비의무는 법으로 정해진 것으로 법정복지에 포함되므로, 해당되는 기업의 시설 건립 자체는 기업복지제도에 포함되지 않는다.

5) 보험료 지원 제도

기업에서 근로자를 피보험자로 하여 생명보험 혹은 상해보험(퇴직보험료는 해당되지 않음) 등의 보험료를 일부 또는 전부를 부담하는 제도를 말한다. 일반적으로 회사는 보험회사와 계약을 맺고, 위의 경우에 해당되는 근로자는 보험회사에 증빙 서류를 제출하고 회사로부터 직접 보험혜택을 제공받는다.

6) 학비 지원 프로그램

기업에서 근로자 자녀의 학자금이나 유급교육훈련 휴가비용을 보조하는 프로그램으로 융자의 경우 부담한 순수 이자 부분만을 기업이 부담한다.

7) 근로자 휴양 · 문화 · 체육 · 오락 프로그램

도서관, 오락실, 운동장, 체육관, 목욕탕, 샤워실, 수영장, 당구장, 볼링장, 테니스장, 세탁시설, 이 · 미용실, 피트니스 센터(fitness center), 노래방, 취미교양실 등의 시설 · 장비 비용, 유지보수비용, 관리비용 등과 시설유지비용 중 근로자 부담분을 제외한 비용을 기업이 부담하는 제도를 말한다. 근로자 휴양소, 콘도미니엄 등의 임차비용 혹은 휴가비 등을 기업이 부담하며, 체육대회, 문화제 등 각종 행사에 관련된 기업체 부담비용과 동호회활동 보조금, 직무와 관련 없는 교양교육 등에 소요되는 비용 또는 이러한 교육을 수강하는 근로자에게 지원금 등을 지원하는 프로그램을 말한다.

8) 우리사주 지원제도(종업원 지주제도)

기업에 속한 근로자가 그 기업의 주식을 소유할 수 있게 하는 제도로서 초기에는 기업의 경영권을 방어하는 차원에서 시작되었으나, 현재에는 근로자의 재산형성 촉진과 경영참여를 통한 우호적인 노사관계를 진작시키는 데 중요한 역할을 하고 있다. 기업은 이를 위해 저가격, 배당 우선, 공모주, 의결권 제한, 양도 제한 등의 특별한 조건 및 방법을 이용한다.

9) 사내근로복지기금제도

기업주가 사내 복지기금을 설치하여 발생한 수익금이 종업원 복지에 쓰이는 제도를 말한다. 기금이 쓰이는 용도는 주택구입 및 생활안정자금 지원, 장학금, 재난구호금, 우리사주 구입 등으로 종업원의 복지증진을 위해 활용된다.

10) 기타 프로그램

기타 프로그램에는 통근버스 운영 혹은 비용 지원, 생활자금 대여, 타 지역 전근비용 지원, 명절선물, 차례비용 보조, 자사제품 할인 판매 및 공여, 산재보상보험금 외의 산재위로금 지원, 누진 퇴직금제도 등이 이에 포함된다.

기업복지체계의 이해의 폭을 넓히기 위한 국제비교를 하기 위해서 국제노동기구(ILO)에서 제시한 기업복지체계를 살펴보는 것이 필요하다. 국제노동기구에서는 기업복지의 형태를 다음의 8분야로 분리하고 있다(Burmeister, 2005).

① 근로자가 일을 하지 않은 시간에 대한 보수지급: (payment for time not worked) 유급휴가(payments for vacation), 법정공휴일이나 기타 인정되는 공휴일을 유급휴가로 인정하는 것(payments for holiday), 병가(sick leave), 가족의 출생, 사망, 결혼 등의 경조사

로 인한 비근로시간에 대한 급여(paid break or paid time off) 등이 있다.

② 상여금과 현금보조: 비정기적 급여 지급, 휴가비용 지원, 이윤 분배(profit-sharing), 상여금(bonus) 등이 포함된다.

③ 주거와 복지서비스를 제외한 현물급여: 생필품 제공 혹은 할인판매, 자체 기업의 생산품 제공 등이 있다.

④ 주거 지원: 무료 혹은 저렴한 가격의 주택 제공, 주택임대료 지급, 주택 구입자금 지원 등이 이에 포함된다.

⑤ 사회보험료 지원: 사회보험료 중 근로자가 납부할 보험료 대납, 의료 및 보건시설 사용료 지원, 가족수당 등이 있다.

⑥ 직업훈련: 직업훈련비(수업료, 강사료)를 회사가 제공하는 것이다.

⑦ 복지서비스: 식당과 매점에 대한 보조, 교육 · 문화 · 오락시설 제공, 낮은 금리 대출, 협동조합 및 신용조합 보조, 법률서비스 제공 등이 있다.

⑧ 기타: 통근버스와 작업복 지급 등이 이에 포함된다.

우리나라 고용노동부의 기업복지체계와 국제노동기구의 체계를 비교하면 몇 가지 상이한 점이 발견되는데, 첫째, 고용노동부의 체계에서는 유급휴가가 법정복지에 포함되어 있는 반면, 국제노동기구의 체계에서는 미국의 경우와 마찬가지로 비근로시간에 대한 보수지급을 기업복지에 포함시키고 있다. 둘째, 고용노동부에서는 교육훈련을 복지(법정, 법정 외 복지)와 구분하여 분류하는 데 비해, 국제노동기구에서는 교육(직업)훈련을 기업복지체계에 포함시켰다. 셋째, 국제노동기구의 분류에는 고용노동부의 분류와 달리 보육, 학비보조, 사내 복지기금제도가 없는 것을 보면, 방금 기술된 기업복지제도는 우리나라나 일본에 국한되어 시행되는 제도라고 추정된다. 넷째, 고용노동부 분류의 경우 식사 지원 프로그램이 항목으로 분리되어 있는 데 비해, 국제노동기구의 분류에는 우리나라에서 가장 널리 제공되고 비중이 큰 식사 지원 프로그램이 빠져 있다는 사실이다. 기업복지체계를 내용적인 측면에서 피상적이나마 살펴보면, 우리나라의 기업복지체계는 세계 여러 나라의 체계나 미국의 체계와도 상이한 제도라고 보이며, 이에 대한 심층적인 후속연구가 필요할 것이라도 생각된다.

2. 욕구별 분류

제2장에서 언급된 기능적 효율성이론의 내용에 "기계를 잘 관리하면 기계의 효율성이 높아지듯, 기계를 작동하는 근로자를 잘 보살피면 노동생산성이 증가한다."라는 대목이 나온다. 이 내용은 인간이나 기계나 보살피면 능률이 오른다는 공통점을 시사하지만 공통점의 한계는 거기까지이다. 이 이론에서 제시하는 내용은 노동 강도를 높임을 통해 생산성 향상을 꾀하는 것이고, 기업복지는 온정주의적 수단으로 근로자의 작업만족도를 높이고, 조직에 대한 결속력을 강화시켜서 근로자의 목적이 기업의 목적과 동일하도록 만드는 기제라고 볼 수 있다. 따라서 기업복지는 근로자와 그의 가족의 욕구를 충족시키는 것이 이윤창출의 중요한 수단이므로 기업복지체계를 욕구별로 분류해서 보는 것이 기업복지에 대한 이해를 높이는 한 방편이 될 수 있다. 기업복지체계를 욕구별로 보는 또 다른 이유는 기업복지 형태를 Abraham Maslow가 제시한 욕구 5단계를 준거 틀로 하여 분류해서 보면, 과거부터 현재까지 기업복지체계의 변천과정을 알아볼 수 있고 또, 미래에 대한 신빙성 있는 예측도 가능하다.

① 생리적 욕구: 욕구의 내용은 의 · 식 · 주와 건강, 성(性), 수면 등이고 이에 해당되는 기업복지는 식당, 사택, 기숙사, 주거비 보조, 의료 관련 서비스 등을 들 수 있다.

② 안정과 안전의 욕구: 생명이나 정신건강 등에 대한 두려움으로부터 자유롭고 평안한 삶을 추구하는 욕구로서, 안전한 작업환경, 노동위생, 휴가, 재산형성제도, 공제제도, 퇴직연금, 건강관리 및 정신건강 프로그램, 장학 프로그램, 재가복지(home help) 등이 이에 속한다.

③ 사회적 욕구: 사랑, 우정, 사교, 집단에 소속감, 동료로부터의 수용, 동아리 결성 등의 욕구로서, 사내의 동호회 모임 지원, 사보(news letter), 운동회, 야유회, 문화제, 체육 및 레크리에이션, 휴양시설, 산업상담 프로그램 등이 이에 포함된다.

④ 자존의 욕구: 자존감, 자부심, 타인으로부터 인정 내지 존경받고 싶은 욕구이다. 내부적으로 집중되면 성취감, 자기효능감, 지배감, 자유, 독립 등으로 나타나고, 외부적으로는 명성, 지위, 우월감, 주목, 위업 등으로 표현된다. 자존의 욕구와 관련된 기업복지로서는 성과 배분제도, 시상제도, 강연회, 경력개발 프로그램 등이 있다.

⑤ 자아실현의 욕구: 자기실현, 지속적인 자기개발, 창의력 향상의 욕구로서, 교육훈련 및 능력개발을 위한 자기계발 프로그램, 소집단 활동 프로그램, 목표관리 프로그램, 생애교육 프로그램 등이 있다.

기업복지체계에 대한 좀 더 세부적인 내용은 제2부 한국기업복지제도에서 논의될 것이나 우리나라의 기업복지체계를 한 눈에 볼 수 있도록 기업복지 실시 현황을 도표로서 제시한다.

〈표 5-1〉 기업복지제도 실시 현황 (단위: %)

프로그램	실시율	프로그램	실시율
경조비와 경조 휴가	98.9	주택구입 융자금	42.4
중식, 식사비	97.5	매점, 소비조합	39.3
작업복, 피복비	96.9	의료비 보조	38.7
체육대회, 야유회	94.4	생활자금 대여	35.9
샤워, 목욕시설	74.0	전월세 보조금	35.9
통근버스, 통근비용	73.4	누진 퇴직금제도	33.6
유급 교육훈련 휴가	72.5	휴양시설	32.2
학자금	71.2	사내 복지기금	29.4
동호회 보조금	60.7	사적 보험	28.0
오락 · 휴게시설	58.8	종업원 지주제	23.7
정밀건강검진	57.6	체력단련장	20.1
산재 위로금	57.3	근로자 임대주택	16.9
육아 휴직	54.2	노래방	15.3
기숙사	50.3	이 · 미용실	11.6
전근비용	46.3	근로자 주택분양	11.0
도서실	46.0	영유아 보육비	9.3
의무실	43.2	탁아시설	5.1

자료: 근로복지공단(1996). "사내 복리후생에 관한 사업체 조사"

기업복지체계의 분류에 하나 더 추가한다면 시설 중심의 불변적 기업복지제도와 직무와 인적 특성과 관련된 준불변적 기업복지제도로 분류하는 것으로 구체적인 내용은 제4장 '기업복지의 대상(수혜자)의 변화'에서 다루었다.

Chapter 06

기업복지의 특성

이 책에서 시도되어 온 '기업복지의 정체성'에 대한 탐구가 중반을 넘어 이제 막바지를 향하는 단계에 접어들었다. 기업복지의 내 · 외면을 파악하는 작업을 사람과의 만남에 비유하자면, 처음 어떤 사람에 대해 간략하게 소개(기업복지의 개념)받아서 만나고, 그 후 심층적인 대화를 통해 그의 가치관(기업복지의 이념적 배경)을 파악한 후, 이어 열 띤 토론을 통해 그의 사고방식(이론적 배경)에 대한 식견을 파악하였고, 그 다음 과거부터 현재까지 살아온 이야기를 체계적으로 경청하고(기업복지의 역사적 배경), 방금 그의 모습을 찬찬히 뜯어보는 과정(기업복지의 체계)을 마치었다. 이제는 그의 내면적인 성격(기업복지의 특성)을 분석적으로 들여다 볼 순서이다. 여기에서는 기업복지의 특성을 학문적인 성격과 제도적인 특성으로 구분하여 논의하기로 한다.

1. 기업복지의 학문적 특성

기업복지의 모체가 되는 개념은 근로복지를 의미하는 산업복지이다. 산업복지의 학문적인 성격을 분석해 보면 제공 주체에 따라서 성격이 사회복지와 경영으로 구분된다. 복지 제공 주체가 국가인 경우 사회복지의 제도적 접근방법에 속하며, 분야는 근로자복지에 포함되고, 자주복지는 경영학의 한 분야인 노무관리에 속한다고 볼 수 있다. 제공 주체가 기업인 기업복지는 기업복지 자체가 기업의 인사 · 노무관리의 기제로 쓰이기 때문에 경영학에 속한다고 볼 수 있으나, 기업복지에 사용되는 실천기술은, 경영학의 인사관리 기법과 과거에는 자선적 복지였으나 현재에서 전문 상담기술을 주요 방법으로 하는 사회복지학의 직업사회복지의 실천기술을 사용하고 있다. 이러한 측면에서 산업복지나 기업복지 모두 사회복지적 방법과 경영학적인 방법이 기업 내에서 혼재한 상황이거나, 사회복지실천기술이 기업이라는 경영제도 속에서 시행되는 형국이라고 할 수 있다. 그래서 기업복지에 사용되는 실천기술은 응용과학의 영역에 속하기는 하나, 사회복지적인 방법과 경영적인 방법이 융합되지 못하고 혼합된 상태라고 보이기 때문에 아직은 응용과학으로서의 새로운 학문에는 못미치며 통섭이라는 과정을 통해 제3의 학문으로 정립되어야 한다는 과제를 안고 있다.

1) 사회복지학과 경영학의 학문적 성격

사회복지란 사람들의 사회질서의 기능화를 위한 기초로 인정되는 사회적인 욕구를 충족시키기 위해 대책을 강구하거나 보장하는 법률, 프로그램, 급여 그리고 서비스체계로서 산업사회에서 발생하는 사회적인 문제를 해결하는 것을 주요 과제로 한다(Friedlander, 1974). 전문적인 학문으로서 사회복지학은 아동에서 노인에 이르기까지 개인, 가족, 집단을 대상으로 각종 사회적인 서비스나 제도, 프로그램 등을 조직화된 전달체계를 통해 전하는 것이고, 전문사회사업은 이러한 사회적인 서비스의 전달에 방해가 되는 장애를 극복하기 위하여 개인이나, 가족, 집단 등에 사회생활을 강화할 뿐 아니라, 개인과 사회지원체계를 연결하고, 더 나아가 사회복지서비스정책에 변화를 꾀하는 전문적인 체계라고 할 수 있다(김만두 · 한혜경, 2001). 이와 같이 사회복지의 주요 과제는 사회문제를 해결하는 것이요, 전문적인 학문으로서의 사회복지학은 문제를 가진 사람이 스스로 문제를 해결할 수 있도록 돕는 것이다.

반면에, 경영학은 기업 경영에 필요로 하는 지식의 체계화와 이의 전달을 위하여 경제학을 응용한 학문으로서 자본주의 경제체제하에서 기업이 이윤을 창출하기 위한 경영활동에 개인, 경영자 또는 관리자들은 인적 · 물적 제 요소를 합리적 · 과학적으로 활용하기 위해 계획 · 조직화 · 충원 · 통제되는 과정이다(이재규, 1997).

사회복지학과 경영학을 목적과 과정을 중심으로 해서 살펴보면 공통점보다는 차이점이 더욱 부각되고, 차이점 역시도 그냥 다르다는 것보다는 반대가 되는 성격을 띠고 있음이 어렵지 않게 포착된다. 심리학과 사회학을 기반으로 인간의 사회적 · 정신적 문제를 해결하기 위한 방법으로 응용된 사회복지학과, 경제학을 기초로 효율성 및 수익성 향상을 통한 이윤창출을 추구하기 위해 등장한 경영학을 비교하면, 두 분야 모두 인간의 삶의 질 향상에 관련되어 있고 응용과학이라는 점에서는 유사하나 서로 간의 공통점은 거기서 끝난다고 볼 수 있다. 사회복지학의 목표가 인간 그 자체(person)에 있다고 본다면 경영학의 목표는 이윤(profit)이라고 할 수 있다. 두 분야 모두 인간의 삶의 질 향상에 목표를 두지만 사회복지학에서는 인간성에 관한 것이 우선하는 반면, 경영학에서는 수익성에 더 우선순위를 둔다고 볼 수 있다.

과정의 측면에서 볼 때, 사회복지는 개인이 가지고 있는 문제해결을 돕는 것에 치중하는 반면, 경영학에서는 사회복지에서 다루는 '가시화된 문제' 없는 개인을 통해 이윤의 극대화 과정에 주안점을 둔다. 인적자원 개발의 측면에서 볼 때, 경영학에서는 개인의 잠재된 재능과 능력의 극대화를 목표로 개발하는 것이 주요 목표라고 한다면, 사회복지학에서는 개인의 잠재된 능력과 재능을 사용하는 데 장애가 되는 걸림돌을 제거하거나 최소화하는 것이 주요 과제라고 할 수 있다. 이와 같이 사회복지학과 경영학은 학문적인 성격에서 각각의 목표와 과정을 비교하여 볼 때 공통점을 찾기 힘들 뿐만 아니라, 서로 상충되며 또한 갈등관계를 이루고 있다고 보인다.

2) 사회복지분야와 경영분야 간에 관계

역사적으로 볼 때 경영계(business community)와 사회복지계(social work community) 간에는 근본적인 가치관의 차이와 반대되는 성격으로 인해 해묵은 갈등이 이어져 왔다. Hanlan은 "사회복지 종사자들은 학문의 목적이나 성격에 비추어 볼 때 기업이나 경영계에 발들여놓을 틈도 의지도 없다는 입장을 취하고 있다."고 했다. 클라이언트의 문제해결을 최우선의 과업으로 여기고 있는 사회복지 종사자들은 이윤추구에만 몰두하는 경영자들에 대해 반감을 가지고 있었고, 기업가(businessmen)들을 '이윤만을 추구하기 위해 기업을 운영하며, 대중의 이익에는 아랑곳하지 않는, 부를 축적한 악인(malefactors of great wealths)'이라고 여겼다(Heineman, 1975). 심지어 사회복지계의 일부는 경영계를 '사회복지의 인도주의적인 가치관을 직접적으로 위협하고, 인간을 자본주의의 악마에 팔아넘기는 집단'이라고까지 비난하였다(Hanlan, 1975).

최상의 가치관을 이윤창출에 두는 경영분야(business community)에서의 사회복지에 대한 태도 역시 사회복지계의 태도 못지않게 부정적이었다. 사회복지에 대한 경영계의 일반적인 태도는 '노력하기 싫어하며, 기업주와 사회에 기생해서 살아가려는 빈곤집단을 무조건 두둔하고, 그들과 한통속이 되어 버린 마음만 좋아 빠진 얼간이(soft-headed bleeding heart)' 라고 하는 극도의 거부감 그 자체였다(Heineman, 1975).

과학적 관리기법을 창시한 Taylor 역시 기업복지에 대해서 매우 부정적이고 냉소적이었다. 그는 기업복지를 농담거리(a joke)라고 여겼고, "기업같이 이윤을 추구하는 조직에서 복지활동(welfare work)은 설 자리가 없다."라고 주장했다(Nelson & Campbell, 1972). 기업복지의 쇠퇴기의 역사에서 언급되었듯이, 비과학적이고 비전문적이며 근로자의 정서에 뿌리를 내리고 있는 자선복지 형태의 기업복지가 과학적 경영을 추구하는 기업사회(business community)에서 100년 가까이 자리 잡았던 터전을 송두리째 잃고 말았다. 이렇게 사회복지(기업복지)와 경영(과학적 경영방법)의 첫 만남은 사회복지의 일방적인 패배로 귀결되어 기업복지는 기업사회에서 퇴출되는 쇠퇴기를 맞이하였고, 이것은 사회복지와 경영의 상반되는 이념적 바탕으로 미루어 볼 때 예견된 수순이라고 볼 수 있다. 기업복지는 경영과의 대결에서 일방적으로 패배하여 기업의 시야에서 사라져 갔지만, 그럼에도 불구하고 제도의 가치관이나 성격보다 결과에 더욱 관심을 두는 기업인들은 서로 상반되는 기업복지제도와 과학적 경영방법을 결합하여 새로운 분야인 인사관리제도(personal management)를 고안해 내었다(Nelson & Campbell, 1972). 대결국면을 이루던 기업복지와 과학적 경영방법과 결합하여 현대 경영학의 주요 분야인 인사관리의 기반이 되었다는 사실은 역사적 아이러니라고 아니할 수 없다.

사회복지계와 경영계 사이에 존재하는 가치관의 갈등을 적대, 대립, 애증, 주저 등으로 요약할 수 있다. 사회복지분야와 경영분야 간의 적대적이고, 소원한 정서에도 불구하고 실제적인 측면에서는 서로를 바라보는 인식에 새로운 변화의 조짐이 보이기 시작했다. 즉, 경영자 측에서는 근로자를 생산수단 이상으로 보아야 한다는 인식이 서서히 고개를 들기 시작했고, 사회복지 측에서도 생산성 향상과 이윤창출이 근로자의 생계유지에 절대적으로 필요하다는 점을 인식하기 시작하여 사회복지와 기업경영의 만남의 조짐이 보이기 시작하였다.

그 후 기업복지의 역사에서 언급되었듯이, 기업복지의 성숙기에서 양 측 간의 두 번째 만남이 이루어진다. 그것은 사회복지가 인간관계론을 기반으로 한 사회복지 전문 프로그램을 개발하였고, 그러한 프로그램이 기업의 이윤창출 목적에 부합한다는 사실이 속속 증명되었기 때문이다. 기업의 이윤창출기능을 수행하는 직업사회복지의 이러한 성격은 경영학이 지배하는 기업사회에 직업사회복지가 뿌리를 내리는 것을 가능하게 하였고, 사회복지가 과학적이며 전문적인 사회복지의 실천기술로 무장하여 직업사회복지제도로서 기업 내에서 경영학과 밀접한 관계를 유지하기 시작하였다. 이것이 사회복지와 경영의 두 번째 만남이다. 그러나 직업사회복지는 사회복지의 실천기술을 바탕으로 하고 있을 뿐 아니라, 인간 중심의 사회복지적인 가치관을 목적으로 하고 있고, 기업 내에서 전문적인 상담을 담당하는 전문가 역시 대부분 사회복지사이므로 경영과의 상호관계는 합치와 잠재적 갈등의 모순적인 구조를 내포하고 있다. 그럼에도 불구하고 상호공존이 가능한 이유는, 사회복지의 입장에서 보면, 근로자의 문제를 해결하는 것이 주요 목적이지만 근로자 복지를 위해선 기업이윤창출로 인한 복지재정이 절대적으로 필요하고, 경영의 입장에서 보면, 사회복지가 추구하는 이념이 전혀 내키지 않지만 이윤을 창출하기 위해서는 사회복지실천방법(전문산업상담)이 필요하므로 직업사회복지는 사회복지와 경영의 서로의 필요성에 의해 공존한다고 할 수 있다. 이런 맥락에서 볼 때, 사회복지와 경영의 관계는 '동상이몽', '적과의 동침', '불안한 동거'에 비유할 수 있고, 공존하는 형태는 아주 다른 생물들이 서로의 필요에 의해 상호 협력하는 '공생관계(symbiotic relationship)'라고 표현할 수 있다(김의명, 1986).

2. 기업복지의 제도적 특성

기업복지제도의 특성에 관해서는 기업복지의 개념, 이념적 · 이론적 배경, 역사적 발전과정에서 대부분 드러났다. 그래서 이 장에서는 여러 장에 걸쳐 다른 제목 아래 기술된 내용들을 종합하고, 또 언급되지 않은 특성을 추가해서 기술하려 한다. 기업복지의 특성으로는 당위성, 수익성, 보완성, 집단성, 통제성, 은폐성, 효과성과 전문성이 있다.

1) 당위성

기업복지제도의 특성으로서 당위성이란 문자 그대로 당연히 해야 할 일이란 뜻으로 기업복지제도는 해도 좋고 안 해도 좋은 선택사항이 아니라 꼭 있어야 할 필수사항이란 뜻이다. 기업복지의 필연성을 논할 때 대상집단으로 근로자는 물론이고 근로자의 가족과 지역사회를 말한다. Titmuss의 저서인 《사회정책(Social Policy)》에 '사회비용(social costs)'이라는 개념이 소개되어 있는데, 그 내용은 '행위자의 행동으로 인해 행위자와 전혀 상관없는 대상이 손해를 보는 비용'을 말한다. 예컨대, 어느 사업가가 한적한 농촌지역에 위치하고 있는 대규모의 공업단지 내에 공장을 설립하여 본인은 물론 그 기업의 근로자들은 막대한 이익을 얻었지만, 반면에 그 기업과 아주 멀리 동떨어진 어느 산골마을의 몇 명의 주민들은 그 공장에서 발생되는 오염물질로 인한 건강 등의 피해로 인해 적지 않은 비용을 지불하고 있는 상황이 존재한다고 가정하자. 산골마을의 주민들은 억울한 피해를 입고 있기 때문에 가해자인 기업주에게 피해보상 청구를 해서 받아낼 수 있는 권리가 법적으로 보장되어 있다. 그러나 법정소송에서 보상을 받으려면 가해자가 확실히 규명되어야 하고, 더 중요한 것은 가해자와 피해자의 인과관계가 증명되어야 한다. 예를 든 경우에는 가해자가 밝혀졌지만, 실제 상황에서는 피해상황이 오염물질로 인한 것인지 여부에 대해 과학적 증거가 필요하며, 그것이 어떻게 멀리 떨어진 산골마을까지 날아갔는지의 경위에 대해서, 또 그 공장이 있는 공단에 공장들이 많이 있다면 어느 공장의 오염물질이 산골주민들에게 직접적인 피해를 주었는가에 대한 구체적인 증거가 필요하다. 즉, 심증은 있지만, 물증을 제시할 수 없거나, 증거 제시가 불가능에 가까운 경우가 위의 예를 든 상황에 해당된다고 할 수 있다.

이러한 상황은 산업화과정이 확산될수록 증가하는 추세에 있고, 산업화과정에서 이익을 본 집단은 보편적으로 대규모의 기업들이며, 여러 이유에서 자본주의 시장경제 체제의 노동시장에서 밀려난 집단이나 아예 진입할 수 없는 빈곤층 혹은 소외계층을 Titmuss는 피해자로 인식한다. 이렇듯 피해자는 존재하고, 그들은 빈곤의 고통으로 인해 신음하는데, 그 사회에 분명히 존재하는 가해자(들)의 신분을 객관적으로 증명하지 못해서 피해보상이 전혀 이루어지지 않는 상황에서 국가가 가해자를 대신하여 피해자에 대한 보상이 실체화된 형태를 공공복지라고 한다. 국가가 개입하는 이유는 억울한 피해자들의 고통을 경감하는 것이 우선적인 목표라고 할 수 있지만, 방치했을 경우 기득권층과 피해계층 사이에 야기되는 갈등과 극한대립은 사회 전체의 구조마저 위험에 빠뜨릴 수 있기에 사회통제적인 개입의 측면도 분명히 존재한다.

사회비용의 개념은 기업복지제도 중에서 근로자의 개인적 · 정신적 문제의 해결을 돕는 근로자 지원 프로그램(EAP) 같은 사회복지 전문 프로그램의 필연성에 적용된다. 기업에서 근로자의 사회 · 심리적 문제의 해결을 돕는 전문 프로그램을 설치해야 할 당위성은 근로현장이 근로자에게 스트레스(stress)를 유발하여 개인적 · 정신적 · 사회적 문제를 초래하는 근원이라는 인식에서부터 출발한다. 1979년 미국의 산업특별조사위원회는 제1차 백악관 회의에서 기업과 산업현장이야말로 미국가정에 많은 문제를 야기하는 주요 원인이라고 지목하였다(Myers, 1988). 그러므로 작업장 내에 있는 근로자의 문제를 해결하는 것이 그의 가정과 더 나아가서는 지역사회의 문제를 사전에 예방하는 조치이며, 문제의 원천이 되는 산업현장을 운영하는 기업이 당연히 문제해결의 책임이 있다고 할 수 있다. 또한 작업장 내에서 문제를 가진 근로자는 동료 근로자에게 안전사고 등에 대해 잠재적으로 위협적인 존재라고 볼 수 있다.

근로자의 문제가 발생하는 곳이 작업장이므로 초기에 문제를 포착하여 해결하는 것이 예방적인 차원에서 바람직하다고 볼 때 근로자 지원 프로그램 같은 사회복지 전문 프로그램의 필요성과 당위성에는 반론의 여지가 없다. 또한 기업은 그런 문제를 대처할 수 있는 재정능력이 풍부하고, 인적자원 조달이 가능하기에 그 책임은 더더욱 크다고 할 수 있다. 이러한 당위성의 실현은 국가의 개입을 필요로 한다. 환경오염을 막기 위해 국가에서는 환경관계법령을 제정하여, 국가적인 차원에서 환경오염 예방 및 방지하는 등의 대응체계를 감안하면, 근로자의 술 중독, 정신질환, 가정문제, 법률문제 같은 사회 · 심리적인 문제가 본인의 가정과 지역사회의 사회문제를 일으키는 '사회오염(social pollution)'의 성격을 내포하고 있다고 볼 때, 사회오염의 방치대책인 사회복지실천 전문 프로그램 도입을 법제화하는 것이 국가가 당연히 담당해야 할 책무라는 해석에 무게가 실린다.

2) 수익성

기업복지제도의 특성으로 으뜸가는 것은 당연히 수익성이다. 왜냐하면 기업복지를 통한 수익성 창출이 기업복지제도의 존재 이유 그 자체이기 때문이다. 기업복지의 특성을 기술할 때 당위성을 가장 먼저 내세운 것은 중요성 때문만이 아니라 선언적 의미가 있기 때문이다. 기업복지의 특성 중 수익성이 절대적인 것은 기업이 존재하는 우리사회 경제의 기본적인 기조가 이윤창출을 목적으로 하는 자본주의 시장경제체제이고, 기업복지가 존재하는 구조인 기업의 목적 및 생존수단이 이윤창출이며, 복지 주체가 국가나 노동조합이 아닌 이윤창출을 목적으로 해서 창업했거나 경영의 총체적인 책임을 지고 있는 기업주에 의해 자발적으로 시행되는 것이 기업복지이기 때문이다.

기업복지를 물에 비유한다면, 기업복지를 '밑이 빠진 독에 담긴 물' 혹은 '마중물' 로 비유해서 생각할 수 있다. '밑이 빠진 독의 물'이란 낭비를 의미한다는 것은 삼척동자도 아는 사실이고, '마중물'이란 국어사전을 보면 '펌프에서 물이 잘 안 나올 때 물을 끌어 올리기 위하여 위에서 붓는 물'로서 투자의 성격을 띠고 있다고 볼 수 있다. 기업복지를 고찰하면서 '밑 빠진 독의 물'을 떠올리는 것은 기업복지가 시작되기 전부터 그것이 사회복지에 대한 일반적인 인식 중에 하나였기 때문이다. 특히, 산업화 초기의 자본가들이나 경영계의 사회복지에 대한 일반적인 인식은 '마음 좋기만 한 얼간이'로 표현되는 비효율성의 전형이었다. 그러나 사회복지가 기업 내에 진입하게 되면서 '밑 빠진 독의 물'이 '마중물'로 변신하는 신데렐라식의 변화가 나타났다.

기업복지가 개인적 이익추구의 구체적인 수단이라는 것은, 기업복지 발전의 맥락에서 소개된 대로, 사회통제 및 생산성향상 기능을 통해 나타난다. 말을 길들이는 방법에서 나온 것으로 '채찍과 당근'의 비유가 있다. 채찍이란 게으르거나 일을 못할 경우의 처벌방법이요, 당근이란 일을 열심히 하거나 잘 할 때 주어지는 보상의 수단이다. 기업주는 말의 성실성과 근면성을 통해서 큰 이익을 얻게 되고, 근로자는 말과 같이 당근을 얻으려고 더 열심히 일하거나 게으르지 않도록 노력한다. 이러한 면에서 보면, 기업복지는 기업주와 근로자 모두 이익을 얻으려는 목적에서 합치되므로 기업복지는 당근이라는 수익성을 위해 존재하는 기제라고 볼 수 있다.

기업복지의 수익성에 관한 이념적인 기초는 제2장 기업복지의 이념 중 생산성 향상의 측면에서 성취 및 대가원칙과 선별주의를 들 수 있고, 사회통제 측면에서는 자유이념이 해당된다. 수익성의 이론적인 기초는 제3장에서 자세히 소개된 '산업성취수행형 모형'으로 설명되고, 생산성 향상기능은 작업만족, 동기유발, 조직에 대한 결속력 강화의 요인으로 설명된다.

기업복지의 역사에서도 기업복지의 수익성기능이 확연히 드러나고 있다. 기업복지가 생성될 시기에는 수익성의 가능성이 별로 눈에 띄지 않았다. Owen을 위시한 각국의 기업복지 선구자들이 기업복지를 처음 시작한 이유는 수익성보다는 사명감, 기독교적 신앙, 연민의 정, 온정적인 형태의 보살핌, 경륜을 펼친다고 표현될 수 있는 자아실현의 욕구충족 등이라고 언급된 바 있다. 그러나 그 이후의 기업복지의 역사는 수익성 추구의 역사라고 해도 과언이 아니다. 기업복지가 선각자들의 퇴진으로 소멸되지 않고 도약기를 맞이할 수 있었던 것도 기업복지의 수익성(welfare capitalism)효과의 발견이요, 과학적 경영방법에 밀려 퇴조한 것 역시 과학적 경영방법에 비해 수익성이 떨어진 이유였고, 재생기를 만나서 성숙기에 이르러서 현재까지 기업 내에 확고한 위치를 구축할 수 있게 된 것도 기업복지의 수익성 창출기능 때문이었다고 해도 과언이 아니다.

선진국의 기업복지제도의 이윤추구기능은 1970년대 이후에 들어 본격적으로 더욱 강화되었는데, 그것은 기업복지를 종합적 보상체계(total compensation system)에 포함시켜 다루는 추세가 바로 그것이다. 기업복지비용을 종래에는 일반경비로 인식하였으나 근래에는 기업복지비용을 임금 혹은 수당으로 인식하여 임금제도의 성과주의가 기업복지에도 접목되기 시작하였다. 이러한 추세는 미국 및 독일에서 현저하게 나타나는데, 과거에는 근로자의 회사에 대한 소속감 제고가 기업복지의 으뜸가는 목표였으나, 독일의 경우, 기업복지의 으뜸가는 목표가 업무 의욕 제고로 조사되었다(김강식, 2000). 기업복지를 근로자의 성과에 따라 제공하여 근로의욕고취의 수단으로 인식한다는 현상은, 종래의 생산성 향상의 경제적 목표와 근로자의 삶의 질 향상의 사회(복지)적인 목표가 균형을 이루며 양대 축을 구축해 왔으나, 향후에는 경제적인 목표의 비중이 사회적인 목표의 비중을 크게 압도한다는 것을 의미한다.

3) 보완성

기업복지의 중요한 성격 중 하나는 보완성이다. 기업복지의 보완성은 3가지 측면에서 나타난다. 첫째는, 기업복지제도가 자본주의 시장경제체제를 보완하는 성격이고, 이 점은 기업복지의 이론적 배경인 '산업성취수행형 모형'에서 확연히 드러난다. 이 모형은 기업복지가 공공복지와 상반되게 자본주의시장의 결정력을 강화시키고 자본주의원칙을 기초로 한 분배관계, 즉 분배의 기준이 개인의 생산성, 장점, 생산량인 자본주의적 분배관계를 재생산하는 성격을 통해 자본주의 시장경제체제를 보완하는 성격을 지니고 있다. 산업성취 모형의 시장 보완적인 성격은 Titmuss가 이 모형을 시녀 모형(Handmaiden Model)이라고 명명한 것에서 잘 알 수 있다.

기업복지제도의 보완성의 두 번째 측면은 기업복지가 공공복지를 보완한다는 점이다. 이러한 성격은 이념적인 배경 중에서 잔여주의에 잘 나타나 있다. 잔여주의는 1차적인 복지의 책임을 누가 지며, 누가 미흡한 부분이나 생략된 부분을 채우거나 보완하는가에 따라 형태가 달라지는데, 근로능력이 없는 집단의 복지에 대한 책임은 국가가 지고, 근로능력이 있는 집단에 대한 복지 책임은 기업에게 전가하는 형태가 일반적인 형태이다. 기업복지의 두 번째 측면의 보완성은 국가와 기업 간에 어떤 형태로 책임분담이 이루어지느냐에 따라 형태와 내용이 달라지며, 기업복지제도가 사회보장제도에 대해 얼마나, 또 어떻게 보완하는가에 따라 좌우된다.

기업복지는 기업주의 자발적인 의사로 행해지는 것으로서 전형적으로 민간복지의 성격을 띠고 있다. 공공복지(사회보험)제도는 복지국가의 근간으로 국가가 국민에게(사회보험의 경우 근로자와 그의 가족) 최저생활(national minimum)을 보장하는 책임을 의미하며 복지는 국민의 권리로서 인식된다. 반면에 기업주가 자발적으로 제공하는 기업복지는 국가가 제공하는 기본적인 급부 이상의 것을 제공함을 통해 공공복지를 보완하는 성격을 가지게 된다. 이러한 현상은 베버리지(W. Beveridge)의 복지국가의 성격에도 잘 나타나 있다. 그는 국가가 국민의 최저생활보장의 책임을 역설하면서 국가의 우선순위에 대해 강조하였는데, "국가는 어떤 국민이 케이크와 서커스를 즐기기 전에 모든 국민에게 빵과 건강을 보장해주어야 한다." 고 주장했다(George & Wilding, 1976). 여기서 빵과 건강은 생명을 유지하는 데 필수적인 것으로 국가가 기본적으로 제공해야 할 공공복지를 말하고, 케이크와 서커스는 삶의 질 향상을 위해 필요하나 필수적인 것은 아닌 기업복지를 위시한 민간복지를 의미한다고 볼 수 있다.

기업복지의 역사에서 보면 기업복지제도는 미흡한 사회복지제도를 보완하기 위한 기제로도 사용되었다. 기업복지가 생성되던 시기는 1601년 제정된 구빈법이 지배하던 시기로서, 노동능력이 없는 빈민(the deserving poor)에 비해 노동능력 있는 빈민(the undeserving poor)은 '도움받기에 마땅치 않은 자'라 불리며 열악한 상황 속에서 비인간적인 대우를 받았다. 구빈법은 노동능력이 없는 빈민을 위해 만들어진 제도였기에, 1800년대 말부터 1900년대에 걸쳐 사회보험제도가 출현하기까지 실직, 질병, 산업재해 및 정년퇴직 등의 근로 중단으로부터 야기되는 빈곤에 대해 근로자와 근로자의 가족은 그야말로 무방비상태라고 해도 과언이 아니었다. 근로능력이 있다는 이유만으로, 도움을 받기 위해서는 가족으로부터 격리되어 가족부양을 게을리하는 자로 낙인 찍혀 구빈원에 수감되었고, 이러한 상황은 1834년 신 구빈법으로 개정된 이후 더욱 악화되었다. 이렇듯 근로자를 대상으로 한 사회보험제도가 출현하기까지 기업복지제도는 공공복지의 부재 내지 미흡함을 보완하는 중요한 복지체계로 자리 잡았다.

기업복지의 사회보장제도에 대한 보완적 성격은 기업복지의 재생기인 1940년 이후부터 더욱 현저하게 나타났다. 미국의 경우 1935년 사회보장법이 제정되어 사회보험제도가 확립됨에 따라 기업복지제도가 사회보험제도를 보완하는 형태로 점차적으로 전환되었다. 기업복지제도가 사회보험제도에 대해서 보완하는 것은 대체로 3가지 형태로 나타난다. 첫째는 사회보험제도에 생략된 부분을 채우는 형태로, 의료보험, 질병 및 사고보험과 치과보험이 이에 속하고, 둘째는 사회보험제도의 미흡한 부분을 보완하는 형태로, 실업보험 보조혜택(supplementary unemployment benefit)이 이 경우에 속하며, 셋째로는 사회보험제도가 제공하는 혜택의 양에 따라 기업복지제도의 혜택의 수준도 연동적으로 조정되는 관계이다(Root, 1982). 예컨대, 기업이 제공하는 실업보험 보조혜택의 보조금은 실업보험의 지급액이 증가하면 상대적으로 감소하고 반대로 실업보험금이 감소하면 실업보험 보조혜택 지급액은 증가한다. 이와 같이 공공복지제도와 기업복지제도의 관계는 공공복지제도가 기본적인 틀을 제공하면, 기업복지는 그에 맞춰 채우거나, 추가로 지원하는 상호보완적인 형태를 띤다. 실제로 미국의 공공복지에서 생략된 의료보험 및 기타 서비스가 1985년에는 전체 기업복지비용의 20.5%였고, 2006년에는 41.6%로 증가하였다.

퇴직연금의 경우, 미국 대기업의 72%, 주 · 지방정부의 93%가 공공연금제도를 보완하는 기업연금을 도입하고 있고, 그 비용은 전체 기업복지 비용의 17%에 달한다. 공공 의료보험제도가 없는 미국에서 의료보험은 매우 중요한 기업복지제도로서 대기업의 82%, 주 · 지방정부의 90%가 건강(의료)보험을 종업원에게 제공하고 있으며, 그 비용 역시 2006년의 경우 전체 기업복지비용의 24.7%를 차지하여 근로자복지에 매우 중요한 역할을 담당하고 있다(김정한 외, 2004). 이와 같이 미국의 기업복지제도는 임금과 공공복지제도에 대해 적절하고 효과적으로 보완하고 있으며 이것이 미국기업복지제도가 미국산업사회에서 중요한 역할을 수행하는 한 요인이라고 할 수 있다.

기업복지제도의 세 번째 보완적인 성격은 임금과 기업복지 간의 관계에서 찾아볼 수 있다. 임금이 근로자의 생계유지 및 기타 생활에 필요한 것을 조달하는 기본적이고 절대적인 수단이라면, 기업복지는 임금 이외(이상)의 삶의 질 향상 혹은 우발적인 재난으로부터 보호하는 복지수단으로 다양하게 활용된다. 그래서 임금은 현금에 한정되는 반면, 기업복지는 서비스, 혜택, 시설 등의 다양한 급부가 포함되어 있고, 임금은 노동의 대가로 즉시 제공되는 데 비해 기업복지는 미래의 필요한 시점을 대비하는 성격도 띠고 있다. 기업복지를 '부가급부(fringe benefits)'라고 부르는 것도 기업복지의 임금에 대한 보완성을 잘 보여 주는 대목이라 할 수 있다(D. J. Robertson, 1965).

4) 집단성

임금과 기업복지 모두 근로자가 기업으로 받는 보상이지만, 임금은 개인의 생산성, 생산량, 공헌도, 직위(책임)의 대가로 받는 것이기에 개별적 성격이 있지만, 기업복지는 집단적 보상의 성격을 띤다. 그러한 집단적인 성격은 개별 기업을 단위로 하는 것이 아니라, 기업 내에서 근속연수, 직위, 성별, 업무내용(사무직/생산직) 등의 단위로 집단 간에 복지혜택은 양과 질에서 다르다.

기업복지의 집단성에 대한 이념적 근거는 제2장에 열거된 가치관 중 연대의식, 특전의식과 불평등이다. 일반적으로 사회복지에서 추구하는 연대의식 혹은 공동체의식은 기득권층/피해계층, 부유층/빈곤층, 장애인/비장애인 등 이질적인 집단 간에 통합적인 관계를 말하지만, 기업복지제도에 담겨 있는 연대의식은 동질적인 집단 간에 통합이어서, 사회복지에서 추구하는 사회통합에는 정면으로 배치된다고 이념부분에서 밝힌 바 있다. 이러한 기업복지적인 집단성은 집단에게 동기유발체계가 될 수 있지만 때론 갈등과 좌절감을 불러올 수도 있다. 왜냐하면 이러한 부분적인 연대의식은 집단 간에 불평등과 직결되기 때문이다. 근속연수에 따른 불평등을 기초로 한 집단성의 예를 캐나다의 휴가기간과 연결해서 볼 수 있다. 캐나다 공무원의 경우 초기 2년 미만은 복지혜택을 전혀 누리지 못하고, 휴가 역시 2주로 한정된다. 그러나 근속연수가 2~10년까지는 3주의 휴가가 주어지고, 10~20년까지는 4주, 그 이상은 5주의 휴가를 받을 수 있다. 이러한 집단 간의 불평등구조는 근속연수나 직급 등이 상승하면 기업복지의 수준도 높아지기 때문에 근속을 유지하기 위한 수단으로 활용되고, 같은 맥락에서 이직하는 경우에는 그때까지 축적된 기업복지혜택은 물론 무효가 된다.

비록 기업복지제도의 집단성이 세분화되는 경향이 있고, 개인의 선택을 중시하는 선택적 기업복지 같은 제도들이 속속 모습을 드러내기는 하지만, 기업가족을 표방하며 기업단위의 통합을 추구하는 기업복지의 본래 성격과, 개별화하기에는 장애가 너무 많은 기업조직의 특성과, 집단을 단위로 실시하여 규모의 경제로 인한 비용대비효과가 높은 특성이 존재하는 한 기업복지의 집단적 특성이 어느 정도 약화될지는 모르지만 완전히 사라질 가능성은 없다고 보여진다.

5) 은폐성

기업복지는 기업세계에 고립된 하나의 영토(enclave)에 비유될 수 있다. 구체적으로 말하면 기업복지의 한계는 기업에 고용된 근로자에 한정되어 있고, 아주 다양하고 고품질의 정교하게 고안된 기업복지혜택은 기업복지에서 제외된 대상에게는 질투와 선망의 대상이 되곤 한다. Tussing은 기업복지와 공공부조를 다음과 같이 비교하고 있다.

> 한 나라에 두 가지의 복지제도가 동시에 존재하고 있다. 하나는 널리 알려진 것이다. 그것은 노골적으로 드러나고, 재정은 빈약하며, 낙인이 찍혀 있고 낙인을 찍으며, 빈곤한 사람을 대상으로 하는 복지제도이다. 다른 하나는, 거의 잘 알려져 있지 않고, 낙인문제가 전혀 없으며, 용인되지 않은 엄청난 혜택을 제공하며, 빈곤하지 않은 자들에게 제공되는 것이다(Tussing, 1974).

Tussing은, 빈곤하지 않은 자들을 위한 복지 프로그램은 빈곤한 자들을 대상으로 하는 프로그램보다 일반적으로 20% 내지 30% 더 많은 지원을 받으며, 어떤 경우에는 항목에 따라 100% 이상 더 혜택을 누린다고 주장했다(Tussing, 1974). 일본의 이중적인 연금제도가 좋은 본보기인데, 근로자 연금제도(Employee Pension Plan – EPI)는 수령액은 1971년도의 경우 1만 6,000엔이었는데, 기여체제가 아닌 공공부조 성격의 국가연금제도(National Pension Plan–NPI)는 같은 해에 평균 2,000엔 정도에 불과했다.

Miller와 Cowin의 관찰에 의하면, 미국사회에는 두 가지 세트의 규칙이 있는데, 하나는 기업에 대한 것이고 다른 하나는 개인에 관한 것이며, 다른 측면에서 하나는 부유층에 관한 것과 다른 하나는 빈곤층을 대상으로 한다는 것이다(Cowin & Miller, 1972). Tussing이 지적한, 잘 알려지지 않고 실제적으로 잘 보이지 않은 기업복지제도의 이러한 은폐적인 성격을, Titmuss는 사회복지정책의 빙산(iceberg of social policy)에 비유하여서, '기업복지는 사회정책이라는 빙산의 수면에 잠긴 부분(submerged part of iceberg of social policy)'이라고 묘사했다(Tussing, 1974). Tussing은 기업복지는 보상, 사회보험, 부가급부 등의 긍정적인 어감(nuance)을 주는 명칭으로 불리는 반면, 빈곤층을 대상으로 하는 복지제도는 구호, 원조 등이 부정적인 어감을 주며, 또 교묘하게 위장되어 있다고 지적했다.

기업복지를 기업주 자신의 소유(재산)로만 제공한다면, 기업복지의 은폐성, 배타성, 불평등적인 성격 등에 대한 비판은 호소력이 없다고 볼 수 있지만, 기업복지는 순수하게 기업의 자금으로만 제공되지 않는다는 사실을 Titmuss가 지적하였다. Titmuss는 언급하기를 비록 기업복지혜택이 기업주에 의해 제공되지만 거의 절반에 달하는 복지비용은 기업복지의 세금감면제도를 통해 국민의 세금에서 지출된다고 지적하였다(Titmuss, 1974). 그리고 기업복지비용을 기업에서 생산하는 제품 가격에 포함시켜 인상분으로 충당한다면, 기업복지비용은 소비자에게 전가된다는 사실 역시 그냥 지나쳐 지나갈 사안이 아니다. 놀랄만한 사실은, 1976년 미국에서 조세 지출(tax expenditure), 즉 감제도면에 의해서 세금으로 들어오지 않은 비용이 920억 달러로서 국가 총 지출의 26%를 차지하였다. 캐나다의 경우는 더욱 심각한데, 1979년 조세지출의 총액은 300억 달러로 캐나다 정부의 전체 지출의 60%에 달했으며, 이러한 간접적인 지출은 매년 증가하는 추세였다(McLoughlin & Proudfoot, 1981).

이러한 기업복지의 은폐적인 성격이 더욱 비판의 대상이 되는 것은, 경기가 나빠질 때 공공복지의 예산이 축소되는 폭보다, 감면제도의 축소는 더디게 그리고 소폭으로 이루어지는 경향이 농후하다는 것이다. 기업복지제도의 은폐성에 관한 근본적인 비난은 불공정한 재분배를 표적으로 하고 있다. 실제로 빈곤층을 대상으로 지출되는 재정보다, 기업복지로 지출되는 조세지출의 액수가 비교가 될 수 없을 만큼 크다는 점이다. 캐나다의 경우 한 조사에 의하면, 빈곤층은 세금을 전혀 내지 않거나, 그 액수가 매우 적어서 조세지출의 혜택을 전혀 볼 수 없으며, 빈곤층에게 지급되는 반환세금혜택(refundable tax credit)이 2억 달러로 전체 조세지출의 0.64% 밖엔 안 되는 금액이었다(Tamagno, 1979). 결과적으로 기업주가 국가 복지 예산의 최대의 수혜자라는 사실이 드러났고, 이러한 모순이 되는 현상은 기업복지에서 원초적으로 제외되는 장애인, 미혼모, 실직자, 비정규직, 퇴직자 등이 자본주의시장에서 뿐만 아니라 사회복지제도에서까지 패배자(loser)로 인정된다는 현실이다.

6) 전문성

전문성의 사전적인 의미란 '해당분야에 대한 상당한 지식과 경험을 가지고 있는 특성이나 성질'로 나타나 있다. 그러나 학문분야로 세분해서 살펴보면 구체적인 내용에서 의미 있는 차이점이 발견된다. 기업복지제도의 학문적 토대가 되는 인적관리 분야에서 전문가란 '높은 수준의 지식과 경험을 기초로 과학적 개념과 이론을 응용하여 해당 분야를 연구, 개발 및 개선하며 고도의 전문지식을 이용하여 행정, 경영 등의 의사결정의 업무를 수행하는 자'라고 정의하는 반면, 사회복지분야에서 전문가란 '가치지향이나 특정한 목표가 문제에 집중해 있고, 특정 활동에 대한 기술적인 전문성과 기법이 고도로 발달되고 세련된 실천가'로 보고 있다. 두 분야의 전문가의 공통점은 "과학적 개념과 이론을 응용한 고도의 전문지식과 기술, 즉 전문성에 대한 내용은 동일하나, 경영적인 측면에서는 의사결정의 전문성을, 사회복지에서는 문제해결(실천)의 전문성을 강조하고 있다.

일반적으로 전문성이란 '한 우물 파기'의 성격을 내포하고 있다. Schneider는 "전문가란 한 가지 일에 정통하기 위해서 다른 여러 가지 일에 대해서는 무식하기로 마음먹은 사람이다." 라고 정의하였다. 그러나 이 시대의 전문성에 대해 오헌석은 "다른 분야와의 결합을 통해서 새로운 가치를 창출해 내는 것이 바로 이 시대가 원하는 전문성이며, 한 분야만을 경험한다는 것은 새로운 혁신을 만들기 어려운 시대로 가고 있다는 것"이라고 정의하였다.

기업복지의 학문적인 토대가 사회복지학과 경영학이기 때문에 경영학의 전문성과 사회복지의 전문성을 결합하는 것이 기업복지의 전문성을 구축하는 주요 과제라고 할 수 있다. 기업복지에서 경영학의 전문성과 사회복지의 전문성을 결합해야 하는 필연성에는 새로운 가치 창출을 통해 이 시대가 원하는 전문성 개발의 이유보다 더 중요한 이유가 있는데, 그것은 바로 '한 우물파기'라는 전문성의 특징과 '상호연결된 복합성'을 가진 인간의 특성 간의 갈등 때문이다. 예를 들면, 어떤 사경을 헤매는 노숙자의 문제를 면밀히 살펴보면, 극도로 심각한 건강문제, 술 중독, 영양실조, 가정문제, 우울증 등의 정신건강문제, 법적인 문제, 신용불량, 실직, 빈곤 등 나열하기 힘들 만큼 많은 문제들이 있을 수 있는데, 그의 문제의 해결을 돕는 전문가는, 의사, 술 중독 치료사, 정신과 의사, 사회복지상담사 등으로 문제의 숫자만큼이나 많은 전문가를 필요로 한다. 이런 경우 각 전문가마다 자신의 전문성과 작업 일정 등에 맞추어 그 노숙자의 문제에 개입한다면 문제해결보다는 악화로 치닫을 가능성이 높아진다. 이런 상황을 극복하기 위해서 사회복지에서 통합적 접근방법이 유용하게 실시되는데, 같은 맥락에서 사회복지와 경영 역시 서로 결합하여 통합적인 접근방법 개발이 필요하며, 여기에는 경영학의 의사결정의 전문성과 사회복지의 문제해결(실천)의 전문성이 유기적으로 조화를 이루는 것이 필수적이라 할 수 있다.

전문성의 또 하나의 중요한 성격은 서비스의 대상이 스스로 해결할 수 있도록 돕는 것으로, 사회복지학에서는 '권한부여(empowerment)'라고 한다. 자신의 힘으로 자신의 문제를 해결할 수 있는 자생력 혹은 자조능력을 길러주어 스스로 자신이 처한 난관을 헤쳐 나가도록 돕는 것이다. 이런 차원에서 문제를 해결해 주는 구호사업 형태를 '아마추어

(amateur)'라고 한다면, 스스로 해결할 수 있도록 하는 사회사업 형태를 '프로(professional)'라고 한다. 예를 들면, 초등학교 1학년생의 산수문제는 어머니가 대신 풀어줄 수 있지만, 학생이 자신의 힘으로 풀 수 있게 도와주는 것은, 그 일을 위해 전문적인 훈련을 받아 교사자격증을 소지한 그의 선생님의 몫이다.

기업복지제도 개발과 운영이 전문성을 요하는 이유는, 기업복지의 대상인 근로자가 스스로 이윤창출의 동기를 갖도록 도와주는 경영학 측면의 전문성이나, 근로자가 당면하고 있는 개인적 · 사회 · 심리적 문제를 스스로 해결할 수 있도록 지원하는 사회복지 전문실천 프로그램이 기업복지의 목적을 극대화할 수 있는 지름길이고, 경영과 사회복지의 전문성이 결합된 통합적 전문성 모형을 통하지 않는 한 사실상 목적 달성은 어렵다고 할 수 있다. 물론 의사결정이라는 경영적인 전문성과, 문제해결이라는 사회복지의 실천적 전문성의 차이가 통합의 걸림돌이 될 수 있고, 이윤(profit) 중심의 경영학과 사람(person) 중심의 사회복지학 간의 원초적 성격의 차이로 인해 통합보다는 갈등의 소지가 더 크다고 볼 수 있지만, 두 전문성의 공존이 기업의 발전에 필수적인 요인이라는 것을 상기한다면 기필코 도전해야 할 과제임에는 틀림이 없다.

7) 효과성

기업복지의 효과성에 관한 논의는 효과성과 효율성의 비교로부터 시작하는 것이 바람직한 접근이라고 판단된다. 먼저 효율성의 사전적인 의미는 '투입물(input)/산출물(output)의 비율로 투입한 자원에 대한 산출물의 질이나 양'을 말하고, 효과성은 '목표(goal)에 대한 달성 정도, 즉 계획된 활동이 실현되어 계획된 결과가 달성되는 정도'를 말한다. 다른 말로 하면, 효율성은 "적은 자원으로 얼마나 많이 만들어 낼 수 있는가?" 에 관한 것이고, 효과성은 "얼마나 좋은 물건을 만들어 낼 수 있는가?"에 관한 것으로서 효과성은 '보람 있는 결과'에 초점이 맞추어져 있다. 이러한 비교를 조금 더 확대하면, 효율성이 '일을 제대로 하는 것'이라면, 효과성은 '제대로 된 일'을 하는 것으로서, Peter Drucker는 효율성에 대한 논의를 다음과 같이 함축적으로 정리하였는데, 그것은 "하지 않아도 될 일을 효율적으로 하는 것만큼 쓸모없는 일은 없다." 라는 것이다.

그러면 과연 기업복지에서 추구하는 것이 효율성인지, 아니면 효과성인지 여부가 기업복지 관련자의 관심사라고 할 수 있다. 효율성의 관점에서 보면 투입된 자원(input)은 기업주가 제공하는 기업복지비용이요, 산출물은 생산성 향상 등을 통해 창출된 이윤이고, 효과성의 관점에서 보면, 기업주가 기업복지를 통해 달성하고자 하는 목표가 얼마나 제대로 혹은 잘 달성되었는가에 대한 결과인데, 이것은 생산성향상을 통한 이윤 창출만으로 설명하기에는 한계가 있다. 사용자가 기업복지를 제공할 때 오직 이윤만 생각한다면 효율성이 기업복지의 목표이겠으나, 이윤창출과 함께 근로자의 복지에 관한 배려가 있다면, 이 경우의 목적은 효과성이다. 왜냐하면 기업복지의 대상은 기계가 아니라 인간이요, 인간의 행복의 조건은 물질적인 제공만 가지고는 달성되지 않으며, 이것에 대해 Maslow 욕구5단계 이론이 잘 설명해 주고 있다.

기업복지의 역사에서 보면, 과학적 경영방법이 전형적인 효율성 측면의 이윤창출 도구였다. 이 방법을 통해 생산성향상 목적은 분명히 달성되었지만, 과학적 경영방법의 비인간적인 측면이 근로자의 소외감 등의 여러 개인적 · 정신적 문제의 단초가 되었다는 것도 부인할 수 없는 사실이고, 이것은 인간관계이론의 출현으로 확인되었다. 기업사회에서도 이점을 충분히 깨달아서 실천에 옮겼다는 정황이 있었으니 그것이 바로 사회복지실천방법이 기업사회에 자리 잡게 된 배경이 된다.

기업복지제도를 통해 기업이 발전하고 이윤창출이 이루어지기 위해선 제공하는 주체인 기업주의 이윤추구에 대한 집념뿐만 아니라 대상인 근로자의 의욕과 만족도도 그 만큼 중요하다. 기업복지의 수혜자가 기업복지를 통해 만족을 얻지 못한다면 그것은 기업복지의 이윤창출 목적이 이루어지기 힘들며 자칫 기업복지비용의 낭비로 귀결되기 십상이다. 기업복지를 통한 근로자의 만족과 자발적인 동기유발의 요인은 권리의식이다. 기업복지의 역사에서 자세히 논의된 바와 같이, 노동조합에서 기업복지를 거부하게 된 이유도 기업복지를 통한 사용자와 근로자 간의 종속적인 관계의 형성과, 기업복지가 취조적인 성격을 담은 사회통제의 수단이었다는 것이었다. 그래서 기업복지를 임금이라고 주장하며 권리로 받으려 했으나 그런 노력이 무위로 돌아가자, 단체교섭제도 속에 기업복지를 포함시켜서 단체교섭제도에 포함된 기업복지에 한하여 권리로 받게 되었고, 그것이 기업복지에 대한 노동조합의 태도를, 거부에서 환영으로 변하게 한 주된 이유였다. 기업복지를 대등한 관계에 가까운 상태에서 권리로 받는다는 의식은 근로자의 자긍심을 인정해 주는 것이며, Maslow의 1단계와 4단계가 모두 충족되기 때문에 근로자의 만족감이 높아지며, 곧 생산성향상으로 이어지는 경향이 뚜렷하다.

기업복지를 통해 근로자의 만족을 유발하는 것은 기업복지제도의 다양성이다. 기업복지제도의 발전 추세에서 나타난 바와 같이 기업복지의 효과성을 높이기 위해서는 기업복지가 제공자 중심에서 수요자 중심으로 전환해 온 것을 알 수 있다. 수요자의 만족은 그의 욕구충족 여부에 좌우되기 되기 때문에 세심한 근로자의 욕구조사를 통해 기업복지를 선택하게 하는 추세로 발전해왔고, 대표적인 제도로 '선택적 기업복지제도'가 있다. 근로자의 다양한 욕구에 대처하기 위해서 여러 형태의 기업복지제도가 제공되는데, 거기에는 조건이 발생하지 않으면 혜택을 받지 못하는 용도조항이 항상 포함되어 있다. 임금의 경우에는 근로자 마음대로 쓸 수 있지만 기업복지는 일반적으로 무상 혹은 저렴한 비용을 부담하고 누리는 혜택이기 때문에 조건이 부과되어 근로자의 소비의 자유를 제한하는 통제의 성격이 있지만, 언젠가 조건이 충족되면 받을 수 있다는 기대소득이 된다. 기업이 제공하는 의료보험이나 기업연금 같은 프로그램이라면 질병이나 퇴직으로 소득이 중단되어도 걱정할 것이 없다는, 현 시점에서 안정감을 제공하기도 한다. 이와 같이 수혜자 중심의 다양한 기업복지제도는 근로자의 욕구를 충족시켜줄 뿐만 아니라, 근로자의 입장에서 보면, "회사로부터 중요시되고 인격적인 대우를 받는다"는 자존의 욕구의 충족까지 가능하게 된다.

기업복지가 근로자의 생산성향상뿐만 아니라 복지향상이라는 목적 아래 이루어진다면 효과성이 가리키는 '좋은 결과' 혹은 '보람 있는 결과'란 기업복지제도의 포괄성이 높을수록 효과성도 높아진다고 볼 수 있다. 다음 장에서 살펴보겠지만, 기업복지제도의 가장 부정적인 면으로 비판의 대상이 되는 것이 기업복지가 불평등을 기초로 해서 고안된 제도라는 것이다. 기업복지제도는 그의 으뜸가는 특징인 수익성과 집단성, 은폐성에 의거해서 기업 간에 또 기업 내에서 불평등구조로 제도화되어 있다. 기업복지가 자본주의 시장지향적인 복지체제이기에 당연하다고 할 수 있지만, 그러한 자본주의체제 역시 인간의 얼굴을 한 체제로 바꾸어 나가는 것이 선진사회의 과제라고 볼 때, 효과성 측면에서 가장 대표적인 차별의 실례로 지목되는 비정규직에 대한 문제를 짚고 넘어갈 필요가 있다.

비정규직은 대부분의 복지제도로부터 제외되어 있다는 것은 주지의 사실이다. 물론 기업복지가 '제 식구 챙기기'라는 성격에 준하여 종업원에게 한정되는 배타성이 있지만, 기업 내의 비정규직이나 하청업체에 속한 비정규직이나 기업으로부터 부과된 일을 한다는 면에서는 동일한 입장이다. 비정규직도 그 기업의 일을 하는 근로자이고, 그들이 받는 임금과 작업조건은 물론 개인의 경제상황이 매우 열악한데, 그들을 노동의 도구로만 보아서 적은 임금과 고용불안을 주면서 일을 하게 하며, 그들을 복지대상에서까지 외면하는 것은 효과성에서 추구하는 '보람 있는 결과'는 전혀 아니다. 비정규직에게 임금에 비해 적게 들어가는 기업복지를 제공함으로써 인격적인 대우를 하여 그들의 자긍심을 높여주는 것이 기업의 효과성을 높이는 지름길이 되고, 이로 인해 기업의 좋은 이미지를 세상에 보여 주는 것 역시 효과성을 높이는 좋은 방법일 것이다.

Chapter 07

기업복지의 기능

기능이란 어떤 실체의 존재 목적 또는 특징적인 동작을 의미한다. 기능이란 단어에 목적이 포함되어 있지만, 어떤 동작이나 활동 앞에 주체가 명시되면 주체의 목적을 수행하는 행위를 기능이라고 할 수 있다. 사회복지의 목적 혹은 기능을 3가지 측면에서 분류하면, 정치적 기능, 경제적 기능과 사회적 기능이 있다. 정치적 기능이란, 정치라는 단어가 암시하는 바와 같이 다스리는 기능, 즉 통일적인 질서 유지를 위해 권력을 배경으로 법과 그 외의 방법을 동원하여 유지시키는 행위라고 볼 수 있다. 경제적 기능이란 인간의 생활에 필요한 재화나 용역을 생산 · 분배 · 소비의 경제활동을 통해 최대한의 분배와 소비를 위한 이윤창출행동이라고 할 수 있고, 사회적 기능이란 사람들 사이에 조화로운 관계를 유지하며 공동체를 이루는 기능이라고 정의할 수 있다. 사회복지와 기업복지는 위의 세 가지의 기능을 모두 포함하고 있지만, 차이가 있다면 그것은 우선순위의 차이이다. 사회복지에서는 당연히 사회적 기능인 사회통합기능이 단연 으뜸가는 기능이고, 정치적 기능인 사회통제기능이 버금가는 기능이라고 볼 수 있으며, 경제적 기능인 이윤창출기능이 가장 미약한 기능이다.

기업복지는 이와 정반대로 이윤창출기능이 으뜸가는 기능인 반면, 사회통제기능이 기업복지 초기에는 대표적인 기능이었으나 성숙기에 접어들면서 이윤창출기능에 그 자리를 양보하였고, 사회통합기능은 미약한 정도가 아니라 반사회적인 기능으로 사회분열기능이라고 보는 것이 더 적절하다. 기업복지의 3가지 기능에 대해서 각 기능별로 기업경영을 담당하는 기업주의 입장과, 기업복지를 수용하고 요구하는 근로자의 입장으로 분리해서 살펴보기로 한다.

1. 이윤창출기능(경제적 기능)

기업복지의 이윤창출기능의 근거가 되는 이념적인 기초는 성취 및 대가의 원칙과 선별주의이다. 기업복지의 이윤창출기능의 근거로서 두 가치관에 대한 간략한 설명은 복지 제공의 조건으로부터 출발한다. 일반적으로 2차 분배 혹은 재분배를 의미하는 사회복지급부의 제공기준은 개인의 필요(needs)이다. 공공복지의 경우 최저생계비를 기준으로 그에 못 미치는 부분, 즉 얼마나 부족한가를 의미하는 결핍도에 따라 제공수준이 결정된다. 반면에 1차 분배가 이루어지는 자본주의시장에서는 개인의 생산성, 생산량, 장점, 능력, 공헌도 등에 따라 제공수준이 결정된다. 기업복지는 복지라는 명칭을 가지고 있지만, 개인의 필요(needs)와 무관하게 개인의 직급, 근속연수, 업무능력 등 생산성을 반영한다고 여겨지는 기준에 따라 선별적으로, 차등적으로 제공하여 특전의식을 강화하고, 상대적 박탈감을 근로의욕 고취의 수단으로 이용하는 성격이 있다.

기업복지의 이윤창출기능의 근거가 되는 이론적인 기초는 산업성취수행형 모형과, 기능적 능률성이론 및 생산성 향상의 3가지 변수가 있는데, 그 변수에 대해서는 다음에서 자세히 살펴보게 된다.

1) 기업주 입장에서의 수익요인

(1) 생산성 향상

길을 막고 지나가는 사람들에게 넓은 의미에서 소원을 물어보면 열 명중 일곱 명 이상은 부귀영화라고 대답한다고 해도 과언이 아니다. 부귀영화란 많은 재산과 높은 지위로 누릴 수 있는 '영광스럽고 호화로운 생활'을 의미한다. 질문에 다시 단서를 붙여서, 자신의 욕구를 충족시키고 또 이웃을 돕는 등의 보람 있는 일을 위해서 필요한 포괄적인 부귀영화를 의미한다고 하면 아마, 열 명 모두 부귀영화를 누리고 싶다고 할 것이다.

기업복지를 실시하는 동기도 이와 크게 다르지 않다. 부귀영화를 다시 정리하면, 부(富), 권세, 명예로 분류할 수 있고, 이것을 사회복지의 세 가지 기능과 연결시키면, 경제적 기능은 부(富)의 창출이요, 정치적 기능은 권세 혹은 권력의 확보요, 사회적 기능은 존경받는 명예를 얻는 것이라고 할 수 있다. 이런 흐름에서 보면 이윤창출을 으뜸가는 목적(기능)으로 하고, 사회통제를 버금가는 목적으로 하는 기업복지는, '부귀영화'의 대부분을 얻고자 하는 목적을 가지고 있다고 볼 수 있다.

기업복지의 경제적 기능의 이론적인 근거는 수렴이론에서 찾을 수 있다. 왜냐하면 수렴이론에서는 사회복지제도의 발생 원인을 산업화 과정을 가능하게 하는 필요성에서 찾기 때문이다. 기업복지의 출현 배경에 대한 설명도 산업화과정을 통한 기업성장에 필요한 노동인력 공급과 유지, 양성 또 근로의욕 고취 등이 필요해서 견인요인(pulling factor)으로 기업복지가 도입되었고, 또 산업화과정에서 야기되는 실직, 질병, 산업재해,

퇴직 등의 문제에 대처하기 위하여 사회보험제도가 구축되었다고 보고 있다. 이러한 맥락에서 보면, 기업복지는 공공복지와 달리 산업사회를 이끌어 가는 기업의 이윤창출을 위한 기제로 활용되었다는 것이 확연히 드러난다.

기업복지에서 추구하는 이윤창출은 근로자의 생산성 향상을 통해서 이루어진다. 노동생산성의 요인들로 물질적 · 기술적 요인, 사회 · 경제적 요인과 심리적인 요인이 있다. 근로자의 생산성향상의 구체적인 요인으로 숙련도 향상, 기술 혁신, 물리적 작업환경개선과 함께 인간관계이론에서 제시하는 조직에 대한 결속력 강화(조직몰입)나 직무만족도 향상 등이 있다. 이들 중 물리적 요인이나 경제적인 요인은 과학적 관리방법과 직결되는 것이고, 기술 혁신 등의 기술적인 요인은 기업복지와는 무관한 요인이므로, 기업복지제도와 관계되는 요인은 근로의욕(동기유발), 직무만족, 조직몰입으로 사회 · 심리적인 부문에 포함되는 요인이다. 기업복지제도를 통해 생산성향상을 추구하는 사회 · 심리적인 요인의 구체적인 변수로 Shamir와 Bargal은 직무만족(job satisfaction), 조직몰입(organizational commitment), 동기유발(motivation)을 제시하였다(Shamir & Bargal, 1982).

이 장에서는 각 변수에 대해 두 부분으로 분리하여 먼저 변수에 관한 개념을 기술하고, 이어서 변수를 측정하기 위한 평가지표의 조작적 정의와 관련된 내용에 대해 서술하기로 한다.

① 직무 만족(인간관계이론)

가. 직무만족의 개념과 기업복지와의 관계

McCormick와 Tirrin(1974)은 "직무만족이란 직무를 통해 얻어지거나 직무를 경험하는 욕구충족의 정도이며, 이는 개인의 가치체계에 따라 상이한 형태로 나타난다." 고 정의함으로써 직무만족이 욕구충족 및 가치 등과 관련 있음을 시사하고 있다. 또한 Locke(1976) 는 직무만족을 '개인 직무를 평가하거나 직무를 통해서 얻게 되는 경험을 평가함으로써 얻게 되는 경쾌함이나 좋은 정신상태'라고 정의하였다. 위의 두 정의를 종합하면, 자아 욕구충족의 감정과 성취감에 대한 평가에서 오는 만족감이 직무만족의 핵심이라고 볼 수 있다.

직무만족은 일반적으로 조직 외적인 측면과 조직 내적인 측면으로 구성되어 있다. 직무만족의 조직 외적인 측면의 하나는, '인간은 누구나 유쾌하고 충족된 삶을 원하는 인도주의적 요소와 관련되어 있어서 직장은 이러한 요구에 부응할 필요가 있다는 것'이고, 다른 하나의 직무 만족은 '근로자의 정신 및 신체의 건강과 직결되는 것으로 직장 안팎의 스트레스, 권태, 불안 등의 직무불만으로부터 자유로워지는 것'이다. 조직 내적인 면에서 직무 만족은 다음과 같은 면에서 중요하다. 첫째, 직무생활에 긍정적인 감정을 가지면 조직을 호의적으로 외부에 홍보하고, 조직의 이익을 위한 활동을 하게 되며, 둘째 조직 내부에서 원만한 인간관계를 유지하게 되고, 셋째 직무만족도가 높으면 이직률과 결근율이 줄어들어 그에 따른 노무비가 감소되어 기업에 수익성을 높이는 결과를 가져온다(이규식, 2007)는 것이다.

기업의 수익성을 높이기 위한 하나의 변수인 직무만족의 중요성은 인간관계이론에 근거를 둔다. 근로자의 생산성은 동료와 상사에 대해 갖는 감정, 기분, 태도에 더욱 좌우되고, 근로의욕은 조직 내의 인간관계에서 얻는 만족감과 안정감에 좌우된다는 인간관계이론은 근로자의 직무만족향상과 기업복지서비스를 통한 생산성향상과의 정비례관계의 이론적인 근거가 된다. 직무만족도는 쾌적하고 생기 넘치는 직장분위기를 조성함을 통해서 향상될 뿐만 아니라, 근로자의 사회 · 심리적 문제와 결근 등의 문제의 해결을 통해서도 직무만족도가 높아진다(Vroom, 1964).

조직의 구성원이 그 조직에서 담당하고 있는 직무에 대해서 만족하고 있다는 것은 그 성과와 관련해서 매우 중요한 의미를 가진다. Herzberg(1959) 와 Porter(1967) 등의 학자들은 직무 만족이 기업성과, 즉 생산성 향상에 긍정적인 영향을 가져온다고 주장하였고, 국내의 연구로서 나진(2010)은 대기업의 직원들을 대상으로 실시한 연구조사에서, 조직구성원의 직무만족도를 높이면 직무성과가 올라가며 직무성과가 높은 직원의 직무만족도는 높다고 언급하였다. 또 최치영(2003)은 대학병원의 간호사를 대상으로 한 연구에서, 조직구성원의 직무만족은 고객만족에 긍정적인 영향을 강하게 미친다는 결과를 보고하였다. 일반적으로 고객의 만족이 기업의 수익성으로 이어진다고 볼 때 조직구성원의 직무만족은 고객만족을 통해 기업의 이윤창출에 기여한다고 볼 수 있다.

조직구성원의 직무만족도를 높이는 데 있어서 유의할 점이 있는데, 그것은 고원효과(plateau effect)이다. 고원효과란 직무에 관한 직장 내외에서의 불만요인들이 제반 기업복지 프로그램 및 서비스를 통해 해결되어 개인의 직무만족도가 올라가지만, 직무만족도가 일정한 수준에 도달하면 더 이상 고조되거나 유지되지 않는 상황을 말한다. 만족도가 일정한 수준에 도달하면 더 높은 욕구를 추구하게 되고, 그런 상황에서는 이전의 만족감은 더 이상 느껴지지 않게 되며, 때에 따라서는 현재의 상태에 대한 불만의 요인이 된다. 이러한 경우 직무만족도를 높이기 위해 고안된 기업복지서비스는 더 이상 근로자의 조직성과 향상에 긍정적인 영향을 미치기 어렵다. 그러나 우리나라에서 일부 기업을 제외하고는, 기업복지를 통한 직무만족이 더 이상 효과를 발휘하기 어려운 수준에 도달한 기업은 찾아보기 힘든 상황이기에 직무만족의 고원효과를 크게 걱정할 상황은 아니지만, 최고 수준의 기업복지를 제공하는 회사라면 고원효과를 감안하여 기업복지제도의 지속적인 향상을 꾀하여야 할 것이다. 조직구성원의 직무만족을 높이기 위해 제공되는 기업복지 프로그램은 조직구성원의 자부심과 자기효능감을 강화하여 조직의 성과를 높이는 방법과 개인의 사회적 · 정신적인 문제의 해결로 인한 기업의 손비 절감의 결과로 나타나며, 전자는 주로 기업코칭을 통해서, 후자는 사회 · 심리적 기업복지 프로그램을 통해서 이루어진다.

나. 직무만족도 측정을 위한 조작적 정의의 구성요인

조직의 구성원은 기업복지서비스를 통해 자아 욕구충족의 감정이 생성 및 고양되고 제공되는 기업복지서비스가 자신의 평가에 대한 대가성이라고 인식하면서 직무만족을 경험할 수 있게 된다. Spector(1997)는 직무만족의 구성요인에 대해서 존중, 의사소통, 동료, 복리후생, 근로조건, 직무 자체, 조직의 정책과 절차, 급여, 개인적인 성장, 승진 기회, 인정, 안정 그리고 감독 등으로 구분하였다. 이 요인을 보상 관련 요인, 고용 안정, 안전한 근무여건, 감독 및 상사와의 관계, 동료관계, 승진 등으로 구분할 수 있는데, 이 분류는 Porter과 Steers(1973)가 제시한 직무만족을 결정하는 요인(조직 전체요인, 작업환경요인, 개인요인, 직무내용)의 분류와 궤를 같이하고 있다.

〈표 7-1〉 직무만족결정요인별 내용

결정요인	주요 내용
조직 전체	급여, 승진 기회, 사회정책과 절차, 조직구조
작업환경	감독 스타일, 참여적 의사결정, 동료와의 관계, 작업조건
개인	연령, 근속, 개성(자부심, 자기효능감, 결단력 등)
직무내용	직무 범위, 역할 모호성과 역할 갈등

자료: Porter & Steers(1973).

기업복지제도와 직무만족 간의 관계에 대해서는 직무만족 향상의 결정의 4요인 중 직무내용을 제외한 3요인이 기업복지와 관련되어 있다. 조직 전체의 요인으로는 급여와 관련되어 있는데, 기업복지와 임금과는 구체적인 제공 기준은 다르지만, 둘 다 근로의 대가 및 보상의 성격을 가지고 있는 것을 볼 때 근본적인 기준에는 공통점을 보인다. 작업환경요인 중에는 동료와의 관계와 작업조건이 기업복지와 직결되며, 개인적 요인은 기업복지서비스 중 개인의 문제해결에 초점을 맞춘 사회 · 심리적 기업복지 프로그램을 통해 조직구성원의 직무만족도를 증진시킬 수 있다.

직무만족개념의 핵심인 자아 욕구충족은 역으로 말하면 자아 욕구불만을 최소화하거나 제거하는 것을 의미한다. 직장 내에서 상사 및 동료 간에 작업 관련 스트레스와 근로자 가정 및 사회생활에서 야기되는 여러 스트레스 및 그로 인한 불안, 술 중독, 업무 태만, 결근 등의 문제를 해결할 수 있는 사회 심리적 기업복지 프로그램 등을 통해 근로자의 직무만족도를 높일 수 있고(Shamir, Bargal, 1982: 46), 문제가 해결됨으로써 근로자의 육체적 · 정신적 문제로 야기되었던 결근, 업무태만, 산재부담금, 의료비 등으로 인한 기업의 손해비용이 감소된다.

작업환경 개선, 취미 및 여가시설, 개선된 식사 등의 기업복지서비스를 통해 작업장 내에 갈등과 스트레스를 줄이는 것 역시 직무만족도를 높이는 데 중요한 역할을 한다. 이와 같이 조직구성원의 직무만족도를 높이는 근로자 문제해결 관련 프로그램이나 작업환경 개선 서비스 및 시설 등에 관한 기업복지 프로그램이 직무만족과 직접적인 관련성이 있다.

② 동기유발(기능적 효율성이론, 산업성취수행형 모형)

가. 동기유발의 개념

근로자의 직무수행능력을 결정하는 변수로 근로자의 능력과 특성, 업무역할에 대한 명확성 및 구체성과 근로자의 근로 동기유발의 세 가지가 있는데, 그중 기업복지와 관계 있는 변수는 동기유발 변수이다(Steer & Porter, 1975). 일반적으로 근로동기(의욕)는 작업에 따른 대가(rewards)에 대한 기대와 실제로 받은 대가에 따라 좌우된다. 그러므로 근로자의 근로의욕을 고취하기 위해서는 대가가 노력 및 성과에 따라 차등화되어야 한다. 그러나 기업복지는 임금과 달리 근로자의 노력, 생산성 등의 요인에 의해 결정되지 않기에 기업복지기제를 통해 근로의욕을 고취할 수 있는 가능성은 높지 않다고 Shamir과 Bargal은 주장한다(Shamir, Bargal, 1982).

기업복지와 임금 간의 관계에 대해서 두 가지 견해가 있다. 하나는 '일정비례가설' 인데, 그것은 기업복지를 임금의 일부로 보아 대체적인 성격을 강조하며 기업복지를 간접임금의 일종이라고 인식한다. 반면에 김정한(2001) 은 기업복지가 1) 직무요소나 업적을 기준으로 하는 임금과 달리 종업원과의 규약이나 기업주의 일방적인 선택으로 제공되는 급부이고, 2) 노동의 질, 양, 능률 및 기간에 따라 차등으로 지급되는 임금과 달리 연령, 성별, 직급, 근속연수 등의 신분기준에 따라 제공되며, 3) 임금은 개별화된 것인 데 반해 기업복지는 집단보상의 특성을 가지고 있기 때문에 임금과 차별화된다고 주장하였다. 그러나 고위관리자나 고급인력같이 회사와 개별적으로 기업복지혜택을 협상하는 경우에는 개별적으로 차등화되어 성과급 형태와 같은 간접임금의 성격을 띠므로 기업복지의 동기유발효과는 현저하게 나타날 수 있다고 볼 수 있다.

일반적인 근로자에게 제공되는 기업복지제도는 집단적인 차등화 성격이 짙기 때문에 같은 집단 내에서는 기업복지의 급여가 동일하다. 이런 집단적 성격이 동기유발을 어렵게 한다는 현상을 뒷받침하는 것으로 형평성이론(equity theory, Adams, 1962)이 있다. 인간은 자신의 근로현장에서 자신이 투입한 노력과 그 받은 대가의 비율을 다른 근로자와 비교하며 그 비교한 결과가 그의 직무행동을 좌우한다. 예컨대, 한 직장에서 어느 근로자의 노력과 생산량이 다른 근로자보다 월등히 많았는데도 불구하고 그와 같은 대가를 받는다면, 그는 불공평함(sense of inequity)을 느낄 것이고, 그런 느낌을 가진 근로자는 노력 및 생산량이 낮지만 같은 대가를 받는 근로자의 수준에 자신의 노력수준을 하향조정함을 통해 맞춤으로써 공평성을 회복하려 할 것이다. 이와 같이 기업복지는 기업에서 분배의 불공정성을 조장할 수 있는 가능성이 높으므로 근로의욕을 고취할 목적으로 기업복지를 시행하는 태도나, 근로의욕을 높이기 위해 시행되는 기업복지서비스에 대해서는 기업복지의 집단 보상성격과 기업체의 노동인력의 구성에 대한 면밀한 검토가 필요하다고 할 수 있다. 다시 말하면, 동기유발 변수는 기업복지급부가 개별적으로 제공될 때는 생산성향상에 큰 영향을 미칠 수 있으나, 집단적으로 제공되는 경우에는 형평성이론에서 지적한 바와 같이 그 효과에 있어서 한계가 있다.

나. 동기유발 측정을 위한 고려사항

기업복지제도를 통한 동기유발은 기업복지가 집단적으로 제공되는 경우에는 효과가 그리 높지 않다. 그러나 기업복지혜택이 개별적으로 제공되는 경우에는 동기유발효과가 높고, 또한 집단과 집단 사이의 기업복지혜택의 차등화는 집단 간에는 근로의욕을 고취하는 효과가 있으나, 집단 내에서는 동기유발효과가 그리 높지 않다고 지적된 바 있다.

최근 기업복지제도의 활성화 방안으로 기업복지의 총액 인건비개념에 대한 논의가 진행되고 있다. 기업복지의 총액 인건비개념이란 기업복지급부 중 일부 현물을 '임금화' 또는 '수당화'하여 지급하는 것으로서 임금의 동기유발효과를 기업복지제도에 도입하고자 하는 시도로 여겨진다(김정한 외, 2004). 이 제안이 내포하고 있는 문제점으로, 첫째, '기업복지의 임금화'는 동기유발 변수와 관계되는 것으로 위에 서술한 기업복지의 집단적 성격과 형평성의 논란으로 인해 생산성향상에 도움이 되기 어렵고, 둘째, 기업복지의 임금화는 종업원들의 회사와의 일체감, 공동체 의식함양 등을 실시 목적으로 하고 있는 기업복지제도와 부합되지 않으며, 셋째, 현물의 수당화는 근로자의 급여소득으로 간주되어 과세될 뿐만 아니라 임금에 비례하는 사회보험료가 증가하게 되어 사용자와 특히 종업원의 반발을 살 가능성이 크다.

③ **조직몰입**(인간관계이론, 기능적 능률성 이론)

가. 조직몰입의 개념

조직몰입도를 나타내는 지표로 다음의 세 가지 요인을 들 수 있는데, 그것은 1) 기업의 목표와 가치를 수용하는 개인의 믿음, 2) 기업의 이익을 위해 헌신적으로 노력하고자 하는 의지, 3) 기업의 구성원으로의 자격을 유지하고자 하는 바람이다(Porter & Lawler, 1974). 기업주는 기업복지를 근로자와 그의 가족에게 제공함으로써 그들의 안녕과 복지에 관심을 갖고 있다는 의지를 표명하고, 이는 기업주와 근로자 사이에 상호신뢰관계가 형성되는 데 큰 역할을 한다. 기업복지급부에 의해 조직 내의 결속력이 강화됨으로써 근로자는 기업주가 베푸는 특전적인 혜택과 자신의 가치를 인정해주는 것에 대한 답례로 회사에 충성하고, 회사방침에 순응하며, 특히 회사가 어려움에 처했을 때 은혜를 갚는다는 심정으로 회사 일에 더욱 매진하게 된다. 또한 기업 이익의 일부분이 기업복지제도를 통해 근로자에게 환원되는 것을 보면서, 기업의 이익이 곧 근로자에게 이익으로 돌아온다는 인식 아래 자신의 궁극적인 이익을 위해 혼신의 노력을 다해 생산성을 높여서 기업이윤을 극대화하려는 노력을 경주할 가능성이 높다.

기업복지서비스를 통한 조직 몰입도의 상승효과는 원만한 노사관계를 유지하고, 노동조합 결성을 미연에 방지하는 노동회피 효과를 통해 기업의 불필요한 비용을 최소화함으로써 기업의 이윤창출에 크게 보탬이 되는 역할도 담당한다(Shamir & Bargal, 1982). 기업복지를 통한 조직몰입도 강화의 경제적 효과는 근로자의 생산성 향상과 노사관계 개선뿐만 아니라 양질의 신규인력 확충, 근로자의 장기근속 유도 및 우수한 인재 이탈방지 등의 노동력 관리 측면에서도 효율성이 제고된다. 우리나라 기업사회같이 온정주의를 바탕으로 하고 있고, 가족주의적 일체감이 전혀 낯설지 않은 기업문화 풍토에서는 기업복지를 통한 조직의 결속력 강화효과가 매우 높다고 할 수 있고, 조직몰입요인이 생산성향상을 통한 기업이윤창출에 가장 의미 있는 변수라고 판단된다.

나. 조직몰입도 측정을 위한 조작적 정의의 구성요인

Meyer와 Allen(1991)은 조직몰입을, 정서적 몰입, 지속적 몰입 그리고 규범적 몰입의 세 가지 차원으로 분류하여 설명하고 있다. 정서적 몰입이란 구성원이 조직에 대하여 감정적으로 애착을 느끼고 동일시하는 몰입 유형을 의미하며 전통적으로 기업복지제도의 대표적인 기능과 직결된다. 기업주는 기업복지를 통해 소속감과 공동체의식을 고취하며 종업원은 기업주의 관심과 배려에 감사함을 느끼며 충성과 애사심으로 보답한다. 기업복지 프로그램 중 근로자 지원 프로그램(EAPs)과 가족 친화적 기업복지제도가 정서적 몰입을 강화하는 제도라고 할 수 있다. 지속적 몰입은 소속된 조직과 결별하는 데 따르는 비용이 많이 들기 때문에 구성원으로서 자격을 유지하려는 심리적 상태를 의미하며, 이러한 몰입은 기업복지제도 중 퇴직연금이나, 조기 은퇴 수당 등의 회사와의 결별의 경우 불이익을 당하는 상황과 연결되어 있다. 세 번째, 규범적 몰입이란 심리적 부담이나 의무감 때문에 조직에 대하여 몰입하게 되는 경우로서, 기업복지제도의 이념적 기초가 되는 온정주의와 연결되어 있다. 기업주가 종업원의 개인의 능력 개발과 각종 경조사 및 종업원의 가족과 관계되는 제반사항 등의 직무와 무관한 분야에 관심을 표명함을 통해 기업주와 종업원 간의 직무에 한정되는 수직적 관계를 초과하는 종속적 관계가 형성되고, 이것은 바로 조직에 대한 심리적인 부담과 의무감으로 작용한다.

조직몰입이란 조직에 대한 구성원의 태도라는 점에서 직무만족과 유사한 개념으로 보이나, 이들 두 개념은 다음과 같은 차이를 보이고 있다. 첫째, 직무만족은 직무나 직무의 어떤 측면에 대한 반응만을 의미하나, 조직몰입은 조직 전체에 대한 조직구성원의 감정을 반영한다는 점에서 직무만족 변수보다 더 포괄적인 개념이다. 둘째, 직무만족의 수준은 직무환경의 변화에 따라 쉽게 변화할 수 있으나 조직몰입은 쉽게 변화하지 않는다. 셋째, 직무만족이 일시적인 차원의 것으로서 당면한 욕구충족의 반응으로 볼 수 있는 데 비해, 조직몰입은 장기적이고 발전적인 현상으로서 조직구성원의 조직 내 근속연한과 관련되어 있다. 최근 연구에서 조직몰입이 직무만족보다 조직의 성과, 이직 등의 조직상황에서 예측력이 높다고 나타났다(정경미, 2012).

기업복지제도에 내재된 생산성 향상의 세 변수를 살펴본 바, 직무만족 변수는 일정한 수준에 도달하면 그 효과가 미미해지거나 소멸되는 고원효과라는 한계가 있고, 동기유발 변수는 기업복지 급부가 집단적으로 제공되는 경우 그 효과가 약화되는 성격이 있으나, 조직몰입 변수는 별다른 한계가 나타나지 않아서, Shamir과 Bargal은 실증적 연구를 근거로 세 변수 중 조직몰입이 생산성 향상기능에 가장 의미 있는 변수라고 주장하였다(Shamir & Bargal, 1982).

(2) 손해비용 절감

기업복지제도가 이윤창출에 기여하는 적극적인 측면에는 생산성 향상기능이 있는 반면, 소극적인 측면에서는 손비절감을 통해서 이윤을 축적하는 기능이 있다. 이윤창출이란 벌어들이는 비용 대비 지출비용이 최소화되어야 이윤이 극대화되므로 앞으로 벌고 뒤로 낭비하면 이윤이 축적되지 못한다. 이러한 기업복지제도의 손비절감효과는 기업복지의 사회복지적인 접근방법인 직업사회사업을 통해서 가능하다. 직업사회사업이란 제1장에도 언급하였듯이 사회복지사의 전문적인 도움을 통해 근로자의 사회 · 심리적 문제가 해결되는 것을 목적으로 하는 사회복지적인 접근방법으로 근로자 지원 프로그램(EAP)이 대표적인 본보기이다.

근로자의 제반문제가 결근, 안전사고, 도난, 법정소송 등으로 이어지고 이러한 문제로 인해 작업공정의 지연, 기물파손, 각종 보험료 상승, 산재보상 부담금 상승 등 기업에게 막대한 손실을 초래하게 된다. 근로자의 사회 · 심리적 문제가 근로자 지원 프로그램 같은 전문상담 프로그램으로 해결되면, 문제해결 이전에 비해 막대한 손실비용이 절감되어 결과적으로 기업의 이윤축적 목표에 크게 기여할 수 있다. 사회복지실천 전문프로그램의 손비절감기능의 효과에 대한 내용은 제8장 기업복지제도의 효과에서 자세히 언급될 것이다.

(3) 우수한 노동력 확보

기업의 이윤창출 목적에 결정적인 요인으로 꼽을 수 있는 것이 우수한 노동력이라는 데는 이견이 없다고 여겨진다. 기업에서 절대적으로 필요한 기업특수적인 능력이나 기술이 있는 근로자를 확보하는 것에 기업의 사활이 걸렸다고 본다면, 노동력 확보기능의 중요한 기제로 쓰이는 기업복지의 중요성 역시 간과할 수 없다.

기업복지를 우수한 노동력 확보의 수단으로 사용하는 현상에 대한 이론적인 근거는 효율임금이론에서 살펴볼 수 있다. 효율임금이론이란, 제3장에서 언급된 것과 같이, 근로자의 생산성을 높이기 위해 균형임금보다 더 높은 임금을 지불하는 것이 이윤의 극대화를 추구하는 기업에게 더 이익이 된다는 이론이다. 효율임금이론에는 노동이동 모형 등 5가지 모형 중 우수인력확보와 관계있는 것은 역 선택 모형이다. 역 선택 모형이란 생산성이 높은 근로자를 유인하기 위해서 상대적으로 높은 임금과 기업복지를 제공하는 내용을 담고 있다.

효율임금이론에 포함되는 모형 중 노동조합위협 모형에 속한 내부자–외부자 모형이 기업복지의 인력확보 기능과도 연결된다. 내부자–외부자 모형에서는 기업이 신규 근로자를 고용하고 기존의 근로자를 해고하는 경우 거래비용이 발생하는데, 근로자를 고용 · 해고하는 비용이 현직 근로자를 유지하는 비용보다 적다고 판단될 경우, 임금과 기업복지가 신규 근로자를 유인하는 기제로 쓰일 것이고, 반대로 근로자를 고용 · 해고 하는 비용이 상대적으로 적다고 판단될 경우 현직근로자의 이직을 방지하는 수단으로 기업복지가 활용될 것이다.

우수한 인력을 유인할 때, 높은 임금이 선호되는 것이 당연한 이치인데도 불구하고 기업복지가 널리 활용되는 관행은 기업복지의 성격 중 '은폐성'과 깊은 관계가 있다. 생산성이 높은 근로자를 유인하는 데 있어서 높은 임금이 가장 효과적인 방법이라는 데는 이견이 있을 수 없지만, 임금은 기업복지에 비해 공개적인 성격이 강하다. 임금은 기업의 인사기록부나 회계장부 같은 공문서에 기록되고, 국가기관에 보고되는 등의 이유로 내 · 외부에 알려지게 된다. 예컨대, 유능한 전문인력을 다른 회사로부터 경쟁적으로 영입하는 경우 노동시장의 일반적인 임금수준보다 훨씬 높은 금액을 제시해야 성사될 가능성이 높다. 그리하였을 때 그의 임금수준이 알려지게 되면, 기업에 이미 종사하며 영입된 인력의 수준에 버금가는 근로자로부터 엄청난 반발을 예상할 수 있고, 이직의 계기가 될 가능성도 높다. 또한 이런 경우는 노동조합의 임금인상 요구의 빌미도 될 수 있다. 그러나 기업복지는 다양한 형태로 지급되고 또 잘 드러나지 않는 성격으로 인해 임금에 비해 위화감 조성의 위험이 상대적으로 높지 않다. 왜냐하면 기업복지급부는 현물, 혜택, 서비스, 시설 등 여러 종류의 형태가 존재하며, 지급 시점도 현재에서 미래의 어느 시점까지 다양할 수 있고, 구체적인 내용과 비용에 대해서 정부나 주주총회에 보고할 의무가 없기 때문에 임금에 비해 노출될 위험성이 매우 낮다. 이러한 맥락에서 새로운 인력을 영입할 때 임금은 일반수준으로 하고, 추가적인 부분을 기업복지(benefits)로 제공하면 갈등상황 없이도 소기의 목적을 달성할 가능성이 높아진다.

기업복지를 통해 우수한 인력을 확보할 수 있는 또 다른 현상은 잠재적 고용인력의 기업선호도와 직접적으로 관련이 있다. 미국 등의 기업복지 선진국이나 우리나라에서, 취업을 원하는 인력이나 취업준비생을 대상으로 '좋은 직장의 조건'을 조사하면 기업복지 수준이 거의 예외 없이 1위에서 3순위 안에 든다. 미국의 경우 기업복지제도 10순위 안의 기업을 보면, Google, IBM, Walmart, Starbucks, Proctor & Gamble, Johnson & Johnson, Xerox, Eastman Kodak, Hewlett-Packard, AT & T 등 이름만 들어도 알 수 있는 대기업으로서 이러한 기업들이 취업희망자의 선망의 대상이라고 해도 과언이 아니다. 이와 같은 사실은 높은 수준의 기업복지를 제공하는 회사가 우수한 인력을 엄밀하게 선별할 수 있는 입장으로서 기업복지를 통해 유능한 근로자를 확보할 수 있다는 사실을 증명한다.

(4) 기타 기능

기업복지제도를 통해 기업의 이윤을 극대화하는 수단으로 부인할 수 없는 것이 기업복지에 대한 세금감면혜택이다. 이미 언급되었듯이, 기업복지를 통해 기업이 이미 열거된 다양한 혜택을 누린다는 사실 중에서 가장 중요한 것이 기업이 생색을 낸다는 점이고, 바로 그 점이 생산성향상과, 특히 사회통제의 근거가 된다. 효율임금이론의 모형 중에 선물교환 모형이 이를 잘 설명해 주는데, 근로자 혹은 노동조합이 기업복지라는 기업주가 자발적으로 제공하는 선물을 받게 되면, 근로자 혹은 노동조합에서는 높은 생산성, 기업경영 방침에 순응, 경영권 침해 자제 등을 대신 선물로 기업주에게 주는 형국이다. 그런데 기업주가 주는 선물이 모두 기업주 자신이 소유한 재산에서 나오는 것이 아니라 큰 부분이 국민의 세금으로 부담된다는 사실은 별로 부각되지 않고 있다.

제6장 기업복지제도의 '은폐성' 에 소개된 바와 같이 미국의 경우 국가 총 지출의 26%가 조세지출로 감면되고, 캐다나에서는 정부 전체 지출의 60%가 감면되어 극빈층에 제공되는 복지급여에 수십 배 이상 달한다는 사실은 기업복지제도를 통한 법인세 절세효과가 얼마나 큰지 알 수 있다. 물론 전기한 감면의 비율이 모두 기업복지를 대상으로 감면된 것은 아니지만, 더 큰 문제는 기업복지를 통해 감면된 구체적인 내용은 전혀 알려지고 있지 않다는 사실이다. 이에 대해서는 제8장 '기업복지의 효과'에서 논의되는 기업복지의 '책임소재의 불분명' 문제에서 좀 더 다루어질 것이다.

기업복지제도가 사용자에게 이익을 가져다주는 경로는 근로자를 통한 여러 방법들이 주종을 이루지만 제도 자체로서 기업에 이윤창출에 크게 기여할 수 있다. 이미 살펴본 바와 같이, 미국의 기업복지제도는 대부분 보험의 형태이다. 2006년 의료보험, 퇴직연금 등의 보험성 기업복지비용이 전체 기업복지비용에서 차지하는 비중이 59.5%였고, 1인당 보험제도의 지출이 8,514달러에 달했다(U.S Chamber of Commerce, 2007). 의료보험같이 상시 지출가능한 자금보다 고정적으로 오랜 기간 투자되는 퇴직연금만 따로 분리해 보면, 그 역시 기업복지 총 비용의 20.1%를 차지한다(U.S Chamber of Commerce, 2007). 이러한 보험성격의 기업복지기금이 기업신탁기금(trust fund)에 투자되어, 1961년부터 1966년 기간에 뉴욕증권시장에 기업신탁연금으로 투자된 자본의 규모가 총 거래액의 30% 이상을 차지하는 천문학적인 규모였다. 퇴직연금의 주종인 401k의 경우 미국정부가 각종 세제혜택을 부여하면서 폭발적으로 늘어났고, 이 과정에서 유입된 자금은 1983년까지 1,000선에서 등락을 거듭하던 다우지수를 1999년에 1만 선 위로 끌어올리며 16년 만에 10배로 성장시켰다. 호주의 퇴직연금 규모도 1992년 후부터 매년 12%씩 급성장을 거듭하여서, 2013년에는 1,364조 원에 달해 전체 자산운용시장의 73.4%를 차지하였다(머니투데이, 2014. 5. 14). 즉, 증권시장에 투자된 기업복지자금이 증권시장을 경유하여 다시 기업에 투자되므로 결과적으로 근로자 퇴직연금으로 지출된 자금이 다시 회사의 운영자금으로 재투자되어 되돌아오는 형국이다(Allen, 1989). 이런 상황에서 퇴직연금의 혜택이 근로자보다 기업에게 더 많이 돌아간다는 주장도 상당 부분 설득력을 지니고 있다.

기업복지가 기업주에게 이익을 가져다 줄 수 있는 또 다른 단면은 기업복지의 재산 증식 기능이다. 일본이나 우리나라에는 불변적 기업복지제도인 운동장, 체육관, 식당, 휴양시설 등의 시설 관련 기업복지제도가 매우 보편적이다. 이러한 시설에다 근로자 주택 및 기숙사 등 넓은 부지를 필요로 하는 시설은 기업의 부동산 투자의 성격까지 겸하고 있다. 일본이나 우리나라 같이 국토가 협소하여 대지나 부동산 가격이 상대적으로 높은 나라에서는 기업복지시설이 차지하는 대지를 소유함을 통한 이익이 막대할 가능성이 높다. 게다가 기업복지시설이라는 이유로 면세 혹은 절세 혜택까지 감안한다면, 이러한 기업복지제도는 기업주의 재산을 증식하는 수단으로도 큰 의미를 지니고 있다고 볼 수 있다.

2) 근로자 입장에서 수익요인

(1) 생계 보조 및 삶의 질 향상

초기의 기업복지의 주요 목적은 작업환경 개선과 생계를 보조하는 것이었다. 1833년 공장법의 제정 전후의 작업장의 작업환경과 위생환경은 매우 열악하였고, 그 시기 기업복지의 주된 체계는 안전, 건강에 관계되는 상수도시설, 위생적인 화장실, 공중위생, 하수도설비, 식수 공급 등이었다. 동시에 근로자로서 정기적인 임금을 받으면서도 의식주 등 건강 면에 있어서 충분히 공급받을 수 없는 일반적인 상황에서 기업복지는 그 들에게 사택, 기숙사, 식당, 작업복, 융자금 등을 제공해 줌으로써 기본적인 생계를 유지하는 데 큰 어려움이 없었다.

산업이 점차 고도화되고, 농 · 어업, 임업, 광업 등의 1차 산업에서, 경공업, 중공업의 제조업을 중심으로 하는 2차 산업으로 옮겨가고, 사회간접자본과 기타 서비스업으로 대별되는 3차 산업으로 전환되면서, 산업구조의 변화에 따라 근로자의 임금도 대폭 상승하여, 생계에 대한 걱정보다는 행복한 삶의 질을 추구하는 근로자의 욕구 변화에 따라 기업복지 역시도 삶의 질을 향상하는 기제로 재편되었다. 구체적으로 말하면 기업복지의 체계도 재산형성을 추구하는 기업주식 공유제도 같은 프로그램이 도입되고, 삶의 쾌적함과 즐거움을 제공하는 여행, 휴양시설 등이 보편화되기 시작하였다.

그리고 근로할 수 없는 상황을 사전에 대비하는 건강 관련 프로그램이나 퇴직연금 등 사회문제를 예방하는 차원의 기업복지제도가 중요한 복지제도로 자리매김했다. 직장에서 발생되는 근로자의 스트레스(stress)로 인한 개인적, 사회 · 심리적 문제가 근로자 자신과 그의 가족에게 악영향을 미칠 뿐만 아니라 근로자의 생산성에도 지대한 영향을 미치는 사실이 기업사회에서 점차 인식되면서 근로자 지원 프로그램(EAP)이 대기업을 중심으로 도입되기 시작하였고, 비만, 흡연, 알중독 등 미래에 사회 · 심리적 문제로 부상할 수 있는 문제들까지도 예방 차원에서 대처하는 근로자 증진 프로그램(EEP)도 점차 인기를 얻고 있다.

최근에는 주로 대기업에서 경쟁적으로 수준 높은 기업복지제도를 제공하고 있다. 직장의 쾌적한 시설들과 기상천외한 아이디어를 담은 작금의 기업복지제도는 다양한 서비스와 프로그램의 개발로 가족 앞에 근로자 자신의 위상을 높여주고, 융숭한 대접을 받는다는 생각으로 근로자의 자긍심이 높아지며, 근로하는 기업에 대한 자부심까지 느끼게 함을 통해 근로자와 그의 가족의 만족을 극대화하는 지경까지 이르렀다. 물론 이런 경우는 기업복지 선진국인 미국이나 일본의 대기업의 경우로서, 중소 · 영세기업근로자나 비정규직 근로자의 상황과는 전혀 동떨어져 있지만, 모든 제도가 선두 집단에 의해서 자연스럽게 유도되는 것이 보편적인 추세라고 볼 때, 이미 언급된 기업복지 변화추세는 기업복지의 다가오는 미래의 방향을 예시하는 것이라고 볼 수 있다.

(2) 공공복지의 보완

제6장 기업복지의 특성에 포함된 기업복지의 보완성에 기술되었듯이, 기업복지는 공공산업복지제도를 보완하는 기능을 가지고 있다. 공공복지의 근본기능이 근로자의 기본적인 욕구충족을 보장하는 것이기에, 사회보험제도에서 생략된 부분이나, 미흡한 부분은 근로자와 그의 가족의 기본적인 욕구가 보장되지 못한다는 사실을 반영한다. 미국과 일본에서 기업복지가 발전한 이유가, 두 나라의 사회보험제도가 기업복지가 덜 발달한 나라에 비해 포괄성이 낮고 급여수준이 낮기 때문이다. 미국의 경우 의료보험이 시행되지 않고, 퇴직연금이 부실하며, 휴가가 법정복지에서 제외되기 때문의 미국 기업복지는 전체 기업복지비용 중 휴가수당같이 일하지 않고 받는 급여(payments for time not worked) 관련 부분이 32%를 차지하고, 의료 관련 복지급여가 42%, 퇴직 관련 복지급여가 25%로 세 분야를 합하면 전체 복지비용의 99%가 되어 미국기업복지제도는 완전히 미국의 사회보험제도의 생략된 부분을 채우고, 미흡한 부분을 보완하는 기능을 가지고 있다고 볼 수 있다.

미국에 비하면 공공복지제도가 발달한 캐나다의 경우에도 기업복지의 이러한 보완적 기능은 현저하게 나타난다. 예를 들면, 캐나다의 건강보험(health insurance)은 영국의 영향을 받아서 높은 수준에 있다. 출산으로 병원에 한 주 정도 입원하고 퇴원할 때는 입원실의 전화비만 지불하고 나오면 된다. 그러나 캐나다 건강보험에는 치과 관련 서비스가 제외되어 있어서, 캐나다에서 가장 선호하는 기업복지 프로그램 중 하나가 치과보험이다. 병원에 입원했을 경우, 다인실 대신 독실을 이용하면 추가 비용을 입원자가 부담하지만 기업복지제도 중 하나인 청십자사(Blue Cross)의 혜택을 받는 근로자는 그렇지 않은 근로자에 비해 안락한 서비스를 누릴 수 있다. 이런 측면에서 보면, 공공복지제도를 보완하는 기업복지제도 근로자와 그의 가족의 기본적인 욕구를 충족하는 것부터 삶의 질을 향상하는 부분까지 모두 포함한다.

(3) 간접적인 임금 인상

기업복지를 통해서 근로자가 경제적인 이익을 누릴 수 있는 또 다른 이유는 간접적인 임금 인상효과를 얻을 수 있기 때문이다. 기업복지의 임금 인상효과는 호황기에 주로 나타나는 현상이다. 경제가 활성화되면 기업의 입장에서 높은 임금을 제공할 수 있는 여력이 생기고, 기업의 이윤창출을 위한 노고에 대한 대가를 지불하는 기업주의 의지도 발동하며, 또 노동인력의 수요가 높아져서 큰 폭의 임금 인상이 이루어진다. 그러나 이런 상황은 거의 예외 없이 인플레이션(inflation) 유발효과로 귀결된다. 이 경우 국가에서 법으로 임금인상에 대한 규제를 실시하거나, 임금인상 가이드라인을 적극적으로 권장하게 되는데, 실제로 미국에서 1942년 미국연방정부에 의해 설립된 전시노동위원회(The National War Labour Board)에서는 임금을 일정한 기준 이상으로 인상하지 못하게 하는 결정을 내렸다. 이러한 결정은 미국노동조합으로 하여금, 임금인상에 버금가는 유급휴가 같은 기업복지제도를 기업에게 요구하게 되었고, 이러한 노동조합의 요구는 전시노동위원회와 사용자에게 긍정적으로 인식되어 미국 기업복지발전에 의미 있는 계기가 되었다(Allen, 1969). 이와 같이 근로자는 임금 인상분에 해당하는 기업복지의 실시를 요구하게 되고 인플레이션 유발효과가 없는 기업복지는 국가에 의해 용인되거나 경우에 따라서 권장된다. 기업의 입장에서 보면, 애초부터 근로자임금을 인상하려 하였기에 경우에 따라 흔쾌히 혹은 별 저항 없이 노동조합의 요구를 수용하게 되는데, 이런 현상은 기업복지를 통한 합법적인 임금 인상효과로 나타나게 된다.

(4) 누진세 회피

기업복지를 통해 노동자(노동조합)를 통제하고 생산성향상을 목적으로 하여 이윤창출 목적을 달성하려는 경영 전략 외에도, 주목해서 보아야 할 전략은 기업복지를 통한 누진세 회피기능이다. 이 기능은 주로 기업의 간부나 고임금 근로자에게 해당되는데, 누진세제도(progressive tax system)는 임금이 높아질수록 세액은 물론 세율이 대부분 높아지고, 임금이 고액일수록 누진율은 큰 폭으로 증가한다. 이런 경우 임금인상이 이루어지면 세금이 높게 부과되어, 임금 인상액의 절반에 가까운 수준이 과세 대상이 되는 '배보다 배꼽이 더 큰' 경우가 발생할 수 있다. 이 경우, 기업이 고안한 것이 임금 인상의 폭을 줄이는 대신 기업복지혜택을 늘려서 누진세를 회피하게 함으로써 세금으로 내야 할 비용으로 복지효과를 높이려는 것이다. 또한 세금이 감면되는 기업복지 신용기금에 적립하는 방법이나 증권 혹은 회사채(corporate bond)에 투자해서 근로자는 면세혜택(Allen, 1989)과 투자수익을 모두 얻게 된다. 이와 같은 기업복지의 누진세 회피기능은 국가에 세금으로 낼 자금을 기업복지로 전용함을 통해 근로자 만족 및 동기유발 등의 소기의 목적을 이루는 것은 물론, 기업에서는 투자수익까지 얻을 수 있어서 이른바 '누이 좋고 매부 좋은' 기업의 경영 전략으로 빈번하게 기용된다.

(5) 구매비용 절감

기업복지를 통해 근로자와 그의 가족이 누릴 수 있는 금전적인 혜택은 일반적인 시장에서 구입하는 것보다 저렴한 비용으로 더 높은 수준의 혜택을 얻을 수 있다는 점이다. 이것은 기업복지로 집단에게 제공된다는 '규모의 경제'가 가능하기 때문이다. 근로자가 개인적으로 시장에서 사는 것보다 기업복지제도를 통하면 기업의 공신력이나 기업 내에 기업복지 담당직원의 숙련성을 감안할 때 기업복지를 통한 혜택은 시장에서 구입하는 것보다 상대적으로 저렴하게 확보할 수 있다. 예컨대, 기업복지 초기에도 기업이 운영하거나 보조하는 매점, 공판장, 식당 등의 시설을 통해 근로자들이 더 수준 높은 혜택을 누릴 수 있었으며, 근래에도 퇴직연금보험이나 의료 및 건강에 관한 보험상품의 경우 기업을 통해 단체로 가입하는 것이 비용뿐만 아니라 신용 및 하자 발생 등의 면에 있어서 근로자에게 더욱 유리하다. 또한 보육시설, 건강관리시설, 휴양시설 등의 공동이용시설 같은 불변적인 기업복지는 근로자와 그의 가족에게 금전적인 혜택은 물론 쾌적함과 편리 등의 측면에도 많은 혜택을 제공한다.

2. 사회통제기능(정치적 기능)

기업복지의 사회통제기능이란 통제성을 바탕으로 해서 수립된 기업복지체계를 통해서 구체적으로 실현되는 통제행위라고 규정할 수 있다. 통제란 지시하거나 구속하는 등의 규제를 통해서 목표 달성을 위한 노력을 조정하는 절차를 말하는데, 여기서 목표달성이란 항상 이윤 창출을 의미하지는 않을 수 있다. Maslow의 욕구단계에서 보면 생리적인 욕구나 안전, 안정의 욕구는 재화를 통해 충족될 수 있지만, 더 높은 단계인 자존의 욕구의 충족수단은 물질이 아닐 경우가 많고, 반대로 물질을 버려야 얻을 수 있는 경우가 더 많다. 그중 기업복지와 관련되어 있는 것은 기업주의 자존의 욕구에 포함되는 경영권이라고 할 수 있다. 경영권을 지키기 위해 이윤을 포기해야 할 경우가 다반사이며 이윤의 감소를 감수하는 경우는 더 많다. 기업이 국가로부터 통제를 회피하기 위해 선제적으로 기업복지를 시행하는 경우는 이미 기업주의 경영권 방어 전략에서 살펴보았고, 한국의 재벌인 삼성계열의 회사들이 노동조합이 있는 기업보다 더 높은 수준의 기업복지를 제공함을 통해서 노동조합을 회피하여 경영권을 사수해 온 경우가 좋은 사례가 된다. 물론 당장은 더 많은 비용을 들여 경영권을 사수하는 것이 수익성에 저해되는 것 같아도, 장기적으로 볼 때 그 역시도 수익성에 보탬이 된다고 주장할 수 있다. 그러나 인간에게 있어서 물질적 욕구만큼이나 중요한 것이 권력 혹은 명예욕이라는 사실을 감안하면, 기업복지제도의 통제적인 성격이 수익성 창출의 수단이 될 수 있지만, 그렇지 않다해도 그 자체만으로도 자존감 충족이라는 목적이 달성될 수 있다. 그래서 기업복지의 사회통제기능을 이윤창출기능으로부터 분리해서 다루는 것이 적절하다고 판단된다.

1) 노동조합에 대한 통제기능

기업복지체계에서 가장 중요한 성격을 꼽으라면 그것은 물론 수익성이고, 그 다음이 통제성이라고 할 수 있다. 기업복지제도의 수익성 성격에서 사회통제적인 성격이 기업의 이익창출 목적의 수단이 되어 왔고, 특히 기업복지 역사의 초기에는 사회통제를 통한 수익성 창출이 가히 절대적이었다. 그러나 통제성이 오로지 수익성창출의 수단만으로는 사용되지 않는 면도 있다. 기업복지의 통제성이란, 기업복지를 통해서 개별 근로자와 노동자의 집합체인 노동조합을 채찍이 아니라 당근의 형태로 통제해 온 것이 일반적인 사실이었지만, 수익성과 무관하거나 수익성에 저해되는 상황에서도 기업복지를 자발적으로 시행한 사례도 어렵지 않게 찾아볼 수 있다.

기업복지제도의 통제기능에는 기업이 노동조합에 대한 통제가 주를 이루고, 기업복지의 기초가 되는 이론 중에서 기업의 노동조합에 대한 통제기능에 관련된 이론이 거의 절반을 차지한다. 이 중 노동시장이론은 권력관계적인 관점에서 노동통제를 강조한 시각으로 기업복지를 통제수단으로 한 인력충원과 이직방지 측면을 강조하였고, 효율임금이론에서는 노동조합 위협효과 모형을 통해 기업복지를 교섭력이 큰 노동조합으로 회유하기 위한 회피 전략의 일환으로 보았다. 불확실성이론 중 불확실성 Ⅰ에서는 전업감시자를 고용하는 등의 위계적 체계를 제도화하여 기업복지가 기업주의 지배구조를 공고히 하기 위한 기제라고 지적하였고, 불확실성 Ⅱ에서는 기업복지를 노동조합의 집단행동을 제어하기 위한 수단으로 보고 있다. 사회통제이론은 위에 서술한 기업복지 관련을 모두 아우르는 이론으로 기득권층이 소외계급에 대한 통제, 국가에 의한 통제, 기업의 노동조합 통제 등 거의 모든 면을 포함하고 있다. 기업주가 기업복지를 도구로 하여 노동조합을 통제하려는 시도는 기업복지의 변천사를 구성하는 하나의 큰 축을 이루고 있고, 이것은 제4장 기업복지의 역사적 배경에서 자세히 기술되어 있다.

2) 개별 근로자에 대한 통제기능

기업복지 역사의 초기, 영국, 미국, 프랑스, 독일 등지에서 기업복지의 선구자가 경영하는 기업에 고용되었던 근로자에게 임금에 더해져서 제공되는 작업위생시설, 생계보조, 문화 오락시설 등은 그들 자신이 기업복지가 없는 다른 기업의 근로자에 비해 엄청난 혜택을 누리는 '행운아'라고 여겼을지도 모른다. 그러나 기업복지가 기업주의 자비심과 온정주의적 책임의식의 발로라고 여겨지던 기업복지 초기의 짧은 밀월기간은 지나고, 기업복지의 이윤창출의 기능을 감지한 기업주들에 의해 복지자본주의에 입각한 기업복지가 실시되면서, 기업복지가 근로자의 직장 안과 밖의 삶을 옥죄는 감시와 통제의 수단으로 느껴지게 되었다.

그 후 한 세기의 역사의 흐름 속에서 산업사회가 종말을 고하고 지식정보사회에 진입하는 변화 속에서 개별근로자에 대한 사회통제가 기업복지를 통한 수직적, 권위적, 직접적 형태의 통제에서 수평적이고 유화적이며 간접적인 형태로 점차적으로 전환되어 오면서, 사회통제적 성격이 많이 옅어지고, 기업복지가 통제 기제 여부까지도 감지하거나 인식하지 못하는 경우가 허다하게 되었다. 이러한 현상은 기업복지 통제 기제가 외부에서 들어오는 것이 아니라 내면화되어 자신의 의지로 인한 통제로 오인하는 경우일 가능성이 높다. "이 세상에 공짜는 없다."라는 말이 보편적인 진리로 인정되는 한, 근로자의 인식 여부와 관계없이, 기업복지제도에는 통제적 기능이 존재한다.

기업주가 개별근로자에 대한 통제는 이념적인 측면에서 보면 기업복지의 온정주의적 성격이 그 근거가 된다. Bennet이 제시한 온정주의의 정의의 2가지 핵심 중 첫 번째가 '사용자와 종업원 사이의 최소한의 수직적 관계 이상의 수직적인 관계'이다. 여기서 사용자와 종업원 간의 수직적 관계란 업무적인 관계를 말하며, 그 이상의 수직적인 관계란 온정주의적인 종속관계를 말한다. 즉, 사용자가 기업복지를 제공하는 목적은 직무 이상의 수직적 관계형성이라고 할 수 있다. 온정주의의 또 다른 내용은 '사용자가 공식적인 업무활동과 무관한 부문에 관심을 표명하는 것'이다. 회사 안에서 사용자가 근로자의 업무활동에 관심을 표하는 것은 당연하지만, 근로자의 경조사, 여가활동 등에 관심을 표하는 기업복지제도는 사용자의 온정주의적 관계형성을 시도하는 증표라고 볼 수 있다. 이런 면에서 보면, 사용자는 기업복지를 제공하고, 근로자는 그것의 반대급부로 직무에 관련된 수직적 관계 이상의 수직적 관계를 수용함을 통해 되갚는 상황이 된다. 또한 사용자는 기업복지를 통해 직무와 무관한 부문에서 경조비, 여가활동비 등을 제공하고, 근로자는 그것의 대가로 사용자에게 직무와 무관한 비공식적인 종속관계를 기업주에게 양도하는 형국이 된다. 이런 측면에서 보면 기업복지는 기업복지 제공의 반대급부에 대한 무언의 압력이 내재된 '합법적인 뇌물'에 더 가깝다고 할 수 있다.

기업복지를 통해 온정주의를 바탕으로 한 '기업가족'이 형성되면, 기업주는 자연스럽게 아버지의 위치를 점하게 되고 근로자는 자녀의 위치로 자리매김하게 된다. 이러한 온정주의가 전기한 바와 같이, 기업온정주의(신 온정주의)로 변질되어, 기업복지가 기업복지 생산성향상의 가장 의미 있는 변수인 조직몰입도를 강화하여, '조직이 추구하는 목표나 가치에 대한 강한 신뢰와 애착'이나, '조직의 일원으로 남아 있고자 하는 노력'과 '조직을 위해 열심히 노력하려는 의지'를 고취하고 배양하게 된다.

기업복지의 온정주의적인 성격에 의해 형성된 사용자와 근로자 간의 비공식적 수직적 관계는 기업복지의 또 다른 기초적 가치관인 연대주의에 의해 더욱 공고화된다. 기업복지의 집단성에서도 거론된 바 있는 연대의식에는 종업원을 기업의 긴 팔 안에 감싸 안아서 통제하려는 의도가 여실히 담겨 있다. 기업복지의 기초가 되는 연대의식은 사회적 연대의식이 아니라 기업연대의식이고, 기업복지는 마치 중세의 성만찬과 고해성사가 천주교의 무소불위의 통제를 자행하는 도구가 된 것과 같이, 기업복지도 기업단위의 수직적인 가족공동체를 형성하고, 배양하고, 공고히 하는 수단으로 규정할 수 있다.

기업이 근로자를 통제하려는 의도는 기업복지급부의 현물적인 성격에서 잘 나타나고 있다. 대부분의 기업복지의 급부는 시설, 서비스, 프로그램과 물품으로서 현금으로 제공되는 것은 극히 제한적이고, 거기에는 까다로운 자격조건이나 시기적인 제약이 항상 존재한다. 즉, 현금성 기업복지 급부는 대부분 현재의 실질소득이라기보다는 위험이나(건강보험) 미래를 대비하는(퇴직연금) 기대소득이라고 볼 수 있다. 이에 관한 논의는 제공자 혹은 수혜자의 자유에 대한 쟁점이 구체화되는 현금/현물의 논의와 맥을 같이 한다. 현금의 경우 수혜자의 선택이 극대화되는 반면, 현물의 경우 수혜자의 선택의 폭이 극히 제한된다. 급부에 대한 수혜자의 '선택의 자유'에 관한 개념은 일정한 가치를 유지하면서 다른 것과 서로 바꾸어 쓸 수 있는 성질인 '호환성(transferability)'이다. 현물로 받는 경우 거부의 자유와 물물교환을 통한 선택의 자유가 가능하고, 현금 같은 선택의 자유를 누리기 위해서는, 가치의 절하를 감내한다면, 전당포를 이용할 수 있다. 이와 같이 현물의 경우 제공자의 선택의 자유가 보장되는 것에 비례해서 수혜자의 선택의 폭은 축소되고, 근로자를 통제할 목적을 가지고 현물 중심으로 제공되는 기업복지에는 보편적으로 기업주의 선택의 자유가 극대화되는 반면 종업원의 선택의 자유는 극도로 통제되는 경향이 있다.

근로자를 개별적으로 통제하는 기업복지제도는 이직을 방지하여 장기근속을 유도하는 기능이 있다. 기업복지의 이직방지기능에 대해서는 이중노동시장이론에서 자세히 기술된 바 있다. 이중노동시장이론은 기업 내부에 노동시장을 조성하여 기업특수적인 기술과 숙련도를 보유한 근로자를 새로 채용하고 훈련하는 비용이 높은 임금을 주어 기업에 남아 있게 하는 비용에 비해서 크다고 인정되어, 높은 임금과 기업복지를 제공함을 통해 이직을 방지하고 내부시장을 공고화하는 현상을 설명한다.

근로자의 이직을 통제기능에 연관된 또 다른 이론은 효율임금이론이고 그중 노동이동 모형과 근무태만 모형이 구체적인 설명을 제공한다. 노동이동 모형이란 기업이 시장의 균형임금보다 고액의 임금을 제공하는 이유는 이중노동시장이론의 내용과 유사하게 이직에 따르는 비용보다 높은 임금을 주는 유지비용이 더 저렴하게 든다는 판단 때문이다. 근무태만 모형이란 근로자의 기업에서의 잔류동기를 설명하는 모형으로 현재의 기업의 임금이 타사에 비해 상대적으로 높을 경우 근무태만으로 인한 해고로 감수해야 할 비용이 더 크기 때문에 해고위협을 피하기 위해서 성실히 업무에 임한다는 내용이다. 효율임금이론에서는 이러한 근로자를 회사에 장기근속하게 하기 위해서 높은 임금을 지급한다는 내용이지만, 실제로는 임금과 함께, 기업복지의 은폐성에서 지적한대로 기업복지를 적극적으로 활용하고 있다.

이런 맥락에서 보면 기업복지는 자신의 능력과 적성 등을 고려해서 더 적합한 회사로 옮기기 원하는 근로자의 발목을 잡는 기제로 사용되며, 근본적인 이유는 기업의 이윤에 대한 고려가 실시동기이지만, 근로자 역시 임금과 복지와 이직의 장점을 면밀히 고려하여 내리는 선택이므로 강압적인 통제는 전혀 아니다. 퇴직연금 등이 전형적인 사례이며, 기업복지 초반의 강제저축같이 반강제적인 기업복지제도 등에 대해서는 다음 장인 기업복지의 효과에서 상세히 기술될 것이다.

기업복지는 노동의 대가가 아니면서도 무상으로 제공되기 때문에 "기업복지는 선물이고, 선택된 수혜자가 누리는 행운이다."라는 말은 피상적인 관찰에 불과하다. 즉, 기업복지는 절대 공짜가 아니다. 기업복지는 기업주와 노동자 사이에 거래를 상호 간에 교환하는 상품에 가깝다. 기업주는 돈으로 근로자의 충성심과 순응 내지 순종을 매입하고, 종업원은 기업복지혜택을 받고 자신의 기본적이고 도덕적인 권리를 양도한다. 누구에게 더 많은 이익이 제공되는지는 보는 관점에 따라 달라지지만, 기업주와 종업원 모두 기업의 일원으로 기업의 번영이라는 공동 목적을 가진 사실 역시 간과할 수는 없다. 다만 기업복지의 통제성에 강압적인 성격보다는 자율적인 성격이 확대되고, 수직적인 거래관계가 수평적인 거래관계로 변할 때 양자 간의 공동 목적인 기업의 번영이 더욱 진작될 수 있으며, 실제로 더 주목해야 할 것은 기업의 번영이 기업주와 종업원에게 평등과 형평의 원칙 아래 균등하게 분배되는 것이다.

3. 사회통합기능(사회적 기능)

기업복지의 사회적 기능이란 정확히 말하면 사회적 역기능이다. 왜냐하면 사회적 기능이란 유기적인 사회공동체를 형성하는 사회통합기능을 의미하기 때문이다. 물론 기업복지의 사회통합기능이란 기업주를 가장으로 하고 근로자가 자녀의 입장이 되는 '가족공동체' 형성이 주요 목표이다. 이런 내용의 기업복지의 이념적 배경에서 가부장적인 온정주의 및 연대의식과 직결되어 있다. 또한 기업복지의 특성인 집단성이 기업복지의 특성 중 핵심적인 내용이고, 인간사회에서 가장 결속력이 강한 가족공동체를 목표로 하는 것이 기업복지의 사회통합기능이라고 볼 때 기업복지의 사회통합을 추구하는 수준은 높은 강도의 통합이라고 할 수 있다.

그러나 사회복지의 으뜸가는 기능인 사회통합기능은 기업복지에서 추구하는 사회통합과는 그 뿌리에서부터 다르다. 다르다는 표현보다는 반대라는 표현이 더 적절하다. 사회복지의 목표로서의 사회통합은 부유층/빈곤층, 기득권층/소외계층, 장애인/비장애인, 건강한 자/질환자 등의 대칭되는 입장에 있는 집단 간의 통합을 말하며, 여기에는 필연적으로 재분배과정이 수반되고 그러한 과정을 통해 사회의 불평등현상이 완화되어 함께 어울려 사는 공동체사회가 이루어질 수 있다. 그러나 기업복지가 가리키는 통합이란 생산성, 생산량, 기여도, 근로능력 등을 반영하는 직위, 근속연수, 숙련도, 급여수준, 성별 등을 기준으로 분류하여 각 기준별로 차등지급하는 형태로 나타나기 때문에 재분배를 통해 불평등의 완화보다는 심화로 귀결된다. 이러한 불평등구조가 고착화되는 형태의 사회양극화 현상은 조화로운 공동체 사회를 만드는 것이 아니라, 그 반대인 갈등과 분열과 대립과 투쟁을 부추김을 통해 사회공동체를 파괴하는 결과로 이어진다. 그래서 기업복지가 추구하는 사회통합은 분절적인 통합으로서 제8장 기업복지의 효과에 포함되는 사회적 역기능에서 구체적으로 논의된다.

Chapter 08

기업복지의 효과

1. 기업복지의 경제적(이윤창출) 효과

2. 기업복지의 사회적(사회통합) 효과

1800년대 초기의 유럽에선 노동운동이 꿈틀거리며 치고 올라올 기미를 보였으나, 영국의 경우 1799년 단결금지법(the Combination Act)으로 인해 모든 노동조합이 불법화되었기 때문에 노동자 스스로 자신들의 복지향상을 목적으로 하는 공제조합이 성행하였다. 공제조합은 조합원 상호 간에 부조와 복지를 목적으로 하는 상호부조적인 조직으로 조합원이 갹출한 일정의 납부금을 재원으로 해서 조합원의 노령, 재해, 실업, 질병, 사망 등의 사고를 당했을 때 본인이나 가족에게 정해진 급여를 지급한다. 이러한 공제조합은 조합원의 범위가 좁고, 비조합원에 배타적이었으며, 재정규모가 영세한 공제조합은 산업화가 본격적으로 진행되면서 규모가 커진 사회적 위험(산업재해, 대량실업, 직업병 등)에 대처하기 역부족이었다(원석조, 2006). 그리고 공제조합은 주로 목수, 제화공, 미장이 등 숙련공들에 의해 조직된 조합으로, 대규모 공장에 대량으로 고용된 미숙련공들에게는 '그림의 떡' 에 해당되었다.

이와 같이 1800년대와 영국이나 미국의 경우, 1900년대 초 · 중반까지 공장근로자들이 의지할 수 있는 복지제도란 오로지 기업복지제도뿐이었다. 기업복지 전반부인 1900년 초 · 중반 과학적 경영방법이 출현하기까지 기업복지는 기업의 이윤창출 수단뿐만 아니라 기업주의 입장에서 사회통제기능을 통해 인사관리의 역할을 담당하는 유일한 경영수단으로서 그 중요성에 대해서는 아무리 강조해도 과하지 않지만, 근로자의 복지를 위해서도 결정적인 역할을 담당하였다. 산업화가 수준 높은 궤도에 이르러 임금만으로도 생계유지가 가능하고, 노동조합의 조직력과 교섭력이 확장되어 권리로서 복지를 요구하고 쟁취할 수 있었을 때까지 기업복지의 생계보완기능은 가히 절대적이었다. 요약하자면, 1930년대까지는 기업복지제도가 기업주에게 경제적 효과가 매우 컸었던 것은 말할 것도 없고, 근로자의 기본적인 욕구를 충족할 수 있게 해준 사회적 효과 역시 무시하지 못할 만큼 중요했다고 할 수 있다.

1930년대 이전까지 공존하던 경제적 기능과 사회적 기능이 그 이후부터 균열이 생기기 시작하여 현재에 이르러서는 엄청난 격차를 보이고 있다. 구빈법시대나 사회보험 초기까지 생계유지 및 보호가 사회복지제도의 으뜸가는 목적이고, 그 형태가 권위적이고 자선적인 성격을 띠었을 때는 경제적 기능과 사회적 기능의 공존이 가능하였으나, 사회보험시대의 후반을 지나 복지국가시대에 접어들어, 사회복지의 목적이 '사회통합'을 통한 공동체 형성으로 자리매김하면서, 기업복지의 사회적 역기능이 부각되어 오기 시작했다.

기업복지의 경제적 기능인 이윤창출기능은 주로 기업주와 부분적으로 근로자에게 해당되며, 국가적으로도 경제발전에 기여하는 면이 있지만, 이윤을 얻는 주체는 당연히 자발적으로 많은 비용을 들여서 기업복지를 실시하는 기업주이다. 기업복지의 관점에서 보면, 기업주와 근로자의 관계가 투자와 보상으로 연결된 거래관계라고 볼 수 있어서 근로자의 이익 역시 간과할 수 없을 만큼 크다. 그러나 기업복지를 실시할 여력이 안 되는 중소 영세기업의 기업주 및 근로자, 기업복지로부터 제외되는 비정규직근로자, 그리고 기업복지로부터 원천적으로 소외되는 장애인, 노인 등의 빈곤계층에게는 기업복지가 직 · 간접적으로 피해를 주고 있고, 국가적으로 볼 때 사회갈등과 분열로 인한 투쟁을 야기하는 내용을 이 장에서 구체적으로 살펴보기로 한다.

1. 기업복지의 경제적(이윤창출) 효과

1) 경제적 효과의 변수

(1) 생산성향상효과

① 기업복지의 직무만족효과

기업복지를 통해 생산성을 향상시키는 효과의 내용을 담은 세 가지 중간 변수에 대해서는 제7장 기업복지의 기능에서 상세히 소개되었다. 기업복지의 생산성향상효과에 대해 보완하고 강조하는 의미에서 세 변수에 대해 요약해서 설명하면 다음과 같다.

첫째 변수는 직무만족으로서 기업복지와 직무만족의 관계규명과, 직무만족과 생산성의 관련성을 규명하는 것이 직무만족의 효율성을 판단하는 과정이 된다. 우선 기업복지제도와 직무만족의 관계를 살펴보면, 기업복지제도로서 근로자의 직무 만족도를 높일 수 있다. 바꾸어 말하면, 근로자의 직무만족도가 생산성 향상에 긍정적인 영향을 미친다는 확신이 서면, 기업주는 직무만족도를 높이는 기업복지시설과 서비스, 프로그램 등을 실시하면 된다. 직무만족도를 높이는 것은 우선 작업환경을 개선하는 것으로부터 시작하여, 쾌적한 휴게실, 식당, 문화, 오락시설을 완비하고, 양질의 식사 및 인간관계를 돈독히 하는 문화 · 오락 프로그램, 경조 프로그램 등을 실시한다. 또 다른 면으로, 직무만족이란 직무나 일반 생활의 불만을 최소화하는 것으로서 직업 스트레스 등으로 인한 근로자로서 회사 안의 문제와 부모, 남편 · 아내, 기타 사회적 역할에부터 오는 여러 문제를 해결하는 것을 직업사회복지 프로그램으로 해결을 도입하면 문제가 해결되면서 만족도가 높아진다.

직무만족도와 근로자의 생산성 관계는 매우 긍정적이란 연구결과가 많이 있다. 이미 살펴본 Herzberg, Porter, Vroom, 이규식, 나진 등의 연구에 나타난 대로, 근로자의 직무만족도가 높으면 이직률과 결근 감소 등의 기업에 수익성을 높이는 결과를 가져온다. 그러나 직무만족의 변수에도 한계가 있는 것을 주목할 수 있는데, 그것이 이른바 고원효과(plateau effect)이다. 고원효과란 일정한 수준까지는 정비례관계를 유지하다가 어떤 점에 다다르면 더 이상 효과가 나타나지 않는 현상을 말한다. 그러므로 기업복지를 통한 직무만족 변수는 현재의 상황이 열악하거나, 근로자의 문제가 많을 때 크게 효력을 발휘하지만, 기업복지향상 속도보다 기대속도가 더 빨리 상승하는 것을 감안하여 지속적인 투자와 프로그램 개발을 필요로 한다.

② 기업복지의 동기유발효과

여기에는 위와 같이 두 가지 질문으로 접근할 수 있다. 하나는, "기업복지제도로 근로자의 동기유발 혹은 근로의욕을 고취할 수 있는가?" 하는 질문과 또 하나는 "동기유발된 근로자의 생산성이 올라가는가?"라는 질문이다. 쉬운 것부터 답하자면, 두 번째 질문에 대한 답은 당연히 생산성이 올라간다는 것으로 긴 설명이 필요하지 않다. 열심히 해야겠다고 마음먹은 근로자의 생산성이 올라가는 것은 당연한 대답인데, 문제는 기업복지로 근로자의 동기를 유발할 수 있는가 하는 점이다. 결론부터 말하자면, 그렇기도 하고, 그렇지 않기도 하다는 것이다.

이것은 기업복지가 임금과 다르다는 성격과 집단성에 기인한다. 임금은 일반적으로 개별화되어 있고 직무요소나 개인의 업적을 기준으로 지급되어 동기유발효과가 있는 반면에 기업복지는 노동조합과의 단체교섭을 통한 규약이나 기업주의 일방적인 선택으로 제공되는 것이다. 또한 임금은 노동의 질, 양 능률 및 기간에 따라 차등으로 지급되는 성격으로 근로자의 근로의욕을 고취할 수 있지만, 기업복지는 연령, 성별, 직급, 근속연수 등의 집단적인 신분기준에 따라 지급되는 집단적 보상의 성격이 있기 때문에 임금과 차별된다고 김정한(2001) 은 주장한다.

이러한 주장은 임금의 일반적인 원칙에 의거하면 전혀 문제가 없지만, 우리나라와 임금체계와 유사한 일본의 경우를 놓고 보면 타당성에 의구심을 갖게 한다. 그것은 일본의 연공급 혹은 호봉제라고 불리는 임금체계의 원조이기 때문이다. 호봉제란 근속이나 나이를 기준으로 높은 호봉으로 승급되고 고정적인 상여를 지급하는 임금체계이다. 일본은 제2차 세계대전 후 세계적인 경제발전의 추세에 따라 노동력의 공급이 원활하지 못하게 되자 노동력의 이직을 막기 위하여 정기적으로 급여를 올리는 호봉제를 도입하였다. 1960년대 연공서열제도 안의 호봉제, 종신고용, 기업노조제도가 일본기업의 특성으로 성행하다가 1990년 이후 '20년의 잃어버린 세월(경제불황)을 겪으면서 인건비 낭비를 줄이기 위해 성과급제가 도입 · 확산되었지만, 2013년에도 40% 정도는 호봉제를 유지하고 있었다. 이러한 호봉제의 기준은 일반적인 임금의 기본원칙인 노동의 질, 양, 능률, 직무요소나 개인의 업적이 아니라 근속연수에 따라 변화하는 것으로서 근속연수는 물론, 직급, 성별, 직업의 영속성 등을 기준으로 지급하는 기업복지보다도 동기유발효과가 더 적다고 할 수 있다.

기업복지의 동기유발효과에 의문을 제기하는 원인이 바로 기업복지가 집단적인 보상체계라는 사실과 맞닿아 있다. 기업복지체계가 집단별로 차등을 둔다는 사실은 집단 안에서는 같은 복지를 제공한다는 것을 의미한다. 이러한 기업복지의 집단성은 기업복지가 같은 집단 내에서 생산성이 높은 근로자와 그렇지 못한 근로자를 같이 취급하는 결과로 나타나서 형평성에 어긋나게 되어, 생산성이 높은 근로자의 불만을 야기하고, 하향평준화 현상까지도 가능하기 때문에 집단성을 주요 특성으로 하고 있는 기업복지제도의 동기유발효과는 매우 제한적이 될 수밖에 없다. 그러나 중역이나 고위직 간부들을 대상으로 하는 은폐되고 개별적인 기업복지제도는 높은 동기유발효과를 내기에 충분하다고 볼 수 있다.

③ 조직몰입효과

기업복지의 조직몰입효과 혹은 조직에 대한 결속력 강화효과도 위와 같은 질문으로 접근할 수 있다. "기업복지제도로 근로자의 조직몰입도를 높일 수 있는가?"라는 질문과, 다른 하나는 "조직에 몰입된 근로자의 생산성이 올라가는가?"라는 질문이다. 첫번째 질문에 대한 대답은 직무만족 변수의 경우와 같이, 근로자의 조직몰입도가 생산성 향상에 긍정적인 영향을 미친다는 확신이 서면, 기업주는 직무만족도를 높이는 기업복지시설과 서비스, 프로그램 등을 실시하면 된다. 근로자의 조직에 대한 몰입도를 높인다는 것은 회사에 대한 애사심과 충성심을 고취한다는 의미로, Porter와 Lawler는 기업의 목표와 가치를 수용하는 믿음, 기업의 이익을 위해 헌신적으로 노력하고자 하는 의지와, 기업의 구성원으로 자격을 유지하고자 하는 바람이라는 세 가지 요인을 제시하고 있다. 세 요인에 추가될 수도 있는 요인을 첨가하자면, '기업의 이익은 곧 나의 이익'이라는 믿음이다. 이러한 요인들을 고취할 목적으로 개발된 프로그램, 예컨대 회사가 중심이 되는 야유회, 휴양 프로그램, 연수 프로그램 등을 통해 회사가족 공동체의식을 배양하고, 온정주의의 측면에서 사택 혹은 기숙사, 피복, 식사비 경조사비용, 학자금 등과 같이 마치 가장이 가족을 부양하는 느낌을 주는 의식주 및 교육서비스 등을 제공하는 기업복지체계로 구성한다. 회사의 이익이 나의 이익이라는 태도를 공고히 하기 위해서 우리사주제도, 이윤분배제도 등을 실시하는 등 회사에 대한 조직몰입도의 상승을 겨냥하는 기업복지제도는 무제한 개발이 가능하다.

두 번째 질문인, "조직몰입도가 높은 근로자의 생산성은 향상되는가?"에 대한 대답 역시 긍정적인 것은 자명하다. 회사의 목표가 근로자의 목표와 동일하고, 기업의 이익을 위해 헌신적으로 노력하고자 하는 의지가 있으며, 기업의 구성원으로서의 자격을 유지하고자 하는 바람이 있고, 기업의 이익이 나의 이익이라는 의식을 가진 근로자가 생산성을 높이고자 전력을 다할 것임은 불을 보듯 뻔한 사실이다.

기업복지체계에 배태된 생산성 향상의 3변수를 살펴본 결과, 직무만족 변수에는 고원효과란 복병이 존재하고, 동기유발 변수에는 기업복지의 집단적인 보상의 성격으로 인한 형평성 문제가 도사리고 있지만, 조직몰입 변수는 생산성 향상에 필요한 사회통제기능과 생산성향상기능을 모두 아우르고 있어서, 세 변수 중에 가장 의미 있는 변수라고 할 수 있다. 이러한 면을 고려한다면, 기업에서 수익성을 목표로 기업복지체계를 새로 도입하거나, 현재의 제도를 재편하거나 전면적으로 개조하는 경우, 직무만족이나 동기유발을 목적으로 하는 기업복지제도보다는 조직몰입도를 높이는 데 기여할 수 있는 기업복지제도, 시설, 프로그램을 적극적으로 도입하고 개발하는 것이 첩경일 것이라고 생각된다.

(2) 손해비용 절감효과

기업복지를 독립변수로 하여 생산성향상을 중간(매개) 변수로 하고 종속변수인 수익성 창출효과를 측정하는 방법은 자연적 · 기술적 · 사회적 · 정치적 또는 제도적인 여러 가지 힘에 의해 결정되는 외생변수와 기업 내의 여러 가지 요인을 통제하는 것이 불가능에 가깝기 때문에 측정이 불가능하지 않다면 매우 어렵다. 그래서 송호근이 주도한 한국노동연구원의 조사와 같이 각 기업의 복지점수를 매기고 그것을 기업의 부가가치율, 경영상태 및 시장점유율의 변수와 상관관계를 측정하여 기업복지의 수익성에 대한 조사가 이루어졌다(송호근, 1995).

또 다른 방법으로, 근로자의 심리 · 사회적 문제로 인한 손해비용을 산출한 후, 직업사회사업적인 전문 프로그램을 실시 후 손해비용을 비교하면 비용대비 산출의 수익성 측정이 가능하다. 이러한 손해비용 측정은 직업사회사업의 전문 프로그램인 근로자 지원프로그램(EAP)을 통해 측정이 가능하고, 이에 대한 연구로 McDonnell Douglas 항공사를 대상으로 한 종단조사가 대표적이다.

근로자 지원 프로그램(EAP) 같은 직업사회사업실천 프로그램이 기업에서 절실하게 요구되는 이유는 산업사회에서 지식정보사회로 전환되는 작금의 사회가 처한 여러 가지 문제가 매우 심각하기 때문이다. 자본주의 시장경제체제를 기반으로 하고 있는 세계의 경제상황이 주기적인 불황을 극복하며 발전해오고 있지만, 이러한 발전으로 인해 얻어진 풍요와 편리의 이면에는 인간관계의 단절, 산업현장에서 발생하는 근로자의 소외감 등이 원인이 되어 술, 마약, 도박 등의 탐닉에서 벗어나지 못하는 여러 종류의 중독 상태와 가정문제, 범죄와 관련된 법률문제, 미혼모 문제, 비행청소년문제 등이 끊임없이 발생하여 그 폐해가 점증되고 있다. 국제노동기구(ILO)와 세계건강기구(WHO)의 1987년 보고에 의하면, 술이나 마약중독자 중 60~70%가 정식 직원으로 고용되어 있으며, 근무 중 사고 등으로 인한 사망 원인의 15~30%가 술, 마약중독과 연관되어 있고, 산업재해의 20~25%가 환각상태에서 발생하며, 술 중독자의 결근율은 그렇지 않은 근로자에 비해 2~3배까지 높다고 나타났다(Buon & Campton, 1990).

미국의 경우, 1980년대 말 전체 노동인구의 5~19%가 술 중독의 문제를 가지고 있고, 3~7%는 마약중독자라고 보고 있다. 술 혹은 마약에 중독된 근로자의 결근율은 정상근로자에 비해 16배이고, 사고 발생률은 4배 이상이며, 산재보상신청은 5배를 초과하고 있다. 300만 명의 술 중독 근로자가 미국 내에 있으며, 5,300만 명의 근로자가 가끔 마약을 복용하고 있어서, 줄잡아 6,000만 명의 근로자가 정상적인 생산성에 많이 밑도는 상태에서 일하고 있다(Myer, 1988). 1979년의 연구조사에 의하면 18%의 고위 및 중간경영진이 술 중독 문제를 호소하고 있으며, 전체 상급자 중 7% 이상이 술 중독 문제로 고통을 당하고 있다고 보고하고 있다(Dickman et al., 1985). 술이나 마약중독 등의 근로자를 괴롭히는 개인적인 문제는 작업장에서 여러 가지 문제로 나타나는데, 일반적으로 생산성의 급속한 감소, 생산품의 질적 저하, 사고, 판단착오 등으로 나타난다.

캐나다의 정신건강협회에 의하면, 전체 근로자의 10~15%가 심각한 개인적 · 정신적인 문제를 가지고 있고, 이러한 문제로 인한 생산성 감소의 손실은 1년에 130억 달러를 상회한다고 보고했으며(Coshan & Visser, 1992), 미국의 경우는 매년 301억 달러의 손실로 이어졌다는 보고가 있다. 이러한 손해에 의료비 및 사고, 파손, 도난 등으로 기업이 입는 손해를 모두 합하면 근로자문제로 인한 기업의 손실은 가히 천문학적 수치임을 어렵지 않게 추측할 수 있다.

초고속으로 진전되는 과학기술의 발전으로 인한 자동화, 업무구조조정, 역할조정과 함께 무한경쟁의 세계화(globalization)의 추세 속에서 퇴출 위기를 느끼는 근로자나 사양산업에 종사하며 직업전환의 능력이나 기술을 갖추지 못한 근로자, 이중노동시장의 구조 속에서 비정규직으로 내몰리는 근로자 등은 모두 사회 · 심리적인 문제나 중독성 물질에 무방비상태로 노출되어 있어서 그들과 그의 가족은 물론, 그가 속한 사업장까지 피해를 입을 가능성이 매우 높다고 볼 수 있다.

이러한 상황 속의 근로자를 돕기 위한 대표적인 직업사회사업 전문 프로그램이 근로자지원 프로그램(EAP)이다. 이렇듯 심각한 기업현장의 근로자의 문제의 해결을 돕는 프로그램이 개발되고 도입된다 하더라고 이 프로그램의 문제해결 성과와 실제 해결 상황에 따라 근로자와 그의 가족의 삶의 질 향상과 손비절감의 효과가 좌우된다는 것은 자명한 사실이다. 비록 서구의 예이기는 하나 근로자 지원 프로그램의 문제해결효과에 관해서 많은 긍정적인 보고가 존재한다. 근로자 지원 프로그램을 실시하는 106개의 기업조직을 대상으로 조사한 연구에 의하면, 술 중독 해소 프로그램이 효과적이었다는 반응이 96%, 마약중독 해소 프로그램은 95%, 가정문제 프로그램은 99%, 진로상담 프로그램이 95%, 재정상담 프로그램이 96% 등으로 믿기 어려울 정도의 높은 수준으로 나타났다고 보고되었다(Luthan & Waldersee, 1990). 다른 연구에서는 근로자 지원 프로그램의 성공률이 78.5%라고 보고하였고(Featherston & Bednarek, 1981), Tune의 연구에서는 95%의 근로자가 근로자 지원 프로그램을 거친 후 회사에서 정상적으로 근무하고 있다고 했다. 이러한 통계수치는 근로자의 문제해결의 성공률이 높다는 것을 의미하는 것으로 생산성향상을 가리키는 직접적인 통계자료는 아니다.

이러한 통계자료를 접하면 대부분, 특히 상담기관의 내용을 잘 아는 사회복지 전문가는, 통계수치의 신빙성에 대해 강한 의혹을 제기한다. 조사대상기관에서 성공률을 부풀려서 보고하지 않는다면, 이렇게 높은 수치가 나올 수 없다고 항변할 가능성도 매우 높다. 물론 그런 가능성을 완전히 배제할 수 없는 직접적인 증거는 없으나, 미국에서 신빙성이 있는 기관이 아니면 관련 학자들이 세계적으로 인정되는 논문집에 게제를 시도하지 않고, 신빙성 없는 자료를 포함하고 있는 논문이 유력한 논문발간기관의 심사절차를 통과하는 것이 불가능에 가깝다. 일단 보고된 통계자료에 대한 신빙성을 인정하고, 성공률이 높은 이유를 분석해 보면 다음 3가지의 해석이 가능하다.

첫 번째 이유로 근로자지원프로그램에 내방하는 근로자의 문제가 상대적으로 심각하지 않다는 점을 들 수 있다. 이 점을 증명할 수 있는 상황은 문제를 가진 근로자가 현직에서 일한다는 사실이다. 일반적으로 국가나 민간기관이 운영하는 술, 마약, 도박 중독치료센터의 주요 고객은 그가 가진 문제의 심각성이 근로를 못할 수준에 이르러 근로중단상태에 있는 근로자라고 볼 수 있다. 즉, 근로자 지원 프로그램(EAP)의 도움의 받는 근로자의 문제는 아직 이직이나 해고의 단계에는 못 미친 상태로, 이미 직장을 떠나게 된 근로자에 비해 문제의 심각성이 치명적인 단계에 이르지 않았다는 것을 의미한다.

두 번째 이유는 문제의 조기 발견이다. 근로자에게 문제가 있다는 사실을 본인만큼 아니 본인보다 먼저 발견할 가능성이 높은 사람은 그의 배우자나 가족보다 그의 직장상사일 가능성이 높다. 근로자가 사회 · 심리적인 문제로 일에 집중력이 떨어지거나 생산성이 저하될 기미가 보이면 이것을 제일 먼저 알아챌 수 있는 위치에 있는 직장의 직속상사일 가능성이 높은 것은 근로자의 근무태도와 작업상황이 부서를 이끌어 가는 상사의 초미의 관심사이기 때문이다. 직장상사 못지않게 근로자의 문제를 조기에 발견할 가능성이 높은 사람은 함께 일하는 직장동료라고 볼 수 있다. 보통 근로자 지원 프로그램에서 문제를 가진 근로자와 접촉이 이루어지는 상황은, 근로자 자신이 직접 찾아오는 경우보다는, 근로자의 문제를 조기 발견할 가능성이 가장 높은 직속상사나 동료의 권유 및 의뢰로 이루어진다.

세 번째 이유이며 문제해결에 가장 핵심적인 요인이라고 볼 수 있는 것이 근로자 자신의 문제해결의지이다. 보편적으로 개인은 어떤 문제를 인지하고서도 문제가 있다는 것을 부인하거나 소홀히 해도 무방하다는 태도를 보일 때가 많다. 자신의 문제를 확인하고서도 문제해결과정에 대한 거부감이나, 문제로 인해 야기될 수 있는 극한상황에 대한 두려움, 또는 현재의 상황이 바쁘거나, 여러 일에 얽매여 있는 이유로 문제에 대한 치료를 미루는 경우가 많다. 이러나 직장 내에서 근로자의 문제에 대한 해결은 개인과 그의 가족이 당면한 문제일 뿐만 아니라 해고와 연결되어 있는 경우가 대부분이다. 근로자 자신의 문제가 해결되지 않으면, 본인과 가족이 문제로 인해 당할 고통은 물론이고, 직장을 떠나야 하는 결과가 당연히 수반된다. 이와 같이 근로자의 문제해결 여부는 그의 고용과 직결되기 때문에 근로자 지원 프로그램에 의뢰된 근로자의 문제해결의지가 일반 상담센터의 내담자와는 비교가 되지 않을 만큼 강하다. 이러한 사실이 근로자 지원 프로그램의 문제해결성과가 일반 사회복지기관의 성공률과는 비교도 되지 않을 만큼 높다는 사실을 뒷받침한다.

근로자 지원 프로그램의 비용절감효과에 대한 조사는 많이 있다. 미국의 경영 잡지가 50개 회사를 대상으로 조사한 바에 의하면, 근로자 지원 프로그램을 통해 상병수당이 33% 감소했고, 직무와 관련된 사고가 65% 줄었으며, 산재보상금 청구가 30% 적어졌고, 결근율이 66% 감소되었다고 보고되었다. United Airlines에서는 근로자 지원 프로그램 투자액 1달러당 16.95달러의 비용절감효과를 보았다고 보고하였고, Kennecott Copper Co는 근로자 지원 프로그램 시행 이후 6배의 비용절감효과가 있었다고 발표하였다(Brody, 1988). 근로자 지원 프로그램의 손비절감효과에 관한 가장 체계적이고 신빙성이 높은 연구조사는 미국의 McDonnell Douglas 항공사의 조사이다. 2만 5,000명의 근로자를 대상으로 근로자 지원 프로그램의 전후를 비교해서 4년간 조사한 결과 프로그램에 투자한 액수의 4배에 달하는 손비감소로 인한 이익이 발생했다고 보고되었다. 좀 더 구체적으로 보면, 술과 마약중독 프로그램으로 인해 일인당 의료비가 7,150달러 감소하고 가족의료비가 8,762달러 감소하였다. 종합해서 보면, 매년 비용감소효과는 개인의 의료비에서 210만 달러, 가족의료비에서 300만 달러, 결근율 감소로 90만 달러 이상의 엄청난 결과가 보고되었다(Stuart, 1993).

미국 전체로 보면 근로자 지원 프로그램의 경제적 효율성이 더욱 극명하게 드러난다. 근로자 지원 프로그램 전문가협회(EAPA)에 의하면, 1990년 미국기업이 근로자 지원 프로그램에 1조 1,172억 원(7억 9,800만 달러)을 투자하여 5조 3,000억(39억 달러) 원의 손비절감효과를 얻어서 약 5배가량의 투자이익이 있었다고 보고되었다(Feldman, 1991).

(3) 고용에 대한 효과

15세기 중반부터 유럽제국의 식민지 확보에 혈안이 되면서 무역이 대규모로 활성화되고, 무역의 주요 상품을 생산하는 모직공업 위주의 수공업이 확장되면서 농촌에서 경작지를 잃은 농민들이 끊임없이 대규모로 도시로 몰려들고, 1, 2차 종획운동으로 인해 도시인구가 급격히 팽창하던 시기에 산업혁명의 물결이 온 사회를 휩쓸었다. 산업사회의 체계에 전혀 적응되지 못한 농촌에서 올라온 부랑자들이 새로 설립된 대규모 공장에 취업하게 되고, 미국의 경우에는 이민자, 소수민족들이 대거 취업하게 되면서 기업복지는 그들을 회사에 정착시키는 수단이 되었고, 특히 이직을 막는 것이 주요과제가 되었다. 이러한 과제를 수행하기 위해서 기업복지가 결정적인 수단으로 활용되어 사택이나 기숙사 등은 근로자의 도주를 방지하는 역할을 하였고, 강제저축제도는 이직을 염두에 두고 있는 근로자의 발목을 잡기에 충분한 효과가 있었다.

19세기 초에 프랑스의 고용주들은 근로자가 사업장에서 지속적으로 일을 하게 하기 위해서, 근로자에게 가족수당을 지급하였고, 1900년대 초기에 미국에서는 기업의 경영자들이 근로자의 이직을 막기 위해서 기업복지의 수준을 높이는 데 관심을 기울였다. 1800년대 전반에 걸쳐서 프랑스의 광산소유자들은 근로자들을 현재의 일자리에 묶어두기 위해 의료서비스와 노령연금을 제공하였다.

그 후에도 기업주들은 현물, 현금, 시설 등을 관행에 따라 제공해왔지만 산업화가 더욱 진전되어 필요한 근로자를 확보하기 어려워지자 근로자의 이직을 어렵게 하는 연금제도 같은 공식적인 제도를 도입하는 사례가 증가해왔다. 그 최초의 사례는 1875년 미국 통운회사(American Express Co)가 도입한 사적연금제도였다. 이러한 연금제도는 근로자에 대해서 개별적으로 기여금이 불입되지만, 이직하는 경우에는 받을 수 없기 때문에 이직과 동시에 여태까지 축적되어 왔던 연금혜택의 기대를 일시에 잃게 된다. 일본의 경우에도 명치 중기 이후에 추진된 중화학공업화로 인해 숙련 노동력이 부족하게 되자 사용자는 숙련공을 양성 · 확보하기 위해 사내교육훈련이나 연공임금 같은 기업복지를 제공하였다(김의명 · 강종수, 1999). 일본과 우리나라의 대표적인 임금체계인 호봉제도 근로자의 이직을 막기 위해 의미가 큰 효과를 발휘한다. 기업의 적합한 능력과 기술을 가진 근로자에게 근로능력이나 성과와 무관하게 매년 2~3% 정도 임금 인상을 통해서 기업이 원하는 종신고용을 뒷받침한다. 종신고용제도 역시 근로자의 이직을 통제하는 인력관리제도로서 기업복지를 통해 공고화된다. 이 제도가, 일면으로는 종신토록 고용안정을 누릴 수 있는 이상적인 제도로 느껴지지만, 종신토록 한 기업에 묶어두는 고차원적인 사회통제 기제라는 점도 명확히 할 필요가 있다. 기업복지의 집단성과 불평등성에 언급된 바와 같이, 근속연수에 따라 기업복지혜택을 차별화하는 구미제국과 일본 등의 기업복지 관행 역시 근로자의 이직을 방지하는 기제로 쓰여 왔고, 정확한 통계수치의 산출은 가능하지 않지만, 이러한 기업복지제도의 이직방지효과는 상상을 초월할 만큼 크다고 해도 과언이 아니다.

그러나 기업복지제도를 통해 근로자의 이직을 방지하는 것만이 능사는 아니다. 새로운 기술의 변화에 발맞추기 위해서나, 구조조정을 통해 저생산성 근로자의 퇴직이 바람직한 경우 근로자를 회사에 묶어두는 기업연금제도는 기업의 효율성에 역행하는 결과를 초래하기도 한다. 이러한 경우, 회사의 권유로 조기은퇴를 하는 조건으로 조기은퇴자가 국가연금을 받을 때까지 받는 조기은퇴 연금제도도 유용하게 활용된다.

근로자 지원 프로그램도 기업주의 입장에서 인적자원관리에 긍정적인 효과를 발휘한다. 우수한 업무능력이 있다고 하더라도 개인의 사회 · 심리적인 문제로 인해 업무의 질이 떨어지고 회사에 손실을 끼친다면 퇴직의 대상이 될 수밖에 없다. 그러한 경우 새로운 인력충원과정을 겉쳐야 하고, 직무관련 훈련 등 많은 경제적인 비용을 초래한다. 그런데 그러한 근로자가 근로자 지원 프로그램을 통해서 문제가 해결된다면 퇴직과 충원의 복잡하고 큰 비용을 요하는 절차가 생략되어 회사에겐 이익이 된다. 회사의 도움으로 개인의 문제가 해결되어 근로자 본인과 그의 가족의 삶의 질이 향상되는 경우, 근로자가 회사에 대한 애사심과 충성심이 전에 비해 크게 신장될 가능성이 매우 높은 점은 부가적인 큰 이익이라고 할 수 있다.

근로자 지원 프로그램의 긍정적인 효과는 근로자의 퇴직과도 관계가 깊다. 일반적으로 노동조합의 조직력과 교섭력이 강한 기업에서는 노동조합의 반대로 인해 노동력의 유연성을 확보하기가 매우 어렵다. 근로자가 자신의 사회 · 심리적 문제나 술, 마약, 도박 중독 등으로 인해 업무능력이 떨어지고, 회사에 손해를 끼치는 경우에도 퇴직권유나 해고하는 것은 노동조합의 반대로 쉽지 않다. 이 경우, 근로자의 문제를 치료하기 위해서 회사에서 제공하는 기업복지서비스인 근로자 지원 프로그램의 도움을 받았는데도 불구하고, 그의 문제가 해결이 안 된다면, 회사로서도 최선을 다했다는 것에 대한 실제적인 증거가 되어 퇴직이나 해고가 상대적으로 용이하다. 이와 같이 근로자 지원 프로그램 같은 직업사회사업적인 전문서비스가 손비절감은 물론 노동력의 유지와 노동의 유연성 확보 면에서 기업에게 이윤창출효과에 기여하는 바가 크다.

가족 친화적 근무환경 조성도 근로자의 이직을 방지하는 데 큰 몫을 담당한다. 세계 최대의 기업인 월마트는 종업원이 뽑은 최상의 기업에 9위를 차지하였고, 가장 큰 이유로 가족 친화적 환경이어서 종업원 중 77%가 "직장이 진짜 가정 같다."고 응답하였다. 따라서 월마트의 종업원 이직률은 같은 경쟁업체보다 낮게 나타났다. 글로벌 중견기업으로 현대 · 기아차에 공작기계를 납품하는 독일 기업인 그로브사 역시 가족적 근무환경을 조성하는 회사로 널리 알려져 있다. 그로브사는 1990년대에 불어닥친 세계화 추세와 그 후의 금융위기의 와중에도 인력구조 조정을 하지 않았을 뿐만 아니라 기업복지혜택을 강화하였다. 그로브사의 이러한 노력은 금융위기를 극복한 후에 더욱 빛을 발하여 매출이 3년 만에 두 배로 성장하였고, 무엇보다도 직원들의 만족도가 높아져서 이직률이 2%에 못 미칠 정도로 근로인력이 안정되는 효과를 가져왔다(국민일보, 2013).

이와 같이 기업복지는 역사적으로도 기업의 필요에 따라 근로자를 유인하기도 하고, 유지하기도 하며, 해고를 용이하게 하는 방편으로 내 · 외부 노동시장에서 수급을 조절하는 기능이 있고, 이러한 기능이 기업복지를 발전하게 하고 기업의 수익성 창출효과를 높이는 중요한 요인으로 자리매김하였다.

(4) 기업이미지 제고효과

기업복지는 기업의 브랜드 파워(brand power)를 구축하고 강화하여 기업의 브랜드 가치를 높이는 데 핵심적인 역할을 한다. 이러한 브랜드파워는 기업의 이미지를 높이고, 기업의 상표와 상품의 인지도를 높여, 기업은 가치가 높은 무형자산인 브랜드 자산(brand equity)을 확보하게 된다. 이러한 기업이미지와 인지도는 크나큰 홍보효과를 창출하기 때문에 홍보비용 감축에도 크게 기여할 수 있다.

어느 언론매체의 기사의 제목을 보면, "좋은 기업은 CEO가 종업원의 스트레스까지 관리한다."라고 되어 있다. 이러한 기업복지서비스를 통해서 '좋은 기업'이라는 명성을 획득하게 되고, 이것이 브랜드 자산에 미치는 영향은 가늠하기 힘들 만큼 크다. 또한 기업복지를 통한 좋은 기업의 위상은 종업원들에 의해서 파급되기 마련이고, 종업원들을 통한 홍보효과는 큰 비용이 드는 언론매체를 통한 광고보다 파급력이 더 큰 경우가 허다하다. 기업의 좋은 이미지는 인력충원에도 크게 긍정적인 효과가 있어서, 다음 장에서 우리나라의 구체적인 예를 들겠지만, 기업복지가 취업하기 원하는 기업의 조건의 상위권에 자리매김하고 있다.

좋은 기업의 종업원 스트레스 관리에는 매우 다양한 방법이 있는데, 대부분 안락한 직장환경, 편의시설, 문화 · 오락시설 및 서비스와 관련되어 있다. 전기한 바와 같은 삶의 질을 증진하는 프로그램이나 시설은 일반인이 보기에도 인간들로 구성된 조직인 기업에 잘 어울린다고 인식될 수 있다. 그러나 기업 내에 사회복지 프로그램이란, 경영과 사회복지의 관계만큼이나 어울리지 않을 뿐만 아니라 서로 상치된다고 판단할 가능성이 높다. 그럼에도 불구하고 기업이 종업원의 개인적인 사생활에 속하는 사회 · 심리적인 문제까지 보살펴 준다면, 좋은 기업이라는 이미지의 종결이라고 단정해도 무리한 평가가 아닐 것이다. 물론 기업의 입장에서는 생산성 향상을 통한 이윤창출의 도구로 직업사회사업적인 전문 프로그램을 도입하여 실시하지만, 문제해결을 통해 근로자와 가족에게도 크나큰 혜택을 제공함을 통해서 기업과 근로자 모두 상생하기 위한 방법을 사용하는 행위에 대한 높은 평가는 그리 과분한 것은 아니다. 비록 시작은 기업주의 '이기적인 동기'로 출발했다고 하지만, 수단은 어려운 입장에 있는 근로자와 그의 가족을 돕는 '선한 수단'이요, 결과는 기업주와 근로자 모두에게 혜택이 돌아간다는 면에서 보면, 기업복지를 통한 좋은 이미지 구축은 '제로섬게임(zero-sum game)'효과보다는 '상생의 효과(synergy effect)'에 가깝다고 볼 수 있다.

2. 기업복지의 사회적(사회통합) 효과

기업복지의 경제적인 효과와 사회적인 효과에 대한 비교는 이 장의 서두에 간략하게 서술된 바 있다. 기업복지는 이윤창출기능의 측면에서는 순기능을 훌륭하게 수행해 온 것이 증명되었지만, 사회통합기능의 측면에서 보면 역기능을 담당해 왔고, 이것이 향후에 더욱 확산될 조짐이 보이는 것이 분명해 보인다.

기업복지는 명칭 자체가 말해주듯 기업과 복지의 합성어이다. 즉, 기업은 경영의 영역이고 복지는 당연이 사회복지의 영역이라는데, 이견이 있을 수 없다. 전 장의 기업복지의 학문적인 성격에서 살펴보았듯이, 경영과 사회복지가 원초적으로 상치되는 관계로서 불안한 동거의 관계를 유지해 왔다. 기업복지가 야기하는 사회적 측면의 갈등관계는 주로 기업과 근로자 간에 존재하는 갈등이나 기업과 노동조합 간에 나타나는 대립에 관한 내용이 주를 이루었으나, 이 장에서 다루는 기업복지의 사회적 효과 혹은 사회적 역효과는 기업 내의 갈등관계보다는 기업 간의 갈등, 또 기업복지의 수혜자와 기업복지로부터 제외된 자 간의 차별적인 관계와, 근로자와 비근로자 간의 잠재적인 갈등관계에 초점이 맞추어진다.

기업복지의 사회적 효과에 대해 긍정적 혹은 부정적인 효과로 규정짓는 것은 사회복지에 관한 이념, 기능에 대한 견해의 차이에서 비롯된다. 앞서 이념부분에 포함된 제도주의/잔여주의, 보편주의/선별주의에서 언급되었듯이 사회복지의 목적과 기능을 보수(右翼)주의 적인 관점에서 보는가, 아니면 개혁(左翼)적인 관점에서 보는가에 따라 기업복지의 사회적 효과에 대한 견해가 달라진다. 사회복지의 이념 모형에는 잔여적 혹은 보충적 모형이 있는데, 이 모형은 사회복지를 가족이나 시장경제와 같은 정상적인 공급구조가 제 기능을 발휘하지 못해 개인의 욕구가 충족되지 못할 때 임시적이고 보충적으로 개입하여 응급조치를 수행하는 것으로 본다(Wilensty & Lebeaux, 1958). 잔여적인 관점은 사회복지가 자본주의 시장경제체제의 장점을 지원하고 약점을 보완하며, 체제를 위협하는 빈곤 같은 사회악을 제거하여 사회적 균형을 유지함을 통해 자본주의체제의 영속화를 꾀하며, 자본주의 시장의 자유가 침해받지 않고 노동유연성 등을 보장하는 입장을 취한다.

반면에 제도적 모형은 사회복지체계를 가족이나 시장경제 등과 같이 사회의 기본적인 기능을 수행하는 제도의 하나로 보는 입장으로, 사회복지를 사회의 중요한 제도로 간주하여 욕구의 원리에 입각하여, 시장경제 작동원리와 구조의 외부에서 사회 구조의 불평등을 해소하기 위하여 보편적 급여를 제공하는 평등추구의 입장을 견지하고 있다(Titmuss, 1974). 제도적 모형에서는 반 시장적인 법안을 통해 규제를 강화하고 공공지출을 늘리며 공공부문의 팽창을 추진한다.

이 책에서 필자가 견지하는 입장은 사회민주주의에서 추구하는 사회복지의 목적과 맥을 같이하는 것으로서, 사회복지가 지향하는 목표를 '사회공동체 형성'이라고 본다. 이러한 입장을 Furniss와 Tilton 복지국가의 분류체계에 대입하여 서술하자면, 평등과 연대의식을 기초한 복지체계 형성을 목표로 하는 사회복지국가(the social welfare state)이다. 같은 맥락에서 최근 사회복지정책에서 주목받고 있는 Esping-Anderson 복지국가의 유형에서, 사회통합을 목표로 하는 사회 민주주의적 복지국가(the social democratic state) 모형에 속한다.

사회복지가 지향하는 목표인 사회공동체 형성은 사회의 부유층/빈곤층, 기득권층/소외계층, 장애인/비장애인 등의 대칭적인 계층 간의 유기적인 통합관계를 통해 달성될 수 있다. 사회통합을 이루기 위한 수단으로는 국민의 최저한의 생활(minimum standard)보다는 최적의 생활(optimum standard)을 국가가 보장함을 통해 빈곤을 척결하고, 제도적인 재분배과정을 통해서 불평등이 완화되며, 개인이나 가족의 사회 · 심리적 문제가 해결됨을 통해 소외에서 벗어나서 사회의 구성원으로 편입되는 과정이 수반되어야 가능하다.

이러한 사회복지에 관한 견해는 Titmuss의 사회정책의 정의에서 잘 나타나 있다.

> 사회정책이란 공통적으로 제공되는 것으로, 사회적으로 인식된 욕구에 대처하기 위해 의도적으로 정교하게 고안된 서비스이다. 사회정책은 사회가 하나의 유기적인 공동체(organic whole)로 생존하고자 하는 의지가 담겨 있고, 모든 사람이, 어떤 사람의 생존과 복지를 위해 돕고자 하는 의지의 표현이다(Titmuss, 1974).

사회복지의 목표인 '유기적인 공동체 형성'은 우리 몸과 같이 다른 기능을 가진 수많은 생체조직이 혈관과 신경으로 연결되어 있는 상황을 가리킨다. 하나의 생체조직이 제 기능을 하지 못하거나 역기능을 수행하면 몸 전체가 고통을 당하거나 생명에 지장을 초래하듯이, 우리 사회 역시 모든 부분들이 유기적으로 연결되어야 건강한 사회가 될 수 있다. 이것은 사회의 각 부분들이 서로 연결되어 상생하는 사회통합의 기능을 통해서 성취되는데, 이를 가능하게 하기 위해서는 빈곤척결, 불평등 완화와 사회 · 심리적 문제 해결을 통한 인간관계 회복이 필수적인 과제이다. 이러한 세 가지 과제 중 기업복지제도로 인해 손상을 가장 크게 받는 기능이 사회통합기능이다. 다시 말하면, 기업복지의 대표적인 사회적 특성인 불평등, 부분적 결속, 자유의 불균형이 불평등을 심화시켜서 사회통합을 저해하는 핵심적인 역할을 수행하기 때문에, 기업복지가 사회적 역기능을 통해 사회분열을 조장하는 역할을 담당하고 있다고 지적하는 것이다.

1) 불평등

(1) 기업 간의 불평등

① 규모별 기업복지의 격차

기업복지체계의 불평등구조가 가장 두드러지게 나타나는 부문이 기업규모 간의 차이이다. 기업규모의 차이가 기업복지의 격차를 초래하는 현상에 대한 일반적인 원인은 기업복지의 자발성에서 찾을 수 있다. 기업복지란 국가의 개입에 의한 보편적이고 획일적으로 시행되는 제도나, 기업경영자들 간의 협의나 타협의 산물이 아니라, 기업주의 자발적인 선택에 의해 결정되는 것이고, 일본의 경우 기업복지시설이나 운영기금에 대해 노사가 협의를 통해 결정하기 때문에 기업 간에, 업종 간에 내용과 운영방식이 다르게 나타나는 것을 당연한 결과라고 여겨진다. 그러나 기업별로 기업복지가 수평적인 측면에서 다른 것이 아니라 수직적인 면에서 격차가 존재한다는 것은 기업 간에 또 다른 근본적인 요인이 작용한다고 볼 수 있다.

19세기 말부터 20세기 초반에 걸친 독점자본주의기에 생산과 자본의 집적 및 집중이 고도에 달하거나 은행자본과 산업자본의 융합 등이 이루어지면서 소수의 거대한 힘을 가진 독점기업들이 출현하였다. 근로자의 생산성을 높이기 위해서 균형임금보다 더 높은 임금을 지불하는 것이 이윤의 극대화를 추구하는 데 이익이 된다는 효율임금이론을 기반으로 높은 임금을 제공할 수 있는 재정적 능력이 충분한 거대 독점기업을 중심으로 높은 임금을 주는 기업과 그렇지 못한 기업으로 나뉘게 된다. 동일한 생산성과 인적자본의 요소를 지니고 있는 근로자에게 지급되는 보상체계는 동일해야 한다는 신고전학파의 주장에 균열이 생기면서 숙련공 중심의 높은 임금과 높은 수준의 복지를 제공하는 대기업들을 1차 노동시장 혹은 내부시장이라 지칭하고, 비숙련공 중심으로 상대적으로 저임금과 낮은 수준의 복지를 제공하는 열악한 근로조건을 지닌 중소기업은 2차 노동시장이라고 분류하는 것이 이중노동시장이론의 내용이다. 내부노동시장을 공고하게 하기 위해서 2차 노동시장인 중소기업이 도저히 흉내도 낼 수 없는 고임금과 수준 높은 복지를 대기업들이 제공하고 이 같은 경향이 더욱더 확산되는 상황이다.

기업규모 간의 기업복지의 격차가 불가피한 또 다른 원인으로, 기업규모가 작으면 기업복지 프로그램을 운영할 수 있는 재정이 부족할 뿐만 아니라, 규모의 경제를 통한 효과를 볼 수도 없고, 행정적인 역량 및 전담 직원 고용 등에 제약이 따를 수밖에 없다. 이러한 맥락에서 볼 때 기업복지제도가 더 확산될수록 대기업과 중소기업 간의 기업복지의 간극은 더욱더 벌어지고 이러한 추세는 기업복지 선진국인 미국이나 일본의 기업복지 역사에서 현저하게 드러나고 있다.

미국의 기업복지는 20세기 중 · 후반에 더욱 확산되는 추세를 보여 왔다. 1966년 총 노동비용 중 기업복지가 차지하는 비중이 17%에 지나지 않았으나, 1977년에는 22%, 1989년에는 27%로 증가하였고, 1993년에는 35%를 상회하게 되었다(최수찬, 2007). 미국 상공회의소의 통계수치를 더 추가하면, 2000년에는 27.7%였으나, 2006년에는 34.8%에 달하였다(U.S. Chamber of Commerce, 2007). 미국을 비롯한 EC 국가에서 기업규모에 따른 기업복지의 편차는 우려되는 만큼 높은 수준은 아니다. 영세기업(5~10명)과 1,000명 이상의 대기업의 기업 간의 복지비용의 차이는 10% 수준을 크게 벗어나지 않는다(Rein, 1996). 그러나 〈표 8-1〉에서 나타난 1995년 미국의 노동통계자료에 의하면 퇴직연금의 경우 대기업 근로자의 78%가 혜택을 받고, 주 · 지방정부 근로자의 경우, 93%인 반면, 100인 이하 중소기업의 근로자는 45%의 낮은 혜택을 받는 것으로 보고되었다. 이와 같이 기업복지의 규모별 격차의 실태도 나라마다, 연도마다, 특히 기업복지 항목마다 큰 차이를 보이는 경우가 많다.

〈표 8-1〉 규모별, 부문별 기업복지의 항목별 참여율(미국) (단위: %)

복지 항목	중소기업(100인 이하)	대기업	주/지방정부
퇴직연금	45	78	93
질병 및 사고보험	26	44	22
장기재해보험	23	41	28
건강보험	71	82	90
생명보험	64	91	89
치과보험	33	62	65
유급휴가	82	91	75
무급 보육휴가	18	60	59

자료: Bureau of Labour Statistics: Employee Benefits in Medium and Large Firm; Employee Benefits in State and Local Government, V(1995).

〈표 8-1〉의 내용을 보면 근로자에게 기본적이고 현재에 필요한 항목은 대체로 중소기업과 대기업 간의 격차가 그렇지 않은 경우보다 작다고 보여진다. 질병 및 사고보험, 건강보험, 유급 휴가의 평균 지급률이 중소기업의 경우 59.7%이고, 대기업인 경우 72.3%로 13.2%의 차이가 난다. 그러나 퇴직연금, 생명보험, 치과보험, 무급 보육휴가의 경우 중소기업의 평균 지급률은 40%인 데 비해 대기업의 지급률은 72.8%로 큰 차이를 보인다. 이것은 기본적이고 시급한 욕구이기에 근로자의 요청압력이 컸을 것이고, 기업의 입장에서도 힘에 부치더라고 배전의 노력을 기울인 결과라고 추측할 수 있다.

기업규모에 따른 기업복지비용의 격차를 연도별로 보면 〈표 8-2〉와 같다. 〈표 8-2〉가 보여 주는 미국의 규모별 기업복지의 격차에 대한 몇 가지 특기할 점을 논의하자면, 첫째, 100인 미만의 영세기업의 1인당 기업복지비용이, 미국상공회의소에서 기업규모별로 1인당 기업복지비용을 처음 집계하기 시작한 1999년에는 5,000명 이상 대기업의 65%에 불과했으나, 2006년에는 79%로 증가하였고, 4년 평균 비용 역시 75%로 1999년에 비해 매우 양호한 수치로 나타났다. 이것은 미국기업복지의 규모별 격차가 점차적으로 감소해왔다는 것을 의미한다. 두 번째 사항은 5,000명 이상의 초대기업보다 500명 이상 2,500명 미만의 중견 내지 대기업의 복지비용이 더 높다는 사실이다. 2006년의 경우, 중견·대기업(500~2,499명)의 1인당 복지비용이 1만 8,477달러인 데 비해, 초대형기업(5,000명 이상)의 복지비용이 1만 7,407달러로, 중견·대기업의 92%로 나타났다. 이것은 기업복지가 일정 규모(이 경우엔 500인 이상)가 되면 초대형기업에 못지않은 기

〈표 8-2〉 연도별 근로자 1인당 기업복지 비용 (단위: 달러)

기업 규모	1999	2001	2004	2006	4년 평균
전체 기업	14, 655	16, 617	18, 358	18, 489	17, 032
전체 제조업	14, 414	16, 183	18, 541	19, 232	17, 092
100인 미만	9, 726	11, 530	14, 411	15, 262	12, 732
100 ~ 499인	12, 268	13, 586	18, 406	16, 441	15, 175
500 ~ 999인	15, 949	17, 664	18, 178	20, 286	18, 019
1,000 ~ 2,499인	13, 488	15, 656	21, 506	25, 129	18, 935
2,500 ~ 5,000인	14, 993	13, 632	17, 887	14, 994	15, 377
5,000인 이상	14, 965	17, 372	18, 057	19, 232	17, 407

자료: U.S. Chamber of Commerce, Employee Benefits(2007).

업복지를 제공하는 것을 의미한다. 5,000명 이상을 고용하는 초대형기업의 1인당 복지비용이 전체 제조업체의 비용과 매우 유사한 것을 보면, 초대형기업은 제조업의 비중이 높을 가능성이 높고, 중견 · 대기업의 업종에는 상대적으로 높은 수준의 기업복지를 제공하는 공공사업 직종이나 전문과학기술 직종 등이 많이 포진되어 있다고 보여지며, 이것이 중간 규모의 높은 복지비용을 설명하는 단서가 될 수 있다. 이 상황에서 잠정적인 결론을 내린다면, 기업규모별 기업복지의 격차는 업종별 기업복지의 격차와 맞물리는 상황으로 보여지며 이 점에 대한 논의는 업종별 기업복지의 격차에서 더 살펴보기로 한다.

미국의 기업복지제도의 규모별 격차가 줄어드는 추세와 어긋나는 현상이 주목을 받고 있는데, 그것은 선택적 기업복지제도의 확산과 관련되어 있다. 선택적 기업복지제도가 기업규모별 기업복지제도의 격차를 증대시킬 가능성이 높다는 이유는 선택적 기업복지의 내용적인 측면과 관계가 있다. 선택적 기업복지가 근로자들에게 환영받으며 기업복지의 핵심적인 체계로서 자리 잡기 위해서는 다양한 복지항목을 제공하는 것이 선결과제이다. 근로자의 다양한 욕구에 비해 턱없이 부족한 복지항목을 나열해 놓는다면, 그것은 선택적 복지제도라고 불리는 것이 적합하지 않은 것은, 모름지기 선택의 자유는 다양하고 폭넓은 선택의 대안이 존재할 때 누릴 수 있기 때문이다. 이런 선택적 기업복지의 특성은 재정적인 능력이 상대적으로 제한된 중소기업으로서는 도입하기 힘들거나, 도입해도 제한된 항목으로 인해 외면받을 소지가 크다. 이러한 선택적 기업복지제도가 미국 기업복지제도의 대세로 부상해오고 있어서, 1990년의 경우 500대 기업 중 75% 이상이 이 제도를 도입해서 활용하고 있고, 1997년에는 미국기업의 52% 이상이 선택적 기업복지제도를 실시하고 있다. 이렇듯 기업규모별 격차를 확대할 가능성이 높은 제도가 미국의 핵심적인 기업복지제도로 자리 잡아온 상황으로 미루어 볼 때 미국에서 기업규모별 기업복지제도의 격차가 커질 것이라는 예견의 신빙성에 무게가 실리고 있다.

기업복지에 관해서는 미국 못지않게 일본의 기업복지제도가 분석의 대상으로 손색이 없다. 1990년대 일본의 기업복지비용은 점차적으로 상승해왔다. 노동비용 총액을 100으로 보았을 때 1988년 15.8%에서 1995년 16.9%로, 1% 정도 완만한 상승곡선을 보이며(이정환, 2001), 같은 기간 기업복지 실시비율은 기업규모별 격차를 보이고 있다. 대기업의 경우 기업복지 실시가 전반적으로 높은 수준에 도달해 있지만 영세 · 중소기업일수록 기업복지제도의 실시비율이 현저히 낮아지고 있다. 〈표 8-3〉에서 볼 수 있듯이, 기업복지 항목에 따른 기업규모별 기업복지의 편차는 상이하게 나타난다. 건강관리제도는 기업규모의 별 영향을 받지 않은 것으로 나타났지만, 주택자금 융자의 경우는 5배 정도의 차이를 보이고 있다. 근로자에게 기본적으로 필요한 복지항목에는 별 차이가 없는 반면 고비용을 요하는 복지항목은 대기업과 영세 · 중소기업에서 실시율이 낮음을 쉽게 볼 수 있다. 즉, 건강관리는 근로자의 기본적인 욕구이기 때문에 큰 차이를 보이지 않아서 영세 · 중소기업의 실시비율이 대기업의 85%를 상회한다. 그러나 토지가격이 고가인 일본에서 사택을 제공하는 것이나, 재산형성제도 및 주택자금 융자 같은 항목의 비율에 있어서는 대기업은 평균 91.5%인 데 반해, 영세 · 중소기업은 42.8%로서 대기업의 47%에도 조금 못 미친다.

〈표 8-3〉 기업규모별 기업복지 실시 비율 (단위: %)

규모 \ 항목	건강관리	여가제도	사택	재산형성	주택자금융자	통근 지원
1, 000명 이상	97.5	97.7	96.8	93.2	84.6	58.3
300~900명	90.2	83.8	77.3	81.9	46.3	45.4
20~299명	81.1	55.7	47.7	64.5	16.3	39.1

자료: 일본 노동부(1990). 임금노동시간제도 등 연합조사; 이정환 외에서 재인용

② 산업별 기업복지의 격차

기업 간의 차이가 기업규모별 격차만큼 크지는 않지만, 산업별 혹은 업종별 기업복지의 편차 역시 기업복지제도의 불평등효과를 증폭시킨다. 미국의 경우, 산업별 기업복지의 편차는 크게 나타나고 있고, 이것은 총 노동비용에서 기업복지가 차지하는 비중 면에서와 연간 소요되는 1인당 기업복지비용으로 예시된다.

산업별 기업복지격차에 대해 1996년에서 2006년의 10년간의 추이를 살펴보면 몇 가지 주목할 점이 발견된다. 〈표 8-4〉를 보면 1996년부터 2006년 사이의 전 산업의 총 노동비용 대비 기업복지 비중은 42%에서 40.7%로 하락하여 큰 차이를 보이지 않지만, 그 기간 동안 매해의 수치를 비교하면 1999년부터 2003년의 4년간의 총 노동비용 대비 기업복지 비중이 37.6%인 데 비해, 그 기간 전후의 평균 수치는 41.4%로 3.8%의 격차

〈표 8-4〉 산업별, 연도별 총 노동비용 대비 기업복지 지출 비율 (단위: %)

산업	업종	1996	2000	2006	2004~2006 평균
전 산업		42.0	36.8	44.2	40.7
제조업	제조업 전체	42.0	36.7	44.6	42.2
	화학, 약품, 연계 업종	33.3	39.7	35.3	39.3
	금속 가공	37.2	34.5	35.9	39.3
	기계 및 장비	46.2	44.9	43.8	37.6
	기구(instrument) 및 부대제품	–	–	50.1	–
	1차 금속	37.1	39.1	24.0	35.6
	인쇄, 출판	36.9	28.9	24.0	31.6
	섬유, 방직	29.2	39.0	41.4	38.7
	기타 제조업	40.9	31.3	33.8	44.2
비제조업	비제조업 전체	41.9	36.8	44.0	40.3
	건설업	–	25.2	28.7	31.8
	금융, 보험	–	33.9	37.9	36.0
	공공사업(수도, 전기, 가스)	46.8	46.6	48.3	50.5
	소매업	35.6	20.4	27.8	24.2
	도매업	34.7	30.3	46.6	41.7
	기타 비제조업	42.4	27.4	55.8	53.4

자료: U.S. Chamber of Commerce, Employee Benefits(2007).

를 보인다. 1999년부터 4년간 총 노동비용 대비 기업복지 비중이 낮아진 이유에 대해서 정확히는 알 수는 없지만 〈표 8-5〉에서 같은 기간의 1인당 기업복지비용을 살펴보면 완만한 상승세를 보이고 있어서, 그 기간 동안 총 노동비용 대비 기업복지의 비중이 작아진 것이 1인당 기업복지비용이 적어진 것은 아니라는 사실이 확인되었다. 이것은 기업복지비용이 총 노동비용에 큰 영향을 받지 않고 꾸준히 유지되는 현상을 반영하는 것으로서, 단체교섭을 통해 근로자의 권리로 받는 기업복지는 기업의 제반 사정보다 영향을 덜 받는 것으로 보여진다.

업종별 추이를 보면 총 노동비용 대비 기업복지비용이 증가한 업종이 화학, 약품 연계 업종, 섬유, 방직업종, 기타 제조업, 건설업, 공공사업, 도매업으로 나타난 반면, 같

〈표 8-5〉 산업별, 연도별 근로자 1인당 기업복지 비용 (단위: 달러)

산 업	업 종	1996	2001	2006	2004~2006 평균
전 산업		14, 086	16, 617	18, 489	19, 001
제조업	제조업 전체	17, 313	16, 183	19, 232	19, 251
	화학, 약품 연계 업종	15, 249	2, 2095	25, 748	25, 406
	기계 및 장비	17, 856	15, 225	24, 081	21, 495
	금속 가공	12, 789	11, 662	16, 346	17, 062
	1차 금속	12, 586	–	14, 008	18, 085
	인쇄, 출판	12, 829	10, 035	10, 888	13, 566
	섬유, 방직	7, 197	9, 094	20, 576	20, 457
	기타 제조업	17, 570	13, 594	16, 307	18, 066
비제조업	비제조업 전체	14, 227	14, 354	18, 228	18, 916
	건설업	–	10, 528	12, 193	14, 765
	금융, 보험	–	16, 964	20, 436	22, 271
	공공사업(수도, 전기, 가스)	23, 251	33, 142	27, 005	29, 971
	소매업	7, 032	8, 303	12, 060	8, 736
	도매업	9, 671	11, 995	21, 491	18, 632
	전문, 과학 및 기술서비스	–	19, 231	28, 591	24, 053
	부동산 및 임대업	–	11, 089	10, 335	12, 681
	기타 비제조업	12, 556	11, 811	18, 739	17, 278

자료: U.S. Chamber of Commerce(2007).

은 기간 동안 비중이 감소한 업종은 기계 및 장비업종, 소매업 정도였다. 그러나 제조업과 비제조업 전체의 총 노동비용 대비 기업복지비의 비중은, 중간에 기복을 보였지만, 아주 완만한 증가현상을 보이고 있는 현상으로 미루어 볼 때, 1996년부터 2006년의 10년의 기간 동안 기업복지비용이 총 노동비용의 40% 이상을 꾸준히 점유하였다는 것을 알 수 있고, 이것은 미국의 복지제도에서 기업복지가 차지하는 핵심적인 역할을 여실히 보여 준다고 할 수 있다. 같은 10년의 기간 동안 1인당 기업복지비용은 꾸준히 증가해 왔다는 사실을 〈표 8-5〉가 확연히 보여 준다. 전 산업의 경우 2006년의 1인당 비용이 1996년에 비해 31% 증가하였다. 이것은 기업복지비용이 임금의 상승수준에 준하여서 증가해왔다고 추측할 수 있다.

산업별 기업복지의 격차를 초래하는 요인들은 여러 가지가 있는데, 기업의 지불능력, 노동인력의 숙련도 혹은 기업특수적인 기술 보유현황, 기업의 노조 유무와 노조가 있다면 교섭력을 들 수 있고, 경제환경, 기업의 규모 등을 들 수 있는데, 그 시기의 미국의 일반적인 경제환경에 대한 자료의 부재와, 각 업종별 경기에 대한 정보가 파악되지 않은 관계로 기업규모(지불능력), 업종별 근로자의 특성(숙련도)과 부문적으로 노동조합 유무를 분석의 요인으로 삼아 간략하게 고찰하면 다음과 같다.

1인당 기업복지비용을 업종별로 살펴보면 기업복지의 특성이 잘 드러남을 알 수 있다. 제조업에서 보면 화학, 약품업종이 2004~2006년간 1인당 복지비용이 2만 5,406달러로 가장 많고 기계 및 장비와 섬유, 방직업종이 그 다음으로 각각 2만 1,495달러와 2만 457달러이다. 이러한 업종은 높은 숙련도와 기업 특수적 기술을 가진 근로인력을 보유하고 있다는 것을 알 수 있다. 다시 말하면, 이런 업종의 근로자들은 쉽사리 대치하거나 충원하기 힘든 고숙련, 고임금근로자이기 때문에, 효율임금이론에서 주장하는 것과 같이, 높은 수준의 기업복지를 제공받는다. 비제조업체 중에서도 유사한 현상이 나타난다. 공공사업의 3년 평균 1인당 복지비용이 2만 9,971달러로 으뜸이고, 전문, 과학 및 시술서비스 업종이 2만 4,053달러로 버금가며, 세 번째가 2만 2,271달러인 금융, 보험업이다. 이 세 업종 모두 고도의 숙련을 필요로 하는 업종으로 제조업체의 경우와 마찬가지로 높은 수준의 기업복지를 받고 있다.

마지막으로, 1인당 기업복지비용이 낮은 업종의 면면을 살펴보면 기업복지를 제공하는 이윤추구적인 경영 전략을 엿볼 수 있다. 전 산업에서 2004~2006년까지 3년 평균 1인당 복지비용이 가장 낮은 업종이 8,736달러인 소매업이고 그 뒤를 부동산 및 임대업(1만 2,681달러)과 1만 3,566달러인 인쇄, 출판업(1만 3,566달러)이 쫓고 있다. 소매업의 경우 고도의 숙련을 요하지 않는 특성으로 충원이나 대체가 용이하고 따라서 임금도 타 업종보다 낮다고 볼 수 있으며, 부동산 및 임대업도 인쇄, 출판업도 크게 다르지 않다고 보여진다. 또 다른 요인으로, 세 업종 모두 기업규모가 상대적으로 영세하다는 추측이 크게 틀리지 않고, 소규모 기업의 지불능력 또한 대기업에 못 미치는 현상이, 낮은 복지비용의 원인이라고 판단된다.

이미 살펴본 대로 미국과 일본의 사회복지체계 및 기업경영 전략에서 기업복지의 중요성은 아무리 강조해도 과하지 않다고 보여지나, 기업의 규모와 산업별 격차 역시 매우 커서 사회통합기능에 역행하는 면모를 충분히 짐작할 수 있다. 그러나 기업별 산업별 기업복지 격차에 대한 미국과 일본의 접근 형태는 큰 차이를 보이고 있다.

총 노동비용에서 기업복지의 비중이 2006년의 경우 35%의 수준에 달하고, 법정복지까지 포함하면 44%에 달하여, 세계에서 으뜸가는 기업복지국가라 해도 손색이 없는 미국에서, 기업복지가 성장할 수밖에 없는 이유에 대해서는 기업복지의 변천사에서 상세히 기술되었다. 자유, 개인주의, 사회적 진화론, 성취 및 대가원칙 등을 바탕으로 하는 '자본주의의 성지(Mecca of capitalism)'라고 불리우는 미국의 경제적 · 문화적 환경에서 잔여적인 국가의 태도, 기업주의 이념과 경영 전략, 독점자본주의 시기의 선두주자로서의 기업구조, 노동인력의 구조 등의 여러 요인이 있지만 그중 단연 돋보이는 요인은 미국의 노동조합의 성격과 그의 따른 일련의 행위들이다.

미국 노동조합의 역사 초기에 개혁적인 성격을 띠었던 노동기사단이 분열 · 와해된 후 AFL과 CIO가 설립되고 통합되어 AFL-CIO라는 거대노동조합이 탄생하면서부터 미국의 노동조합은 복지국가 확립을 위해 노력한 자취가 전혀 없이 영리추구성격의 노동조합 전통을 변함없이 이어온 서구의 유일한 노동조합인 것은 역사에서 잘 나타나 있다. 미국정부의 시장 활성화 전략의 일환으로 사회통제를 통한 노조 길들이기 전략과, 근로자와 그의 가족의 복지는 기업에게 전가하고, 근로능력이 없는 국민에 대한 복지는 국가가 담당함을 통해 이른바 '복지의 분절화' 현상을 초래하였다. 이런 맥락에서 보면, 미국의 기업복지의 발달은 자본 · 노동관계에 대한 국가의 직 · 간접적인 개입과, 이에 순응하여 배타적인 이익을 추구하는 영리노조의 적극적인 수용이 결합된 산물이라고 볼 수 있다.

따라서 미국에서 기업규모별, 산업별 기업복지의 격차는 사회적으로 용인되고 있으며, 정부에 의해 이를 시정하고자 하는 제도적인 노력은 거의 찾아볼 수 없다. 오히려 정부는 기업복지제도에 각종 세금 감면혜택을 제공하여 기업복지의 성장을 유도하지만, 복지격차 해소를 위한 제도적인 노력은 매우 소극적 내지 방관하는 입장을 보이고 있고, 최근의 복지정책의 동향은 복지격차의 문제보다 복지수급자의 선택의 다양화 문제가 기업복지발전에 기준이 되고 있는 듯이 보인다(한국노동복지센터, 2002). 대표적인 경우가 미국 정부에서 적극적으로 권장하는 선택적 기업복지제도인데, 전기한 대로, 제도의 특성상 중소기업복지보다는 대기업에서의 이 제도를 실시하는 것이 매우 용이하다. 이러한 현상과 미국정부가 일관적으로 보여온 태도로 미루어 볼 때 미국의 기업복지제도의 기업규모별, 산업별 기업복지 격차가 고착 혹은 강화될 조짐이 농후하다(한국노동복지센터, 2002).

일본 역시 기업복지의 비중이 미국 못지않게 크고, 전반적으로 기업 간의 격차가 심한 상황이지만, 미국과 달리 기업규모별 기업복지의 격차를 감소하는 문제가 집중적인 관심사로 부각되고 있다. 일본에서는 기업규모별 격차를 줄이기 위해서 중앙 및 지방정부가 제도적 노력을 강구하고 있으며, 그 노력의 결정체가 '중소기업근로자 복지서비스센터'이다. 이 센터는 중소기업사업주와 종업원을 가입대상으로 하고, 그 비용은 사업주 부담으로 하고 있지만, 법인 구성 시 필요한 기본재산은 지방자치단체가 부담하고, 정부가 인건비 및 사무집행비를 보조하며, 운영은 민간 비영리법인이 담당하고 있는 제도로서, 생활안정사업, 건강검진, 체육시설 이용 할인, 개인연금, 퇴직금 공제, 교양 · 기능강좌, 숙박 · 오락시설 알선, 재산형성 사업 등을 제공하고 있다(한국노동복지센터, 2002). 설립된 후의 기간이 그리 길지 않아서 성패를 판단하기는 아직 이르지만, 국가적인 차원에서 노력한다는 의지를 보인다는 사실은 일본 기업복지제도에서 기업 간의 격차가 완화될 가능성에 대한 기대를 갖게 한다.

③ 노동조합 유무별 기업복지의 격차

기업복지발달사에서 노동조합이 결정적인 요인 중에 하나라는 사실에 대해서는 여러 번 언급되고 논의된 바 있다. 기업복지가 때론 조합의 결성을 미연에 방지하는 기제로, 어떤 경우엔 노동조합의 조직력과 교섭력을 약화하는 수단으로 쓰이기도 했으나, 기업복지가 단체교섭제도를 통해 노동조합이 얻어낼 수 있는 전리품의 성격으로 변하면서 기업복지 요구가 사용자를 압박하는 수단으로 활용되었거나, 노사 간 거래의 대상으로 사용되는 등 기업복지를 가운데 두고 노사 간의 끊임없는 화합과 갈등이 꼬리를 물고 반복되어 왔다. 이러한 추세는 1980년대 세계화의 물결 속에 필수과제로 등장한 노동시장의 유연화 전략에 따라 기업복지를 통해 노동조합의 반발을 회피하려는 전략으로 기업복지가 광범위하게 확산되었다. 이렇듯 기업복지가 노동조합의 입장에서 임금 다음으로 적극적이거나 소극적인 거래의 기제로 자리매김했다는 사실은 기업복지와 노동조합의 불가분의 관계를 말해준다. 이런 맥락에서 보면, 노동조합이 결성된 기업과 그렇지 못한 기업의 기업복지 격차는 당연히 또 큰 차이로 존재할 가능성이 높다는 예측에 의심의 여지가 없을 듯하다.

일반적으로 노동조합이 존재하는 기업의 근로자들이 그렇지 못한 기업에 비해서 기업복지혜택에서 우월한 대우를 받고 있다. 실례로 1991년 미국의 경우 노조기업의 91%가 의료보험 적용을 받는 데 비해 비노조기업은 81%만 적용받고 있으며, 산후휴가의 경우 노조기업은 41%, 비노조기업은 36%가 혜택을 받았고, 생명보험의 경우에는 노조기업의 96%가 적용되는 데 비해 비노조기업은 93%가 적용받았다.

기업복지의 산업별 격차에서 공공사업의 1인당 기업복지비용이, 2000년에는 3만 5,084달러였고, 2004년과 2005년에 모두 3만 1,000달러를 상회하였다. 이것을 공공사업 업종의 근로자가 높은 숙련도를 가진 근로자가 주종을 이루는 것 외의 강력한 공공노동조합에 속한 것이 매우 중요한 요인으로 인식된다. 〈표 8-1〉 규모별, 부문별 기업복지의 항목별 참여율에서 주/지방정부의 기업복지 참여율이 대기업 못지않게 높은 수준인 것은 강력한 공무원노동조합의 존재에 힘입은 바 크다고 보여진다.

그런데 석연치 않은 점이 있어 간략한 논의가 필요한데, 그것은 노조기업과 비노조기업 간의 기업복지의 격차의 수준과 폭이다. 노동조합이 기업복지의 결정적인 요인이라면, 노조기업과 비노조기업 간의 격차가 무척 크리라고 기대되는데, 실제로 표기된 예만 보아도 격차가 10%를 넘지 않는다. 이것은 기업복지에서 노동조합의 변수가 비중 있는 변수가 아니거나, 다른 원인이 있음을 암시한다.

실제로 기업복지는 노동조합의 세력을 약화시키거나 회유하고자 하는 의도로도 제공되지만, 노동조합이 없는 기업에서 노조결성을 미연에 방지하는 도구로도 활용된다고 이미 언급하였다. 노동조합의 결성이 근로자의 노동3권 중의 대표적인 단결권으로서 법으로 보장되어 있는 근로자의 기본권이기 때문에 절대적으로 침해될 수는 없다. 다만, 근로자 자신들이 노동조합을 결성하지 않을 수는 있고, 기업주의 입장에서 노동조합이 있는 기업에 상응하거나 더 높은 임금과 기업복지를 제시하는 방법으로 노조결성을 방지할 수 있다. 다시 말하면, 기업복지는 양날의 칼 같아서 노조 결성 이전에는 방지하는 도구로 사용되고, 노조가 일단 결성되면 약화나 노사분규의 회피 수단으로 사용되기 때문에 노조기업과 비노조 기업의 차이가 기대수준보다 낮은 것이다.

노조기업과 비 노조기업의 격차가 예상보다 더 작은 이유는 노조기업의 비중과도 연관이 있다. 1974년 미국의 노조 가입률은 25%였으나 2014년의 통계를 보면 11%로 하락세에 직면하고 있다. 같은 해 공공분야를 제외한 민간분야의 노조 가입률은 6.6%로 공공부문 가입률의 절반 정도의 수준에 머무르고 있다. 이러한 사실은 노조기업의 기업복지 혜택이 양과 질의 측면에서 비노조기업보다 우월한 것은 노조기업이 대부분 공무원노조나 대기업노조가 주를 이루고 있어서 막강한 교섭력과 조직력을 바탕으로 해서 기업복지의 특혜를 누리는 것과 무관하지 않다. 만일 노동조합의 가입률이 더 하락하게 된다면, 일부 소수의 공기업노조와 자동차노조나 철강노조 같은 막강한 노동조합을 제외하면, 기업복지의 노조기업과 비노조기업의 차이는 의미를 상실했을 가능성이 높다.

규모별, 산업별, 노조유무별 기업복지의 격차를 고찰한 종합적인 내용이 지목하는 점은 수익성 창출의 수단으로서의 기업복지의 특성이 다시 구체적으로 확인되었다는 사실이다. 기업복지는 근로자의 기업특수적인 노동특성을 활용하기 위한 수단으로서 이직과 충원비용이 상대적으로 큰 업종에서 활성화되었다는 사실과 자본, 인력, 기술이 집중되어 있고, 따라서 지불여력이 충분한 대기업 중심으로 유용하게 사용된다는 현실이다. 역으로 말하면, 숙련도가 낮고, 기업규모가 영세하며, 노동조합이 조직되어 있지 않거나 교섭력이 약하고 무엇보다도 임금이 낮은 경우에는 근로자와 그의 가족의 필요(need) 혹은 욕구와는 무관하거나 반비례하는 성격을 지니고 있다는 것이다. 이러한 현상이 지속될 때 '부익부 빈익빈'의 현상으로 불평등구조가 심화되고, 그것은 사회 전반적인 갈등, 소외, 도태 등으로 이어져, 사회공동체라는 허울뿐인 껍데기 속에서 집단 이기주의와 약육강식의 사회적 진화론적인 정글의 법칙을 기반으로 한 반사회적 효과가 확산된다는 것이다.

2) 분리와 결속

기업복지의 분리와 결속(divide and integrate)이란 위에서 기술한 기업복지의 불평등구조가 형성되는 현상과 불평등구조 내에서 각 집단 자체 내의 결속이 이루어지는 현상에 기여하는 기업복지제도의 실제에 관한 서술이다. 이 절에서는 기업복지과 관계되는 분리현상과, 분리된 개체 자체 안에서 공고화되는 과정에 대해서 좀 더 넓은 시각에서부터 접근하여, 근로자와 비근로자의 분리를 의미하는 사회계층화 현상과, 기업 간의 분리현상, 정규직과 비정규직 간의 분리실태, 노조와 비노조 간의 분리현상, 또 기업주와 근로자 간의 통합현상에 대해서 논의된다.

(1) 사회계층 간의 분리

사회계층 간의 분리란 복지체계로 근로자와 비근로자를 분리하는 이른바 '계층화' 현상을 가리키며, 기업복지가 계층화 현상에 영향을 끼치는 과정에 대해 설명한다. Esping-Anderson은 복지국가의 유형을 분석하는 기준으로 '탈 상품화'와 '계층화'를 제시하였다. 탈 상품화란 노동자 자신이 노동시장에서 일하지 않고도 복지수요가 있을 때 국가가 어느 정도 제공해주는가의 정도를 의미하며, 탈 상품화 지수가 높을수록 사회연대성 구축에 높은 효과를 가져오는 것을 의미한다. 계층화란 사회복지를 통해서 계급과 신분을 구분하는 정도를 말한다. 다시 말하면, 근로능력이나 사회적 지위에 따라 다른 복지제도를 통해 계급이나 신분별로 상이한 복지급여를 제공하는 것을 말한다(사회복지교육연구센터, 2015).

계층화를 나타내는 가장 일반적인 예는 사회보험과 공공부조제도로서, 근로능력이 없는 자나 근로능력이 상실된 자는 공공부조제도를 통해 지원받고, 근로능력이 있어 실제 노동시장에서 근로하는 근로자는 사회보험에 가입되어 근로하지 못할 경우에도 기본소득을 보장받는다. 경제적인 측면에서 수요와 공급의 자율적인 규제가 불가능해지고, 자본주의 시장경제체제의 구조적인 문제로 인한 사회적 피해와 그로 인한 갈등상황을 효율적으로 관리하기 위해 국가가 경제와 사회 측면에 직접적으로 개입한 복지국가를 통해 불평등이나 계층화 현상이 완화한다고 이해하지만, 그것은 복지국가의 유형에 따라 각자 다른 결과를 유발한다.

사회민주주의 국가 모형에는 불평등 완화효과가 역력하지만, 스웨덴 등의 스칸디나비아 국가를 제외한 그 외의 서구의 복지국가(Furniss & Tilton의 사회보장국가, Esping-Anderson의 조합주의적 복지국가)에서는 사회복지정책이 기존의 계층구조를 강화하거나, 새로운 계층구조를 형성하기도 하고, 기존의 계층화를 그대로 유지시키기도 하며, 계층화를 확대시키기도 한다. 복지국가의 출현으로 모든 계층에게 동등한 복지가 주어지는 것은 아니며, 사회민주주의 모형을 복지 모형으로 선택하지 않은 대부분의 복지국가에서는 새로운 사회복지제도도 기존의 사회적 지위를 그대로 반영하며 유지하는 형태로 도입되는 경향이 있다.

이질적이지만 사회복지의 한 형태로 분류되는 기업복지는 기존의 계층화 현상을 그대도 반영하는 기제로 시작되어 사용자와 국가에 의해 계층화 확대에 괄목할 만한 역할을 하는 제도로 활용되어 왔다. 가장 대표적인 예는 세계의 최강 선진경제대국이지만 사회복지의 측면에서는 복지국가(welfare state)의 반열에도 들지 못하고 복지체제(welfare regime)라고 분류되는 미국에서 쉽게 발견된다.

20세기 미국의 사회정책의 역사를 보면 1935년의 제정된 사회보장법과 와그너법에 의해 미국사회보장체도의 체계가 수립되지만 그것은 근로능력이 없는 빈곤한 자는 공공복지체계에 흡수하고, 근로자의 복지문제는 기업에게 전가하는 국가의 태도에, 비용이 더 들지언정 국가 개입의 최소화를 강하게 원하는 사용자의 의도가 맞아 떨어져서 분절화된 미국복지체계를 수립하는 기초가 되었다.

현재의 상황에도 미국의 사회정책의 역사가 그대로 재현되었음을 선명하게 보여 주고 있다. 공공복지체제에 뒤늦게 명함을 내민 한국에도 4대 사회보험제도가 있는데, 미국에서는 산재보험과 실업보험의 2가지 사회보험제도밖에 없다. 근로자의 노후 보장을 위해 매우 중요한 연금제도와 근로자와 그의 가족의 생존을 위해 필수 불가결한 건강보험을 기업의 자발적인 의사에 의해 제공되는 대표적인 민간복지제도인 기업복지에 전가하였다. 법정육아휴직을 실시하지 않는 국가가 지구촌에 단지 두 국가 뿐인데, 그것은 파푸아 뉴기니와 미국이다. 산재보험이나 실업보험은 근로능력유지 차원에서 보면 연금제도나 건강보험에 비해 경제활동에 더 직접적인 연관이 있다고 볼 때 공공복지정책에도 이윤추구의 경제 논리가 매우 뚜렷하게 드러나 보인다. 그리고 근로자의 복지를 위해서 필수적인 연월차 휴가, 일반 휴가, 병가까지도 법으로 정하지 않고 선택과 집중으로 인한 불평등에 기초한 사용자의 자발적인 의지에 맡기는 형국이다. 이러한 정부의 노골적인 의도는, 전 절에서 살펴 본 바와 같이, 기업복지가 기업 간의, 기업 내의 여러 단면에서 의도적으로 불평등하게 지급되어, 부익부 빈익빈현상을 초래함을 통해 사회통합에 역행하여 공동체를 해체로 이끄는 빈익빈 현상의 주범으로 지목되고 있다.

(2) 기업단위의 결속

기업복지를 통한 기업주와 종업원 간의 결속은 기업복지 역사의 초기의 보편적 현상이라고 볼 수 있다. 기업복지의 효시가 되었던 영국의 Owen은 1803~1815년에 걸친 나폴레옹전쟁에서 영국이 워털루 전투로 승리를 이끌었지만 불경기와 사회의 피폐상황이 심각하였음에도 불구하고 뉴 라나크(New Lanark)에 공장촌(company town)을 건설하고, 이어서 프랑스의 Fourier가 공동마을(phalanxes)을 세운 것 등이 기업가족공동체의 초기의 실체였다. 이러한 공동체는, 기업복지의 역사에서 언급된 바와 같이, 기업복지 선각자들의 근로자들에 대한 인도주의적인 연민, 온정주의적 책임의식, 기독교 신앙을 기초로 한 사명감, 공리주의를 바탕으로 한 인본주의 등의 발로라고 볼 수 있다.

산업화과정에서 후발주자였던 미국에서도 비슷한 상황이 전개되었다. 19세기 말부터 급속도로 발전하게 된 자본주의 시장경체체제는 전통적인 생활양식을 근본적으로 변화시켰으며, 이것은 근로자의 생활에 심각한 문제를 초래하게 되었고, 기업도 높은 이직률과 낮은 생산성 및 강도 높은 파업 등의 치명적인 문제에 봉착하게 되었다. 이와 같은 근로자의 문제와 기업경영상의 문제해결의 대안으로 인보관운동(settlement house movement)을 모형으로 한, 회사가 제공하는 사택, 기숙사, 병원, 식당, 문화 · 휴양시설 등의 시설과 서비스를 구비한 기업공동체(company town)의 건설로 대처하려 하였다. 물론 당시 대기업으로 성장하여 수많은 근로자를 고용하는 여러 기업복지 실시기업들이, 농촌이나 외딴 지역에 자리 잡고 있어서, 사택, 식당, 병원 등의 생활필수시설 등을 기업에서 제공하지 않으면 지속적인 근로가 불가능한 상황이었기는 하나, Owen 등과 같이 자신의 신념, 신앙 혹은 경륜을 펼칠 구체적인 대안으로 여기며 꿈꾸던 이상촌(ideal town)을 건설하는 것이 생산을 위한 필요성보다 우선했을 가능성이 높다.

이러한 기업공동체 건설은 2차 집단을 의미하는 타인사회 혹은 이익사회(gesellschaft)를 1차 집단인 공동사회(gemeinschaft)로 전환하고자 하는 기업주의 의도라고 해석할 수 있다. 공동사회(gemeinschaft)란 대인관계가 농촌사회와 같이 전통사회의 풍습으로 정해지고 규제된다. 사람들은 서로 직접 상대하며 관계를 맺고 이러한 관계는 자생적인 의지에 의해 자발적이며 자연스럽게 일어나는 감정들과 정서의 표현들에 의해 결정된다. 구체적인 내용으로서 종합적 관계, 직접적 관계, 심층적 관계, 거명적 관계, 지속적 관계가 이루어지는 사회이다. 반면에 이익사회(gesellschaft)란 합리적 의지의 산물로서 합리적인 이기주의와 타산적인 행동으로 엮여진 관계 중심의 사회로서, 가족, 친척, 종교 등 전통적인 유대를 약화시키는 기능을 한다. 경제적 · 정치적 이익을 고려하여 합리적으로 구축되는 관계이기 때문에 비인격적이고 간접적인 특성을 지닐 수밖에 없으며, 관계의 구체적인 내용으로 단편적 관계, 간접적 관계, 피상적 관계, 익명적 관계, 무상적 관계로 구성되는 공동체라고 할 수 있다. 대규모 산업조직이나 관료주의 체계 등 현 사회에서 대부분의 핵심조직이 이익사회적인 공동체의 특성을 가지고 있다.

공동사회(gemeinschaft)는 공동의 목표와 공유하는 가치관 그리고 공동으로 존재한다는 개념 속에 상호결속으로 맺어진 인간들의 관계이다. 기업복지는 이러한 공동체를 형성하기 위해서 기업의 발전을 통한 이윤창출이라는 공동의 목표와, 기업주가 가부장의 위치에 서는 온정주의적 가치관을 기초로 하는 기업마을(company village)을 건설하는 전형적인 기제로 활용되었다(우재현, 1984). 그러나 이러한 시도는 기업의 본질적인 존재 이유가 상호이익이 아니라, 개별적인 이윤추구를 목표로 계약으로 맺어진 조직이고, 개별 기업조직의 구성원들의 연대 역시 계산된 연대이기 때문에, 기업주와 종업원의 관계가 상생의 관계라고 하지만, 기업주/종업원의 상호의존적 관계에 추가해서, 기업주/노조원의 상호갈등적인 관계가 존재하므로 기업공동사회(gemeinschaft)가 되기 어려운 원초적인 한계를 배태하고 있었다. 요컨대, 기업공동사회(gemeinschaft)는 자본주의적 질서로부터의 격리를 시도한 노력이었기 때문에 자본주의 시장경제체제의 확산의 과정 속에서 오랫동안 유지될 수는 없었다.

그러나 기업공동사회(gemeinschaft) 구현을 위한 시도는 서구와는 문화적 특성이 전혀 다른 일본에서는 성공적으로 정착되어 있다고 볼 수 있다. 일본의 기업복지제도는 기업주의 온정주의적인 가치관이 실체화된 현상이었는데, 기업주의 온정주의적인 경영이념이 국가 관료와 경영주의 의도적인 노력에 의해 노사관계의 핵심적인 가치로 창조되었다(조흥식 외, 2001). 이런 맥락에서 보면 이 시기에 정착된 온정주의적 노사관계는 일본사회의 전통 및 문화유산과 함께 대두된 노동운동에 대한 국가의 합리적 대응방안의 결합이라고 볼 수 있다.

제2차 세계대전 후 격화되었던 노동운동이 쇠퇴하면서 노사협조주의가 본격적으로 가동되기 시작하였고, 고도 성장기에 들어선 일본은 기업들은 전쟁 전의 온정주의에 입각한 기업복지의 이념을 새로운 것으로 대체하고자 하였다(송호근, 1965). 새로운 이념이란 '신 온정주의(neo-paternalism)' 혹은 산업적 온정주의를 말하는데, 신 온정주의란 전통적 온정주의의 특성이 기업사회의 제도적인 규율과 절차에 스며들어 있는 현상을 말한다. 예컨대, 전통적 온정주의 속의 가부장이 형제의 연령적 서열에 따라 아버지의 재정지원과 유산이 분배되는 전통이 일본 기업의 4대 특징 중 대표적인 연공서열제로 제도화되었고, 가족 간의 불가분리의 혈연관계를 상징적으로 반영하는 종신고용제로 변환되었으며, 노사 간의 원초적인 갈등관계를 화합관계로 전환된 기업노동조합제도와, 가부장의 입장에서 자녀의 의식주 건강, 교육 등을 책임지는 온정주의적인 보살핌과 책임의식이 기업복지 형태로 체계화된 것이 신 온정주의적인 일본 기업의, 또한 기업복지의 특성이라고 볼 수 있다. 구체적인 예로 1965년에 일경련(日經聯)에 의해 발표된 '복리후생합리화의 기본방향'은 신 온정주의에 기초한 새로운 시도로서 현재까지 일본의 기업복지제도의 뼈대와 핵심을 이루고 있다.

(3) 노조 비노조 간의 분리 및 결속

노동조합원이 누리는 고임금과 높은 수준의 복지와 비정규직을 포함한 비노조원이 받는 임금 및 복지 간에는 큰 격차가 있다. 전 절에서 노조기업과 비노조기업 간의 기업복지의 격차가 그리 크지 않다고 기술한 바 있지만, 그것은 노조기업 전체와 비노조기업 전체를 종합적으로 분류해서 나온 수치이기 때문이다. 실제로 비노조 기업 중에서 영세기업인 비정규직 근로자들의 임금과 복지는 노조기업 중 소위 '귀족노조'라고 불리는 대기업 노동조합이나 공공부문 노조에 비하면 일반적인 상식의 한계를 뛰어넘는 불평등이 존재하고 있다. 그러한 맥락에서 보면, 노조기업과 비노조기업의 기업복지의 차이는 기업규모별 기업복지의 격차를 뛰어넘을 정도로 심각하다.

이러한 현상은 노동조합의 성격에 따라 좌우된다. 전기한 바와 같은 개혁노조의 경우에는 노동조합이 자본가, 노동자 계급 간의 불평등을 완화하는 노력을 기울여왔고, 상당부분 성공을 거두었지만, 실리를 추구하는 영리노조의 경우에는 기득권층의 노동자와 피해계층의 노동자 간에 분리현상이 가속화되고, 같은 계층 안에서의 결속은 강화된다. 미국의 영리노조의 예를 찾자면, 단연 철강노동조합을 지목할 수 있다. 미국 철강노조는 이른바 '귀족노조'의 전형으로서 공공산업복지보다 기업복지를 선호하는 태도를 취하고 있다. Root(1982)는 이에 관련된 근거로 4가지 내용을 제시하는데, 첫째, 철강노조에서는 미국 사회보장제도가 부정 수급 같은 복지사기(welfare fraud)와 방만한 재정운영 상태 등의 극히 비효율적인 제도라고 비판하며 공공복지의 최소화를 주장하고 있다. 둘째, 기업복지제도는 노동조합을 통해 직접 교섭하고 또한 영향력을 행사 할 수 있는데 비해 공공복지는 그것이 여의치 않다고 불만을 토로하였다. 즉, 기업복지혜택이 단체교섭제도를 통해 확정된 기업복지혜택은 법에 의해 철저히 보호받지만, 공공복지는 민주당에 의해 제도화되었다가도 공화당이 집권하면 취소될 수 있는 점을 지적한 것이다(Root, 1982). 세 번째는 공공복지의 기본적인 욕구 보장의 성격으로 인해 제공하는 급부의 수준이 매운 낮다는 점을 들고 있다. 실업보험의 경우, 국가보험의 지급액수가 턱없이 낮아서 실업보험보조금(supplementary unemployment benefits- SUB)으로 보완하지 않을 경우 실직상태의 생계유지에 큰 어려움이 야기된다고 주장한 것으로 사회보험의 '하향평준화' 현상을 비판한 것이다. 넷째 이유는 공공복지의 확대는 세금의 상승을 초래하지만, 기업복지는 그와는 무관하기 때문에 기업복지를 선호한다는 것이다.

세 번째 이유인 하향평준화에 대한 거부감, 즉 공공복지의 보편성과 그에 따른 최저성에 대한 비판적인 시각에서 철강노조가 귀족노조로 불리는 원인이 고스란히 드러난다. 공공복지는 보편성에 의해 전 국민을 상대로 제공되고, 또한 최저한의 생활보장의 목적 아래 제공되기 때문에 미국같이 낙후된 복지체계에서 혜택의 수준은 매우 낮을 수밖에 없다. 이런 현상은 철강노조원들의 고임금으로 인한 높은 기여금이 보편적인 재분배 과정을 통해서 평준화되기 때문에 노조원들의 수혜수준이 하향평준화의 영향으로 매우 낮아진다는 점을 이유로 들고 있다. 사회보험의 기초적인 보장마저 없다면 기업복지를 받지 못하는 근로자는 완전히 무방비상태에 내몰린다는 것을 알면서도 외면하는 철강노조의 태도는 영리추구의 성격을 넘어 상대방의 희생에 편승해서 자신의 유익을 챙기는 영리노조의 극히 이기적인 면모를 여실히 보여 주고 있다.

3) 불평등 심화

일반적으로 불평등이 주는 느낌은 부정적인 측면이 많다. 그래서 대개 불평등의 단어 뒤에는 '척결', '해소', '완화' 같은 명사가 뒤를 잇는다. 정치적인 측면의 불평등은 독재정권의 탄압을 의미하며 정치적 후진성을 대변하는 것이어서 철저히 배격되고, 사회적 불평등은 모든 인간의 기본적인 존엄성의 침해 등으로 나타나는 인간의 기본권의 침해부터 시작하여 사회공동체를 허물어뜨리는 빈부 간의 차별과, 그에 의해 초래되는 갈등으로 이어지기 때문에 최소화되어야 할 것이라고 주장한다. 그러나 경제적인 불평등에서는 양면성이 존재한다. 자본주의를 신봉하는 입장에서는 불평등이야말로 인간의 노력을 이끌어 내는 핵심적인 유인동기라고 보아서 필수 불가결하다고 주장하거나, 최소한 당연시한다. 경쟁에서 살아남거나 이긴다는 사실은 불평등을 추구하는 행위 자체로서, 불평등구조에서 최고의 위치를 선점하거나 아니면 최소한 뒤떨어지지 않기 위해 피나는 노력의 결과가 경제성장이며 국가사회의 발전이라고 주장한다. 그러나 뒤처지는 자의 입장도 고려하여, 기득권층 중심의 지배구조를 안정적으로 유지하기 위한 통제수단의 방편으로 또는 인도주의적인 측면에서 우러나오는 동정심의 발로로서, 복지 제공을 통해 최소한의 생계유지를 허용하며 기존의 자본주의 시장경제체제 유지에 지장을 주지 않은 한도 내에서의 불평등 완화를 소극적으로 용인한다. 물론 거기에는 국가가 주체가 되는 것은 자유침해의 소지가 있고 투자의욕을 억제할 위험이 도사리고 있으므로, 자발적인 민간 복지를 최대한 활용하는 것이 최선이라는 단서가 붙는다.

경제적인 불평등과 그에 따라 형성되는 사회적인 불평등문제에 대한 대책으로 '재분배'라는 과정이 어김없이 거론된다. 재분배에는 두 가지 형태가 있는데, 하나는 '수직적 재분배(vertical redistribution)'이고 또 다른 것은 '수평적 재분배(horizontal redistribution)'이다. 수직적 재분배란, 'Rob Paul to pay Peter.'로서 '폴에게서 뺏어서 피터에게 준다.'란 뜻으로 Paul은 부자를 말하고 Peter는 가난한 자를 의미한다. 반면에 수평적 재분배란 'Rob Peter to pay Peter.'로서, 가난한 자에게서 뺏어서 가난한 자에게 준다는 의미로, 동류끼리의 재분배를 말한다. 여기서 계층 간에 불평등을 강화 혹은 완화하는 시키는 것이 수직적 재분배이고, 계층 간에 격차를 심화시키는 기업복지는 역재분배의 성격을 고스란히 띠고 있다. 그렇다고 기업복지를 통한 역재분배가 가난한 자의 것을 빼앗아서 부자에게 주는 것은 결코 아니다. 이런 현상은 과거의 전제 군주시대나 독재시대에 존재하는 것이지 현재의 민주주의 정치체제를 유지하고 있는 선진사회에서는 볼 수 없는 현상이며 더구나 복지라는 이름하에는 상상도 할 수 없는 상황이다. 기업복지로 인하여 불평등이 심화되는 현상을 대별하면, 기업복지가 빈곤층에게 돌아갈 이전 소득을 사전에 차단하는 효과가 있다는 것과, 경제적으로 우월한 입장에 있는 집단을 우대하고, 열등한 집단을 홀대함을 통해 두 집단 간의 격차가 커지는 이른바 '부익부 빈익빈' 현상을 기업복지가 부추기고 있는 상황을 말한다.

(1) 기업복지의 이전소득 차단효과

기업복지의 이전소득 차단효과는 국가와 기업주의 사이에서 이루어지는 것으로 공공복지와 기업복지의 관계 속에서 극명하게 드러난다. 이러한 관계는 제3장 기업복지의 기초적 이론에 기술된 국가와 기업의 상호작용론적인 접근방법의 테두리 안에서 이해할 수 있다.

먼저 기업의 입장에서 보면 원칙적으로 시장경제체제 내의 기업주는 국가의 간섭이나 개입에 대해 거부감을 가지고 있다. 자본주의 초기에서 기업주가 원하는 국가의 역할은 도둑이나 지키는 '야경국가'의 형태였고, 산업화가 발전하는 과정 속에서도 기업사회가 바라던 국가의 역할은 자본주의의 보이지 않는 손이 원활하게 작동할 수 있고, 원초적인 자유경쟁체제가 최대한으로 보장받을 수 있는 법의 제정자와 (rule-maker), 그 법이 철저하게 준수될 수 있도록 하는 심판(umpire)의 역할이었다. 이러한 태도는 경제적인 측면이나 사회적인 측면에서 일관되게 유지되어 국가가 제정하는 공공복지제도에 대해 극구 반대하는 입장을 취해왔다. 그것은, 근로자를 위한 공공복지제도인 사회보험제도는 기업주와 근로당사자가 그 비용을 모두 부담하면서도 제도의 효과에 대한 긍정적인 평가와 인정이 국가에게 돌아간다는 비판을 근거로 한다. 감추어진 이유로는, 낮은 법인세와 함께 공공복지에서 기업에게 할당된 지분을 부담하는 비용으로 기업이 자체적으로 기업복지를 실시하면 기업복지의 사회통제와 생산성향상을 통한 수익성효과를 고스란히 기업이 누릴 수 있기 때문이다. 그래서 공공복지가 복지국가의 형태를 갖추며 발달하기 이전부터 미국이나 일본 같은 기업복지 선진국에서는 자체적으로 높은 수준의 기업복지를 제공함으로써 근로계층을 위해 복지를 요구할 수 있는 노동조합 같은 조직적인 세력을 회유하였고, 그런 배경에서 미국에서 단체교섭제도에 기업복지가 포함되면서 기업복지의 시혜적인 부정적인 요소를 떨쳐내게 되어 기업복지가 탄탄대로 위에서 확산일로의 길을 걸어왔다.

기업의 이러한 태도가 자본주의체제의 본산인 미국 정부의 이해관계에 적절하게 부합되었다. 최균은 미국 정부의 이러한 태도와 행위를 시장순응적 전략과 시장형성적 전략으로 규정하였다. 시장순응적 전략이란 적자생존의 원칙을 강조하며 노동정책의 경우 자본주의 시장질서에 저항할 수 있는 노동조합을 태프트-하틀리법 등을 통해 영리노조로 길들이는 노력을 경주한 예를 통해 나타났다. 시장형성적 전략이란 비합리적인 요소에 대한 일정한 개입을 통해 시장기능의 재편성 및 시장구조의 정리를 위한 정책지향성을 갖는 것이다. 이런 맥락에서 노동계급의 복지문제는 국가의 책임에 의해서라기보다는 시장기구에 의해서 해결되도록 하는 소극적인 태도를 보이고, 노동계급의 국가를 대상을 하는 복지향상 욕구는 억압되고 배제되어 기업복지 같은 시장 지향적 복지체제로 귀결된다고 주장하였다(최균, 1997). 미국 정부의 이러한 접근은 근로자를 대상으로 하는 복지책임을 기업이 맡음으로써 국가의 간섭을 사전에 배제하기 원하는 기업의 요구를 국가의 입장에서 적극적으로 호응하여 세금을 감면해주고, 노동조합을 통제하는 노동정책 등의 혜택을 기업에 제공함으로써 자본가의 정치적 지원과 충성을 얻어내게 되고, 공공복지의 비용부담 책임 등도 절감되는 일거양득의 효과를 가져왔다. 이와 같이 기업복지는 국가와 기업주의 이념과 이익이 맞아 떨어지는 야합의 형태를 갖추며 기업복지로부터 제외되는 대상에 대한 '지대추구행위(자신의 이익을 위해 로비, 약탈, 방어 등의 비생산적인 활동에 경쟁적으로 자원을 소비하는 현상)'의 수단이라고 해도 과언이 아니다.

이러한 국가와 기업의 밀접한 관계의 1차적인 피해자는 빈곤한 비근로자 계급이다. 앞서 기술된 국가의 잔여적인 태도와 행위는 공공복지의 전반적인 약화를 초래한다. 기업에게 근로자의 복지에 대한 책임을 전가하는 상황에서, 세금징수의 수준은 자본가들이 자신들이 근로자의 복지책임을 담당한다는 이유 있는 반발로 인해 낮을 수밖에 없고, 기업복지 세제 감면제도로 인한 막대한 조세 지출이 수반되므로 국가의 재정이 빈약해지며, 이는 당연히 공공복지예산의 삭감이나 최저의 수준으로 이어지게 된다. Wilensky는 "기업주의 기업복지비용 부담이 커지면 커질수록 공공복지에 할애되는 국가 예산은 줄어든다."(Wilensky, 1975)라고 지적하였다. 빈곤한 비근로자가 오로지 기댈 곳은 공공복지뿐인 상황에서, 국가와 기업의 결탁의 산물인 기업복지의 확산은, 그들에게 돌아갈 복지혜택을 결과적으로 차단하거나 경감하는 효과를 가져온다. 이러한 상황을 Tawney는 다음과 같이 묘사하고 있다. "Freedom for pike means death for minnows(Tawney, 1965)." 의 뜻은 "강 꼬치고기의 자유는 송사리의 죽음이다."이다. 여기에서 강 꼬치고기란 송사리를 잡아먹는 물고기로서 이해를 돕기 위해서는 "피라니아의 자유는 송사리의 죽음이다."라고 하는 것이 더 적절할 것 같다. 국가는 기업복지를 통해 노동계급의 조직화와 정치화의 위협으로부터 자유로워지고, 시장실패의 최소 요인에만 공식적으로 자원을 제공함으로써 실시책임과 재정 부담으로부터 자유로워지며, 기업은 기업대로 기업복지를 통해 국가의 간섭으로부터 자유로워지는 동시에 세제감면 등의 혜택까지 누리고, 강성노조의 위협과 압력으로부터 자유로워지지만, 기업복지로부터 철저히 소외되는 계층에게는 기업복지가 그들에게 흘러드는 복지의 물줄기를 막거나 고갈시키는 부정적인 역할만을 수행하여 빈곤의 늪에 방치하는 것이 부인할 수 없는 현실이다.

(2) 부익부 빈익빈 효과

기업복지의 역진적 소득분배효과는 기업규모별, 산업별 차등으로 지급되는 기업복지의 불평등한 특성으로 인해 초래된다. 노동시장구조의 분절은 노동시장의 형태뿐만 아니라 노사관계 및 임금과 기업복지의 수준에 지대한 영향을 미치고 있다는 사실은 기업복지의 불평등에 관한 논의에서 자세히 살펴보았다. 기업복지의 기업 간의 불평등에는 기업규모별, 산업별, 노조 유무별 불평등이 존재하는데, 이 모든 불평등현상은 노동시장의 분절에 뿌리를 두고 있고, 대기업 중심의 1차 노동시장을 중심으로 기업복지가 지속적으로 성장하면서, 중 · 소 영세기업이나 비정규직은 역진적인 기업복지혜택을 제공받으면서 소득격차가 날로 심해지며 '부익부 빈익빈' 현상이 초래되고 있다.

기업 내에서도, 기업복지의 집단성에서 잘 나타난 바와 같이, 기업복지가 생산성, 생산량, 장점 기여도 등의 원칙에 의거하여 차등적으로 지급되어서, 실제로 직급, 근속연수, 사무직과 생산직 같은 노동 형태, 급여수준, 직업영구성에 따라 기업복지가 차등적으로 제공되는 실정이다. 직급, 근속연수 등이 일천하고 비정규직이란 이유로 임금이 상대적으로 낮은 집단에게 필요성원칙에 의거하여 더 높은 수준의 복지를 제공하여 기본적인 욕구를 적절하게 충족시키고, 노동의 대가로 지급되는 임금의 불평등을 완화하는 사회복지의 일반적인 원칙과는 정반대로, 기업복지는 복지라는 명칭이 무색하게, 임금체계와 유사한 원리로 지급되기 때문에 기업복지가 불평등의 심화현상을 초래하는 핵심적인 요인으로 지목받고 있는 것이다.

기업에서 복지로 제공하는 퇴직연금의 예에서도 이런 역재분배현상이 뚜렷하게 나타난다. 일반적으로 숙련도가 높거나 기업특수적인 기술을 보유한 근로자는 그렇지 못한 근로자에 비해서 이직률이 낮은 것은 효율임금이론에서 잘 보여 준다. 기업복지의 집단적인 성격에 따라 숙련도나 기업 특수적 기술을 보유하거나 그렇지 않은 근로자 모두 퇴직연금의 혜택을 받을 수 있는 상황에서, 숙련도가 낮은 근로자의 이직률은 그렇지 않은 근로자에 비해 높은 편이다. 이직의 경우 퇴직연금의 혜택을 받지 못하는 것이 일반적인 관행이라고 볼 때, 이직한 근로자를 대상으로 적립된 퇴직연금은 이직하지 않은 근로자의 몫으로 돌아가게 된다. 이러한 현상은 근로자에게 주어지는 퇴직연금이 회사 밖의 금융기관에 투자되고, 근로자의 이직 시 회사에서 회수할 수 없도록 법적으로 규제되어서 가입한 회사의 기업연금 전체 계정에 남아 있게 되기 때문이다. 이와 같이 이직성향이 높은 비숙련 근로자의 복지기금이, 높은 숙련도와 기업특수적인 기술을 보유하여 기업에 남아 있는 근로자에게 돌아가는 역재분배현상이 발생하는 것이, 기업복지를 통한 불평등 심화의 또 하나의 모순적인 현실이다.

(3) 노동조합과 역재분배현상

기업복지와 노동조합의 관계에서 노조유무와 기업복지혜택 사이에 의미 있는 상관관계가 있다는 것이 일반적인 추세여서, 노동조합이 존재하는 기업의 기업복지수준이 그렇지 않은 기업의 복지수준보다 대부분 높게 나타나고 있다. 그런데 노조가 있는 기업의 근로자와 노조와는 무관한 근로자관계의 양극에서는 엄청난 수준의 역재분배현상이 벌어지고 있다. 2014년 미국에서 노조 가입률이 11%에 불과하고, 그중 공공기관의 노동조합을 제외하면 민간부문의 노동조합 가입률은 전체 노동자의 6.5%에 불과하다. 전체 노동자의 10% 남짓한 노동조합 소속 근로자의 대부분은 미국 자동차노조나 철강노조 같은 대규모의 산별노조나 공공기관 노조로서 그들의 조직력과 교섭력의 측면에서 타의 추종을 불허할 만큼 막강하며, 이것은 임금이나 기업복지 면에서 일반 근로자에 비교할 수 없을 만큼 높은 수준에 위치하고 있어서 '귀족노조'라고 불리는 데 전혀 손색이 없다고 언급한 바 있다. 이와 같은 막강한 노동조합이 파업에 돌입하거나 노동쟁의의 위협을 가할라치면, 기업에서는 파격적인 임금 인상과 수당지급 및 기업복지를 제공하여 분규를 회피하고자 한다. 만일 노사 간의 협상이 결렬되어 일정기간 파업에 돌입하는 상황에 도달하여 노사 간의 타협으로 마무리가 되어도, 노조에 속한 근로자는 파업기간 노동조합 자체의 재원을 통해 일정액의 임금이 보전되거나, 노사 간의 타협의 조건으로 노동쟁의로 인한 노조원의 손실은 대부분 임금 인상이나 상여금 지급 등으로 파업기간의 임금이 보전되고, 파업이 노조의 승리로 끝날 경우 노동조합은 전리품 성격의 추가 재원을 확보하게 된다. 이런 경우 기업의 입장에서는 파업기간 중 손실과 노조에 추가적인 지출을 만회하기 위해서 비정규직의 일정 부분을 해고하거나 임금을 감축하는 현상이 발생한다.

비정규직의 급격한 확산은 노동시장 유연화 정책에서 기인한다. 노동시장의 유연화 현상은 기업복지의 분배 형태를 급격하게 변화시킨다. 특히, 자유로운 정리해고로 표현되는 수량적 유연화 전략은 다양한 범주로 구성된 주변적 노동력의 증가를 초래한다

(Teague, 1990; Treu, 1992). 그리고 이것은 복잡한 요인에 의해 형성된 이중노동시장(Dual Labor Market)을 더욱 고착시키고, 결과적으로 중심 노동자와 주변 노동자들 사이의 분배 문제를 악화시킨다. 유연화 전략을 통해 중심 노동자는 소득, 고용안정, 기업복지 등에서 이득을 얻게 되지만, 이질적인 노동력으로 구성된 비정규직 같은 주변 노동자는 노동자로서의 지위뿐 아니라 소득, 고용안정, 기업복지 등에서도 불이익을 당한다는 것이 선진국가들의 경험에서 드러난 사실이다(Goldthorpe, 1984). 미국의 경우 취업알선업체(Agency)를 통해 인력을 수급하는 경우가 보편화되어 있기 때문에 알선업체를 통해서 고용된 비정규직은 감원이나 임금삭감상황에 무방비상태에서 속수무책으로 당할 수밖에 없는 여건이다. 이런 상황을 정리하자면, 노동쟁의를 통해 귀족노조가 얻은 전리품성격의 많은 이익은 비정규직이 감수할 수밖에 없는 금전적 손해나 고용상의 불이익이고, 그러한 손해비용이 귀족노조에게 역으로 재분배되는 모순적인 상황이 일어난다. 다시 말하면, 좀 비약하는 면은 있지만, 10% 남짓한 노조가입 노동자들과 90%의 비노조 노동자 사이에 부익부 빈익빈 현상이 나타나며, 제한적인 경우이긴 하나 역재분배의 정황까지도 발생하고 있다.

4) 책임 추적성의 부재

책임 추적성(accountability)의 일반적인 정의는 시스템 내의 각 개인은 유일하게 식별되어야 한다는 정보보호원칙으로 이 원칙에 따라 정보처리시스템은 누가, 언제, 어떠한 행동을 하였는지 기록하여 필요 시 정보보호규칙을 위반한 개인을 추적할 수 있으며, 각 개인은 자신의 행위에 대해서 책임을 진다. 이러한 책임추적성의 문제를 기업복지제도에 대입해서 살펴보면 기업복지의 특성 중 은폐성과 직결된다. 전기한 바대로, 기업복지는 기업주가 근로자에게 자발적으로 제공하는 급부이어서 국가의 재정과는 무관해 보이지만 실제로는 생각보다 큰 부분이 국민의 세금에서 지출된다. 이것은 기업복지비용에 대한 조세감면혜택 때문이다. 다시 말하면, 기업이 법인세 등으로 납부해야 할 세금에서 국가가 지정한 기업복지제도에 소요되는 비용을 감면해주는 세금제도의 명목하에 조세지출제도로 인해 감면받은 부분만큼은 기업에서 부담하는 것이 아니라 국민의 혈세에서 부담되는 것이다.

국고에서 지출이 되는 비용에 대해서는, 예외 없이 그 비용이 지정된 용도에 따라 제대로 쓰였는지에 대해 기업에서 국세청에 보고할 의무가 있고, 국가에 의해 감면된 비용의 남용 혹은 유용 여부를 조사하는 국세청의 감사 대상이 된다. 그러나 기업이 자체적인 복지제도를 시행하면서 복지지출의 규모와 내역은 정확히 일반에게 보고하지 않고, 큰 부분이 국고에서 지출되면서도 상세한 보고나 감사가 이루어지지 않는 실정이다. 캐나다의 경우에서 보면, 기업복지로 감면받은 조세지출에 대해서는 기업 내의 주주총회에서도 보고나 감사과정이 생략되며, 당연히 일반인에게는 알려지지 않고 있고, 정부에 의해 시행되는 감사절차나 국가 차원의 회계감사에서도 제외되어, 기업복지로 인해 감면되는 비용이 얼마가 어떻게 어디에 쓰이는지에 대한 내용이 알려지지 않아서 마치 비밀에 부쳐지는 것과 흡사하다(Sinfield, 1975).

이런 현상의 배경에는 조세지출의 과정상의 특수성이 도사리고 있다. 이해를 돕기 위해 예를 들자면, 어느 대학의 한 학과에서 수련회(Membership Training: MT)를 계획하고 추진한다고 할 때, 한 학생이 모닥불가의 친교(camp fire)순서를 맡아서 필요한 도구 및 비품을 사는 데 3만 원이 지출하였다고 하자. 그 비용이 수련회 회비와 같은 액수인데, 학과 회계가 회비를 내라고 독촉하자 내려던 회비를 모닥불가의 친교행사 준비에 지출한 학생은 회비 낼 돈이 없어서 행사 준비비용 3만 원과 회비 3만 원을 서로 상쇄하자는 제안을 했고, 그 제안이 회계에게 받아들여졌다. 이런 경우 회비징수 장부에 그 학생의 이름이 기재되어 있지 않고, 지출장부에도 물론 모닥불가의 친교행사에 지출된 비용이 적혀 있지 않다. 이런 상황은 지출된 비용에 대한 영수증을 필요로 하지 않으며, 지출한 비용이 학생의 말대로 3만 원인지 아니면 그 이하인지 여부조차 정확하게 조사할 수가 없다.

기업복지의 감면혜택 역시 유사한 과정으로 전개된다. 국가로부터 사전에 감면되기 때문에 국세청에서 감면액수에 대한 내용이 보고되긴 하지만 실제로 세금을 낸 경우와 같이 체계적인 관리 및 감사의 대상에서 제외되고, 국고에서 직접 지출된 비용이 아니기 때문에 지출예산에 대한 감사의 대상 역시 되지 않는다. 국가 전체로 봐서 기업복지로 인한 감면액수가 매우 큰 수치라고 추정할 수 있지만, 그 비용이 어떻게 쓰이며, 지정된 용도에 따라 적절히 쓰이는지 여부에 대한 객관적인 검증이나 감사가 어려운 상황은, 세금을 통해 지원을 받았으면 당연히 그에 대한 책임을 추적당해야 하는 것이 통상 규례임에도 불구하고 기업복지를 통한 세제감면액은 그러한 과정을 빗겨가고 있다. 이런 측면에서 보면 기업복지 세제감면비용은 '비자금'의 성격을 내포하고 있고, 이러한 엄청난 비용에 대한 사용책임을 추적할 수 없다는 사실은 기업복지로 인한 감면되는 국민의 세금에 대한 사용내역이 은폐되고 남용 및 유용될 수 있는 소지를 충분히 지니고 있다.

Part 02

한국기업복지 분석

이 책의 제1부는 기업복지체계에 대한 전반적인 내용이 수록되었다. 기업복지에 대한 이해를 돕기 위한 내용으로 제1장에서는 기업복지의 개괄적인 실체(명칭, 개념)를 밝히고, 제2장과 제3장은 기업복지체계의 비가시적인 기초와 골격을 이루는 기업복지의 이념과 이론이 소개되었으며, 제4장에서는 과거에서 현재까지의 기업복지의 역사에 관해 고찰하였다. 제5장인 기업복지체계에 이르러서야 기업복지의 본격적인 실체가 드러났고, 제6장에서 제8장까지에서 기업복지의 특성, 기능, 효과가 상세하게 기술되었다. 서론에서 이미 밝혔듯이 이 책은 두 가지 목적 아래 쓰였다. 하나는 기업복지의 실체를 소개하는 것으로 이것은 제1부에서 시도되었다. 또 다른, 그러나 으뜸가는 목적은, 한국기업복지의 실체를 규명하는 것이다. 한국기업복지체계의 명칭의 규명부터 시작하여, 이념, 이론, 역사적 배경을 분석하고, 기능과 효과를 소상하게 밝히는 것이 주된 목표이다. 이런 맥락에서 제1부에서 소개된 기업복지의 실체의 여러 단면은 한국기업복지를 심층적으로 고찰하는 분석의 틀(analytical framework)로 활용된다.

제9장에서는 한국기업복지의 변천과정에 대해 기술되고, 선진국의 기업복지의 역사에서 도출된 발달요인과 발달과정의 주요 맥락은 한국기업복지제도의 결정요인을 분석하는 틀로 사용된다. 제10장에서는 한국기업복지제도의 기능과 실제적인 효과에 대해 논의하며, 마지막 제11장에서는 한국기업복지제도의 파악된 문제를 기초로 과제를 제시하고 미래에 대해 전망해 본다.

Chapter 09

한국기업복지의 역사적 배경

1. 한국산업복지의 변천과정

2. 한국기업복지발달의 요인 분석

3. 한국기업복지발전사의 주요 맥락

4. 한국기업복지제도의 결정요인

우리나라의 기업복지의 역사적 배경을 살펴보기 전에 필히 유념해야 할 명언으로 Titmuss의 탁견이 떠오른다. 그것은 "한 사회의 복지제도는 그 사회의 지배적인 문화, 정치 및 경제적 특성을 반영한다(Roe, 1976)."라는 내용이다. Titmuss의 주장은 일반적인 내용으로 모든 사회를 지칭하지만, 우리나라만큼 그의 주장이 실감나게 적용되는 나라는 지구상에서 찾아보기 힘들어 보인다. 압축 성장으로 지칭되는 지난 50여 년 남짓한 기간의 우리나라의 경제성장이 대표적인 사례이고, 일천한 정치역사 속에서 민주주의의 성장 역시도 획기적인 것이라고 여겨져서, '기적'이라는 표현이 어울릴 정도로 한국 사회의 변화의 양태는 역동적이고 특수하다고 자타가 공인한다.

한국의 경제성장과 마찬가지로 공공복지의 성장과 발전 역시 선진국에 비해 훨씬 뒤늦게 시작되었다. 1963년에 처음으로 산재보험을 도입한 이후, 1973년에 법으로 제정되었으나 시행이 미루어진 국민복지연금제도가 잠시 존재했으며, 1978년에 500인 이상의 대기업 근로자를 대상으로 하는 극히 선별적인 의료보험제도가 처음으로 시행되어 점차적으로 확대되었다. 이와 같이 1987년 이전에는 산재보험제도만이 나름대로 체계를 갖춘 사회보험제도로 존재하였다는 사실이 공공복지의 뒤늦은 발달상황을 단적으로 보여 준다. 공공복지가 뒤늦게 발전한 이면에는 다양한 이유들이 존재하지만, 중요한 요인 중 하나는 기업복지의 존재라고 학자들이 공통적으로 지적한다는 주장이 있다. 기업복지가 근로자의 기본적 욕구를 충족시켜 줌으로써 국가복지의 필요성을 감소시켰고, 그 결과 서구사회에서 일찍 등장한 복지국가의 형성이 늦춰졌다는 주장이다(김정한 외, 2004).

그러나 선진국에 비해 한국 공공복지의 뒤늦은 성장이 시기적으로는 많이 뒤쳐졌지만 거시적인 경제 · 사회구조 변화의 맥락에서 보면 전혀 늦었다고 볼 수 없다. 예컨대, 영국의 경우 산업혁명이 일어난 1770년대 이후 150년에 근접하는 1900년대 초반에야 비로소 의료보험제도를 필두로 복지국가가 형성되기 시작하였다는 사실을 보면, 1960년대 본격적인 산업사회에 접어든 우리나라에서 25년 정도 후에 산재보험, 의료보험, 연금제도가 정착된 상황은 그리 늦은 것이 아니라고 볼 수 있다.

아무튼 산업사회가 시작된 1960년대 초반부터 사반세기 동안 공공복지제도의 부재 중 기업복지가 공공복지를 대체하였다는 주장과, 그 기간 중 기업복지의 중추적인 역할에 대해선 반론의 여지가 별로 없지만, 공공복지의 부재 시 근로자의 생계유지에 기여한 중요한 기제는 기업복지 말고도 여러 가지가 있는데, 그것에 대해서 기업복지의 역사적 발달과정에서 논의하기로 한다.

1. 한국산업복지의 변천과정

우리나라 산업복지의 전개과정은 생산시장 및 노동시장의 변화양상과 이에 대한 국가의 개입 전략, 국가복지의 발전 정도, 기업복지의 특성 등에 따라 5개의 시기로 구분할 수 있다. 먼저 1961년 이전은 산업복지의 공백기라고 부를 수 있다. 이 시기에는 기업이나 국가, 혹은 노동조합에 의해 조직된 산업복지의 노력이 거의 존재하지 않았다. 한국에서 국가 주도의 산업화가 본격적으로 시작된 1962~1972년까지의 시기에는 몇몇 작업조직, 특히 대기업을 중심으로 산업복지 제공의 노력이 약간씩 보이기 시작한다. 1973~1987년의 시기에는 국가가 산업복지에 관심을 가지기 시작하면서, 공공복지의 영역이 조금씩 발전하는 시기이다. 1987~1997년의 시기는 노동운동의 급격한 성장과 맞물려 산업복지에 대한 관심이 어느 때보다 커지면서, 본격적으로 산업복지의 발전이 전개되는 시기라고 볼 수 있다. 마지막으로 외환위기를 경험한 1998년 이후의 시기는 1980년대 말 이후 본격적으로 제도화된 산업복지가 중요한 갈림길에 서 있는 시기이다(조흥식 외, 2001). 한국기업복지제도의 변천과정에 대한 서술은 대부분 송호근(1995)의 《한국기업복지제도의 변천사》를 인용하거나 보충하여 작성하였다.

1) 산업복지의 전사(前史): 1961년 이전

이 기간 동안 우리나라는 미국의 원조에 의존한 채 뚜렷한 경제성장을 이루지 못했다. 소규모의 경공업 위주로 산업이 발전했으며, 광공업 부문의 종사자 수 역시 전체 경제활동 인구의 8% 내외에 불과할 만큼 산업화의 진전이 미미한 상태였다. 기업에서도 기능과 직무의 분화는 제대로 진행되지 못했으며, 대부분의 노동자들은 대단히 열악한 환경에 처해 있었다. 사사(社史)를 발행한 기업 중 19개의 기업을 골라 내용을 분석한 연구(안춘식, 1989)에 따르면, 1961년 이전에 기숙사나 사택 등의 주거시설은 5개 회사에서, 양호실 등의 보건의료시설은 3개 회사, 식당은 2개 회사에서만 운영되고 있었다.

한편, 사회보험과 같은 공공복지는 해방 직후에 활발했던 노동운동의 중요한 요구사항 중의 하나였지만 전혀 시행되지 못했으며, 1953년에 제정된 노동관계법은 근로조건 기준에 대한 규제를 명시하고 있으나 당시의 실정과는 괴리가 컸다. 퇴직금제도는 근로기준법 제28조에 의해 그 실시가 규정되어 있지만 임의규정이었을 뿐이었다. 결국 이 시기에는 노동자에 대한 국가복지 프로그램은 말할 것도 없고, 기업복지 프로그램 역시 거의 존재하지 않았으며, 피폐된 국가경제 속에서 고용 그 자체가 기업복지로 간주되었다.

2) 산업화의 시작과 기업복지의 출현: 1961~1972년

노동에 대한 억압적 정책과 자본에 대한 지원육성정책을 통해 본격적인 수출주도 산업화가 시작된 이 시기에 광공업 부문의 취업자 수는 두 배 가까이 증가했다. 우리나라에서 기업복지가 출현한 것도 이 시기이다. 1960년대 말에는 부분적으로 저임금 여성노동력의 부족현상이 나타나기도 했으며, 기업에서 인사노무 관련 부서가 직제화되기 시작했다. 당시 보건사회부의 산하조직인 노동청의 1963년 조사(노동청, 1963)에 따르면, 전체 기업 중 사택을 제공하는 기업은 7.5%, 의료시설을 제공한 기업은 12.8%이지만, 교육시설과 후생시설은 각각 전체 기업의 0.7%, 1.4% 정도에서만 제공되었다. 1967년의 한국은행 조사에서도(한국은행, 1967) 법정 외 복지비용 중 생활 관련 프로그램의 비용이 62%를 차지하고 있다는 점을 감안한다면, 이 시기의 기업복지는 기숙사나 사택 등의 주거시설, 양호실과 같은 의료시설, 식당 등의 급식시설과 같은 시설 위주의 생활 관련 프로그램이 거의 전부였다고 할 수 있다. 한 가지 특기할 사실은 1967년의 한국은행 조사에서 현금급여 이외의 노동비용은 대규모 사업장의 경우 현금 급여 총액 대비 15.5%인데 비해 중소규모의 사업장은 10.2%로, 기업복지의 기업규모별 격차가 이 시기에 이미 나타났다는 점이다.

〈표 9-1〉 산업복지의 시기별 특징

구분	생산/ 노동시장			국가 전략		산업복지	
	산업 집중도	내부 노동시장	노무관리	생산시장	노동시장	국가복지	기업복지
1961년 이전	낮음	형성 안 됨	인사노무 관련 직제 없음	국가개입 약함	국가개입 약함	국가복지제도 없음	고용 자체가 복지로 간주
1962~1972년	중간	형성 안 됨	인사노무 관련 직제 분화 시작	• 국가 주도의 산업화 • 시장형성정책	• 노동관계법 개정(1961) • 억압적 노동 정책	• 강제적 퇴직금(30인) • 산재보험 실시	대기업을 중심으로 생활 관련 프로그램 도입
1973~1987년	높음	대기업 중심으로 형성되기 시작	대기업을 중심으로 인사노무 관련 직제 확립	• 국가 주도의 중화학공업 산업화 • 시장형성정책의 지속	• 노동관계법 개정(1973, 1981) • 억압적 노동 정책 강화	• 퇴직금 대상자의 확대(16인) • 의료보험 및 최저임금제의 실시	• 생활 관련 프로그램의 확산 • 재산형성 및 금융 관련 제도 도입
1987~1998년	높음	내부 노동 시장의 정착	복지후생 관련 부서 분화	• 기업의 자율성 강화 • 시장형성정책 지속	• 노동관계법 개정(1987) • 억압적 노동 정책의 상대적 이완	국민연금 및 고용보험제도의 도입	• 주택 관련 프로그램의 도입 • 기업복지비용의 확대
1998년 이후	높음	노동시장 유연성의 추구		시장 적응	• 노동관계법 개정(1998) • 신자유주의 노동정책	• 고용보험의 확대 • 사회안전망 강화	• 기업복지의 정체 • 불균등의 심화

자료: 한형수 · 유지열(1997). 한국 기업복지의 전개과정의 문제점과 정책과제. 연구논총, 23. 서울시립대 수도권 연구소.

3) 고도성장과 산업복지의 다양화: 1973~1987년

(1) 경제 · 사회적 배경

1973년 이후, 본격적으로 추진된 중화학공업화는 노동권의 제한과 지속적인 임금 가이드라인의 설정에서 보듯 억압적인 노동정책의 기반 위에서 전개되었다. 이 시기에 경공업 중심의 경제구조에서 중화학공업의 기반을 마련하면서 한국경제는 경이적인 속도로 도약 · 발전하기 시작했고 한국의 기업들 역시 개발독재형의 재벌 독점체제로 급성장하기 시작하였다. 그러나 한국경제의 고도성장은 농촌사회와 빈곤한 노동자 계급의 경제적 · 사회적 희생을 전제로 한 결과였다. 산업화, 도시화의 영향으로 농촌의 공동화, 노령화현상이 발생되기 시작하였고, 독점자본주의의 이익과 결탁한 국가의 농산물 억제정책 및 농산물 수입 개방의 확대, 도시 자본의 농촌 잠식 등은 농촌에서 농가부채 등의 경제문제를 초래하였다. 농가의 희생의 일례를 들면, 곡가정책이 있는데, 이것은 정부가 쌀 등의 곡식의 가격을 규제하는 것으로, 내면적인 이유는 저임금에 시달리고 있는 근로자들의 노동운동을 긴급조치로 통제하여 자구책을 마련할 수 없이 제도로 묶어놓은 상태에서 쌀 가격까지 인상되면 노동자가족의 생계가 크게 위협받는 상황을 감안한 것이다. 요컨대, 경제발전의 지상최대의 과제를 달성하기 위해서 노동자를 '노동전사'라고 인식시키며 최소한의 임금을 제공하고, 그들의 생계유지를 위해서 주식인 쌀의 가격을 통제하여 농민의 생활을 피폐시키는 등의 희생을 강요하였다고 볼 수 있다. 또한 가족 중심적인 공동체의 연 복지 기능의 상실과 자녀교육 및 위생시설 미비 등의 사회 · 문화적 문제들도 발생되었다. 이와 같이 농촌사회의 경제적 · 사회적 측면의 붕괴는 산업화의 도약을 하기 위해 치러진 대가라고 볼 수 있다.

일반적으로 산업화의 발전 정도에 따라서 산업화의 주역인 노동자계급 역시 정비례해서 부상한다. 그러나 산업화가 시작되던 1960년대 초반 냉전과 분단의 정치적 현실 속에 관료 중심의 권력구조가 마키아벨리안적인 성취의욕을 지닌 군부세력과 결탁하여 산업화가 본격적이고 성공적으로 추진되었지만 산업화의 진전이 대중화나 민주화와는 전혀 연계되지 못하는 불균형을 낳고 말았다. 산업화가 수반하는 노동계층의 형성은 미국 등 소수의 국가를 제외하면 일반적인 추세임에도 불구하고 군부 및 관료집단의 세력은 노동운동을 원천적으로 봉쇄하여 고도성장의 그늘 속에서 산업화의 주역인 노동자계층은 철저히 매몰되고 마는 기현상을 초래하게 되었다(이홍구, 1987).

(2) 사회보험(법정 복지)

농촌인구 유입이 감소와 중동특수 등에 의해 노동력 부족현상이 본격적으로 제기되었고, 특히 1970년대 후반의 노동력 부족현상은 사회복지에 대한 국가의 개입을 초래하였다. 서구에서 자본주의 시장경제체제가 그 자체의 존속을 위해서 복지국가라는 교정 및 보완장치를 절대적으로 필요로 했던 것은 자본주의 시장경제에 배태되어 있는 불공정성과 불평등구조로 인해 증폭되는 사회적인 대립과 갈등의 결과로 파생되는 비효율성 때문이다. 그러나 1970년대 초반 한국정부가 갑자기 입법하고 공포한 국민복지연금제도(the Korean National Welfare Pension)는 근로자와 그의 가족의 노후생활을 보장하기 위해 도입되는 일반 연금제도와는 거리가 멀었다. 실제 이 연금제도는 노후생활 보장을 위한 사회복지정책이 아니라 중화학공업에 필요한 재원 조달을 목적으로 하는 경제정책이었다. 연금제도 실시 직후부터 연금재원이 축적되다가 일정한 기간이 지나야 지급되는 특성을 활용하여 경제발전에 필요한 자금조달을 시도한 것으로 1973년 제정되어 1974년부터 시행하려 했으나 이스라엘과 중동국가의 전쟁을 신호탄으로 시작된 세계경제의 침체로 시행이 중단되었다(Jun, 1980). 실제로 국민복지연금 실시 준비위원회의 위원장은 상징적으로 보건사회부 장관으로 되어 있었지만, 준비위원회의 심의에 앞서 중요사항을 검토 · 조정하는 역할은 경제기획원 차관보를 위원장으로 하는 실무조정위원회의 소관이었다. 1977년에 500인 이상의 대기업의 근로자를 대상으로 의료보험이 처음 도입되었으나 전 국민의 8.7%만이 이 보험의 혜택을 받았고, 1980년 당시 보험이용자가 부담하는 의료비는 전체 의료비의 74%을 부담하는, 그야말로 '빛 좋은 개살구' 식의 극히 선별적인 공적 보험이었다.

1970년대의 괄목할만한 경제성장은 1980년대에도 계속 이어져서, 세계은행의 25차 연례보고서에 의하면 1980년대의 연평균 경제성장률은 8.8%로 세계에서 1위를 점하였으나, 공공복지의 현실은 열등하다 못해 매우 열악하였다. 1982년 세계은행은 한국의 실질적 사회보장 지출부담은 1인당 소득, 인구구조, 도시화, 산업화 정도를 통해 예측할 수 있는 수치의 1/4에 불과하다고 지적하였다(Esping-Anderson, 1992). 정당성의 치명적인 결함을 안고 1980년에 등장한 전두환 정권은 정당성을 확보하기 위해 노인복지법, 심신장애인복지법, 아동복지법 등을 대대적으로 제정 및 개정하였으나 정부의 재정 부담이나 구체적 서비스는 전무한 형식적 입법에 그쳤다(윤찬영, 2004).

(3) 기업복지(법정 외 복지)

이 시기에 기업복지와 관련된 국가의 정책적인 개입은 1971년 '국가보위에 관한 특별조치법'의 제정 등을 통해 노동운동의 규제 같은 채찍과 병행하여, 노동자 복지증진을 위한 시책강화라는 '당근'정책을 강화해 나갔다. 1973년 공장새마을운동을 행정지도를 통해 적극 권장하여 노사 간의 화합적인 관계를 유도하였으며, 구체적으로는 구판장, 할인매점, 식사 지원시설, 목욕탕, 운동회 및 문화오락시설 등의 실시 및 확충을 요구하였고, 1977년에는 산업체 부설학교 설치를 법정화하였다. 1984년에는 '사내 근로자 복지기금 운영준칙'과 '사내 근로복지기금 설치운영 지도규정'을 제정하여 기업으로 하여금 복지시설 및 제도개선에 적극적으로 참여하게끔 지도 · 권장하였다(이정환 외, 2001)

이 시기에 기업복지의 내용은 다양해졌지만 여전히 열악한 임금수준을 보완하는 생활 보조적인 성격을 강하게 내포하고 있었다. 전국경제인연합회가 1979년에 발행한 보고서(전국경제인연합회, 1979)에 따르면, 생활 보조적인 성격의 기업복지인 식당 및 급식시설은 표본기업의 85.7%가, 공제조직이나 지정 병 · 의원제도는 67~69%, 직업훈련은 61.7%의 기업이 실시하고 있었지만, 장학금 지급, 주택자금의 대여와 같은 프로그램은 각각 표본기업의 35%, 24.9% 정도에서만 제도화되었을 뿐이다. 산업화의 진전에 따라 산업집중도가 더욱 심화된 이 시기에는 대기업을 중심으로 직무 분석, 고용관리, 인사고과 등 노무관리체제의 제도화가 이루어졌다(안춘식, 1989).

4) 민주화 및 노동운동의 활성화와 산업복지의 발전: 1987~1997년

(1) 정치 · 사회적 배경

1987~1997년까지의 기간은 우리나라의 근대 역사에서 가장 획기적인 십년 중에 하나라고 지목해도 전혀 과장되지 않다. 1961년 이후 지속되던 군사정권이 물러나며 문민정부가 들어서고, 곧이어 평화적인 정권교체가 이루어진 일련의 정치적 측면의 지각 변동을 통해 민주화의 기치가 나부끼던 이른바 '정치혁명'이 이 시기에 이루어졌다. 사회적인 측면에서도 노동개혁을 통해 그때까지 족쇄에 얽매어 있던 노동 3권이 완전히 회복되었다. 단체교섭권은 노사협의회라는 수직구조의 틀 안에서 허울뿐인 껍데기에 불과했고, 단체행동권은 1970년대 초 반공이데올로기와 성장지상주의의 논리에 함몰된 상황에서 일련의 긴급조치에 의해 껍데기마저 사라진 상황에서 유일하게 존재하던 단결권은 빈사상태의 한국노동조합을 대변하는 공허한 슬로건(slogan) 그 이상 그 이하도 아니었다. 이 시기는 사회복지의 부문에서도 4대 사회보험이 명실공히 정착되어 미흡하

지만 복지국가의 반열에 진입되었던 의미 있던 격동의 시기였다.

(2) 사회보험(법정 복지)

1963년 우리나라에서 가정 먼저 도입되었던 산업재해보상보험 이후 같은 해 강제적용이 아니었던 의료보험법이 제정되고, 1977년 개정되어 실시되었지만, 적용범위가 9% 미만이었던, 명목상의 의료보험만이 존재했던 것이 1987년 이전의 공공산업복지의 현실이었다. 그러나 민주화의 물결이 봇물 터지듯 물결치던 1988년 1월에 국민연금제도가 상시 10인 이상 사업장의 근로자를 대상으로 실시되었고, 1995년에는 농어촌지역자영업자에게까지 확대실시되었다. 의료보험도 1989년에 도시자영업자에게까지 적용이 확대되면서 전 국민 의료보험시대에 접어들었고, 1998년에는 조합주의방식에서 통합주의방식으로 변경되었다. 1995년에는 고용보험이 30인 이상을 고용하는 사업장부터 실시되고, 3년 만인 1998년에 근로자 1인 이상의 전 사업장에 확대적용되어 4대 사회보험제도가 정립되는 복지국가의 기틀을 마련하였다.

이 기간 동안 법정복지비(4대 사회보험)는 1988년에 전년대비 48%의 급증 추세를 보인 뒤 완만한 급격한 증가추세를 보여 왔다. 〈표 9-2〉에서 볼 수 있듯이 1987년에 법정복지비의 비율은 노동비용 총액의 2.3%에서, 1988년에 3.4%로 전년대비 48%의 급증 추세를 보이다가 1989년 이후 3년간 3%대에 머물렀고, 1992년 이후 4%대를 상회하며 1997년에는 4.7%에 다다랐다. 이렇듯 비교적 완만한 증가추세의 배경으로, 의료보험이나 국민연금은 제도 도입 후 확산되는 과정에 있었고, 새로 도입된 고용보험 역시 초기에 30인 이상 사업장의 근로자를 대상으로 하는 등 사용자와 근로자의 부담에 급작스러운 충격을 주지 않기 위한 정부의 조치라고 볼 수 있다.

1960년대 초반 산업사회가 시작되어, 경공업에서 중화학공업으로 도약하고, 타의 추종을 불허하며 성장하여 1990년대 초반 1인당 GNP는 세계에서 30위에 도달하였지만, 공공복지체제는 열악한 상태라고 이미 언급한 바 있다. 수렴이론에 의하면, 건실한 노동력 확보(건강보험)와 불황기의 노동력 유지(고용보험) 등의 견인요인(pulling factor)과, 자본주의 시장경제체제 및 산업사회의 구조적인 문제로 인해 야기되는 문제를 해결하기 위해 필요한 추진요인(pushing factor)으로 작용하기 위해 필수적이라는 주장에 상반되게, '고도화된 경제성장에 낙후된 공공복지'의 원인에 대해서 여러 가지 견해가 있을 수 있

〈표 9-2〉 근로자 1인당 월평균 복지비용의 추세(1985~2013) (단위: 천 원, %)

연도	노동비용총액(비율)	현금급여(비율)	법정복지비(비율)	법정 외 복지비(비율)(현물급여 포함)
1985	392.5(100.0)	326.7(83.2)	8.2(2.1)	26.0(6.5)
1986	430.6(100.0)	353.1(82.0)	9.3(2.2)	28.1(6.6)
1987	468.6(100.0)	393.2(83.9)	10.8(2.3)	29.8(6.4)
1988	546.3(100.0)	458.1(83.9)	18.8(3.4)	29.4(5.4)
1989	660.0(100.0)	554.7(84.1)	19.7(3.0)	39.0(5.9)
1990	816.3(100.0)	667.3(81.7)	24.0(2.9)	53.4(6.5)
1991	1,011.5(100.0)	781.2(77.2)	37.9(3.7)	78.8(7.7)
1992	1,179.5(100.0)	891.0(75.5)	50.9(4.3)	103.0(8.8)
1993	1,336.8(100.0)	989.3(74.0)	61.9(4.6)	128.5(9.6)
1994	1,501.9(100.0)	1,132.3(75.4)	55.1(3.7)	132.1(8.8)
1995	1,726.7(100.0)	1,294.9(750.)	64.7(3.7)	121.9(7.1)
1996	1,870.7(100.0)	1,456.0(77.8)	82.0(4.3)	143.7(7.7)
1997	2,082.2(100.0)	1,542.9(74.1)	98.1(4.7)	159.3(7.7)
1998	2,337.1(100.0)	1,414.6(60.5)	121.7(5.2)	143.9(6.2)
1999	2,388.1(100.0)	1,557.2(65.2)	168.6(7.1)	179.2(7.5)
2000	2,777.3(100.0)	1,740.7(62.7)	182.2(6.6)	172.6(6.2)
2001	2,661.1(100.0)	1,840.4(69.2)	209.2(7.9)	175.6(6.6)
2002	2,827.6(100.0)	2,053.5(72.6)	220.5(7.8)	200.6(7.1)
2003	3,206.0(100.0)	2,293.3(71.5)	242.8(7.6)	230.7(7.2)
2004	3,057.0(100.0)	2,450.0(80.1)	192.0(6.3)	165.1(5.4)
2005	3,211.0(100.0)	2,569.0(79.8)	208.0(8.3)	181.1(5.6)
2006	3,393.0(100.0)	2,686.0(79.2)	229.0(6.7)	211.2(6.3)
2007	3,643.3(100.0)	2,889.1(79.3)	244.1(6.7)	227.0(6.2)
2008	3,845.6(100.0)	3,003.0(78.1)	255.5(6.6)	187.9(4.9)
2009	3,866.0(100.0)	3,013.8(78.0)	259.1(6.7)	188.5(4.9)
2010	4,021.5(100.0)	3,165.5(78.7)	266.7(6.6)	169.0(4.2)
2011	4,329.0(100.0)	3,332.0(77.0)	280.1(6.5)	205.1(4.7)
2012	4,487.3(100.0)	3,475.9(77.5)	296.8(6.6)	211.4(4.7)
2013	4,549.8(100.0)	3,585.0(78.8)	308.4(6.8)	212.2(4.7)

자료 : 고용노동부(각 연도).

지만 그중 가장 두드러지는 이유는 개발독재형 정치체제라고 볼 수 있다. 안병영은 한국자본주의의 성격이 수출 주도 경제체제로서 대외적으로는 해외시장에 예속적이며, 대내적으로는 국가독점 자본주의의 강력한 형태로서, 엄밀한 의미의 자본주의가 아니라고 주장하였다. 그가 지적하는 한국자본주의의 첫 번째 문제는 민주주의 없는 자본주의의 구조적 모순이었다. 맹목적 산업주의와 성장지상주의의 논리가 개발 독재형 정치체제를 탄생시켰으며, 국제경쟁력을 키우기 위한 전폭적인 대기업 육성이 재벌집중화 현상과 정경유착을 초래하였고, 노동자 계급의 탄압과 국민의 과잉감시 기구화가 민주주의를 거의 빈사상태까지 몰아가는 현상을 초래하였다고 주장하였다(안병영, 1991). 일반적으로 경제발전의 싹이 움트기 시작할 때 사회보험제도 같은 공공복지정책이 사회통제의 기능을 담당하기 위한 필수적인 기제로 활용되는데, 우리나라에서는 개발도상국의 범주를 단기간 내에 벗어날 만큼 고도의 경제성장이 이루어졌음에도 불구하고 공공산업복지정책의 모습을 찾아보기 힘들었던 이유는 '당근 형태'의 사회복지를 '채찍 형태'의 철권통치가 대신하고 있었기 때문이다. 이러한 개발 독재형 정치체제가 1987년 '민주화 선언'을 통해 붕괴되면서 정치는 민주주의, 경제는 자본주의, 사회는 공공복지의 기틀이 정상적으로 자리매김하기 시작하였고, 그것의 한 줄기가 사회보험제도의 수립과 확산이었다고 볼 수 있다.

(3) 기업복지(법정 외 복지)

1987년은 기업복지와 관련하여 획기적인 변화가 초래된 해이다. 대기업을 중심으로 촉발된 노동운동은 기업뿐 아니라 국가의 노동정책과 복지제도의 변화에도 매우 큰 영향을 미쳤다. 전체 노동비용에서 기업복지가 차지하는 비중이 크게 증가했으며, 프로그램의 내용 역시 상당히 충실해졌다. 한국경영자총협회(이하 경총)의 1989년 조사(한국경영자총협회, 1989)에 따르면, 법정 외 복지비는 1986년과 비교하여 1987~1988년 두 해 동안 55.1% 증가하였다. 항목별로는 학비보조가 76.6%, 주거 관련 프로그램이 64.9%의 높은 증가율을 보인 것으로 조사되었다. 법정 외 복지비를 비롯한 기업복지비용의 증가 추세는 1990년대에도 지속되다가 1995년 이후 약간 주춤하였다. 기업복지비용의 증가에는 몇 가지 요인이 있다. 〈표 9-2〉를 보면, 기업복지비용의 증가는 노동비용 총액 규모의 급격한 증가와 밀접한 관련을 가진다는 사실을 알 수 있다. 1997년의 노동비용

총액은 노동자 1인당 월평균 약 208만 2,000원으로 1990년의 그것을 기준으로 하면 약 2.55배 증가하였다. 노동비용총액의 증가는 노동운동의 활성화와 내부 노동시장의 형성에 따른 임금수준의 상승, 노동조건의 개선 등과 밀접한 관련을 가진다고 볼 수 있다.

기업복지비(법정 외 복지비)의 변동추세는 정부의 정책과 경제 · 사회환경의 변화 및 맥락에서 설명할 수 있다. 〈표 9-2〉를 보면 1988년에서 1989년 사이에 총 노동비용 대비 기업복지비의 비중이 평균 5.7% 정도로 전년도의 6.4%에 비해 0.7% 정도 하락한 것으로 나타나는데, 이것은 민주화 선언 이후 노동운동의 폭발적인 확산으로 인해 2년간에 40%를 상회하는 임금인상의 영향을 받았을 것으로 보인다. 같은 기간의 5% 중반의 기업복지비가 1991년에 7.7%로 증가하고, 1992~1993년에는 평균 9.2%로의 급격한 증가 현상은 그 당시 정부에서 적극적으로 시행한 임금가이드라인과 밀접한 관계가 있다. 임금가이드라인(wage guideline)이란 과도한 임금 상승이나 물가 상승을 고려해 정부가 노사에 바람직한 임금 상승률을 제시하는 제도를 말하는데, 법률적인 강제성을 지니지 아니하며 정부투자기관이 주로 그 대상이다. 그러나 대부분의 정부투자기관에서는 명목적인 임금 가이드라인은 지키면서 소위 '부대협약'을 통해 각종 수당, 급여성 · 비급여성 복리비를 올리는 방향으로 간접적인 임금 인상효과를 만들어 내기도 한다. 실제 대부분의 임금협상은 겉으로는 임금 가이드라인의 인정문제로 공방전을 벌이지만 내용적으로는 이런 부대협약에 대한 협상으로 끝나게 된다. 이러한 내용은 제1부 기업복지의 기능에서 언급된 바 있는데, 미국의 경우 제2차 세계대전 후 전쟁노동청에서 임금 가이드라인 같은 권장성격이 아니라 임금 인상 상한선에 관한 기준을 법정화하여서 인플레이션의 통제 기제로 삼았고, 기업복지는 인플레이션 유발효과가 없기 때문에 임금 인상의 대안으로 부상하였다. 이 기간의 기업복지발전은 일반적으로 임금 가이드라인의 효과라고 보여지는데, 우리나라의 경우 정부에서 임금 인상의 대안으로 기업에게 권장한 제도가 있었으니 그것이 사내근로복지기금제도이다.

1991년에 실시된 사내근로복지기금제도의 도입이 기업복지의 확산에 직접적인 원인이 되었을 가능성이 높다. 사내근로복지기급법의 원안은 기업의 법인세전소득의 5%를 기금에 의무적으로 출연하는 성격이었으나, 당시 노태우 대통령의 거부권행사로 인해 권장하는 법으로 통과되었다. 이 제도는 조세감면혜택 등을 포함한 정부의 강력한 권장사항으로 기업복지발전에 크게 기여하였다고 보고되었고 이것이 기업복지비의 증가로 나타났다고 볼 수 있다.

1990년대 초반의 정부시책에 의해서 크게 영향을 받은 기업복지의 내역으로 주거에 관한 비용을 주목하여 볼 필요가 있다. 1980년대 말 수도권을 중심으로 주택대란 사태가 발생하여 주택가격이 폭등하고 부동산 투기행위가 성행하던 상황에서 노태우 정부는 주택문제 해결을 최우선의 과제로 삼아 1989년에 분당 · 일산의 신도시 개발내용을 담은 주택 200만호 건설계획을 발표하였다. 이런 정책의 일환으로 기업에게도 근로자의 주거에 관한 대책을 적극 권장하게 되어 기업복지의 내역 중 주거에 관한 비중이 급격히 증가되었다. 1989년의 경우 기업복지 총 비용 중 주거에 관한 비용이 차지하는 비중이 10% 정도였으나, 1990년에는 14.5%로 증가하고, 1994년에는 18.1%로 절정에 달하였다. 이러한 추세는 주택문제가 안정되어 가는 1995년을 기점으로 하향곡선을 그리기 시작하여, 1995년에 주거에 관한 비용이 10.8%로 낮아지고, 1998년에는 7.95%까지 낮아졌다. 이러한 현상은 국가의 정책이 기업복지에 크나큰 영향을 준다는 본보기로 이에 대한 논의는 다음 절인 기업복지의 결정요인에서 자세히 다루어진다.

정부의 정책과 노동운동 등의 기업복지의 환경이 기업복지발전에 긍정적인 영향을 준 것에 대한 내용을 요약해보면, 1987년 이후 임금 인상에 주력하던 신생 노동조합들이 1988년도 하반기 단체협상 체결 및 갱신 때부터 기업복지의 요구를 강화하기 시작하였고, 당시에 불어닥친 부동산 투기 붐과 그에 따른 주택난으로 주거 관련 요구가 어느 정도 관철되었으며, 정부의 임금억제정책을 회피하기 위한 수단으로 노사 모두 기업복지의 확대를 선호했기 때문인 것으로 해석된다.

기업복지 확대의 주된 이유 중에서 기업들이 직접 제시한 항목들을 중심으로 추론해보면 다음과 같다. 우선, 1989년 경총에서 실시한 조사(한국경영자총협회, 1989)에서 기업복지 확대의 주된 이유로 기업들이 선택한 항목은 노사관계 안정이 64.5%, 직장소속감 고취가 62.7%였다. 1995년에 실시한 조사결과를 요약한 〈표 9-3〉에서도 유사한 이유가 제시되었다. 1987년 이후 기업복지 지출이 급격히 증가된 가장 중요한 원인을 기업에게 물은 결과를 분석한 〈표 9-3〉을 보면, 기업복지지출이 급격하게 증가된 첫 번째 원인으로 들고 있는 것은 주로 근로의욕 고취(전체 응답의 44.6%)나 노사관계 안정(전체 응답의 14.8%) 등 주로 기업 내부에서 제기되는 효율성이나 노동통제의 문제와 직접적으로 관련되는 항목들이다.

〈표 9-3〉 기업복지 지출 증가의 원인에 대한 주관적 인식

원인	첫 번째 응답		두 번째 응답	
	빈도	비율	빈도	비율
근로의욕 고취	234	44.6	53	10.6
노사관계 안정	77	14.8	123	23.4
노동조합의 요구	55	10.4	41	7.8
노동력 부족	52	9.8	12	2.3
기업경쟁력 강화	40	7.6	61	11.6
기업의 사회적 책임	22	4.2	70	13.3
임금 추가 인상에 대한 요구	21	4.0	46	8.7
직장소속감의 고취	8	1.5	69	13.1
기타	14	4.1	38	7.2
전체	528	100.0	528	100.0

자료 : 송호근(1995a).

두 번째의 이유로 꼽은 것들 역시 노사관계의 안정(전체 응답의 23.4%)과 기업의 사회적 책임(전체 응답의 13.3%)과 같은 항목들로, 역시 기업의 내부에서 제기되는 노동통제의 문제나 환경과의 관계에서 기업이 고려해야 할 정당성의 문제가 기업복지 지출을 증가시킨 원인임을 알 수 있다.

민주화와 노동운동이 활성화되던 1987~1997년의 십 년간의 시기는 공공산업복지와 기업복지가 모두 발전했던 중요한 기간이지만 활성화의 정도와 전개방향에서는 차이가 있다. 이 시기에 정치 민주화와 상대적으로 개혁적인 정권이 집권하면서 공공복지의 중요성이 서서히 부각되는데, 이것은 법정복지비용이 2~3%선에서 등락을 거듭하던 1990년대 초 · 중반에 비해 1996년부터는 4%대에 진입한 사실로 실체화되었다. 이에 비하여 1992~1994년 사이의 9%를 상회하던 기업복지비중이 1995~1997년 사이에는 7%대 초반으로 낮아졌다는 사실은 잔여주의 일변도의 우리나라 사회복지의 방향의 전환을 엿볼 수 있게 하는 조짐이라 할 수 있다. 기업복지의 비중이 공공산업복지의 비중을 능가하는 현상은 일반적인 서구의 복지국가에서는 찾아보기 힘든 현상으로 국가복지의 후진성을 대변하는 상징이다. 그런 맥락에서 보면 법정복지 비중의 증가 추세가 기업복지의 감소 추세와 맞물리는 1990년대 중 · 후반의 현상은 제도적 측면의 사회복지의 입장

에서 보면 바람직한 방향으로의 변화라고 볼 수 있다.

5) 경제 위기 이후의 상황(1998년~현재)

(1) 정치 · 사회적 배경

1997년 말에 밀어닥친 경제 위기는 우리나라의 공공복지의 도약적인 발전이라는 예상 밖의 결과를 빚어내었다. 첫 번째 이유로, IMF 외환 위기는 낙후된 한국의 사회복지 현실을 적나라하게 노출시킨 계기가 되었다. 지난 수십 년간 구가해 온 고도성장에 의해 성장만능주의에 빠져서 제도적 분배의 필요성을 절감하지 못했기에 갑작스런 경제 위기를 대처하기에는 너무나 미흡하고 부실한 한국사회복지체제를 처절하게 다시 인식하게 된 계기가 되었고, 이를 통해 복지발전의 당위성과 필연성에 대한 사회적 공감대가 형성되는 전화위복의 단초가 되었다. 둘째, IMF가 위기 타개책으로 제시한 구조조정과 그에 따른 정리해고, 인원감축 등으로 인해 파생되는 실업, 절대빈곤 등의 문제는 국가의 직접적인 개입 없이는 완화 내지 해소될 가능성이 없는 절체절명의 문제였다. 타개책으로 고용보험 등 4대 사회보험의 적용범위가 1인 이상 고용 사업체 및 전 국민에게 확대되었고, 1999년에는 사회적 권리를 바탕으로 한 국민기초생활보장법이 제정되었다.

셋째, IMF 외환 위기의 여파로 양산된 대량실업으로 인한 절대빈곤의 양적 확산과 연결되어 파생되는 문제가 부의 불평등문제이다. 노동시장의 유연성, 영미식 신자유주의적 접근에 입각한 경제구조조정의 사회적 결과는 소득 불평등과 빈곤의 심화로 귀결되었으며, 그것은 사회적 연대를 훼손시키는 결과를 초래하였다. 예컨대, 외환 위기 이전인 1997년 도시 근로자의 절대 빈곤율이 2.9%였으나 1999년도 1/4분기에는 7.5%로 2배 이상 심화되었고, 도시근로자 중위소득의 50%를 빈곤선으로 설정한 상대 빈곤층의 비율은 같은 시기에 7.3%에서 10.9%로 증가하였다(류진석, 2001: 137). 소득의 불평등보다 부동산 및 금융자산의 불평등은 지니계수 7에 육박하여 한국사회의 불평등이 매우 심각한 상태에서 사회통합을 이룩하기 위한 사회보장제도의 확충은 필연적인 결과요, 국민의 정부가 집권 2년 만에 외환 금융 위기를 해결한 후 4대 사회보험제도의 대폭적인 확충과 국민기초생활보장법 제정은 사회연대를 이룩하기 위한 구체적인 시도라고 할 수 있다. 넷째, IMF 외환 위기 사태는 홍경준이 1990년대 중반까지 한국사회복지체제를 요약해서 말한 “낙후된 국가, 성장한 시장, 선택된 공동체”의 문제를 여실히 드러내었다. 특히, 가족을 비롯한 공동체가 혈연, 지연 등에 매개로 제공되는 연(緣)복지는 사회성원들의 복구욕구를 대응하는 중요한 제도로 활용되는 한국사회의 특성을 잘 나타내고 있다(홍경준, 2003: 207). 이와 같이 개인의 생활을 위한 소득보장이 국가의 개입보다 시장이나 기업 혹은 연복지 등의 비공식 부문을 통해 충족되어 왔던 상황에서, 급작스럽게 닥친 경제 위기 상황에 의해 복지의 비공식 부문이 약화되며 남긴 공백을 국가가 메울 수밖에 없는 상황이 공공복지제도의 확충을 불러오게 되었다. 그것은 마치 1929년 경제 대공황으로 인해 야기된 대량 실업으로 빈곤문제가 사회 전반에 걸쳐 확산되어 종교단체, 기업, 자선단체 등의 민간복지체계가 붕괴하는 과정에서 그 공백을 메우기 위해 국가가 구조적 측면에서 개입했던 복지국가의 출현과 비슷한 맥락이라고 할 수 있다.

극심한 경제 사회적 위기하에서 사회복지 발전의 다섯 번째 이유는 IMF 외환 위기가 초래한 절박성과 이에 따른 국가자율성의 일시적 · 예외적 확대였다. 일반적으로 통상적인 조건일 경우 국가는 자본과 노동 그리고 수많은 이익집단의 요구에 상시적으로 노출되기 때문에 국가의 자율성과 통제력은 현저히 제약받게 되지만, 외환위기라는 예외적이고 일시적인 상황하에서는 자본과 노동의 위상이 약화되는 것에 반비례하여 국가의 자율적 공간이 상대적으로 크게 신장된다. 이 시기에 국가가 구제금융의 이행 조건을 진행하면서 부채 비율이 높고 도산의 가능성이 큰 대부분의 기업들에 대해 생사여탈권을 행사하였고, 또한 기업의 고용조정을 승인하거나 거부함으로써 혹은 실직자들에 대한 지원을 확대하거나 축소함으로써 노동계급에 대해서도 사실상의 생사여탈권을 행사하였다(성경륭, 2001). 이러한 예외적 상황에서 대폭 신장된 국가의 자율성이 복지개혁의 충분조건은 물론 아니다. 만일 국가가 반복지적 성향을 띠었다면 그러한 상황하에서 국가의 자율성 확대는 사회복지의 퇴조를 의미하지만 다행스럽게도 김대중 정부가 친복지적 · 친 노동적 · 개혁적인 성향이었기에 복지개혁의 성과를 높일 수 있었다(성경륭, 2001).

마지막으로 세계화의 역풍이 한국사회복지발전에 현저하게 기여하였다. 한국사회복지제도는 세계화의 물결 속에서도 역설적으로 과거에 비해 복지강화, 사회적 안전망(social safety net) 확충 등의 의미 있는 사회발전을 이룩하였다. 세계화의 과정은 경제 구조조정과정으로부터 시작되는 것으로 인원감축, 정리해고, 노동시장 유연화 강화로 대표되는 신자유주의적 접근으로 일관하여서 그러한 형태의 구조조정의 결과는 대량실업이고, 이 영향으로 빈곤의 확산과 소득불평등이 심화된다. 이러한 사회경제적 상황은 강력한 사회적 저항을 불러일으켰으며 사회통합을 위한 복지제도의 확충을 고려하지 않으면 안 되게 되었다(류진석, 2001). 이러한 점을 이미 간파한 구조조정기금을 공여하는 초 · 국적적인 기구에서 흔히 사회적 안전망을 강화하라는 요구를 하게 되는데, 실제로 국제부흥개발은행(IBRD)은 한국의 사회복지제도 확충을 구조조정 차관을 공여하는 조건으로 내걸었고, 금융지원을 절실하게 필요로 하는 한국정부의 입장에서는 도저히 거부할 수 없는 조건이었다. 이는 Deacon이 서술한 세계 차원의 정치(global politics)의 사회화 현상 내지 세계 차원의 사회정책(global social policy)이라는 현상으로, 개별국가의 사회복지에도 세계화의 영향을 무시할 수 없음을 보여 주고 있다. 이는 개별 국가의 사회복지 역시 초국적 기구가 요구하는 사회정책에 의해 영향을 받을 수 있다는 점을 암시해준다(Deacon et al., 1997).

(2) 사회보험(법정 복지)

위에서 언급한 것 같이, 1998년부터 우리나라의 사회보험제도는 내실을 기하는 데 박차를 가하였다. 국민연금제도의 경우 1999년 4월에 도시지역 가입자에게까지 적용을 확대하였고, 2003년 7월에는 사업자 적용범위를 근로자 1인 이상의 사업장까지 확대하여 전 국민연금시대를 열었다. 건강보험 역시 적용범위를 확대하여 2001년 7월에 5인 미만 사업장의 근로자를 건강보험에 편입시켰고, 2003년 7월에는 지역, 직장의 재정통합을 매듭지어 3단계 재정통합을 마무리하였다. 건강보험의 경우 처음 실시되었던 1977년의 적용률이 8.7%에 불과하던 것이 2014년에는 98.4%로 증가하였고, 전체 의료비 중 환자가 직접 부담하는 의료비가 1980년의 74%에서 2012년에는 36%로 대폭 낮아졌다. 최근 우리나라 건강보험의 보장성은 약 62%로서 OECD 선진국 평균인 80%에는 못 미치지만, 과거에 비해 저소득층은 의료비 부담에서 어느 정도 벗어났다고 보인다.

사회보험제도와 기업복지를 비교해 보면, 이 시기의 첫 해인 1998년의 경우 총 노동비용에서 사회보험(법정복지)이 차지하는 비율이 5.2%인 반면에 기업복지(법정 외 복지)의 비중은 6.2%로 기업복지의 비중이 조금 높은 상황이었으나, 2000년에 이르러서는 사회보험의 비율이 6.6%인 데 비해 기업복지비율이 6.2%로 처음으로 역전되었다. 그 후 13년 간 평균 비율을 보면 사회보험비용 지출이 7%에 기업복지 지출이 5.6%로 나타났고, 2008~2013년 사이에는 사회보험 지출 평균비율이 6.6%인 데 비해 기업복지 비율은 4.7%로 격차가 더 벌어졌다. 이러한 추세는 우리나라의 복지체계에서 공공복지가 발전을 거듭하여 민간복지인 기업복지보다 더 핵심적인 위치를 점했다는 사실을 보여 주며, 이러한 추세는 기업복지제도의 상대적인 축소를 의미하기도 한다. 기업복지의 축소 추세는 아래에서 언급하기로 하고, 4대 사회보험과 같이 법정복지이면서도 고용노동부의 통계자료에서는 분리되어 있는 퇴직금제도와 공공복지 및 기업복지의 관계에 대해 간략하게 논의하기로 한다.

퇴직금제도는 법으로 정한 복지제도로서 법정급여(1년에 1개월치의 급여 지급)로 운영되고 있으나 재정은 근로자나 국가가 부담하는 것이 아니라 기업이 전부 부담한다는 차원에서 보면, 퇴직금제도는 서구의 기업연금에 더 가깝다. 좀 더 구체적으로 살펴보면, 퇴직금제도는 근로자 퇴직급여 보장법 제4조에 명시되어 있으며, 5인 이상을 고용하는 사업장의 근로자를 수혜대상으로 정했으나 2013년부터는 4인 이하의 작업장의 근로자도 적용받을 수 있도록 개정되었다. 퇴직금제도가 법으로 정해진 이유로 법정복지임에 틀림없는 점을 감안해서 근로자 1인당 월평균 복지비용을 다시 살펴보면, 1985년의 경우에 법정복지비 2.1%에 퇴직금 비용인 6.3%를 추가하면 총 노동비용 대비 법정복지비는 8.4%로 6.3%인 기업복지비용의 비율을 능가한다. 1990년대의 총 노동비용 대비 퇴직금제도의 비율은 더 증가하여 1990~1997년까지 퇴직금제도의 연 평균 지출비율은 9.2%까지 높아져서, 1997년의 법정복지비와 퇴직금의 지출비율을 합치면 15.7%로, 기업복지비용의 비율인 7.7%의 두 배를 상회한다.

1990년대 후반의 퇴직금, 임금, 사회보험, 기업복지비용을 비교해서 살펴보면 상호연관된 역동적인 관계를 포착할 수 있다. 1998년 초부터 본격적으로 불어닥친 IMF 외환위기의 충격으로 인해 경제 및 기업구조 조정은 경제의 자생력을 키우기 위한 한국 정부의 선택이기도 했지만 무엇보다도 차관을 제공하는 IMF 등의 조건이기 때문에 피할 수 없는 선택이었다. 이러한 구조조정은 인원감축과 정리해고 등의 대량해고 사태를 촉발하여 퇴직자에게 지급하는 퇴직금 등의 비용이 1998년에 26.5%(전년 대비 170.5% 증가)까지 치솟았다. 반면에 같은 해에 임금은 전년에 비해 처음으로 9% 가까이 감소했고, 임금이 총 노동비용에서 차지하는 비율이 1997년에는 74.1%였는데, 1998년에는 60.5%로 하락했다. 이렇듯 급작스런 퇴직금 비용 증가는 임금에는 큰 영향을 미쳤으나 법으로 정한 사회보험에는 여파가 미칠 수 없었고, 다만 기업복지비용의 비율이 전년에 비해 19% 정도 감소하였다. 퇴직금의 비중은 2000년에 22.6%로 높아졌는데, 이것은 경제 위기의 여진이 아직 남아 있었던 이유와 함께, 그해에 실시된 공공기관의 퇴직금 중간정산제로 인해 퇴직금 비용이 급격히 상승하여, 총 노동비용 대비 임금의 비중이 최저 선에 가까운 62.7%로 떨어졌고, 법정복지비 지출도 전해에 비해 0.5% 하락했으며, 기업복지비용의 비중 역시 전년도에 비해 1.5% 감소하였다.

(3) 기업복지(법정 외 복지)

1990년 이후 1997년까지 총 노동비용에 대한 비율이 평균 9%대를 유지하며 지속적으로 확대되어오던 기업복지가 2004년을 기점으로 축소되기 시작하여 5% 중반으로 하락하더니, 2008년 이후에는 4% 후반을 맴돌고 있다. 기업복지제도의 축소 이유로 몇 가지를 들 수 있는데, 첫째는 공공복지의 확대 발전이다. 사회보험제도에 들어가는 비용의 절반 정도를 기업주가 부담하는 상황에서 공공복지에 대한 기여금이 올라가면 상대적으로 기업복지를 줄이는 것이 1차적인 대안이 될 수 있다. 둘째 이유로 들 수 있는 것이 방금 전에 기술된 퇴직금 지출의 급격한 증가이다. 세 번째 이유는 총액임금제와 깊은 관련이 있다. 총액임금제도는 총액임금을 기준으로 노사가 임금인상률을 결정하는 방식이다. 총액임금이란 근로자가 1년 동안 고정적으로 받는 기본급, 통상적 수당, 정기 상여금, 연월차수당 등을 합산해 12로 나눈 액수를 말하는데, 이때 연장근로수당이나 야간근로수당, 휴일근로수당 등과 경영성과에 따라 지급되는 성과급적인 상여금, 식사 · 피복 등의 현물급여, 일 · 숙직비 등은 총액임금에서 제외된다. 총액임금제는 각종 명목의 수당 신설로 인한 임금의 편법 인상을 막고, 고임금 업종의 임금인상을 강력히 억제하려는 것으로, 독과점기업, 국 · 공영기업, 언론사 등 300여 개 업체를 중점관리대상으로 하고 있다. 총액임금제에서 식사 · 피복 등의 현물급여는 총액임금에서 제외된다고 하지만 다양한 기업복지급부 중 큰 비중을 차지하는 것이 총액임금에 포함된다면, 이 제도는 기업복지를 축소하는 기제로 사용될 가능성이 높다. 이에 대해 노동조합에서도 정부의 임금통제책일 뿐만 아니라 헌법에 보장된 평등권, 자율적인 단체교섭권을 침해하고 있다는 이유로 반발하고 있는 현실로 미루어 보면, 총액임금제도가 기업복지 축소에 의미 있는 영향력을 발휘할 가능성이 높다고 판단된다.

마지막으로, 경제 위기 극복을 위한 대응책으로 추진되고 있는 기업 구조조정과 노동시장 유연화정책은 고용불안정의 문제가 가장 심각한 사회문제로 대두되었다. 또한 경제 위기 이후에 노사정 합의의 형식을 빌려 국회를 통과한 개정근로기준법은 정리해고제와 근로자파견제의 도입을 현실화시켰다. 노동시장 유연화정책은 정리해고된 근로자의 자리를 비정규직으로 대체하는 과정이 필연적으로 수반되는데, 외국의 예를 보거나 우리나라의 현실을 보더라도, 비정규직이 기업복지로부터 부분적인 혜택을 받거나 완전히 제외되는 상황이 비일비재하는 상황에서, 정규직의 감소와 비정규직의 상대적인 증가는 기업복지비용이나 기업복지제도의 규모를 축소하는 결과를 초래할 것은 불을 보듯 뻔하다.

2. 한국기업복지발달의 요인 분석

개발도상국의 사회복지발전과정은 산업화를 먼저 주도하고 꽃 피운 선진국과는 다른 형태를 근대 역사에서 흔히 볼 수 있는데, 그것은 정치민주화가 뿌리를 내리지 못한 상황에서 존재하는 국가주도형 경제성장 형태인 독재주도형 모형이다. 이러한 개발독재형 모형이 1960년대 초부터 1980년대 말까지 우리나라의 정치, 경제, 사회를 주도하던 모형이라는 것은 주지의 사실이다. Allison은 그의 합리적 정책수립 모형을 통해, "개발도상국의 사회보장제도는 선형적이고 진화적인 방향의 발전보다는 그 나라의 국가발전계획에 의해 고의적으로 선택되는 경우가 많다(Jun, 1980)."라고 언급했다.

1961년 군사정부가 들어선 이후 우리나라의 정치, 경제, 사회, 문화 등의 모든 면은 국가의 주도로 이루어졌고, 가장 대표적인 적인 것이 제1차 경제개발 5개년 계획으로 시작된 한국형 산업혁명이다. 이러한 국가 주도적인 성격은 국가의 전반에 걸쳐 공고화되어 전형적인 개발독재형 국가로 사반세기 이상 지속되었다. 이렇듯 산업화를 통한 경제발전을 주도한 세력도 국가요, 정치체제 역시 유신체제 같은 일당 독재체제로 1980년대 말까지 이어져왔기 때문에 한국사회의 변화의 모든 측면은 정부에 의한, 정부를 위한, 정부의 주도로 이루어졌다고 해도 과언이 아니다. 이런 맥락에서 보면, 국가의 정책, 노동조합, 기업주의 이념과 경영철학, 노동시장의 수급상황과 경기순환, 전문화 추세, 기업복지 선진국의 영향이 포함된 한국기업복지발달 요인 중 국가의 정책이 으뜸가는 요인이라는 데는 두말할 나위가 없다.

1) 국가의 정책

(1) 책임전가의 배경

제4장 기업복지의 발달요인 분석에서 언급되었듯이, 사회복지와 관련된 국가의 접근방법은 제도주의적인 접근과 잔여주의적인 접근으로 대별된다. 한국정부의 선택은 의심의 여지가 없이 잔여주의적인 접근방식이었다. 우리나라 정부는 사회보장제도를 수립하고 확대하여 복지국가 구현을 목표로 하는 시장대체 전략 대신, 시장순응적인 전략을 선택하여 자본주의 시장경제체제에 도전하며 위협을 가하는 노동운동에 대해서는 적극적으로 개입(탄압)하지만, 시장양극화 현상 같은 시장의 비합리적 요소에 대해서는 소극적인 개입을 통해 시장기능의 재편성 및 시장구조의 정리를 위한 시장형성 전략을 구사해 왔다(류진석, 1995). 그렇기 때문에 근로자의 복지문제는 국가의 책임이라기보다는 근로자를 직접 고용하는 기업주의 소관이라고 보아 시장지향적인 복지체제인 기업복지를 통해 해결하는 것이 바람직하다는 판단하에 근로자를 직접 고용하고 관리하는 기업주에게 근로자의 복지책임을 전가하였다.

이러한 상황은 선진국의 사회복지발달과정에서도 흔히 볼 수 있는 상황이었다. 복지국가체제가 성립되기 이전에는 노동자계층에 대한 복지는 자본(경영자)에게 맡기는 경향이 농후하였다. 20세기 중반까지는 복지선진국으로 불리는 영국에서도, 산업혁명이 일어난 후 복지국가가 정립되기까지 150년 가까운 기간 동안 근로자의 복지는 기업주에게 맡겨진 상태로 남아 있었고, 독일도 역시 영국과 같이 길지는 않았지만, 산업화가 시작되고 100년 가까이 근로자를 위한 사회보험제도를 실시하지 않았다. 미국이나 일본 역시 같은 상황이었으나, 영국이나 독일과의 차이는 산업화가 본 궤도에 오르고 그에 따르는 시장경제의 비효율성으로 인해 많은 사회문제가 발생함에도 불구하고, 지속적으로 사회복지 책임을 기업에 전가해 온 점이다. 이러한 논리의 귀결은 최균의 표현(류진석,

1997)을 빌려 조금 달리 말하자면, “한국의 기업복지의 발달은 근로자 복지에 대한 국가의 책임전가의 산물이다.”라고 볼 수 있다.

이러한 한국 정부의 태도는 산업화가 시작되던 1960년대부터 일관성 있게 나타나는데, 1987년 이전에는 노골적으로 나타나다가, 그 후에는 좀 완화되어 유화적인 형태로 변화되었다. 우리나라 정부의 잔여적인 태도의 저변을 살펴보면 몇 가지 단서를 발견할 수 있는데, 첫째는 신자유주의의 영향을 지목할 수 있다. 신자유주의란 1970년대 서구를 강타하여 복지국가의 퇴조를 불러온 이념적인 근거로서, 자본주의 시장원리가 모든 경제원칙보다 우선한다는 내용을 바탕으로 하여, 자유시장경제체제에 제약을 가하는 국가의 개입에는 선별적인 입장을 취하고 있다. 자본과 시장에 유리한 경우 국가의 개입이 필요하고, 그 반대의 경우에는 철저하게 불간섭 원칙을 고수한다. 신자유주의의 원칙에 의하면 근로자의 복지는 당연히 그들을 직접 고용한 기업주의 책임영역 안에 있는 것으로, 국가 같은 외부 세력의 개입은 기업의 자발성을 저해하는 것으로 자본주의 시장경제의 원리를 침해하는 것으로 이해한다. 우리나라에는 1990년대 초반 세계화(globalization) 추세를 타고 상륙하여 ‘균형적 복지국가’를 목표로 하는 김영삼 정부와, ‘생산적 복지’를 3대 국정지표의 하나로 삼던 김대중 정부의 집권 기간 동안 절대적인 이념으로 자리매김하였다(윤찬영, 2004).

두 번째 근거로는, 서구에서 유행하던 ‘복지 병’에 대한 우려로서, 특히 일본사회복지 변천과정에 큰 영향을 끼치었다. 이것은 위의 신자유주의와 연결되는 것으로 복지국가의 팽창으로 복지비 지출이 크게 증가하고 정부예산과 조직이 비대해지는 것 등이, 1970년대 초 중동전쟁(Yom kipper war)의 여파로 강타한 세계적인 경기침체의 원흉으로 지목된 복지국가의 퇴조현상과 직결되어 있다. 우리나라의 경우 복지국가는 꿈도 꾸기 전인 1980년대 초, 사회복지분야에 대한 국가의 적극적인 개입 위험에 지레 겁을 먹었거나, 아니면 공공복지의 확산을 거부하는 집단에게 빌미를 제공했거나 해서, ‘복지 병’에 대한 우려가 사회복지분야에 국가의 개입을 최소화하는 태도를 강화하는 계기가 되었다고 볼 수 있다.

세 번째 요인은 이해집단에 관계된 변수이다. 사회복지부문에 국가의 개입을 반대하는 집단 중 단연 으뜸가는 세력은 정부 안에 있는 보수 관료집단이다. 이 집단은 개발독재형 정치체제에서 국제 경쟁력을 키우기 위한 전폭적인 대기업의 육성이 재벌집중화

현상과 정경유착을 초래한 정부를 움직이는 실질적인 동력으로서 기업에서 반대하는 공공복지의 확산보다는 근로자의 복지를 기업의 자율성에 맡기는 기업복지를 반대할 이유가 없었다. 또한 복지국가에 대한 저항세력은 도처에 폭넓게 포진하고 있었는데, 실례를 들면 의료보험 통합안에 반대했던 의료보험조합, 전국경제인연합회, 청와대 비서실, 심지어는 한국노총과 일부 주요 언론이 사회통합적인 사회보험개혁에 반기를 들었다(이혜경, 1993). 이러한 집단들이 직 · 간접적으로 공공복지의 확산에 미온적이거나 반대 입장을 표명했고, 이런 상황에서 기업복지는 더 깊이 뿌리를 내리며 발전의 기틀을 잡을 수 있었다.

(2) 책임전가의 사례

① 퇴직금제도

제3장의 국가정책론적 접근방법에 이미 기술된, Rein의 국가가 기업을 대상으로 하는 개입의 형태로 명령, 규제, 권장, 후원이 있다. 이 중 명령은 국가가 기업으로 하여금 근로자를 대상으로 하는 복지제도를 법제화하는 법정복지로 기업복지의 영역에서는 제외되는 것이며, 규제는 국가가 기업으로 하여금 실시하도록 권장하고 관리 · 감독하는 형태로, 성격적으로는 기업복지에 포함되지만, 기업에서 이러한 간섭을 선호하지 않는 이유로 실제로 이런 형태의 기업복지제도는 많지 않다. 권장은 일반적으로 세제 감면제도 등으로 기업복지를 유도하는 것이며, 후원은 세제감면 이상의 직 · 간접적으로 지원하는 것으로, 국가가 기업에게 전가한 기업복지는 권장 및 후원의 성격을 가지고 있다.

근로자의 복지에 대한 책임을 국가가 기업에게 전가하는 대표적인 사례가 퇴직금제도이다. 퇴직금제도는 근로기준법 내에 근로자 퇴직급여 보장법 제4조에 명시된 엄연한 법정복지제도이지만 재정은 기업이 전액 부담하고 있는 실정이다. 서구의 기업연금과 비슷한 제도이지만 실제로는 법정급여라는 점에서 사회보장연금에 더 가깝다. 법정복지이면서 기업에게 전가한 퇴직금제도는 세제 지원 외에는 별 반대급부가 없는 특이한 제도로 판단된다. 퇴직금제도가 사회보장연금이 아닌데도 법으로 정해진 것은 사회보험제도를 실시할 재정적인 여력이 없던 과거에, 농촌을 중심으로 한 부양의무를 포함하고 있는 가족공동체가 해체되는 상황에서, 기업에게 강제로 퇴직 후 생활 지원 책임을 전가한 것으로서 세계적으로도 우리나라와 일본에만 있는 특이한 성격을 내포하고 있는 제도이다.

이러한 일방적인 책임전가 행태는 1988년 국민연금제도가 도입되고, 1999년 전 국민연금제도로 확대되면서 책임분담 형태로 전환되었고, 퇴직금제도가 퇴직연금제도로 서서히 전환되면서 국가의 관리 · 감독이 강화되는 등 국가의 역할이 미세하게 증대되고 있다. 2014년 8월, 정부는 경제관계 장관회의에서 현재 권장사항이 되어 있는 퇴직연금제도를 2016년부터는 상시 근로자 300인 이상 기업을 시작으로 퇴직연금을 의무화 하며 범위를 점차 확대하여 2022년까지는 모든 기업에 확대한다는 대책을 발표하였다. 그리고 30인 이하 영세사업자에는 중기 퇴직연금기금제도를 2015년에 도입하여 부담금 및 운용수수료를 지원하는 내용을 포함하고 있다. 이는 근로자의 퇴직 후 생활보장을 위한 제도가 명령일변도에서, 규제와 권장 및 후원의 성격이 가미되어가는 현상으로 전환되어 고령화 내지 고령사회를 대비하려는 정부의 의지를 엿볼 수 있다. 또한 영세기업을 배려하며 도입하여 기업에 대한 세제혜택과 재정 지원 및 근로자의 추가 납부에 대한 세제 지원 등에 나타나는 권장 및 후원의 성격을 띤 정부의 정책의지는 근로유무와 관계없이 국민의 최저한의 생활(national minimum)을 보장하려는 초보적인 복지국가의 성격을 내포하고 있다.

② 주택정책

위의 한국기업복지의 역사에서 언급된 바, 1989년에 실시된 주택 200만 호 정책의 시행과정에서, 1989년의 기업복지 총 비용 중 주거에 관한 비용이 차지하는 비중이 10% 정도였으나, 1990년에는 14.5%로 증가하고 1994년에는 18.1%로 절정에 달한 현상은 국가의 주택정책의 효과를 높이기 위해 기업에 압력을 넣은 결과라고 해석할 수 있다. 이 경우가 국가의 정책적 책임을 모두 기업에게 전가한 경우는 아니지만, 일정 부분 전가한 것이라고 볼 수 있고, 그 반대급부로 기업이 국가로부터 얻은 세금감면혜택과 토지 매입 및 보유의 특혜에 대한 의혹에는 상당한 근거가 있다고 인정할 수 있다.

③ 직장보육시설

정부가 기업주에게 시행을 의무화하는 제도로서 직장보육시설이 있다. 2009년 직장보육시설의 설치 및 운영규정에 의하면, 상시 근로자 500인 이상이나 여성근로자 300인 이상이면 직장보육시설의 설치를 의무화하고 있다. 이 경우는 법적인 의무화 성격으로, Rein의 유형분류체계에 의하면, '명령'에 해당되지만 동시에 '권장'과 '후원'에도 포함되는 이유로는, 고용노동부를 통해 시설 설치비용에 대해 융자를 받을 수 있고, 보육교사 등의 인건비와 교재, 도구비를 지원받을 수 있는 점이다. 또한 보건복지부로부터도 시간 연장보육교사의 인건비 등에 대해 지원을 받을 수 있고, 보육시설이 위치하고 있는 지역의 지방자치단체로부터 각종 지원을 받는 것이 가능하며, 간접 지원으로 각종 세제 혜택을 누릴 수 있다. 이와 같이 우리사회의 경제상태가 호전되고 민주주의적인 제도와 관행이 확산되면서, 일방적인 명령일변도 보다는 명령, 규제, 권장, 후원성격의 국가의 개입이 혼합되어 시행되는 경우가 증가하고 있다.

④ 자주복지

근로자에 대한 복지를 기업에게 일임하려는 국가의 정책은 노동조합이 주체가 되어 시행하는 자주복지에 대한 통제에서 잘 나타난다. 1997년 한국경제가 외환 위기를 맞아 IMF상황에서 일부 은행은 퇴출되었고 나머지 은행에는 정부가 공적 자금을 투입했다. 그러나 대규모 공적 자금이 투입되었는데도 목표한 영업 수익을 내지 못한 일부 은행의 경우 정부 주도로 은행 간 합병이나 매각을 하게 되었는데, 이 과정에서 한국노동조합총연맹 내 금융노조연합에서 창립한 근로자 전문은행인 평화은행이 한빛은행에 분할 · 합병되었고, 그 결과 우리은행이 설립되었다. 노총에서 실시하는 금융공제사업이나 소비조합 같은 유형의 사업도 기업복지의 확대에 따라 그 유용성을 상실하였다(송호근, 1995). 이러한 상황을 분석해 보면 정부의 입장에서는 한국노총이 주도하는 자주복지는 노동조합의 세력을 강화하는 기제가 되는 것이 달갑지 않았고, 노조 차원에서 노조 회원들에게 복지를 제공함으로써 기업과 대등한 위치에 서려는 시도 역시 바람직하지 않게 생각되었다. 그래서 노동통제의 일환으로서, 또한 근로자의 복지책임을 일임받은 기업을 비호하는 차원에서, 자주복지의 퇴조를 간접적으로 부채질하거나 방조하였다고 볼 수 있다.

⑤ 기타 기업복지권장 및 후원

한국기업복지의 역사에서 이미 언급되었듯이, 1973년의 공장새마을운동이나, 1984년 사내근로복지기금 운영준칙 및 1991년의 사내 복지기금법의 제정은 기업복지를 권장하고 후원하는 국가의 구체적인 행위로 볼 수 있다. 사내근로복지기금법에 명시된 사내근로복지기금의 설립은 법적 의무사항이 아니어서 사업주가 임의적으로 설립할 수 있다. 이 제도는 기업에서 직전 사업연도의 법인세 또는 소득세 차감 전 순이익의 5%를 기준으로 기금에 출연할 수 있고, 이 기금으로 주택자금은 물론 학자금, 의료비, 경조사비 지출로 기업복지비를 지원할 수 있다. 최근 공공기관들이 이 기금에 대폭으로 투자하는 경향이 있어서, 한국마사회의 경우 2010~2012년 1인당 평균 기업복지비의 76.8%, 대한주택보증이 68.5%, 인천국제공항공사가 57% 등으로, 방만 경영 중점관리기관으로 지목된 공공기관 상당수가 기업복지비용에서 기금이 차지하는 비율이 매우 높아서 논란의 대상이 되고 있다. 정부에서는 관련세법의 규정에 따라 기금 설립 시 기금출연금 전액에 대한 법인세의 손비를 인정하고, 기금에서 근로자에게 지급한 금품에 대한 증여세에 대해 비과세 등의 세제혜택을 줌으로써 기금의 설립을 장려하고 있다.

기업복지 실시를 후원하는 예로 근로자복지기본법을 들 수 있는데, 정부가 근로자들에 대한 각종 대부 및 우리사주제도 개선, 비정규근로자들의 복지확충 등 근로자복지에 관해 개입하고, 근로복지진흥기금을 설치하여 기업복지에 대해 재정 지원을 하는 것이나, 근로복지공단을 통해 선진기업복지 도입을 위한 전문적인 서비스를 제공하는 것 등이 정부의 입장에서 기업복지를 후원하는 구체적인 사례들로 보여지고 있다.

2) 노동조합

기업복지발달사에 있어서 노동조합의 역할은 아무리 강조해도 과함이 없을 듯하다. 기업복지 선진국인 미국과 일본의 예를 보아도 각 나라 기업복지의 흥망성쇠는 기업복지에 대한 노동조합의 태도와 행위에 달려 있었다고 해도 과언이 아니다. 미국의 경우 1930년대 노동조합의 반대는 과학적 경영방법의 출현과 함께 기업복지의 쇠퇴에 결정적인 역할을 하였고, 기업복지의 재생기에 단체교섭제도의 활성화 등의 이유로 노동조합의 부정적인 태도가 긍정적으로 선회했던 현상 역시 기업복지의 재생·발전에 결정적인 역할을 했다고 전기한 바 있다.

우리나라의 기업복지의 일천한 역사 속에서도 노동조합은 기업복지발전과 유지에 지대한 공헌을 한 것에 대해서는 자타가 공인하는 바이지만, 그 과정에 있어서 기업복지 선진국들과 비교할 때 중요한 차이를 보이고 있다. 일반적으로 어떤 상태를 유발하는 변수를 추진기능 변수와 존재기능 변수로 구분할 수 있다. 추진기능 변수는 그 변수가 작동하여 어떠한 결과를 초래하는 것이라면, 존재변수는 그 변수가 작동하지 않고 그냥 존재하는 것만으로도 어떤 상황이 발생한다는 것이다. 물리학에서 에너지의 내용을 보면 운동에너지(kinetic energy)와 위치에너지(potential energy)로 구분된다. 운동에너지란 운동하는 물체나 입자가 가지는 특성으로 일을 하거나 열을 발생시켜 객체에게 영향을 미치는 것을 말하며, 위치에너지란 물체가 어떤 위치에서 잠재적으로 지니고 있는 에너지로서 일을 하거나 열을 발생할 수 있는 잠재성을 가지고 있지만, 외부의 자극 없이는 객체에 어떤 변화를 줄 수 없는 에너지를 말한다. 예컨대, 높은 댐 안에 갇힌 물은 그 상황에서는 아무런 변화를 줄 수 없지만, 수문이 열려 낙차 높은 곳에서 아래로 떨어지는 힘으로 거대한 터빈을 돌려 전기를 생산할 수 있는 것과 같은 이치이다.

이러한 에너지의 역학을 노동조합과 기업복지의 관계에 대입해보면, 노동조합의 추진 기능이란 운동에너지 같아서 기업복지를 획득하기 위한 강력한 요구와 그것을 관철시키기 위한 투쟁 같은 자구적인 노력을 통해서 기업복지를 쟁취하거나 확보하는 기능을 말한다. 반면에 노동조합의 존재기능이란 노동조합이 기업복지를 얻기 위한 구체적인 활동이 없는 상태에서 노동조합의 에너지가 운동에너지로 변환되는 것을 방지하기 위해 기업복지가 주어지는 상황을 말한다. 기업복지를 쟁취하려는 적극적인 노력에 의해 획득한 기업복지를 노동조합의 추진효과 혹은 위협효과라고 한다면, 노동조합이 기업복지를 쟁취할 것에 대비해서 사전에 기업복지를 제공받는 것은 노동조합의 존재효과 혹은 기업 측에서 보면 회피효과라고 볼 수 있다.

근로자에게 기업복지가 제공되게 된 원인을 고찰할 때, 1987년 정치적인 민주화가 시작되던 시기를 기점으로 해서 전과 후를 구분해서 분석할 필요가 있다.

(1) 1987년 이전

서구의 복지국가의 형성은 노동계급의 투쟁의 산물이라고 할 정도로 노동계급의 영향은 가히 절대적이나, 우리나라의 경우는 산업화 과정과 사회복지발전에 노동운동의 역할을 무시해도 좋을 만큼 미약했다. 서구에서는 일반적으로 산업화 발전에 따라서 산업화의 주역인 노동자계급 역시 정비례해서 부상하였다. 그러나 1960년대 초반, 냉전과 분단의 정치적 현실 속에서 개발독재체제의 정치권력구조에 의해 성공적인 산업화가 추진되었지만 산업화의 진전이 대중화나 민주화와는 전혀 연계되지 못하는 불균형을 낳았다. 산업화가 수반하는 노동계층의 형성은 시대적으로 일반적인 추세임에도 불구하고 군부와 관료집단의 세력은 노동조합을 원천적으로 봉쇄하여 고도성장의 그늘 속에 산업화의 주역인 노동자 계층은 철저히 매몰되고 마는 엄청난 기현상을 초래하게 되었다(이홍구, 1987).

노동조합의 기본권인 단결권, 단체교섭권과 단체행동권은 1948년 대한민국 정부 수립 후부터 헌법으로 보장되었으며, 1953년 노동조합법, 노동위원회법, 노동쟁의 조정법과 근로기준법이 제정 · 공포되면서 확고히 자리 잡게 되었다. 그 후 자유당 독재시기와 5 · 16쿠데타 등에 의해 제한되었다가, 1963년 개정 · 공포된 노동쟁의조정법의 실시는 그 동안 금지되었던 노동쟁의권을 다시 부활시켰다. 그러다가 1971년 국가보위에 의한 특별조치법에 의거하여 비상사태가 선포되면서 단체행동권이 제약되고, 단체교섭이 각 시 · 도행정관청의 장과 노동청장의 직권으로 조정 · 결정되는 상황으로 바뀌면서 단체교섭권마저 상실하게 되었다(곽효문, 1995). 이러한 일련의 노동정책의 변화는 노동조합을 완전히 무력화시켰으며, '단체교섭(collective bargaining)'이 아니라 '단체구걸(collective begging)'이라는 자조적인 개탄의 목소리가 드높아졌고, 노동조합으로서 최후의 투쟁은 단결권의 포기를 의미하는 '노동조합 해산'이라는 극단적인 선택을 통해 국제사회에 압력을 불러와야 한다는 체념적인 주장까지도 난무하던 상황이었다. 이러한 권위주의적 통치체제 속에서 무력화되고 이념적으로 길들여진 노동조합은 사회보장제도를 통한 노동자계급 전체의 복지향상보다는 단체교섭제도를 활용하여 노조원의 영리추구에 더 치중하는 영리노조주의의 팽배현상을 불러왔다. 사회개혁에 성격을 띠고 있던 전노협은 점차 약화되어 각종 선거에서 노동자계급이 보수야당이나 진보야당보다 그들을 탄압하는 집권여당을 더 많이 지지하는 기이한 현상은 정치적으로 양순화된 노동자계급의 초상화였다(김상균, 1922). 이러한 행태는 노동운동을 분열시키는 효과도 가져와서 기존노동운동과 풀뿌리 노동운동의 이중구조를 형성하여 10 · 26사태라는 정치적 공백과 함께 폭발적으로 표출되었다.

1980년은 우리나라의 노조운동이 1961년 조직정비 이래 최초로 조직세력이 약화된 해였다. 1978년에 이미 100만 명 이상에 도달하였던 노조조직원의 숫자가 같은 해 두 차례에 걸친 노동정화 조치로 감소하기 시작하여 1982년엔 최저 수준인 79만 명을 기록하였다(곽효문, 1995). 노동정화 조치로 인해 산별노조체제가 실질적으로 기업별 노조체제로 바뀌고, 노사협의회법이 제정되어 노사가 공동운명체로 생산성향상과 근로자복지 증진이라는 허울 좋은 선언적 기치의 뒷면에는, 정부의 강력한 통제 아래 단체교섭권과 단체행동권을 상실한 무기력한 노조가 식물인간과 같이 명맥만을 이어가는 암흑기가 지속되었다.

이미 살펴본 바와 같이, 1973~ 1987년까지 기업복지는 열악한 임금수준을 보완하기 위한 생계보조적인 성격이 가장 컸다. 그리고 농촌인구 유입의 감소와 중동특수 등에 의해 부분적인 노동력 부족현상으로 근로자를 확보하고 유지하기 위한 수단으로 기업복지가 발달한 것으로서, 노동조합의 추진기능은 물론 노동조합의 위협적인 기능이 철저하게 통제된 상황이었기 때문에 이 시기의 기업복지는 노동조합과는 전혀 무관하게 발전을 거듭하였다. 그러므로 우리나라에서 기업복지가 본격적으로 시작된 1960대 초반부터 1987년까지는 기업복지 발전요인에서 노동조합의 요인을 제외해도 하등 문제될 것이 없어 보인다.

(2) 1987년 이후

1961년 이후 대기업을 중심으로 부분적으로 실시되던 기업복지가 1973년 이래로 억압적인 노동정책을 보완하는 유화책으로, 노동력부족에 대처하기 위한 근로자 확보 및 유지책의 일환으로 양적인, 질적인 측면에서 발전을 거듭하다가 1987년 이후 급속도로 성장하였다. 근로자 1인당 기업복지비용이 1985~1987년 평균 2만 8,950원이었으나 1989년~1991년에는 평균 5만 7,066원으로 97% 증가하였다. 이러한 급격한 기업복지의 성장은 1987년, 민주화 선언 이후 노조의 정치활동 금지, 제3자 개입금지, 복수노조 금지 등의 제도적인 제약이 남아 있었지만, 무엇보다도 노동3권의 회복에 기인한 바 크다고 볼 수 있다. 그러나 기업복지제도의 급격한 성장은 노동조합의 노력과 투쟁의 산물이라는 주장에는 근거가 매우 빈약하다.

1989년 한국경영자총협회 조사에서 노사관계의 안정이 64.5%로서 기업복지 확대의 으뜸가는 요인으로 나타났다. 실제로, 1988년 기업복지비용이 50% 이상 증가한 사례가, 노조가 조직되어 있는 기업의 경우는 30.3%인 데 비해, 노조가 없는 기업은 24.5%인 점을 미루어 볼 때(송호근, 1995), 노조가 있는 기업과 없는 기업의 차이가 기대치보다 낮은 것으로 나타났다. 그리고 결정적인 증거는 1995년에 행해진 한국노동연구원의 조사로서, 이 조사에는 기업주의 보편적 인식과 일반적인 통념에 반하는 내용인, "노동조합의 유무가 기업복지와는 별 관계가 없다."라는 충격적인 결과가 나왔다. 이러한 현상은 봇물처럼 터졌던 노동쟁의와 그로 인해 파격적인 수준의 임금 인상과 기업복지확대가 이루어졌던 시기인 1987년 직후에는 어느 정도 효과가 컸을지는 모르나, 한국노동연구원의 조사가 이루어진 5년 정도 후에는 노조유무가 기업복지발전에 별 영향을 미치지 못하였고, 이런 추세는 노동운동이 점차 약화되면서 지속되었으리라는 추론이 설득력을 얻을 수 있다.

그렇다고 해서, 최소한 우리나라에 있어서, 노동조합요인이 기업복지발전에 의미 있는 요인이 아니라는 해석은 성급한 결론으로서 오류의 소지가 다분히 있다. 1987년 노동조합의 노동3권이 회복된 후 노동조합의 추진효과는 분명히 존재했고, 노동3권의 복권 후 2~3년간의 기업복지의 확대에는 노동쟁의를 통한 노동조합의 투쟁의 결과라는 데는 의심의 여지가 없다. 또한 노동조합의 존재효과 역시 무시할 수 없는 중요한 요인이었을 가능성이 높다. 민주화 선언 이전에는 노동조합이 존재하여도 어용노조이거나 실신상태의 노조여서 노동조합의 위협효과는 무시할 정도로 미약했지만, 노동3권 이후에는 노동조합의 파업은 상존하는 위협요소였기 때문에 노동쟁의를 회피하기 위한 기업복지 제공은 필수적인 요소라고 볼 수 있다.

노조가 조직되지 않은 기업의 기업복지의 수준이 노조가 조직된 기업과 별반 차이가 없다는 수수께끼 같은 한국노동연구원의 조사 결과의 단서는 '무노조 경영'에서 찾을 수 있다. 무노조 경영의 대표적인 사례가 삼성계열기업의 무노조 경영신화이다. 2014년 삼성그룹 중 삼성전자서비스에서, 삼성의 76년의 역사에서 처음으로 노동조합이 결성되었다. 우리나라의 최대 기업에서 그때까지 노동조합이 없었던 가장 큰 이유는 회사에서 노조가 있는 기업에 버금가거나 혹은 더 높은 임금과 기업복지를 제공하였기 때문이라고 해석할 수 있다. 실례로, 1999년 삼성계열기업 중 삼성생명서비스에서 노조가 결성되자 회사에서는 노조의 자체적인 해산을 조건으로 모든 요구조건을 들어준다고 약정하였다. 같은 회사에서 2002년에 다시 노조가 설립되자 회사 측으로부터 더 좋은 임금과 복지 등의 대우를 받고 해산하였다는 사례는 높은 임금과 기업복지가 노조설립을 방지하는 기제로 활용되어 왔다는 관행을 여실히 보여 주는 예라고 볼 수 있다. 이러한 삼성의 사례는 노동조합이 조직되지 않은 회사에도 적용될 수 있어서, 노조가 존재하지 않은 기업에서도 노동조합이 조직되어 있는 회사에 버금가는 기업복지를 제공하기 때문에 노조 유무와 기업복지 간에 상관관계가 미미한 수준으로 나타났다고 볼 수 있다. 노동조합의 유무가 기업복지에 별 영향을 끼치지 않는다는 사실을 근거로 하여 노동조합요인이 기업복지의 발달요인에 포함되지 않는다는 주장은 타당하지 않다. 왜냐하면 노동조합은 2인 이상의 노동자가 결속하면 조직할 수 있는 상황에서, 노조가 결성되지 않았더라도 결성의 가능성을 미연에 방지하기 위해서 기업복지가 제공되기 때문이다. 즉, 노동조합의 결성이 가능한 정치 · 경제적 환경하에서는 노조의 결성 여부와 관계없이 노동조합요인이 기업복지발달에 중요한 변수가 된다고 한정지을 수 있다.

2000년대에 들어서 기업복지의 발달요인 중 노동조합요인의 의미가 점차적으로 퇴색되어 가는 기미가 역력하다. 퇴조현상의 증표로 노조가입률의 저하를 들 수 있다. 고용노동부가 밝힌 노조가입률은 2010년 기준 9.8%로서 1989년 19.8%를 정점으로, 20년 사이에 절반으로 줄어든 것이다. 또한 노조에 가입한 사업장은 민간기업 8.6%, 교직원 18.9%, 공무원 58%인 데 비해 비정규직의 노조가입률은 고작 1.7%에 그치고 있다.

노동조합의 양적인 퇴조현상의 원인으로 '죽기 살기 파업(striking to death)'이라는 노동운동의 경직성을 의미하는 코리아 디스카운트(Korea discount)현상을 불러온 강성노조라는 요인과, 조직이 비대해짐에 따른 노조의 관료화 역시 일조를 하고 있고, 귀족노조라고 불리는 대기업 노조의 집단이기주의도 중요한 요인에 포함되나, 가장 중요한 요인으로 꼽을 수 있는 것은 노조가 없어도 노조가 조직된 기업에 비해 임금이나 기업복지에 있어서 별반 다르지 않다는 현실일 것이다. 기업복지의 발달요인 중에서 근로자를 대변하는 노동조합요인의 비중이 줄어간다는 사실은 기업복지의 종속성이 확대될 개연성이 높아진다는 측면에서 우려할만한 상황이라고 여겨진다.

3) 기업주의 역할과 경영 전략

(1) 기업주의 역할

기업복지 선진국인 영국, 프랑스, 독일, 미국의 경우 기업복지를 처음 시작한 것은 선각자적인 이념과 소신을 지닌 자본가들이었다. 그들은 자신이 품고 있던 경륜과 소신을 펼치기 위해 기업공동체를 설립하여 근로자와 그의 가족에게 특별한 조건 없이 자선적인 복지를 실시한 것이 기업복지의 효시라고 이미 기술된 바 있다. 특히, 기업복지 역사의 전반기인 19세기에는 사회보험제도가 전무한 상태였고, 노동운동이 걸음마의 단계로서 노동조합의 통제가 절실하게 필요하던 시기가 아니였기에, 기업복지의 주체는 오로지 기업주였고, 기업복지의 유일한 발달요인 역시 기업주였다.

그러나 우리나라의 경우에서는 선진 기업복지국가들과는 비슷한 공통점을 찾기 힘들다. 서구에서는 영국의 Owen, 프랑스의 Leclaire, 독일의 Krup, 미국의 Lowell, Appleton, Patterson 등 기업복지의 선구자들이 많이 있었지만, 우리나라에서는 국내기업을 세계 굴지의 기업으로 키운 경제계의 선각자이며 창업주로 삼성그룹의 이병철, 현대그룹의 정주영 등을 위시해서 여러 명을 꼽을 수 있지만, 기업복지의 선구자라고 불릴만한 자본가는 존재하지 않는다고 해도 과언이 아니다.

(2) 기업의 경영 전략

서구 기업복지 선진국의 기업복지발달사에서 국가, 기업, 노동조합 중 으뜸가는 요인은 기업이라고 제4장 기업복지의 역사에서 언급한 바 있다. 그러나 우리나라의 기업복지 변천사에서는 으뜸가는 요인은 단연 국가이다. 노동조합은 물론 기업까지도 정부의 철저한 주도하에 통제되고 유도되었다. 노동조합은 철저한 통제의 대상이었고, 기업은 종속적인 수단이며 또한 동반대상이었다고 볼 수 있다. 기업은 국가의 주도에 순응하며 나름대로 성장지상주의의 견인차 역할을 담당하면서 최대한의 이윤을 창출해왔고, 1987년까지는 국가에 의해 족쇄가 채워진 노동조합을 의식할 필요가 전혀 없이, 국가로부터 기업복지를 일임받아 근로자를 수월하게 통제해왔다. 이러한 국가의 일방적인 주도적 상황에 대해서 송호근은, 국가의 시장형성정책의 기본원리의 틀 안에서 순응해 온

자본가의 충성과 집권세력에 대한 재정 지원의 대가로 수많은 혜택을 누리고, 그 혜택에 대한 반대급부로 근로자복지를 기업이 책임지라는 국가의 요구를 수용하면서 기업복지의 형성과 발전이 이루어져 왔다고 주장하였다(송호근, 1995). 이러한 주장은 국가 중심적 시각에서 관측된 기업복지의 발전과정으로서 편향된 주장이라는 비판을 받을 수 있지만, 우리나라의 기업복지 발전과정에서 상대적으로 미약하고 수동적인 기업주의 역할을 단적으로 보여 준다는 의미에서 의미 있는 해석이라고 보여진다.

이미 기업복지의 발전요인으로서 국가정책에서 살펴본 바와 같이, 19987년 이전까지는 기업복지의 역사에서 국가의 역할이 가히 절대적이었다고 해도 지나침이 없으며, 그러한 현상은 그 시기의 정치 · 경제체제가 개발독재형의 군부정치체제이었음을 대변해 주므로 따로 설명할 필요가 없을 듯하다. 같은 현상은 기업복지에 있어서 기업주 및 노동조합의 역할에도 공히 적용된다고 할 수 있다. 1990년 이후로 문민정부가 들어서며 정치체제가 민주주의의 형태로 전환되었지만, 기업은 그때까지도, 수십 년 동안 정부에 의해 주도되던 양태에서 쉽게 벗어나지 못한 듯 하며, 이런 면은 특히 기업복지의 측면에서는 더욱 두드러진다고 할 수 있다. 기업이 기업복지를 자신이 추구하는 목표의 수단으로 간주하여 적극적으로 활용할 기미가 미약해 보이는 것은 오랫동안 견지되었던 수동성 및 의존성의 타성에 아직까지 사로잡혀 있음이라고 판단된다.

기업이 기업복지의 주체로서 제 역할을 담당하지 못한다고 인정되는 또 다른 이유는 기업의 입장에서 기업복지의 전략적 가치에 대한 이해의 부족이라고 여겨진다. 기업조직의 목적인 이윤창출을 수행하기 위한 수단으로 기업복지가 지니고 있는 깊고, 다양한 전략적 가치 혹은 잠재적 기능에 대해서 기업복지의 주체인 기업 자신도 잘 알고 있지 못하는 것은 기업복지를 파악하고, 연구하고, 개발하는 과정을 거쳐서 적극적으로 도입한 것이 아니라, 과거의 관행에 따라 또는 국가의 요구에 따라 수동적으로 시행해 왔기 때문에 기업복지에 대한 이념과 철학, 이론적 배경, 구체적인 기능과 효과에 대한 이해를 가질 기회가 없었다고 보는 것이 더욱 타당하다고 인정된다.

첨가해서, 기업복지에 대해 전혀 무관심하거나 백안시한 우리나라의 사회복지학계도 이런 현상에 대한 책임에서 전혀 자유로울 수 없다고 보여진다. 기업복지는 명칭에서부터 기업이라는 주체의 내용을 의미하는 부분에 복지라는 용어가 가미되어 사회복지의 목적과는 무관하거나 반대가 되는 뉘앙스를 풍긴다. 그러나 기업복지에는 온정주의적 공동체를 기반으로 하는 애사심 고취를 통한 개별 근로자의 통제와, 노동조합에 대한 무력화 및 회피 등의 사회통제기능 외에, 생산성 향상, 유능한 노동인력 유지 및 확보, 손비절감, 국가개입의 사전 차단 및 회피, 기업 자금 확보 등의 다양한 기능과 그 외에도 무수한 잠재성을 내포하고 있다. 이러한 잠재성은 기업이나 정부만이 아니라 사회복지학계의 기업복지에 대한 적극적인 연구와 실천기술개발을 절실하게 필요로 한다고 판단된다.

이미 살펴본 바와 같이, 기업복지 선진국에서는 기업복지의 발전요인 중 기업복지의 주체인 기업이 주도적인 역할을 담당해 온 반면, 우리나라의 기업복지역사에서는 기업복지의 제공 주체로서 기업의 역할은 매우 수동적이고 미약했다고 결론지을 수 있다. 한국형 복지국가 구현의 핵심적인 책임은 물론 국민 전체를 아우르는 국가가 담당해야겠지만, 한국형 복지 모형의 의미 있는 하나의 분야로서, 기업의 발전과 근로자와 그의 가족의 삶의 질 향상을 추구하는 기업복지에 대해서 기업 자신이 책임의식을 가지고 주도적인 역할을 담당하는 것은 기업과 근로자뿐만 아니라 국민복지에도 긍정적으로 기여할 것이라고 예측된다.

4) 경기 순환

서구의 복지선진국에서는 경제 불황과 기업복지의 관계는 1929년 경제대공황이 기업복지 쇠퇴의 4대 요인에 포함된 것을 미루어 봐서 쉽게 파악할 수 있다. 그러나 우리나라의 기업복지의 경우, 경기 불황의 여파로 기업복지가 축소된 징후는 나타나지 않았다고 볼 수 있다. IMF 외환 위기의 타격이 극심했던 1998년과 1999년의 기업복지상황을 〈표 8-5〉에서 보면, 1998년에는 근로자 1인당 월평균 복지비용이 전년도보다 24% 정도 증가하였고, 외환 위기의 징후가 포착되기 전인 1996년에 비해서는 48.5% 증액되었다. 노동비용 대비 기업복지비의 비중을 보아도 1998년에 5.2%로 1997년의 4.7%에 비해 0.5% 증가하였다. 2008년 미국 금융 위기의 여파로 한국경제도 적지 않은 타격을 입었지만, 2009년 월 평균 1인당 기업복지비는 18만 8,500원으로 2008년에 비해서 600원 증가하였고, 노동비용 대비 기업복지비의 비중도 4.2%로 변동이 없었다. 그러나 2010년에는 16만 9,000원으로 전년도에 비해 10% 정도 하락했으나, 2011년에는 다시 20만

5,000원으로 급반등하였고, 기업복지의 비중도 4.7%로 0.5% 증가하였다.

이러한 추이의 원인을 추론해보면, 한번 제공하면 쉽게 축소할 수 없는 복지의 특성이 엿보인다. 기업복지는 공공복지와 달라서 수혜자의 권리는 아니지만, 경기가 어렵다고 일단 제공한 것을 다시 회수하는 것은 생각보다 무척 어렵다. 그리고 근로자에게 제공된 기업복지가 단체협상을 통해서 결정된 사항이라면, 그것은 노동조합원으로서 근로자의 권리가 되므로, 이듬해 협상과정에서 재조정하거나, 노동조합 차원에서 자발적으로 포기하거나, 기업의 축소요구를 수용하지 않는 한 법적으로 보호받고 있기 때문에 일방적인 축소가 가능하지 않다.

또 다른 이유로 경제적인 불황의 기간이 그리 길지 않았다는 것을 들 수 있다. IMF 외환 위기는 국제통화기금(IMF)에 구제 금융을 1997년 12월에 신청하여 2000년 12월에 차관을 모두 상환하여 3년 만에 위기로부터 벗어났지만, 1998년 12월부터 차관의 일부를 상환하기 시작하여 경제회복 조짐이 보이기 시작하였다. 2008년의 금융위기의 시기에도 2010년에 기업복지의 축소현상이 있었지만, 그 이듬해 다시 그 전의 수준보다 더 큰 폭으로 회복되어 경제 불황의 여파가 기업복지에 미치는 영향은 미미했다는 결론을 내릴 수 있다. 경제 불황의 기간이 길어지면 서구의 1930년대 같이 기업복지가 축소될 가능성이 높지만, 그 시기의 경제대공황을 일반적인 경제 불황으로 부르기엔 너무나 크고 긴 경제 위기였기에, 기업복지는 주기적으로 닥치는 경제 불황에 큰 영향을 받지 않는다고 볼 수 있어서 경제 불황은 기업복지의 역사적 발전과정에서 의미 있는 변수는 아니라고 판단된다.

5) 전문적인 전달체계와 전문화 추세

서구의 기업복지 역사에서 전문적인 기업복지 전달체계와 전문인력에 대해서 살펴본 바로는, 20세기 초반에 영국과 미국에서 기업 내에 복지를 전담하는 복지부를 설치하였고, 복지전담직원을 고용하였으며, 1920년대부터 뉴욕사회사업대학원을 통해 사회복지 전문가를 채용하였다는 기록이 있다. 그 후 근로자의 사회 · 심리적 문제의 해결을 지원하기 위해 EAP 같은 전문사회복지 프로그램이 미국기업에서 확고히 자리매김해왔다는 내용에 대해서도 상세히 언급되었다. 그러나 기업복지의 전문적인 전달체계와 서비스

전달인력의 전문화의 측면에서, 우리나라의 실정은 극히 초보적인 상태에 있으며, 필요성에 비해 실현가능성은 그리 높아 보이지 않는다.

우리나라에서는 산업화가 진전되어 산업집중도 더욱 심화된 1970년대 말 대기업을 중심으로 인사노무 관련 부서가 부제로서 신설되었고 직무분석, 고용관리, 인사고과 등 노무관리체제가 제도화되었지만(안춘식, 1989), 그러한 여파가 기업복지제도의 체계화에는 전혀 미치지 못하였다. 그 후 기업복지가 점차 확산되면서 대기업을 중심으로 전담부서 혹은 직원이 기업복지의 책임을 맡아 수행해오고 있지만, 사전에 기업복지제도에 관한 전문지식, 훈련, 정규교육을 받은 인력을 기업복지 담당자로 고용하는 것이 아니라, 임무를 맡은 후에 직무에 관한 지식과 기술을 습득하고 직무훈련을 통해 지식과 경험을 쌓아가는 것이 아직도 일반적인 관행으로 알려져 있다. 이러한 상황은 선진국의 1800년대 말이나 1900년도 초반의 수준과 흡사하다고 할 수 있다.

기업복지 선진국에서는 전담직원이 기업복지제도를 관리 · 운영하며 동시에 근로자와 그의 가족에 대한 개인적 · 사회적 문제를 보살핌을 통해 근로자와 그의 가족의 삶의 질 향상을 증진하도록 노력해왔다. 근로자를 특정 회사의 종업원으로서만이 아니라 인간으로서 그의 삶과 문제에 접근해왔으나, 우리나라에선 기업복지를 근로자에 관한 제반사항으로 인정하여 인간적 차원보다는 제도적 차원에서, 도움을 제공하고 문제해결에 개입하는 차원보다는 인사관리와 노무관리 차원에서 접근한 것으로 보인다. 2000년대에 들어서 기업복지를 체계적으로 전문적으로 연구하는 움직임이 엿보이는데, 그것은 대규모 보험회사들이 기업의 복지 프로그램을 체계적으로 진단해주고 해결책을 제시하는 역할을 담당하기 위한 포석으로 보인다. 그 일을 담당하는 직원은 보험회사에서 법인을 업무대상으로 하는 기업복지 전문가로 불리우며 그들이 기업의 복지제도를 진단하고 해결책을 제시하는 것은 보험회사의 각종 보험, 퇴직연금 상품 등의 판촉활동의 한 수단이다. 누가 하던 기업복지제도에 대해 체계적으로 접근한다는 사실은 다행스러운 일이나, 그러한 활동의 저변에는 소속기업의 이익에 대한 고려가 깔려 있다는 것을 간과해서는 안 될 것이다.

기업복지의 과학화 차원에서 보면 한국기업복지제도는 아직 불모지라고 할 수 있다. 선진국의 예와 같이 근로자와 그의 가족의 개인적 · 정신적 · 사회적인 문제를 해결하는 전문상담복지제도는 극히 제한적으로 도입되어 온 실정이다. 일부 기업에서는 지역사회복지관과 연계하여 종업원에게 전문상담서비스를 제공하고 있으나 그것은 극히 제한된 경우라 할 수 있다. 좀 오래 전 자료이긴 하나, 1986년 100명 이상의 근로자를 고용하는 900여 광 · 공업체의 중간관리자를 대상으로 조사한 결과, 63.3%가 기업복지제도의 전문적인 운영을 위해 전문요원이 필요하다는 데는 동의했으나, 실제로 회사 상담실의 상담자는 69%가 상사, 14%가 인사과 직원, 8%가 각각 노조간부, 기숙사 사감이고, 1% 만이 사회복지사 같은 전문상담자라고 응답하였다(김의명, 1990).

1997년 IMF에 구제 금융을 신청했던 외환 위기 이후 고용시장의 높은 경쟁률과 업무량으로 인한 스트레스 문제가 기업사회의 중요한 화두로 떠올랐다. 고용불안정으로 인해 근로자들의 스트레스 수준은 급격히 고조되어서, 한국노총의 보고서에 의하면 IMF 외환 위기 이전보다 2배 이상 증가하였다고 발표하였다(한국노총, 1999). 또한 실업에 의한 가족해체, 술 혹은 약물 중독 및 우울증 등의 사회 · 심리적인 문제는 하루가 다르게 급증하는 추세이다.

이러한 상황에서 한국에 진출한 소수의 다국적 기업을 중심으로 EAP가 우리나라에 소개되기 시작하여서, 1999년 Dupont Korea에서 도입한 근로자 지원 프로그램(EAP)이 우리나라에 최초로 도입된 사례라고 볼 수 있고(한국EAP협회, 2009), 그 후로 외국의 근로자 지원 프로그램 전문 컨설팅 회사의 진출과, 국내 순수자본으로 컨설팅회사가 설립되는 등 시나브로 확산되고 있다.

이러한 전문적인 상담프로그램의 필요성을 정부도 인정하여 근로자 지원 프로그램을 적극적으로 권장하고 있다. 재정적인 여력과 인적자원이 부족한 중소기업을 대상으로 2010년부터 근로복지공단을 통해 선진기업복지제도의 도입을 촉진 및 지원하기 위해 선진기업복지제도 도입 지원 사업을 실시하고 있다. 중소기업을 대상으로 현장컨설팅을 제공하고 있으며, 구체적인 운영방식으로는 한국 EAP협회에 위탁해서 운영하고 있다.

기업복지 선진국에 비해 산업발전 수준과 정도는 선진국과 어깨를 견줄만하나 체계적 · 전문적 · 과학화의 수준은 아직 초보적인 단계에 머물러 있다고 할 수 있다. 문화적 배경, 사회복지학, 특히 산업사회복지의 이론과 실천의 미발달, 기업주나 노동자의 인식부족, 사회복지학계 안에서의 무관심 등이 이유가 될 수 있으나, 우리나라 근로자의 술 중독, 정신질환, 자살, 가정문제 등이 선진국의 근로자들과 흡사해가거나 추월하는 현실을 감안한다면, 이 문제는 기업의 이익이나 근로자복지 이상의 국가적인 차원의 인력관리문제와 직결된다고도 볼 수 있다.

6) 노동시장구조의 변화

1990년대를 탈 산업사회 혹은 지식정보사회의 시발점으로 보는 핵심적인 징후 중의 하나는 제조업체의 전반적인 퇴조에 비해서 서비스업종의 부상이라고 볼 수 있다. 2007년의 통계에 의하면 GDP 대비 서비스산업의 비중이, 미국이 77.6%, 프랑스 77.2%, 독일 68.7%, 일본이 68.5%로 선진국의 서비스산업의 비중은 과거에 비해 크게 증가하여 각 국의 국내 산업에서 핵심적인 비중을 차지하고 있다. 서비스 업종의 경우 소비자를 직접적으로 상대하는 특성상 근로자의 직무만족감, 동기 부여 및 조직에 대한 결속력의 중요성은 소비자와 간접적인 관계를 가진 제조업체에 비해서 더욱 각별하다고 할 수 있다. 또한 기업복지도 이제는 소비자인 근로자의 특성과 취향에 맞게 진화되어야 효과성을 높일 수 있기 때문에 업종의 특성에 따라 맞춤형의 복지 프로그램이 개발되고 있으며, 특히 서비스업종의 특성에 맞추어 새로운 프로그램의 개발이 시도되고 있고 확장될 필요가 있다.

우리나라도 선진국과 마찬가지로 서비스산업이 확대되는 추세에 있다. 비록 GDP 대비 서비스 산업의 비중이 2007년에 57.6%로 OECD의 30개의 국가 중 29위에 위치하고 있으나, 서비스 업종의 비중은 제조업에 반비례하여 지속적인 증가추세를 보이고 있다. 2009년의 경우 서비스업종의 비중이 57.6%로 제조업의 33.3%를 크게 앞질렀고, 2010년에 60.9%에 이어 2015년에는 63.8%에 달한 반면, 제조업의 비중은 2015년 28.5%로 탈 산업사회의 면모를 뚜렷하게 보여 주고 있다. 이러한 노동시장 내에서 서비스산업 중심의 인력구조의 변화는 정성적인 측면과 정량적인 측면에서 기업복지의 증가추세에 일조하고 있다.

기업복지발전에 기여하는 노동시장의 인력구조의 또 다른 변화로는 여성근로자의 증가를 꼽을 수 있다. 특히, 기혼여성근로자는 육아휴직, 탁아시설 같은 보육제도와 가정과 일을 병행하는 데 필요한 프로그램 등이 절실히 요구되기 때문의, 여성근로자의 증가는 기업복지 프로그램의 확대와 다양성 증진에 크게 기여한다고 볼 수 있다. 우리나라에서 여성근로자의 경제활동 참여율은 1963년 37%에서 1997년에 49.5%로 대폭 증가하였고, 2008년에는 50%, 2011년에는 54.9%로 완만한 증가추세를 보이고 있으나, 미국 여성근로자의 경제활동 참여율인 67.8%나, OECD의 평균참여율인 65%에는 크게 못 미친다. 2000년 행정공무원 가운데 여성공무원 비율이 35.6%였는데, 2005년에 43.3%, 2010년에 47.2%로 높아졌다가 2014년에는 49%에 달하였고, 인사혁신처는 2016년 남성의 비율을 능가할 것이라고 전망하고 있다. 이와 같이 여성근로자의 증가는 경제성장에 따른 노동인력의 부족현상과 서비스업종의 확산 등의 맥락에서 보면, 우리나라 여성근로자의 경제활동 참여율은 머지않아 OECD 평균수준을 상회하리라고 전망된다.

1900년대 말에 들어서 장애인들의 노동시장 참여도 서비스업종과 여성근로자의 증가에 더불어 기업복지가 눈여겨 보아야 할 분야이다. 더구나 산업구조가 다양해지면서 고도의 과학기술이 첨단화하는 상황에서 육체적인 측면보다는 정신적인 근로 측면에 강점을 보일 수 있는 장애인들의 고용 및 관리에는 경영적인 면에서의 동기유발보다는 복지를 통한 작업만족도 향상과 문제해결이 더욱 중요한 의미를 지닌다고 여겨진다. 우리나라에서는 1991년 제정된 장애인 고용촉진법에 의해 상시 300인 이상의 기업에서 장애인 고용을 의무화하고 있다. 그러한 추세는 점차 강화되어, 2004년에는 상시 50인 이상을 고용하는 기업은 장애인을 의무적으로 고용하게 하고 있으며, 2014년 이후에는 2.7%이상 고용을 의무화하고 있고, 국가 및 지방자치단체는 3% 이상을 의무적으로 고용하도록 되어 있다.

경제활동 인구 중 공무원의 수적인 증가 역시 기업복지발전에 한 몫을 하고 있다. 선진국의 경우 경제활동인구에 공무원 비중이 20%를 상회하는 국가가 여럿이 되며, 우리나라에도 2008년을 기준으로 공무원의 수가 100만 명을 넘어서고 있다. 일반적으로 공무원은 국가의 살림을 담당하는 노동인력이므로 타 업종보다 더 높은 기업복지혜택을 누리고 있고, 국가의 기업복지 관련 정책결정과 시행에 직·간접적으로 관련되어 있으며, 기업복지를 더욱 필요로 하는 여성공무원의 숫자가 절반을 넘는 추세 등으로 미루어 볼 때, 공무원의 수적 증가는 기업복지발전에 하나의 요인으로 자리매김해왔다고 볼 수 있다.

외국인 노동자의 증가는 특히 초기의 기업복지발전사에 매우 중요한 변수가 되었다. 19세기 후반부터 20세기 초반 급증하는 미국이민자들에 대한 사회통제기제로 기업복지가 널리 활용되었다는 것은 이미 언급된 바 있다. 우리나라에서도 1990년대부터 국내의 노동력 부족현상으로 3D업종을 중심으로 외국인 노동자가 꾸준히 증가하여 2010년대 초반 100만 명을 상회하고 있다. 아직까지는 외국인 노동자의 유입이 우리나라 기업복지의 확대와는 무관한 상황이라고 보여지지만, 향후 기업복지의 행로에 의미 있는 요인으로 눈 여겨 볼만한 대목이다.

그리고 비정규직 근로자에 대한 복지가 심각한 문제로 부상하고 있다. 비정규직 근로자의 비율이 2015년 3월 기준으로 32%에 달하고 그들이 받는 임금은 정규직의 54%를 상회하는 열악한 수준이다. 기업에서 정규직과 함께 일하면서도 절반 정도의 임금을 받는 상황에 처한 비정규직 근로자가 대부분의 기업복지로부터 소외되는 현상은 그들의 피폐한 경제상황뿐 아니라 기업 내에서 생산성에도 큰 지장이 있는 것은 자명한 사실이다. 이 문제에 대한 기업과 노동조합의 발상의 전환이 시급한 실정이다.

7) 기업복지 선진국의 영향(cultural diffusion)

선진국의 기업복지발전요인으로 문화 확산이 언급된 바 있다. Rye는 "한 사회의 사회복지제도의 개념과 기술은 다른 사회로 학습적 과정을 통해 확산된다"고 주장하였다. 이러한 내용은 '불확실성 Ⅵ' 혹은 동형화 이론으로 설명되며, 프랑스, 독일과 미국 등이 영국에서 시작된 기업복지의 이념과 제도의 많은 영향을 받았다는 사실을 언급한 바 있다.

실제로 우리나라의 사회복지제도 역시 이웃나라인 일본의 영향을 많이 받은 흔적이 역력하다. 좀 먼 과거로 돌아가면, 식민지 통치의 잔재가 해방 후에도 여러 분야에 남아서 제도화되었고, 정부 수립 후에도 동양권에 있는 경제선진국이고, 거리상으로도 가까우며, 언어소통이 수월하여, 공무원의 연수 및 시찰 등을 통해서 관계법령 및 제도에 관한 많은 정보가 유입되었다는 것은 잘 알려진 사실이다. 기업복지의 부문에서도, 특히 우리나라의 기업복지 생성기에, 일본의 영향은 매우 컸음을 알 수 있다. 1970년대 중화학 공업의 육성으로 우리나라의 산업이 본격적으로 정상궤도에 진입하는 시기에 근로자의 기본생계에도 못 미치는 임금체계 및 노동력 부족, 국가 주도적인 개입으로 기업복지제도가 빠르게 정착 · 확산되던 시기에, 이웃나라인 일본의 발전된 기업복지의 모형은 우리기업의 모방의 근간이 되었다. 일본식 기업조직 및 노사관계에서 핵심적인 위치를 차지하고 있던 기업복지가 우리나라로 전파되어 온 증거는, 호봉제를 포함한 연공서열제도, 기업노조, 기업복지를 담고 있는 일본 노사관계의 4가지 핵심 중 종신고용제도를 제외한 세 제도가 현재 우리나라의 기업에서 중요한 위치를 차지하고 있는 것만 보아도 쉽게 알 수 있다.

우리나라의 사회복지 및 기업복지에 영향을 준 국가로서 미국을 빼놓을 수 없다. 한국전쟁 후 수많은 외원단체 등을 통해서 우리나라는 미국을 통해 막대한 원조와 함께 전문적인 사회사업과 처음 접했고, 학자 및 전문가들의 유학을 통해서 미국사회로부터 많은 영향을 받아왔다. 기업복지분야에서도 미국의 영향이 실제적으로 나타난 것이 근로자 지원 프로그램(EAP)과 선택적 기업복지제도이다. 아직까지는 우리나라에서 전문상담 프로그램의 존재가 미약하지만 향후의 전망은 매우 밝다고 할 수 있다. 이미 미국의 EAP전문가협회의 지부가 각 지방에 설립되어 있으며 근로자 지원 프로그램 관련 전문 컨설팅회사가 우리나라에도 활발히 진출하고 있는 실정이다. 이에 대한 전망에 대해서는 제11장에서 좀 더 자세히 다루기로 한다.

3. 한국기업복지발전사의 주요 맥락

1) 기업복지 기초이념의 변화

영국 등 유럽과 미국 기업 복지선진국의 선구자들의 공통점은 공리주의, 인도주의, 온정주의, 기독교적 박애주의에 심취하여, 기업을 경제조직 이상인 사회공동체로 승화하고자 하여 기업복지를 그들의 뜻을 펴는 수단으로 삼았던 정황이 기업복지제도의 바탕이 되는 이념이 분명하게 나타났지만, 우리나라의 기업복지제도에는 이념적인 바탕을 찾기가 불가능하지 않다면, 매우 힘들다. 우리나라의 기업복지 초창기에 기업복지를 시작한 기업주들의 이념에 대한 논의나 기록을 찾기가 힘들고, 기업복지가 공리주의나 인도주의적인 가치관의 발로라는 근거가 별로 없으며, 기독교적 박애주의의 흔적은 도무지 찾을 수가 없는 상황에서 온정주의의 바탕이 된다는 사례는 흔히 발견되지만, 일본의 경우 같이 신 온정주의의 형태로 전환되었다는 근거는 잘 보이지 않는 실정이다. 1960년대 초반부터 1980년대 초반까지 기업복지의 이념적인 근거를 찾아보기 힘든 것은, 첫째, 기업복지의 도입과 실시가 국가의 주도하에 이루어졌고, 둘째, 수출 주도 경제체제에서 수출단가를 최대로 낮추기 위해 최소한의 임금을 지불하던 상태에서 기업복지는 이념보다는 생계유지에 필수적인 수단이었으며, 셋째, 1970년대 중반부터 야기된 극심한 노동력 부족현상을 타개하기 위한 수단으로 기업복지가 확산되었기 때문이다. 요컨대, 기업복지 도입은 철저하게 정치적인 필요성과 실용적인 경제논리를 기반으로 하였기 때문에 기업복지에 관한 이념이나 철학이 발 붙일 여지가 거의 없었다고 할 수 있다.

기업복지 선진국의 경우, 20세기에 접어들어 기업복지가 부침의 과정을 겪는 과정을 통해 성숙기에 접어들면서 기업복지의 핵심적인 이념은 온정주의를 바탕으로 한 사회통제이념에서 이윤창출과 자유방임이념으로 전환되었다. 기업복지를 통해 노동조합과 노동자들을 회사의 길고 넓은 팔 안에 감싸는 통제의 차원에서 한걸음 더 나아가서 기업복지를 통해 생산성향상을 꾀하는 수익성이 기업복지의 주요 이념으로 자리매김해왔다. 그러나 우리나라의 경우 기업복지의 생산성향상을 통한 수익성의 개념은 구체적이고 근거에 바탕을 둔 확신이라기보다는 막연한 기대에 불과하다고 판단된다. 우리나라의 기업주들이 기업복지의 생산성향상을 기할 수 있는 잠재적 가능성에 대해 확신을 갖지 못하는 상황의 책임은 전적으로 학계에 있다고 단정할 수 있다. 우리나라의 사회복지의 역사는 일천하고 학문적인 영역 안에서 전문적인 실천기술에 대한 연구의 역사가 매우 짧은 것은 주지의 사실이지만, 기업복지에 대한 실천적인 연구는 매우 드물고, 학문적인 혹은 실천적인 연구가 기업사회에 전달되는 사례 역시 찾아볼 수 없는 현실이기 때문이다.

서구의 기업복지 후반기에 부상한 또 다른 가치관은 자유에 관한 것이다. 기업주가 먼저 기업복지를 제공함으로써 국가와 노동조합의 간섭에서 벗어나려는 자본주의의 핵심적인 가치인 자유방임주의가 기업복지의 기초가 되는 가치관으로 자리 잡아 왔다. 그러나 우리나라의 산업계에서는 기업복지를 먼저 주도적으로 제공함을 통해서 국가의 사회보장제도에 대한 압력으로부터 벗어나려는 시도는 아예 처음부터 존재하지도 않았고, 존재할 수도 없었다. 일례로, 1997년 한국경영자총협회가 355회사를 대상으로 한 기업복지 실태조사에 의하면 기업복지의 시급한 과제로 복지사업에 대한 정부투자의 확대라는 응답이 36.7%로 가장 많았고, 그 뒤를 이어 기업복지비용에 대한 융자 · 세제 지원이 26.7%였다. 이것은 근로자를 대상으로 하는 복지부담을 과중하게 느끼고 있다는 현실을 반영한다. 실제 조사에 의하면 기업의 입장에서 임금을 제외하고 재정부담을 가장 많이 받고 있는 것으로서 46.6%가 퇴직금을 들었고, 28.7%가 4대 보험료를 지목하였으며, 기업복지에 대한 부담은 19.2%로 상대적으로 낮은 부담으로 인지하고 있었다(한국경영자총협회, 1997). 이러한 현상은 기업복지를 통한 정부의 간섭을 배제하고자 하는 서구의 상황과는 정반대로 정부의 개입을 시급하게 원하는 기업의 입장을 단적으로 보여 주고 있다.

전기한 바와 같이, 기업은 국가로부터 전가된 근로자의 복지담당책임을 인수하였고 그것에 대한 반대급부로 노동조합의 통제, 세금감면, 재정 지원과 많은 특별한 혜택을 누려왔다는 데 이견이 없는 듯하다. 이유야 어쨌든 우리나라의 경제를 실제적으로 이끌어 나가며 기업복지의 실시 주체인 기업주의 사고의 영역 속에 기업복지 관련 이념과 철학이 제대로 정립되어 있지 않다는 현상은 기업복지발달요인으로서 기업주의 비중이 낮아진다고 할 수 있고, 기업복지 관련 이념과 철학의 부재는 우리나라의 향후 기업복지의 체계적인 발전에 크나큰 걸림돌이 된다는 사실을 결코 가볍게 여겨서는 안 된다고 여겨진다.

2) 기업복지기능의 변화

200여 년간의 서구 기업복지기능의 변화 추세를 간략하게 살펴보면, 초기 100년 동안은 생계보조와 강압적인 사회통제기능이 기업복지의 핵심적인 역할이었다고 기업복지의 변천사에서 기술되었다. 1900년대에 접어들면서 노동조합이 합법화되고 세력이 확산되면서 노동조합을 통제하기 위한 노동조합위협 및 회피기능이 주된 기능으로 자리잡기 시작하였다. 기업과 또 국가에 의한 통제는 기업복지에 관한 요구가 단체교섭협상에 포함되면서 대등한 관계에서 존재하는 사탕발림 같은 노동조합에 대한 방지책이나 회유책으로 둔갑하였다. 그 후 기업복지제도의 기능은 생산성향상과 직결되기 시작하여 기업복지를 통한 작업만족도 향상과 조직에 대한 결속력 강화에 역점을 두기 시작하였고, 전문사회복지 상담 프로그램을 도입하면서 근로자의 문제해결과 손비절감의 양날의 칼의 성격에 역점을 두었다. 큰 틀에서 보면 생계보조에서 삶의 질 향상으로, 강압적인 통제에서 자발적인 순응의 기능으로 진화되어 왔다고 볼 수 있다.

우리나라 기업복지의 기능 역시 유사한 경로로 발전해 왔다고 판단된다. 우리나라 기업복지의 생성기인 1960년대 중반부터 1987년까지의 전반기에는 서구와 마찬가지로 생계보조기능과 강압적인 통제의 도구로 기업복지가 사용되었다. 서구와 다른 점을 찾는다면, 그것은 각 기능의 강도에서 발견할 수 있다. 즉, 생계보조기능은 기업복지가 없었다면 근로자와 그의 가족의 생계에 중대한 위협이 될 수 있는 상황이었다. 또한 병영을 방불케 하는 기숙사가 없었으면 농촌에서 무작정 상경한 여성근로자들의 근로가 불가능에 가까웠을 것이고, 회사 사택이나 식당이 없었다면 많은 근로자의 고용 자체가 매우 어려웠을 것으로 추정된다. 개별적인 통제와 병행되어 가해진 노동조합에 대한 철권통제는 노동조합을 오랜 기간 동안 빈사상태에 놓이게 만들었던 주된 이유라고 할 수 있다.

우리나라의 기업복지 역사의 후반기라고 볼 수 있는 1987년 이후, 민주화의 물결 속에 노동조합의 노동3권이 회복되면서 '채찍' 형태의 통제가 '당근' 형태의 통제로 변환되면서 기업복지의 핵심적인 기능이 '원만한 노사관계의 진작'으로 자리매김하게 되었다. 그 시기부터는 기업복지가 노동조합에 대한 강압적인 통제에서 회유성통제의 기능으로 바뀌었고, 부족한 노동인력을 유지하고 확보하는 기능이 강조되었다. 그러나 기업복지를 통해 생산성향상을 꾀하는 노력은 아직 초보적인 수준에 머물러 있다고 여겨진다. 왜냐하면 기업복지의 생산성향상기능은 사회통제기능과 달라서 학문적인 연구를 바탕으로 한 더 복잡하고 교묘하게 조작화된(manipulated) 프로그램 개발이 필요하다. 생산성향상의 3요인인 작업만족, 동기유발, 조직몰입도 향상의 변수가 조작적인 과정을 거쳐서 실체화된 프로그램으로 제도화되어야 하기 때문이다. 선진국에서 활용되고 있는 근로자 지원 프로그램(EAP) 같은 전문사회복지실천 프로그램을 통해 손비절감기능을 활성화하는 노력은 아직 요원해 보이는 상황이며, 그러한 여러 가지 상황으로 인해 다음 장에서 기술될 "한국의 기업복지제도에는 이윤창출효과가 존재하지 않는다."는 한국노동연구원의 연구결과가 우리나라 기업복지의 현주소를 웅변적으로 대변하는 실정이다.

3) 기업복지제도 내역(급부)의 변화

제4장에서는 기업복지제도의 내용의 변화를 Maslow의 욕구 5단계에 비유하여 설명하였다. 기업복지 선진국의 기업복지제도의 내역의 변화를 요약하면, 초기에는 임금을 보완하여 기본적인 생계를 보조하는 1단계 욕구를 충족하기 위한 내용이 핵심이었고, 산업화가 진전되어 임금수준이 점차 상승하면서 작업환경 개선과 질병과 노후생활의 대비 및 여가증진 등의 2단계 안전 욕구의 충족과 관계되는 제도들이 부각되기 시작하였다. 그 후 원만한 노사관계 형성과 조직에 대한 결속력의 강화를 통해 생산성향상을 꾀하는 3단계의 소속감 욕구충족과 관련되는 내용으로 중심축이 옮겨가기 시작했으며, 그 다음으로 삶의 질 향상을 추구하는 수혜자 중심의 다양한 욕구충족을 위한 선택적 기업복지제도와 개인, 가정, 지역사회에서의 사회문제에 대처 및 적응을 위한 사회복지 전문상담 프로그램의 확대 추세가 이어지고 있다.

우리나라의 기업복지 급부의 변화는 큰 틀에서 선진국의 변화 형태와 유사하다고 할 수 있으나 기업복지 발전과정의 측면에서 보면 선진국에 비해 많이 뒤떨어진 것을 알 수 있다.

〈표 9-4〉에서 볼 수 있듯이 미국이나 영국의 100~180년 전의 기업복지제도와 1995년 우리나라의 기업복지제도가 별반 차이를 보이지 않는다. 이는 우리나라의 기업복지 체계가 기업복지 선진국에 비해 얼마나 뒤쳐져 있는지를 단적으로 보여 준다. 물론 이러한 현상은 선진국에 비해 우리나라의 기업복지 역사가 1/4밖에 되지 않는 것이 큰 이유이겠으나, 타성에 젖어 일본의 복지체계를 그대로 모방하고 별 다른 변화의 노력 없이 기업복지 프로그램 개발에 무관심으로 일관해 온 기업과 학계의 책임이 크다고 볼 수 있다.

1995년 우리나라의 기업복지제도와 1985년 미국의 기업복지제도를 비교하면 흥미로운 점이 발견된다. 미국에는 시행되나 우리나라에는 없는 내역으로 의료보험, 유급휴가 정도가 있는데, 이러한 제도가 우리나라에서는 공공산업복지제도에 포함되는 것이므로 기업복지에 포함되지 않은 것은 당연하다고 할 수 있다. 반면, 우리나라에서는 시행되는데, 미국에 없는 내역으로는 주거 관련 프로그램과 경조비, 피복비 등이다. 이렇게 보면 현재 우리나라의 제도와 미국의 제도의 차이가 예상보다 적다고 할 수 있으나,

각 프로그램의 비중을 살펴보면 이러한 예상은 완전히 빗나간다. 예컨대, 식비 관련 제도의 비중이 우리나라의 경우 1인당 복지비의 평균 30%를 상회하는 데 비해, 미국의 경우 0.3%에 불과하고, 학자금 지원도 우리나라에서는 1인당 복지비의 12% 정도인 데 비해, 미국에서는 0.8% 정도로 1/15 정도에 불과하다. 이와 같이 우리나라의 기업복지의 내역과 미국 기업복지의 내역이 많이 다르지만, 세부적인 내용이나 비중에서 살펴보면, 비교하는 자체가 의미가 없을 만큼 차이가 난다. 우리나라의 기업복지는 기업복지 선진국인 미국에 비하면 아직도 식비, 주거, 학비, 보육비 보조 등 현재의 생활비 보조 성격이 뚜렷한 반면, 미국에서는 공공복지를 보완하는 질병이나 퇴직 등의 미래를 대비하는 성격과, 삶의 질 향상을 추구하는 기업복지 내역이 주종을 이루고 있다.

〈표 9-4〉 한국과 서구의 기업복지 내역 비교

<table>
<tr><th>구분</th><th>한국 기업복지제도(1994)</th><th>영 · 미 기업복지제도(1800~1880)</th><th>미국 기업복지제도(1985)</th></tr>
<tr><td>프로그램</td><td>경조금, 건강검진, 중식대, 사택, 기숙사, 유류, 학자금 지원, 통근버스, 휴가포상, 피복비, 사보 발간, 주택자금 대여, 생활자금 대여, 자사제품 할인, 보험료 지원, 우리사주</td><td>건강검진, 중식대, 직업훈련, 통근버스, 병가수당, 사보 발행, 생활자금 대여, 사보험 가입비, 피복비, 학자금 지원, 근로자 상담, 자사제품 할인</td><td rowspan="2">퇴직연금, 생명보험, 치과보험, 중식대, 자사제품 할인, 병가, 유급휴가, 의료보험, 유급휴일, 이익배분, 학자금 지원, 선물, 포상, 이사비용 지원, 우리사주</td></tr>
<tr><td>시설</td><td>식당, 의료시설, 오락실, 휴게실, 목욕탕, 체육시설, 운동장, 도서실 휴양시설, 소비조합, 탁아시설</td><td>식당, 의료시설, 오락실, 휴게실, 운동장, 도서실, 소비조합, 수영장</td></tr>
</table>

자료: 한국노동연구원(1995); Carter(1977); Chamber of Commerce(1985).

〈표 9-5〉를 통해 기업복지를 내역별로 살펴보면 우리나라 기업사회의 자체적인 특징과 외부환경과의 역동적인 연관성을 포착할 수 있다. 산업화 초기인 1960~1970년대에는 기초적인 생계유지에 부족한 임금을 보완하기 위한 식사, 주거 등의 생계보조적인 급부가 기업복지의 대부분을 이루었다. 그런데 우리나라 기업복지의 후반기인 1987년 이후부터 현재까지 생계보조적인 기업복지 내역에는 큰 변화를 보이지 않는다. 〈표 9-5〉에서 볼 수 있듯이 1989년도의 식사비 비중이 40.3%였는데, 2014년에도 37.6%인 것을 보면, 경제성장으로 1989년에 비해 근로자의 임금이 대폭 증가했던 2005~2014년까지도 1인당 기업복지비용의 40% 가까이가 식비로 지출되었다. 이러한 현상은 근로자

〈표 9-5〉 기업복지 내역의 추이(1985~2014) (단위: 천 원, %)

구분	1985	1989	1993	1996	1999	2002	2005	2008	2011	2014
전체	23.8 (100)	26.3 (100)	124.6 (100)	139.5 (100)	173.5 (100)	197.3 (100)	178.0 (100)	184.8 (100)	195.5 (100)	207.7 (100)
주거	2.6 (11.1)	2.6 (9.9)	18.0 (14.5)	12.7 (9.1)	16.0 (9.2)	13.1 (6.7)	10.0 (5.6)	13.7 (7.4)	15.9 (8.1)	13.1 (6.3)
의료, 보건	0.7 (2.8)	0.9 (0.2)	3.8 (3.0)	4.5 (3.2)	5.8 (3.3)	7.1 (3.6)	8.0 (4.5)	9.8 (5.3)	12.4 (6.3)	13.6 (6.5)
식사	11.1 (46.4)	10.6 (40.3)	35.6 (28.5)	40.6 (29.1)	46.4 (26.7)	56.8 (28.8)	74.0 (41.6)	72.6 (39.3)	77.5 (39.6)	78.0 (37.6)
문화, 체육 오락	1.9 (7.9)	2.6 (9.9)	4.9 (3.9)	7.4 (5.3)	5.9 (3.4)	7.4 (3.7)	7.0 (3.9)	11.4 (6.2)	12.5 (6.4)	10.1 (4.9)
보험료	0.3 (1.4)	0.5 (1.9)	1.3 (1.0)	7.4 (5.3)	12.0 (6.9)	12.9 (6.5)	10.0 (5.6)	9.9 (5.4)	10.0 (5.1)	11.8 (5.7)
저축 장려금	0.4 (1.7)	0.6 (2.3)	0.8 (0.7)	0.7 (0.5)	0.8 (0.5)	–	–	–	–	–
학비 보조	1.9 (8.0)	3.1 (11.8)	12.6 (10.1)	18.5 (13.2)	21.1 (12.2)	25.1 (12.7)	16.0 (9.6)	23.3 (12.6)	23.7 (12.1)	23.6 (11.4)
사내 복지 기금	–	–	17.3 (13.8)	9.5 (6.8)	27.5 (15.9)	20.7 (10.5)	8.0 (4.7)	11.6 (6.3)	9.6 (4.9)	9.9 (4.8)
보육비 지원	–	–	0.1 (0.1)	0.4 (0.3)	0.2 (0.1)	–	–	0.8 (0.4)	1.3 (0.7)	1.6 (0.8)
휴양비	–	–	6.2 (4.9)	6.7 (4.8)	3.7 (2.1)	5.9 (3.0)	4.0 (2.2)	–	–	–
종업원 지주	–	–	6.6 (5.3)	11.1 (8.0)	2.3 (1.3)	–	–	1.4 (0.8)	0.5 (0.3)	0.1 (0.0)
경조	0.9 (3.8)	1.4 (5.3)	3.6 (2.9)	5.6 (4.0)	7.1 (4.1)	–	7.0 (3.9)	–	–	–
교통, 통신	–	–	–	–	–	–	–	–	–	21.1 (10.2)
기타	4.0 (16.7)	3.9 (14.8)	14.0 (11.2)	14.4 (10.3)	24.7 (14.2)	41.3 (20.9)	34 (19.1)	30.3 (16.4)	32.2 (16.5)	25.9 (12.5)

주: 1. ( ) 안의 구성비
2. 기타: 현물지급비용, 모집비, 사보 제작, 표창, 근로자의 날 행사 지원, 피복비, 전근·이사 지원비, 이·미용실, 구판장, 매점, 휴게소 등의 유지 및 운영비용 등
3. 자료가 없는 부분(–)은 기타 항목에 포함
4. 교통·통신비용은 2012년 조사부터 '기타'에서 분리 신설되었음

자료: 고용노동부(각 연도).

의 소득이나 욕구에 민감하게 대응하지 못하고 관행적이고 타성적인 우리나라의 기업복지의 현실을 뚜렷하게 보여 준다.

기업복지의 내역 중 학비보조가 평균 1인당 기업복지비용의 12%(미국의 경우에는 0.8%)를 차지하여, 식사비용 다음으로 큰 것은 우리사회의 뜨거운 향학열을 대변한다고 보이며, 높은 대학진학률과 대학등록금의 과중함과 함께 과다한 사교육비 지출이 교육비의 큰 비중을 차지하는 작금의 현상과 전혀 무관하지 않다고 볼 수 있다. 서구에서는 찾아보기 힘든 경조비가 1인당 평균복지비의 4% 가까이 되는 것은, '직무와 무관한 영역에 사용자가 관심을 표명하는' 온정주의의 전형적인 실례라고 판단된다. 종업원지주(우리사주)제도가 1996년에는 1인당 복지비용의 8%까지 점유했었는데, 최근에는 0.04%로 유명무실해진 것은, 2015년 현재 도입하는 기업이 전체 기업의 0.6%(비상장기업은 0.3%)인 현실과 무관하지 않다. 이에 대해 정부에서 '우리사주 활성화 대책'을 마련하여 2016년부터 실시할 예정에 있다. 주거비용의 비중이 1993년에 14.5%로 대폭 상승한 것은, 전기한 바와 같이 주택 200만 호 건설정책의 일환으로 정부의 압력에 의해 회사사택의 증가에서 기인한 것으로 보인다. 2008년부터 문화, 체육, 오락비용이 평균 4% 선에서 머물던 것이 2008년부터 6%대로 증가한 것은, 2005년까지 별개로 분류되던 휴양비가 통합되어서 야기된 결과로 다른 의미는 없어 보인다. 2014년 기타 기업복지비 비중이 2010년대 전후반에 비해 4% 정도 하락한 것은 교통 · 통신비가 새로운 항목으로 분리 · 신설된 것에 연유한다고 볼 수 있다. 또한 교통 · 통신비가 새로운 항목으로 분리될 만큼 비중이 10.2%로 커진 것은 자동차 보유비율이 높아진 이유로 유류대 지원과, IT강국으로 부상하면서 스마트폰의 폭발적인 확산에 기인하는 것으로 보인다. 사내근로복지기금의 비중이 시행 초기인 1993년에는 13.8%에 달하다가 2000년대 초반부터 평균 5%대로 하락한 것은 금융 위기 전후의 여파와 경제성장률이 하향곡선을 그으면서 기업의 채산성이 악화되는 최근의 경제현실을 그대로 반영해 보여 주는 것이라고 해석된다.

〈표 9-5〉는 지난 25년간 근로자의 임금과 기업복지가 양적으로는 장족의 발전을 거듭해 왔다는 사실의 증빙자료가 된다. 그러나 기업복지의 내용은 별반 달라진 것이 없어 보인다. 1989년의 경우, 1인당 기업복지의 비중을 1위에서 5위까지 살펴보면, 식사비 → 학비보조 → 주거비 → 문화 · 체육 · 오락 → 의료보건의 순이었다. 그런데 2011년에 보면 그 순서는 별반 바뀐 것이 없다. 2012년부터 기타 복지비용에서 분리된 교

통 · 통신비가 2014년에 세 번째 비중 있는 항목으로 자리매김했지만, 사반세기 동안 근로자의 욕구는 몰라볼 정도로 변화해 왔는 데 비해 그들의 욕구를 충족하기 위해 고안된 기업복지제도는 주야장천 해묵은 껍데기 속에 갇혀 있다고 여겨진다. 이러한 기업복지의 '경직성'이, 기업복지 선진국에서는 생산성 향상의 중요한 기제로 활용되는 기업복지가, 우리나라에서는 다음 장에서 언급하게 될 생산성향상에 아무런 영향을 끼치지 못하는 '빛 좋은 개살구'로 전락한 이유가 아닌가 생각된다.

4. 한국기업복지제도의 결정요인

제9장에서는 한국기업복지가 걸어온 발자취를 살펴보았고, 그러한 행로를 걸어오게 된 요인을 분석하였으며, 한국기업복지 변천사의 핵심적인 맥을 짚어가며 고찰하였다. 이제는 현재의 기업복지를 분석해야 할 과제가 놓여 있다. 현재의 기업복지를 결정하는 요인을 철저히 규명하는 것은 우리가 전망할 수 있는 미래에 대한 예측이 다가올 미래의 실체와 가장 가까이 부합하게 되는 현재의 최선이기 때문에 더더욱 그러하다. 기업복지의 결정요인에 관해서는 여러 가지 견해가 있는데, 열거하자면 기업의 지불능력, 기업의 생산시장적 특성, 종업원의 인적자원 특성, 임금수준, 노동조합의 성격, 타 기업의 수준, 노동시장의 조건, 기업주의 경영철학, 물가 상승률 등이 있다. 이러한 견해들은 기업복지를 실제적으로 시행하는 기업의 관리자들이나, 기업복지를 포함한 공공복지의 책임을 맡고 있는 정부의 관료들이나, 기업복지를 연구대상으로 삼고 있는 관련 학계의 소수의 학자들의 견해이지만, 그것을 뒷받침할 수 있는 실증적인 연구에 기초하지 못하고, 대부분 관념적인 영역에 머물고 있다. 기업복지의 결정요인에 대한 실증적 연구로서, 한국노동연구원의 테두리 안에서 정해진 송호근(1995), 최균(1995)의 연구가 있으며, 2000년대에 들어와서 이병훈이 연구책임자의 역할을 한 한국노동복지센터(2002)의 연구가 있다. 이 중에서 송호근의 연구(1995)1)를 중심으로 한국기업복지의 결정요인을 고찰하기로 한다.

1) 이 연구는 한국노동연구원의 지원으로 행해진 것으로, 1994년에 노동부 직종별 임금조사 대상기업 중 우리나라 전역에 걸쳐서 산업별 · 규모별로 분포되어 있는 528기업에 대한 조사자료와, 노동부의 '직종별 임금조사자료'가 분석의 대상이 되었다.

1) 기업의 지불능력(이윤 모형)

기업복지는 정부의 적극적 · 소극적 압력이 상존함에도 불구하고, 자발적이고 임의적인 본질적 성격을 가지고 있기 때문에 기업이 감당할 수 있는 한도 내에서 이루어진다고 생각하게 된다. 기업의 지불능력에 따라 기업복지가 제공된다는 사실을 확인하기 위해서 송호근의 연구에서는 기업의 적자 · 흑자 여부, 이윤크기, 시장점유율을 변수로 하여 기업의 복지수준(복지점수)을 측정하였다. 자료 분석의 결과는 합리적인 시각과는 동떨어지는 내용으로, 약간의 영향력을 보이는 기업복지 결정요인인 시장점유율을 제외하면, 경영상태, 부가가치율, 시장독점도와는 관계가 없다는 것이다. 즉, 기업의 지불능력이 기업복지의 결정요인과는 거리가 멀다는 조사결과가 도출되었다는 것이다. 송호근(1995)의 연구에서 부가가치율에 대한 언급이 없는 것은 기업복지의 결정요인과 무관하다는 이유라기보다는, 조사대상기업의 표본수가 작아서 회귀분석이 불가능하다는 이유라고 각주에서 밝힌 바 있다. 이에 대해서 한국노동복지센터(2002)의 연구에서는 부가가치율과 기업복지의 관계는 전 산업과 제조업 중 대기업 · 중소기업의 경우는 정(+)이지만 계수값의 크기로 볼 때, 전 산업과 제조업 중 중소기업에서는 가설과 일치하지만, 제조업 중 대기업의 경우에는 가설이 기각된다고 보고하였다.

이러한 결과는 〈표 8-2〉 근로자 1인당 평균복지비 지출의 추세를 통해서도 지지되는데 IMF 외환 위기 기간인 1998~2000년까지의 1인당 기업복지의 지출의 비중은 평균 6.6%로서, 외환위기 전후 각각 3년의 평균인 7.0%와 큰 차이를 보이지 않았다. 이러한 의외의 상황은 기업은 지불능력과 무관하게 기업복지비용을 감수하고 있다는 뜻으로, 그러면 주요 결정요인이 무엇인지에 대한 지적 호기심을 유발하기에 충분하다.

2) 기업의 생산시장적 특성(생산시장 모형)

기업복지의 결정요인으로서 기업의 '생산시장적인 특성'을 들 수 있다. 생산시장적 특성이란 기업이 속한 산업, 기업규모, 기업 유형(재벌이나 그룹사, 독자기업, 하청기업) 등을 지칭한다. 송호근의 분석결과를 보면 기업규모와 기업복지 간에 상관관계가 있다고 나타났다. 즉, 기업의 규모가 클수록 기업복지의 수준이 높다는 사실이 증명된 셈이다. 한국

노동복지센터(이하 센터)가 '기업체노동비용조사(2000년)원 자료'에서 조사한 결과도 송호근의 연구과 같이 기업규모의 통계적 유의성을 지지한다. 산업별 변수와 기업복지 간의 관계 역시 송호근, 센터의 결과가 (+)관계로 나타났다. 이 센터의 조사에는 전기 · 가스업, 건설업, 도 · 소매업, 사업서비스업, 교육서비스업은 제조업보다 기업복지가 실시될 확률이 낮은 것으로 나타났다. 송호근의 연구에서는, 기업 유형이 기업복지와 강한 상관관계를 보이고 있어서 재벌이나 그룹사가 독자기업이나, 하청기업에 비해 기업복지의 수준이 높은 것으로 나타났다. 그리고 생산시장적 특성요인의 설명력도 다른 요인보다 높아서 생산시장 모형이 기업복지 실시 여부 및 수준 차이를 잘 설명하는 요인으로 평가되고 있다.

3) 임금수준(임금 모형)

기업복지의 결정요인으로 임금을 들 수 있는데, 이것을 기업복지는 임금수준에 의하여 영향을 받는 현상을 말한다. 임금은 원칙적으로 종업원의 인적자본의 특성과 직결된 것으로서 기업복지와 임금은 노동비용으로서의 공통적인 특성을 지니고 있고, 따라서 시장에서의 작동원리는 임금과 비슷한 것으로, 기업복지의 이론적 기초 모형인 '산업성취 수행형 모형'의 특성으로 설명될 수 있다. 임금 모형에 대한 송호근의 분석결과는 "기업복지와 임금수준의 관계는 대단히 유의미하나 그 절대적 크기가 너무 작아 복지수준이 임금에 비례해서 커지는 정도는 무시할 만하다."라고 결론을 내리고 있다.

이러한 송호근의 연구의 한계는 다른 연구로 보완될 수 있는데, 먼저「1994년 기업체노동비용조사보고서」의 원 자료를 분석한 최균(1995)의 연구는 임금과 기업복지의 상관관계가 r=.8788이라는 강한 상관관계가 나타났다고 보고하고 있고, 김진구(1999)의 연구도 동일한 결과를 제시하고 있다. 이것은 기업복지와 임금수준이 일정한 비례적 관계를 지니고 있다는 '일정비례가설' 혹은 '일치가설'을 지지하는 것으로, 최균은 이러한 유사한 성격으로 인해 기업복지를 간접임금의 일종으로 파악하고 있다. 같은 맥락에서 한국노동복지센터(2002)의 연구에서도, "임금이 상승하면 세금을 줄이거나 사회보험분담금을 줄이기 위해 노사 쌍방은 기업복지를 선호한다."는 가설이 입증되었고, 한국노동연구원의 김정한(2004)의 연구에서도 기업에서 종업원에게 제공하는 임금이 높을수록 기업복지비의 지출이 높게 나타났으며, 이런 결과는 기업에서 필요로 하는 인적자본의 속성이 높을수록 근속을 유도하기 위해 기업복지지출을 늘린다는 효율임금이론의 노동이동 모형을 근거로 들어 해석하고 있다.

4) 노동조합의 성격(노동조합 모형)

우리나라의 기업복지의 결정요인으로서 노동조합의 성격이 중요한 요인으로 부각된다. 노동조합의 성격에는 사상적 급진성(영리노조 혹은 개혁노조), 협상능력, 교섭력의 크기, 동원능력, 경영자와의 친화력, 노동조합의 수명 등이 포함된다. 송호근은 노동조합 모형을 노동조합의 기능에 포함시켜 설명하였는데, 그 이유로 노조 유무가 생산시장 모형에 포함되었고, 노동조합이 복지제도의 운영에 개입한다는 일반적인 관행 때문이다. 노동조합은 기업복지의 결정요인으로서 독자적 성격을 가지는 동시에 위에 다른 모형의 작동과정에 직·간접으로 개입하여 그 영향력을 변화시키는 개입변수의 의미를 가지고 있다고 보는 것이 적절하다는 이유에서다.

노동조합과 기업복지의 관계는 전략적인 차이와 직결된다고 볼 수 있는데, 그 전략을 두 가지로 크게 나눌 수 있다. 하나는 노조 회피전략인데, 이것은 노동조합이 설립되지 않은 기업에서 주로 구사하는 전략으로 기업복지를 통해서 노동조합의 필요성을 약화시키거나 무산시키려는 의도로 제공되며 우리나라의 대표적인 예로 삼성기업의 무노조 경영원칙을 들 수 있다. 노조회피 전략은 노조의 위협효과를 사전에 대비하기 위한 전략으로서 실제로 분석한 결과에 노조 존재의 변수가 기업복지의 차이에 유의미하지 않은 것으로 나타난 것은, 노동조합이 존재하는 회사의 기업복지의 수준이 조직되지 않은 회사와 별 차이가 없다는 현상은, 노조가 없는 회사에서도 노조회피 전략의 일환으로 기업복지를 조직된 회사의 수준에 준하여 제공한다는 이유 때문이다. 이러한 현상은 최균(1995)의 연구와 한국노동복지센터(2002)의 연구결과에 의해서 지지된다.

노동조합이 이미 조직되어 있는 회사에서는 기업복지가 '파업가능성 약화 전략'의 수단으로 활용된다. 이 전략의 존재 여부를 시험하기 위해서 기업복지와 파업 횟수 간의 관계를 규명해 볼 수 있다. 서로 간의 관계가 긍정(+)의 관계라면 기업복지의 파업가능성 약화 전략은 의미가 없는 것이고, 부(−)라면 기업복지가 노사관계 안정에 효과가 있다고 해석할 수 있다. 송호근의 연구의 결과는 부(-)의 관계가 있다고 나타났고, 한국노동복지센터(2002)의 연구에서도 근로자 1,000명당 파업손실 일수 값과 기업복지의 관계가 부(-)로 나타나서 노사관계의 악화가 기업복지 확대에 부정적인 영향을 끼친다는 가설을 뒷받침했다. 요약하건대, 노조회피 전략과 파업 가능성 약화 전략을 결합하여 해석하면, "기업복지혜택은 노조설립의욕을 약화시키고 노사관계를 안정시키는 데 긍정적 기능을 수행하고 있다."는 점을 확인할 수 있다(송호근, 1995).

5) 기업이 생산시장에서 차지하는 위치나 사회적 지위

송호근(1995)은 그의 연구에서 나타난 사실로, 기업복지의 대표적인 요인으로 인정되는 '종업원의 인적자본의 특성'이나 '기업의 지불능력'이 기업복지수준을 설명하는 핵심적인 요인이 되지 못하는 원인을 기업의 생산시장의 특성에서 찾고 있다. 그는 "기업복지 수준은 기업이 생산시장에서 차지하는 위치나 사회적 지위에 의하여 결정된다."라고 주장하고 있다. 이러한 주장은 우리나라 기업복지의 결정요인이 기업 외부에 존재한다는 관측으로, 개별기업의 기업복지는 그 기업이 속하고 있는 기업 외부적인 준거집단의 영향을 받는다는 의미로, 송호근은 "기업복지는 생산시장적인 성격으로 집락을 이루는 준거집단에 의하여 제도화되어 있다(institutionalization of reference group(firm)."라고 요약하고 있다. 그는 그 이유 중의 하나를 단체교섭의 관행이나 파업을 전후로 한 노사교섭의 내용에서 발견하고 있다. 기업주에게 기업복지는 파업을 진화하고 노동자의 불만을 완화하는 흥정의 수단으로 간주되어 온 상황에서, 노동자의 경우 기업의 경영상태나 지불능력을 고려하지 않고 동일업종이나 경쟁업체의 임금 혹은 복지수준을 단순 비교함으로써 임금인상률과 복지증대를 요구해 온 것이 일반적인 관행이었다. 이러한 상황에서 노동자의 요구를 수용하여 임금과 복지수준을 결정하는 데 있어서, 노동자가 비교대상으로 삼는 준거집단인 경쟁사의 임금과 복지수준을 그대로 받아드릴 수밖에 없게 되고, 따라서 기업의 경영상태나 지불능력 등의 내부적인 요인이 비집고 들어갈 틈이 전혀 없게 된다는 논리이다. 이러한 현상을 송호근(1995)은, '준거집단에 의한 복지수준의 제도화'라고 일컬으며, 그것은 '노사교섭 관행의 결과적 산물'이라고 추정한다.

6) 기업주의 경영철학

기업복지 선진국의 예를 보면 기업주의 경영철학이 기업복지의 결정요인에서 중요한 위치를 차지하고 있는 것을 흔히 볼 수 있다. 그러나 우리나라에서는 기업복지 관련 자료에서 기업주의 경영철학에 관한 실증적인 자료를 찾기가 매우 힘들다.

1987년 이전까지는 국가의 철저한 주도와 통제 속에서 순응자세로 일관하며 기업의 이익을 챙기는 데 급급하여 기업복지가 경영 전략의 대상이 된다는 사실조차 낯설었고, 1987년 이후 정치 및 산업민주화의 와중에서 급속도로 진전되는 경제성장과, 세계화의 무한경쟁시대에 돌입하여 생존 및 성장에 급급하였다. 곧이어 닥친 IMF 외환 위기의 충격을 헤집고 나오기 위해 총력을 경주하던 격동의 시기의 한 복판에서 기업복지에 대한 체계적이고 구체적인 전략을 시도할 엄두도 못 내며 과거에 해오던 대로 타성에 젖은 채로 현재에 이르렀다고 해도 지나친 과소평가는 아니라고 판단된다. 또한 기업복지의 학문적인 연구가 간헐적으로, 그것도 상아탑 안에서 주로 이루어지거나, 한국노동연구원 등의 국책연구소의 범위 안에서 대부분 이루어져 왔고, 기업주의 일반적인 기업복지에 대한 이해는 초보적이거나 관념적인 수준에 머물러 있는 관계로, 기업복지가 이윤창출의 수단으로서 잘 알려지지 않았으나 엄청난 잠재성을 가진 블루 오션(blue ocean)일 가능성이 높은 영역이라는 이해를 가진 기업주는 극히 소수라고 추정된다. 송호근(1995)의 연구에 나타난 실제적인 예를 보면, 기업복지가 기업의 이윤창출(기업경쟁력 확대)에 미치는 영향에 관한 질문에 전체의 90%에 달하는 기업주와 경영자가 그렇다고 대답했지만, 실제로 체계적인 연구 · 조사의 결과는, "기업복지와 이윤창출과는 아무런 관계가 없다"라는, 받아들이기 힘든 차가운 현실이었다. 다른 사람은 몰라도, 2013년의 경우 1인당 노동비용의 4.7%에 달하는 비용을 지출하는 당사자인 기업의 사용자가 기업복지에 대해 이토록 문외한이라는 사실은 참으로 놀랍고, 우려스럽고, 무책임하기까지 하다고 생각된다.

이미 기술된 기업복지의 결정요인 중 경쟁사의 복지수준이 기업복지의 핵심적인 결정요인이라는 사실의 원인이 우리나라의 그릇된 단체교섭의 관행이라고 지목하였지만, 기업복지에 관한 결정의 주체로서 노동조합(특히, 대기업의 귀족노조)에 휘둘리는 기업주의 경영철학의 미흡 내지 부재도 역시 큰 몫을 차지했으리라는 추정에도 무리가 없을 듯하다.

7) 노동력 부족

기업복지의 외부적인 결정요인으로 노동시장에서의 노동력 부족현상을 들 수 있다. 최균(2002)의 1985~2000년까지의 〈기업체노동비용조사보고서〉에 제시된 자료의 분석에 의하면 노동이동 모형에 관련된 이직률 및 노동력 부족률과 기업복지의 확대의 관계는 유의미한 영향을 미치고 있는 것으로 나타났다. 이는 1990년대 이후의 기업복지와 임금을 통한 기업의 노동력 유지가 기업의 주요한 과제였음을 여실히 보여 주고 있다. 또한 노동력의 충원 역시 유지 못지않게 중요하였다. 실제로 1990년대 초 노동력부족률의 심화는 전 산업에 걸쳐서 나타났고, 특히 중소규모 사업장의 경우 노동력부족 현상은 대기업에 비해 평균 3배 정도로 심각하였다. 따라서 중소기업 역시 대기업과 마찬가지로 노동력 확보를 위해서 효율임금이론의 '역선택 모형'에 입각한 임금과 기업복지수준의 증대가 불가피했을 것으로 여겨진다.

Chapter 10

한국기업복지제도의 기능과 효과

1. 이윤창출기능과 효과
2. 사회통제기능과 효과
3. 사회통합기능과 효과

이 장에서 논의될 '한국기업복지의 기능과 효과'가 이 책의 실질적인 마무리라고 할 수 있다. 그것은 이 장에서 "기업복지의 목적이 어떤 수행과정을 거쳐서 어떠한 효과를 가져오는가?"에 대한 종합적이고 결론적인 내용을 담고 있기 때문이다. 효과란 결과를 의미하지만, 기능은 어떤 실체의 존재 목적을 수행하는 내용이라고 볼 수도 있고, 존재 목적 혹은 직무능력이 목적까지 포함한다는 의미를 지니고 있다. 이러한 사전적인 의미를 기업복지에 대입하여 보면, 이 장에서는 기업복지를 도입한 행위자의 실시 동기가 어떠한 과정을 거쳐서 수행되어 왔으며, 어떠한 결과를 초래해오고 있는가에 대한 종합적인 분석이 행해진다.

이 장에서 다루어질 한국기업복지의 기능과 효과의 분석은 두 가지 측면에서의 비교분석의 형태로 수행된다. 하나는 기업복지 선진국에서 과거에서 현재까지 나타나는 기업복지의 기능과 효과를 준거 틀로 하여 우리나라 기업복지의 기능과 효과를 고찰해 보는 것이다. 기업복지 선진국에서 수행되는 기능이 우리나라의 기업사회에서의 유효성에 대한 존재 유 · 무의 확인으로 시작하여, 그러한 기능이 우리나라 기업복지에도 존재한다면, 그 기능의 순기능 · 역기능 여부와 확대 혹은 축소되어 나타나는지의 여부가 논의될 것이다.

다른 측면의 비교는 우리나라의 기업사회 내의 기업복지에 대한 의식과 실제 효과에 관한 비교이다. 기업복지를 도입하거나 확대하는 기업주는 기업복지를 통해 얻기 원하는 목적, 실시동기 혹은 기업복지투자에 대한 기대가 분명히 있을 것이다. 그렇기 때문에, 기업주의 관념의 영역에서 존재하는 실시동기와 기대를 기업복지의 효과와 관련된 실제조사를 통해 도출된 자료나 논의와 비교하여 실현효과를 파악해 보는 것이 중요한 과업이다. 왜냐하면 기업복지는 기업의 존재 이유인 이윤창출을 위한 투자이기 때문에 기업복지의 투입대비 산출의 결과가 없거나 부정적이라면 기업복지를 지속할 이유가 없다고 여길 것이기 때문이고, 그에 따라 미래의 기업복지의 사활이 걸려 있다고 볼 수 있다.

이 장에서 다루어질 한국기업복지의 기능과 그에 따른 효과에 대한 내용은 3가지로 분류되어 논의된다. 그것은 제1부의 '기업복지의 기능'에서 언급된 이윤창출기능(경제적 기능), 사회통제기능(정치적 기능)과 사회통합기능(사회적 기능)으로 〈표 10-1〉 기업복지의 기능에 종합적으로 정리되어 나타나 있다.

〈표 10-1〉기업복지의 기능에 담긴 내용은 시기, 조사기관(연구자), 표의 제목과 측정

〈표 10-1〉 기업복지의 기능(목적) (단위: %)

구분	상공회의소 (1986)	송호근 [1] (1994)	경영자총협회 (1996)	김의명 [3] (1997)	김정한 외 [2] (2004)
이윤창출 (생산성 향상, 근로 의욕 고취, 노동력 확보)	29.1	49.7	67.4	28.1	76.0
사회통제 (노사관계 안정)	24.8	27.3	29.9	23.4	15.9
기타(사회적 책임, 임금 추가 인상, 세제혜택 등)	11.0	18.0	2.7	17.4	4.6
결속력 강화 (직장 소속감 고취, 조직 헌신 제고, 애사심 강화)	35.1	5.0	–	30.4	3.4

1), 2) 응답표기에 1순위, 2순위로 구분되어 있어서 1순위에 2배의 가중치 부여

3) 조사대상 기업은 대구지역 제조업을 중심으로 한정하였음

변수(조작적 정의)에 있어 다양하다. 우선 시기와 조사 주체를 살펴보면, 1986년 서울상공회의소(김의명), 1994년 한국노동연구원(송호근), 1996년 한국경영자총협회, 대구대학교 사회복지연구소(김의명), 2004년 한국노동연구원(김정한, 박찬임, 오학수)으로 다양하다. 변수도, 3대 기능으로 측정된 연구도 있고, 근로의욕 고취, 기업경쟁력 강화, 노사관계 안정, 직장 소속감 고취, 사회적 책임 등의 10여 가지로 세분하여 조사한 연구도 있다. 〈표 10-1〉에서는 위에 열거한 5개의 연구를 비교하고, 또한 실시동기와 실제 수행효과를 비교하여 분석하는 것이 10장의 목적인 것을 감안하여, 기업복지의 여러 변수를 3대 기능에 포함하여 종합적으로 정리한 내용을 기록하였다.

이윤창출기능에는 기업경쟁력 강화, 근로의욕 고취, 노동력 유지 및 확보, 인력난 해소, 생산성 향상요인이 포함되었고, 사회통제기능에는 노사관계안정, 노동조합의 요구 같은 변수가 속해 있다. 그러나 문제는 기업복지의 사회통합기능으로 두 가지 이유에서 〈표 10-1〉에 기재된 이윤창출 및 사회통제기능과 동일선상에서 비교하는 것은 적절하지 않다. 하나는, 회사에 대한 충성심, 결속력 강화, 직장 소속감 고취 등의 변수는 표

면적인 성격으로는 사회적 기능에 속하는 것이 타당하겠으나, 이 책에서 의미하는 사회통합이란 대등한 입장에서 상호 간에 목적이 조화되는 공동체를 말하는 것으로 기업복지같이 고용인과 피고용인의 대등할 수 없는 관계에서 고용인의 목적에 피고용인의 목적이 흡수되는 온정주의적 성격을 띠고 있는 제도는 사회복지에서 추구하는 사회통합과는 이질적이다. 또 다른 이유는, 기업에 대한 결속력(직장에 소속감)이 이윤창출기능과 사회통제기능 모두에게 직접적인 영향을 주는 요인이기 때문에, 분리해 내는 것이 불가능하기 때문이다. 제3장 '기업복지의 이론적 배경'에서 언급했듯이 기업에 대한 결속력(소속감, 애사심, 충성심)과 동일한 의미를 가진 '조직몰입도' 변수가 생산성 향상의 으뜸가는 기능이며, 사회통제기능에도 결정적인 요인이 되는 변수이기 때문이다. 결과적으로 〈표 10-1〉에서는 기업에 대한 결속력 강화기능은 사회통합기능과 별개로 표시하여 참고 자료로 삼기로 하고, 실시 이유로 기업의 사회적 책임, 임금추가 인상, 세제혜택 등의 변수는 기타에 포함시키었다.

1. 이윤창출기능과 효과

1) 기업주

(1) 생산성 향상

기업복지가 처음 시작된 영국 등의 유럽국가와 미국에서 기업복지의 주된 기능은 기업주의 사회적 책임의식의 표현이었다. 산업사회의 열악한 근로환경 속에서 생계유지에 급급하는 부녀자, 어린이 등이 포함된 근로자에 대한 인도주의적, 기독교의 박애주의적, 온정주의적인 마음의 표현으로 시작된 기업복지에, 영리추구 동기는 물론 영리추구 수단의 잠재적인 가능성도 거의 인식하지 못했던 시기였다. 초기의 기업복지가 시행되는 과정에서 농경사회와 판이한 산업사회의 작업현장에 근로자들을 적응시키고 또 길들이는 데 통제성격의 기업복지가 주요 기제로 사용되면서 현재의 인사관리기능을 담당하던 기업복지의 필요성과 중요성이 부각되었다. 그후 기업복지를 통한 사회통제기능을 지닌 근로자관리에 첨가되어 기업복지의 이윤창출효과가 뚜렷하게 가시화 되면서 기업복지에 대한 투자적인 성격이 널리 인정되며 확산되었다. 그러나 기업복지가 과학적 경영방법의 출현 및 전기한 바 있는 여러 가지 요인으로 인해 쇠퇴의 길을 걸으면서 기업복지를 통한 근로자 관리기능은 경영학의 인사관리에게 서서히 자리를 내어주고, 사회통제 같은 이윤창출의 소극적인 수단보다는 생산성향상이라는 적극적인 수단에 눈을 돌리기 시작하였다. 동시에 노동조합의 정착과 단체교섭제도의 출현을 통해 기업복지에 권리의식이 장전되고 노조활동의 중요한 동기로 자리 잡으면서, 한 차원 높은 사회통제와 적극적인 생산성향상의 기제로, 사회 및 산업환경의 변화에 적절히 대응하면서 완만하지만 지속적인 발전을 거듭해오고 있다.

기업복지의 생산성향상의 기능에 대해서 미국의 기업주들은 매우 높은 기대 내지 확신을 보여 주고 있다. 1964년 미국의 전문학술지인 〈Business Management〉가 기업주를 대상으로 조사한 바에 의하면, 84%가 기업복지가 애사심을 고취하고 안정적인 작업분위기를 조성함을 통해 생산성향상에 긍정적으로 기여한다고 응답하였다(Allen, 1969). 이러한 태도는 피상적인 관찰과 관념적인 희망사항(wishful thinking)이라기보다는, 100년 가까이의 미국의 기업복지 역사 속에서 실제적인 체험과 조사 · 분석을 토대로 한 확신이라는 데 의심의 여지가 없다.

기업복지의 생산성 향상기능을 극대화하기 위해 다양한 종류의 프로그램이 개발되고 있는데, 몇 가지 중요한 프로그램을 소개하자면 선택적 기업복지제도, 집단성과 배분제도, 근로자 지원 프로그램(EAP)을 들 수 있다. 기업복지를 통한 작업만족도를 높이기 위해 다양한 제도 및 프로그램을 개발하여 근로자의 욕구와 선호도에 따라 선택할 수 있는 '선택적 기업복제도(cafeteria plan)'가 1963년에 개발되어 미국은 물론 전 세계적으로 확산되고 있고, 회사의 이익을 근로자들이 공유하여 근로의욕을 고취시키기 위해 개발된 집단성과 배분제도에는, 1930년대에 고안된 Scanlon plan을 필두로 1940년에 Rucker plan이 창안되었고, 1970년대에는 Improshare plan이 개발되었다. 그 외에도 Kaiser plan, French system이 있으며, 1980년대 말에 Customized plan이 창안되는 등 새롭거나 수정된 제도들이 속속 등장해왔다. 근로자의 문제로 인한 손실을 최소화함을 통해 이윤을 창출하는 전문적인 사회 · 심리적 상담 프로그램(OAP, OMHP, DAP, EAP, EEP)이 지속적으로 개발되어 온 것에 대해서는 기업복지의 역사에 자세히 언급된 바 있다. 또한 근로자의 삶의 질 향상을 위해 법으로 정해지지 않은 유급휴가, 유급휴일, 병가 등의 제도가 1인당 기업복지비용의 32%(2006년)를 차지하는 중요한 기업복지제도로 정착되어 있는 등 생산성향상을 목적으로 하는 다양하고 체계적인 기업복지제도와 프로그램이 개발되어 왔다.

기업복지의 생산성향상 기능에 대한 높은 기대치는 우리나라의 기업주도 미국의 기업주 못지 않게 높은 수준을 보여 왔다. 1977년 전국경제인연합회(1979)가 주관한 기업복지 실태조사에서 기업복지의 실시이유 중 '근로의욕 고취'를 으뜸가는 요인으로 꼽았다. 1977년이면 우리나라에서는 기업복지의 초창기에 속하는데, 이때부터 벌써 기업복지가 체계적인 인사관리의 한 방편으로서 생산성 향상의 수단이라는 인식을 가졌음을 알 수 있다. 송호근의 1994년 기업복지의 실태조사에서도, 경영자의 90%가 기업복지의 확대가 기업경쟁력에 긍정적인 영향을 미친다고 인식하고 있다고 이미 언급된 바 있다. 기업주가 생각하는 기업복지의 기능 혹은 실시 동기에 대한 좀 더 자세한 내용은 〈표 10-1〉에 잘 나타나 있다. 1986~2002년 사이에 5개의 연구에서 나타난 기업복지의 기능에서 보면, 이유창출기능이 단연 으뜸가는 기능으로 인식되고 있다. 5개 연구의 조사 주체가 모두 다르고, 따라서 연구방법, 조사대상 및 조사변수에 차이가 있지만, 각각 그 시기의 개괄적인 실태를 관찰하는 데는 큰 무리가 없다고 판단된다. 서울상공회의소의 후원으로 시행된 김의명의 연구에서는 결속력 강화기능이 으뜸가는 기능으로 나타나나, 이미 언급된 바와 같이 결속력 강화기능은 생산성향상 변수에 가장 의미 있는 변수로 Shamir와 Bagal의 연구에서 입증되었다는 사실을 상기한다면, 5개의 실태조사에서 이윤창출기능이 월등한 차이로 핵심적인 기능으로 자리매김하는 것에 대해서는 반론이 있을 수 없다고 여겨진다.

그럼에도 불구하고 우리나라의 기업주가 가지고 있는 기업복지의 생산성향상에 대한 전폭적인 기대와 확신은 근거 없는 희망사항이라는 사실이 한국노동연구원(1995)의 실사를 통한 체계적인 검증에 의해 백일하에 드러나게 되었다. 총 매출액에서 기업복지비가 차지하는 비중인 '복지비용'과 복지수준의 절대적 수준 및 수혜자의 만족도를 반영하는 '복지점수'와 총 매출액에서 부가가치액이 차지하는 비중을 뜻하는 '기업이윤'의 상관관계를 효율성가설 경로 모형으로 분석한 결과, 기업복지의 개선은, 근로의욕의 향상과 경쟁력 강화에 긍정적인 영향을 미친다는 일반적인 기대 및 인식과는 달리, 아무런 영향력이 없거나 노조부문에서는 부정적인 영향을 미치는 것으로 나타났다(송호근, 1995). 선진제국에서나 우리나라의 기업계 및 재계에서 불문율같이 여겨지던 기업복지의 생산성향상기능이 실제 기업현장에서 무용지물로 받아들여진다는 사실은 곧 기업복지의 퇴조의 서곡이 될 수 있다. 이윤창출을 목표로 하는 기업계 · 재계에서 인적자원에 대한 투자 중 임금 다음으로 큰 기업복지가 이윤창출과 무관하다는 연구결과는, 기업복지의 존재 이유 자체를 부정하는 것 외에 다는 다른 의미가 없다고 해석될 수밖엔 없다.

이러한 시점에서 한국노동연구원의 조사 · 분석결과에 대해 3가지의 해석이 가능하다. 첫째는, 노동연구원의 분석과정과 결과에 오류가 있다는 가정이고, 둘째는, 기업복지가 본질적으로 생산성향상의 수단이 되지 않는다는 평가이며, 셋째는, 우리나라 기업복지제도 자체가 제도적 · 실행적인 측면에서의 제반문제로 인해 이윤창출기능을 제대로 발휘하지 못하고 있다는 가정이다. 첫째 가정에 대해서는 한국노동연구원이 우리나라의 기업복지 및 노동관계에 대한 연구에 대해서는 독보적인 기관으로서 연구결과에 의문을 제기할 수 있는 근거를 찾을 수 없기 때문에 기각한다. 두 번째 가정은 이 책의 제1부에서 소개된 기업복지의 역사적 사례와 연구결과 및 실태를 감안할 때 언어도단이요, 사실무근이라는 전제 아래 당연히 배제한다. 따라서 한국기업복지제도가 제도적 · 내용적 · 수행적인 차원의 문제로 인해 기업복지의 본래의 기능을 다하지 못한다는, 세 번째 가정이 가장 신빙성 있다고 판단되어 채택하기로 한다. 이윤창출기능을 제대로 발휘하지 못하는 원인에 대한 논의는 제11장의 내용 중, '2.한국기업복지체제의 문제' 부문에서 구체적으로 다루기로 한다.

이윤창출을 극대화하기 위한 기업복지제도와 프로그램의 면에서도 전기한 미국의 실태와 비교하면 미흡한 초보단계임을 절감할 수 있다. 첫 번째로 소개된 '선택적 기업복지 프로그램'의 경우 우리나라의 실정은 비교적 양호한 편이다. 1997년 한국 IBM을 시작으로 해서 2007년에는 1,000여 대기업 및 공기업에서 도입하였고, 2011년 말 기준으로 국내 100대 기업 중 50% 이상이 도입하고 있는 실정이다. 그러나 집단성과배분제도는 우리나라의 기업사회에서 흔히 볼 수 없는 제도이고, 근로자 지원 프로그램(EAP) 같은 전문적인 사회 · 심리적 상담 프로그램은, 이미 언급한 바와 같이, 소수의 대기업을 중심으로 시나브로 확산되는 모습을 보이고 있다.

(2) 손해비용절감

① 근로자의 사회 · 심리적 문제해결

제8장 '기업복지의 효과'에서 미국 근로자의 사회 · 심리적 문제에 관한 실태와 이에

대한 대책으로 전문상담 프로그램을 통한 손비절감효과에 관해 자세히 기술된 바 있다. 근로자의 사회 · 심리적 문제는 비단 미국 등의 서구사회뿐만 아니라 우리사회에서도 서구사회 못지않게 아니 그 이상의 매우 심각한 문제로 부각되고 있다. 예컨대, 음주문제의 경우 2001년 보건복지부 정신질환 실태조사결과에 따르면, 우리나라 18~64세 알코올 장애 인구는 전체의 6.8%에 이르고, 20세 이상 인구 중 33.3%가 고도 위험 음주자로 간주되고 있으며, 직장인의 음주량은 일반인의 1.4배, 23%가 알코올 의존성향을 보인다(2001 보건복지부 정신질환 실태조사). 2004년 삼성경제연구소에서 직장인 4,231명을 대상으로 음주실태를 조사한 결과 응답자의 23%가 알코올 의존성을 보이고 있다고 나타났으며, 미국의 경우 과음 비율이 8.4%인 데 비해 우리나라 직장인 중 31.4%가 과음한다고 한국음주문화연구센터는 보고하고 있다(엄동욱 외, 2004).

우리나라 직장인의 만성질환 역시 심각한 수준을 넘어서고 있다. 2005년 온라인 리쿠르팅 업체 Job Korea가 직장인 560명을 대상으로 조사한 결과, 응답자의 75.7%가 만성질환을 가지고 있다고 응답했고 그중 26.4%가 스트레스성 질환으로 소화기장애(35.9%)에 이어 두 번째로 심각한 문제라고 인식하고 있다. 국내 한 연구에 의하면 직장인들 중에 스트레스를 받지 않은 사람이 5%에 불과한 반면 스트레스 고위험군으로 분류된 사람은 22%나 되고, 응답자의 73%는 스트레스 고위험군으로 발전할 가능성이 있는 잠재적 스트레스군에 해당된다고 나타났다(한상엽, 2003). 10만 명당 자살률이 OECD국가 중 1위라는 오명을 가지고 있는 우리 국민의 우울증도 간과할 수 없을 만큼 위험수위에 도달하고 있다. 한국노동연구원의 2006년 남녀 1만 255명을 대상으로 한 조사에 의하면 45~59세의 장년층의 22%가 우울증을 겪고 있는 것으로 나타났다.

최초로 한국인을 대상으로 한 근로자 지원 프로그램에 대한 욕구 유무를 조사한 박해웅(2002)의 연구에 나타난 바에 의하면, 조사대상 근로자의 80.3%가 전문상담 프로그램을 선호하였고, 유료라도 이용하겠다는 응답이 72.8%의 높은 비율을 보여서, 우리나라에서 근로자 지원 프로그램 같은 전문상담 프로그램의 높은 정착 가능성을 보여 주었다.

이렇듯 직장인의 사회 · 심리적 문제의 심각성이 선진국을 상회하는 실정이고, 근로자 역시 필요성을 절감하고 있지만, 기업의 대응은 안이하다 못해 무지에 가까운 면면이 엿보인다. LG경제연구원의 연구보고서는 직장인의 스트레스 관리에 대해서 경영자들은, "직장이 있다는 것만으로도 운이 좋다고 여겨야 한다. 만약 종업원들이 스트레스를 느껴 이직을 고려한다면, 그들을 대신하고자 하는 사람들이 충분하다. 차라리 스트레스 관리에 들어갈 비용을 다른 곳에 투자하겠다."라는 근시안적 사고를 가지고 있다고 지적하고 있다(한상엽, 2004).

이러한 상황에서 근로자의 사회 · 심리적 문제의 해결을 돕는 국내 전문상담 프로그램은 아직도 초보적인 수준에 머물러 있는 실정이다. 2004년에서야 외국의 근로자 지원 프로그램 전문 컨설팅 회사가 진출하여 Himan Dynamics에서 한국지사를 설립하였고, 2005년에는 순수국내 자본으로 처음 설립된 다인C&M이 설립되면서 근로자 지원 프로그램 시장이 경쟁체제에 돌입하였다. 2009년 현재 약 10만 명 이상에게 근로자 지원 프로그램 같은 전문상담서비스를 제공하고 있다는 보고가 있으나, 삼성중공업, 포스코, LG, SK 등 1만 명이 넘는 20여 곳의 대기업에 설치되어 있어서(한국EAP협회, 2009) 기업 전체로 보면 극히 미미한 수준이다. 요컨대, 미국 등의 기업복지 선진국에서 손비절감을 통해 기업의 이윤창출에 큰 역할을 하는 전문상담서비스를 우리나라에서는 아직 제대로 활용하지 못하는 현실이 한국기업복지의 불임증 현상의 한 단면을 여실히 보여 주고 있다.

② 노동쟁의 예방

어느 나라나 노동쟁의로 인한 경제적 손실을 엄청나다. 우리나라도 마찬가지로 파업으로 인한 손실은 모두 헤아릴 수 없을 만큼 크고, 그 여파는 다방면으로 파급된다. 파업으로 인한 생산 차질로 쟁의 당사의 매출손실은 말할 필요도 없으며, 모기업이 파업을 하면 거의 예외 없이 재정적으로 취약한 하청기업의 생산중단으로 곧바로 이어진다. 2014년의 경우, 현대중공업은 사내 협력기업이 300회사이고, 사회협력업체만도 2,000개가 넘으며, 현대자동차의 경우에도 1, 2차 협력업체를 모두 포함하면 5,500여 개에 달한다. 노동쟁의로 인한 손실은 지역의 상권 등 지역경제에도 직격탄으로 작용하고, 파업이 끝난 후에도 파업에 대한 손실을 요구하는 법정비용도 엄청나며, 기업의 신뢰와 이미지 추락, 해외신인도 실추에 대한 비용은 금액으로 산정할 수 없을 만큼의 천문학적인 수치에 이른다. 파업으로 인한 경제적 손실의 실례를 들자면, 금속노조 현대자동차 지부의 파업과 특근 거부로 인한 매출액 손실규모는, 2012년에 1조 7,048억, 2013년 1~8월까지 2조 200억에 달했다(연합뉴스, 2014).

노동쟁의로 인한 유형 · 무형의 경제적 손실을 막는 방법에는 여러 가지가 있지만, 그중 유용한 수단으로 기업복지가 널리 애용되어 온 전력은, 기업복지가 파업을 방지하려는 목적으로 제공되는 것이 일반화되어 있기 때문이다. 〈표 10-1〉에서 나타난 바와 같이, 기업복지의 실시 동기로서 '원만한 노사관계 안정'이 5개의 연구에서 평균 24.5%로 높게 나타났다. 조직에 대한 헌신 제고, 애사심 강화, 직장 소속감 고취 등 노사관계 안정에 직 · 간접으로 관련된 항목을 모두 합치면 노사관계의 안정기능이 이윤창출기능에 버금가리만큼, 기업복지의 핵심적인 기능이라고 해도 지나침이 없다.

기업복지의 '파업 가능성 절하 전략'에 대한 한국노동연구원의 실태조사에 의하면, 기업복지의 수준이 높을수록 파업 횟수가 적고, 기업복지의 비중이 높으면 파업 횟수가 적다는 사실이 입증되었다. 이러한 내용은 역으로도 성립되어서, 파업 횟수가 적으면, 기업복지의 수준이 높고, 기업복지의 비중도 커진다는 사실이 검증되었다. 기업복지로 인해 파업으로 초래되는 경제적 손실을 사전에 예방한다는 사실을 증명하는 구체적인 수치를 내놓는 것은 매우 어렵지만, 기업복지의 파업 예방 및 약화 기능으로 노사갈등으로 인한 경제적 손실을 크게 줄인다는 것이 입증된 것은, 우리나라의 기업에서 기업복지를 노사관계 안정의 수단으로 기용하는 사례들이 현실적으로 적합성을 갖는 것으로 볼 수 있다.

(3) 근로인력 유지 및 확보

생산의 3대 요소로 토지, 자본, 노동을 꼽는데, 21세기 지식정보사회에 진입하면서부터는 지식을 제4의 요소로 추가해도 전혀 무리가 없을 듯하다. 생산과 분배 조직인 기업에서 노동은 물론이고 지식도 노동 혹은 인력에 내재된 것이라 볼 때, 생산의 4대 요소 중 절반인 인력의 중요성은 아무리 강조해도 지나치지 않다. 이런 맥락에서 보면 기업에서 유능한 인력을 유지하고 또 충원하는 것만큼 이윤창출에 핵심적인 요인은 찾아보기 힘들 듯하다.

우리나라의 노동시장구조에 관한 연구들은, 1987년 대규모 노사분규 이후 대기업을 중심으로 하는 독점부문에서 '1차 노동시장' 형성이 본격화되면서, 이중노동시장의 형성이라는 노동시장의 분절화가 진행되었다는 분석결과를 내리고 있다(정이환, 1992; 조우현, 1992). 이러한 노동시장의 분절화경향의 원인으로 국제 경쟁력 확보를 위한 노동시장의 유연화 현상, 생산직 인력의 부족, 노동조합의 활성화 등이 언급되고 있는데, 이 모든 요인들이 임금 상승 및 기업복지의 확대와 긴밀하게 연결되어 있다. 이주호(1992)는 우리나라의 노동시장이 고임금부문인 대기업 중심의 1차 노동시장과, 저임금부문인 중소기업 중심의 2차 노동시장으로 분절되어 있다고 보고, 낮은 이직률과 인력부족률, 높은 자본 장비율을 특징으로 하는 대기업에서 높은 보상이 이루어지고 있다고 결론을 내리고 있다(최균, 1995).

우리나라에서 1987년 이후 기업복지를 통해 유능한 인력을 유지 및 확보하여 이윤창출을 추구하는 현상은 몇 가지 연구에 의해 검증되었다. 한국노동복지센터(2002)의 연구결과에 의하면, 교육훈련비를 많이 지출한 기업은 이직을 막기 위해서 기업복지 확대 등 내부노동시장을 선호한다는 가설이 매우 높은 상관관계로 입증되었고, 남성근로자의 비중이 높을수록 평균연령과 근속연수가 높아 기업 정착도가 높아서 기업복지 지출이 높다는 결과가 확인되었다고 보고하였다. 유사한 결과는 최균(1995)에 의해 1985년부터 2000년까지 〈기업체노동비용조사보고서〉를 중심으로 이직률에 대해 조사하여 분석한 내용을 통해서도 지지되었다. 그는 1990년대 이후의 기업복지 증대가 노동력의 이동과 밀접한 관계를 가지고 있으며, 기업이 노동력 정착이 기업의 중요한 과제였음을 단적으로 보여 준다고 결론내렸다.

기업복지를 통해 우수한 인력을 충원할 수 있는 가능성은 신입사원의 경우에도 매우 높다고 할 수 있다. 취업포털 '파인드 잡(Find Job)'이 성인 남녀 1,367명에게 '결혼 후 직장선택 기준' 설문조사를 한 결과 '복지수준'이 56%로 1위를 차지했다고 보고하였다. 2위인 '연봉(24.9%)' 대비 2배 이상의 높은 수치였다. 기혼자(44.5%)보다 미혼자(58.3%)가 '복지수준'을 더 선호했으며, 여성(60.8%)이 남성(37.8%)보다 16.2%의 높은 선호도를 보였다. 잡 코리아(Job Korea)의 조사에서도 비슷한 경향이 역력하게 나타나는데, "기업복지가 좋다면 연봉이 낮은 회사로도 이직할 의사가 있는가?"라는 질문에 76%가 "이직한다."라는 결과가 나왔다(프라임경제, 2014). 이렇듯 회사를 선택함에 있어서 복지가 가장 큰 부분을 차지한다는 것을 알 수 있고, 기업의 입장에서 유능한 인재를 충원하기 위해서는 다양하고 수준 높은 기업복지를 제공하는 것이 첩경이라는 사실이 현실에서 증명되고 있다.

(4) 조세감면혜택

기업복지에 주어지는 조세감면제도는 절세의 효과가 있기 때문에 기업복지를 권장하는 모든 국가에서 도입해왔고 우리나라도 물론 예외는 아니다. 이러한 비과세 · 감면, 소득공제, 세액공제를 통해서 정부가 받아야 할 세금을 받지 않음으로써 간접적으로 지원해 주는 제도를 조세지출(tax expenditure)이라고 한다. 조세지출은 정부가 조세를 통해 확보한 재원을 바탕으로 직접 지원해 주는 예산 지출과 대칭되는 개념으로서 일한 액수만큼의 보조금을 준 것과 같다는 의미에서 '숨은 보조금(hidden subsidies)'이라 부르기도 한다. '2015년도 조세지출예산서'에 의하면, 2014년 국세감면액은 34조 338억 원으로서 국세 총 수입액의 14.3% 수준이고, 그중 기업복지 관련 법인세의 비중은 약 7조 원으로 20% 정도이다.

기업복지와 관련된 조세지출은 2014년의 경우 근로자복지증진을 위한 시설투자로 169억 원이었고, 2015년 추정액은 251억 원이다(국회예산정책처, 2014). 우리사주 조합에 대한 조세지출은 496억 원에 달했는데, 일반 금융소득의 경우 21.5%의 세금이 부과되나, 우리사주조합원은 배당소득의 소득세만 5% 부과하고 주민세는 부과하지 않는다. 법정복지비에 관련된 건강보험료 부담금에 대한 비과세액은 8,459억 원이었다. 기숙사 운영사업에 대하여는 당해 소득에 대한 법인세의 50%를 감면해 주고(조감법 제90조), 근로자복지증진을 위해 직장보육시설을 신축 혹은 구입하는 경우 영유아보육법에 따라 과세연도의 소득세 또는 법인세에서 당해 보육시설의 취득금액의 10%에 상당하는 금액을 공제해준다. 이 외에도 기업복지에 대한 정부의 직접적인 지원의 예를 들자면, 사업주가 직장보육시설을 설치할 경우 고용보험에서 연리 3%로 시설 설치비를 지원하고 보육교사 1인당 50만 원씩의 운영비를 지원한다(고용보험법 시행규칙 제35조 – 1998년도 기준).

우리나라의 세금제도에 대해서 한국세무학회의 회원 107명을 대상으로 조사한 결과, 응답자의 53.8%가 불공평하다고 대답했으며, 재정보강을 위한 대안으로는 법인세 인상을 제시한 전문가가 37.0%로 가장 많았고, 비과세 감면 · 대폭 축소가 24.7%로 그 뒤를 이었다. 대기업 및 고소득 자영업자들이 세금을 줄일 수 있는 비과세나 감면제도가 너무 많고, 법인이 개인에 비해 공제 · 감면혜택이 많아 대부분 제조업 기업은 반드시 내야 하는 최소한의 세율로 조세를 부담한다는 지적이 있었고, 정치적 논리로 비과세가 되는 사례가 많다는 의견도 있었다(한국일보, 2015. 10). 원래 기업복지는 기업주가 제공하는 것으로서 현재 기술되고 있는 이윤창출기능과 사회통제기능 등의 이익을 누리는 자발적인 기제라는 것을 강조하지만, 실제로 당연히 내야 할 세금을 감면받는다는 사실은 최소한 그 액수만큼은 국민으로부터 보조금을 받는다는 사실에 주목할 필요가 있다.

(5) 기업복지기금의 투자효과

제8장 '기업복지의 기능'에서 살펴본 미국과 호주의 경우와 같이, 우리나라에서도 기업복지제도 중 기업연금기금의 기업에 대한 재투자가 기업이윤창출에 크게 기여하는 상황이 분명해지고 있다. 그것은 2005년부터 도입된 퇴직연금제도로서, 퇴직연금 신탁기금의 기업에 대한 투자효과는 일반인의 상상을 초월하는 형국이다. 퇴직연금에 대한 구체적인 내용을 살펴보기 전에 국민연금 기금운용에 대한 개괄적 고찰은 퇴직연금에 대한 이해를 돕는다.

2015년 6월 기준으로 국민연금 기금 총액이 237조 원 정도 되는데, 이 중 40.4%인 96조 원 정도가 주식시장에 투자된 상태이다. 국민연금공단이 5% 이상 지분을 보유한 30대 그룹 상장사의 지분가치는 52조 원인데, 이중 삼성, 현대차, SK, LG그룹 상장 계열사에 투자된 자금이 39조 원으로 74%를 차지한 것으로 보고되었다. 이러한 상황은 근로자의 연금기금의 투자효과가 기업에게 엄청난 투자의 재원이 된다는 사실을 여실히 보여 주고 있다.

위에 언급한 상황은 퇴직연금에 경우에도 유사하게 재현되고 있다. 2005년에 도입된 퇴직연금제도의 규모가 2011년 29조 원에 달했고, 2014년에는 상시 근로자의 45.6%인 463만 명 이상이 적용을 받고 있으며, 적립금의 규모도 84조 3,000억 원 정도로 3년 전에 비해 3배 가까이 증가하였다. 정부에서는 2014년 8월 경제관계 장관회의에서 2016년부터는 근로자 300명 이상 사업장부터 의무적으로 퇴직연금을 도입하게 하고, 2022년까지는 모든 기업으로 확대된다고 결정하였다. 근속기간 1년 미만의 임시직 근로자도 일정기간 이상 근무 시 퇴직급여대상에 포함시키고, 30인 이하 영세사업장에 대해서는 한시적으로(3년) 중기연금제도를 도입하여 부담금 및 운용수수료를 지원한다고 발표하였다. 퇴직연금의 기금운용은 노 · 사 전문가로 구성된 기금운용위원회에서 자산 운용 정책을 결정하기로 하였고, 전문적인 자산운용을 위해서는 사외에 기금을 설립하고 퇴직연금을 기금에 신탁하는 기금형 제도를 도입하기로 하였다. 이와 같이 퇴직연금을 의무화하는 반대급부로 세제혜택 · 재정 지원 등 각종 인센티브가 약속되었는데, 사업주 부담금의 10%의 지원, 운용수수료(0.4%)의 50% 지원과 가입자에게는 세액공제의 지원이 있다(연합뉴스, 2014. 8. 27).

퇴직연금 신탁기금은 주로 주식에 투자되어 운용수익을 얻게 되므로 높은 운용수익을 얻기 위해서는 수익률이 좋은 금융상품(fund)의 선택이 필수적이다. 단일기업형 기금 형태도 도입이 가능하여 삼성전자나 현대자동차 같은 대기업들이 참여한다면 수조 원의 개별기업 퇴직연금기금이 나올 수 있는 상황에서, 이러한 신탁기금이 퇴직연금에 투자한 기업으로 재투자되는 것이 정해진 수순으로 본다면, 퇴직연금의 수혜자는 가입한 근로자 못지않게 기업이 될 공산이 매우 크다. 전문가 사이에서 2035년에는 퇴직연금 규모가 830조 원에 달할 것이라는 예상이 나오는 것을 감안하면, 퇴직연금 같은 기업복지 보험 관련 제도는 근로자의 노후 생활보장과 기업의 지속적인 발전의 재원의 원천으로 그 중요성이 확산될 가능성이 매우 높다.

2) 근로자

(1) 생계보조 및 삶의 질 향상효과

서구사회에서 기업복지 초기를 의미하는 1800년대 기업복지의 작업환경개선 및 생계보조기능은 가히 절대적이었다는 것에 대해서는 제4장과 제7장에서 자세히 언급된 바 있다. 우리나라에서도 기업복지의 초창기인 1960년대 중반에서 1970년대를 거쳐 1980년 대 중반까지 기업복지의 생계보조와 작업환경 개선기능은 서구 못지않게, 아니 그보다 더 중요한 기능을 담당해왔다는 사실은, 제9장 '한국기업복지의 역사적 배경'에서 충분히 논의되었다.

그 외에도 기업복지는 집단에 의한 규모의 경제를 통해서 기업주와 근로자 모두 저렴한 복지비용으로 혜택을 볼 수 있다. 근로자의 입장에서 보면 개개인이 각기 서비스를 구입하는 것보다 기업복지제도를 통해 집단으로 구입하는 것이 비용 면에서나 급여수준에서 보나 '규모의 경제'현상으로 인한 이익을 얻을 수 있다. 예컨대, 연금보험의 경우 개인적으로 가입하는 것보다 회사에서 단체로 가입하는 것이 규모의 이점을 얻을 수 있다(김정한 외, 2004). 그리고 이미 언급된 기업복지의 세금감면효과나 실시를 권장하기 위해서 정부가 제공하는 지원금은 기업은 물론 종업원들도 혜택을 누릴 수 있다.

높은 임금과 높은 수준의 기업복지가 일치한다는 '일정비례가설'이 송호근과 최균의 기업복지제도의 실태 분석에서 입증되었다는 사실은, 우리나라의 기업복지가 1990년대 이후 임금인상률이 충분치 않을 때 그 부족분을 채워준다는 '실질임금보전효과'가 없음을 반증하는 것임을 알 수 있다. 분절된 노동시장의 상황에서 중소기업 근로자와 비정규직근로자에게는 낮은 임금에 낮은 기업복지라는 임금과 기업복지의 '일치 가설'로 설명되는 냉혹한 현실 속에서, 기업복지는 '부익부 빈익빈' 현상의 주범으로 부상하게 되었다. 우리사주제도나 사내근로복지기금제도 역시 대기업근로자에게 편향된 제도이지만 이러한 제도에 포함되는 근로자에게 추가적인 이익을 가져다준다는 사실만은 의심할 여지가 없는 사실이다. 이에 대한 추가적인 내용은 다음 절에서 다루기로 하고, 비록 기업복지를 통한 분배는 역진적인 성격을 띠었지만 기업복지가 모든 근로자에게 생계를 보조하거나 삶의 질 향상에 기여했다는 사실만은 부인할 수 없다고 판단된다.

(2) 공공산업복지에 대한 보완효과

미국 같은 기업복지 선진국의 경우를 보면 기업복지가 공공산업복지를 보완하는 기제로 사용된다고 언급한 바 있다. 공공산업복지에 생략된 부분은 기업복지로 채워놓고, 공공복지로 부족한 부분은 기업복지로 보완하며, 공공복지의 변화에 따라 기업복지도 연동적으로 변하여 상호 간에 밀접한 관계를 유지하고 있다. 우리나라에서도 이러한 상호보완적인 성격은 그리 생소하지 않다. 다만, 미국과의 차이점으로, 미국에서는 기업에서 국가로부터의 간섭을 피하기 위하여 선제적으로 기업복지제도를 대체재나 보완책으로 실시하는 것에 반해, 우리나라에서는 국가의 요청이나 압력에 대한 대응으로 기업복지제도가 도입되는 상반되는 상황이 존재해왔다고 할 수 있다.

건강보험의 경우, 건강보험기여금의 일정부분을 보조해주는 제도나 단체 의료보험제도를 통해 의료비를 보조해주는 제도가 널리 활용되고 있으며, 위에서 자세히 기술된 퇴직연금제도 역시 노후생활에 턱없이 부족한 기초노령연금이나 법정복지인 퇴직금제도와 국민연금제도를 보완하기 위해 도입된 제도로서 머지않아 공공산업복지제도에 편입되는 운명에 놓여 있다. 미국의 경우 임금의 50% 정도 지급되는 고용보험의 미흡한 수준을 보완하기 위해서, 기업에서 고용보험 보조제도(Supplementary Unemployment

Benefits)라는 기업복지제도를 통해 추가적 혜택을 제공하고 있으나, 우리나라에는 이와 같은 제도는 존재하지 않는다고 보여진다. 우리나라에서는 공공산업복지와 관련되는 기업복지제도에 대해서는 국가가 주도적으로 나서서 도입을 권유하고, 그럴 때마다 직장보육시설이나 퇴직연금의 경우처럼 세제 감면혜택이나 재정적인 지원이 인센티브의 성격으로 뒤따르기 마련이다. 공공산업복지가 기본적인 틀을 제공하고 기업복지로 이를 보완하게 하는 형태는 바람직하다고 여겨지나, 국가가 일방적으로 근로자 복지책임을 기업에게 전가하면서 반대급부로 세제감면혜택이나 각종 재정 지원으로 유인하는 것은 심히 우려할만한 상황이다. 왜냐하면 이러한 세제혜택이나 재정 지원은 국민의 세금으로 충당하는 것으로서, 높은 수준의 임금 근로자에게 높은 수준의 복지혜택이 제공되는 역재분배 성격의 기업복지의 확대는 국가가 주도적으로 사회적 불평등을 조장하여 사회통합을 저해하는 결과를 초래하기 때문이다.

(3) 간접적인 임금 인상효과

간접적인 임금인상효과란 임금인상에 대한 정부의 법적인 규제나 임금과 물가의 악순환을 방지하기 위해, 국가가 바람직한 임금 인상률을 제시하는 정책인 임금 가이드라인에 의해 임금 인상이 여의치 않을 때에, 기업에서 임금 인상분을 대신 기업복지에 포함시켜 지급하는 합법적인 임금 인상을 의미한다. 이런 맥락에서 보면, 전기한 내용에서 우리나라의 상황에 어긋난다 해서 부정된 '실질임금 보전'효과가 예외적으로 인정되는 부분이기도 하다. 기업복지를 통한 간접적인 임금 인상현상은 노동력의 인력수요가 높아지는 경제적인 호황기에 주로 나타나는데, 큰 폭의 임금 인상은 인플레이션을 유발하는데 비해 현물, 서비스, 시설 같은 기업복지급부는 인플레이션 유발효과가 거의 없는 관계로 국가에서 권장하는 경향이 있다. 대표적인 사례가 '사내근로복지기금제도'이다. 사내근로복지기금제도는 1987년 이후 지속되어 온 경제호황과, 이중노동시장구조가 형성되고, 노동3권의 회복으로 노동조합의 거센 압력에 따라 임금이 대폭으로 인상되는 기류가 최고조에 달하던 1991년에 정부에서 임금인상의 대안으로 도입한 제도이다. 노동조합의 입장에서 보면, 기업복지보다는 임금으로 받는 것을 당연히 선호하지만, 정부의 강 · 온적인 압력을 피하면서 실질적으로 임금의 효과를 내는 기업복지를 차선책으로 수용하게 되었다. 기업복지를 통한 간접적인 임금 인상의 효과를 가장 많이 누리는 근로자는 대기업 등의 고임금 근로자이고, 사내근로복지기금이 대표적인 예인데, 이에 대해서는 다음 절에서 논의하기로 한다.

기업복지의 간접적인 임금 인상효과는 상대적으로 고임금과 높은 수준의 기업복지를 제공받는 공공기관 근로자의 경우 확연히 드러난다. 한국노동연구원의 공공부문 임금체계 개편방안 연구(2014) 자료에 의하면, 공기업 정규직 평균임금은 6,777만 원으로 지방공기업의 평균임금인 3,761만 원보다 두 배 가까이 높고, 공기업 남성정규직의 임금은 평균 7,036만 원으로 공기업임금이 매우 높은 편이다. 기업복지비의 경우 한국노동연구원(2014년)자료에 의하면, 모든 공공기관에서 기업복지의 비중이 6.27%에서 15.28%로 높게 나타났다고 보고되고 있다. 시장형 공기업인 한국거래소의 2013년 1인당 기업복지비는 1,306만 원으로 가장 높았고, 한국마사회의 2010~2012년 1인당 평균 기업복지비는 1,310만 원이었다.

기업복지의 간접적인 임금 인상기능에 대한 한국노동연구원 조사에서 이승협 · 김훈은 기본연봉과 성과급이라는 임금구성은 정부의 가이드라인에 따라 제도를 변경하면서도 이로 인해 발생하는 직급별 · 직위별 보수총액의 변동을 수당 및 복지제도를 통해 보충해주는 방식으로 수당 및 기업복지를 활용하고 있다고 지적하였다. 또한 급여성 기업복지비는 편법적인 임금 인상이나 임금 보전의 성격이 강하기 때문에, 이 비중이 높다는 것은 한편으로는 정부의 임금 가이드라인을 따르면서, 다른 한편으로는 급여성 기업복지비를 늘리는 양동작전(feint operation)이 공공기관에 일반화되어 있다고 해석할 수 있다고 결론을 내렸다(한국노동연구원, 2014).

(4) 누진세 회피효과

기업복지는 기업의 고위간부나 고임금근로자의 임금을 세금으로부터 보호하는 경영적인 전략으로 사용되는 경우가 허다하다. 고소득근로자에게 임금인상이 '빛 좋은 개살구'라고 여겨지는 이유는 누진적인 세금제도로 인해 임금인상분의 큰 몫(lion's share)을 세금으로 납부해야 하기 때문이다. 이 경우 기업은 임금 인상 폭을 줄이는 대신 기업복지 혜택을 늘려서 누진세의 회피를 가능하게 하였다. 미국의 예를 보면, 이로 인해 감면된 비용을 기업복지 신용기금에 적립하거나 증권 혹은 회사채에 투자해서 면세혜택과 투자수익을 모두 얻는 것이 가능하다. 여기서 기업복지를 통해 감면받을 수 있는 것은 세금뿐만 아니라 소득에 비례해서 납부하는 사회보장 분담금도 포함된다. 이와 같이 기업복지는 근로자에게 일거양득의 혜택을 가져다준다.

한국노동복지센터(2002)의 연구는 이런 현상이 우리나라의 기업사회에도 광범위하게 존재한다는 사실을 단적으로 보여 준다. 연구에 나타난 임금수준과 기업복지 확대의 양(+)적인 상관관계는 임금수준이 높을수록 소득세를 줄이거나 사회보험 분담금을 줄이기 위해 기업복지를 활용하는 우리나라의 관행을 잘 나타내 보여 주고 있다. 그러나 하나 지적하고 넘어갈 것은, 기업복지의 누진세 회피기능을 통해 일거양득의 효과를 누리는 것은 주로 대기업이나 공기업에 종사하는 높은 지위에 있거나 기업특수적인 기술을 보유한 고임금 근로자에 한정된다는 사실이다. 총 소득이 면세점을 상회하는 영세기업이나 비정규직 근로자에게 기업복지의 누진세 회피효과는 '강 건너의 불'이 아니라 상대적 박탈감을 부추기는 '가슴 속의 불'이라고 아니할 수 없다.

2. 사회통제기능과 효과

일반적으로 사회복지에서 말하는 사회통제기능은 사회질서유지와 안정을 기하기 위한 노력이라고 볼 수 있다. 기업복지가 속해 있는 기업사회의 사회통제기능에 대한 내용은 음모이론과 일맥상통하는 면이 있는데, 음모이론에서 사회복지는, 자본주의제도에서 필연적으로 파생되는 불평등구조 내에서 지배계층이 그들의 우월적인 지위를 영속화하는 데 필요한 보조적인 기제라고 본다. 음모이론이 사회복지의 출현과 발전과정을 설명하는 데 있어 여러 가지 한계를 드러내고 있지만, 사회복지의 한 분야이면서 사회복지나 재정복지와는 그 근본이 본질적으로 다른 기업복지를 설명하는 데 그 유효성이 인정된다고 볼 수 있다. 기업복지에서 사회통제기능의 의미를 좀 더 구체적으로 살펴보면 다음과 같다. 사회통제의 관점에서 본 기업복지란 '기업의 경영 목적 달성에 필요한 질서 확립과 안정적인 작업환경을 조성하기 위해 근로자의 삶의 질 향상과 불만 해소를 통해 기업 차원의 결속을 다지기 위한 목적으로 고안된 제도'라고 볼 수 있다.

사회통제의 기제로서의 기업복지의 기능과 효과를 분명하게 살펴보기 위해서는 사회통제의 대상인 근로자의 입장을 두 가지로 분류하는 것이 바람직하다. 하나는 노동조합의 조합원으로서의 입장이고, 또 하나는 종업원으로서의 입장이다. 전자는 사용자과 근로자의 조직 간의 관계이고, 후자는 사용자와 근로자 간의 개별적인 관계이다. 국가와 기업 간에 사회통제에 대해서는, 국가 중심적 접근방법, 기업복지의 발달요인의 분석, 한국기업복지제도의 결정요인 등에서 여러 번 언급되었기 때문에, 여기서는 기업 내에서 기업주와 노동조합과 기업주와 개별 근로자에 관한 사회통제기능 및 효과가 다루어진다.

1) 노동조합에 대한 사회통제

Edwards와 Gordon(1982)은 기업복지를 현대기업조직이 노동과정에 대한 합법적인 통제의 수단으로 보고 있다. 그들은 자본가가 작업을 조직하고 노동자의 집단활동에 대한 통제를 행사하기 위해 시행된 경영전략이 노동자들의 노동 동기를 약화시키는 문제를 야기하게 된다고 본다. 이러한 노동동기의 약화문제를 해결하고 노동자들을 분할지배하기 위해 도입되는 기제가 기업복지로서, 이는 기업복지가 가지고 있는 차등보상의 성격과 수혜범주의 제한성이 노동 동기를 유발하고, 기업에 대한 충성심을 강화할 수 있으며, 노동자들을 수혜자와 그렇지 않은 범주로 분열시킬 수 있기 때문이다. 그들의 주장에 의하면, 독점자본주의단계가 되면 동질화된 노동자의 단결은 자본축적에 장애가 되기 때문에 대부분의 기업주들은 의식적이고 적극적으로 노동력의 분절을 심화시키기 위해 작업을 세분화하고 이들을 서로 경쟁하도록 조정하게 되는데, 이때 동질화된 노동자들의 세력을 통제하기 위하여 기업복지비가 증가하게 된다는 것이다.

기업복지가 기업의 사회통제 전략의 기제로 사용되는 원인에 대하여 수많은 기업복지 관련 이론에서 상세하게 설명하고 있고, 그 내용은 '제3장 기업복지의 이론적 배경'에서 소개된 바 있다. 위의 '이윤창출 기능과 효과'에 관한 논의 중 '근로자 유지와 확보'에 대한 기술에서 유지와 확보가 연결되어 취급되었지만, 엄밀히 말하면 '근로자 확보'는 이윤창출기능에 포함되는 것이 적합하지만 '근로자 유지'기능은 사회통제기능에 포함되는 것이 적절하다.

우리나라의 노동조합 및 기업복지의 역사에서 사회통제의 흔적은 뚜렷한 정도 이상이다. 한국기업복지제도 발달요인 분석(노동조합)에서 상세히 언급되어 있듯이, 1987년 이전까지 노동조합에 대한 사회통제는 문자 그대로 '억압'이었다. 다시 말하면, 기업복지를 통한 '당근' 형태의 통제 대신 '채찍' 형태의 강압적인 통제였고, 사용자와 노동조합 혹은 국가와 노동조합 간의 경제적인 논리에 기초한 통제가 아니라, 개발독재체제가 만연했던 암흑기의 정치적인 탄압, 그 자체였다. 강압적인 사회통제의 이유로서 남북분단의 현실, 군부정치세력과 관료들의 경직성 등 여러 가지가 있을 수 있으나, 수출주도 전략과 성장일변도의 경제정책이 직접적인 영향을 미쳤을 것이라고 추정된다. 천연자원과 보유한 과학기술이 척박하고, 자본공급 역시 한계에 다다른 경제개발 초기에, 경쟁력은 오로지 인적자본에서 찾을 수밖에 없는 상황에서, 최소의 노동비용을 통한 수출단가 최소화가 유일한 대안이었다. 최소한의 노동비용이란 생계유지 수준의 저임금 이상을 근로자에게 제공할 여력이 없는 상황에서, 비용이 드는 기업복지는 사회통제의 수단으로서 '사치'로 치부될 수 있는 상황이었을 것이다. 쉬운 말로 하자면, "채찍으로 통제하는 방법은 비용이 들지 않지만, 당근으로 통제하려면 당근비용이 만만치 않을 수 있다."가 정확한 표현이라고 여겨진다. 결과적으로, 노동조합을 대상으로 하는 직접적인 통제는 국가가 대신 담당해주었기에, 기업복지는 사회통제의 수단이 아니라 노동력 유지를 위한 최저생계를 보조하는 역할을 수행할 수밖에 없었던 것이 그 시기의 상황이었다고 보인다.

1987년 이후에서 민주화 시대의 도래로 노동조합이 제 기능을 발휘하면서 기업복지를 통한 사회통제기능은 제 모습을 찾은 것으로 보여진다. 그러나 최근의 노동조합 조직률의 뚜렷한 감소추세, 대기업 및 공공부문의 귀족노조의 이기주의적 행태, 관료화된 노동조합의 조직체계, 강성화된 노조에 대해 당장의 손실을 줄이기 위한 기업의 근시안적 수용태도 등으로 기업복지의 본래의 사회통제기능이 왜곡되는 현상을 보이고 있다. 송호근(1995)의 연구에서 지적된, "노동조합 부문에서는 기업복지 지출이 기업이윤 증대에 부정적인 효과를 초래한다."라는 연구결과의 원인이 노동조합을 대상으로 하는 기업복지의 사회통제기능의 마비 내지 부실함과 긴밀한 관계가 있다고 판단된다.

2) 개별 근로자에 대한 사회통제

(1) 이념적 · 이론적 근거

기업복지를 수단으로 한 개별 근로자에 대한 통제는 기업복지 실시의 으뜸가는 동기인 이윤창출기능보다 훨씬 이전부터 존재하였다. 기업복지의 초창기인 자선적 기업복지가 처음 도입될 때 가장 영향력 있는 가치관은 온정주의였다. 서구사회에서는 사회가 민주화되어 권리의식이 고양되면서 온정주의는 서서히 사라지기 시작하여 지금은 이념적인 측면에서 마치 빛바랜 트로피같이 형체만 남아 있고, 실제 기업현장에서 그 잔재를 찾아보기 힘들다. 그러나 일본이나 우리나라에서는, 전기한 바와 같이, 가족공동체의 기초가 되었던 온정주의가 산업구조화된 '신 온정주의' 성격으로 변환되어 공동적 조합주의의 형태를 띤 기업복지를 통해 기업공동체를 지탱하고 있다.

기업복지를 통한 개별근로자의 통제는 생산성 향상 변수 중 가장 의미 있다고 인정되는 '조직몰입도'에 이론적인 근거를 두고 있다. 조직몰입도를 나타내는 지표로 Porter와 Lawler의 3가지 요인이 소개된 바 있으며, 기업복지의 사회통제 성격을 설명하기 위한 또 다른 이론적인 배경으로 현금과 현물에 관한 논의를 들 수 있으며, 이러한 내용은 7장 기업복지의 기능에서 자세히 언급된 바 있다.

(2) 기업복지의 실제적인 사회통제효과

① 현물 성격의 기업복지

기업복지 선진국인 미국에서는 기업복지가 개별근로자를 통제하는 성격은 자취를 감춘지가 오래이다. 미국 상공회의소의 연례적 기업복지에 대한 조사의 내용을 보면 주요 50가지 정도의 기업복지제도나 서비스 중에서 회사급식, 크리스마스 파티 등의 두어 가지의 복지서비스가 현물로 제공되고, 그 비용을 모두 합해도 노동비용 대비 1인당 복지비용의 0.1%를 넘지 않는다. 또한 회사급식은 편의상 제공하는 것인 경우가 많고, 크리스마스 파티를 제외하면 단체 행사나 기업복지 관련 시설은 찾아보기 힘들다. 2006년의 조사를 보면, 30개 주요 내역을 중심으로 조사되었는데, 거기에서는 회사급식은 아예 제외되어 있다(U. S. Chamber of Commerce, 2006).

우리나라의 경우 기업복지의 사회통제 성격은 현물(물품, 서비스, 시설)을 위주로 제공하는 데서 확연히 드러난다. 대한서울상공회의소가 100인 이상 900여 개 기업을 대상으로 조사(1986년)한 바에 의하면, 작업복 지급이 94.3%, 구내식당 93.1%, 위생시설(샤워실 등)이 84.8%, 간이 운동시설이 80%, 기숙사가 42.9% 등이고, 종업원 지주제(19.4%)나 주택자금 융자(11.2%)는 실시 비율이 낮아서, 기업복지가 현물 위주로 제공된 것을 알 수 있다. 1996년 한국경영자총협회의 조사를 보면(괄호 안은 실시 비율), 피복비 지원(88.7%), 통근버스 지원(67.6%), 사택 · 기숙사(58.9%) 등이었고, 학자금 지원(80%), 사내근로복지기금(27.6%), 종업원 지주제(16.3%)로 현금성 복지 프로그램의 비중이 늘어났지만, 현금보다는 물품, 서비스, 시설의 비중이 여전히 과반수를 차지한다. 〈표 9-1〉에 나타난 2014년의 내역별 기업복지비 비중을 보아도 현물 성격의 식사(37.6%)와 시설 혹은 행사 성격의 주거(6.3%), 문화 · 체육 · 오락(4.9%)을 합친 비중은, 내역이 불분명한 기타를 제외하면 55.8%로 절반 이상을 차지한다. 현물 중심의 내역이 드러내 보이는 우리나라 기업복지의 종합적인 내용은 1987년 이후의 상황전개의 마무리 부분에서 요약된다.

② 기업복지 전반기(1987년 이전)

서구사회나 우리나라에서나 산업화 초기의 기업복지제도는 통제적이고 비인격적인 형태였다. 특히, 서구에서 기업공동체들은 일반사회와 격리된 지역에 있는 경우가 많았기에 근로자의 사생활 침해는 다반사였다. 미국의 Lowell 직물공장의 여성근로자 기숙사는 저녁 10시가 통금시간이었고, 주사위나 카드놀이들이 금지되었으며, 술을 마시거나 주일(일요일)을 위반하면 해고되었다(조흥식 외, 2001). 우리나라의 경우도 이에 못지않게 비인격적이고 통제적이었다. 특히, 여성근로자의 기숙사는 병영 같은 격리시설을 방불케 하여, 신분증이 강제적으로 사감에게 보관되고, 주말 외출이 자유롭지 못했으며, 눈이 오거나 직무에 관련 없는 일에 강제로 동원되는 사례가 부지기수였다.

또 다른 예로 산업체 부설학교를 들 수 있다. 산업체부설학교는 1977년 '산업체근로청소년을 위한 특별학급 등의 설치기준령'에 따라 종업원 1,000명 이상 규모의 산업체에서 자체적으로 설립 · 운영할 수 있었다. 설립의 대의명분은 '근로청소년의 건강한 성장발달 및 노사관계 안정과 기업이윤의 사회적 환원'이었지만, 실제적으로는 유능한 노동력의 유지 및 확보와 생산성 향상의 수단이었다. 학교를 졸업하려면 회사를 계속 다녀야 하므로, 회사의 입장에서 보면 최소한 3년 내지 4년간 근로자의 이직을 막아 지속적이고 원활한 노동력이 확보되는 셈이었다. 1970년대와 1980년 초 · 중반만 하더라도 특히 농 · 어촌에 거주하였던 여성근로자에게 고교 졸업이 꿈이었기에, 근로와 학업의 병행의 기회를 주는 기업부설학교는 기업에게 노동력을 우선적으로 확보할 수 있는 이점을 제공하였고, 기업의 도움으로 '빛나는 졸업장'을 손에 쥔 근로자가 졸업 후 이직을 고려하는 것은 한국의 정서상 매우 어려운 일이었다. 산업체부설학교는 완벽에 가까운 사회통제기능 외에도 일반 교과목과 산업체에서 요구되는 주요 기술을 습득하게 하였다. 기업특수적인 기술을 갖춘 근로자의 안정적인 확보를 통해 얻는 생산성향상의 효과는, 1981년 한일여상(한일합성 부설학교)의 담당자의 말을 빌리면, 계산할 수 없을 만큼 큰 '천문학적인 수치'였다고 하였다.

③ 기업복지 후반기(1987년 이후)

1980년대 저유가 · 저금리 · 저 달러의 3저 현상과 민주화의 훈풍에 의한 노조의 활성화 추세로 인한 큰 폭의 임금인상과 그에 따른 기업복지의 확대를 통해 근로자의 경제적 지위는 이전에 비해 대폭 개선되었다. 이러한 변화는 기업복지의 생계보조의 기능에서 진일보하여 삶의 질 향상 기능이 중요시되었으며, 일방적이고 수혜적인 온정주의는 점차적으로 퇴색되기 시작하였다. 종전에 비해 권리의식이 확대되고 욕구가 다양해진 근로자의 생산성을 향상시키기 위해서는 구태의연한 과거의 비인격적인 기업복지제도는 자취를 감추기 시작했고, 욕구충족을 통해 작업만족도가 향상된 근로자이어야 자발적으로 기업과 본인의 이익을 위해서 일에 매진한다는 인식이 서서히 자리 잡기 시작하였다. 기업주는 회사 밖에 있는 소비자만 고객이 아니라 근로자 역시도 고객이라는 '직원 중심주의'에 관심을 기울이기 시작하였다. 종업원을 부품처럼 다루면 시키는 일밖에 안하지만 그들의 인간적인 가치를 인정해주고 존중해주며 자율성을 보장하면 능력이 무한대로 발휘된다는 '인간존중 생산성' 같은 경영철학이 기업사회에서 주목받기 시작하였다. 다시 말하면, 근로자를 회사의 정책과 틀에 일방적으로 맞추려고 강요하여 근로자를 피동적으로 끌고가려는 노력보다는, 근로자 자신의 욕구를 충족시켜주고 자신의 잠재력 개발을 도와서 자발적이고 창조적인 생산성을 유도하는 것이 기업복지 발전 방향에 핵심적인 화두로 떠오르며, 그것에 관계되는 제도와 프로그램들이 속속 개발되고 운용되어 오고 있다.

미국의 예를 살펴보면, 선택적 기업복지제도는 근로자의 다양한 욕구충족을 목표로 하는 제도로 개발 · 발전되어 일반화되어 있으며, 우리나라에서도 급속도로 확산되고 있다. 근로자의 직무 및 개인 생활의 만족과 생산성 향상에 걸림돌로 작용하는 근로자의 사회 · 심리적인 문제해결을 목적으로 하는 근로자 지원 프로그램(EAP) 같은 전문상담프로그램을 통해서 삶의 질 향상과 자기계발을 가로막는 걸림돌을 제거하는 데 박차를 가하고 있으나, 우리나라에선 아직 초보적인 단계에 머물러 있다고 언급한 바 있다. 미국 같은 기업복지 선진국에서는 생산성 향상의 핵심적인 변수인 조직 몰입도를 높이기 위해 온정주의적인 색채를 띤 집단적이고 공동적인 프로그램이나 시설은 자취를 감추었고, 서구의 최대 명절인 크리스마스 파티(일반적으로 자녀는 불포함)가 유일한 단체행사라고 볼 수 있다. 그러나 우리나라의 기업복지체계에서 보면, 체육대회, 야유회, 문화제, 동호회활동 지원, 교양교육, 사택, 기숙사, 회사 휴양시설, 회사식당 등 집단적인 행사가 다양하게 존재하고, 이에 대한 기업복지비 지출도 높은 편이다.

그러나 최근의 직장인들은 체육대회 같은 집단적인 행사에 대한 거부감을 보이고 있는데, 2013년 취업포털에서 직장인 1,038명을 대상으로 회사의 기업복지 프로그램 중 가장 불필요한 프로그램에 대한 조사에서(복수응답 가능), 체육대회가 43%로 가장 불필요하다고 응답했고, 사내카페테리아 운영(27.2%), 동호회활동 지원(25.6%), 개인차량 유류비 지원(15.5%), 피트니스센터 등 체육시설 지원 및 운영(15.4%)의 순이었다. 주목해 봐야 할 점은, 이러한 프로그램들은 최근 경영자들이 '재미(fun)경영' 혹은 '문화경영'을 내세우며 집단적인 기업문화 창출을 모색하는 것으로서 은유적인 사회통제의 수단으로 삼고 있는 것인데, 종업원들은 그러한 기업주의 의도를 정확하게 간파하고 있는 것이다. 반면에 직장인들이 원하는 복지는 '자기계발(교육, 도서구입비)'이 49.5%로 으뜸이고, '야간특근수당'이 38.6%로 버금가며, '본인 및 자녀학자금 지원'이 34.5% 순이었다(한겨레, 2013. 1. 17). 위에 나타나는 결과에서, 사회통제의 2가지 요소인 집단성과 현물에 대한 거부감이 감지된다. 기업문화 창출이라는 기업집단적인 성격보다는 개개인의 취향이나 계발을 중시하는 것으로 나타났고, 행사(체육대회), 시설(체육시설, 카페테리아, 피트니스센터) 등의 현물성 급부보다는, 개인의 선택의 자유를 행사할 수 있는 현금(수당, 지원금)을 선호하는 현상이 뚜렷이 나타나고 있다.

기업복지를 통한 수동적인 통제보다는 스스로 자신을 통제하여 기업과 자신의 이익을 모두 추구하는 노력은 자기계발의 영역에 포함된다. 기업의 인적자원 개발의 목적과 부합하고 동시에 사회복지영역에서 기업과 근접한 분야로 부상하는 실천기술이 있는데, 그것이 기업코칭이다. 기업코칭의 목적은 조직의 성과창출과 조직구성원의 역량개발로서 우수한 인재의 확보와 관리를 통해 기업을 성공적으로 경영하고자 하는 기업경영의 목적과도 잘 부합된다. 그러나 기업에서 기업복지의 일환으로 기업코칭을 활용하는 사례는 거의 나타나지 않고 있다. 그것은 선진국의 경우도 마찬가지인데, 이런 정황의 원인으로 꼽을 수 있는 것은, 기업코칭이 상대적으로 최근에 개발된 실천기술에 속하고, 또한 기업의 경영 전략에 속해서 기업에서 외부로 드러내는 것을 꺼려하는 현상도 한몫한다고 판단된다. 기업코칭에 대한 내용과 활용방안에 대해서는 제3부 기업복지제도에서 기술된다.

우리나라 기업복지제도에 뿌리 깊게 내재된 개별근로자에 대한 사회통제 성격은 경제성장에 따른 소득수준의 향상과, 제도와 조직 중심의 산업사회에서 개인의 문화적 특성이 중시되는 지식정보화 사회에 접어들면서 필연적으로 퇴색될 것이 분명하다. 이러한 징후는 위에서 언급한 취업포털의 조사에 잘 나타나 있다. 우리나라도 특히 경제적인 측면에 선진국 대열에 합류한 상태에서, 전근대적이고 수직적인 성격을 띤 사회통제 기도는 근로자의 반발을 살 것이 당연하며, 기업복지 지출에 대한 비용효과가 높게 나타날 리가 만무하다. 과학기술이 초고속으로 발전됨에 따라서 인적자원의 중요성이 점증되고, 개인의 자존감과 자아실현의 욕구가 확대되는 현실에서, 기업에서는 종업원을 고객 이상으로 인식할 필요가 있다. 근로자에게 최대한의 자율성을 보장하며 재정적인 지원을 아끼지 말고 투자하여 창의성계발을 통한 생산성향상을 기할 때가 무르익었다고 판단된다. 이런 측면에서 자기 효능감 개발을 최대한으로 지원해주고, 자율성을 최대한 존중해 주며 보장해 주는 것이 미래사회에서 요구되는 고차원적인 기업복지의 사회통제기능이라고 보여진다.

3. 사회통합기능과 효과

거시적인 측면에서 사회문제해결과정은 정치 · 경제 · 사회구조 및 제도적인 환경과 개인 및 집단의 상호관계에서 이루어지는데, 사회복지를 자본주의시장의 결정력을 강화시키며 자본제적 분배관계를 재생산하는 것으로 보던가, 아니면 불평등구조로 점철된 시장의 근본방향을 사회공동체형성을 목표로 지향하기 위해 변환하는 것으로 보는지 여부에 따라서 논의의 흐름이 좌우된다고 할 수 있다. 이 책에서는, 서두에서 이미 밝혔듯이 사회복지의 목적을 사회공동체형성의 수단인 사회통합으로 보는 입장에서 우리나라의 기업복지의 기능과 효과를 분석하게 된다.

사회통합을 달성하기 위한 사회복지의 핵심과제가 빈곤척결, 불평등 완화, 개인의 사회 · 심리적 문제해결이라고 본다면, 한국기업복지제도의 사회적인 기능과 효과를 빈곤척결, 불평등 완화, 사회 · 심리적 문제의 해결의 측면에서 살펴보기로 한다. 먼저 기업복지의 빈곤척결기능에 대해서는 다음 두 가지 이유에서 작금의 논의에서는 생략 된다. 하나는, 기업복지는 현재 일터에서 일하는 근로자, 즉 종업원을 대상으로 하고 있기 때문이다. '최고의 복지가 근로'라는 문구가 의미하듯, 현재 우리나라에서 정기적으로 일정하게 일을 하는 경우 사회복지의 도움이 필요한 빈곤자에 속하지는 않는다. 선진기업복지국가와 우리나라의 산업화 초기에 저임금을 보완하기 위해 기업복지의 빈곤척결기능이 매우 유효했지만, 그것은 어디까지나 지나간 과거의 사실이요, 현재에는 절대적으로 필요한 기능은 아니다. 생략의 또 다른 이유는 위에 기업복지의 이윤창출 기능의 논의 중 '생계보조 및 삶의 질 향상효과'에서 이미 언급되었기 때문이다. 사회복지의 세 번째 기능인 ' 사회 · 심리적 문제의 해결' 도 기업복지의 이윤창출기능 및 효과에 관한 논의 중 '손비절감'을 위해 고안된 근로자지원프로그램(EAP)의 내용에서 이미 다루어졌기 때문에 현재의 논의는 기업복지의 불평등에 관한 기능과 효과에 대해서 초점을 맞추기로 한다.

이 절에서는 우리나라의 기업현장에서 기업복지로 인해 불평등현상이 생성되고 심화되는 과정이 서술되고, 그러한 불평등 현상이 유발되는 원인에 대한 분석이 이루어지며, 불평등이 심화되어 초래되는 결과(효과)에 대해 논의된다.

1) 기업복지와 공공산업복지

서구, 특히 미국의 경우에서 보면, 기업복지의 확산은 공공복지의 약화 혹은 부실을 초래한다. 이러한 내용은 제8장 '기업복지의 효과'에 포함된 '기업복지의 이전소득 차단효과'에 상세히 묘사되어 있다. 자본주의 시장경제체제를 도입하고 있는 서구사회에서 기업주는 원초적으로 국가의 간섭이나 개입에 거부감을 표명하며 공공복지보다는 민간복지를 선호해 왔다. 사회보험의 경우 절반의 재정을 기업주가 부담하면서도 국가가 생색을 내고, 공공복지가 가져다주는 혜택은 재정부담하는 만큼 얻지 못하는 점이 기업측의 주된 불만의 이유였다. 그래서 기업의 입장에서 공공복지의 확산을 막는 데 한계를 절감한 나머지 선제적인 공세를 취한 것이 바로 기업복지의 확대였다. 기업에서 수준 높은 기업복지를 제공하면 근로자의 입장에서는 공공복지의 확대를 요구할 필요나 명분이 적어진다. 노동조합의 경우에도 미국같이 영리추구 노동조합 일색인 상황에서는 노동조합 역시 공공복지보다는 기업복지를 선호하게 된다. 그 이유로는 공공복지에 대한 불신, 노조교섭력에 준하는 복지획득, 정권의 변화와 무관하게 유지되는 이유 등으로 이미 기업복지를 공공복지보다 더 선호한다.

그런데 무척 흥미로운 사실은, 미국과 같은 기업복지선진국의 현상이 우리나라의 실정과는 반대현상으로 나타나고 있다는 것이다. 우리나라 기업복지의 역사에서 자세히 기술되었듯이, 우리나라의 기업복지가 괄목할 만한 수준으로 발전한 기간이 〈표 4-5〉에 나타난 바와 같이, 1991~1997년까지로 이 기간 중 1인당 기업복지의 비중은 연 평균 8.2%로 기업복지의 전성기를 맞았고, 또한 이 기간은 우리나라의 사회보장제도가 확산되던 시기와 맞물려 있다. 기업복지의 확산이 사회보험제도의 발전을 불러온 것은 전혀 아니지만, 기업복지의 발전이 미국의 경우와 같이 공공복지의 축소 내지 약화현상을 초래한 것은 더더욱 아니었다. 이러한 반대되는 현상의 이유를 몇 가지로 들 수 있다.

공공복지의 정착과 확산 이유로 꼽을 수 있는 것이 민주화 시대의 도래, IMF 외환 위기로 야기된 구조조정 및 불평등 증폭현상, 경제위기로 인한 빈곤과 전통적인 가족공동체의 연복지의 붕괴, 외환위기 같은 예외적 상황에서의 정부의 장악력 확대, 김대중 정부(국민의 정부)의 친복지적, 친노동적 개혁성향과 국제 차관공여기관의 요구 등이 공공복지 발전의 요인으로 '한국기업복지의 변천과정'에서 상세히 기술된 바 있다.

기업의 태도도 공공복지발전에 별 걸림돌이 되지 않았다. 동서고금을 막론하고 국가의 개입에 대한 기업주의 태도는 일관성 있게 부정적이고, 우리나라의 경우 역시 예외는 아니지만, 기업복지부문에서만은 정부의 개입을 요구하는 상황이었다. 1980년대 말까지 국가로부터 일방적으로 부과된 기업복지는 기업주에게 과중한 부담으로 느껴졌기 때문에 기업복지에 관한 세제감면과 재정적인 지원의 요구는 끊임없이 이어졌고, 이는 한국경영자총협회나 한국노동복지센터의 조사에 의해서 확인되었다고 기술된 바 있다. 사회보험제도의 도입과 확산에 대해서는 기업에게 과중한 부담을 초래한다는 이유에서 반대하는 입장이었지만, 1990년대 정치적 · 경제적 · 사회적 환경에서, 거부의사를 뚜렷이 밝히는 것 자체가 쉽지 않은 상황이었고, 밝힌다 하더라고 대세의 흐름에 묻혀버리기 십상이었다고 볼 수 있다.

공공복지의 발달과정에서 노동조합의 역할은 간과될 수 없는 중요한 요인이다. 1987년 이후 봇물처럼 터진 노동조합의 신규 조직과 쟁의를 통해 근로자는 높은 수준의 임금과 기업복지를 획득할 수 있었으며, 1990년대 중반까지 이어진 노동력 부족현상은 지속적인 고임금 · 고복지현상을 가능하게 했다. 이러한 상황에서 대기업 노동조합의 경우, 공공복지가 소규모 영세기업근로자, 자영업자까지 포함하는 과정을 통해 전 국민에게 확산되는 국가정책에 반대할 명분이 없었으며, 1995년에 처음 도입된 고용보험은 대기업 근로자를 포함한 모든 근로자들이 원해오던 것이었기에 공공복지발전에 대해 영리추구 노동조합의 입장에서도 반대할 수 있는 상황이 아니었고, 명분도 없었다. 1997년 국민의 정부가 집권하면서 정부가 개혁적인 성향을 띠었고, 민주노동당과 민노총 등의 개혁노조의 성격을 띤 노조세력이 사회보험 확산에 적극적으로 개입하던 상황 등을 종합해서 보면, 공공복지의 정착과 확산은 기업주나 노동조합의 별 저항 없이 일사천리로 국가의 의중에 따라 전개되었다고 해석할 수 있다.

1980년대 말부터 1990년대 초의 민주화의 열기도 가라앉기 시작하고, 세계화의 물결 속에 무한경쟁체제로 내몰리며, 외환위기라는 메가톤급의 충격으로 국가의 모든 부분이 격랑의 소용돌이 속에서 휘둘리던 1990년대가 지나가고 2000년대에 접어들면서 우리나라의 전반적인 복지체계의 양상도 바뀌기 시작하였다. 2000년 초반에 접어들면서 외환 위기의 후속조치로 대폭적인 구조조정이 이루어지면서 퇴직금이 노동비용에서 차지하는 비중이 22.6%에 달하고, 전 국민을 대상으로 하는 사회보험제도가 정착되면서, 1990년대의 3% 중반을 오르내리던 법정복지비의 비중이 7%선에 진입하였으며, 대신 기업복지비의 비중이 6%대로 하락하게 되었다(표 8-5 참조). 2000년에 법정복지비의 비중이 6.6%에 달해 같은 해 기업복지비의 비중인 6.2%를 사상 처음으로 추월하게 되었고, 2001년에는 양 제도 간의 격차가 1.5%로 벌어지게 되었다. 그 후 2008년부터 2014년까지 법정복지비의 비중은 평균 6.6%를 유지해 온 반면, 기업복지비의 비중은 연 평균 4.7%로 2% 정도의 격차가 이어져 오고 있다.

1990년대 우리나라의 공공복지와 기업복지가 평행선을 그으면서 동반 성장했던 현상은 우리나라의 정치 · 경제 · 사회의 전반적인 측면에서 격동기 현상이 주요 원인으로서 우리나라의 특수한 상황에 기인한다고 볼 수 있었다. 그러나 2000년대에 들어서면서 한국의 공공복지와 기업복지의 관계는 기업복지선진국의 발자취에서 볼 수 있듯이, 두 개의 복지체제에서 하나의 체제가 성장하면 다른 체제는 축소된다는 '상충적인 관계'를 보이고 있고, 이러한 추세는, 역사적인 고찰을 통해서 보면, 돌발적인 상황이 발생하지 않는 한 지속되리라고 판단된다.

2) 기업 간의 불평등

기업복지로 인해 유발 및 심화되는 불평등현상에는 기업 간의 불평등이 단연 핵심요인라고 볼 수 있다. 그 이유는 소득불평등의 근본적인 원인이 되는 임금과 직결되어 있기 때문이다. 임금과 기업복지의 상관관계가 매우 높다고 전기한 '일정비례설'에서 자세히 밝힌 바 있다. 기업 간의 불평등에 대한 논의는 기업규모별 격차와 산업별 격차로 분류되어 다루어지고, 각 내용은 정량적인(quantative) 지표인 기업복지제도의 시행률과, 정성적인(qualitative) 지표인 1인당 기업복지비용으로 분리하여 논의된다.

(1) 기업규모별 불평등

① 기업복지 실시비율

우리나라 기업복지 실시비율을 기업복지 선진국인 미국, 일본과 비교해서 살펴보면, 미국과는 기업복지체계가 매우 다르기 때문에 단선적인 비교가 용이하지 않다. 〈표 8-1〉에 나타난 미국의 규모별 · 항목별 실시비율을 보면, 유급휴가가 대기업(1, 000인 이상)의 실시비율이 91%인 데 비해 중소기업(100인 이하)은 82%로서 큰 차이를 보이지 않고, 건강보험의 경우 대기업이 82%, 중소기업이 71%로서 둘 다 높은 실시비율을 보이며, 격차도 10% 내외로 별로 크지 않다. 퇴직연금의 경우에는 대기업이 78%이고, 주 · 지방정부 93%로 높은 비율을 보이고 있지만, 중소기업은 45%로 큰 차이를 보였다. 또 질병 및 사고보험의 경우 대기업과 중소기업의 실시율이 44%와 26%, 치과보험은 62%와 33%로 절반 정도의 격차를 보이고 있다. 무급 보육휴가에서는 대기업이 60%인 것에 비해 중소기업은 18%로 실시율도 낮은 편이고 격차는 3배를 넘는다. 이러한 현상은 근로자의 필수적인 욕구의 우선순위에서 멀어질수록 실시비율은 낮아지고 격차는 증폭되는 현상을 볼 수 있다.

미국 기업복지의 주요 항목은 우리나라와 크게 다르지만, 일본의 경우는 우리나라의 기업복지 항목과 많이 비슷하다. 1990년 일본의 기업규모별 기업복지 실시비율을

〈표 10-2〉 기업규모별 · 내역별 기업복지 실시비율 추이 (단위: %)

내역	기업규모	1986	1990*	1995	2000
경조	중소기업	77.8	84.3	72.3	73.2
	대기업	95.8	94.8	91.7	91.3
식사	중소기업	77.1	86.4	81.0	75.4
	대기업	88.3	91.2	83.7	83.3
의료 · 보건	중소기업	66.6	63.6	59.0	48.2
	대기업	81.3	82.0	77.7	72.5
문화 · 체육 · 오락	중소기업	61.2	61.6	49.5	38.9
	대기업	83.6	84.0	71.3	61.0
학비 보조	중소기업	33.8	53.7	42.5	36.6
	대기업	74.7	86.8	84.4	82.7
휴양	중소기업	–	23.7	17.915.2	15.2
	대기업	–	53.2	50.1	39.0
주거	중소기업	21.0	20.8	24.6	23.8
	대기업	45.8	44.7	47.8	45.1
저축 장려	중소기업	17.9	20.8	10.2	2.7
	대기업	40.1	40.9	29.3	9.2
보험료 지원	중소기업	19.1	21.5	17.9	18.0
	대기업	27.3	30.5	25.3	31.6
사내복지기금	중소기업	–	10.1	5.5	4.8
	대기업	–	18.9	17.3	12.5
보육비 지원	중소기업	–	1.2	1.5	1.3
	대기업	–	3.4	2.8	6.8
종업원 지주	중소기업	–	2.5	0.9	1.1
	대기업	–	4.4	3.2	1.7

자료: 김정한(2004). 기업체 노동 실태조사 원재료 인용.

〈표 8-3〉에서 살펴보면, 1,000인 이상의 대기업에서는 건강관리, 여가제도, 사택제도, 재산형성이 평균 97%선에서 유지되는 데 비해, 중소기업(20~299명)에서는 건강관리 81.1%, 여가제도 55.7%, 사택제도 47.3%, 재산형성 64.5%로 건강관리를 제외하면

절반을 상회하는 현격한 차이를 보이고 있다. 그리고 주택자금 융자의 경우 대기업이 84.6%인 데 비해 중소기업은 16.3%로 5배 이상의 격차를 보이고 있다.

우리나라에서 기업규모에 따른 기업복지 실시비율을 대기업(1, 000인 이상)과 중소기업(10인~299인)으로 구분하여 보면, 대기업의 기업복지 실시비율이 예외 없이 중소기업보다 높은 것이 〈표 10-2〉를 통하여 한 눈에 드러난다. 대기업, 중소기업을 종합해서 실시비율이 높은 순서를 나열해보면, 2000년의 경우, 경조, 식사, 의료 · 보건, 학비보조, 문화 · 체육 · 오락, 주거 순으로 이어진다. 실시율의 격차를 보면, 격차가 가장 작은 항목인 중소기업을 100으로 보았을 때, 대기업의 식사비가 110, 경조 124이고, 의료 · 보건 150, 문화 · 체육 · 오락 159 순으로 나타났고, 주거, 학비보조는 2배에 조금 못 미치거나 넘고, 저축 장려나 보육비 지원은 3배를 훨씬 넘어 5배에 이르는 격차를 보이고 있다. 그리고 이러한 현상은 1986년 이후부터 별 변동 없이 지속적으로 이어져 온 추세로 나타났다.

실시비율이 높은 경조나 식사의 경우 격차가 가장 작다는 것은, 중요하고 보편적인 서비스라는 의미로 식사는 생계와 직결되기 때문에 기업규모에 관계없이 높은 시행률과 근소한 격차를 보인다고 볼 수 있고, 경조는 우리사회에 생계 못지않게 중요시되는 '체면문화'나 '온정주의적 공동체의식'을 대변하는 관행에서 비롯된다고 해석할 수 있다. 의료 · 보건, 문화 · 체육 · 오락도 실시율이 중간 정도인 것은 둘 다 전통적으로 기업복지에 포함되었던 항목이고, 의료 · 보건의 경우는 시설이나 비용 면에서 중소기업에서 감당하기 어려운 면이 있으며, 미국에서는 찾아볼 수 없는 항목인 문화 · 체육 · 오락의 실시비율이 중간 정도인 것은 산업온정주의와 깊은 관련이 있다고 볼 수 있다. 학비보조는 근로자에게 꼭 필요한 복지항목이기는 하나, 식사, 경조비에 비해 개별적인 소요비용이 더 크고, 대기업 근로자의 평균 근속연수가 중소기업에 비해 더 길기 때문에 자녀학자금 지원의 욕구가 크다고 볼 수 있어서, 대기업과 중소기업의 격차가 2배 이상으로 나타난다고 추측할 수 있다. 사내근로복지기금이나 보육비 지원 및 저축 장려금, 휴양 등의 복지항목은 비교적 근래에 도입되어 관행화되지 못하고 있고, 종업원지주제도는 근로자에게 부가적인 제도나 서비스로서 금전적 여유와 제도적 장치가 용이한 대기업 중심으로 시행되고 있지만 확장되는 기미는 보이지 않고, 저축장려제도는 축소되는 추세를 보이고 있다.

② 기업복지비

1인당 기업복지의 비용의 규모별 격차에 대해 미국, 일본과 우리나라를 비교해보면, 우리나라와 일본의 유사한 점이 두드러진다. 세 나라 중에서 사회보험제도가 가장 낙후된 것으로 보이고, 기업복지비가 총 노동비용에 35%를 차지하며, 자본주의의 성지라고 불리우는 미국이기에, 기업규모 간에 기업복지의 격차가 가장 크리라고 예상되는 미국에서의 대기업과 소기업 사이의 기업복지격차는 3국 중 가장 낮은 것으로 나타났다. 〈표 10-3〉이 보여주듯이 1999년, 2002년, 2006년의 3개년 평균 수치로 보면, 미국에서 소기업(30~99인)과 대기업(1,000인 이상) 기업복지비의 격차비율은 중소기업을 100으로 보았을 때 135로 나타났고, 같은 해의 우리나라의 기업복지비의 평균 격차는 206이었다. 일본의 경우 자료가 미흡하여 2002년의 자료만을 보면 217로 우리나라보다 약간 높은 수치로 나타났다. 〈표 10-3〉에는 나타나지 않았지만, 2006년 미국의 소기업과 1,000~2,500명의 대기업을 비교하면 165로 큰 격차를 나타낸다. 그것은 같은 해 1,000~2,500명을 고용하는 대기업의 기업복지비가 2만 5,129달러로, 5,000인 이상의 1만 7,888달러보다 훨씬 높게 지출하였기 때문이다.

국제비교의 내용을 간략하게 요약하자면, 우리나라와 일본에서 규모별 기업복지의 격

〈표 10-3〉 1인당 기업복지비용의 변화 추이 – 국제 비교

국 가	미국(달러)			일본(엔)	한국(천 원)			
연도	1999	2002	2006	2002	1996	2002	2006	2014
전체	14, 655	18, 254	18, 489	10, 312	140	229	223	207
30~99인(A)	9, 726	13, 064	15, 262	5, 198	91	102	172	141
100~999인	14, 109	18, 099	18, 363	6, 923	104	134	178	179
1, 000인 이상(B)	14, 479	18, 609	19, 320	16, 044	158	231	318	337
(B)/(A)	149%	142%	127%	217%	174%	226%	185%	239%
평균	139%			217%	206%			

자료: 미국 – U. S Chamber of Commerce, Employee Benefits(2007).
일본 – 厚生勞動省(2002); 김정한 외(2004) 인용.
한국 – 고용노동부, 기업체노동비용 조사(각 연도).

〈표 10-4〉 기업규모별 임금 및 기업복지 격차(1985~2014)

연도	임금(천 원)		기업복지(천 원)		임금격차비 (A/B)	기업복지 격차비 (C/D)	격차비 (A+C)/(B+D)
	대기업(A)	중소기업(B)	대기업(C)	중소기업(D)			
1985	328.0	315.3	24.4	18.7	104.0	130.5	105.5
1986	353.4	350.7	26.4	20.4	100.8	129.4	102.3
1987	395.1	373.6	27.6	22.0	105.8	125.5	106.9
1988	465.1	408.1	26.7	23.2	114.0	115.1	114.0
1989	563.3	459.6	36.5	26.6	122.6	137.2	123.4
1990	679.2	537.9	50.2	36.1	126.3	139.1	127.1
1991	790.0	629.2	76.4	61.7	125.6	123.8	125.4
1992	906.5	720.5	101.5	80.1	125.8	126.7	125.9
1993	1, 008.4	766.3	128.4	80.3	131.6	159.9	134.8
1994	1, 200.4	863.2	135.0	76.6	139.1	176.2	142.1
1995	1, 340.7	991.3	126.2	85.3	135.2	147.9	136.3
1996	1, 513.4	1, 072.7	146.1	93.1	141.1	156.9	142.3
1997	1, 581.4	1, 174.9	160.3	94.4	134.6	169.8	137.2
1998	1, 453.3	1, 072.0	147.8	85.7	135.6	172.5	138.3
1999	1, 608.6	1, 156.1	183.4	105.1	139.1	174.5	142.1
2000	1, 815.1	1, 219.6	177.8	103.6	148.8	171.6	150.6
2001	1, 919.4	1, 315.5	183.4	108.7	146.1	168.7	147.9
2002	2, 149.4	1, 442.1	209.9	116.8	149.0	179.7	151.3
2003	2, 395.9	1, 560.5	241.9	122.6	153.5	197.3	156.7
2004	3, 178.5	1, 924.4	215.3	122.7	165.2	175.5	165.8
2005	3, 361.7	2, 034.4	239.1	136.2	165.2	175.6	165.9
2006	3, 568.8	2, 155.2	273.7	168.4	165.6	162.5	165.4
2007	3, 717.7	2, 272.8	284.4	179.6	163.6	158.4	163.2
2008	3, 783.1	2, 368.5	244.3	136.4	159.7	179.1	160.8
2009	3, 755.6	2, 371.2	237.7	140.7	159.2	168.9	159.8
2010	4, 001.1	2, 510.0	217.0	131.8	159.4	164.6	159.7
2011	4, 156.0	2, 698.8	255.0	149.8	154.0	170.2	154.8
2012	4, 266.2	2, 846.8	250.5	163.0	149.9	153.7	150.1
2013	4, 395.3	2, 935.9	286.7	152.6	149.7	187.9	151.6
2014	4, 479.2	3, 010.0	290.6	141.7	148.8	205.1	151.3

* 중소기업: 10~299인, 대기업: 300인 이상

자료: 고용노동부, 기업체노동비용조사(각 연도).

〈표 10-5〉 기업규모별 1인당 기업복지비 격차(1985~2014) (단위: 천 원, %)

연도	소규모(A) (30~99인)	대규모(B) (1,000 이상)	격차(C) (B)/(A)	연도	소규모(A) (30~99인)	대규모(B) (1,000 이상)	격차(C) (B)/(A)
1985	22.0	27.5	129.4	2000	95.5	198.5	207.9
1986	16.2	25.4	155.9	2001	96.9	196.0	202.3
1987	16.5	27.0	163.7	2002	102.1	231.2	226.4
1988	22.1	28.4	128.7	2003	111.5	268.6	240.9
1989	21.6	28.2	130.3	2004	129.7	254.4	214.6
1990	26.6	37.3	140.3	2005	141.4	278.3	196.8
1991	31.7	52.2	165.0	2006	171.5	317.6	185.2
1992	50.2	80.3	160.0	2007	176.6	326.0	184.6
1993	81.6	107.2	131.5	2008	128.7	282.7	219.7
1994	72.5	150.5	208.1	2009	136.1	271.1	199.2
1995	80.2	132.8	165.6	2010	132.2	253.0	191.4
1996	91.3	172.4	188.9	2011	151.0	291.1	192.8
1997	83.1	172.4	207.5	2012	156.1	290.4	186.0
1998	80.7	159.0	197.0	2013	146.7	328.7	223.9
1999	88.9	195.9	220.3	2014	140.5	337.0	240.0

자료: 고용노동부, 기업체노동비용 조사(각 연도).

차가 상대적으로 심각한 편이다. 전기한 내용 중 미국의 기업규모별 격차를 좁히기 위한 노력은 별반 보이지 않는 데 비해 일본은 중소기업의 기업복지 확충을 통해 간극을 좁히려는 노력을 경주한다는 언급이 있는데, 미국에서 기업복지의 격차를 좁히려는 노력이 미진한 이유가 기업복지의 규모별 격차가 그리 크지 않기 때문이라는 사실을 〈표 10-4〉를 통해 추론할 수 있다.

우리나라에서 기업규모별 근로자 1인당 기업복지비의 차이는 1차적으로 중소기업(10~299인)과 대기업(300인 이상)을 비교하여 살펴볼 수 있다. 우리나라 기업복지 전반부의 말기인 1985년에는 〈표 10-4〉에서 나타나 있듯이 중소기업과 대기업 간의 임금의 차이는 104로 거의 없었으나 기업복지의 격차는 130.5로 어느 정도 존재하고 있었지만 우려할 수준은 아니었으며, 1992년까지는 130선에서 유지되어 왔었다. 그러나 기업복지비용은 대기업의 경우 1985년 2만 4,400원에서 1992년 10만 1,500원으로 4.2배 증가하였고, 중소기업에서도 같은 기간 1만 8,700원에서 8만 100원으로 4.3배 증가하여 대기업의 증가 폭을 상회하였다. 이러한 현상은 1990년대 초반부터 노동력 부족현상이 두드러지는 상황에서 중소기업의 경우 노동력의 부족율이 대기업의 3배에 달하였기 때문에(최균, 1995) 중소기업에서도 노동력 확보를 위해 무리해서 기업복지를 확대했다고 보여진다. 또 다른 이유로 1987년 민주화 선언 이후 봇물처럼 터진 노동조합의 활성화 현상으로 대기업 중심으로 노동조합이 속속 조직되고, 기존 노동조합의 발언권이 강화되면서 그런 현상이 중소기업으로 확산되었기 때문이다. 이런 경우 노조회피 전략이나 노조의 조직력 약화의 일환으로 기업복지를 사용했던 흔적이 역력하다. 그러나 1993년에 접어들면서 중소기업과 대기업의 격차가 159.9%로 벌어지더니 1990년대 말이 되면서 그 기간 중 증감의 폭의 변화는 있었지만, 175%로 더 벌어져서 10여 년간 비슷한 수준을 유지하다가 2014년에선 200%선을 넘어 205%에 달하였다.

기업규모 간의 기업복지 격차가 확대되는 현상은 기업규모를 좀 더 분절하여 양극화 함으로서 더 극명하게 나타난다. 〈표 10-4〉에서는 소규모(30상~99인)와 대규모(1,000명 이상)를 대비하였는데, 1985년에는 소기업(30~99인) 대 초대기업(1,000인 이상)의 비율이 129.5%로 중소기업(10인~299인) 대 대기업(300인)기업의 비율인 130.5%보다 조금 낮아서 중소기업의 복지비가 중견기업(100~999명)의 복지비를 상회했던 것으로 나타났으나, 1986년부터는, 1993년을 제외하고는, 소기업/초대기업의 격차가 중소기업/대기업의 격차보다 더 큰 것으로 나타났다. 1993년 소기업/초대기업의 비율이 131.5%인 데 비해 중소기업/대기업의 비율이 131.6%으로 거의 같은 수준으로 나타났다. 이런 현상은 같은 해에 중견기업(100~999인)의 기업복지비가 평균 7만 4,600원 수준으로 중소기업의 기업복지비용인 8만 1,580원에 못 미치는 것이 원인이었다. 일반적으로 100인 미만의 중소기업에 비해 100인 이상 1,000인 미만의 중견기업의 기업복지비 수준이 더 높은 것을 감안하면, 1993년의 중소기업의 약진은 예외적이라고밖에 볼 수 없지만, 이런 상황이 일회성으로 끝났기 때문에 일시적인 특이사항으로 보아도 별 무리가 없을 듯하다.

기업복지 내역과 기업규모 역시 기업복지비용 면에서 현저한 차이를 나타내 보이고 있다.

기업복지 실시비율에서 높은 수치를 보였던 경조와 식사항목에서는 기업규모에 따른 격차가 상대적으로 적게 나타났다. 경조의 경우 2007년부터 기업체노동비용 조사에 기

〈표 10-6〉 규모별 · 내역별 기업복지비용 추이 (단위: 천 원)

연도	규모	주거	건강 보건	식사	보험 지원	학비 보조	휴양 문화	우리 사주	사내 복지	기타
1985	중소	1.9	0.8	10.8	0.7	0.9	1.6	–	–	3.4
	대기업	3.8	0.7	12.0	1.0	1.8	2.6	–	–	3.7
1990	중소	1.2	0.9	14.1	0.6	2.2	2.1	–	–	5.2
	대기업	2.9	1.1	16.5	1.0	4.4	2.8	–	–	5.3
1995	중소	7.4	2.8	39.5	1.7	6.2	5.5	1.0	3.9	10.0
	대기업	13.9	4.2	42.9	3.0	16.1	8.8	1.3	10.6	13.6
2000	중소	4.5	2.8	51.9	3.8	8.0	3.8	0.3	7.3	14.6
	대기업	18.0	6.2	46.6	11.3	20.9	6.4	0.8	31.3	22.9
2005	중소	6.1	4.4	80.1	6.8	5.0	5.2	0.2	1.3	20.5
	대기업	16.2	13.0	65.1	13.9	33.2	9.3	14.7	18.9	37.4
2010	중소	8.1	4.4	79.2	6.3	7.3	6.8	1.4	2.0	15.3
	대기업	15.7	15.7	54.6	13.5	37.6	15.8	2.8	18.0	41.6
2014	중소	9.8	4.7	79.1	8.1	7.2	5.6	0.3	0.8	26.1
	대기업	17.1	24.7	76.7	14.2	44.2	15.8	0.0	21.3	73.2

자료: 기업체 노동비용 조사(각 연도).

타 비용으로 통합되어 〈표 10-6〉에는 기재되지 않았지만, 1985년에는 1,000원으로 중소기업과 대기업 간에 차이가 없었고, 1990년, 1995년에는 근소한 차이를 보였으나 격차가 조금씩 확장되어 2005년에는 대기업의 경조비가 중소기업의 2배를 상회하였다. 식사비도 1985~1995년까지 대기업의 지출이 근소한 차이로 우위를 보이다가 2000년부터 역전현상이 나타나서 2014년에까지 근소한 차이를 보이고 있다. 특기할 것은 2005년에는 대기업/중소기업의 비율이 81%로 더 벌어졌고, 2010년에는 대기업의 식비가 중소기업의 69%로 큰 폭의 격차가 나타났지만, 2014년에는 103%로 근소한 차이로 나타났다. 중소기업에 비해 대기업의 식비지출이 비슷하거나 적어진다고 해서 대기업의 식사의 질적 수준이 중소기업과 비슷하거나 더 떨어진다고 단정짓는 것에는 오류의 소지가 다분하다. 왜냐하면 많은 인원을 대상으로 하는 식사 제공의 비용은 소규모의 인원에게보다 훨씬 저렴할 수 있는 '규모의 경제'현상이 존재하기 때문이다.

규모에 따른 기업복지의 실시비율 못지않게 기업규모에 따른 기업복지비의 격차도 현저하게 나타나고 있다. 대기업의 실시비율이 2배에 가까운 주거의 경우 1980년대 중반부터 현재까지 대기업이 중소기업에 2배 정도의 비용을 지출해오고 있으나, 학비보조의 경우 실시비율에 있어서는 평균 2배 정도의 격차를 보였지만, 기업복지비용 면에선 1995년부터 격차가 커지기 시작하여 2005년에 6.6배로 급격하게 증폭되어, 그 이후부터 5배 정도의 큰 차이를 보이고 있다. 식사의 경우에는 모든 근로자와 그의 가족에게 기초적인 욕구인 관계로 실시비율이나 복지비에 있어 큰 차이가 없었으나, 지난 10년 사이 나타나는 학비보조의 큰 격차는 근속연수 등 대기업과 중소기업의 인적자원 특성과 관계된다는 추정이 가능하다. 실시비율에 있어서 기업규모 간 큰 차이를 보이고 있는 휴양 · 문화 부문은 기업복지비면에서도 3배 정도 차이를 보이고 있다.

건강 · 보건항목도 1990년까지는 대기업과 중소기업 간에 별반 차이가 없었으나, 1995년에 1.5배로 격차가 벌어졌고, 2000년에는 2배를 상회하였으며, 2014년에는 대기업의 복지지출이 중소기업에 비해 5.3배로 격차가 대폭 증폭되었다. 1990년대 초반까지는 기업복지로서 건강 · 보건 관련 서비스가 대부분 의무실, 지정병원 등의 기본적인 서비스에 머물렀으나, 근로자의 건강 관련 욕구가 고도화되고, 의료장비, 서비스 등의 수준이 높아지며, 건강검진같이 치료 중심에서 예방 차원으로 점차 전환되면서, 중소기업에서의 고도화되는 추세를 따라갈 재정적인 여력의 부족 등이 격차심화의 원인으로 보여진다.

1985년 이후 거의 모든 부문에서 기업복지비와 기업규모 간의 격차의 증가추세를 보이는 데 하나의 예외가 있으니 그것은 우리사주제도이다. 우리사주제도는 과거엔 종업원 지주제도라고 불렸는데, 1968년에 도입되었으나 점차적으로 유명무실한 제도로 전락해오고 있다. 2005년 중소기업에 비해 대기업의 우리사주제도에 대한 복지지출이 73배나 되었지만, 그 시기의 전후를 보면, 그때는 특수한 상황이었다고 볼 수 있고, 실제 1인당 복지비도 중소기업은 2,000원이고 대기업은 1만 4,700원으로 1인당 총 복지비 대비 중소기업은 1.5%, 대기업은 6.1%로 미미한 수준이었다. 우리사주제도는 2015년의 경우 전체 기업의 0.6%가 도입하고 있고, 규모가 상대적으로 작은 비상장기업에서는 0.3%만 도입하고 있는 실정이다. 근로자의 수로 보면 미국에서는 전체 임금근로자의 19%가 가입한 반면, 우리나라에서는 2.1%인 37만 명이 가입하고 있는 상황이다(한국경제 세종, 2015). 이렇듯 우리사주제도의 가입률이 저조한 이유는 주가하락으로 인한 손실의 우려와, 매각절차가 까다롭고, 엄격한 운영규제 등이 손꼽힌다. 2014년 정부에서는 우리사주제도를 활성화하여 기업이익, 근로자소득 증가, 노사관계 증진을 꾀하기 위하여 '우리사주 활성화대책'을 마련하여 2016년부터 실시 예정으로 있다. 이 대책의 골자로서 근로자의 소득공제의 폭을 상향조정하고, 기업의 출연금에 대한 세금감면 등이 포함된다(연합뉴스, 2015).

시행 초기인 1995년에 대기업과 중소기업의 복지비 격차가 2.7%였으나 2014년에는 무려 27배의 격차를 보이는 사내근로복지기금제도에 대한 논의는 종합부문의 규모별 격차의 원인에 관한 논의에서 자세히 다루어진다. 마지막으로, 기타 항목을 보면 중소기업과 대기업 간의 차이의 또 다른 면을 감지할 수 있다. 2014년의 조사에서 보면, 총 기업복지비에서 기타의 비중이 중소기업은 18%인 데 비해 대기업은 25%로서, 1인당 복지비는 2배 가까이 많고, 비중도 7%로 높은 것으로 나타났다. 이것은 대기업의 기업복지의 체계가 중소기업보다 더 다양하다고 해석할 수 있으며, 이것은 후에 논의될 선택적 기업복지제도와도 긴밀한 관련이 있다고 보여진다.

③ 기업규모별 격차의 원인

기업규모별 기업복지의 격차의 원인을 규명하는 작업은 성장지상주의 논리가 대세를 이루던 우리나라의 근대산업화의 중 · 후반기의 개발독재형 정치체계에서 뿌리를 찾을 수 있다. 기업의 국제경쟁력을 키우기 위해 정부의 전폭적인 대기업 육성정책에 힘입어 재벌집중화 현상이 초래되었고, 1987년 이후 대규모 노사분규, 노동력 부족현상과 세계화의 파고를 헤치고 나가기 위한 경쟁력을 확보하기 위해 노동유연화의 필연성이 대두되면서 대기업을 중심으로 하는 독점부문에서 '1차 노동시장'의 형성과, 중소기업이 중심이 된 '2차 노동시장'으로 분절된 이중노동시장이 형성되면서 임금은 물론 기업복지의 격차도 벌어지기 시작하였다. 이러한 주장은 1987년 이전 대부분의 기업복지의 실시비율이나 기업복지비에서 기업규모별 격차가 거의 존재하지 않았다는 자료를 통해 이미 증명된 바 있다.

이러한 이유로 노동시장이 고임금부문인 1차 노동시장과 저임금 부문인 2차 노동시장으로 나누어지게 되고 높은 장비율과 기업특수적인 기술을 가진 노동인력을 보유한 1차 노동시장 부문을 공고히하기 위해 높은 임금과 기업복지라는 보상이 이루어지면서 격차가 발생하고 지속적으로 심화되는 현상이 발생하였다. 불평등구조가 형성되는 과정에 대해서는 전기한 효율임금이론이 구체적인 설명을 제공한다. 인력의 기업유출과 신규인력 충원과정에 드는 비용을 최소화하기 위해 기업복지가 사용된다는 내용은 '노동이동 모형'으로 설명되고, 높은 임금과 기업복지를 잃지 않기 위해 이직가능성을 최소화하고 성실히 근무한다는 점은 '근무태만 모형'으로 묘사되며, 높은 생산성을 지닌 노동자의 유인책으로 높은 임금과 복지를 제공한다는 내용은 '역 선택 모형'으로 설명된다. 대기업이기에 일반적으로 존재하는 대규모의 노동조합과 원만한 관계를 유지하기 위해 높은 임금과 기업복지를 활용하는 현상은 '선물교환 모형과' '노동조합위협효과 모형'으로 설명된다. 이러한 이유들로 대기업과 중소기업 간에 발생한 불평등현상은 대기업이 더욱 비대해지면서 지불능력과 경영 전략에 의해 확대되고, 노동조합의 경우 자체적인 교섭력과 추진력을 발동하여 더 높은 임금과 기업복지를 얻어내는 상황으로 자연스럽게 이어지면서, 1차 노동시장과 2차 노동시장 간의 기업복지의 격차는 '일정비례가설'에 따라 자연스럽게 증폭되어 왔다. 위의 내용이 기업복지의 격차가 발생하고 심화되어 온 현상의 첫 번째, 두 번째 이유이다.

기업복지 격차발생 및 심화의 세 번째 이유로서 기업규모별 지불능력을 들 수 있다. 대기업의 경우 학비보조, 보험료 지원, 사내근로복지기금이 중소기업에 비해 두 배 혹은 6배, 심지어는 27배까지 높은 것은 기업의 지불능력에 의해 좌우된다고 볼 수 있다. 반면에 중소 · 영세기업의 경우를 보면, 우리나라의 기업복지의 실태에서 나타나듯이, 식사나 경조 등의 근로자의 생계보조를 위해 필수적인 항목이 대기업과 큰 차이가 없는 기업복지의 실시비율을 보이며 비등한 수준의 비용을 지출한다. 그러나 두 분야에 기업복지비용을 대부분 소진한 중소기업의 경우 여타 다른 기업복지 항목에는 대기업에 근접할 수 있는 여력이 있을 리 만무하다. 예컨대, 2008~2014년까지 7년 간 중소기업의 식사비는 총 기업복지비의 평균 59%인 데 반해, 대기업의 식사비 평균은 25% 정도였다. 이러한 현상은 중소기업과 대기업의 1인당 기업복지비의 격차가 1985년에 130.5%에서 2014년 205.1%까지 벌어진 현상과, 식사, 경조를 제외한 나머지 항목의 격차가 2배에서 수십 배에 이르기까지 차이가 나는 현상의 원인을 밝혀준다.

기업복지 격차발생 및 심화의 네 번째 이유로서 '규모의 경제현상'을 들 수 있다. 기업복지항목 중 유일하게 식사비 지출에서 중소기업의 지출액이 대기업의 지출을 능가하는 현상은 중소기업의 식사의 질이 높다기보다는 규모의 경제의 효과 때문인 것으로 보인다고 이미 언급하였다. 주거의 경우에도 대규모 건축의 단가가 저렴하며, 휴양 · 문화 비용에 있어서도 중소기업은 자체적인 시설을 마련하는 것이 매우 어렵다. 아직도 대부분의 기업복지항목이 현금의 성격보다는 현물, 서비스 및 시설로 되어 있는 우리나라의 기업복지의 현실에서는 규모의 경제도 기업규모 간의 격차를 유발하는 데 기여하고 있다고 할 수 있다.

마지막으로 규모별 기업복지 격차를 유발 · 심화하는 구체적인 원인으로 선택적 기업복지제도와 사내근로복지기금제도를 지목할 수 있다. 선택적 기업복지제도는 제8장에 간략하게 소개된 바 있는데, 이것은 근로자의 욕구가 성별, 나이, 근속연수, 가족사항 등에 따라 천차만별이기 때문에 근로자의 욕구와 회사의 사정을 감안하여 여러 가지 복지항목을 나열해 놓고 근로자로 하여금 선택하게 하는 제도이다. 이 제도의 특성인 선택의 폭을 극대화하기 위해 가장 중요한 것이 선택의 대안인 항목(menu)이 다양하게 나열되어야 하는데, 중소기업의 경우 재정적 · 인적자원의 제약으로 다양한 항목을 구비하기 어렵다. 이 제도의 효과는 기업의 규모와 직결된다고 보이기 때문에 선택적 기업복지제도는 대기업 중심으로 확산되고 있다. 실제로, 최근 424개 기업을 대상으로 한 조사에 의하면 10% 정도의 기업이 이 제도를 도입하고 있는데, 실제로 대기업과 공기업 분야에서는 1,000여 개 기업이 도입하여서 24%의 도입률을 보이고 있고, 100대 기업 중에는 52%가 선택적 기업복지제도를 도입하고 있는 실정이다. 환언하면 선택적 기업복지제도는 대기업 · 공기업 중심으로 도입되고 있어서, 이 제도의 도입이 확산된다는 사실은 곧 대기업과 중소기업 간의 격차가 심화되는 것을 의미한다.

기업규모별 격차를 심화하는 대표적인 기업복지제도가 사내근로복지기금제도라고 할 수 있다. 사내근로복지기금제도란 기업이익의 일부를 복지기금에 출연하여 근로자를 위한 복지혜택을 제공하는 제도이며, 기업출연금에 대한 법인세가 손비로 인정되고 근로자에게 지급한 혜택에 대해 증여세를 면제해주는 제도로서 1991년에 정부가 임금인상의 대안으로 제정하였다. 기업복지의 일반적인 기능 중 간접적인 임금인상의 기능으로 국가가 권장하는 임금 가이드라인을 회피하는 편법적인 임금인상효과를 볼 수 있다. 이러한 편법인상의 구체적인 수단이 사내 근로복지기금제도로서 2002년에 916개의 기금이 설립되었고, 종업원 1,000명 이상의 대기업의 61.3%가 이 기금을 설치한 반면, 중소기업의 경우 설치율이 0.1%에 불과하여 기업규모에 따른 기업복지 불평등을 조장하는 대표적인 제도로 자리매김하고 있다.

기업복지를 수단으로 활용하는 편법임금인상 관행이 우리나라의 공기업에서 일반화되어 있는 경향이 있다고 전기한 바 있는데, 이러한 현상은 특히 시장형 공기업에서 두드러지게 나타난다. 정부가 공기업들의 총액임금 인상률을 규제하고 있지만 인센티브 상여금과 직책수당을 제외한 모든 수당과 기업복지비와 기타 소득은 총액임금에서 제외된다. 이러한 규정을 악용하여 공기업은 수익을 기업복지비로 돌리는데, 대표적인 창구가 사내근로복지기금제도이다. 사내복지기금은 직원들의 복지를 위해 기업이윤의 5% 이하로 조성할 수 있는데, 대부분의 공기업은 그 한도를 채워서 적립한다. 2012년 기준 86개 공공기관이 이 기금제도를 운영하고 있는데, 방만 경영 중점관리기관으로 지목된 공공기관의 상당수가 기업복지비에서 사내근로복지기금이 차지하는 비율이 매우 높다. 방만하게 운영되는 시장형 공기업은 기업의 특성항 정부의 임금가이드라인에 대해 예민하게 반응하지 않을 수 없다. 특히, 2012년 한국토지주택공사의 경우, 138조의 부채를 지고 있었고, 나머지 9개 공기업의 부채의 합계가 274조 원에 달하는 공기업에서 임금인상을 운운한다는 것은 정부의 규제는 물론 여론의 따가운 질책을 피할 수 없게 된다. 이러한 경우 거의 모든 공기업에서는 임금 인상분을 기업복지로 돌려서 지급하게 되는데, 이것은 기업복지비가 총액임금에서 제외되는 규정을 악용함으로써 이루어진다. 2013년 30개의 공기업 중 1인당 연 기업복지비가 많은 10개 공기업의 연평균 복지비는 822만 2,000원으로 같은 해 1,000인 이상을 고용하는 대기업의 평균 기업복지비인 394만 2,000원의 2.1배에 달하는 수치이다. 예컨대, 한국마사회에서는 2010~2012년까지의 1인당 연평균 기업복지비는 1,310만 원으로서 같은 기간 1,000명 이상 대기업의 복지비인 333만 원의 4배 정도의 엄청난 수준이다. 그런데 그중 사내근로복지기금액이 1,006만 원으로 76.6%를 차지하고 있고, 대한주택보증은 68.5%, 인천국제항공공사는 57%에 달하고 있다(국민일보, 2014 3. 4). 사내 복지기금의 1인당 출연금 잔액은 상상을 초월하는 수준으로, 2006년의 경우 한국토지공사 5,008만 원, 한국방송광고공사 3,981만 원 등 공공기업의 평균잔고가 1,876만 원으로 민간기업의 603만 원의 3배를 상회하였다(이데일리, 2008. 8. 29). 요컨대, 사내근로복지기금제도가 앞장서서 임금인상을 주도하는 대기업의 편법적인 임금인상의 수단으로 활용되고, 또한 수십조 내지 100조를 초과하는 빚을 지고 있는 공기업근로자들의 사금고로 전락하는 현상은, 우리나라의 기업복지제도가 기업 간 불평등현상을 부채질하는 주범 중의 하나로 자리 잡아 왔음을 단적으로 보여 주는 사례라고 할 수 있다.

(2) 산업별 불평등

① 실시비율

기업복지의 실시비율을 제조업과 비제조업으로 구분해 보면, 주거, 의료보건, 식사, 문화체육, 경조사 등의 전통적인 성격을 가진 복지제도는 제조업에서, 보험료 지원, 사내근로복지기금, 우리사주 등은 비제조업에서 각각 실시비율이 높은 것으로 나타났다. 그러나 저축 장려, 학비보조, 보육비 보조 등은 제조업과 비제조업 간에 큰 차이가 나지 않았다. 이러한 현상은 산업사회에서 지식정보사회로 넘어가는 과정에서 제조업의 비중이 점차 낮아지며 IT 관련 업종, 서비스업종들의 비중이 커지는 현상과 관련이 있어 보인다. 또 제조업에서 전통적인 성격을 가진 기업복지제도가 강세를 보이는 것은 기업복지가 인적자원의 특성이나 경영 전략보다는 관행에 따라 운영되어 왔다는 우리나라 기업의 일반적인 현실을 반영한다고 볼 수 있다.

기업복지 실시비율을 산업별로 보면 항목에 따라 큰 차이가 발견된다. 2000년의 자료를 중심으로 살펴보면, 주거의 경우 광업(38.9%), 제조업(33.6%), 금융 · 보험(29.4%), 전기 · 가스 · 수도(29.4%)순으로 높은 실시비율을 보이고 있고, 나머지 산업에서는 20% 미만의 낮은 비율을 보이고 있다. 〈표 10-6〉에는 나타나 있지 않지만, 광업의 경우 광산이라는 지리적 특성으로 주거의 필요성이 매우 높고, 제조업은 타 업종에 비해 오랜 역사를 지니고 있어서 관행을 중시하는 특성이 있으며, 금융분야나 전기 · 가스 등의 공공분야는 타 업종에 비해 높은 숙련도의 인적자원의 특성으로 높은 임금을 받는 등의 기업의 양호한 재정 상태를 반영한다고 볼 수 있다. 의료 · 보건의 경우 전기 · 가스 · 수도, 제조업, 음식 · 숙박업에서 60% 이상의 높은 실시비율을 보이고 있고, 다른 업종에서는 30%내지 20% 대의 낮은 비율을 보이고 있다.

가장 높은 실시비율을 보이고 있는 항목은 식사로서 음식 · 숙박업, 제조업, 전기 · 가스 · 수도업, 운수 · 창고 · 통신업 등에서 80%를 상회하고 있으며, 그 외의 업종에서도 75%에서 47% 사이의 비율을 보이고 있으며, 식사 관련 기업복지제도는 다른 복지 프로그램에 비해 감소 폭의 변화가 작은 것으로 나타났다. 문화 · 체육 · 오락의 경우 음식 · 숙박업, 전기 · 가스 · 수도업에서 50% 이상의 시행비율을 보였으며, 대부분의 나머지 산업에서 30% 이상의 비율을 보이고 있다. 문화 · 체육 · 오락부문과 근로자 휴양에서 실시비율이 점차 낮아지고 있는 현상은 우리사회의 개인주의적인 문화가 확산되는 상

〈표 10-7〉 산업 · 내역별 기업복지 실시비율 추이 (단위: %)

구분	연도	제조업	전기가스	건설업	도 · 소매	숙박음식	운수창고	금융보험	부동산임대	기타
주거	1995	41.5	34.8	25.7	25.0	42.9	17.9	25.9	16.3	13.1
	1998	44.3	56.5	21.9	24.4	44.8	23.8	36.0	24.7	16.2
	2000	33.5	26.1	27.3	12.7	19.4	19.1	29.4	17.1	14.4
의료보건	1995	73.9	83.9	55.4	53.8	80.0	57.0	66.7	49.7	39.3
	1998	70.3	73.9	39.7	57.7	75.9	34.8	60.8	42.9	29.8
	2000	63.0	66.2	28.2	33.2	61.1	37.7	44.9	33.2	27.4
식사	1996	91.2	87.0	77.0	87.5	94.3	82.7	58.3	64.7	63.7
	1998	91.6	82.6	64.4	71.8	96.6	82.3	52.0	62.8	54.7
	2000	88.0	82.6	69.2	72.9	88.9	81.4	47.1	64.1	58.3
문화체육오락	1995	61.6	82.2	43.2	55.0	66.7	40.8	68.5	48.4	41.7
	1998	58.3	82.6	48.0	51.3	62.1	37.2	71.2	50.7	39.1
	2000	46.3	52.2	23.7	32.0	52.8	39.3	47.8	36.5	28.3
보험료지원	1995	21.0	21.7	17.6	27.5	14.3	19.6	30.6	129.0	10.1
	1998	23.2	47.8	13.7	30.8	31.0	23.8	43.2	22.5	16.2
	2000	19.3	52.2	16.0	19.3	19.4	24.0	32.4	17.4	17.0
경조	1995	81.6	87.0	77.0	82.5	88.6	76.5	78.7	68.0	62.5
	1998	85.6	96.7	74.0	85.9	82.0	88.4	81.6	69.7	60.9
	2000	76.2	78.3	53.9	62.4	72.2	80.3	77.2	61.5	56.2
저축장려	1995	16.3	30.4	16.2	13.8	11.4	7.8	39.8	12.4	7.1
	1998	10.2	30.4	4.1	14.1	10.3	6.1	21.6	8.7	5.0
	2000	3.5	13.0	1.3	3.9	8.3	4.9	14.0	3.0	2.7
학비보조	1995	49.9	73.0	46.0	55.0	48.6	63.1	90.7	33.3	57.7
	1998	59.5	78.3	58.9	61.5	62.1	57.9	88.8	45.0	62.7
	2000	42.1	73.9	20.5	31.5	41.7	45.9	76.5	29.6	48.0
사내복지기금	1995	8.4	17.8	6.8	6.3	8.6	10.1	19.4	7.2	6.6
	1998	6.9	29.1	2.7	5.1	6.9	12.2	15.2	8.2	8.7
	2000	5.0	30.4	2.6	3.9	5.6	8.2	9.6	3.6	7.6
종업원지주	1995	1.3	0.0	1.4	5.0	0.0	1.7	4.6	0.7	0.0
	1998	1.9	8.7	0.0	0.0	3.5	3.7	1.6	0.9	0.0
	2000	0.9	4.4	1.3	1.1	0.0	2.2	4.4	0.3	0.0

자료: 고용노동부. 기업체 노동비용 조사(각 연도); 김정한 외(2004)에서 인용.

황에서 기업에서 제공하는 집단적인 행사 및 시설 등에 대한 근로자의 선호도가 떨어지는 것과 긴밀한 관계가 있다고 해석된다.

경조사비지원의 경우 상대적으로 높은 시행비율을 보이고 있어서, 전 산업에서 50%를 넘고 있으며 운수 · 창고 · 통신업에서는 80% 이상의 높은 비율을 보이고 있다. 미미한 수준이지만 경조사비 지원이 감소추세를 보이는 것은 전통적인 관행의 파급력이 조금씩 옅어지는 현상으로 볼 수 있다. 비교적 오랜 역사를 지니고 있는 학비보조의 경우 산업별 격차가 매우 커서 금융 · 보험업과 제조업에서 70% 이상 시행하고 있지만, 다른 업종에선 40% 미만의 시행비율을 보이고 있다. 이런 격차의 배경에는 기업의 지불능력과 관행적 특성이 자리 잡고 있다고 생각할 수 있다. 사내근로복지기금제도, 우리사주제도, 보육비지원제도 등은 비교적 최근에 출현한 제도로서 처음 두 제도는 정부에서 근로복지공단을 통해 적극적으로 권장하는 제도이나 실시율이 5% 미만으로 아직 기업복지제도 내에서 정착하지 못한 상황이라고 보여진다. 기업복지의 산업별 시행비율에 관한 논의는 산업별 기업복지비용의 논의를 통해서 좀 더 선명해지리라고 관측된다.

② 복지비

산업별 복지비의 격차를 살펴보기 전에 기업복지 시행률과 복지비용의 관련성에 대해 잠깐 살펴보면 보편성과 중요성의 차이를 엿볼 수 있다. 주거의 경우 실시비율에 있어서는 제조업, 금융업, 건설업, 전기 · 가스 · 수도사업 순인데, 복지비에서는 전기 · 가스 · 수도사업, 금융, 제조, 건설업의 순서이다. 전기 · 가스 · 수도사업은 건설업에 비해 보편성(실시율)은 떨어지지만, 중요성(복지비)은 3배 이상 높은 것으로 나타났다. 반면에 의료 · 보건의 경우 전기 · 가스 · 수도사업의 실시비율은 가장 높으나, 중요성은 4번째로 떨어지지만 실제 1순위 대비 비용의 차이는 900원으로 매우 근소하다. 식사와 경조의 경우는 시행률과 복지비의 순위가 대부분 동일하고, 자녀학비보조금의 경우 금융업과 전기 · 가스 · 수도사업이 시행률과 복지비에 있어 1, 2순위가 엇갈리고 있다. 약간의 예외는 있지만 대부분 시행률과 복지비의 관계는 정비례의 관계로 기업복지를 많이 시행하는 업종의 기업복지비 지출도 높은 것으로 나타났다.

〈표 10-8〉 산업별 · 내역별 1인당 기업복지비용 추이 (단위: 천 원)

산업	연도	임금	기업복지	주거	건강보건	식사	보험보육	학자금	문화휴양	우리사주	복지기금	기타
전산업	2008	3, 003	185	13.7	9.8	72.6	10.7	23.3	11.4	1.4	11.6	30.3
	2011	3, 332	196	15.9	12.4	77.5	11.3	23.7	12.5	0.5	9.6	32.2
	2014	3, 662	208	13.1	13.6	78.0	12.4	23.6	10.1	0.1	9.9	35.9
제조	2008	3, 228	229	28.4	12.0	94.1	12.0	33.1	12.7	2.3	9.8	3.43
	2011	3, 675	247	16.8	16.5	105	11.9	32.7	14.7	0.7	8.1	42.1
	2014	4, 094	282	16.2	18.8	119	14.0	34.3	11.6	0.2	6.8	31.1
전기가스	2008	5, 479	382	21.9	14.1	61.9	9.2	40.9	29.3	0.0	158	44.7
	2011	5, 754	357	44.4	20.1	44.5	20.1	35.5	14.1	0.5	183	39.7
	2014	6, 211	243	28.8	17.1	28.2	5.3	33.7	17.0	0.0	36.6	42.8
건설	2008	2, 983	165	9.3	6.3	91.6	8.0	14.9	11.3	0.3	6.7	16.9
	2011	3, 237	206	19.8	7.9	111	9.2	13.9	6.4	0.0	6.3	27.8
	2014	3, 671	161	20.2	8.5	53.5	10.1	21.8	6.2	0.0	5.3	14.2
도소매	2008	2, 931	155	15.1	7.6	67.4	66	11.6	12.0	3.2	4.1	27.4
	2011	3, 177	155	10.3	68.6	61.4	11.4	11.5	16.3	0.0	2.5	20.1
	2014	3, 577	156	11.2	9.3	62.5	10.0	9.8	10.7	0.0	3.2	22.4
숙박음식	2008	2, 032	116	7.9	5.6	62.7	5.9	11.7	5.8	0.0	0.0	16.5
	2011	2, 084	130	19.9	5.7	54.4	4.8	9.4	8.3	0.0	1.8	25.4
	2014	2, 426	136	15.2	5.9	69.4	4.7	9.7	6.2	0.4	0.6	15.5
출판영상	2008	3, 131	14.8	5.5	9.7	43.8	13.9	10.3	14.6	0.2	15.2	34.9
	2011	3.644	17.6	8.6	9.1	46.2	11.7	24.8	17.2	0.7	31.2	26.2
	2014	4, 084	209	5.7	15.7	45.8	16.5	24.4	12.9	0.0	25.9	33.1
금융	2094	5, 256	288	24.1	26.7	19.3	27.9	45.4	23.1	1.0	17.9	48.6
	2004	5, 573	324	56.8	36.9	19.9	35.4	58.5	28.2	1.6	39.2	47.8
	2014	5, 828	359	16.7	37.2	23.8	43.7	59.1	28.7	0.1	68.3	67.6
전산업	2094	3, 003	185	13.7	9.8	72.6	10.7	23.3	11.4	1.4	11.6	30.3
	2004	3, 332	196	15.9	12.4	77.5	11.3	23.7	12.5	0.5	9.6	32.2
	2014	3, 662	208	131	13.9	78.0	12.4	23.6	10.1	0.1	9.9	25.9

산업	연도	임금	기업복지	주거	건강보건	식사	보험보육	학자금	문화휴양	우리사주	복지기금	기타
전문과학	2094	3, 167	182	16.1	6.1	68.5	8.8	21.6	9.6	0.0	3.1	42.9
	2004	3, 382	133	14.6	4.1	62.0	6.6	8.4	18.9	0.0	1.4	16.6
	2014	3, 490	136	4.1	9.1	48.2	2.1	8.0	8.5	0.0	1.5	14.6
사업시설	2094	1, 550	42	1.8	1.0	20.8	3.0	2.4	3.9	0.0	1.0	8.5
	2004	1, 633	40	1.4	1.7	16.9	2.7	2.2	2.4	0.3	0.7	12.1
	2014	1, 887	54	6.1	2.2	24.0	2.4	2.2	2.6	0.0	0.3	9.0
예술체육	2094	2, 827	279	21.1	9.8	137	9.5	6.5	12.7	0.0	34.3	51.2
	2004	2, 933	243	26.1	11.3	106	4.9	10.9	7.1	3.9	29.5	39.6
	2014	3, 386	264	29.8	12.6	102	15.4	10.2	10.4	0.0	25.8	23.4
협회서비스	2094	2, 601	179	10.4	3.1	64.5	17.6	5.1	2.1	0.0	0.4	11.5
	2004	2, 983	243	3.7	4.9	86.0	10.3	7.9	7.0	0.0	0.0	15.0
	2014	2, 804	122	5.8	4.3	60.1	9.6	8.9	5.1	0.0	3.5	11.7

자료: 고용노동부. 기업체 노동비용 조사.

우리나라 기업계의 산업별 기업복지비의 격차는 기업규모별 격차 못지않게 상당한 차이를 보이고 있다. 2014년의 경우, 금융 및 보험업의 1인당 기업복지비용이 35만 9,000원인 데 비해 사업시설 관리업은 5만 4,000원으로, 6.6배의 격차를 보이고 있고, 전업종별 평균도 2배 내지 3배의 격차로 업종 간의 큰 차이를 보이고 있다. 2014년의 자료를 중심으로 1인당 월별 기업복지지출의 내역을 업종별로 종합해서 보면, 금융업이 35만 8,000원으로 가장 높고, 그 다음으로 제조업(28만 1,600원), 예술 · 스포츠 및 여가관련 서비스업(26만 3,700원), 전기 · 가스 · 수도사업(24만 2,500원), 출판 · 영상 · 정보서비스업(20만 9,400원)순이고, 가장 낮은 순서부터 역순으로 보면 사업시설관리 및 사업 지원 서비스업이 5만 4,000원이고 부동산 임대업(7만 9,300원), 협회 및 단체, 수리 및 기타 개인서비스업(12만 2,900원)이다. 기업복지비 지출 상위에 자리매김하고 있는 업종을 관찰하면 공통적인 특성으로 기업특수적인 숙련기술을 보유하고 있는 전문 인력이 대부분을 차지하는 것을 한눈에 알 수 있다. 금융업은 높은 교육수준과 기술고도화에 따른 전문 인력으로 구성되어 있고, 예술 분야 역시 고도의 특성화된 재능과 기술보유자가 대부분이며, 전기 · 가스 · 수도사업(24만 2,500원)분야는 대부분 공기업으로 구성되고 기업특수적인 기술이 필수적인 분야라고 할 수 있다. 반면에 기업복지비가 매우 낮은 시설관리업종과 협회 및 단체 분야는 모두 서비스업으로 고도의 숙련도를 필요로 하지 않는 분야로서 근로인력의 대체나 충원이 기업복지비가 높은 업종에 비해 상대적으로 용이하기 때문에 높은 수준의 임금과 기업복지의 제공을 필요로 하지 않는다.

이러한 인적자본의 숙련도는 기업이 지출하는 교육훈련비를 보면 더욱 분명해진다. 2014년 통계를 보면, 전기 · 가스 · 수도사업의 교육훈련비는 14만 5,300원으로 기업복지비는 3순위이고, 그 다음인 금융 및 보험(6만 4,100원)으로 기업복지비 지출 순위 1위이다. 출판 · 영상 · 정보서비스업의 교육훈련비는 세 번째인 5만 3,600원이고 기업복지비 지출순위는 4번째이다. 제조업의 기업복지비 지출이 두 번째인데, 교육훈련비는 26,700원으로 5순위인 것은 제조업을 세분해서 보면, 이유가 밝혀진다. 제조업 중 코크스 연탄 및 석유정제 업종의 교육훈련비는 15만 9,200원으로 세분된 전 업종에서 가장 높고, 담배 및 의료용 물질제조업도 8만 원대로 높은 편이나, 인쇄 및 기록매체 복제업종에서는 100원 정도로, 고액의 교육훈련비를 지출하는 업종부터 몇 천 원대의 업종의 비용이 합산됨으로 인해 평균비용이 낮게 나타난 것으로 보인다. 기업복지비 지출이 가장 낮은 시설관리업종과 협회 및 단체분야는 교육훈련비 역시 가장 낮은 4,400원과 6,100원으로 각각 나타났다. 이러한 현상은 이중노동시장이론에서 지적한 바와 같이, 기업복지도 임금과 마찬가지로 높은 자본장비율과 기업특수적인 숙련기술을 가진 우수한 노동력을 유지하고 확보하는 수단으로 활용된다는 사실이 명백하게 드러났다.

우리나라 기업복지의 산업별 격차를 복지항목별로 자세히 살펴보기 전에 미국의 기업복지와 비교해 보면 우리나라의 기업복지제도의 특성의 한 단면을 볼 수 있다. 넓게 보아서 기업복지의 결정요인에는 경제적 특성과 사회 · 문화적 특성이 있다. 기업복지의 경제적 특성에 포함되는 것이 기업특수적인 기술을 가진 노동인력의 개발과 확충에 관한 것으로서 문화의 차이에 별 영향을 받지 않고 유사하게 나타나는 경향이 있다. 반면에 사회 · 문화적 특성이란 문화권에 따라 상이하게 나타나며 이러한 내용은 기업복지의 항목에 반영된다. 우리나라와 미국의 기업복지제도를 비교하면 두 나라의 문화의 차이가 기업복지 항목에서 뚜렷이 나타난다. 최근에 우리나라와 미국의 기업복지 내역은 비교가 불가능할 정도로 차이가 나지만, 우리나라 기업복지 내역 중 중요한 주거, 경조, 학비보조 등은 미국기업복지제도에선 그 자취를 찾을 수 없고, 식사나 휴양 · 문화 · 체육 · 오락 등의 항목은 지출비용이 미미하여 기타 항목에 포함되는 실정이다.

〈표 10-9〉 산업별 기업복지비 국제비교(2006)

업 종	미국	한국	업종	미국	한국
전문과학 · 기술	28,591(1)	182(6)	운수	18,742(6)	109(9)
전기, 가스	27,005(2)	311(1)	건설	12,193(7)	208(5)
도매	21,491(3)	211(4)	소매	12,060(8)	138(7)
금융 · 보험	20,436(4)	263(2)	숙박 · 음식	10,789(9)	110(8)
제조	19,232(5)	253(3)	부동산 임대	10,335(10)	95(10)

*( )의 숫자는 순위

자료: 고용노동부. 기업체 노동비용 조사; U. S Chamber of Commerce.

그러나 산업별 기업복지의 격차는 산업별 인적자원의 특성을 반영하는 것이기 때문에 우리나라에서 보이고 있는 산업별 격차가 미국에서도 동일하게 존재하는지 여부를 파악해 보는 것은 기업복지의 인적자원 관련 특성을 확인할 수 있는 기회가 될 수 있다. 〈표 10-9〉를 보면 기업복지비의 산업별 순위가 거의 비슷하게 나타난다. 예외로 친다면, 전문과학 · 기술업종으로서 미국에서는 이 분야의 기업복지비가 단연 으뜸인 데 비해 우리나라에서는 6위로 쳐져 있는 것을 볼 수 있다. 이것은 전문과학기술분야에서 우리나라가 아직은 미국에 비해 낙후되어 있다는 사실과 직결된다고 보여진다. 실제로 고용노동부의 업종별 분류체계에서 전문과학 · 기술업종의 대분류체계로 분리된 시기가 2008년부터라는 사실도 이러한 해석을 지지한다. 이와 같이 기업복지는 국가나 문화에 관계없이 우수한 근로인력에게 높은 수준의 복지를 제공한다는 경제논리에 의해 좌우된다는 사실이 확인되었다고 볼 수 있다.

2014년도의 고용노동부의 자료를 중심으로 기업복지비의 비중이 큰 순서로 기업복지 내역에 관한 산업별 격차를 살펴보기로 한다. 우리나라의 기업복지의 시행비율이나 복지비 면에 있어서 단연 으뜸가는 항목은 식사비이다. 시행비율에 있어서 다른 항목에 비해 격차가 크기 않고, 제공수준 역시 대부분 80%대를 유지하며, 최저시행률도 50% 내외의 높은 수준을 보이고 있으나, 산업별 복지비에 있어서는 격차가 상당히 크게 나타났다. 제조업에서 가장 많은 11만 9,400원을 지출하고 예술, 스포츠 부문(10만 1,600원), 숙박 · 음식(6만 9,400원), 도소매업종(6만 2,500)순으로 나타나며, 매우 낮은 식사비를 지출하는 업종이 금융(2만 3,800원), 사업시설관리(2만 4,000원), 전기 · 가스 · 수도 사업(2만 8,200원)으로 나타났다. 업종의 성격에서 보면 전통적인 분야인 제조업, 숙박 · 음식과

도소매업종의 복지비 지출이 높은 것으로 나타났고, 숙박 · 음식업종의 높은 복지비는 당연한 결과라고 여겨지며, 최근에 개별업종으로 부상한 예술 · 스포츠 부문의 높은 식사비 수준이 주목된다. 좀 특이한 사항으로는, 기업복지비가 가장 높은 금융부문과, 전기 · 가스 · 수도사업분야의 식사비수준이 매우 낮다는 점이다. 이런 현상은 업종의 특성으로 공동식사시설 확보가 여의치 않거나, 상대적으로 높은 임금수준을 유지하는 관계로 생계보조적인 식사비에 대한 선호도가 높지 않은 등의 기타 여러 이유가 있을 수 있다. 그리고 기업복지비의 총액이 높은 데 비해 식사비가 낮다는 사실은 기업복지의 항목이 다양하다는 것을 의미하고, 그것은 기타 항목에서 금융부문과 전기 · 가스 · 수도부분이 각각 으뜸, 버금가는 높은 수준으로 미루어 보아 짐작할 수 있다.

식사비의 변화 추이를 보면, 제조업, 숙박 · 음식, 도소매업종에서는 1990년대 이후 해마다 약간의 변동은 있으나 비슷한 수준을 유지하고 있고, 복지비가 상대적으로 낮은 업종인 금융, 사업시설관리부문도 큰 변동 없이 비슷한 수준을 유지하고 있다. 예술, 스포츠 부문에서는 2008년 이후 약간의 하향감소추세를 보이고 있고, 전기 · 가스 · 수도사업에서는 2008년에는 6만 1,900원으로 높은 수준을 보이다가 매년 감소하여 2014년에는 2만 8,200원으로 큰 감소추세를 보이고 있다.

두 번째로 복지비가 많은 부문이 자녀학비보조분야이다. 자녀학비보조로 가장 많이 지출하는 업종을 순위별로 보면, 금융 및 보험(5만 9,100원), 제조업(3만 4,300원), 전기 · 가스 · 수도사업(3만 3,700원), 출판 · 영상 부문(2만 4,400원), 건설업(2만 1,000원)이고, 가장 낮은 업종부터 역순으로 보면 사업시설관리업종이(2,600원), 전문 과학 · 기술업(8,000원), 협회 및 단체부문(8,900원)으로 나타났다. 대부분의 항목에서, 실시비율과 복지비 측면에서 강세를 보이고 있는 금융 및 보험, 제조업, 전기 · 가스업종에서 상대적으로 높은 자녀학비보조금을 지급하고 있고, 이 세 업종은 타 업종에 비해 임금이 높다는 사실은 이 업종에 속한 기업들의 지불능력이 높다는 추정이 가능하다. 자녀학비지출이 가장 낮은 업종은 시설관리업종의 4.4%로 극히 낮은 수준이고, 이를 제외한 하위 5업종도 10% 이하로서 금융 및 보험업의 1/5 이하의 매우 낮은 수준에 머무르고 있다. 자녀학자금지출의 변화 추이를 보면, 제조업, 도소매업, 운수업에는 2008년 이후 별 변동이 없으며, 건설업, 금융 · 보험업, 출판 · 영상부문에서는 각각 46%, 23%, 135%의 증가세를 보인 반면, 전기 · 가스에서는 21%, 전문 과학기술업종에서는 58%의 하락세를 보였다.

근로자 1인당 기업복지비가 세 번째로 많은 항목이 교통 · 통신지원비이다. 이 항목은

2012년까지는 기타 비용 항목에 포함되어 있다가 2013년부터 지출액이 상대적으로 증가함으로 인해 독립된 항목으로 표기되기 시작하였다. 복지비 지출이 가장 높은 분야는 예술 · 스포츠분야로 3만 4,600원이고, 다음으로는 출판 · 영상업(2만 9,300원), 제조업(2만 9,200원), 전기 · 가스(2만 3,000원), 건설(2만 1,000원)순이고, 가장 낮은 업종으로는 부동산임대업(4,900원), 사업시설관리업(5,400원)으로 나타났다.

그 다음으로 복지비 지출이 큰 항목이 전통적으로 중요시되어 온 주거와 건강 · 보건에 관한 지출이다. 주거의 경우 예술 · 스포츠분야가 29,800원으로 가장 높고, 그 다음이 전기 · 가스(2만 8,800원), 건설(2만 200원), 금융 · 보험(1만 6,700원), 제조업(1만 6,200원)의 순이다. 가장 낮은 업종으로는 협회 및 단체가 5,800원이고, 그 위에 사업시설관리(6,100원), 운수업(8,600원)이 자리 잡고 있다. 비교적 최근에 따로 분류된 예술 · 스포츠분야가 가장 높은 것은 합숙 등이 주가 되는 업종의 특성과 관련이 있다고 보여지며, 운수업과 사업시설관리 업종의 낮은 복지비 지출은 기업규모가 상대적으로 작고 기업의 지불능력이 낮은 점과 연관되어 있다고 여겨진다. 2008년 이후의 변화 추세를 관찰해 보면 제조업은 별 변동이 없고, 소폭의 증가추세를 보이는 업종은 전기 · 가스, 예술 · 스포츠분야이며, 큰 폭의 증가세를 보이는 업종으로는 건설, 운수, 숙박 · 음식분야이다. 반면에 하락추세를 보이는 부문은 금융 · 보험, 부동산, 전문과학 · 기술, 협회 및 단체업종으로 나타났다.

건강 · 보건 항목에서는 금융 · 보험업이 3만 7,200원으로 가장 많고, 제조업(1만 8,800원), 전기 · 가스 · 수도사업(1만 7,100원), 출판(1만 5,700원)의 순서로 나타났고, 낮은 순서로는 부동산임대업(3,500원), 운수업(3,600원)의 순이다. 2008년 이후의 변화추세를 관찰해 보면 제조업은 별 변동이 없고, 소폭의 증가추세를 보이는 업종은 전기 · 가스, 예술 · 스포츠 분야이며, 큰 폭의 증가세를 보이는 업종으로는 건설, 운수, 숙박 · 음식 분야이다. 반면에 하락추세를 보이는 부문은 금융 · 보험, 부동산, 전문과학 · 기술, 협회 및 단체업종으로 나타났다.

휴양 · 문화 · 체육 · 오락부문에서는 금융 · 보험업의 지출이 2만 8,700원으로 가장 높고, 전기 · 가스 · 수도사업(1만 7,000원), 출판 · 영상(1만 2,900원), 제조업(1만 1,600원), 도소매(1만 700원)의 순으로 나타났고, 가장 적게 지출하는 업종은 사업시설관리의 2,600원, 협회 및 단체의 5,100원 순이었다. 기업복지비가 가장 좋은 4업종은 임금수준 역시 가장 높아서 근로자의 삶의 질을 높이는 휴양 · 문화 · 체육 · 오락부문의 지출이 높은 것은 어렵지 않게 예견할 수 있고, 복지비 지출이 가장 낮은 두 업종의 임금은 전체 업종 중에서 가장 낮은 수준을 보이고 있다. 최근 8년간의 변동 추이를 보면 전기 · 가스 · 수도사업에서 40%, 건설업에서 50% 정도 하락하였는데, 두 업종 모두 같은 기간 중의 임금은 꾸준히 상승해 온 상황을 보면 하락의 이유를 재정적인 측면보다는 다른 분야에서 찾을 수 있을 것으로 생각된다.

국가적인 차원에서 임금인상의 대안으로 강조되어 온 사내근로복지제도를 살펴보면 극히 편중된 상황이 보여진다. 사내근로복지기금에 가장 많이 기여하는 업종은 금융 · 보험으로 3만 8,300원이고, 전기 · 가스 · 수도사업(3만 6,600원), 출판 · 영상(2만 5,900원), 예술 · 스포츠 및 여가(2만 5,800원)가 뒤따르고, 전문 과학 · 기술(1만 5,000원)업종을 제외하면 나머지 업종에서는 6,000원 이하에 머물러 있다. 이러한 현상은 사내근로복지기금 제도가 대기업이나 지불능력이 큰 기업을 중심으로 도입되는 상황과 맞물린다고 볼 수 있다. 변동추세를 살펴보면 전기 · 가스 · 수도사업과 예술 · 스포츠 및 여가업종에서는 35% 정도 하락했고, 전기 · 가스 · 수도사업은 1/4의 수준으로 감소한 것으로 나타났다. 전기 · 가스 · 수도사업은 대부분 공기업으로서, 시장형 공공기관의 방만한 복지비 지출에 제동을 거는 정부시책에 따라서 감축되어진 것으로 추정된다.

기업복지의 산업별 격차를 기업복지의 시행률과 기업복지비를 기준으로 면밀하게 살펴본 결과 두 가지 특징을 발견할 수 있다. 하나는, 기업복지도 임금과 마찬가지로 높은 자본장비율과 기업특수적인 숙련기술을 가진 우수한 노동력을 유지하고 확보하는 수단으로 활용된다는 사실이고, 또 다른 하나는 기업복지의 격차는 임금의 격차와 정비례하며, 기업복지의 격차가 임금의 격차보다 월등히 크다는 사실이다. 이에 대해서는 기업복지와 임금을 통한 불평등 심화현상을 기업규모별, 산업별 격차에 대한 내용과 연결지어 종합적으로 분석하는 다음의 논의에서 다루어질 것이다.

3) 기업규모별 · 산업별 불평등

(1) 기업 간의 불평등요인

기업규모별, 산업별 기업복지를 종합적으로 고찰하기 위해서 먼저 기업 간의 기업복지비 격차를 임금과 대비하고, 그 내용을 기업복지와 연결시켜 논의하기로 한다. 기업 간의 기업복지격차를 결정짓는 요인은 기업규모와 산업별 특성이다. 기업규모 요인과 산업별 특성 요인이 각자 다른 논리로 복합적으로 작용하면서 기업 간의 격차를 유발하는데, 이러한 현상이 업종에 따라 다르다는 사실을 주목할 필요가 있다. 예를 들면, 〈표 10-10〉에 나타난 대로 2013년 1인당 기업복지비를 가장 많이 지출하는 금융 및 보험업종의 중소기업과 대기업 간의 임금 격차는, 중소기업/대기업의 비율이 100.1%로서, 없다고 볼 수 있다. 중소기업근로자의 평균임금이 대기업근로자 평균임금과 거의 같다는 것은 기업규모가 임금의 결정적인 요인이라는 일반화된 인식으로는 설명이 되지 않는다. 이 경우 중소기업근로자의 임금이 대기업 근로자수준이라는 것은 근로자의 기업특수적인 기술과 숙련도 요인으로밖엔 설명할 수가 없다. 다시 말하면, 기업특수적인 기술을 가진 고숙련도를 지닌 근로자는 대기업이나 중소기업을 막론하고 비슷한 수준의 임금을 받는다는 사실을 뜻한다. 이러한 상황은 기업규모와 상관없이 임금이 비슷한 전기 · 가스 · 증기 및 수도사업 업종의 경우에도 해당된다고 볼 수 있다. 기업특수적인 기

〈표 10-10〉 기업규모 · 업종별 격차(2013) (단위: 천 원, %)

업 종	기업규모	임 금	격차비(A/B)	기업복지비	격차비(C/D)
금융 및 보험업	중소기업(A)	5, 771.2	100.1	206.7(C)	205.4
	대기업(B)	5, 826.9		424.5(D)	
전기, 가스, 증기 및 수도사업	중소기업(A)	5, 885.8	105.5	330.2(C)	84.3
	대기업(B)	6, 207.2		278.2(D)	
예술, 스포츠 및 여가 관련 서비스업	중소기업(A)	2, 867.4	163.3	178.0(C)	251.3
	대기업(B)	4, 683.2		447.3(D)	
제조업	중소기업(A)	3, 022.4	178.0	196.8(C)	197.5
	대기업(B)	5, 380.3		338.6(D)	
협회 및 단체, 수리 및 개인서비스업	중소기업(A)	2, 648.9	173.2	118.4(C)	224.9
	대기업(B)	4, 587.8		266.3(D)	
부동산업 및 임대업	중소기업(A)	2, 670.8	86.8	88.0(C)	66.8
	대기업(B)	2, 317.7		58.8(D)	
사업시설관리 및 사업 지원 서비스업	중소기업(A)	1, 834.1	107.7	55.6(D)	68.2
	대기업(B)	1, 975.5		37.9(D)	

자료: 고용노동부(2013). 기업체 노동비용 조사.

술의 지표 중 하나인 직업 훈련비를 살펴보면, 전기, 가스 부문의 경우 직업훈련비가 17만 6,200원이고, 금융부문에서는 6만 8,900원으로서 전체 평균인 2만 6,100원의 3배 내지 7배의 지출로 나타났다.

특기할 것은, 같은 현상이 임금과 기업복지비가 상대적으로 매우 낮은 업종의 경우에도 적용된다는 것이다. 사업시설관리 및 사업 지원 서비스업같이 임금과 기업복지비가 최저 수준에 있는 경우에도 근로자의 평균임금은 기업규모와 거의 무관하고, 부동산업 및 임대업의 경우는 대기업 임금수준이 중소기업의 86.8%로 더 낮다. 이러한 경우는 근로자의 저 숙련적인 인적자본의 특성으로 인해 기업규모에 관계없이 임금이 유사하게 나타나는 현상이다. 실제로 사업시설관리 부문과 부동산 부문의 교육훈련비는 각각 3,800원과 1만 100원으로 전체 평균의 1/3 내지 1/7 수준으로 나타났다. 요컨대, 기업규모에 상관없이 임금수준이 비슷한 경우 임금을 결정하는 핵심적인 요인은 인적자본의 특성이라고 결론지을 수 있다.

중소기업과 대기업 사이의 임금격차가 큰 업종의 경우, 임금의 결정요인에는 기업규모와 인적자본의 특성이 복합적으로 작용한다고 보여지고, 어느 요인이 더 중요한가에 대해서는 업종의 기업특수적인 기술이나 숙련도의 필요 여부에 따라 판정지을 수 있다. 〈표 10-10〉에 기재된 내용 중 고임금 업종으로 예술, 스포츠 및 여가 관련 서비스업과, 제조업이 해당되고, 저임금 업종에는 협회 및 단체, 수리 및 서비스업이 포함된다. 실제로 2013년의 경우 세 업종의 교육훈련비가 평균 3만 원 선으로 전체평균인 2만 6,100원을 조금 상회하는 것을 보면 세 업종의 규모별 격차의 요인이 인적자본의 특성보다는 기업규모라고 볼 수 있으나, 교육훈련비 하나만을 분석의 기준으로 삼는 것은 미흡하다고 볼 때, 위의 내용은 잠정적인 결론이라고 할 수 있다.

(2) 기업복지의 불평등 심화효과

기업복지의 기업규모별, 산업별 기업복지의 격차를 보면 임금수준의 격차보다 매우 크게 벌어지는 현상이〈표 10-9〉에서 확연히 드러나고 있다. 이런 현상의 실증적 근거는 임금과 기업복지 간의 높은 정비례관계가 존재한다는 '일정비례가설'로서, 이 가설은 최균(2002), 김진구(1999) 등의 연구로 입증되었다고 기술된 바 있다. 그런데 위의 가설로서 설명이 안 되는 사례가 〈표 10-10〉에서 나타나고 있다. 전기, 가스, 증기 및 수도 사업업종에서 보면 임금이 더 높은 대기업의 기업복지비가 중소기업에 비해 도리어 더 낮은 것으로 나타나고 있다. 이러한 현상은 전기, 가스, 증기부문의 사업체가 대부분이 시장형 공기업, 준시장형 공기업과 지방공기업이고, 그중 기업규모는 대규모에 속하지 않지만 시장형 공기업으로 기업복지비가 상대적으로 매우 높은 기업이 포함된 것이 그 원인라고 추정된다. 실제로 2013년의 경우 한전기술의 연 기업복지비가 785만 원에 달했고, 가스기술공사의 경우에도 677만 원으로 보고되었다(국민일보, 2014. 3. 4). 일반적으로, 상·하수도를 관장하는 지방 직영기업의 규모는 그리 크지 않지만, 공기업이라는 특성에 따라 기업복지비는 상대적으로 높은 수준이라고 추정할 수 있다. 부동산과 임대업에서도 대기업의 임금 수준이 중소기업에 크게 못 미치는 것으로 나타나는데, 이는 업종의 특성상 기업규모와 기업이익이 일치하지 않는다는 현실을 반증하는 것이라고 볼 수 있다.

일정비례가설로 설명되지 않은 현상은 임금이 상대적으로 매우 낮은 업종에서도 찾아볼 수 있다. 대부분의 업종에서 기업복지비의 격차가 임금의 격차를 크게 웃도는 데 반해 사업시설관리 및 사업지원서비스업과 부동산업 및 임대업의 경우 기업복지비의 격차가 임금의 격차보다 매우 낮게 나타났다. 이것은 임금의 수준이 낮은 경우 우선적으로 임금을 최대한으로 높이려는 기업의 노력과 근로자의 욕구가 맞물려 생기는 현상이라고 볼 수 있다. 뒤에 언급되겠지만, 임금인상의 여력이 충분히 있음에도 정부와 타 업종의 압력과 시선을 의식해서 임금인상분을 기업복지로 은폐하여 제공하는 대기업이나 공기업의 관행과는 반대현상으로, 기업복지를 줄여서라도 임금을 좀 더 확보하려 안간힘을 쏟아내는 저임금기업의 고뇌의 흔적이 임금격차보다 축소된 기업복지의 현실로 나타나고 있다고 해석된다.

기업복지비가 임금의 격차로 인해 유발된 기업규모별 격차와 산업별 격차를 심화한다는 사실이 〈표 10-10〉에 고스란히 담겨 있다. 평균임금이 가장 높은 금융 및 보험업종의 경우 규모별 임금격차는 거의 없는데, 기업복지는 2배 이상의 격차를 보이고 있다. 같은 맥락에서 예술, 스포츠 부문에서도 대기업의 임금이 중소기업에 비해 1.5배 정도 높은데, 기업복지비는 2.5배 더 높고, 협회 및 단체부문과 제조업의 경우에도 격차의 차이는 조금 적지만 동일한 현상이 나타나고 있다. 일반적으로 임금이야말로 근로자의 생산성, 노동성과 숙련도, 기여도, 경력 등에 의해 제공되는 '노동력의 상품화'가 대표적인 특성이라는 데는 이견이 있을 수 없다. 물론 우리나라의 임금체계에서는 매년 자동적으로 임금이 오르는 호봉제를 대기업의 80% 이상이 채택하는 상황으로 직무능력이나 성과에 따르는 성과급제와는 다르지만, 호봉승급이 임금인상의 전부가 아니기에, 선진국보다는 '노동의 상품화' 성격이 약하다고 해도, 그것이 임금의 기본원칙인 것에는 반론이 있을 수 없다. 그런 이유로 근로자의 소득격차의 주된 요인이 임금이라고 볼 때, 복지의 일종으로 인식되는 기업복지의 격차가 임금격차를 현격하게 상회한다는 사실은 뜻밖의 충격적인 사실로 다가온다. 명칭 자체가 기업과 복지의 혼합어로 아무리 기업이 우선한다고 해도 명색이 복지이고, 복지의 수혜자는 부유층이 아니라 빈곤층이라는 것이 일반적인 통념인데, 아무리 기업복지의 특성이 '복지의 상품화'라고 하지만 임금보다 더 불평등을 부추기는 현상은 납득하기 쉽지 않다.

복지라는 명칭을 가지면서도 임금보다 더욱 불평등을 심화시키는 단서는 기업복지의 드러나지 않은 이른바 '은폐성'과 '위장성'에서 찾을 수 있고, 이러한 은폐성은 두 가지 부문에서 기업현장에서 실제로 발생한다. 첫 째는 미국이나 캐나다의 경우, 외부에서 유능한 인력을 충원할 때 기업복지가 흔히 활용된다. 높은 수준의 기업복지보다 고임금을 선호하는 것이 일반적인 정서임에도 불구하고, 상대적으로 노출되기 쉬운 임금체계로 인해 외부의 시선과 내부의 형평성 문제로, 은폐성을 가진 기업복지가 활용된다는 내용이 전장에 상세히 언급되었다. 이러한 이유로 기업복지가 고급인력을 유인할 경우 유인수단으로 빈번히 사용되는 실정이고, 이러한 현상은 우리나라에서도 그대로 적용된다고 보여진다.

두 번째 이유는 기업복지의 위장적인 특성으로 설명된다. 정부가 제시하는 임금 가이드라인을 기업의 입장에서는 무시할 수 없고, 또한 동종 업종이나 타 회사의 노동조합 등을 의식하지 않을 수 없는 상황에서, 지불능력이 있고, 조직력과 교섭력이 막강한 노동조합의 강력한 요구 내지 위협에 처한 기업에서는 진퇴양난의 위기에 봉착하게 된다. 이러한 상황에서 기업복지는 돌파구로 유용하게 사용되며, 이러한 현상이 가장 두드러지는 부문이 바로 공기업이다. 이에 대한 구체적인 내용은 이미 사내근로복지기금에 관한 논의에서 언급되었다.

기업복지가 근로자의 임금인상의 구체적인 수단으로 쓰이는 데는 '상품권'이 주로 사용된다. 기업복지의 항목 중에서 '피복비'란, 업무특성상 작업복 구입비인데, 공기업에서 이런 용도의 비용을 임금인상의 수단으로 활용하는 사례가 있다. 즉 작업복이 필요 없는 경우, 현금 대신 상품권으로 받는 경우이다. 산업은행에서는 2007년 18억 6,200만

원을 기업복지비로 지출했는데, 이중 17억 7,000만 원은 상품권을 사서 직원들에게 배부하였다. 마사회도 노동조합의 매출증대에 따른 격려금요구에 상품권을 지급하였는데, 이것은 인건비 집행액을 줄이기 위해 인건비 예산을 기업복지비로 옮긴 후, 다시 기업복지예산으로 상품권을 샀다고 보도되었다. 상품권을 구입하는 금고로서 사내근로복지기금이 빈번하게 사용된다. 그리고 이 기금에는 그 용도가 정해져 있어서 직원들에게 현금으로 나눠주기 어렵기 때문에 상품권을 구입하여 직원들에게 배부하는 경우가 허다하다는 것이다. 한 발짝 더 나아가서 이러한 상품권은 현금으로 다시 바꿀 수 있기 때문에 이른바 '카드깡'의 행태가 빈번하게 이루어진다는 보도가 있다(이데일리, 2008. 8. 29).

여태까지 살펴본 바에 의하면, 약간의 예외는 있지만, 기업복지는 대부분의 경우 기업규모나 산업 간의 차이로 인해 벌어진 소득의 격차를 더욱 심화하는 결과를 초래하고 있다. 또한 기업복지의 은폐 지향적이고 위장이 가능한 특성으로 인해, 누진세 회피를 가능하게 하고, 인플레이션 현상을 방지하기 위한 국가의 임금규제시책을 비웃기라도 하듯 피해 나가며, 심지어는 카드깡 같은 탈법적인 행위의 온상이 되기까지도 한다. 기업복지의 이러한 기능과 효과는 기업복지가 사회복지가 추구하는 사회통합 목적에 역행하며, 사회양극화 현상을 부채질하는 반사회복지적인 성격을 원초적으로 배태하고 있다는 사실이 간과되어서는 안 될 것이다.

(3) 기업 내의 불평등

① 인적자본 특성별 불평등(내부노동시장 모형)

인적자원의 특성에 관한 불평등에 대해서는 9장 '한국기업복지제도의 결정요인'의 내용 중 '종업원 인적자원의 특성'의 논의에서 교육(숙련도), 남성비율, 관리직무 수, 근속연수의 요인에서 불평등현상이 포착되었다는 언급이 있었고, 이러한 요인들은 또 다른 요인인 '임금수준'과 직결되어 논의되었기 때문에 현재의 논의에서는 간략하게 다루어진다.

기업에서 지출하는 복지비는 기업에서 필요로 하는 인력이나, 직무의 성격이 인적자본의 질이 높은 인력을 필요로 하거나, 이직 대체인력을 충원하기 어려운 경우 근로자를 근속시키거나 생산성 높은 근로자를 유인하기 위한 기제로 널리 사용된다. 여기서 인적자본의 특성이란 종업원의 교육수준, 연령, 경력연수, 남성비율 등의 인적자본의 특성과 상용근로자의 수, 사무직 근로자의 비율, 관리직무비율 등 내부노동시장의 특성으로 이루어진다. 송호근의 자료 분석의 경우, 평균연령은 부정적인 영향력을 보이고, 평균경력연수는 긍정적인 영향력을 보인다고 지적하였다. 이러한 현상에는 여러 가지 이유가 있겠지만, 노동조합의 영향력도 의미 있는 요인이라고 보여진다. 일반적으로 노동조합 간부들의 연령이나 특히 경력연수는 상대적으로 오랜 집단에 속한다고 볼 수 있어서 노사 간에 단체협상 내용에 임금보다는 기업복지의 내용에 장기근속근로자를 우대하는 조항이 삽입될 가능성이 매우 높다. 왜냐하면 노동조합에 직 · 간접적으로 영향을 미치고 노동조합의 운영진에 정통성을 부여함을 통해 힘들 실어줄 수 있는 집단은 전임 노조간부를 포함한 이른바 '고참'집단일 가능성이 매우 높다고 볼 수 있기 때문이다.

기업복지비가 임금수준과 직결된다는 면을 감안하면, 우리나라 조직문화의 독특한 임금체계인 '호봉제'도 의미 있는 역할을 담당한다고 보여진다. 업무능력과 무관하게 경력연수가 길다는 사실만으로 장기근속자가 단기 근속자에 비해 높은 임금과 기업복지를 제공받는 누진적인 구조는 인적자본에 의해 불평등현상이 나타나고 심화되는 한 단면이라고 보여진다.

그러나 경력연수를 제외한 다른 변수들은, 송호근의 연구에서는, 복지수준의 차이를 설명하는 데 무의미한 결과로 나타났다. 구체적으로 말하자면, 종업원의 평균연령이 높아질수록 복지점수는 낮아지고, 교육, 사무직비율, 관리직무 수, 남성비율 등의 내부노동시장을 구성하는 지표들이 기업복지수준과 아무 관계가 없다는 연구결과에 대해서는 의문을 제기할 수 있다. 이러한 결과에 대해 송호근은 기업복지가 종업원 전체를 대상으로 하는 보편성과 집단성을 반영한다고 해석하는 듯하나, 집단성이란 보편적인 집단이 아니라 차별적인 집단을 말하고, 이러한 집단 간의 차별성은 기업 외적으로 업종, 규모 등에 따라 차등화되며, 기업 내에서도 임금수준, 성별, 숙련도, 교육수준에 준해서 차별적으로 제공되기 때문에 그의 해석의 설득력이 낮다고 판단된다. 위의 지표들이 임금수준을 결정하는 변수로서 매우 중요한 변수이고, 임금수준과 기업복지수준의 상관관계가 매우 높다는 다른 연구에 비추어 볼 때, 송호근의 연구의 결과의 신빙성에 의심의 눈초리를 보낼 수 있다. 이에 대해 송호근은 상호 관련성이 큰 생산성 시장의 특성과 인적자본의 특성들이 통합되어 다중공선성 문제(multicollinearity)가 발생한 것으로 보아 각 변수를 하위변수로 세분하여 회귀분석을 행한 결과 교육, 남성비율, 관리직무수에 유의미한 수치로 나타났다고 보고하였다(송호근, 1995).

② 취업 형태별 불평등

가. 정규직과 비정규직 간의 불평등 실태

비정규직의 보편적인 정의는 정해져 있지 않지만, 대체로 정년을 보장받지 못한 채 일정 기간 동안만 일시적으로 일하는 근로자를 가리킨다. 비정규직의 종류로는, 하청업체를 통해 근로자를 고용하는 형태로 간접고용, 일용직, 개별사업자와 계약을 맺지만 실제로 회사에서 업무를 지시하고 임금을 지급하는 특수고용과, 고용기간이 정해진 계약을 맺음으로써 고용되는 기간제라고도 불리는 계약직이 있다. 비정규직은 임금을 적게 주고 쉽게 해고하기 위해 등장했으며, 정규직에 비해 임금복지 및 제반 노동조건과 노동운동 등에 있어 차별적인 대우를 받으며, 높은 업무강도와 고용불안 및 비인격적인 고용환경에 있어서 정규직에 비해 지나치게 열악하다는 것이 보편적인 실태이다(위키백과, 2015).

비정규직은 산업사회가 시작된 후부터 세계도처에 산재해왔다. 그러다가 1980년대 신자유주의적 경제 환경변화의 와중에서 무한경쟁으로 치닫는 세계화의 파고 속에 기업의 생존 전략의 일환으로 노동의 유연화의 필연성이 대두되면서 본격적으로 확산되기 시작하였다. 또한 기술혁신과 제품의 생애주기의 단축으로 노동력의 수요와 업무내용이 변화하고, 정보통신의 기술의 혁신이 이루어지면서 그 필요성이 점증되어 왔다. 우리나라에서도 1990년대 불어닥친 세계화의 추세 속에서 비정규직의 비율이 확산되기 시작하였으며, 특히 IMF 외환 위기를 계기로 대규모의 구조조정이 외부와 내부의 압력에 의해 필수적으로 시행되는 상황에서, 정리해고제와 근로자 파견제가 합법화되면서 파견근무, 기간제 등의 비정규직이 급격히 증가하게 되었다.

2015년 통계청이 내놓은 '경제활동 인구조사 근로형태별 부가조사'에서 비정규직 근로자는 601만 2,000명으로서 전체 근로자 1,879만 9,000명의 32%가 비정규직이라고 보고하였다. 같은 해 고용노동부의 공시에 따르면, 460여만 명의 대기업 근로자 중 직접 고용된 근로자(정규직+기간제)가 80%이고 파견, 하청업체 등의 형식으로 간접적으로 고용된 근로자가 20%로 나타났다. 직접고용된 근로자 중 기간제가 22.9%로서 전체 근로자 중 비정규직 근로자(기간 제+간접고용)의 비율이 38.3%인 것으로 집계되었다. 이것은

2014년의 37.2%에 비하면 증가한 숫자로 기업규모가 클수록 파견, 하도급, 용역 등 간접고용의 비율이 높은 것으로 나타났다.

특히 1,000명 미만 기업의 간접고용률이 13.4%인 데 비해, 1,000명 이상의 기업은 23%로서 기업규모가 클수록 간접고용비중이 높았고, 간접고용 비율 순위를 보면, 삼성물산이 1위로 64.7%였고, 현대중공업(62.4%), 포스코(47.3%), GS칼텍스(45.6%), 현대모비스(42.1%)순이며, 8순위에서 10순위까지는 현대자동차(14.2%), 기아자동차(12.5%), LG전자(7.5%)로 낮은 비율을 보였다. 산업별로는 건설(44.6%), 예술 · 스포츠(27.1%), 제조(25%) 순이었고, 직접고용 근로자 중 기간제의 비율은 부동산 임대(64.4%), 건설(52.7%), 시설관리 · 지원서비스(49.4%)로 나타났다(동아일보, 2015). 건설업과 부동산 임대업, 사업관리 · 지원서비스에서 비정규직의 비중이 매우 높다는 사실은, 비정규직에 대한 기업복지의 극심한 차별현상으로 인해 건설업 등의 세 업종의 기업복지비가 전체 평균인 25%의 74%에도 못 미치는 낮은 수치를 설명하고 있다.

비정규직이 필연적으로 대두된 직접적인 원인은 해고를 쉽게 하고, 적은 임금을 주어 기업의 경쟁력을 제고하는 것이다. 정규직으로 고용하면 자동 인상의 성격인 호봉제에 더해 임금이 인상되고, 노조의 반대로 해고가 어렵지 않다면 거의 불가능한 상황을 피하기 위해, 기업에서는 정규직의 고용을 최소화하고 그 자리를 비정규직으로 대체하는 수단을 기본적인 경영 전략으로 기용한 것이라고 보여진다. 위에 기술된 대로 삼성물산을 비롯한 초대형 기업에서 비정규직을 절반 이상 고용하는 행태가 이것을 잘 보여준다. 비정규직의 증가는 임금과 기업복지의 격차의 단초가 되는 이중노동시장구조로 설명이 용이하다. 1980년대 독점적인 대기업이 확장되면서 기업특수적인 기술을 가진 고숙련 노동력을 유지하고 또 유치하기 위해서 높은 임금과 기업복지를 유지책 내지 유인책으로 활용하였다고 언급한 바 있고, 특히 노동력 부족현상이 첨예했던 1990년대 초 · 중반에는 더더욱 그러했다. 숙련된 노동력에 집중적으로 투자되는 노동비용으로 인해 정규직 고용을 최소화하는 대신, 저임금으로 채용할 수 있는 비정규직을 전체 근로인력의 40% 정도까지 직 · 간접으로 고용함을 통해 노동비용을 적정선에서 유지하려고 하고 있음을 알 수 있다.

비정규직에게 정규직의 60% 미만의 저임금을 지불함을 통해 노동비용을 줄인다는 사실에는 이견이 없지만 실제로 노동비용의 축소되는 폭은 정규직과 비정규직 간의 임금 격차보다는 적어진다. 이런 현상은 주로 전문직의 채용과정에서 나타나는데, 주로 대기업에서는 직접 비정규직을 고용할 때 인력알선 대행업체(agency)를 통해 인력을 충원한다. 이때 피고용인은 고용되는 회사로부터 직접 임금을 받는 것이 아니라 대행업체로부터 받는다. 이 경우 대행업체가 받는 알선 수수료에 대해서는 피고용인에게 알려지지 않으며, 고용하는 회사가 피고용인의 임금과 대행업체에 지불하는 수수료를 합한 비용은 정규직에 제공하는 임금 못지않거나 때론 초과하는 경우도 많다. 이렇듯, 비정규직 채용으로 인해 인건비 절감효과가 미미하거나 반대인 경우에도 비정규직을 고용하는 이유 중에는 손쉬운 해고가 결정적이고 핵심적인 요인이라고 할 수 있다.

기업에서 근로자 대상으로 행해지는 해고에는 징계해고, 정리해고와 일반해고가 있는데 이중 일반해고란 저성과자나 근무불량자를 해고하는 경우를 말한다. 그러나 여태까지는, 특히 대기업에서 강성노조가 존재할 때에 일반 해고를 단행하는 것은 노동조합의 반대로 불가능에 가까웠다. 이러한 상황에서 높은 임금을 받으면서 생산성이 매우 낮은 저(低)성과자를 해고할 수 없어서, 결국 기업에서는 노동조합의 보호권 안에 있는 정규직의 수를 늘리기보다는 경기 흐름을 따라 고용규모를 손쉽게 조절할 수 있는 비정규직 위주로 고용하려 들게 마련이다. 이러한 두 가지 이유가 비정규직의 확산과 비정규직에 대한 임금, 복지, 노동조건 등 거의 모든 면에 걸쳐서 자행되는 차별대우의 대표적인 이유이다.

정규직에 비해 비정규직이 차별받은 대표적인 분야는 임금이다. 통계청이 내놓은 '2014년 3월 경제활동인구조사 근로 형태별 부가조사'결과에 따르면, 비정규직 근로자의 주간 근무시간이 정규직 근로자의 81% 수준에 달하지만 월 평균임금은 56.1%에 해당했다. 기업규모별로 보면 1,000인 이상의 대기업을 100%로 볼 때 대기업 정규직은 64%였고, 중소기업 정규직은 52%였으며, 중소기업 비정규직은 35% 수준에 머무는 것으로 나타났다(조선일보, 2015. 7. 16).

사회보험(법정복지)에 있어서도 비정규직에 대한 차별은 더 확대되어 나타난다. 2014년 정규직의 국민연금 가입률은 82.1%로서 전년보다 0.8% 올라갔지만, 비정규직은 1년 전보다 0.8% 낮아진 38.4%로 나타났다. 건강보험 가입률도 정규직이 84.1%로 1년 전보다 0.6% 상승한 반면, 비정규직은 전년보다 1.5% 낮아진 44.7%였다. 2012년 '일 · 가정 양립 실태조사' 결과에서 고용보험가입자가 이용할 수 있는 육아휴직을 근로 유형별로 보면, 육아휴직 제공사업체 비율은 정규직 여성이 100%인 반면, 비정규직 여성은 15.5%에 불과했다. 남성의 경우에도 정규직은 12.2%인 반면 비정규직은 1.8%로 7분의

1 수준이었다. 퇴직금에서도 비정규직의 여건은 열악하다. 정규직의 퇴직금 수혜율이 82%였으나 비정규직은 39.5%로서, 전년보다 격차가 0.6% 벌어진 상황으로 10명 중 6명은 퇴직금조차 받지 못하고 직장을 떠나는 실정이다.

정규직과 비정규직의 불평등이 가장 심한 부문이 기업복지이다. 매년 5,000가구를 표본으로 조사하는 한국노동패널의 2009년 조사에 의하면, 자녀학비보조에 있어서 정규직의 32%가 혜택을 받은 반면 비정규직은 8.2%였고, 보육비 지원에 있어서도 정규직의 5.4%가 지원을 받고 있었으나 비정규직은 1%로 보고되었다. 기업복지 항목에서도 정규직은 평균 4~5항목에서 혜택을 받고 있었으나 비정규직이 받은 기업복지혜택은 1.7개인 것으로 나타났다(김유선, 2015).

기업복지 관련해서 비정규직에 대한 차별을 방지하기 위해서 고용부는 2012년부터 근로감독관에게 차별시정 지도권을 부여하여 비정규직 고용 사업장에 대한 지도감독을 실시하고 있다. 2014년 금융 · 보험기관 및 병원 등 341개의 사업장을 대상으로 근로감독을 실시한 결과 48사업장에서 60건의 차별적 처우를 확인하였다. 그중 기업복지급부인 교통비, 효도휴가비, 차량유지비, 가족수당, 복지 포인트, 피복비, 경조금 등을 지급하지 않거나 차등으로 지급한 사례가 가장 많았고, 성과급, 각종 수당, 임금차별이 그 뒤를 이었다(연합뉴스, 2014.).

나. 비정규직과 노동조합

우리나라는 1997년 IMF 외환 위기를 겪으면서 '노동시장의 유연화'라는 명목으로 비정규직 근로자를 양산하였다. 하지만 그 이후 대기업 정규직은 노동조합을 중심으로 철옹성을 구축하면서 자신들을 보호할 수 있었던 반면, 비정규직은 상대적인 빈곤과 고용불안에 내몰리면서 노동시장은 더욱더 경직되었고, 정규직과 비정규직 간 격차는 더욱 확대되었다. 이러한 취업형태별 양극화 현상에 노동조합은 어떤 역할을 해왔는지 살펴볼 필요가 있다. 노동조합이 비정규직에 대한 차별해소를 위해 순기능을 담당했는지, 아니면 격차의 확대요인이 되었는지의 규명 여부에 따라 정규직과 비정규직 간의 격차의 확대/축소 여부에 대한 예측에 중요한 변수가 된다고 볼 수 있다.

고용노동부가 공개한 자료에 의하면 2013년 노조조직률은 10.3%로 민주화 바람이 거셌던 1989년 19.8%의 절반 수준으로 줄었고, 비정규직의 노조가입률은 1.7%에 그치고 있다. 조합원 규모별로 보면 50명 미만의 소규모 노조가 전체의 51.4%를 차지하였으나 조합원 수로는 전체에 2.4%에 불과한 반면, 조합원 1,000명 이상인 대형노조의 수는 4.35%에 불과했으나 조합원 수는 72.8%에 달하였다. 이러한 상황은 우리나라의 노동운동이 대기업 위주로 되어 있어서 최하층으로 평가받는 비정규직들의 입장이 근본적으로 반영될 수 없는 구조로 되어 있다고 볼 수 있다. 원래 노동조합은 경영과 노동을 분리하여 거대자본의 횡포를 막자는 취지에서 설립되었고, 실제로 거대자본의 경영에 개입할 수 있는 유일무이한 조직이라는 데는 이견이 없다. 그러다보니 규모를 키우고 이념이 투영될수록 '관료화'의 절차를 밟게 되고, 기업별 노조가 대부분인 우리나라 노동운동의 현실 속에서 자신들의 이익을 추구하는 영리추구의 성격을 띠면서 이른바 '귀족노조'의 모습으로 변모할 가능성이 높아지게 된다.

2015년 전국경제인 연합회가 10대 대기업의 단체협약 내용을 보면 거기에는 '신규채용 시 조합원 자녀의 우대 및 우선채용, 노조간부의 인사이동에 대한 사전 협의, 근로기준법에 폐지된 월차 휴가 인정' 등의 특권조항이 대거 포함되어 있다(파이낸셜 뉴스, 2015. 10. 1). '노조유무별 취업 형태 관련 임금격차'에 관한 박기성의 연구에 의하면, 2005년 남자정규직과 비정규직 간의 임금격차는 12.6%였다. 그런데 노조가 있는 기업의 임금격차가 27.95%인 데 비해 노조가 없는 기업의 정규직과 비정규직 간의 임금격차는 4.95%로 극명하게 대비되었다. 규모가 300명 미만인 경우, 노조가 없는 사업체의 임금격차가 2.9%인 반면 노조가 있는 사업장은 24.5%로 나타났다. 즉, 두 경우 모두 노조가 있는 기업의 정규직과 비정규직 간의 임금격차가, 노조가 없는 기업의 임금격차보다 4배에서 8배까지 크게 벌어지는 현상으로 나타났다는 내용이다. 이러한 현상과, 송호근(1995)의 "노조유무는 기업복지 실시 여부나 복지비 지출과 별 관계가 없다."라는 연구결과를 연결해서 보면, 정규직의 경우에는 노조의 발언효과나 노조회피효과가 비등하여 노조유무가 기업복지 제공에 별 영향을 미치지 않지만, 정규직과 비정규직 근로자가 공존하는 경우 기업에서는 정규직의 이익을 대변하는 노조의 요구에 부응하기 위해 비정규직의 임금을 축소하게 되는 결과를 초래한다고 해석할 수 있다. 박기성은 "노조가 있는 사업체가 노조가 없는 사업체보다 비정규직의 임금을 더 낮추어 비용절감을 시도할 것이다."라는 가설이 입증되었다고 밝혔으며, 이는 "노조가 비정규근로자에 대한 차별을 해소하기 위해 노력한다는 주장과는 달리, 노조는 오히려 임금격차를 늘리는 것으로 나타났다."고 주장하였다(박기성 · 김용민, 2005).

박기성의 연구결과를 지지하는 구체적인 증거로 현대자동차의 사례를 들 수 있다. 2007년 현대차노조 대의원들은 정규직 노조와 비정규직 노조를 한 노조의 울타리 안에 받아들인다는 '1사1조직'안을 부결시켰다. '1사1조직'안은 상급단체인 금속노조의 규약인데도 불구하고 현대차노조는 그 규약을 무시해 버린 것이다(민주노총, 2007). 2015년에는 현대자동차에서 4개월간 파업이 종식되면서 450%의 상여금 수당을 파업 중 임금보전의 의미로 제공했는데, 그 이면에는, 파업기간 중 회사의 비정규직의 월급은 180만 원에서 110만 원으로 하향 조정되었다는 언론보도가 있었다(조선일보, 2015.). 이러한 결정을 내린 것은 물론 현대차 경영진이었고, 비정규직 근로자의 근로가 파업기간 중 제한적으로 이루어지게 되어 임금이 축소되었을 가능성도 배제할 수 없지만, 파업당사자인 조합원의 임금은 보전되고 파업과 무관한 비정규직의 임금이 대폭 감축되었다는 사실은 불평등의 도가 이해의 영역을 초과했다고 볼 수 있다.

한 가지 사례를 추가하면, 2008년 현대중공업에서 영업이익 2조 원 달성의 축하금의 명목으로 2만 5,000명의 정규직 근로자들이 1인당 850만 원을 받았다고 한다. 그러나 같은 작업장 바로 옆에서 일하는 1만 8,000명의 사내하청근로자는 한 푼도 받은 것이 없었다. 잔업을 포함해 월 300시간 넘게 일해도 월급은 150만 원에 휴가를 가면 그 기간만큼 임금에서 제외된다. 하청노동자들에겐 '직접 채용한 근로자'가 아니라는 이유로 단체협상의 대상이 안 되고, 교섭을 요구하면 폐업을 하거나 주동자로 해고하는 경우가 흔히 발생한다. 현대중공업 노사는 2004년 이후 매년 단체협약서에 "사내하청노동자들의 처우개선을 위해 직영노조의 의견을 적극 반영한다."라고 명시해왔지만 2008년 단체협상과정에서 노조는 사내하청업체의 처우 개선과 관련한 어떤 의견도 제시하지 않았다고 보도되었다(경향신문, 2008).

위에 기술된 사례와 반대의 경우도 찾아볼 수 있다. 2015년 SK하이닉스 노사가 국내 처음으로 임금 인상액의 일부를 협력 업체 직원들과 나누는 '임금 공유제'를 실시하였다. 직원들이 임금인상분의 10%를 내면 회사는 같은 금액을 더해 임금인상액의 20%를 마련하여 협력업체 직원의 임금 인상과 기업복지에 쓰도록 결정한 것이다. 포스코, KT 등 일부 대기업은 기술 개발 등으로 협력업체가 원가를 절감하면 일부를 돌려주는 성과공유제를 실시하고 있지만, 그 금액이 하청업체 근로자에게 돌아간다는 보장이 없다는 점을 고려하면, SK하이닉스의 '상생협력 임금공유 프로그램'은 비정규직의 차별을 줄일 수 있는 현실적인 방안이라는 공감대가 형성되고 있다(중부매일, 2015. 6. 10).

비정규직은 정규직에 비해 임금, 공공산업복지, 기업복지, 고용의 안정성 등 노동에 관한 전반적인 면에서 극심하게 차별적인 대우를 받으며, 근로환경조차 열악하고 직업능력 교육의 기회조차 거의 주어지지 않는다. 이러한 상황이 지속되면 저숙련 근로자로 전락하게 되고, 저소득으로 인해 사회의 빈곤의 덫에서 헤어나기 힘들어지며, 비정규직의 늪에서 벗어나지 못하게 되면 은퇴 후의 생활 역시 빈곤 속에서 마감할 가능성이 매우 높다. 사회 · 심리학적인 측면에서 자존감과 자기효능감이 떨어지게 되어 우울증이나 술 혹은 약물 중독으로 빠질 가능성이 높아지고, 장시간 근로와 열악한 작업환경으로 인해 건강상의 문제가 생길 개연성이 높아지게 된다. 그러나 이러한 불평등 심화의 덫에 엮인 비정규직근로자에 대해서 같은 노동자들의 조직인 노동조합은 '디딤돌'이 아닌 '걸림돌'이 되는 참담한 현실 속에서 이를 개선시킬 수 있는 우리사회의 공통된 의지와 조직적인 영향력은 턱없이 부족하다. 이와 같은 현상은 기업경쟁력은 물론 국가경쟁력을 약화시킬 뿐만 아니라 계층 간의 갈등을 유발하고 사회적 위화감을 조성하여 사회분열을 가속화하는 시한폭탄 같은 현상이라는 점을 가볍게 보아 넘겨서는 안될 것이다.

Chapter 11

한국기업복지의 현재와 미래

1. 기업복지 - 야누스의 두 얼굴
2. 한국기업복지체제의 문제
3. 한국기업복지의 과제
4. 한국기업복지의 전망

1. 기업복지 - 야누스의 두 얼굴

야누스(Janus)란 로마신화에 나오는 성이나 집의 문을 지키는 신으로 앞과 뒤의 두 얼굴을 가지고 있다. 야누스의 두 얼굴은 양면성을 의미하여, 본래에는 전쟁과 평화의 상반되는 양면성을 의미하였으나, 로마의 달력을 만들면서 새해를 여는 첫 달인 1월(january)이 야누스의 이름에서 유래되어서, 과거와 미래에 대한 양면성을 의미하기도 한다. 원래 야누스의 두 얼굴이란 들어오는 사람을 검문하고 나가는 사람을 배웅하는 역할을 하는 수호신의 긍정적인 이미지였으나, 1700년대 초반 작가 쿠퍼로에 의해 '한쪽으로는 억지로 미소 짓고, 다른 한쪽으로는 노여움과 분노'를 나타내는 위선적인 이중성의 의미를 띠게 되었다.

기업복지를 야누스의 두 얼굴에 비유하는 이유는 기업복지의 학문적인 또 실제적인 양면성에 기인하다. 기업복지란 '기업'과 '복지'라는 단어의 합성어로서 기업은 경영(이윤)을 상징하고 복지는 도움(문제해결)을 의미한다. 일본에서 많이 써 온 용어로서 우리나라 정부나 재계에서 기업복지와 같은 의미로 흔히 쓰는 '복리후생'도 행복과 이익을 의미하는 '복리'와, 삶을 경제적으로나 정신적으로 풍부하고 윤택하도록 하는 일이라는 '후생'이 합쳐진 명칭이다. 그러나 제6장의 기업복지의 학문적 특성에서 자세히 기술했듯이, 경영과 사회복지는 궁극적인 목적이 '인간의 행복'이라는 점과, 두 분야 모두 응용과학이라는 데는 유사하지만, 거기까지가 유사점의 한계이다. 양 학문의 구체적인 목적은 이윤창출(profit)과 인간문제의 해결(person)로 판이하고, 방법까지도 상치되어, 공존보다는 갈등상황이 당연하게 예견되는 상황임에도 불구하고, 기업복지라는 한 지붕 안에 경영과 복지의 두 가족으로 유지되어 오고 있다. 이러한 현상을 두 학문 간의 '공생관계'라고 표현한 바 있다.

이와 같이, 이 책의 첫 장부터 마지막 장까지 관통하는 핵심적인 개념은 기업복지의 양면성이다. 첫 장인 기업복지의 명칭으로 시작하여, 정의부분에서 사회주의적인 성격을 바탕으로 한 법정복지과 결별하여 자율성을 기초로 한 기업복지로 시작하여, 민간복지의 테두리 안에 존재하는 기업복지의 개념하에서 이윤창출의 경제적인 측면과 문제해결을 통한 삶의 질 향상의 사회적인 측면의 두 개의 축을 중심으로 전개되었다. 제2장 이념적 배경에서도 공리주의, 인도주의, 기독교적 박애주의, 온정주의, 사회연대주의, 보편주의의 사회적인 측면의 이념 군과, 성취 및 대가원칙, 특전의식, 자유, 선별주의, 잔여주의의 자유주의 성격을 포함한 이념 군을 분리하여 대비하였다. 제3장 이론적 배경에서는 국가 중심과 기업조직 중심으로 구분하여 접근하였고, 기업복지 관련 이론에서는 이중노동시장이론, 효율성 이론, 과학적 관리이론 측과 산업성취수행형 모형 등의 기업경영 관련 이론과, 사회통제이론, 인간관계이론, 산업시민권 이론 등 사회복지 관련 이론을 제시하여 기업복지를 경영학적 측면과 사회복지학적 측면으로 분리하여 설명을 시도하였다. 제6장 기업복지의 특성에서도 수익성, 집단성, 효과성 등의 경영의 이윤지향적인 측면과, 보완성, 통제성, 전문성 등의 사회복지학적인 접근을 대비하여 기술하였다. 제7장 기능은 경제적인 기능과 사회적 기능인 사회통제기능과 사회통합기능을 구분하여 기술하여 경제적 기능인 이윤창출기능과 사회적인 측면의 대표적인 기능인 사회통합기능을 집중적으로 비교하여 서술하였다. 기업복지의 양면성이 가장 첨예하게 부각된 부분이 제8장 '기업복지의 효과'이다. 자본주의 논리를 바탕으로 한 기업복지의 민낯이 적나라하게 드러나는 부분이 바로 기업복지의 효과 부분으로, 기업복지의 이윤창출기능으로 인해 자본가와 그에 의해 필요성을 인정받고 중요시되어 풍요의 혜택을 누리는 집단과, 같은 기능으로 인해 불평등한 대우 속에서 상대적 빈곤을 경험하고 그 격차가 심화되는 과정에서 소외되는 집단 간의 명암이 뚜렷이 노출되었다.

서구의 기업복지의 역사적인 발전과정과, 우리나라의 기업복지역사에서 노정되어 온 기업복지의 경제적인 측면과 사회적인 측면의 양면성은, 경영과 사회복지 간에 형성되어 온 '공생관계'라고 표현하는 것이 적절해 보인다. 선진기업복지국가에서 볼 수 있는 공생관계의 두 가지 축을 우리나라의 기업복지역사와 현재 실태에 투영해서 어떠한 형태의 공생관계가 형성되는가에 대해, 제9장 한국기업복지의 역사와 제10장 한국기업복지의 기능 및 효과에서 면밀히 분석하였다. 기업복지가 내포하고 있는 야누스의 두 얼굴의 성격을, '한국기업복지체계 안에서 이루어진 공생관계란 과연 친화적 공생관계인가, 아니면 적대적 공생관계인가'에 대답하는 형식으로 기업복지의 문제점을 간략하게 살펴보기로 한다.

1) 기업복지 전반기(1960~ 1987년)

기업복지의 전반기인 1960년대부터 1987년 사이의 우리나라의 기업복지는 기업과 근로자에게 핵심적인 복지 기제로서 기업경영과 근로자복지에 의미 있는 역할을 충분히 담당했다고 평가할 수 있으나, '공생관계'라고 부르기에는 석연치 않은 면이 있음을 지적할 수 있다. 기능적인 면에서는 기업복지의 경제적 기능인 이윤창출기능에 대해 정확한 평가를 내리기 힘들다. 이윤창출을 위해서는 생산성향상이 선결과제인데, 그 시기의 우리나라의 기업복지는 근로자의 생계유지에 급급한 나머지 생산성향상효과는 미미하였다고 판단된다. 기업복지의 전반기, 특히 1970년대 말까지 기업복지는 기초생계유지에 미치지 못하는 저임금을 식사, 주거, 의료 · 보건 등으로 보완함으로써 노동인력 유지 · 보존에 기여한 점을 들어 경제적인 효과가 있었다는 것은 인정되나, 이윤창출의 직접적인 기제가 아니었고, 또 그러한 목적을 위해 사용되지도 않았다.

사회통제기능 측면에서는 기업복지의 괄목할 만한 역할을 인정할 수 있으나 이 역시도 개별근로자통제에 국한되는 부수적인 기능에 머물렀다고 볼 수 있다. 왜냐하면, 기업복지의 사회통제기능의 핵심은 개별 근로자를 기업의 목적과 직무수행과정에 통합시키는 것보다는 노동조합에 대한 통제를 통해 원만한 노사관계를 진작하는 것이나, 노동조합에 대한 통제는 개발 독재형 정치체제가 대신해주었기 때문에, 기업은 그저 수출주도형 기조 아래서 기업 확장과 고속의 경제성장에만 전념하는 것이 자신과 국가에 대한 임무였다. 사회적 측면의 사회통합기능에 있어서는 기업복지가 소기의 효과를 달성했다고 보여진다. 전통적인 온정주의를 바탕으로 기업가족공동체 형성에 기업복지가 지대한 역할을 했다고 판단되는데, 공장새마을운동, 사택 및 기숙사와 비록 대기업에 한정되었지만 산업체 부설학교 등은 기업 차원의 공동체 구축에 핵심적인 역할을 함으로써 기업단위의 사회통합기능을 충실히 수행했다고 볼 수 있다. 기업규모 간 또한 업종 간의 사회통합은 애초부터 기업복지와는 별 관련이 없는 것은, 그 당시에도 우리나라의 노동조합은 기업별 노조 형태였기 때문에 사회통합은 고사하고 기업 간의 격차를 심화시키지 않는 것만으로도 사회통합기능을 다했다고 볼 수 있기 때문이다. 기업복지 초반기 후반인 1980년대 초반부터 독점재벌기업이 형성되기 시작하여 기업복지 후반기 초인 1987년부터 기업규모가 급격하게 성장한 양상을 보였다고 볼 때, 1980년 대 중반까지는 기업규모별로 임금과 기업복지의 격차가 별로 크지 않았다. 1985년의 경우 대기업과 중소기업 간의 임금격차도 100.8%로 거의 없었고, 기업복지비용의 격차도 129.5%로 불평등이 전혀 심각하지 않았던 상황으로 미루어 볼 때, 1980년대를 통틀어 봐도 불평등현상이 심화되던 추세는 아니었다.

기업복지 전반기의 주체별 공생관계를 요약하자면, 국가와 기업 사이에는 국가가 중심축이 되어 기업이 보조하는 형태의 공생관계가 구축되었다고 볼 수 있다. 국가가 기업에게 근로자복지에 대한 책임을 전가하면서 그에 따르는 세제상의 이익이나 재정 지원을 반대급부로 제공하였고, 가장 큰 반대급부란 노동조합에 대한 철저한 통제라는 데 이견이 있을 수 없다. 이러한 통제는 기업의 가장 큰 애로사항을 덜어주는 효과도 물론 있지만, 남북대치의 안보적인 대립상황과 정치체제의 존립과 유지를 위한 집권세력의 절체절명의 필요에 의한 것임이 명약관화(明若觀火) 하다.

경영과 사회복지의 공생관계의 차원에서 보면, 기업복지의 사회통제를 통해 기업의 성장을 꾀할 수 있었고, 근로자는 기업복지로 제공되는 의식주 및 건강에 관련되는 혜택과 서비스로 생계유지에 큰 도움이 되었다는 사실로 '누이 좋고 매부 좋은' 공생관계가 유지되었다고 해석할 수 있다.

2) 기업복지 후반기(1988년~현재)

기업복지 후반기에 기능적인 측면에서 노정되는 기업복지의 공생관계는 '이지러지고 역기능을 띤 공생관계'라고 표현할 수 있다. 기업복지를 통해 이윤이 창출되는 경영적인 기능과 기업복지로 인해 근로자의 빈곤 등의 사회문제가 해결되면 삶의 질이 향상된다는 사회복지적인 기능이 서로 의존적으로 작용하여 상생하는 것을 공생이라 하는데, 우리나라에서는 기업복지 후반기에 이런 기능이 실종되었다고 보여진다. 우리나라에서 기업복지의 으뜸가는 기능인 이윤창출기능을 찾아볼 수 없다는 충격적인 사실(송호근, 1995)이 기업복지의 경영적인 기능의 부재를 가리키며 이것은 기업복지의 존립 자체를 흔드는 요인이다.

기업복지의 사회통제기능에 대해서도 송호근의 연구에서, "기업복지는 노사관계 안정에 약간의 긍정적인 효과가 있다."라고, 크게 다르지 않은 결과를 제시하고 있다. 그러나 노동조합에 대한 기업의 사회통제기능은 대기업이나 공공부문의 노조의 경우 한계를 보이고 있고, 이 점에 대해서는 사회통제기능에 관한 논의에서 구체적으로 논의되었다. 기업복지를 통한 개별 근로자 통제기능에 대해서는 구체적인 연구결과는 없지만, 과거에 비해 근로자의 권익이 신장되고 욕구가 다양해짐에 따라 온정주의적인 통제효과가 퇴색되는 서구의 경우와 우리의 경우가 별반 다르지 않다고 판단된다.

기업복지의 사회적 기능이야말로 우리나라 기업복지의 가장 치명적인 취약부분이다.

우선 기업복지를 통해 근로자의 사회 · 심리적인 문제가 해결될 수 있다는 사회복지적인 기능은 우리나라에서 소수의 대기업을 제외하면 존재하지 않는다고 볼 수 있다. 이에 대한 근거는 전문 사회복지실천 프로그램의 대표격인 근로자 지원 프로그램(EAP)에 대한 논의에서 상세히 밝힌 바 있다. 기업복지를 통해 근로자의 실질임금이 추가적으로 보전되고 삶의 질이 향상된다는 사실도 기업복지의 실태에서 자세히 언급되었다. 기업복지를 통해서 질병, 정년퇴직 등의 사회적 위험을 사전에 대비할 수 있게 되고 식사, 주거, 학자금, 교통 · 통신비, 휴양 · 여가 · 문화와 사내근로복지기금 등을 통해 다양한 혜택을 누린다는 현상은 분명한 사회적인 기능에 포함된다. 그러나 이것은 근로자가 속해 있는 생산시장(기업규모, 산업, 노조조직화 등)나 인적자원의 특성 등에 따라 극히 차등적으로 지원되는 것으로, 그나마 작은 지원마저도 모든 근로자에게는 제공되지 않는다.

기업복지의 사회적 기능의 요인 중 결정적인 결함이 나타나는 부문이 사회통합기능이다. 기업복지의 불평등 지향적인 특성은 기업복지제도에 원초적으로 배태되어 있는 보편적인 현상이지만, 우리나라에서는 역진성의 폭이 특히 크고, 격차의 괴리가 급속도로 진행되고 있으며, 불평등 심화의 골이 기업경영적인 요소뿐만 아니라 노동조합까지 가세하여 매우 깊어지고 있다. 요컨대, 경영과 사회복지의 공생관계에서 경영부문이 본래의 기능을 다하지 못하고 있으며, 사회복지기능마저도 일부의 기능만이 특정집단에 집중적으로 제공되고 있는 형국이다.

기업복지를 통해 이루어지는 공생관계를 대상별로 보면 더욱더 비관적이다. 우선 기업과 국가 간의 공생관계는 예전같이 밀착되어 있지는 않지만 그런대로 공생관계를 유지한다고 볼 수 있다. 사용자와 근로자 간의 기업복지를 통한 공생관계는 대기업 수준에서는 원활하게 이루어진다고 볼 수 있다. 대기업의 경우 고임금근로자에게 높은 수준의 기업복지를 제공하고, 기업복지를 통해 누진세를 피할 수 있게 해주며, 임금인상 가이드라인으로 인해 큰 폭의 임금 인상이 공기업의 경우와 같이 규제를 받거나 세인의 따가운 눈초리를 피해야 할 상황이 되면 임금 인상분을 사내근로복지기금 같은 기업복지제도에 편법으로 활용하여 충분히 채워 준다. 근로자는 이에 부응하여 이직을 자제하고 기업의 경영 목적과 방침에 적극적으로 호응하게 된다는 환상적인 공생관계가 유지된다. 이러한 현상은 기업과 귀족노조라고 일컬어지는 대기업노조와 공무원노조의 관계에서도 그대로 복제되어 나타난다.

그러나 이러한 공생관계는 기업의 규모가 작아질수록 자취를 감추게 되고, 비정규직에 다다르면 '공생'이나 '상생'이 아니라 '살생'의 수준으로 악화되어서 이런 현상은 '공생관계'가 아니라 한쪽의 이익으로 인해 다른 쪽이 피해를 본다는 '기생관계'라고 표현하는 것이 훨씬 더 적절하다고 생각된다. 이 경우 피해보는 숙주에 해당되는 것은 비정규직이고, 이득을 보는 기생체에 해당되는 것은 귀족노조나 대기업의 초 고급수준의 기업복지 수혜자라고 할 수 있다.

이미 살펴본 바와 같이 우리나라의 기업복지제도는 위기를 맞고 있고, 서서히 침체의 늪으로 빠져들고 있다고 진단된다. 달리 표현하자면, 기업복지의 본질이 되는 경제적 기능과 사회적 기능의 공생관계가 해체될 위기에 있다고 볼 수 있다. 우리나라의 기업복지를 인간의 건강상태에 비유하면, 외형적으로는 영양과다로 인한 비만으로 거동이 자유롭지 못하고, 내부적으로는 당뇨와 고지혈증 및 신경조직의 손상으로 혈액과 신경전달 체계가 막혀서 썩어들어가고 있는 형국에 비견될 수 있다. 물론 이러한 비관적인 예측은 우리나라 기업복지에 대해 아무런 조치를 할 의사가 없는 상황을 전제로 한다. 이러한 맥락에서 다음 절에서는 우리나라 기업복지의 문제를 지목하고 개선방향을 제시하는 과제에 대해서 논의하기로 한다.

2. 한국기업복지체제의 문제

이 책에서 우리나라 기업복지에 관한 서술의 핵심은 전 절에 좀 자극적으로 표현된바 있는 기업복지의 양면성에 관한 문제이다. 경제적 기능(경영)과 사회적 기능(사회복지)이 각각의 이익을 위해 서로 의존하고 도우는 상생관계라기보다는 부분적 상생과 살생 혹은 기생의 관계로 점철되어 있다고 보여지고 그것의 가장 핵심적인 부분이 한국노동연구원의 체계적인 연구 · 조사를 통해 확인되었다고 언급되었다. 이 절에서는 우리나라 기업복지체제의 문제를 기능적인 측면과 제도(프로그램)적인 측면으로 분리하여 서술하고, 기능적인 측면에서는 기업복지의 이윤창출기능, 사회통제기능과 사회통합기능으로 나누어 기술한다.

1) 기능적인 측면

우리나라 기업복지체제의 가장 크고 치명적인 문제는 누차 지적된 대로 이윤창출기능의 결함으로 지적되었다. 기업복지의 존재 이유 중 비견할 바 없이 으뜸가는 기능인 이윤창출기능이 제대로 작동하지 못하여 기업경쟁력에 아무런 관련이 없고 특정부문에서는 부정적인 효과를 미친다고 한국노동연구원의 송호근이 그의 연구(1995)에서 지적하였다. 이윤창출효과의 부재라는 문제의 원인에 대해서 다각적으로 분석해 본다.

(1) 이윤창출기능상의 문제점

① 기업복지 결정요인의 부적절성

송호근(1995)이 주도한 한국노동연구원의 연구에서는 우리나라 기업복지제도의 이윤창출기능의 부재의 으뜸가는 요인을 '준거집단에 의한 복지수준의 제도화'라고 주장하였다. 우리나라의 기업복지는 기업의 재정상태나 경영실적과 관계없이 기업의 사회적 위신에 따라 외부의 영향을 받아 결정되어, 이윤이 적은 기업의 경우 기업부담을 가중시키는 폐단을 초래하는 기업의 비합리적 관행이라고 지적하였다.

송호근의 주장대로 우리나라의 기업복지의 핵심적인 결정요인이 외부의 준거집단이라는 연구결과는 분명히 이윤창출기능의 부재의 하나의 원인이라는 데는 이견이 없지만, 그렇다고 해서 우리나라의 기업복지가 기업경쟁력 제고에 아무런 관련이 없다고 본다면 그것을 논리의 비약이라고 할 수 있다. 이미 이중노동시장이론이나 효율임금이론에 의거해서, 기업이 고임금과 수준 높은 복지를 기업특수적인 기술을 가진 숙련된 노동인력의 이직을 방지하고 또 유능한 인적자본을 유치하는 데 활용한 것 역시 주지의 사실이다. 달리 언급한다면, 인적자본유지와 충원 이외에도 기업복지를 통해 기업경쟁력제고 효과가 실제로 나타난 경우는 부지기수일 것이다. 다만, 이러한 기업복지의 긍정적인 효과에도 불구하고 총체적으로 기업복지의 이윤창출효과가 나타나지 않은 것을 기업복지에 관련되는 다른 요인들의 부정적인 기능 및 효과에서 기인되었다는 추정을 바탕으로 기업복지의 이윤창출기능을 저해하는 다른 요인(문제)들을 찾아보기로 한다.

② 노동조합요인

기업복지제도의 비효율성의 원인의 하나로서 한국경영자총협회에서는 대기업의 강성 노조를 지목하고 있다(경총, 1997). 기업의 입장에서는 기업복지의 부담이 과중함에도 불구하고 노조의 과도한 요구에 '울며 겨자 먹기' 식으로 임하는 '노조달래기 식의 단체협상의 관행'을, 경총에서는 비효율성의 주요 요인으로 지적하였다. 노조의 강력한 요구에 의해 복지 프로그램을 도입한 경우가 부지기수였고, 심지어 기업복지제도 도입의 근본취지에도 맞지 않는 기업복지 프로그램이 도입되는 사례도 있다고 토로하였다. 같은 맥락에서 송호근(1995)은 노동조합이 기업복지수준을 결정하는 기업이윤, 생산시장 모형, 내부노동시장 모형, 임금 모형 등의 각 요인과 과정에 개입하여 비효율성과 경직성을 초래하고 있다고 주장하고 있다. 구체적으로 말하면 기업복지가 단체교섭협상과정에서 흥정의 대상으로 다루어짐을 통해 비생산적으로 소모되는 경향이 많다고 언급하였다. 그리고 위에 기술된, 기업의 '준거집단에 의한 복지수준의 제도화' 관행이 노동조합을 통해서도 재연되어, 노동조합 역시 기업의 경영상태와 상관없이 동일업종 내의 경쟁사의 복지수준을 단순 비교함으로써 기업복지혜택의 증대를 요구해왔다는 견해를 밝혔다. 기업복지에 대한 노동조합의 비합리적인 관행과 관련해서 새로 선임된 노조간부들의 재임기간 중 실적을 쌓아야 한다는 과도한 부담이 비효율적인 기업복지제도의 난립을 초래하는 경우도 종종 찾아볼 수 있다.

③ 경직된 임금체계(연공급)

우리나라 기업복지제도의 비효율성의 이유 중 하나로 연공급 임금체계를 들 수 있다. 호봉제도라고도 불리는 연공급은 직능급의 대비되는 의미로 근속이나 나이를 기준으로 승급하는 제도로서 30년 장기근속자의 경우 신입근로자와 임금이 3.3배 이상 차이가 난다. 이러한 임금의 격차는 통상적으로 기업복지의 격차로 이어져서(일정비례 가설) 불평등 심화의 효과를 유발하지만, 인적자본의 특성을 살려 근로의욕을 고취한다는 기업복지 본래의 효율성에 역행하는 것으로 기업복지의 비효율성의 하나의 요인이 되기도 한다.

연공급 임금체계는 일본으로부터 도입되었으나, 일본에서는 성과 · 직무 중심의 개혁이 이어진 데 반해, 우리나라에서는 2015년 현재 80% 정도가 연공급 임금체계를 고수하고 있는 실정이다. 기업계에서는 연공급 체계를 폐지하고 직무급과 연공급을 절충한 직능급 임금체계를 도입하려 해왔으나, 근로자 간의 경쟁과 인사평가를 막으려는 노동조합의 강력한 반발로 직능급은 확산되지 못하고 있다. 외환 위기 이후 연봉제와 성과주의 임금체계가 확산되고 있는 추세임에도 불구하고, 연공급 위주의 임금체계는 아직도 견고하게 유지되고 있다(문화일보, 2005. 8. 19).

④ 직업사회복지 프로그램 도입의 미흡

직업사회복지(occupational social work)란 산업사회사업(industrial social work)의 변경된 명칭으로 근로자의 사회 · 심리적 문제해결을 돕는 전문사회복지실천 프로그램으로, 여러 번 언급된 근로자지원프로그램(EAP)이 대표적인 프로그램이다. 국내의 기업에서 운영되는 전문상담 프로그램은 대부분 초보적인 수준에 머물러 있고, 도입상황 역시 대기업을 중심으로 20여 곳에 머물러 있는 상황이다. 이와 같이 우리나라 기업복지제도의 비과학적이고 비효율적인 성격이 기업복지의 이윤창출의 잠재적 가능성을 활용하지 못하고 썩혀두는 주요 원인 중 하나라고 판단된다.

⑤ 근로자의 욕구와 기업복지제도(프로그램)의 불일치

기업복지의 생산성향상의 변수로서 작업만족도, 동기유발과 조직에 대한 몰입도에 대해 이론부문에서 자세히 기술한 바 있다. 이 중 기업복지를 통한 근로자의 만족도는 근로자의 욕구와 제공되는 복지 프로그램의 일치수준에 따라 좌우된다. 환언하면 기업복지를 통해 근로자의 욕구가 충족되는 수준에 따라 작업만족도가 올라가고, 작업만족도가 높은 근로자의 생산성은 그에 따라 증가한다. 〈표 11-1〉에서 기재된 '필요한 프로그램'이란, 2003년 최수찬이 7개 업종 근로자 756명을 대상으로 근로자가 원하는 기업복지 프로그램의 순위이고, '제공되는 프로그램'은 '기업체노동비용조사'에 기록된 내용이다. 이 표에는 근로자가 실제로 원하는 프로그램과 실제 근로자에게 제공되는 기업복지 프로그램 간의 괴리가 고스란히 드러나고 있다. 근로자가 원하는 퇴직준비 · 상담프로그램, 직무 관련 · 스트레스 관리, 일상 관련 스트레스 관리와 직업알선 지원 프로그램은 고용노동부의 조사항목에는 아예 포함되지도 않았고, 실제로 제공되는 1, 2순위인 식사비와 사내근로복지기금은, 근로자가 원하는 프로그램의 15순위에도 들지 못하였다. 주거에 관해서는 격차가 4단계로 나타났고, 학비보조 항목에서는 6단계의 차이가 났으며, 휴양에 관한 항목은 3단계 차이가 났고, 의료 · 보건 부문은 항목의 내용에서 근로자의 욕구와 실태가 좀 달랐으며, 보육관계 비용은 낮은 단계에서 유사하였다. 그리고 기업체노동비용조사에서 2003년과 2014년을 비교해 보면 11년간의 간격이 존재했음에도 우선순위에 있어서 별반 차이를 보이지 않는다. 이것은 10여 년 전에도 이미 근로자의 욕구와 실제 시행되는 프로그램의 큰 괴리가 있다고 나타났지만, 10년이 지난 후까지도 이후에도 근로자의 욕구는 전혀 반영되지 않았음을 의미한다.

〈표 11-1〉 근로자 욕구와 실제 기업복지 프로그램 비교

2003				2014
필요한 프로그램	순위	순위	제공되는 프로그램	순위
주택자금 대여	1	5	주거에 관한 비용	4
퇴직준비 상담 · 지원	2	–	–	
직무 관련 스트레스 예방 · 관리	3	–	–	
일상 관련 스트레스 관리	4	–	–	
직업알선 지원	5	–	–	
휴가비 보조	6	4	휴양에 관한 비용	7
신체단련 · 건강증진 프로그램	7	6	의료 · 보건에 관한 비용	3
자녀보육시설 · 보육비 지원	8	9	보육비 지원	8
자녀학자금 융자	9	3	학비 보조	2
–	–	1	식사에 관한 비용	1
–	–	2	사내근로복지기금	5
–	–	7	경조비 등의 비용	6
–	–	8	저축 장려금	9

자료: 최수찬(2007), 고용노동부, 2003, 2014.

이와 같이 근로자가 실제로 선호하는 프로그램은 도입되지 않고, 별로 원하지 않는 프로그램이 지속적으로 유지된다는 것은, 근로자의 직무만족도를 제고하는 것이 아니라 깎아내리는 역할을 해왔다고 보여지며, 이러한 상황이 지속적인 기업복지의 실시에도 불구하고 기업이윤창출에 별 효과가 없다는 연구결과를 뒷받침해준다고 판단된다.

이 외에도 기업복지의 불평등 현상이 이윤창출기능을 저하시키는 데 매우 큰 역할을

담당하였다. 이에 대해서는 기업복지의 세 번째 기능인 사회통합기능에서 상세히 논의될 것이다.

(2) 사회통제기능상의 문제점

① 노동조합에 대한 통제

사회통제의 기제로서 기업복지는 노사관계 개선에 조금 도움이 된다고 보고되었다(송호근, 1995). 조금 도움이 된다는 결과의 내용을 면밀하게 분석해보면 도움이 되는 경우와 그렇지 않은 경우가 혼재하고 있다는 의미로 해석할 수 있다. 우리나라의 기업복지는 노조가 결성된 경우에는 사실상 통제기능을 잃어간다고 해도 과언이 아니다. 전기한 바와 같이, 최근 국내의 노조조직률이 10%를 상회하는데, 그중 민간기업의 조직률이 6.8%이고, 전체 노조원의 73% 정도가 초대기업의 대형노조라는 통계결과를 보면 우리나라의 민간부문의 노동조합은 대부분 대형노조라고 보아도 크게 무리가 없을 듯하다. 이러한 대형노조가 귀족 노조화되면서, 노조달래기 관행이 성행하며, 타 기업의 수준을 빌미로 하여 비합리적인 요구를 관철하기 위하여 강력하게 기업을 밀어붙이는 경우가 비일비재한 것이 작금의 상황이다. 이러한 노조의 밀어붙이기식 전략에 떠밀려 노조를 우대하는 비용을 비정규직이나 물가에 전가하는 기업의 행태는 기업이 노조에 대한 통제력을 상실해 가고 있다고 사실을 웅변적으로 보여 주고 있다.

기업복지를 통해 노조가 결성되지 않은 기업에 대해 행사하는 통제기능은 원활하게 작동되는 것으로 판단된다. 1987년 이후 20%까지 달했던 노조조직률이 최근 들어 10%로 시나브로 감소추세를 보여 온 것은 국내의 근로자들이 노동조합의 필요성을 절감하지 못하는 것이 가장 큰 이유라고 볼 수 있다. 이런 현상의 원인으로 귀족화나 강성노조에 대한 거부감도 작용하겠지만, 노조를 조직하지 않아도 노조가 존재하는 것에 버금가는 임금과 기업복지의 혜택을 받을 수 있다는 인식이 노조결성에 대한 미온적인 태도의 주된 원인이라는 점을 감안한다면, 기업복지를 통한 사회통제기능은 별 문제 없이 수행된다고 볼 수 있다.

② 개별근로자에 대한 사회통제

기업복지선진국이나 우리나라의 기업복지 역사에서 이미 밝혔듯이 정치 및 산업민주화의 추세와 노동조합의 세력 강화를 통해 근로자의 권익이 신장되고, 근로자의 생활 수준 향상으로 인해 욕구화가 이루어지면서 기업복지를 통한 개별 근로자의 통제는 크게 약화되었다고 볼 수 있다. 이를 기업복지를 통한 사회통제기능이 소멸되어가는 전조로 보는 것보다는, 한 차원 높은 새로운 통제 형태가 자리 잡기 시작한다고 해석하는 것이 타당하다. 구체적인 사례로, 퇴직연금이나 조기퇴직의 유인책으로 주어지는 기업복지혜택을 들 수 있다. 우리나라에서 퇴직연금이 종래의 퇴직금을 완전히 대체할 시기가 임박하였다고 보여지는데, 퇴직연금제도는 유능한 근로자의 이직을 막는 수단으로 활용되는 것은 기업복지 선진국에서도 흔히 볼 수 있는 현상이다. 조기퇴직제도는 일시불 임금 제공의 형태로 이루어지는데, 통상적인 임금에 추가적인 혜택을 기업복지를 통해 제공하여, 이직을 유도하는 기업복지의 성격을 짙게 띠고 있다고 해석할 수 있다.

기업복지가 근로자의 근속을 유도하는 효율적인 사회통제기제라는 것은 직장인을 대상으로 한 의견조사에 잘 나타나 있다. 2011년 취업포털이 453명의 직장인을 상대로 조사한 바에 의하면 응답자의 68.7%가 "기업복지가 좋은 기업이라면 연봉이 다소 낮더라도 이직할 의향이 있다."라고 하였다. 이것을 역으로 해석하면, "기업복지가 좋으면 타사보다 연봉이 다소 낮더라도 이직할 의사가 없다."라는 의미라고 볼 수 있다.

기업복지의 사회통제기능이 약화되는 추세는 선진국의 반열에 있는 국가에서 볼 수 있는 보편적인 현상이다, 우리나라도 물론 예외가 아니며, 특히 노동조합부문에서 기업의 통제력은 역력하게 축소되는 경향을 보이고 있다. 개별 근로자의 경우도 마찬가지이나 사회통제기능이 기업복지의 본래의 기능의 중요한 축을 담당하고 있다는 것을 감안하면, 기업복지의 사회통제의 기능은 절대로 사라지지 않는다. 다만, 고도화되고 교묘하게 은폐되어 눈에 쉽게 띄지 않게 진화해 나갈 뿐이다.

(3) 사회통합기능상의 문제점

기업복지의 불평등 특성이 기업규모별, 산업별 기업복지 격차와, 기업 내에서 직급별, 근속연수별, 직위별, 성별 격차로 나타나고, 특히 정규직과 비정규직 간의 격차로 고스란히 나타난 상황에 대해서 자세히 기술한 바 있다. 넓게는 자본주의, 좁게는 경영의 입장에서 보면, 이러한 불평등은 당연한 것이고 이윤창출을 위해서는 바람직한 상황이라고 주장한다. 특히, 보상의 불평등이야말로 인간의 실제적 · 잠재적 노력을 거의 한계에까지 끌어내는 자본주의의 핵심적인 가치이며, 경쟁에서 뒤처지는 자는 도태되는 것이 사회적 진화론적인 입장에서 보면 자연의 법칙이라고 강조한다. 그리고 장애인 같이 경쟁능력 자체가 없는 자에게는 인도주의적 차원에서, 경쟁에서 뒤처지는 자가 자본주의체제 자체에 대해 저항하고 더 나아가서 전복하려는 의도를 사전에 방지하기 위해 복지를 제공한다는 데는 동의하지만, 국가가 주체가 되는 것이 아닌 민간복지에 의해야 한다는 단서를 내세운다.

반면에, 사회민주주의에서 말하는 사회복지의 '사회통합'기능의 측면에서 본다면 기업복지에 사회통합기능은 존재하지 않는다. 엄밀하게 말하자면 기업복지는 '사회통합의 역기능' 혹은 '사회분열기능'이 있다고 보는 것이 정확한 표현이라 할 수 있다. 왜냐하면 사회복지에서 말하는 통합기능이란 부유층/빈곤층, 기득권층/피해계층, 장애인/비장애인 등 소위 우리사회에서 말하는 '힘(power)'을 의미하는 부(富)와 권력(勸力) 등에서 서로 대칭되는 집단 간의 결속을 의미하며, 함께 어울려 사는 유기적인 공동체(organic whole)의 전제조건이 되는 통합을 말한다. 대칭되는 집단 간의 사회통합을 통한 사회공동체구현이 사회복지의 목표라는 점을 신봉하는, 이 책의 저자의 입장에서 볼 때, 불평등을 조장하는 기업복지에는 사회통합기능이 없다고 판단되며, 따라서 서두에 제기된 기업복지의 불평등 심화기능은 필연적으로 교정을 필요로 하는 문제라고 인식한다.

거시적으로는 자본주의의 입장에서, 미시적으로 경영의 견지에서 보면, 기업복지는 사회통합의 한 수단으로 구축되고 발전되어 왔다. 물론 여기서 말하는 통합은 동질집단 간의 통합이요, 제8장에 기술된 부분적인 결속을 의미한다. 기업복지는 개인의 이익을 위해서 서로 손을 잡는 것이 유리하면 결속하고, 분리하는 것이 피차에 이익이 되면 각기 원하는 방향으로 흩어지는 개인주의에 기초하고 있다. 자본가는 이윤창출과 사회통제를 위해서 이용가치가 높은 근로자(기업특수 기술 보유 숙련근로자, 유능한 인적자본 등)를 기업복지를 통해서 통합하자고 제의하고, 포섭대상이 되는 근로자는 고임금 · 고복지 혜택을 환영하며 화답하여 소위 '가진 자(자본 혹은 노동력)' 들의 상생과 공존의 밀월상태가 지속된다. 이러한 상황에 대해, 제2장 기업복지 이념에서 언급한 대로, Reisman은 자본가와 선택된 근로자 간의 결속을 강화해주는 기업복지의 역할을 마치 중세 천주교(Roman Catholic)의 무소불위의 권력을 지탱할 수 있게 해준 성찬식(communion)과 고해성사(confession)에 비유하여 통렬히 비판하였다. 이러한 현상은 기업복지로 인해 심화되는 불평등상황을, 기업복지가 다시 부분적인 결속을 통해 공고화하는 결과를 초래하기 때문에 사회공동체 구현에 크나큰 장애물로 인식될 수밖에 없다. 그러나 이러한 기업복지의 불평등구조가 기업복지의 양대 순기능인 이윤창출 및 사회통제기능이 수행되는 과정에까지 걸림돌이 되는 현상이 발생하고 있다.

일반적으로 사회적 갈등은 경제성장에 악영향을 미치며 엄청난 수준의 경제적인 손실을 초래한다. 이러한 경제적인 손실은 사회적 갈등을 관리하는 비용으로서 보건사회연구원의 정영호는, "한국사회는 사회갈등으로 인해 1인당 국내총생산(GDP)의 27%를 지출하고 있다."라고 주장하였다(국민일보, 2015. 3. 25). 같은 맥락에서 기업복지로 인해 심화되는 불평등현상으로 인해 야기되는 갈등은 좀 전에 기술한 이윤창출을 위한 불평등의 순기능을 일정 부분 상쇄하는 역기능 역할의 원인이 되고 있다. 기업복지의 불평등특성이 기업이윤창출 동력에 걸림돌이 되는 상황은 가장 극심한 불평등양태를 보이고 있는 정규직과 비정규직의 사례에서 명백하게 들어나고 있다.

기업복지의 불평등상황이 가장 극심한 대기업의 비정규직 중 하청업체를 통해 고용하는 간접고용의 비중이 크다. 2015년 1,000명 이상을 고용하는 대기업의 간접고용비율은 23%이며, 삼성물산의 경우에는 64.7%이며, 현대중공업은 62.4%이고, 근로자 2만 명 이상의 대기업 13곳 중 간접고용비율이 20%를 넘는 기업이 절반에 육박했다. 이렇듯 대기업 근로자의 큰 비중을 차지하는 간접고용근로자들은 대부분 같은 작업장에서 정규직과 함께 일하고, 많은 경우 더 힘들거나 위험한 일을 담당하는데도 불구하고, 기업복지의 수준은 정규직에 비해 비교할 수 없이 낮거나 아예 없는 경우가 허다하다고 기술한 바 있다. 정규직 근로자들이 받은 격려금이나 축하금 등은 고액이기도 하거니와 기업복지의 '제 식구 챙기기'의 특성을 잘 아는 비정규직 근로자들은 큰 기대를 하지 않는다. 같은 맥락에서, 학자금 지원 등에 대한 기대수준도 낮기 때문에 제외되어도 크게 상심하지 않을 공산이 크다.

그러나 휴게시설이나 명절선물 같은 소액을 요하는 기업복지에서까지도 제외되는 상황에 이르면 상대적 박탈감이 허탈감에 이르게 되고 자존감 역시 바닥을 치게 된다. "음식 끝에 맘 상한다."라는 옛말은 큰 비용이 들지 않는 음식이라도 서로 나눠먹는 것이 우리민족정서에서 인정이라는 의미이다. 명절선물이나 먹거리같이 작은 부분의 배려를 담고 있는 기업복지급부까지도 비정규직이라고 차별하거나 제외하게 되면 상대방의 비위를 건드리고, 때론 상실감으로 근로의욕을 잃게 되거나 분노로 치닫게 된다. 예컨대, 아들이 친구와 같이 공부하는데, 그 친구는 남이라고 자기 자식에게만 간식을 준다면 그 친구가 같이 공부할 마음이 생기겠는가? 같은 작업장에서 같은 일을 하는 동료인데도 불구하고 이러한 노골적인 차별 속에서 원활한 팀워크를 기대하기 어려운 것은 불을 보듯 뻔하다. 작은 부분에서 비정규직의 비위를 상하게 하고, 인간적인 모멸감까지 느끼게 하는 기업복지의 이런 관행이 비정규직의 생산성을 떨어뜨리며, 간접적으로는 정규직의 생산성에 영향을 미치는 실태가 기업복지의 이윤창출기능 저하의 한 요인이라고 볼 때, 이러한 기업복지의 불평등 심화기능이야말로 기업복지 이윤창출의 크나큰 문제점으로 작용한다고 단언할 수 있다.

2) 제도(프로그램)적인 측면의 문제점

기업복지 기능적 측면의 문제점은 대부분 기업복지제도(프로그램) 측면의 문제점과 맞물려 있다. 왜냐하면 기업복지의 기능은 제도나 프로그램을 통해서 근로자에게 전달되기 때문이다. 기업복지제도(프로그램)의 문제점에 대해서는 이미 이 책에서 단편적으로 논의가 된 바가 있으므로, 다음 절인 기업복지의 과제(개선점)에서 논의하기로 한다.

3. 한국기업복지의 과제

1) 기능적인 측면

(1) 이윤창출기능과 사회통제기능의 문제점에 대한 개선방향

기업복지의 이윤창출기능부문의 문제점으로 기업복지 결정요인의 부적절성, 노동조합요인, 경직된 임금체계, 직업사회복지 프로그램 도입의 미흡과 근로자의 욕구와 기업복지급부의 불일치를 들 수 있고, 사회통제기능 부문의 문제점은 노동조합과 개별근로자에 대한 통제로 구분하여 기술하였다. 이 중 직업사회복지 프로그램 도입의 미흡과 근로자의 욕구와 기업복지급부의 불일치문제는 기업복지제도(프로그램) 관련 문제이므로 다음 절에서 다루고, 노동조합요인, 경직된 임금체계와 사회통제부문의 노동조합에 대한 논의는 모두 노동조합에 관한 내용이므로 노동조합의 요인으로 묶어 종합적으로 논의하고, 사회통제부문의 개별근로자에 관해서는 특별한 문제가 노출되지 않는다고 보아서 논의에서 제외하기로 한다.

① 기업복지 결정요인의 부적절성

기업복지제도가 이윤창출에 별 효과가 없는 이유로 송호근은 '준거집단에 의한 복지수준을 제도화'하는 현상을 주요요인으로 지목하였다. 이러한 현상의 근본원인으로, 기업주의 경영철학의 부재와 기업복지에 대한 일반적이고 관념적인 막연한 기대를 들 수 있다. 기업복지에서 기업주의 경영철학의 중요성은 서구에서의 기업복지의 생성기에 절대적인 역할을 하였다. 기업복지의 선구자라고 불리는 영국의 Robert Owen은 공리주의, 인도주의, 기독교적 박애주의와 온정주의에 심취한 나머지 그의 경륜을 실현한다는 차원에서 기업복지를 창시하였고, 그의 영향은 독일, 프랑스, 미국의 기업복지 선각자에게 미치었다는 사실은 기업복지 역사에서 자세히 기술된 바 있다. 기업복지의 이윤창출기능에 확고한 신념을 가진 John Patterson은 기업복지에 이윤창출기능을 전하는 전도사의 역할을 담당하며 미국기업복지 도약기의 주역이 되었다.

최근에도 2008년 미국의 금융위기 속에서도 한 차례 해고도 없이 높은 수익률을 기록한 기업 SAS의 '직원 우선주의'를 주창하는 Jim Goodnight 회장, '인간경영'을 내세우는 일본의 야마다 사장, 자신의 연봉을 깎고 전 직원에게 최저연봉의 두 배 인상을 약속한 '도덕적 책무 경영'의 Dan Price 사장, 인간존중 생산성을 강조하는 기업의 총수의 출현 등, 확고한 경영철학의 기초 위에 기업복지를 실천하는 기업들은 기업이윤창출은 물론 가장 취업하고 싶은 기업으로 세인의 부러움과 찬사를 받고 있는 경우가 많다. Harvard 경영대학원 졸업생들을 중심으로 확산되는 '윤리경영의식' 속에는 직원들을 잘 보살피는 '감동경영'도 포함되어 있다. 그러나 국내에선 확고한 경영철학으로 기업복지나 윤리경영을 선도하는 기업주를 찾아보기 힘들다. 기업규모나 성장세에 있어 신화를 창조한다는 칭송 속에 세계 굴지의 대기업으로 성장하는 예는 시나브로 등장하지만, 극소수일지라도 기업복지에 대한 확고한 경영철학을 바탕으로 하여 기업복지를 앞장서서 견인할 선구자적인 인물이 한국기업계에서 절실히 필요한 실정이다.

기업복지에 대한 확고한 경영철학 혹은 개인적인 신념을 가진 기업주를 보기 힘든 것은 기업복지에 대한 깊은 이해와 기업복지의 기능과 효과에 대한 체계적이고 과학적인 식견의 부족을 원인으로 들 수 있다. 기업복지를 과거로부터 내려온 관행이나, 기업복지로 인한 이윤창출 관련 성공사례를 즉흥적으로 모방하는 형태나, 경쟁업체와의 위신이나 자존심 경쟁 등에 밀려 기업복지를 실시한다면 기업복지의 이윤창출효과를 기대하기 힘들다. 자사의 내부노동시장적인 특성이나, 인적자본의 면밀한 연구와 검토에 기초한 기업복지제도를 설계하여 소신을 가지고 추진한다면, 의외의 좋은 성과를 얻을 수 있다고 판단된다.

② 노동조합요인

기업복지를 통한 기업의 이윤창출 목적에 걸림돌이 되는 노조요인으로 강성노조로 대변되는 '귀족노조'가 지목되고 있다. 이러한 노조는 기업별 노조체제를 고수하면서, 비합리적인 관행에서 탈피하기를 거부하며, 기업복지의 비효율적인 효과발생에 일조해왔다고 지적되었다. 또한 대기업 노동조합이 연공급 임금체계개혁의 최대의 장애요인이 되고 있고, 거대한 조직을 기반으로 한 강경일변도의 자세로 인해 기업의 통제권의 안팎을 넘나들고 있다.

기업과 노동조합 간의 문제는 더 이상 기업 내부의 문제가 아니다. 개별기업이나 노동조합은 전국경제인연합회, 한국노총이나 민주노총 등의 상급조직과 연결되어 있으며 정치세력과도 연대되어 있어서 기업 내에서의 근본적인 해결이 가능하지 않다면 매우 어려운 상황이다. 노동조합의 문제는 정부 차원의 노사정위원회 및 정치권, 시민단체와 연결지어 해결하는 방법이 최선의 방법이라고 보여지며, 투명경영 및 진솔한 대화를 통해서 노사 간의 신뢰구축이 아무리 진부하게 들려도 해결의 실마리를 푸는 지름길이라는 데는 이견이 없을 듯하다.

(2) 기업복지의 불평등(사회통합 역기능) 완화를 위한 과제

기업복지가 근로자 간의 불평등을 심화시키는 것은 기업복지가 고임금 근로자에게 더 높은 수준의 기업복지를 제공하는 이른바 '부익부 빈익빈'현상을 초래하기 때문이다. 이러한 현상은 주로 기업규모가 가장 큰 변수이고 산업별 특성도 중요한 변수가 된다. 즉, 기업규모가 상대적으로 작더라도 기업특수적인 기술이나 고도의 숙련도를 보유한 근로자에게는 높은 임금과 기업복지가 제공되는 경우가 있지만, 대부분의 경우 기업복지의 격차는 기업규모에 연관되어 있다. 이런 맥락에서 볼 때 기업복지의 불평등 심화기능은 기업규모에 준하는 대기업과 중소기업 근로자 간의 격차완화와, 정규직과 비정규직 간의 불평등 문제에 대한 개선점에 대한 내용이 다루어진다.

기업규모 간의 격차나 비정규직에 대한 차별을 축소하는 방법으로 국가적인 차원에서 강제적인 방법을 동원하는 것이 가장 손쉬운 방법일 수 있다. 왜냐하면 기업복지의 격차에 관한 문제는 한 집단의 이익이 다른 집단의 손실을 의미하는 이른바 제로섬게임(zero sum game)이기 때문이다. 그러나 이런 방법은 기업복지의 경우에는 전혀 해당되지 않고 고려될 수도 없다. 그 이유는 기업복지는 민간복지영역에 속하는 복지체계로서 자율성이 그 근간이 되기 때문이다. 달리 표현하면, 기업복지는 사용자가 자발적으로 제공하는 것으로서, 아무리 국가라도 법적으로 강요할 수 없고, 강제로 실시하는 경우에는 자동적으로 기업복지에서 공공복지의 영역으로 편입되게 된다. 이러한 상황에서 격차를 축소하기 위한 국가의 노력은 상대적으로 열악한 입장에 있는 중소기업에 대한 지원을 통해 불평등의 정도를 완화하는 방법이 최선의 방법으로 여겨진다.

① 세제 지원

중소기업을 지원하는 방법으로 세금감면 같은 세제상의 혜택이 대안이 될 수 있다. 그러나 이런 접근방법의 한계로 지적되는 것은, 기업복지를 제공할 재정적인 여력이 없는 중소기업의 경우 세제혜택은 '빛 좋은 개살구'격이 되어 별 도움이 될 수 없다. 예컨대, 우리사주제도나 사내근로복지기금의 경우 중소기업에 대한 세제혜택의 폭을 대기업에 비해 넓혀주는 활성화 방안이 정부에 의해 제시되고 있지만, 얼마 되지 않는 기업복지 비용을 식사비 등의 전통적인 기업복지급부에 대부분 소진하는 중소 · 영세기업의 경우 위에 언급한 제도의 우대정책도 별 도움이 될 수 없고, 이러한 이유로 사내근로복지기금제도는 기업규모 간 격차를 벌리는 데 일조를 하고 있는 것으로 나타났다.

② 정부의 직접적인 개입

중소기업에 대한 지원책으로 정부가 중소기업을 대신해서 기업복지를 제공하는 대행자의 역할을 하는 것도 효과적인 방법이 될 수 있다. 일본의 '중소기업 근로자복지센터'의 모형을 도입하는 것으로 정부나 공공기관이 중소기업을 대신해서 위탁운영하는 형태로 기업과 정부가 비용을 분담하도록 한다. 이 경우 많은 중소기업이 신청한다면 국가의 부담이 너무 커질 것이고, 그나마 분담되는 비용을 부담할 여력이 없는 중소기업의 경우에는 국가의 지원이 아무 효과가 없을 것이라는 한계가 있다. 또한 사업 주체가 정부일 경우 정부조직의 확대가 불가피하여 공공성을 가진 민간기구가 선호되지만 마땅한 기관을 찾는 과정에서 난관에 부딪칠 가능성도 높다(김정한 외, 2004).

③ 공공근로복지서비스의 활성화

기업규모 간 기업복지의 격차를 줄이기 위한 방안으로 공공근로복지서비스의 확대가 한국노동복지센터의 연구에서 다각적으로 제시되고 있다(한국노동복지센터, 2002). 공공복지서비스에는 주거안정 지원사업부문에, 노동자 주택제도, 주택자금융자, 전세자금융자 등이 있고, 생활안정 사업부문에는 의료비 및 경조사비 대부, 생계비 대부, 장학사업, 노동자 신용보증지원 등이 있으며, 그 외에 여가활동 지원사업에 콘도이용 지원, 근로복지시설 등이 있다. 영세기업, 비정규직 근로자들은 취업되어 있는 기업으로부터 매우 낮은 기업복지혜택을 받거나 제외되는 경우가 많기 때문에 공공근로복지서비스의 취지에 합당한 경우 고용상의 지위와 소득수준 및 취업기업의 규모 등의 과도한 제한을 완화하고, 특히 비정규직 근로자들을 적용대상에 포함시키는 방법으로 공공근로복지서비스의 수혜대상을 확대하는 것이 필요하다(한국노동복지센터, 2002).

공공근로복지서비스의 수혜대상 못지않게 중요한 것을 복지서비스의 다각화이다. 현재 근로복지공단에서 제공하는 서비스 외에 다양한 사업을 확대하고 개발하여 기업복지의 사각지대에 놓여 있는 소외근로자 계층에게 서비스를 제공하는 것이 매우 중요하다. 구체적인 방법으로 2006년에 도입된 '근로자 종합복지' 카드를 통해 여가시설 및 상품구매에 할인혜택을 제공하고, 직업능력개발기회를 부여받지 못하는 중소기업과 비정규직 근로자를 대상으로 직업훈련 바우처(voucher)의 시행이 적절한 대안이라고 한국노동복지센터에서는 제안하고 있다. 또한 근로복지공단에 대한 추가적인 재정 지원으로 중·소 영세기업근로자와 비정규직 근로자를 대상으로 하는 재정적인 지원을 확대하고, 다양한 프로그램의 개발을 가능하게 하며, 현행의 근로복지 진흥기금에 정부의 출연확대가 절실하게 요구되기도 한다.

소외계층 근로자에 대한 기업복지서비스를 제공하기 위해서 근로복지공단이나 근로

종합복지관 같은 공공전달체계와는 별개로 노사공동, 혹은 노동조합과 노동단체의 주도로 근로자복지사업을 추진하는 민간기관 중심의 복지사업의 도입도 충분히 검토해 볼 수 있는 대안이라고 제시되고 있다. 산업현장에 밀착된 근로자복지 전달체계를 구축해 나가기 위해서 '근로복지진흥기금' 관련 지원 항목을 설치하여 민간 차원의 근로자복지사업을 적극 권장하며, 민간근로복지기관의 설립과 운영에 기업 및 노동조합의 기금 출연을 유도하기 위해서 정부의 정책적인 장려책이 요구된다고 할 수 있다(한국노동복지센터, 2002).

④ 노동조합요인에 대한 적극적인 대처

대부분의 대기업노조가 기업경쟁력을 약화시킬 뿐만 아니라 기업규모 간 격차와 정규직과 비정규직 간의 불평등을 심화시키는 실태에 대해서 구체적으로 언급된 바 있다. 이에 대한 대처방법은 기업 내에 국한되기보다는 노사정위원회, 중앙노조연합단체 같은 기업 외적 조직과 더 나아가서는 정치권을 통한 사회적인 대타협이 문제의 근본적인 해결책이 될 수 있을 것으로 보이며, 또한 언론을 통해서 여론을 환기시키는 것도 의미 있는 전략이 될 수 있다. 통상적으로 귀족노조가 기업이윤에 대한 장애요인이 되는 상황은 잘 알려져 있지만, 일반 정규직노조가 기업규모 간의 불평등과, 특히 정규직과 비정규직 간의 불평등의 심화요인이라는 사실은 상대적으로 잘 알려져 있지 않다. 이러한 점을 언론을 통해 부각시키면 사회적인 압력이 행사될 수 있으며, '임금공유제'를 실시하여 노동계와 기업계에 신선한 충격을 제공한 SK하이닉스의 사례를 이윤추구노조와 대비해서 공론화 시킨다면 문제가 되는 정규직노조의 이기적인 행태에 변화의 단초가 될 수 있는 가능성도 조심스럽게 점칠 수 있다.

⑤ 공공복지의 확충

기업복지는 보완적인 기재임에 틀림이 없다. 그래서 미국에서는 기업복지를 부가급부(fringe benefits)라고 부른다. 기업복지는 기업의 측면에서는 임금을 보완하고, 복지의 측면에서는 공공복지를 보완한다고 제4장에서 기술한 바 있다. 기업복지의 보완적인 성격을 음식에 비유하면 '간식'이라고 볼 수 있고, '주식'은 당연히 공공복지가 된다. 주식을 든든히 잘 먹어 충분한 영양을 섭취하기 전후에 따라오는 애피타이저(appetizer)나 후식(desert)은 식욕을 돋우고 분위기를 좋게 한다는 데 큰 의미가 있지만, 간식이 주식을 대체할 수도 없고 대체해서도 안 된다. 마찬가지로 기업복지 역시 임금이나 공공복지로 인간의 기본적인 욕구가 충족된 상황에서 삶의 질을 증진하는 것이 복지 기제로서의 본래의 목적이다. 이러한 내용은 Beveridge의 복지국가의 최저한의 원칙에 잘 담겨 있다. 즉, 그는 "어떤 사람에게 케이크와 서커스구경의 기회가 주어지기 전에 모든 사람에게 항상 빵과 건강이 제공되어야 한다."는 것이 복지국가에서의 우선순위라고 주창하였다(George & Wilding, 1976). 여기서는 빵과 건강이 기본적인 욕구로 공공복지로 충족되어야 하고, 케이크나 서커스 구경은 추가적인 급부로 민간복지(기업복지)를 의미한다.

이러한 복지국가의 원칙을 우리나라 현실에 비추어 보면, 중소 · 영세기업근로자와 특히 비정규직은 공공복지의 혜택을 제대로 받지 못하여 기본적인 욕구가 충족되지 못하는 데 반하여, 고임금을 받은 대기업근로자들은 기업복지까지 넘치도록 받게 되어 근로자 간의 분절화 현상이 극심해지고, 이로 인한 파급효과가 기업사회에서 더 나아가 전체사회에 미치고 있는 실정이다.

기업복지로 인한 불평등구조가 심화된다고 해서 기업복지 자체를 부정하거나 거부하는 것이 현명한 선택이 아니라는 것은, 이 책 전체에서 나타난 바와 같이, 기업복지의 순기능 때문이다. 실제로 기업복지 자체가 문제라기보다, 기업복지가 우리나라 복지체계에 주축이 되어간다면, 그것이 바로 문제가 된다. 기업복지의 불평등에 관한 문제점을 해결하기 위한 선결과제는 공공복지의 확충이다. 이런 맥락에서 기업복지로 인한 불평등 심화현상을 개선하기 위해서는 공공복지의 비중이 커져서 기업복지의 비중이 상대적으로 축소되는 것이 바람직한 방향이라고 여겨진다. 즉, 모두가 주식을 충분히 섭취하면 많은 양의 간식을 필요로 하지도 않고, 간식이 없어도 큰 문제가 아니며, 간식의 보완효과로 인해 전체적으로 건강한 균형을 이룰 수 있게 되는 것과 같은 이치이다.

공공복지의 확충이 전혀 쉬울 수는 없고, 저임금 · 저복지 근로자보다 공공부조의 대상이 되는 우리사회의 빈곤층과 차상위계층의 복지확충이 우선순위에서 더욱 앞선다는 것 또한 부인할 수 없는 사실이다. 그리고 공공복지의 확충을 통하여 선진복지국가로의 발돋움하는 데에는 경제성장이 우선되어야 하며, 이윤창출기능이 있는 기업복지가 공공복지확대의 전제조건이 되는 경제성장의 한 축을 담당하다는 사실 역시 간과되어서는 안 된다. 정확하게 말하면, 현재의 기업복지가 기업경쟁력 강화의 도움이 되지 못한다는 사실을 직시하여 기업복지 본래의 으뜸가는 이윤창출기능을 복원하는 것이 시급한 과제이다. 그러한 의미에서 기업복지는 양적인 발전보다는 질적인 발전을 꾀하는 것이 급선무이다. 동시에 국가 전체적으로 공공복지가 확대되고, 근로자를 대상으로 하는 공공산업복지정책은 영세기업근로자나 비정규직 같은 소외근로계층에 주안점을 두어 근로자 간의 격차해소를 위해 박차를 가하는 것은, 누구나 알고 있고 또 인정하는, 미래를 향한 바람직한 행로라고 판단된다.

⑥ 근로감독행정의 강화

근로자임에도 불구하고 당연히 보호받아야 할 사회보험제도를 적용받지 못하는 사례가 여러 곳에서 나타나고 있다. 사회보험제도는 원래 근로기준법에 명시되어 있는 사항임에도 불구하고 시행상태가 부실하거나 심지어 실시하지 않는 기업들이 빈번하게 포착되고 있고, 이러한 현상은 비정규직 근로자의 경우 더욱더 극심하게 나타나고 있다. 비정규직근로자도 보호받을 권리가 법적으로 명시되어 있으나, 적용규정이 모호하거나 여타 다른 이유로 사회보험과 퇴직금 등에 있어서 제외되는 경우가 많으며, 교통비 및 효도휴가비 등에 있어 차별대우를 하거나 아예 제외시킨 사례가 다수 적발되었다고 보고되고 있다. 이런 관행을 예방하기 위해 정부가 근로감독행정을 강화하는 것도 기업복지의 불평등 구조를 해소하는 하나의 방안에 포함될 수 있다.

2) 제도(프로그램)적인 측면

(1) 근로자의 욕구에 적합한 프로그램 개발

우리나라의 기업복지제도(프로그램)의 가장 큰 문제로 지적되는 것이 근로자의 변화해 온 욕구에 대처하지 못하고, 관행에 따라 구태를 답습해 온, 기업복지제도(프로그램)의 성격이라고 이미 기술한 바 있다. 기업복지에 투입된 비용 대비 만족도의 효과가 매우 미흡하였고, 이것이 생산성향상과 연결되지 못한 것이 국내 기업복지제도(프로그램)의 두드러지는 현상이다.

이러한 현상을 개선하기 위한 선결과제는 종업원에 대한 심층적인 기업복지 욕구 및 선호도를 조사하는 것이다. 연구보고서나 논문에 수록된 일반적인 욕구조사를 참조하는 것이 먼저 이루어져야 하지만, 외부의 객관적인 자료에만 의존하는 것에는 한계가 있다. 외부의 연구 · 조사를 바탕으로 하여 자체 종업원에 대한 조사방법을 개발 · 실시하고, 이러한 작업은 비용이 좀 들더라도 외부의 전문기관에 의뢰하는 것이 장기적으로 볼 때 유리하다고 할 수 있다. 자체적인 욕구조사를 바탕으로 종업원들의 욕구가 실제로 정확하게 반영될 수 있는 기업복지제도나 프로그램을 고안하며, 실시과정이나 일정기간 후 만족도 및 효과를 점검하고 측정하는 과정도 필수적이다.

기업복지제도(프로그램)의 전문성과도 연관되는 것으로 시급하게 도입해야 할 프로그램으로 근로자 지원 프로그램(EAP) 같은 직업사회복지 프로그램이 있다. 〈표 11-1〉에 나타난 대로, 최수찬의 연구(2007)에 의하면 근로자가 필요하다고 응답한, 퇴직준비 상담 · 지원프로그램(2순위), 직무 관련 스트레스 예방 · 관리(3순위), 일상 관련 스트레스 관리(4순위)는 모두 근로자 지원 프로그램에 포함되는 영역이다. 실제로 도입을 고려할 때 비용 등 여러 제반 문제가 대두될 수 있지만, 근로자 지원 프로그램에도 기업규모나 지불능력 등에 따라 적절한 여러 가지 모형이 있고, 여러 기업이 공동으로 사용할 수 있는 모형도 있다. 그리고 도입과 운영과정에 전문적인 자문과 제반 서비스를 필요로 할 때에는 이를 제공하는 국내 혹은 외국기업의 지부인 상담전문회사의 도움을 받을 수 있다.

(2) 개별 근로자의 인적자본의 특성에 맞는 기업복지 프로그램 개발

인적자본의 특성은 내부노동시장 모형의 변수로서, 평균연령은 부(負)의 영향력을, 평균경력은 정(正)의 영향력을 갖고 있는 데 비해, 다른 변수들은 아무런 의미가 없는 것으로 나타났다고 보고되었다(송호근, 1995). 그러나 최수찬(2007)의 연구에서는 성, 연령, 직종, 근속연수 등의 인구학적인 특성과 직업적인 배경 등에 따라 기업복지에 대한 욕구는 매우 다르게 나타났다고 기술하였다. 두 연구를 연결시켜보면, 인적자본의 특성을 고려하지 않은 기업복지제도(프로그램)로 인해 인적자본의 특성과 기업복지와의 관계가 무의미하게 도출되었다는 추정에 신빙성이 실린다고 볼 수 있다.

따라서 과거부터 관행적으로 실시하던 기업복지제도에 대한 면밀한 분석과 검토를 거쳐, 근로자의 욕구와 무관한 제도나 프로그램은 과감히 중단하고 대신 인적자본에 기초하는 욕구를 만족시킬 수 있는 프로그램 개발이 절실히 요구된다. 예를 들자면, 근로자의 스트레스의 경우 남성근로자는 조직구조의 차별적인 요소나 승진 등에 관한 직무 스트레스가 많고, 여성근로자는 육아 등 가사에 관한 스트레스가 많다는 점을 감안하여 별개의 프로그램 개발이 필요하다(최수찬, 2007). 이러한 경향은 퇴직 관련 고충상담이나 주거에 관한 욕구에도 근로자의 평균연령이나 근속연수에 따라 큰 차이를 보인다. 그러므로 먼저 근로자의 개별적이고 집단적인 욕구를 파악하여 이들에게 특화된 프로그램을 제공하는 것이 효과성을 높이는 지름길이라 보여지고, 구체적인 제도로는 현재 확산일로에 있는 선택적 기업복지 프로그램이 적절한 대안으로 인정된다.

(3) 과학적 · 전문적 접근방법

기업복지제도(프로그램)에 관한 과학적인 접근의 첫 걸음은 기업복지의 경영성과(이윤창출)에 대한 체계적인 실증연구로부터 시작된다고 볼 수 있다. 외국의 경우에도 근로자 지원 프로그램의 손비절감효과에 대한 연구는 여럿 존재하지만, 기업복지에 대한 전반적인 경영성과에 대한 연구는 확인되지 않고 있다. 우리나라에서도 한국노동연구원의 틀 안에서 이루어진 송호근의 연구(1995)가 유일하고, 국가의 지원을 받은 연구들이 시나브로 나오고 있지만, 그것은 선택적 기업복지제도나 근로자 지원 프로그램에 대한 연구에 한정되어 있다. 바라건대 송호근의 연구와 같은 연구가 주기적으로 진행되거나, 연구방법 등이 개선되어 새로운 조사연구가 출현한다면, 기업복지제도(프로그램) 개발의 중요한 기반의 역할을 담당하며 기업복지제도(프로그램)발전에 크게 기여하리라 믿는다.

대부분의 기업에서는 체계적인 점검이나 연구 없이 관행적인 기업복지제도(프로그램)를 답습하거나 노동조합의 요구에 따라 도입 여부를 결정해왔다고 볼 수 있다. 이는 결국 기업의 고인건비-저효율 구조를 고착화시키는 결과를 초래해 오고 있다고 판단된다. 기업복지 프로그램의 설계는 종업원에 대한 사전 욕구와 수요조사와 비용의 적정배분을 위한 여러 가지 분석기법을 사용하여 가장 효과적인 대안이 선택되어야 한다. 이를 위해서는 기업복지 투자의 선호도를 면밀히 분석하고, 기업의 지불능력을 감안한 연후에 비용의 적정안배가 이루어지도록 유효한 통계기법도 적극적으로 활용하여, 기업복지제도(프로그램)를 개발하고 실시하는 것이 절실하게 요구된다(한국경영자총협회, 1997).

기업복지제도(프로그램)설계과정의 과학적이고 전문적인 접근 못지않게 필요한 것이 기업복지의 전문적인 운영체제이다. 기업 내에서 기업복지 전담요원의 부재도 흔한 일이지만, 기업복지전담요원이 업무에 필요한 전문지식과 지식을 보유하고 있는 경우 역시 찾아보기 힘들다. 퇴직연금 같은 금융상품을 기업에 판매하는 금융 · 보험회사의 법인 담당직원들은 기업복지에 대한 전문지식을 습득하고 연구하여 해박한 전문성을 지니고 있는 경우가 많지만, 기업에서 그들을 상대하는 업무파트너는 기업복지 전담직원이 아니거나, 그들에 비해 기업복지에 대한 전문지식이 현저하게 떨어지는 실정이다. 이런 맥락에서 기업에서는 사회복지전공자 중 산업복지나 기업복지에 대한 깊은 관심과 전문지식을 보유하고 있는 전공자를 고용하여 기업복지전담직원의 임무를 담당하게 하면 인건비 지출 이상의 큰 효과를 볼 수 있다고 판단된다.

(4) 효율성 제고를 위한 방안

현재 기업에서 실행하고 있는 기업복지제도 중 효율성이 있는 제도를 선별하고, 체계적으로 연구하여, 전체기업을 대상으로 확산하는 노력이 필요하다. 또한 기업복지제도(프로그램)를 사회보험제도와 연계하여 개발하는 것도 근로자의 복지욕구 충족에 지름길이 될 수 있다. 원래 사회보험제도는 근로자의 가장 기본적인 욕구에 대처하는 특성을 가지고 있어 근로자의 욕구에 부응한다는 면에서는 가장 적절한 복지제도이나 우리나라의 사회보험제도는 아직도 복지선진국에 비해 혜택의 폭이나 수준에 있어서 미흡하다. 미국의 경우 실업보험의 수준이 낮은 것에 착안하여 실업보험 추가혜택제도(SUB)가 있듯이, 우리나라에서도 기업복지로 낮은 고용보험금의 수준을 보완할 수 있고, 건강보험의 경우 치료기간의 생활비를 제공하는 상병수당(sick benefits)이 없는 실태를 착안하여 상병지원금 같은 기업복지제도의 개발도 바람직하다고 여겨진다. 또한 사회보험의 급여수준 등이 변하면 기업복지도 역시 연동적으로 변화됨을 통해서 공공복지를 적절하게 보완하는 기능도 고려해 볼 만하다.

기업복지제도(프로그램)의 연계성은, 공공산업복지제도뿐만 아니라 인사 및 임금제도, 산업안전, 작업환경 등 기업 내의 제반제도를 포함하는 것이 바람직하다. 여태까지는 기업에서 새로운 기업복지제도를 도입할 때 기존의 기업복지제도(프로그램)와의 연관성 내지 중복성에 초점을 두어왔지만, 새로운 기업복지제도(프로그램)를 설계 혹은 도입할 때, 기업의 조직구조나 배치, 이동, 승진 등의 인사제도는 물론 산업안전, 작업환경 등을 고려하여 설계하고 시행하면, 기업복지제도(프로그램)의 효율성을 높이는 데 큰 효과를 볼 수 있다고 판단된다.

기업복지와 관련해서 단체협상과정에서 노동조합의 일방적인 요구나 경쟁 집단의 수준을 기준으로 삼아 무리하고 비합리적인 요구가 문제가 된다고 기술한 바 있는데, 이러한 노동조합과의 마찰을 피하는 방안으로 노사가 공동으로 기업복지 프로그램을 개발하고 운영하는 것도 적절한 대안이 될 수 있다. 한 걸음 더 나아가서 대기업의 경우 다수의 비정규직에 대한 배려의 차원에서 노사가 공동으로 기업복지제도(프로그램)를 개발하여 시행한다면, 노조의 이기적인 관행이 축소 내지 소멸될 가능성이 높고, 귀족노조라는 따가운 여론의 눈총이 찬사로 바뀔 수 있는 여지도 다분하다. 또한 현재 국내에서 명색은 존재하나 실제적인 의미를 부여받지 못하고 있는 자주복지가 이로 인해 활성화되는 계기가 되어 노사관계 개선에 일익을 담당할 수 있을 것으로 보인다.

기업복지제도(프로그램)의 효율성 제고방안으로 시설 중심의 불변적 기업복지제도와 금전적인 지원 중심의 양적인 성장을 지양하고 전문적인 프로그램 중심으로 전환하는 것이 필요하다. 이것은 기업복지의 핵심적인 기능인 '조직에 대한 결속력 강화를 통한 생산성 향상'으로 이어질 가능성이 높다. 만일 근로자 지원 프로그램(EAP)을 통해 문제의 근로자가 해고위험을 피하게 되고, 그의 정신건강과 함께 가정문제까지 해결된다면, 근로자와 그의 가족은 평생 회사의 은혜를 잊지 못하게 되고, 근로자는 최선을 다해 업무를 수행할 가능성이 높다. 이런 상황을 소위 '감동경영'의 본보기라고 볼 수 있다.

기업복지제도(프로그램)의 문제의 하나로서 정보공유체제의 미비를 들 수 있다. 기업복지는 기업경영의 중요한 수단이기 때문에 기업복지제도 중 특정 프로그램은 외부에 쉽게 노출되지 않는 경우가 허다하다. 기업복지가 기업의 인사관리기법의 하나로 인정되어 경우에 따라서 대외적인 비밀로 치부되기도 하고, 기업복지제도 자체가 미흡한 기업에서는 기업이미지 보존 차원에서 외부에 노출되는 것을 꺼려하는 경향이 있다. 또한 정보의 공유를 위해서는 정보공유시스템이 필요한데, 개별기업 차원에서 관리되는 기업복지제도를 전체 기업 차원에서 공유할 수 있는 객관적인 기제가 존재하지 않는 것도 정보공유시스템 부재의 원인으로 꼽을 수 있다. 이런 현실에서 경영자총협회나, 근로복지공단 혹은 한국노동연구원 등이 정보공유체제를 구축한다면 기업복지제도(프로그램) 개발 및 향상에 크게 기여할 수 있을 것으로 판단된다.

마지막으로 기업복지제도(프로그램)의 효율성을 제고하기 위해 고안되었고 기업복지 선진국에서 널리 시행되는 기업복지제도(프로그램)를 도입하는 것도 좋은 방법이 될 수 있다. 왜냐하면 이러한 프로그램의 효과는 이미 기업복지선진국에서 입증된 바 있어, 기업의 실정에 맞추어 주의를 기울여 도입하면 큰 효과를 볼 수 있다. 근로복지공단에서 제시하는 5대 선진기업 복지 프로그램이 대표적인 사례로서 퇴직연금제도, 사내근로복지기금제도, 우리사주제도, 선택적 기업복지제도, 근로자 지원 프로그램(EAP)이 있으며, 이에 추가로 가족친화적 기업복지제도와 기업코칭이 있는데, 이러한 제도들은 제3부 기업복지제도(프로그램)에서 소개된다.

4. 한국기업복지의 전망

1) 기업복지의 이윤창출기능에 관한 전망

기능적인 측면에서 사회복지의 3대 기능인 사회통합, 사회통제, 이윤창출 보조기능의 부문에서 우리나라의 기업복지제도를 평가 · 분석한 결과, 경제적인 측면의 이윤창출부문에서는 제 기능을 수행하지 못하는 것으로 나타났고, 정치적 기능인 사회통제기능은 큰 의미를 지니고 있지 못하는 것으로 판명되었으며, 사회적 기능인 사회통합에서는 불평등심화라는 역기능이 뚜렷하게 나타났다. 이러한 내용을 전 절인 2절에서 문제점으로 정리하였고, 3절에서는 개선점을 과제의 형태로 모아서 정리해 보았다. 사회복지나 경영분야뿐 아니라 대부분의 사회과학분야의 응용과학에서 존재하는 정치 · 경제 · 사회적 측면의 3가지 기능에서, 하나는 기능이 무력하고(impotent), 또 다른 기능은 존재가치를 상실하고(insignificant), 세 번째 기능은 본래의 체제존속에 해를 끼치는 역기능(dysfunction)을 보인다면 그 체제의 존속 여부나 미래에 대해서는 파국이라는 부정적인 전망이 자연스럽게 도출될 수 있다. 물론 문제점이 낱낱이 파헤쳐지고 각 문제에 대한 해결방안이 제시되어 수행된다면, 현재의 부정적인 전망이 긍정적인 전망으로 바뀔 수 있는 것 역시 충분히 가능한 각본이 될 수 있다고 볼 때, 문제의 통찰과 개선방안의 실현가능성 고찰을 통해서 최종적으로 미래를 전망하는 것으로 이 책을 마무리하려 한다.

우선 한국기업복지가 당면하고 있는 문제의 근본성격을 규명해볼 필요가 있다. 만일 문제가 제도의 근본적인 문제라면 해결전망은 매우 어두울 수밖에 없다. 자동차의 예를 들자면, 만일 차의 엔진의 문제로 인해 차의 운행이 불가능하다면, 수고와 비용을 들여 고치는 것보다는 폐차시키는 것이 현명한 선택이 될 수 있지만, 타이어나 라디에이터 등에 문제가 있어 폐차시킨다면 그것은 비실용적인 선택이다. 우리나라 기업복지의 문제를 이윤창출기능과 사회통합기능에 국한해서 살펴보면, 기업복지제도(프로그램) 관련 문제가 가장 크게 부각된다. 기업복지의 존재 이유라고 볼 수 있는 이윤창출기능의 작동여부에 따라 기업복지의 존폐 여부가 달려 있는 상황임은 분명하다.

우리나라 기업복지의 기능상의 문제는 기업복지라는 근본구조의 문제는 분명히 아니라는 것은 이미 오래 전에 판명되었다. 이에 대한 증거는 이 책의 1부 전체의 내용이다. 비록 기업복지의 발단은 자선적인 사회복지의 동기에서 시작되었지만, 그것이 도약기와 전성기, 쇠퇴기를 거쳐서 성숙기에 이르러서, 비록 쓰임새의 폭과 용도는 다를지라도, 세계도처에서 활용되고 있는 사실만 보아도 기업복지가 이윤창출을 위한 기제라는 데는 의심의 여지가 없다고 단언할 수 있다. 그렇다면 국내 기업복지의 '이윤창출기능의 미흡 내지 부재'라는 문제는 노 · 사 · 정의 의지와 노력 여하에 따라 해결될 수 있는 문제라는 것으로 귀결될 수 있다. 이러한 비관적이지만은 않은 전망을 이윤창출기능과 사회통합기능으로 분리하여 논의하기로 한다.

기업복지의 이윤창출기능에 포함되는 문제점을 자세히 보면 주체와 제도로 구분할 수 있다. 기능적인 측면에서 지적된 문제들 중에 기업복지 결정요인의 부적절성은 기업복지 제공자인 기업주의 기업복지에 대한 이해, 경영철학과 경영 전략에 관한 내용이고, 노동조합요인은 물론 노동조합, 특히 대기업노조 지도부에 관계되는 내용이다. 기업복지를 결정하는 기준이 기업의 지불능력이나 인적자원의 특성과 경영실적보다 준거집단의 수준에 더 의존하므로 비합리적이라는 지적인데, 이 문제에 대한 개선노력은 쉽지 않고 오랜 시간을 요하겠지만 가능하리라고 낙관하는 데는 크게 주저하지 않는다. 종래에는 기업복지에 대한 막연한 기대에 의존하거나 아니면 기업복지를 매몰비용으로 치부하여 크게 관심을 기울이지 않았던 경향이 있었다. 그러나 전에 비해 경제성장이 크게 둔화되고, 무한경쟁에서 생존하기 위해서 재정적인 투자가치를 더욱 철저하게 관리해야 되는 상황이 도래하며 더욱더 어려워지는 기업환경에서, 2014년 기준으로 전체기업에서 임금의 6%, 1,000명 이상의 초대기업에서는 7% 정도를 점유하는 기업복지지출이 생산성향상에 별 도움이 되지 않는다는 사실은 큰 충격이 될 수 있다. 그리고 이러한 충격으로 인해 기업복지를 포기한다는 가능성은 종업원의 엄청난 반발을 가져오는 등의 감내하기 어려운 현실에서, 기업복지를 통한 생산성 향상에 집중적인 노력을 경주할 공산이 매우 크다고 예상할 수 있다.

기업복지의 생산성향상에 걸림돌이 되는 요인으로 노동조합의 요인이 지목된 바 있다. 우선 노동조합요인의 파급효과의 범위는 전체 노동자의 10% 정도에 국한된다. 나머지 90%의 노동자는 노동조합원이 아니고, 10% 정도의 노조원 중에서도 노동운동을 좌지우지하는 민노총을 주축으로 한 강경세력은 그 절반에도 못 미친다. 즉, 노동조합 관련 요인이 기업복지의 이윤창출기능에 부정적인 요소라고 여겨지지만, 전체 노동인력의 비중의 측면에서 볼 때에는 결정적인 요인이라고 보는 것은 과장된 우려라고 여겨진다. 또한 노동조합의 목표 역시 기업 경쟁력 제고라는 측면에서는 기업의 경영진과 크게 다르지 않다. 기업복지 지출의 비효율적인 효과로 인해 기업의 경쟁력이 떨어지면 그로 인한 파급효과는 기업주에게만이 아니라 근로자에게도 미치기 마련이다. 이러한 맥락에서 볼 때, 기업복지와 관련된 주체인 기업주와 객체인 노동자(노동조합) 모두 한 배를 탄 공동적인 운명을 지니고 있기 때문에, 기업복지의 생산성향상기능의 활성화를 위해 피차 타협하고 양보하며 공존할 가능성이 무척 높다고 판단된다.

이윤창출기능 면에서 나머지 세 문제인 경직된 임금체계, 직업사회복지 프로그램 도입의 미흡과 근로자의 욕구에 불일치요인이 있지만, 이 경우에도 의지만 있다면 충분히 개선해 나갈 수 있다. 경직된 임금체계 문제는 노사 간의 타협을 바탕으로 하여 노사정위원회를 중심으로 한 노동개혁의 과정을 통해서, 험난한 과정이 예견됨에도 불구하고, 노사의 공멸의 위험과 정치 · 사회환경의 압력에 의해 개선될 가능성이 높아 보인다. 기업복지 프로그램의 전문성 결여에 관한 문제에 대해서는 근로자 지원 프로그램(EAP)이 비교적 빠른 속도로 도입되는 조짐이 여러 곳에 나타나고 있는 것으로 보아 낙관하여도 큰 문제가 없어 보인다. 근로자의 욕구와 기업복지제도(프로그램)의 불일치문제도 이에 대한 기업경영진의 인식수준이 높아졌고, 근로자들의 요구가 전에 비해 활발하게 제기되는 등의 이유로 변화의 조짐이 도처에서 감지되고 있어서, 개선가능성에 대한 전망이 어둡지만은 않다고 볼 수 있다.

이 문제에 대해서 첨가할 내용으로, 기업복지제도의 생산성 향상기능의 별 영향이 없다는 주장은 20년 전 한국노동연구원의 연구로 제기되었고, 기업복지제도의 결정요인과 기능에 관한 연구로는 유일한 연구이다. 연구가 실제로 행해진 1994년 이후 20여 년간 우리나라는 정치, 경제, 사회, 문화의 모든 분야에서 엄청난 변화가 있었다. IMF 외환 위기, 정권의 평화적인 교체, 사회보장제도의 확립과 2008년 이후 미국발 금융 위기 등 그야말로 '격랑의 시기'였다고 해도 과언이 아니다. 2000년대 초반 법정복지비 비중이 처음으로 기업복지비를 능가한 것은 통계를 통해 접할 수 있었지만, 20여 년 동안 기업복지의 생산성향상기능에 대한 체계적인 연구는, 그 어디에도 존재하지 않는다. 현재의 시점에서 보면, 기업복지로 인한 기업복지의 생산성향상기능이 1994년 한국노동연구원의 연구가 행해졌던 시기에 비해 변화가 없을 수도 있고, 더 악화되어 왔을 수도 있지만, 현재에도 기업복지가 건재(?)한 것을 보면 생산성향상에 기능이 개선되었을 가능성이 조금은 더 높다고 조심스럽게 예단할 수 있다. 물론 이 책에 지적되어 있는 문제와, 파악되지 못한 문제들이 상존한다고 볼 때, 개선의 여지는 한없이 많다고 볼 수 있지만, 모든 정황을 놓고 종합적으로 진단할 때, 기업복지 미래의 전망이 어둡지만은 않다고 판단된다.

2) 기업복지의 불평등 심화효과에 대한 전망

생산성향상을 통한 이윤창출기능의 부재라는 문제제기는 기업복지에 관련된 대부분의 관계자에게는 충격적인 놀라움으로 다가왔지만, 기업복지의 불평등심화효과에 관해서는, 이미 널리 알려진 사실이기도 하고 관련자들의 심각한 우려를 자아내는 화두라고 해도 과언이 아니다. 기업복지의 불평등심화현상에서 가장 주목을 받은 부문이 기업규모별 불평등과 최근 들어 더욱 부각되는 정규직/비정규직 간의 불평등이다. 대기업과 중소기업 간의 임금수준 차이로 벌어진 격차를 기업복지가 더 벌려놓고 있는 현상은, 우리나라의 산업화가 본 궤도에 접어들어 고속성장을 구가하던 1980년대 말부터 가시화되어 급속도로 진행되었고, 정규직/비정규직 간의 격차는 1990년대 불어닥친 세계화 추세 속에서 무한경쟁에서 살아남기 위한 노동유연화 현상과, IMF 외환 위기 이후 정리해고가 법제화되어 비정규직의 숫자가 급격히 증가하고 비정규직의 비중이 상대적으로 커진 2000년대 이후부터 심각한 사회현상으로 부각되기 시작한 문제이다.

기업복지의 개념, 이론 및 특성부문에서, 기업복지에는 그 자체에 불평등이 배태되어 있다고 누차 강조하였다. 그렇지 않다면 기업복지의 이윤창출기능이 있을 수가 없고, 기업사회에서 존재할 수도 없으며, 존재하지도 않는다. 그런데 문제는, 불리한 위치에 있는 집단의 상황이 매우 열악하다는 점과, 불평등의 도가 우리사회가 감당할 수 없는 한계에까지 근접해가며 너무 확대되고 있다는 점이다. 이렇듯 기업복지의 존망을 좌우할 수 있는 불평등심화문제를 직시해야 하는 상황에서 불평등심화로 인한 갈등이 시나브로 해소되어가면서 기업복지의 미래가 열릴 수 있다는 조짐을 여러 군데서 감지할 수 있다.

그중 첫 째는 우리민족의 저력 중에 대표적인 자생력을 꼽을 수 있다. 기업복지를 논하면서 민족의 저력을 운운하는 것은 논리의 엄청난 비약이라고 볼 수도 있지만, 기업복지 관련 불평등현상과 그로 인해 파생되는 갈등현상은 기업 내의 정규직과 비정규직 간에 국한되는 것이 아니라, 사회 전체의 보수/개혁의 이념문제와 기득권/피해계층의 자본주의 체제와 연결되기 때문이다. 우리사회는 전통적으로 가족주의를 바탕으로 하는 공동사회였고, 현재에도 개인주의가 근간을 이루는 서구사회에 비하면, 높은 수준의 공동사회로서 '타인이 보는 나'에 극도로 민감하며, 자아의 정체성을 타인과의 비교에서 찾는 경우가 일반화되었다. 이런 현상은 기업복지의 이윤창출기능을 무력화하는 기업복지 결정요인으로 송호근이 지적한 '타 업종의 수준'에서도 잘 나타나 있다. 이러한 타인과의 비교성향은 불평등상황이 발생되고 전개될 때 이에 대한 반응도 격렬하게 나타나는 경향이 있다. 이런 맥락에서 보면 선진국에 비해 일천한 역사를 가진 경제성장, 정치민주화 및 자본주의 시장경제체제의 경험과 그 과정에서 야기되어 온 부의 불평등현상 등의 현상으로 인해 갈등이 증폭되어 왔다. 2015년 보건복지포럼 3월호의 〈사회갈등지수 국제비교 및 경제성장에 미치는 영향〉 보고서의 의하면 우리나라 사회갈등지수는 경제협력개발기구(OECD)의 24개국 중 5위로 '갈등공화국'이라는 오명을 쓰고 있다. 이런 현상이 더욱 우려되는 이유는 우리사회의 갈등허용지수가 상대적으로 낮다는 것이다. 우리사회의 비등점은 다른 나라에 비해 상대적으로 낮아서 불평등 같은 갈등요인이 발생하면 그것이 쉽게 가시화되며 증폭되는 경향이 있다.

그러나 이러한 현상은 역으로 보면 갈등이 의외로 신속하게 해결될 수 있는 단초가 될 수 있다. 일반적으로 갈등해소의 과정은 상호 간의 타협이나 양보에 의해서만 이루어지는 것은 아니다. 상호타협, 양보, 결속 등이 우리민족의 강점은 전혀 아니라는 세인의 지적에도 불구하고, 갈등상황이 종결될 수 있는 가능성이 높은 것은 '갈등상황이 해소되지 않으면 공멸한다는' 역사적인 교훈을 간직하고 있는 우리민족의 대표적인 저력인 '자생력'에서 찾아볼 수 있다. 이러한 맥락에서 기업복지와도 긴밀하게 연결되어 있는 빈부격차에 의한 불평등심화문제는 험난한 과정을 극복해가며 해결될 수 있을 것으로 보이며, 기업복지의 전망을 어둡게만 보지 않는 신념에 바탕에는 우리 민족의 재생력에 대한 믿음이 도사리고 있다. 이러한 견해의 구체적인 근거로 2015년 9월 '경제사회발전 노사정 위원회'에서 합의된 노동시장구조개혁 방안을 들 수 있다. 물론 국회 입법과정에서 수많은 난관과 진통이 예상되지만 국내의 경제 · 사회의 제반 여건을 감안할 때 대타협을 이룬 것 그 자체만으로도 우리사회의 극심한 대결국면을 완화하는 중대고비를 넘었다고 평가되고 있다.

불평등문제의 점진적인 해결가능성을 높이 인정하여 기업복지의 미래를 낙관적으로 보는 두 번째 이유는 실리를 중시하는 기업 및 노동계의 특성에 근거한다. 통상적으로 불평등으로 인한 갈등은 심리적인 요소와 직결되는 경우가 대부분이고, 따라서 심리적인 측면에 피해가 가해진다. 그러나 기업복지 관련 불평등 심화현상은 열등자에게 상대적 박탈감, 불공평성 등의 자아개념이나 효능감에 상처를 주는 것은 물론이지만, 갈등을 유발하는 기업복지의 제공자에게도 금전적인 피해를 가져다준다. 왜냐하면 불평등 현상으로 인한 피해 집단도 기업에 고용되어 있는 근로자이고, 따라서 근로자의 심리상태 및 근로의욕 저하 등은 노사 양 측에게 경제적인 손실을 가져다준다. 거기에다 파업이나 직무이탈 현상 등의 갈등으로 인해 야기되는 비용이 더해지기 때문에 경제적인 손실에 대한 실질적인 우려가 갈등해소에 긍정적인 요인으로 작용하는 것이 보편적인 현상이다.

불평등 완화 가능성을 낙관하는 세 번째 근거는 공공복지의 확대현상이다. 공공복지 확대추세의 원인은 여러 가지가 있는데, 경제성장, 복지권이 국민의 권리라는 의식의 정착으로 인한 점증되는 요구, 기존 복지체계 사각지대 해소와 불충분 · 비합리성을 개선하는 보완제도의 필요 및 새로운 욕구에 부응하기 위한 새로운 복지제도의 개발 등이 있다. 이 모든 요인은 현재 우리나라에서 존재하는 내용이고, 공공복지확산 추세는 1990년대 이후 꾸준히 지속되어 오고 있으며, 미래에도 지속되는 것이 순리라고 보여진다. 이러한 공공복지의 확충은 현재 기업복지에서 제외된 집단에게 점차적으로 복지혜택이 주어지게 되면서 이에 따른 기업복지 비중의 감소가 기업복지로 인해 불평등 심화현상이 완화되는 효과를 가져올 수 있을 것이라는 예측이 가능하다.

네 번째 역시 국가와 관련된 내용으로, 중소기업이나 비정규직 같은 기업복지 소외집단에 대한 국가의 지원의지와 실제적인 노력을 들 수 있다. 이 책의 여러 곳에 기술된 대로, 국가에서 권장하는 근로복지기금제도, 퇴직연금제도, 우리사주제도, 선택적 복지제도 등이 비교적 신규로 도입되고 있거나 개정되면서 중소 · 영세기업 근로자에 대한 추가적인 지원과 혜택이 강화되는 추세에 있다. 이것은 국가의 입장에서도 점증되는 규모별, 취업 형태별 격차를 우려한 나머지 이를 개선하려는 의지와 구체적인 노력의 실상이라고 보여진다. 그리고 근로복지공단을 통해 중소기업의 기업복지 확산을 유도하고 지원하며, 공공근로복지서비스의 활성화를 통해 중소 · 영세근로자 및 비정규직 근로자에게 복지서비스의 제공을 확대하는 것과, 한국노동연구원 등 국책연구소를 통해 기업복지에 관한 연구를 활발히 진행하여 기업에게 구체적인 정보와 기술을 제공한다는 여러 측면의 노력으로 미루어 볼 때 국가의 역할에 기대를 걸어볼 만하다.

3) 기업복지제도(프로그램) 개선에 관한 전망

기업복지제도(프로그램)의 개선점으로 근로자의 욕구에 적합한 프로그램 개발, 인적자본 특성에 맞는 프로그램 개발, 과학적 · 전문적 접근방법과 효율성 제고를 위한 여러 방안들이 언급되었다. 이러한 방안과 그 외에 제기되지 않은 방안들이 제대로 실시되는가에 따라 기업복지제도개선에 대한 전망이 좌우된다고 할 수 있다. 이미 제시된 대안과 방안의 실시 여부는 노사정과 민간기관에 달려 있기 때문에 확언을 할 수는 없지만 이러한 대안들이 점차적으로 실시되리라고 전망하는 데는 나름대로 근거가 있다.

작금의 기업복지를 둘러싸고 있는 환경을 살펴보면 기업복지의 미래의 행로가 어렴풋이 보이는 듯하다. 우선 제일 먼저 눈에 들어오는 것이 기업복지 비중의 축소이다. 2000년을 기점으로 법정복지 지출이 기업복지를 능가하기 시작하였다. 1990년대 1인당 노동비용에 평균 7.7%에 달하던 기업복지비가 2000년과 2007년 사이에는 6.3%로 떨어지더니 2008년에서 2014년의 기간에는 4.7%로 내려앉았다. 또한 고도성장시대 역시 마감된 듯하여, 지난 몇 년간 경제성장률은 3%대에 머무르고 있고, 향후에는 2%대도 조심스레 점쳐지고 있다.

이것은 세계적인 경제침체와도 관계있지만, 우리나라도 선진국형의 경제체제에 돌입했다는 반증이기도 하다. 이런 추세가 향후에 지속되거나 조금 축소될 가능성이 높은 반면 기업복지비중이 확대될 가능성은 매우 희박하다고 판단된다. 즉, 기업복지의 양적 확대의 시대는 1990년대 말로 종언되었다는 사실에서 우리는 기업복지의 미래를 질적 향상에서 찾을 수밖에 없으며, 이것은 기업복지제도(프로그램)의 근본적인 개편에 달려 있다고 볼 수 있다.

기업복지제도(프로그램) 개혁의 또 다른 필연성은 노동인력의 변화와 직결되어 있다. 그중 가장 먼저 제기되는 문제가 노동력 부족현상이다. 우리나라의 출생률이 급격하게 떨어지기 시작한 것이 어제 오늘의 일이 아니고, 2018년이 되면 급격히 떨어진다는 대학 입학 학령인구의 감소는 앞으로 다가올 심각한 노동력 부족현상의 전조라는 사실을 삼척동자도 알고 있는 상황이다. 이에 따라 여성과 노인의 경제활동인구가 증가하게 되고, 외국인 거주자(노동자)의 수도 2015년 후반기에 170만 명을 돌파하였다. 여기에 다문화가정의 증가로 인해 늘어나는 이주여성이 모두 잠재적이고 실질적인 노동인력이라고 볼 때 그들이 기업에 잘 적응하여 노동 잠재력이 극대화되는 것이 향후 노동시장의 핵심적인과제로 부상할 가능성이 매우 높다. 노동시장에 새로이 또 지속적으로 유입되어 왔고, 앞으로 그들의 숫자와 중요성이 증가하는 상황에서, 작업조직에 성공적인 적응기제로 기업복지만큼 적절한 수단은 없다고 감히 단언할 수 있다.

노동인력 변화의 또 다른 면은 노동자의 인적 특성과 연관되어 있다. 우리사회도 가중되는 취업난으로 인해 대학일변도에서 조금씩 탈피하고, 과거에 비하면 개성이 강하고 노동특성이 차별화되는 신규노동인력이 노동시장에 속속 진입하고 있다. 그들의 노동특성을 극대화하는 데는 아직은 천편일률적인 임금제도보다 기업복지제도가 더 효과적일 수 있다. 이런 의미에서 새로운 기업복지제도(프로그램)는 노동인력의 인적자본의 특성을 세심하게 고려해서 고안 · 개발할 때 기업복지의 본래 기능을 효율적으로 발휘되게 된다.

이러한 몇 가지 흐름에서 보면, 우리나라의 미래의 경제성장에 기업복지가 담당해야 할 몫이 과거보다 더 작아진다는 예견은 오류의 가능성이 매우 높다고 판단된다. 요컨대, 기업복지의 퇴조 내지 소멸을 사전에 차단할 수 있는 중요한 해법이 기업복지의 불평등심화효과를 완화(최소화)하는 것이라면, 기업복지의 미래를 기약하는 것은 기업복지제도(프로그램)의 근본적이고 체계적인 개혁 외에는 다른 방안이 없다고 확신한다.

4) 기업복지에 대한 거시적인 전망

기업복지에 대한 거시적인 전망이란 기업복지에 관한 전망이 국내로 한정되는 것이 아니라 국제적인 추세에 관한 내용이라는 뜻이고, 이것은 자본주의 시장경제체제의 미래의 향방과도 간접적으로 연결된다. 현재의 세계정치 · 경제지도에 존재하는 국가들을 크게 두 부류로 나눌 수 있다. 정치적 민주화가 실현된 선진국에서는 자본주의 시장경제체제로 인해 초래되는 '부익부 빈익빈'의 문제로 홍역을 치르고 있고, 대부분 정치적인 독재체제가 자리 잡고 있는 개발도상국에서는 자본주의 시장경제체제로 인한 극심한 불평등은 물론 대다수의 국민들이 빈곤의 늪에 빠져서 생사의 기로에 서 있다. 정치민주화와 산업화과정을 성공적으로 수행한 국가들은 위로는 하늘이 한계요 아래로는 끝이 없는 불랙홀(black hole)이 바닥인 자본주의의 함정에서 국민을 구하기 위해 최저한의 생활을 국가가 보장한다는(national minimum) 복지국가라는 대열에 속속 합류하게 된다. 어느 누구의 개입을 필요로 하지 않는 자본주의의 수호신 '보이지 않는 손(invisible hands)'이 노화되어 제 기능을 다하지 못할 때 국가라는 '보이는 손'이 경제 · 사회문제에 필히 개입해야 한다는 J. M Keynes의 인도에 따라 '보이지 않는 손'에 장식품 수준의 족쇄를 채움으로써 절대빈곤문제는 대체로 해소되었으나, 불평등을 의미하는 상대적 빈곤은 경제가 성장할수록 위세를 떨치고 있다.

이러한 복지국가에서는 부의 양극화 현상이 필요악으로 치부되어 방치함을 통해 빈부격차가 커지고 있었으나, 정작 치명적인 문제는 불평등이 아니라 복지국가 퇴조의 핵심적인 원인이라고 지목되는 국가경제의 침체였다. 1970년대 복지국가들은 '이합집산'을 반복하면서, Beveridge 시대부터 맹위를 떨치던 분화적인 복지국가는 퇴조의 길로 들어서게 되었고 신자유주의식 질서체제로 교체되었으며, 조합주의적인 복지국가로 갈아탄 경우나, 사회민주적 체제로 변환된 복지국가는 1970년대 세계적인 경제침체를 헤어나와 명맥을 유지하거나 승승장구해왔다. 복지국가를 죄인으로 몰아 퇴조의 선물을 안긴 경제침체의 주된 원인 중 하나는 국가의 개입, 구체적으로 말하자면, 복지재원 마련을 위한 과도한 세금과 각종 경제, 금융정책 등이었다. 그러나 날로 심각해져가는 사회양극화 현상을 해소하고 재분배적인 복지를 시행하기 위한 공공재원을 확보하기 위해 과세율을 높이면, 대부분의 자본가들은 '죽 쒀서 개주는 격'이라 반발하면서 투자를 줄이거나, 극단적인 경우 낮은 세금으로 손짓하는 타 국가로 이민을 떠나는 일까지 벌어지는 것이 지금의 상황이다. 불평등문제로 인한 사회갈등을 해소해야만 사회통합을 통해 사회공동체가 형성되며 유지되는데, 그 목적을 실현하기 위해 중과세정책 및 평등지향적인 정책을 실시하면, 투자의욕이 감소되어 복지에 필요한 재원 자체가 축소되는 딜레마(dilemma)가 선진국을 의미하는 경제협력개발기구(OECD) 국가들의 공통된 고민이다. 원초적인 이념의 측면에서 본다면, 자유와 평등 간의 딜레마(dilemma)현상이라고 할 수 있다. 자본가를 자유롭게 놔두자니 사회가 극심한 불평등상태로 치달을 수밖에 없고, 평등을 추구하기 위해 강제수단을 동원하자니 자본가들의 투자의욕이 감소되어 경제가 하향국면을 향해 돌진하는 곤혹스러운 상황이 전개된다. 21세기에 접어들며 이러한 상황이 고조되면서 200년 가까이 공산주의와의 경쟁에서 일방적이고 완벽한 승리를 거두며 승승장구를 구가하던 자본주의 시장경제체제가 한계에 달했다는 주장이 도처에서 터져 나오는 국면에 처해 있다.

이때부터 자본주의의 새로운 대안 혹은 한 차원 승격(upgrade)된 경제 · 사회체제의 이념으로 창조적 자본주의 혹은 공생적 자본주의가 급속하게 부상하고 있다. 창조적 자본주의란 자본주의 시장경제체제 내에서 수익을 극대화한 자본가들이 자발적으로 자기의 재산을 사회에 환원하여 사회적 재분배의 재원으로 쓰이도록 한다는 것으로, Bill Gates나 Warren Buffet 같은 세계적인 거부들에 의해 주창되고 선도되고 있다. 공생적 자본주의란 자본주의 본래의 이념적 토대 중 하나이나, 특히 국내에서는 완전히 실종되었다고 할 수 있는 개신교 윤리(protestant ethics)인 청빈과 청지기의식(stewardship)을 기초로 한 것으로, 프랑스 혁명의 3대 가치인 자유, 평등, 박애와 맥을 같이한다. 즉, 자유와 평등이 평화적으로 공존하기 위해서는 박애(사랑, 나눔, 연대의식)가 필수적이라는 이치로서, 사랑 혹은 연대의식을 바탕으로 하는 공동체의식이 존재한다면 자발적인 재분배가 이루어지고, 이로 인해 평등이 구현된다는 뜻이다.

그렇다면 한계에 다다른 이기적 자본주의를 뛰어넘어 미래에 대안으로 제시된 창조적 자본주의(이타적 자본주의)와 기업복지와의 연관성에 관심의 초점이 모아진다. 창조적 자본주의를 주창하는 기업가들 중 다수의 경영자들은 사회적 환원의 우선적인 대상으로 본인과 함께하는 종업원들에 대한 사회적 책임을 강조한다. 경영자들은 보편적으로, 일반 소비자는 당연히 고객으로 보는데, 공생적 자본주의를 신봉하는 경영자들은 자신의 기업의 종업원까지도 동반자 및 고객으로 보는 경향이 매우 높아서, 종업원에게 최상의 서비스를 제공한다. 달리 표현하자면, 종업원을 단순히 이윤창출의 수단으로 보는 것이 아니라, 그들은 함께하는 동반자요 섬김의 대상으로 본다는 기업주의 마음의 표현이 기업복지를 통해 실체화된다는 것이다. 전 절에 잠시 언급한 SAS기업의 Jim Goodnight 사장의 경영철학은 '직원 우선주의'로서 2008년 미국의 글로벌 금융 위기 속에서 한 차례의 해고도 없이 높은 수익률 상승을 기록하였다는 예를 보더라도, 불황 시 근로자를 일개 소모품으로 여겨 해고하는 여느 기업주와 달리, 어려움 속에서도 동고동락하고자 하는 그의 마음이 직원들과 세인에게 깊은 감동을 선사하였다. 2015년 많은 사람들에게 감동을 준 Gravity Payment라는 신용카드 결제회사의 CEO인 Dan Price도 부하직원들과의 대화 속에서 큰 충격을 받고 전 직원의 연봉을 3년 내에 2배 수준인 7만 달러로 올리겠다고 선언하였다. 이야기가 거기서 끝났다면 그저 마음 좋으나 현실감각이 떨어지는 CEO로 인정되었겠으나, 이 사건의 백미는 자신의 거액의 연봉을 일반근로자의 수준으로 삭감하겠다는 희생어린 결단이었고, 이 결단이 직원들뿐만 아니라 사회 전반에 걸쳐 깊은 감동을 주었으며, 바로 이 감동이 매출과 기업이익으로 이어져 6개월 만에 2배로 증가하는 도화선이 되었다고 전해진다(세계일보, 2015. 10. 26).

이미 살펴본 바와 같이, 21세기 자본주의의 새로운 돌파구로 세인의 주목을 받은 창조적(공생적) 자본주의의 틀 속에 기업복지도 핵심기제의 하나로 자리매김하고 있는 사실 자체가 기업복지의 전망을 밝게 한다는 근거라고 판단된다. 이러한 사실을 종합하여 보면 19세기 초반 가슴이 뜨거웠던 기업복지 선각자들의 모습이 떠오른다. 따스하고 자애로운 마음과 이상사회를 건설하겠다는 기업복지 선구자 Robert Owen의 야망이 21세기 기업복지의 미래를 열어가는 기업복지 선각자들에 투영되어 나타난다. 미래의 기업복지의 성공의 열쇠는 여전히 이윤창출기능이지만 그것은 움켜쥐고 닥치는 대로 취하려는 이기적인 목적을 통해서 이루어질 수는 없다고 믿어진다. 자신의 소유가 자신만의 것이 아니라 온 사회의 것이요, 자신은 주인이 아니라 청지기로서 주인인 전체 사회를 위해 헌신하는 마음으로 최선을 다하고, 노력의 동기가 개인만을 위한 치부가 아니라 상생과 공존을 목표로 하는 원래의 자본주의의 참 모습을 지닌 경영자야 말로 미래의 자본주의를 이끌어 나갈 주역이라고 할 수 있다.

2015년 11월 페이스북(Facebook)의 최고경영자(CEO) Mark Zuckerberg가 딸의 출산을 맞아 미래세대를 위해 52조 원을 기부하면서 밝힌 더 좋은 세상에 대한 2대 조건으로, '인간의 잠재력 향상'과 '평등의 증진'을 꼽았다. 그의 미래에 대한 비전의 2대 조건을 기업복지와 연결지어 생각한다면, 근로자의 잠재력 향상을 통한 이윤창출기능과 전체근로자의 삶의 질 향상을 위한 불평등완화의 방향으로 미래의 기업복지를 승화시켜 나가는 것이 허망한 꿈에 불과한 것인지 상념이 스쳐간다. 기업에서 근로자를 이윤창출의 수단이 아니라 내부고객으로서, 섬김의 대상이요, 창출된 이윤을 나누는 동반자로 여긴다면, 근로자와 그가 속한 사회는 물론 전 세계의 고객에게 감동을 줄 수 있고, 이러한 감동이야말로 Zuckerberg의 미래에 대한 비전이 기업복지미래의 현실로 나타날 수 있는 밑거름이 된다는 확신에 사로잡히게 된다. 이러한 기업복지가 미래에 풍미할 것이라는 기대와 바람과 비전(vision)을 꿈꾸며, 이 책의 대단원의 막을 내린다.

Part 03

기업복지제도(프로그램)

이 책을 쓰게 된 근본취지는, 서두에서 이미 밝혔듯이, 기업복지 대상 집단에 대한 자세한 서술이나, 기업복지제도(프로그램)에 대한 구체적인 소개는 아니다. 그것이 중요하지 않아서가 아니라, 그 보다 우선하는 작업이 기업복지의 개념, 배경이념과 이론, 성격, 기능과 효과 등을 포함하는 기업복지제도 자체의 정체성을 규명하는 것이라고 보았기 때문이다. 이 책을 저술하게 된 또 다른, 아니 가장 중요한 목적은 우리나라의 기업복지의 실태를 심층적으로 파악하고 분석하여 '한국형 복지국가'를 형성해 나가는데 하나의 벽돌을 쌓는 노력을 통해 기여하기 원하는 것이기 때문에, 기업복지제도(프로그램)에 대한 내용은 부록 형태로 길지 않은 지면을 할애하였다.

제3부에 기업복지제도(프로그램)를 소개하는 목적은 제1장에서 제11장까지 다루어진 내용에 대한 이해를 돕기 위함이다. 제11장까지 다루어진 내용에서, 구체적인 문제의 실태나 실질적 대안이 이 부에 수록된 기업복지제도(프로그램)를 실례로 하여 전개되었다. 물론 논의과정에서 해당되는 기업복지제도(프로그램)에 대한 간단한 소개가 제공되었지만, 논의의 흐름을 원활하게 하기 위하여 자세한 언급은 되도록 피하였다. 기업복지제도(프로그램)의 자세한 내용을 알고자 한다면 관계 문헌이나 자료를 찾아보는 것이 가장 좋은 방법이겠으나, 번거로움을 요하는 불편함을 피하기 위해서는, 이 책의 마지막 부분에 간략하게 소개하는 것도 도움이 될 수 있다고 여겨져서 비교적 간단하게 수록하였다.

제3부에 소개되는 기업복지제도(프로그램)은 근로복지공단에서 제시하는 5개의 선진기업복지 프로그램을 위시하여 저자가 주목하는 대안적인 제도(프로그램)를 2가지 추가하였다. 이 부에 기술되는 내용 외에 좀 더 폭넓고, 더 자세한 내용을 알고자 한다면, 관련 자료는 한국노동연구원 연구보고서, 근로복지공단, 관련 도서와 논문을 통해 어렵지 않게 접할 수 있으며, 이 책의 부족한 면을 보완한다는 측면에서 그러한 노력은 적극적으로 권장된다.

Chapter 13

선진기업복지제도와 프로그램

1. 퇴직연금제도

1) 정의

퇴직연금은 기업이 사내에 적립하던 퇴직금제도를 대체하여 금융기관에 매년 퇴직금 해당액을 적립하여 근로자가 퇴직할 때 연금 또는 일시금을 지급받아 노후보장으로 활용하는 제도로서 우리나라에서는 2005년 12월 1일부터 시행되었다. 퇴직급여는 퇴직금 제도에서처럼 일시금으로 수령할 수도 있다. 퇴직연금에는 적립금 운용을 사용자가 하는 확정 급여형(Defined Benefit: DB)과, 근로자가 개별적으로 적립금을 운용하는 확정 기여형(Defined Contribution: DC)이 있으며 이 경우 근로자가 추가 부담금 납부가 가능하고 이에 대한 별도의 소득공제혜택도 주어진다.

2) 필요성

(1) 기존 퇴직금제도의 문제점

퇴직연금의 도입 필요성으로 기존의 퇴직금제도의 문제점을 들 수 있다. 퇴직금이 노후생활자금 본연의 역할을 다하기 위해서는 퇴직금에 대한 근로자의 수급권이 보장되어야 한다는 것이 기본적인 전제조건이다. 그러나 현실적으로 퇴직금을 지불하기 위한 재원이 별도로 적립되어 있지 않고 기업의 운영 경비 등으로 이용되는 경우가 많기 때문에, 기업이 갑자기 도산하는 경우에는 퇴직금을 전액 지급받지 못하고 체불되는 사례가 빈번하다.

잦은 이직과 중간 정산으로 퇴직금이 소진되는 것 또한 퇴직금제도의 문제점으로 지적된다. 근무실적에 따라 급여를 지급받는 연봉제가 확산되고 정기적으로 퇴직금 중간정산을 실시하는 기업이 증가하면서, 퇴직금이 노후를 위해 적립되지 못하고 이직 및 중간정산 등에 의해 소액으로 지급받게 되는 경우, 근로자 입장에서도 새로운 직장을 찾는 기간 동안 생활자금으로 사용하게 되는 형편이어서, 퇴직금을 노후 생활자금으로 이용하기 위한 제도 원래의 목적이 달성되지 않고 있는 현실이다.

퇴직금제도의 또 하나의 문제는 인사관리의 유연성 제약이다. 최근 확산되고 있는 연봉제 등의 성과주의 임금제도에서 퇴직금제도를 그대로 적용하게 되면 성과에 따라 평균임금에 변동(상승 혹은 하락)이 발생하게 되므로 퇴직금 수령액의 차이가 크게 발생할 소지가 크다. 또한 기존 퇴직금제도는 임금피크제 등의 새로운 제도 도입에 제약요인으로 작용할 여지가 크므로 결국 효율적 경영을 달성하는 데 저해요소로 작용할 공산이 크다.

(2) 고령화사회에 대한 대비

급속하게 고령화 추세에 있는 우리나라에서 노후를 위한 경제적인 준비가 매우 중요한 문제임에도 불구하고, 50대 직장인의 약 60%는 노후를 위해 별도로 준비하지 못하고 있는 상황이다. 선진국 급여 생활자의 노후생활의 두 가지 기둥은 공적연금과 사적연금(퇴직연금과 개인연금)인데, 어느 국가든 공적연금의 비대화에 따른 국가재정의 어려움을 경험하고 있다. 우리나라에서는 국민연금제도가 초기에 수요와 공급에 관한 체계적인 연구 및 제도적 장치가 미흡하여 2030년대 국민연금 재정의 고갈이 우려되는 바 정부, 기업, 근로자 모두 퇴직연금을 강화하는 방안에 관심을 가질 필요가 있다고 보여진다.

우리나라에서는 2011년 현재 약 1만 4,000개의 사업장에서 328만 명의 근로자가 가입하여 약 50조 원의 적립금을 기록하고 있으나 이것은 미국의 1경 5,000조 원, 일본의 3,000조 원에 비하면 매우 미미한 수준이다(고용노동부, 2011).

2. 선택적 기업복지제도

선택적 기업복지제도란, 사전에 설계된 다양한 복지항목 중 일정한 예산안에서 종업원 개인의 니드(needs)에 가장 적합한 복지항목과 수혜수준을 종업원들이 자유롭게 선택하는 제도이다. 식당에서 자기가 좋아하는 음식을 고르듯 이 기업이 제공하는 다양한 항목 중 자신에게 부여된 복지예산 안에서 개인의 욕구와 필요에 따라 항목을 선택하는 제도이다. 통상 카페테리아 플랜(cafeteria plan)이라고 하며 'Tailored Benefit Plan', 혹은 'Flex Benefit Plan'이라고도 불린다(김정한 외, 2004). 근래 우리나라에서는 맞춤형 복지제도로 널리 알려져 있다.

선택적 기업복지제도는 생산성 향상의 변수 중 직무만족이 실체화된 제도로서 그 내용은 제도의 특성에서 잘 반영되고 있다. 첫째, 선택적 기업복지제도는 조직구성원의 개인적 욕구를 중시하는 제도로서 제도의 설계와 운영에 있어서 개개인의 다양한 욕구와 이해관계를 반영하여 구성원의 직무만족도를 높인다. 둘째, 선택적 기업복지제도는 참여적 복지제도로서 제도의 설계와 운영에 있어서 조직의 개인 혹은 집단의 의견 참여가 이루어지고, 선택권 역시도 개인에게 부여된다. 전기한 바, Porter과 Steers의 직무만족 결정요인 중 작업환경의 주요 내용이 참여적 의사결정인 점을 감안하면 참여적 특성을 가진 선택적 기업복지제도를 통해 직무만족도가 높아진다는 것은 당연한 결과이다. 셋째 특성은 동기유발과 관련이 있는데, 재직기간 등의 연공제적 성격이 강하고 근로자의 욕구와의 불일치로 직무만족의 증진과는 거리가 먼 전통적 기업복지제도에 비해 선택적 기업복지제도는 조직의 목표 달성 여부에 관심을 가지며 비용대비 효과를 통해 기업의 경쟁력을 중시하는 특징이 있다. 전통적 기업복지제도가 점차적으로 증가된 복지지출에도 불구하고 비용의 증가만큼 기업의 생산성에 기여하지 못한다는 비판이 선택적 기업복지제도의 도입에 중요한 원인이 되었다(최수찬, 2007: 83).

선택적 기업복지제도는 사전에 종업원 복지욕구에 따라 설계된 다양한 항목 중에서 개인의 선호도에 따라 복지항목과 수준을 선택할 수 있게 고안된 제도이기 때문에 종업원과 그의 가족의 생활수준, 소비행태, 생애주기 등 다양한 욕구의 충족도를 높이고, 그것은 직무만족을 통해 생산성향상으로 귀결된다.

선택적 기업복지제도의 이윤창출기능은 직무만족도의 증가사례로서 나타난다. 선택적 기업복지제도에 대한 평가는 긍정적으로 나타났다. 미국에서 이 제도 실시 전후의 종업원의 직무만족도를 비교 조사한 결과 실시 이후 직무만족도가 전반적으로 증가하였고, 기업복지에 대한 만족도 역시 큰 폭으로 증가한 것으로 나타났다(Barber et al., 1992). 우리나라에서 선택적 기업복지제도를 실시하는 기업의 평가 역시 매우 긍정적이어서, 일반적인 효과로, 선택적 기업복지제도를 도입함으로써 복지 만족도 수준이 크게 증가했다는 점, 기업복지 지급체계의 단순화와 투명성을 확보하였다는 점, 복지항목 및 비용의 추가 투입으로 인한 복지비용 증가에 대한 기업부담을 해소할 수 있었다는 점, 복지비용의 효용을 증대시킴으로써 경비절감효과를 기대할 수 있다는 점, 조직 내 커뮤니케이션을 활성화시켰다는 점으로 나타나고 있다(한국노동복지센터, 2002). 2003년 선택적 기업복지제도를 실시하고 있는 8개 기업을 대상으로 조사한 한국노동연구원의 연구보고서에 의하면, 8개 기업 모두 근로자의 요구 반영으로 만족도가 상승했다고 보고했다(김정한 외, 2004).

선택적 기업복지제도에 대한 긍정적인 평가와 맞물려 이 제도를 도입하는 회사가 점차적으로 확산 일로에 있다. 1997년 한국 IBM을 시작으로 1998년에 LG유통, CJ, 1999년에 한국가스공사 등으로 확산되었고, 2003년에는 기획예산처, 중앙인사위원회, 경찰청 등 정부기관을 포함해서 약 20여 개 업체가 선택적 기업복지제도를 도입하고 있는 것으로 나타났다(김정한 외, 2004). 도입 전망 역시 밝은 것이어서, 삼성생명과 왓슨와이어트가 공동으로 조사한 실태조사에서, 조사대상 424개 기업 중 약 10%인 44개 기업이 실시할 예정에 있는 것으로 나타났고, 그 가운데 86%는 3년 내로 실시할 것으로 응답하고 있다(한국노동복지센터, 2002). 기업복지 전문기업 e-제네두(www.etbs.co.kr)의 2007년 조사에서 보면, 국내 매출액 기준 1,000여 개의 대기업 및 공기업 중 24%가 선택적 기업복지제도를 도입한 것으로 보고하였고, 이 추세는 지속적으로 증가하여 기업복지솔루션 전문 업체인 이지웰페어에 따르면 2011년 말 기준으로 1,000개 이상 기업이 이 제도를 운영하고 있고, 이 제도를 이용하는 직장인이 250만 명을 돌파했으며 국내 100대 기업 중 52개 기업이 이 제도를 도입했다고 보고되었다. 선택적 복지제도가 기업의 새로운 복지 트렌드(trend)로 부각되는 이유는 이 제도가 복지 수혜자인 직원의 관점으로 설계되고 운영되기 때문이며, 이런 경향은 주 5일제 등으로 근로자의 여가시간의 증가에 따라 다양한 라이프스타일을 추구하고, 자신의 개성을 중시하는 성향을 지닌 요즘 직장인의 취향으로 설명될 수 있다.

3. 사내근로복지기금제도

사내근로복지기금제도란 임금 및 기타 근로조건에 추가하여 근로자의 실질소득을 증진시키고 근로의욕과 노사공동체의식을 고취시키기 위해서 기업이익의 일부를 출연하여 근로자의 복지증진사업에 사용함으로써 근로자의 기업복지혜택을 보장하는 제도이다. 이 제도는 본 수익성 관련 변수의 조직몰입과 동기유발 변수를 기초로 하여 구성되었으며 이 기금을 통한 복지사업은 근로자 주택구입, 임차 자금, 우리사주 구입비, 대부, 장학금, 재난구호금, 체육문화활동, 기타 재산 형성 및 생활원조금, 선택적 복리후생 프로그램 지원 등을 지원하는 것으로 되어 있다(근로복지공단, 희망드림 근로복지넷, 2012). 사내근로복지기금제도는 기업의 사업 이익의 일부를 재원으로 하여 기금을 설치하고 이를 바탕으로 기업단위의 근로자 복지사업을 실시하도록 하는 제도로서 기업복지제도의 하나로 볼 수 있다. 사내근로복지기금제도는 사내근로복지기금법(1991. 8. 10. 제정)에 따라 1992년부터 시행하고 있는 바, 기금 설립은 법적 의무사항은 아니며 사업주가 임의적으로 설립할 수 있다. 정부에서는 관련 세법의 규정에 따라 기금 설립 시 기금출연금 전액에 대한 법인세 손비 인정, 기금에서 근로자에게 지급한 금품에 대한 증여세, 비과세 등의 세제혜택을 줌으로써 기금의 설립을 장려하고 있다.

사내근로복지기금은 기업의 이익을 노사가 협의하여 결정한 금액으로 조성되는 것으로서 이는 기업복지제도이면서 근로자가 이윤분배에 참여하는 간접이윤 분배제도라고 볼 수 있다. 이 제도가 근로자에게 제공하는 혜택으로 각종 지원금을 통해 임금소득 이외의 자본소득을 가져오고, 저임금근로자에게 생활안정자금을 지원함으로써 고소득 근로자와의 소득격차를 줄이고, 지원금에 대한 세제감면혜택을 통해 상대적으로 높은 소득이 주어진다. 사내근로복지기금제도의 또 다른 특징은 기금의 독립적 성격을 들 수 있다. 기금은 독립법인으로 설립되고 운영기구도 사업체의 경영조직과 별도의 기구, 즉 협의회, 이사, 감사 등의 조직으로 구성하도록 하고 있으며, 조성된 기금은 법령 및 자체 정관 등에 따라 관리 · 운영되므로 기업의 영업재산과는 별개이다. 이 기금의 세 번째 특징은 영속적인 성격이다. 사내근로복지기금제도는 그 수익금으로만 복지사업을 할 수 있기 때문에 원금을 잠식 · 소모할 수는 없으며 또한 원금을 해치거나 손실을 가져올 우려가 있는 부동산 소유 혹은 주식투자 등에 활용할 수 없다.

마지막으로 유동적인 성격이 있는데, 이것은 기금을 금융기관에 예입 · 예탁 등을 원칙으로 하고 있으므로 필요한 용도에 따라 시의적절하게 사용될 수 있다. 이와 같이 사내근로복지기금제도는 사용자에게는 근로의욕 고취를 통한 생산성향상은 물론이고 출연기금이 영속적이며 점증적인 투자로 간주되어 기업복지 제공효과를 얻을 수 있고, 출연금에 대한 증여세 등에 대한 비과세혜택과 기업의 이미지제고 등의 유형 · 무형의 많은 혜택을 누릴 수 있다(조흥식 외, 2005).

사내 근로복지기금 제도의 도입배경으로는, 근로자에 대한 복지가 열악한 우리나라에서 이 제도를 통해 근로자와 기업주 모두에게 이익을 가져다주자는 발상에서 시작되었다고 볼 수 있다. 근로자에게는 첫째, 기업이익의 일부가 복지기금으로 조성되어 종업원을 위한 복지에 쓰이므로 임금소득에 추가되는 자본소득을 가져오고, 둘째, 주택구입, 전세금 보조 등의 지원은 종업원에게 목돈을 마련할 수 있는 기회를 가져다주며, 셋째, 저임금 근로자의 생활안정을 위한 자금 및 학자금 등을 지원함을 통해 고소득 근로자와의 소득격차를 줄이고, 넷째, 기금에서 지급 · 보조받는 금액에 대한 세제혜택의 효과를 누릴 수 있다.

사용자에게는, 첫째, 기업의 사회적 책임을 실현함은 물론 근로의욕을 고취하고, 근로자의 애사심의 향상으로 인해 생산성향상을 통한 이윤창출의 효과를 가져올 수 있으며, 둘째, 원금의 소모가 없는 기금의 영속성과 점증성으로 출연금이 투자로서 운영 · 관리되므로 기업 내의 근로조건의 향상은 물론 장래의 기업복지비용이 절약될 수 있고, 셋째, 고정적 비용인 임금과 기업복지비를 연계하여 인건비를 합리적으로 배분함으로써 원활한 임금교섭을 유도할 수 있다(조흥식 외, 2005: 197).

1982년에 처음 추진된 이 제도는 1983년 노동부의 행정지침에 의한 권장사항으로 실시되다가 1991년 법제화되어 현재에 이르고 있으나 입법과정에서 강제조항으로 발의되었던 것이 임의조항으로 변경 · 제정되어 근로자복지 구현에 큰 영향을 미치지 못하고 있다. 2002년 916개의 기금이 설립되었고, 종업원 1,000명 이상의 대기업의 61.3%가 설치한 반면, 300명 미만의 중소기업의 경우 설치율이 0.1%에 불과하여 기업규모에 따른 극심한 불평등현상을 보여 주고 있다(노동부, 2003). 2010년의 경우 1,235개 기업에 6조 7억 원의 기금이 조성되어 있고, 149만 명의 근로자가 3조 3,419억 원의 혜택을 받고 있다.

4. 우리사주제도

우리사주제도란 종업원 지주제도(employee stock ownership plan)의 우리말로서 "회사가 경영방침으로 특별한 편의를 제공하여 종업원으로 하여금 자사 주식을 취득, 보유케 하고 기업경영 및 이익분배에 참여하게 함으로써 근로자의 근로소득 외에 자본소득을 증대시켜 나가는 제도"이다(박길량 외, 1992). 이 제도는 근로자 재산형성, 기업생산성향상 및 협력적 노사관계 등을 목적으로 하며, 미국 · 영국 등 세계 여러 나라에서 이러한 목적을 위해 널리 활용되고 있다.

우리사주제도의 수익성 창출효과는 종업원의 근로의욕을 고취시키고 유능한 근로자의 확보와 이직 방지 등 근로자 관련 요인과, 기업의 자본 조달 및 자본의 증진과 기업 홍보 등의 대내외적 요인을 통해 나타난다. 우리사주제도는 근로자의 경영참여를 가능케 하고 대립적인 노사관계를 협력적인 노사관계로 전환시키는 이른바, 조직의 몰입도를 높이는 효과가 있다. 우리사주제도가 종업원에게 가져다주는 이익을 좀 더 구체적으로 언급하면, 우리사주제도는, 1) 소액 자금에 의한 자사주 투자가 가능하여 유리한 조건하에서 근로자의 재산형성을 촉진할 수 있으며, 2) 자사주 구입을 통해 회사의 지원은 물론 각종 세제상의 지원과 배당금효과를 누릴 수 있고, 3) 우리사주 조합이 종업원들의 자사주 구입과 관리를 일괄하여 책임지고 집행하므로 개개인 종업원에게 발생되는 자금의 적립문제, 주식투자에 관한 번잡한 절차를 피할 수 있으며, 4) 우리사주 조합을 통한 주식투자는 투자위험의 시간적 분산효과를 얻을 수 있으므로 보다 더 높은 수익성과 안정성을 확보하게 되어 투자위험을 감소시킬 수 있다(조흥식 외, 2005).

우리사주제도가 사용자에게 가져다주는 수익은 우선 노사관계의 측면에서 종업원이 자사의 주식을 취득하고 회사의 주주로서 참여하게 됨으로써 회사와 종업원의 공동체 의식이 점차로 높아지고, 종업원의 주인의식은 회사의 목표와 자신의 목표를 동일하게 인식함으로써 애사정신의 함양, 노사 협조관계 증진, 근로의욕 증진으로 인한 생산성 향상 등에 큰 효과를 가져온다. 재무관리의 측면에서 볼 때, 1) 불경기일 때 종업원으로 하여금 지속적인 자사주 투자제도를 마련하고 장기보유를 유도한다면 주가를 회복하여 회사 발전에 도움을 주는 자본 조달의 수단이 된다. 2) 종업원이 구입한 주식을 일정기간 동안 인출을 제한시킴으로써 장기안정 주주를 확보할 수 있어서, 이것이 자본자유화에 따른 외부자본의 기업지배 위험을 방지하는 효과를 낳고 경영권의 안정을 도모할 수 있다. 3) 종업원이 이 제도를 통해 계속 자사주를 구입하고 장기간 보유하게 되면 유동주가 감소하게 되고 따라서 주가의 시장가격 안정과 자사주의 시장성이 확보된다. 4) 노사 간의 관계개선으로 회사의 경영성과 증진에 좋은 촉진제가 된다(조흥식 외, 2005).

현재 1,007개 기업에서 32만 명의 근로자가 우리사주를 가지고 있으며, 시가기준으로 8조 원(취득가액 5조 5,200억 원) 수준으로 이것은 전체 근로자의 2% 정도나 나타난다(근로복지공단, 희망드림 근로복지넷, 2012).

5. 가족친화적 기업복지제도

가족친화적 기업복지제도란 근로자들이 직장에서의 요구와 가족구성원으로서의 요구를 조정함을 통해 조직구성원의 조직몰입도를 높이기 위해 고안된 제도이다. 우리나라 법률에서는 가족친화제도에는 탄력근무제, 자녀의 출산 · 양육 및 교육지원제도, 부양가족 지원제도, 근로자 지원제도 등이 있으며 가족친화 사회 환경의 조성 · 촉진에 관한 법률 제2조에서 정의하고 있다. 또한 OECD(2003)는 "가족의 자원과 아동발달에 적절한 환경을 조성함으로써 근로자의 일-가정생활의 조화를 촉진하고, 자녀를 둔 근로자들에게 일과 양육에 관한 선택의 폭을 넓혀주며, 양성 평등한 고용기회를 촉진하는 제도" 라고 정의하였다.

가족친화제도의 필요성에 관해 기업 차원에서 살펴보면, 단기적으로 직원의 직무만족도 및 충성도를 제고하고, 이직률 저하 등으로 생산성이 증가하게 되며, 중기적으로는 지식정보화 시대의 창의성이 높은 여성인력을 확보하여 기업의 경쟁력을 높이고 내 · 외부 고객의 신뢰도를 향상시켜 매출 증가를 통한 이익이 증대될 수 있다. 또한 장기적인 측면에서는 출산율 제고를 통한 노동력을 확보하고 내수기반 확대로 기업의 지속적인 성장을 가능하게 한다. 근로자 차원에서 보면 출산 · 육아로 인한 경력단절을 극복하고 지속적인 사회참여를 통해 삶의 질이 향상되며, 근로와 양육에 대한 스트레스가 감소되고, 인격형성기에 있는 자녀에 대한 적절한 관심을 줄 수 있어서 가정생활의 만족도가 증가한다. 국가적인 차원에서 보면, 일과 가정의 양립을 통한 여성인력의 활용으로 저 출산 · 고령사회 성장 동력을 유지할 수 있고, 출산율의 제고와 아동 등 미래세대의 건전한 육성을 위한 가장 효과적인 사회투자가 될 수 있으며, 경제정책과 사회정책의 연계를 통해 정책 간의 시너지효과를 창출할 수 있다.

이미 오래 전부터 가족친화정책을 펼치고 있는 선진국들은 다양한 형태의 인증제도를 도입하여 기업성과와 노동력 참여율 제고에 적극 활용하고 있다. 독일과 일본에서는 인증 제도를 실시하고 있고, 미국 역시 '가족친화 측정지표'를 도입하여 인력 유지 및 채용, 생산성 향상 및 조직몰입 등의 시행효과를 얻고 있다(사회복지신문, 2007. 5. 28). 우리나라에서는 2008년에 가족친화 사회 환경 조성 촉진에 관한 법률이 제정되어 가족친화적 기업정책을 권장하고 있으며, 동법 제15조에 따라 가족친화인증제가 시행되고 있다.

가족친화적 정책은 근로자의 일-가족 조화 및 조직의 몰입도와 직무만족도를 높이고, 직무업무의 집중도를 진작시켜 근로자와 조직의 생산성을 향상시키며, 기업의 우수한 인력 확보 및 유지에 도움을 준다는 사실이 여러 연구에서 나타났다(김은미, 2008). 가족친화정책이 이미 자리 잡은 유럽이나 미국에서는 가족친화경영과 기업성과의 상관관계가 더욱 확실하다는 사례가 다수 보고되고 있다. 영국 가족친화정책의 기업성과를 살펴보면, 유연근무제와 휴가제도를 제공하는 기업에서는 노사관계가 좋아지고(71%), 근로자의 조직헌신과 사기가 높아지며(69%), 이직률이 감소하고(54%), 고용이 증가하며(47%), 결근율이 줄고(48%), 생산성이 향상되는 것(49%)으로 나타났다. 1998년 미국 정부의 가족친화정책에 대한 실태조사를 보면 가족친화적 정책은 근로자의 직무성과를 15~20% 정도 증가시키는 것으로 나타났다(U.S Office of Personal Management, 1998 재인용). 유럽경제연구소는 가족친화기업이 그렇지 않은 기업보다 생산성이 30% 높으며, 민간이나 공공기업의 1/3이 10년 동안 이 가족친화정책을 시행할 경우 일자리 22만 개가 창출되며 시간당 생산성이 2.3배 증가하는 효과가 있고, 2006년에서 2020년에 걸쳐 국내총생산(GDP)이 2,480억 유로가 증가할 것이라고 전망하였다(문화일보, 2006). 한국여성정책연구원 보고서에 의하면, 가족친화 경영지수가 1단위 증가하면 1인당 매출액이 약 0.4% 증가하고, 노동자의 이직률이 0.23% 감소하는 것으로 나타났다(한겨레신문, 2012. 4. 18).

6. 기업코칭

1980년대 말부터 전문코치들이 활동하면서 관심이 증대되어 왔던 기업코칭(business coaching)은 2000년대부터 본격적인 연구가 진행되었고(Grant, 2003), 우리나라에서는 2003년에 한국코칭협회가 생기고, 2005년에 한국코칭학회가 설립되어 점진적으로 확산되어가는 조짐을 보이고 있다(박정영, 2009). 코칭이란 개인을 격려하고 개인에게 자발적인 내면의 동기를 부여하여 이를 통해 개인이 스스로 성장하도록 도우며 이를 위해 적절한 피드백, 한 방향정렬 · 평가 등의 활동으로 이루어진다(Aldag & Kuzuhara, 2002). 코칭은 외부에서 문제해결에 대한 도움을 받기보다는 자신의 내부에 있는 강점을 발견하고, 내적 잠재력을 개발해 내는 탁월한 방법으로서 스스로 자신의 문제를 해결해 나가는 역량을 키워줄 수 있는 것이라고 할 수 있다. 이와 같이 코칭은 "코치와 그의 삶을 보다 의미 있고, 풍요로울 수 있도록 발전시키고자 하는 의지가 있는 코칭의 대상자가 그의 잠재능력을 최대한 개발하고 발전시키는 과정을 통해 최선의 목표설정과 목표달성을 하기 위한 효과적인 전략수립이 가능하도록 지지하고 협력하는 의사소통(communication)과정이라고 할 수 있다(도미향, 2008b). 코칭의 원리로는, '모든 사람의 무한한 가능성에 대한 믿음', '해답을 찾기 위한 파트너십 구축', '상대방에게 필요한 해답은 그 사람에게 있다는 믿음', '개인의 다양성 인정', '상대방에 대한 신뢰와 수용성', '코칭과정에서의 인내심과 일관성' 등을 열거할 수 있다(노동원, 2009).

기업코칭의 목적은 조직의 성과창출과 조직구성원의 역량개발이다. 기업코칭은 우수한 인재의 확보와 관리를 통해 기업을 성공적으로 경영하고자 하는 기업경영의 목적과 잘 부합된다. 기업에 있어서 인적자원의 개발과 활용은 기업조직이 추구하는 경영성과 창출의 핵심이다. 기업코칭을 통해 근로자의 작업 만족도를 향상시키고, 자기 효능감을 높이며, 조직에 대한 몰입도가 증가하고, 직무성과(생산성)가 향상됨을 통해 기업은 막대한 이익을 얻게 된다. 이와 같이 기업에서 기업코칭을 도입하는 이유는 기업코칭의 목표가 기업의 이윤창출 목적과 맞아 떨어지기 때문이다. 기업코칭의 또 다른 목적은 개인의 역량강화이다. 기업코칭을 통해 조직구성원들이 자율적으로 업무를 수행할 수 있는 역량이 개발되는 것은 스토웰(Stowell)이 언급한대로 근로자의 잠재력이 개발되고 그의 능력이 극대화되어 개인적 발전과 자율적인 성장이 이룩되는 것이다. 이와 같이 기업코칭은 기업의 이익과 개인의 성장 · 발전을 이루는 구체적이고 효율적인 방법이다.

기업코칭의 이윤창출 기능에 대한 통계적인 자료는 찾기 힘들다. 그러나 기업코칭으로 인해 이윤창출에 직 · 간접적 요인에 관한 긍정적인 효과는 여러 연구에 의해 속속 증명되고 있다. 최치영의 박사학위논문(2003)에서는 기업코칭이 구성원의 역량과 의욕에 긍정적인 영향을 미치는 것으로 나타났고, 최은정의 석사학위논문(2005)에서는 기업코칭이 자부심과 자기 효능감에 긍정적인 영향을 끼치며 그것은 직무 만족도를 높이는 요인으로 나타났다고 보고되었다. 우경화의 석사논문(2009)에서는 기업코칭이 직무만족도와 조직몰입에 긍정적이 효과가 있다는 결과가 나왔고, 나진(2010)의 연구에서도 기업코칭이 직무성과와 직무만족도를 높인다고 나타났다. 실제적인 예로 1999년 프랑스 자동차 기업 르노에서 최고 경영자로 닛산으로 파견된 카를로스 곤은 35~45세의 중견간부 600명을 골라 3개월 동안 한 사람씩 기업코칭교육을 시켰는데, 그가 취임한지 단 1

년 만에 6,800억 엔의 적자기업을 3,311억 엔의 흑자 기업으로 탈바꿈시켰다고 한다. 이러한 흑자가 모두 기업코칭에 의한 것이라는 증거는 없지만, 기업코칭이 엄청난 이윤 창출에 매우 의미 있는 역할을 했으리라 보여 지고, 카를로스 곤의 기업코칭에 대한 믿음은 이후 중간관리자 2,500명에게 정기적으로 코칭연수를 받게 하는 등 상사와 사원 간의 1 대 1 코칭을 실시했다고 보고되고 있다(Daum.net, 2011.).

7. 근로자 지원 프로그램

1) 정의

근로자 지원 프로그램(Employee Assistance Programs: EAPs)이란 "생산성 문제가 제기되는 직무조직을 돕고, 건강문제, 부부 · 가족생활문제, 법률문제, 재정문제, 알코올 및 약물 문제, 정서문제, 스트레스 등 업무성과 전반에 영향을 미칠 수 있는 근로자의 문제를 해결하기 위해 개발된 사업장 기반의 전문적인 프로그램"이라고 근로자 지원 전문가협회(EAPA)는 정의하고 있다(우종민 · 최수찬, 2008). EAPs는 작업장 안팎의 문제해결을 통해서 직장과 가정에서 인간관계의 개선을 실현함으로써 조직구성원의 직무 만족도를 높이고, 회사가 근로자의 개인의 문제까지 배려해주는 데 대한 고마움의 표시로 조직몰입도가 높아질 수 있다.

2) 실시 동기

(1) 근로자의 복지 향상

정신적 · 사회적 문제로 인한 실직(해고) 등을 사전에 예방하고 가정과 지역사회에서의 원만한 생활을 유지하는 것은 근로자의 삶의 질 유지 및 향상에 필수 불가결하다.

(2) 손해비용 감소

근로자 지원 프로그램을 통해 근로자의 정신적 · 사회적 문제가 치유되면 의료비 감소, 도난 사고 및 기물파손 감소, 보험요율 하락, 산재보상 부담금 절약, 근로자의 고소 등으로 인한 법정비용 감소 등 기업으로 볼 때 엄청난 손해비용이 감소되고, 이는 곧 기업의 이윤창출과 직결된다고 볼 수 있다.

(3) 기업 이미지 제고(기업의 사회적 · 경제적 책임)

일반적으로 기업은 생산활동을 통해 이윤을 창출하는 조직으로 알려져 있는데, 기업이 자체 근로자의 정신적 · 사회적 문제까지 해결하는 데 도움을 준다면 기업이 경제적 의무뿐만 아니라 사회적 의무 까지 담당한다고 알려져서 기업의 이미지가 올라가고 이것은 곧 기업의 홍보효과(brand power)로 이어져 수익성 제고에 큰 도움이 될 수 있다.

(4) 생산성 높은 노동력 유지

생산성이 높은 근로자가 정신적 · 사회적 문제로 인해 그의 능력을 제대로 발휘하지 못하는 상황에서, 근로자 지원 프로그램은 문제해결을 통해 생산력을 복원시키는 데 의미 있는 역할을 할 수 있고, 또한 여성, 장애인 근로자의 직무수행능력을 증진하는 데도 큰 도움이 된다.

(5) 원만한 노사관계 진작

근로자의 문제에 대한 회사의 긍정적인 관심은 노사 간의 불신의 장벽을 깨뜨리는 데 중요한 역할을 할 수 있고, 근로자 지원 프로그램이 원활하게 운영되기 위해서는 노사 간의 협조가 필요하므로, 이 역시 노사관계 발전에 큰 도움이 된다.

(6) 퇴직(해고)의 정당성 부여

근로자, 특히 노조원의 해고 시 노동조합의 반발이 예상되는데, 이런 상황에서 근로자 지원 프로그램은 근로자의 문제가 전문적인 상담으로도 해결되기 어려운 문제라는 것이 객관적으로 증명되고, 회사로서도 이 프로그램에 의뢰하는 등 할 수 있는 한 최대한의 노력을 경주하였다는 것이 판명되므로 근로자 지원 프로그램은 해고의 정당성을 부여하는 하나의 기제로 사용될 수 있다.

3) 진행과정

(1) 정책수립 및 운용과정 체계적립

근로자 문제해결과정에서 야기될 수 있는 실직 위험 등의 직업의 안정성에 대해 구체적으로 명시되어야 한다. 또한 프로그램의 운용과정 역시 구체적으로 명시되어 과정이 예측 가능해야 하고, 전문 상담자와 직장 상사의 역할 및 개입의 한계 등이 구체적으로 명시 되어야 한다. 그 이유로 근로자 지원 프로그램은 기업을 운영하는 기본적인 틀인 경영학 영역의 기술이 아니라 사회복지실천기술영역에 포함되어 있기 때문이다. 일반적으로 사회복지 프로그램이 생소하게 느껴지고 사회복지에 대한 이해와 인식이 부족한 곳이 기업현장이기에 모든 것이 객관적이고 구체적으로 명시되어야 오해나 무지로 인한 부작용을 최소화할 수 있다.

(2) 훈련

회사의 최고위직 상사부터 중간 및 직전 상사에 대해 프로그램의 목적, 내용 등에 대해 깊은 이해를 갖게 하는 훈련(training)은 필수적이다. 왜냐하면 기업에서 생소하고 이질적인 사회복지 프로그램이 존재하는 것부터 고위직 및 상사의 반발을 초래할 수 있고, 회사의 경영흐름과 작업과정과 전문상담제도 간에 마찰이 발생된다면 근로자 지원 프로그램은 존립의 위기를 맞을 수 있다. 특히, 최고 경영자의 근로자 지원 프로그램에 대한 깊은 이해와 신뢰는 필수적인데, 그것은 팀장 등 중간 관리자가 이 프로그램에 대한 불평과 반발이 예견되는 상황에서 최고 경영자의 깊은 신뢰와 지지만이 이러한 난관을 헤쳐나갈 수 있다.

(3) 서비스 제공

① 직접적인 상담

근로자와 그의 가족에 관계되는 제반 문제에 전문적인 상담서비스를 제공한다.

② 서비스 의뢰(referral services)

심각한 정서적 문제나, 가족 간의 집단상담을 필요로 하는 문제나, 복합적인 법률문제 혹은 재정적인 문제 등은 지역사회에 있는 전문적인 서비스를 제공하는 기관에 의뢰한다.

③ 사후 관리(follow up)

근로자가 외부 전문기관에 의뢰한 경우, 서비스 수혜 여부, 프로그램의 효과 등을 파악하기 위해서 위탁기관의 담당자와의 지속적인 연락이 필수적이다.

4) 서비스 모형

(1) 기본 모형

① 전화 상담서비스(hot-line model)

서비스 요청자의 문제를 파악하여 지역사회의 사회복지서비스 기관이나 제공자에게 연결한다.

② 컨소시엄 모형(consortium model)

사회복지단체가 연합하여 근로자에게 사회복지서비스를 제공한다. 대부분 정부의 재정 지원으로 이루어지며, 독자적 서비스를 제공하기 어려운 중소기업에게 바람직한 대안이 되고, 다양한 종류의 전문적인 서비스를 제공하는 장점이 있다.

③ 계약자 모형(contractor model)

기업과 사회복지 서비스 제공 회사와의 계약에 의해 이루어진다.

④ 사용자 모형(employer model)

기업 내에 상담소를 설치한다.

⑤ 노동조합 모형(union model)

노동조합에 의해 운영되며 훈련된 노조직원이나 조원 중 자원봉사자 등에 의해 운영된다.

(2) 구체적 모형(Myers, 1988)

① 사내 모형

근로자 지원 프로그램(EAPs)의 가장 전통적인 형태로서 기관 내 한 부서 또는 담당자를 두는 형태로 발전 초기인 1970년대부터 대기업을 중심으로 시작되었다. 일반적으로 학교나 정부기관 등 외부노출을 꺼리는 공공기관에서 선호하는 형태이다. Van Den Bergh(1995)는 대개 상시근로자 2,000명 이상의 조직일 경우 정규직 근로자 지원 프로그램 전문가 1인과 행정 및 보조업무 담당자 1인으로 구성된 사내 근로자 지원 프로그램을 운영할 수 있다고 언급하였지만 국내에서는 500인 이상 사업장이면 검토해 볼 만하다. 다만, 상담원 1인을 채용하는 방식은 근로자 지원 프로그램 서비스의 포괄성을 담보하기 어려운 것이 현실이므로 적극적으로 외부 협력기관과 협약하거나 외부전문가를 위촉하는 방식으로 보완해야 할 필요가 있다. 사내 모형(Model 1 – Internal Program)은 일반적으로 기업 내에 존재하는 것이 원칙이나 인근에 서비스 제공센터를 마련, 근로자들의 이용부담을 덜어주는 방식을 채택하기도 한다. 근로자 지원 프로그램 전문가에 의해 접수 및 사정, 상담, 교육 등의 서비스가 이루어진다. 근로자 지원 프로그램 전문가 개인의 역량에는 한계가 있으므로 지역사회 자원의 의뢰체계 구축 또는 근로자 지원 프로그램 전문기관(EAPs provider) 등과의 협약이 근로자 지원 프로그램의 도입 성패를 좌우한다.

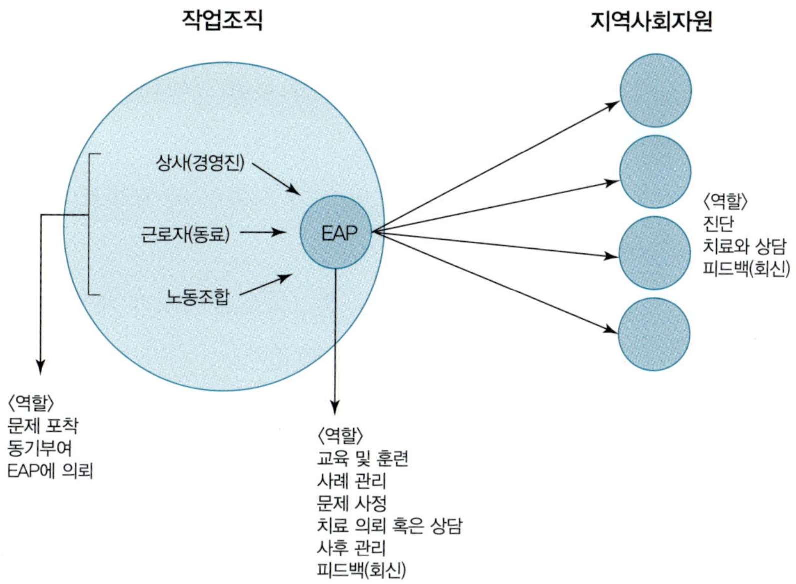

[그림 12-1] 모형 1 – 사내 모형

가. 장점

- 프로그램 통제의 용이성 : 회사에 속한 조직이고 회사 안에 있기 때문에 통제하기가 상대적으로 수월하다.
- 기업조직 및 상담센터에 대한 이해 : 회사의 조직이므로 회사 밖에 있는 모형에 비해서 EAP에 대한 이해도가 높고, 또한 EAP 운영자의 입장에서도 작업조직에 대한 이해가 일반적으로 높다.
- 기업조직 내의 원활한 의견교환 : 조직문화의 역동성에 대한 명확한 이해를 바탕으로 조직 차원의 개입이나 정책결정이 가능하다.
- 프로그램에 대한 애착심 : 회사에 속한 프로그램으로 경영진이나 근로자, 노동조합 모두 EAP에 대한 애착심이 강하다.
- 상사들의 상대적인 호의적인 반응 : 최고 경영진과 전반적인 기업문화가 EAP에 대해 호의적이다.
- 문제 파악(assessment)에 관한 직접성(on-site) : 즉각적이고 고유한 욕구에 대한 대응이 용이하다.
- 책임 소재(accountability) : 문제 발생 시 책임소재가 분명하다.

나. 단점

- 익명성 및 비밀보장의 어려움 : 기업주의 요청에 따른 상담내용의 유출 가능성에 대한 근로자의 불안이 존재한다.
- 비용 지출 과다 : 전문가 고용 등의 인건비와 기타 지출이 타 모형보다 많아서 대규모의 작업조직에 국한될 가능성이 높다.
- 전문성의 한계 : 소수의 EAP 전문가에 의해 운영되므로 사정과 개입기술에 한계가 있을 수 있고, 다양한 업무의 책임이 부과되며 '탈진(burnout)' 가능성이 높다.
- 전문성 결여 : 소규모 기업에 존재할 경우 전문성이 결여되거나 시간적인 제약이 있을 가능성이 높다.
- 대처 : 조직의 구조 변화가 있는 경우 유연한 대처가 용이하지 않다.
- 업종 특성에 따른 이용 : 경쟁적이고 변화가 심한 업종에서는 효율적인 이용이 제한될 수 있다.

② 서비스센터(외부) 모형(Model 2 – Service Center Program)

계약을 맺은 외부전문기관이 서비스 일체를 수행하는 형태이다. 서비스 이용욕구에 따라 사업장 내부 또는 외부에서 서비스를 제공한다. 자체적으로 근로자 지원 프로그램을 설립하기 어려운 중소기업의 사업장에 적절한 모형이며, 국내에서는 근로자 지원 프

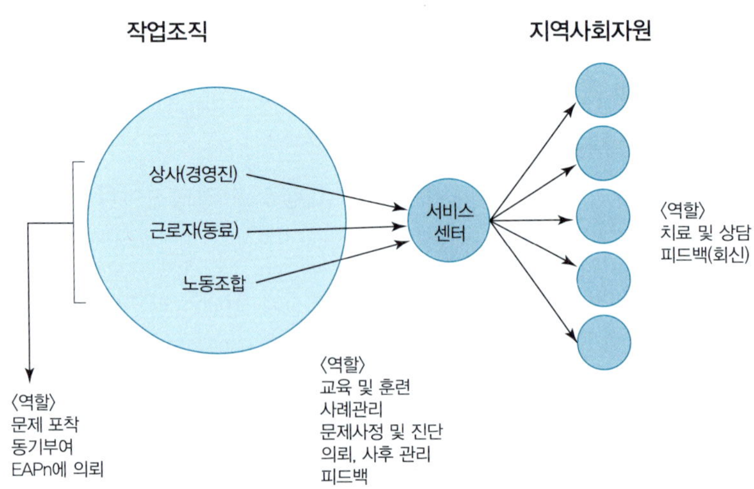

[그림 12-2] 모형 2–서비스센터 모형

로그램을 전문기업들이 대기업 계열사, 외국계기업, 공기업, 중소기업 등을 중심으로 서비스를 제공하고 있다.

가. 장점

- 중소기업에게 상대적으로 적은 비용부담으로 서비스를 제공할 수 있고 조직의 구조 변경 시 유연한 대처가 가능하다.
- 서비스가 회사 밖의 전문 사회복지기관에 의해 제공되므로 비밀보장이 용이하다.
- 작업장 밖의 상담센터가 있으므로 회사 임직원들에게 노출될 위험성이 적다.
- 지역사회의 자원의 활용도가 높고, 여러 기업의 근로자들이 사용할 수 있으므로 수혜자의 폭이 확대된다.
- 지역사회의 전문가와 의사소통이 원활하다.
- 다양한 분야의 전문가 활용을 통해 서비스의 전문성이 확보된다.
- 서비스 제공자와 발주기관 사이의 밀접한 관계 유지를 바탕으로 조직의 특성이 반영된 서비스를 제공할 수 있다.

나. 단점

- 외부 상담장소에 따른 접근성 문제가 발생할 수 있다.
- 소유주 관계가 불분명하고, 일부 상사의 외부개입에 대한 반대가 있을 수 있다.
- 지역사회 사회복지 관련 조직의 특성상 기업조직에 대한 이해가 부족하다.
- 기업조직과 상담센터 간의 의사소통의 문제점으로 지적된다.
- 계약의 파기에 따른 갑작스런 서비스 중단문제가 생길 수 있다.
- 기업이 비용을 절감할 목적으로 외부 EAP 서비스를 도입할 경우 서비스 품질의 저하가 우려된다.

③ 사회복지기관 내의 종업원 지원 프로그램(EAP located in Treatment of Social Service Agency – Model 3)

이 모형은 주로 컨소시엄(consortium model) 형태로 지역사회의 여러 회사가 지역사회자원 등을 집단보장(group coverage)의 형태로 공유하는 것을 말하며 내부형같이 개별기업이 근로자 지원 프로그램을 독자적으로 운영하지 못하거나, 외부형같이 지역사회의 근로자 지원 프로그램을 독자적으로 운영하기 어려운 경우에 주로 사용된다.

국내의 경우에는 보건복지부의 지역사회혁신서비스가 이와 유사하다. 하지만 사업설계 초기 기존 복지인프라 중심의 서비스 제공과 개인 단위의 접근방법으로 고전을 면치 못하고 있다. 향후 상담 및 직무 관련 서비스 등 서비스 관리 주체를 설정하고 공급체계를 보완하면서 사업장 중심의 접근방식으로 전환할 경우 안정적으로 국내에 정착될 것으로 예측된다(최수찬, 2009).

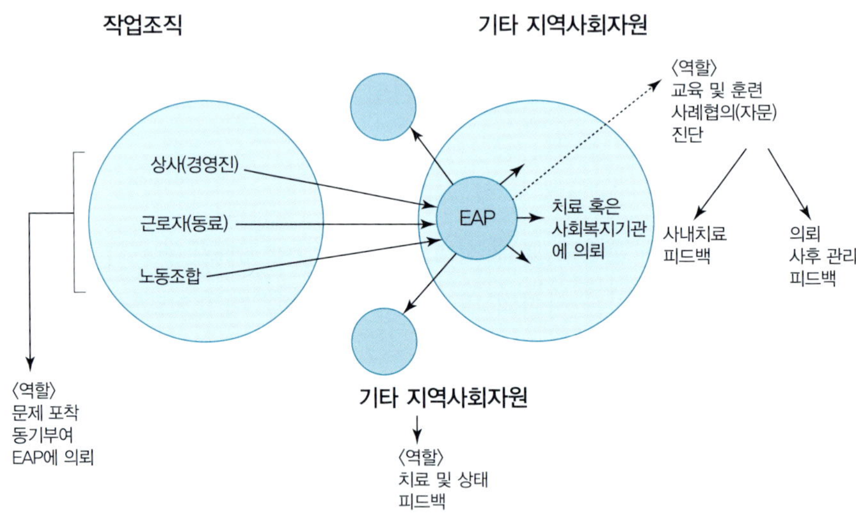

[그림 12-3] 모형 3-사회복지기관 내의 종업원 지원 프로그램

가. 장점

- 저렴한 비용으로 근로자 지원 프로그램 서비스를 제공할 수 있어 소도시나 농촌지역에서는 유일한 서비스 제공 대안이다.
- 서비스 이용 여부 등 사생활 보호가 가능하고 상담기록이 외부에 보관되어 비밀 보장을 확실하게 기할 수 있다.

나. 단점

- 기업조직과 근로자의 작업상황에 대한 이해가 부족하므로 평가 및 진단서비스의 적절성의 문제가 야기될 수 있다.
- 개별기업의 이념과 특성파악이 어렵고 직무구조에 대한 충분한 정보의 확보도 어려

워서 내담자에 대한 이해부족상황이 발생할 수 있다.

- 근로자 지원 프로그램과 직장 간의 의사소통 문제가 걸림돌로 작용할 수 있다.

5) 내재적 갈등 – 상담전문가와 경영진(supervisor)의 관계

근로자와 그의 가족의 개인 및 가족의 사회문제해결을 위해 지원하는 상담전문가의 역할과 고용계약, 승진, 업무배치, 보상체계, 징계, 해고 등에 직 · 간접적으로 관여하는 직장상사의 역할이 서로 중복되고 상충되는 경우가 비일비재하다는 것은 충분히 예견될 수 있는 상황이다.

다시 말하면 상담전문가는 근로자의 치료(문제해결)에만 치중하여 경영 측면에는 개입하지 않고, 경영진은 상담에 관한 부문에 간여하지 않음으로써 갈등을 최소화하기 위한 시도를 하지만 근로자의 문제의 원인을 추정하다보면 경영상의 문제에 귀착되는 경우가 많고, 그 반대의 경우 역시 동일하게 존재할 수 있다. 예컨대, 직무재배치, 근로자 간의 관계, 근로자와 상사 간의 관계 등의 문제는 근로자의 사회 · 심리적 측면에 치명적인 스트레스를 유발하게 된다.

종합적으로 말하자면 사회복지의 가치관 및 직업윤리의 측면과 이윤창출을 목표로 하는 경영적 가치관 사이에 충돌로 인한 불협화음과 그로 인한 조직 내의 갈등은 필연적인 결과가 된다는 사실을 간과할 수 없다. 이러한 경우 기업경영 전략의 일환으로 사용되는 기업복지로서 근로자문제에 대한 사회적인 접근방법으로 활용되는 사회복지실천방법이 이윤창출의 하나의 수단이라는 사실을 인정하지 않으면 안 된다. 이것이 기업이라는 영토 안에서 이질적이지만 필수적인 기능을 수행하는 사회복지적 측면의 기업복지의 한계라고 아니할 수 없다.

참 고 문 헌

〈국내문헌〉

고용노동부, 1985~2014,『기업체 노동비용조사 보고서』.

국회예산정책처, 2014,『 2015년 조세지출예산서 분석』.

곽효문, 1985,『산업복지론』, 서울: 제일법규.

김강식, 2003, "일과 삶을 추구하는 복지후생",『인사관리』, 한국인사관리협회.

김기태 · 김수환 · 김영호, 2002,『사회복지실천론』, 파주: 양서원.

김대모, 1990,『기업복지의 실태와 과제』, 한국노동연구원.

김만두, 한혜경, 2001,『현대사회복지론』, 서울: 홍익제.

김상균, 1997,『현대사회와 사회복지』, 서울: 서울대학교 출판부.

김성국, 1996, "독일기업복지의 본질과 과제",『생산성논총』, 한국생산성본부, 제11권, 1호.

김유선, 2015, "비정규직의 규모와 실태",『비정규직 규모와 실태』, 한국노동사회연구소.

김은미, 2008, "가족친화적 기업정책의 활성화 방안", 고려대학교 대학원 석사학위논문.

김의명. 1992, "한국 기업복지제도의 특성",『한국사회복지학』, 20: 105-130.

_____, 1998, "전환점에 서있는 한국기업복지제도의 한 대안으로서 근로자 협조프로그램의 적용성에 관한 연구".『한국사회복지학』, 36: 76-98.

_____, 2002, "선택적 기업복지제도의 필요성과 적용성에 관한 고찰",『사회복지연구』, 23: 23-58.

_____, 2007, "선진기업복지프로그램이 한국 기업복지제도에 제시하는 대안에 관한 연구",『복지행정논총』, 17: 69-104.

_____, 2011, "직업사회복지와 코칭의 통합적인 방향 모색에 관한 연구",『코칭연구』, 4-2: 33-56.

김의명, 강종수, 1999, "선진기업국의 기업복지발달과정에 관한 연구",『사회과학연구』, 6(3): 322-355.

김정한, 2001,『21세기 기업복지의 방향과 과제』, 서울: 한국노동연구원.

김정한 · 박찬임 · 오학수. 2004,『기업복지의 실태와 정책과제』, 서울: 한국노동연구원.

김진구, 1999, "한국 노동복지제도의 효과 - 1989~1995년 기간의 국민연금, 산재보험, 최저임금, 기업복지를 중심으로", 서울대학교 박사학위논문.

김형배, 1992,『노동법』, 서울: 법문사.

나진, 2010, “리더의 코칭이 조직구성원의 직무성과 및 직무만족에 미치는 영향”, 중앙대학교 대학원 석사학위논문.

근로복지공단, 1996, 『근로복지 전개방향 설정연구』.

노동원, 2009, “기업코칭교육 프로그램 참여자의 근전이와 원전이의 영향요인에 관한 연구”, 한양대학교 석사학위논문.

노동청, 1963, 『사업장 노동실태조사보고서』.

도미향, 2009, “가족역량강화를 위한 리더십 코칭접근, 『코칭연구』, 1(1): 21-40.

류진석. 1997, “한국기업복지의 발달과 결정기제에 관한 검토”, 『동향과 전망』, 34.

보건복지부, 2001, 『보건복지부 정신질환 실태조사』.

박기성, 김용민, 2005, “정규-비정규근로자의 2003년과 2005년 임금격차 비교”, 『노동정책연구』, 가을호.

박길량 외, 1992, 『근로자 복지제도』, 서울: 삼일회계법인.

박세일, 1988, “공공근로복지의 전개방향”, 『한국의 근로복지 미래상』, 근로복지공사.

박정영, 2009, “코칭학의 유형분류를 위한 기초적 접근”, 『코칭연구』, 2(1): 61-77.

박해웅, 2002, “기업복지수준과 만족도에 관한 연구: 공기업의 기업복지프로그램을 중심으로”, 연세대학교 행정대학원 석사학위논문.

사회복지교육연구센터, 2015, 사회복지정책론, 서울: 나눔의 집.

성경륭, 2001, “민주주의의 공고화와 복지국가의 발전”, 『한국사회복지학』, 46권: 145-177.

성숙진, 1996, “기업복지와 기업사회사업에 발달에 미친 요인들의 분석”, 『국제법률경영』, 28권: 국제법률 경영연구소.

송호근, 1995, 『한국의 기업복지연구』. 한국노동연구원.

안병영, 1991, “복지국가로 가는 길”, 『신동아』, 동아일보사.

안춘식, 1989, “인사 · 노무관리”, 『노동경제 40년사』, 한국경영자총협회.

엄동욱, 2004, “우리나라의 음주문화 실태”, 한국음주문화 연구센터.

우경화. 2009, “ 코칭 리더십이 조직구성원의 직무만족 및 조직몰입에 미치는 영향”, 한양대학교석사학위 논문(미간행)

우종민 · 최수찬, 2008, 『근로자지원프로그램의 이론과 실제』, 김해: 인제대학교 출판부.

우재현, 1983, 『현대기업복지론』, 서울: 경진사.

______, 1984, 『산업복지역사』, 서울: 경진사.

______, 1985, 『산업복지개론』, 서울: 경진사.

______, 1994, 『산업복지원론』, 대구: 정암서원.

원석조, 2006, 『사회복지정책론』, 일산: 공동체.

유길상, 1991, 『근로복지증진을 위한 정책방향과 과제』, 한국노동연구원.

윤찬영, 2004, “이데올로기와 사회복지법”, 『사회복지』, 통권 160호: 21-31.

이규식, 1992, "국가발전 5개년 계획과 의료보장", 『한국사회복지학』, 20: 15-31.
이신행, 1996, 『한국노사관계와 산업복지』, 서울: 고도.
이재규, 1997, 『최신 경영학 원론』, 서울: 박영사.
이정환, 노병일, 변보기, 2001, 『산업복지론』, 서울: 교육과학사.
이주호, 1992, "한국의 이중노동시장에 관한 실증분석", 『노동경제논집』, 제15권, 한국노동경제학회.
이혜경, 1993, "권위주의적 자본주의에서의 복지국가", 『한국사회복지학』, 제21호, p.183.
이홍구, 1987, "복지사회구현의 정치적 기초와 그 전망", 『한국의 사회복지: 현재와 미래』, 아산사회복지 재단, 32-33.
전국경제인연합회, 1979, 『기업 내 복리후생에 관한 실태조사』.
정경미. 2012, "기업에서의 중간관리자 의사소통능력이 조직의 직무만족 및 조직몰입에 미치는 영향". 대구대학교 박사학위 논문.
정이환, 1992, "제조업 내부노동시장의 성격과 노사관계", 서울대학교 박사학위논문.
조우현, 1995, 『노사관계개혁론』, 서울: 창작과 비평사.
조흥식, 김진수, 홍경준, 2001, 『산업복지론』, 파주: 나남출판.
최 균, 1992, "한국기업복지의 사회경제적 성격", 서울대학교 박사학위논문.
______, 2002, " 한국노동시장 구조의 분절과 기업복지급여의 불평등", 『동향과 전망』, 53.
최수찬, 2007, 『국내 기업복지의 활성화 방안』, 파주: 집문당.
최영섭, 1995, "한국기업과 노조의 임금정책과 생산성", 『기업조직과 생산성』, 한림과학원.
최은정, 2005, "코칭리더십이 동기부여적 자아개념과 직무만족에 미치는 영향에 관한 연구", 중앙대학교 석사학위논문(미간행)
최치영, 2003, " 상사의 코칭이 직원 및 고객만족에 미치는 영향에 관한 연구 ", 수원대학교 박사학위 논문
통계청, 『한국통계월보』, 각호.
한국경영자총협회, 1989, 『6.29 이후 기업복지후생 동향과 운영실태』.
한국노동복지센터. 2002, 『국내기업복지 실태조사 및 활성화를 위한 정책방안 연구』, 노동부.
한국노동연구원, 2014, 『임금직무체계 개편 지원방안 연구(제2편 공공부문 개편방안 연구)』, 고용노동부.
한국사회복지협의회, 1993, 『사회복지사전』, 서울: 한국사회복지협의회.
한국은행, 1967, 『임금 기본조사 보고』.
한국EAP협회, 2009, 『근로자지원프로그램(EAP)의 합리적 도입운영모델 연구』, 근로복지공단.
한형수 · 유지열, 1997, "한국기업복지의 전개과정의 문제점과 정책과제. 『연구논총』, 23. 서울시립대 수도권 연구소

홍경준, 1996, "한국기업복지의 결정요인: 제조업의 조직특성을 중심으로," 서울대학교 박사 학위논문.

_____, 1997, "한국 노동복지론에 대한 세 가지 접근," 『상황과 복지』, 제2호, 인간과 복지.

_____, 1999, 『한국의 사회복지체제 연구: 국가 · 시장 · 공동체의 결합구조』, 파주: 나남출판.

〈국외문헌〉

岡田義晴, 1990, 『やとり時代の福利厚生』, 労務研究所.

Adams Stacy J., and Rosenbaum.W. B., 1962, "The Relationship of worker Productivity to Cognitive Dissonance about Wages Inequities", *Journal of Applied Psychology*, 46: 161−164.

Akabas, S. H , Kurzman, P. A and N. S. Kolben (eds), 1979, *Labor and Industrial Settings : Sites for Social Work Practices*, New York: NASW.

Akabas, S. H., 1995, "Occupational Social Work, Encyclopedia of Social Work(19th ed), NASW.

Alchian, A., and H. Demsetz, "Production, Information Costs, and Economic Organization", *American Economic Review*, Vol. 62.

Aldag, Ramon J, Kuzuhara, and W Loren, 2002., "*Organizational Behavior and Management*. Australia, MN : Thompson Learning.

Allen, Donna., 1969, *Fringe Benefits: Wage or Social Obligation*?, Ithaca: W. F. Humphrey.

Barber, A. E, Dunham, R. B and R. A, Formisano, 1992, "The Impact of Flexible Benefits on Employee Satisfaction: A Field Study", *Personal Psychology*, 45.

Bargal, D., 1990, "The Future Development of Occupational Social Work", M. E Barak, and D. Bargal (eds.), *Social Services in the Workplace: Repositioning Occupational Social Work in the New Millenium*, The Harworth Press.

Bennet, R. W., 1963, *Paternalism in the Japanese Economy*. Minneapolis: University of Minnesota Press.

Boettiger, L. A., 1923, *Employee Welfare Work*, New York: The Ronald Press Company.

Bowles, S., 1985, "The Production Process in a Competitive Economy: Walrasian, Neo−Hobbesian and Marxian Models", *American Economic Review*, Vol. 75.

Brandes, S. D., 1976, *American Welfare Capitalism: 1880-1940*, Chicago, Chicago University Press.

Briggs, Asa., 1961, "The Welfare State in Historical Perspectives", *Archive of European Sociology*, Vol. V.

Brody, D., 1988, *Workers in Industrial America: Essays on the 20th Century Struggle*, 2nd ed, N. Y:

Oxford University Press.

Buon, T., and Compton., 1990, "The Development of Alcohol and Other Drug Program in the Workplace", *Journal of Health Safety*, 6(4): 265–277.

Burmeister, 2005, Lynne., "Balancing Perspectives of Labour and Management", *Current*, January.

Carter, Irl., 1977, "Social Work in Industry." *Social Thought*, Winter: 7–17.

Cosha, M., and Visser, M., 1992, "Spending to Save," *Benefits Canada*, April, 59–62.

Cowin, R. D., and Miller, S. M., 1972, "Taxation and It's Beneficiaries: The Manipulation of Symbols," *American Journal of Orthopsychiatry*, 42(2).

Deacon, B., Boychuk, G., McBride, S., and Mahon, R., 1997, *Global social policy: International Organizations and Future of Welfare*, London: Sage.

Dickman, F., and Emener, W. G., 1982, Employee Assistance Programs - Basic Concepts, Attributes and Evaluation, *Personal Administrator*, 27(8).

Dimaggio, P. and Powell, W., 1983, "The Iron Cage Revisited: Institutional Isomorphism and Collective Rationality in Organizational Field", *American sociological Review*, Vol. 48.

Dobbin, Frank., 1992, "The Origins of Private Social Insurance: Public Policy and Fringe Benefits in America, 1920~1950, *American Journal of Sociology*, Vol. 07, No.5,

Doringer, P. b., and Piore, M., 1971, *Internal Labor Markets and Manpower Analysis*, Lexington: Heath.

Edwards, Richard., 1979, *Contested Terrain: The Transmation of the Workplace in the Twentieth Century*, New York: Basic Books.

Esping–Anderson, Gosta, 1990, *The Three Worlds of Welfare Capitalism*, London: Policy Press.

European Center, 1988, *Occupational Social Work, International Experts Meeting on Occupational Social Work*, Wassenaar, Netherlands, Nov 10–13.

Featherstone, H. J., and Bednarek, R. J., 1981, "A positive Demonstration of Concern for Employee", *Personal Administration*, September: 29–35.

Feldman, S., 1992, "Todays EAPs Make the Grade". *HR Magazine*, May.

Friedlander, Walter A., 1976, *Introduction to Social Welfare*, Englewood Cliffs: Prentice–Hall.

Froud, E. M., 1986, *Welfare Work*, London.

Furniss, Norman and Timothy Tilton., 1979, *The Case for Welfare State*, London: Indiana University Press.

Grant, A. M., 2003, "Keeping up with the Cheese!" Research Foundation for Coaching for Future, Coaching Symposium, International Coaching Foundation.

George, Vic and Paul Wilding., 1976, *The Ideology and Social Welfare*, London: Routledge &

Kegan Paul.

Gilbert, Neil, 1983, *Capitalism and Social Welfare*. New York: Yale University Press.

Gil, David., 1970, A Systematic Approach to Social Policy Analysis, *The Social Service Review*, Vol. 44, no.4 , December.

Goldthrope, J., 1984, "The End of Convergence: Corporatist and Dualist Tendencies in Modern Societies," J. Goldthrope(ed.), *Order and Conflict in Contemporary Capitalism*, Clarendon Press.

Hanlan, A., and Jacob, S., 1969, "Social Work in Private Industry", *Social Casework*, March.

Haber, Samuel., 1964, *Efficiency and Uplift*, Chicago: Chicago University Press.

Heineman, B., 1975, "The Response of Business to Social Welfare", *The Social Welfare Forum*,

Herzberg, H, Mausner B, B. Syncleman., 1959, *The Motivation to Work*. New York : John Wiley and Sons.

Higgins Joan., 1981, *States of Welfare*, Oxford: Basil Blackwell.

Hobhouse, L. T., 1964, *Liberalism*, London: Oxford University Press.

Jois, P. V., 1981, *Labour Welfare*, Bombay: Somaiya.

Jun, Nam-jin., 1980, "Establishment of the National Welfare Pension System in Korea: Policy-Making Process in the Context National Development in the Developing Country", University of Chicago Ph. D Dissertation,

고흥화 역, 1989, 《사회 행동과학 연구방법의 기초》, Fred N. Kerlinger, 1986, 『Foundation of Behavioral Research』, 서울: 성원사.

Kim, Uimyong, 1986, *A Critical Examination of Occupational Welfare and It`s Implications for Korea*, Toronto : University of Toronto.

________, 1990, "A Critical Examination of Occupational Welfare and Its Future Prospects in Korea." University of Toronto Ph. D Dissertation.

________, 1994, Significance of Paternalism and Communalism in the Occupational Welfare System of Korean Firms: A National Survey, 251-266, in *Individalism and Collectivism*, edited by U.Kim, Triandis et al, London: SAGE Publication.

Kinney, 1945, Robert L., "Should Unions Organize Their Own Services?", *Proceedings of the Seventy-Second Annual Meeting of he National Conference of Social Work*, New York, pp. 234-241.

Kotler, Phillip, 1999, *Marketing Management, Analysis, Planning, Implementation and Control*, Englewood Cliffs : Prentice-Hall Inc.

Lewis, A. W., 1954, *Economic Development with Unlimited Supplies of Labour*, Manchester School of Economics and Social Studies.

Locke, E. A., 1976, *The Nature and Causes of Job Satisfaction in Psychology*, Chicago : Rand McNally.

Luthans, Fred and Robert Waldersee., 1990, "What Do We Really Know about EAPs?", *Human Resource Management*, Fall Vol 28: 385–401.

Mann, K., 1989, *Growing Fringe,* Yorkshire: Armley Publication.

Marshall, T. H., 1965, *Class, Citizenship, and Social Development*, New York: Anchor Books.

Maslow, A., 1954, *Motivation and Personality*, N. Y : Harper and Row.

McCormick, E. J., and J. Triffin, 1974, *Industrial Psychology*, Englewood Cliffs: Prentice–Hall.

McLoughlin, Kevin., and Proudfoot, Stuart, 1981, "Giving by Not Taking", *Canadian Public Policy*, Spring 1981, 335.

Mayer, J., and Rowan, B., 1977, Permanently Failing Organization: Formal Structure as Myth and Ceremony", *American Journal of Sociology*, Vol. 83.

Meyer, D. W., 1988, *Establishing and Building Employee Assistance Program*, London: Quorum Books.

Mishra, Ramesh, 1981, *Society and Social Policy*, London: MacMillan.

Nelson, Daniel and Stuart Campbell, 1972, "Taylorism versus Welfare Work in American Industry: H. L. Gantt and the Bancrofts", *Business History Review*, Vol. XLVI, no.1

Nishio, Harry., 1982, "Is Japan Welfare State?" The Tenth World Congress of Sociology, Aug 16–21, Mexico City.

OECD, 2003, *Babies and Bosses: Reconciling Work and Family Life: Austria, Ireland and Japan*, Vol. 2.

Orloff, A. S., and Skocpol, T., 1984, "Why Not Equal Protection?: Explaining the Politics of Public Social Spending in Britain and United States: 1890s ~ 1920", *American Sociological Review*, 49: 726–50.

Pearson, H. S., 1935, "Industrial Welfare Work". *Encyclopedia of Social Science* 15: 1935.

Piven, Frances . F., and Richard. A. Cloward, 1971, *Regulating the Poor*, London: Tavistock.

Popple, P. R., 1981, "Social work Practice in Business and Industry 1870–1930", *Social Service Review*, June.

Porter, L. W, and E. E, Lawler., 1967, "The Effect of Performance on Job Satisfaction", *Industrial Relations,* 8: 20–28.

Porter, L.w, R. M, Steers, 1973, "Organizational Work and Personal Factors in Employee Turnover and Absenteeism". *Psychological Bulletin*, 80(2): 151–176.

Reid, G. L., and D. J. Robertson., (eds), 1965, *Fringe Benefits, Labour Costs, and Social Security*, London: Allen & Unwin.

Rein, Martin., 1983, *From Policy to Practice*, New York: M. E Sharpe.

Reisman. D. A., 1977, *Richard Titmuss*, London : Heinemann.

Roe, J., 1976, *Social policy in Australia*, Cassel.

Root, Lawrence, 1982, *Fringe Benefits*, Beverly Hills: Sage.

Rosenbloom, J. S., 1992, *The Handbook of Employee Benefits: Design, Funding and Administration. Business One Irwin*, Vol. 1.

김성희 역, 1990, 『나중에 온 이 사람까지도』, Ruskin, John, 1862, *Unto This Last*, 서울: 열린책들.

Russell, A., 1991, *The Growth of Occupational Welfare in Britain*, Avebury.

Sciegag, M, Garnick, D. W, C. M. Horgan, 2001, "Employee Assistance Programs among Fortune 500 Firms", *Employee Assistance Quarterly*, 16(3): 25-35.

Sheldon, O., 1984, *The Philosophy of Management*, London: Sir Issac Piuton & Sons.

Shamir, Boas and David Bargal., 1982, "Occupational Welfare and Organizational Effectiveness : Some Theoretical Note", *Administration in Social Work*, 6(4) : 43-52.

Sinfield, Adrian., 1975, "Analyses in the Social Division of Welfare", *Journal of Social policy*, Vol. 7, no. 2.

Sonnenstuhl, W. J., and Trice, H. M., 1990, *Strategies for Employee Assistance Programs*, IRL Press.

Spectors, P. E., 1977, *Job Satisfaction: Application, Assessment, Cause, and Consequence*, CA: Sage Foundation.

Stowell, Stephen, 1986, "Leadership and Coaching". University of Utah Ph D Dissertation.

Straussner, S. L. A., 1990, "Occupational Social Work Today: an Overview, edited by Straussner, S. L. A. pp. 1-17 , New York: Harworth.

Stuart, P., 1993, "Investments in EAPs Pay off", *Personal Journal*, February, 43-54.

Tamagno, Edward., 1979, "Comparing Direct Spending and Tax Spending," *Canadian Taxation*, Winter.

Tawney, R. H., 1965, *Equality*, New York: Schocken.

Taylor, Frederick. W., 1947, *Scientific Management*, New York: Harper & Brothers.

Teague, P., 1990, "the Political Economy of the Regulation School and the Flexible Scenario", *Journal Economic Studies*, Vol. 17(5).

Titmuss. Richard., *Essays on the Welfare State*, London: Allen and Unwin.

Titmuss. Richard M, 1974, *Social Policy*. London : Allen and Unwin .

Treu, T., 1992, "Labour Flexibility in Europe", *International Labour review*, Vol. 131(4-5).

Tussing, Dale., 1974, "The Dual Welfare System", *Society*, January-February.

Todd, 1920, Arthur J., "Researching the Mainsprings of the Wills of People", *Annals of the*

American Academy of Political and Social Science, 91, September, pp. 26-39.

U. S Chamber of Commerce, 1985, *Employee Benefits*, Washington, D. C.

U. S Chamber of Commerce, 2007, *Employee Benefits Trending Analysis, 1996-2006*, Washington, D. C.

U . S., 1976, *Work in American*, Report on a Special Task Force to the Secretary of Health, Education, Washington D. C.

Van Den Bergh, N., 1995, "Employee Assistance Programs", In R. L. Edward and J. G. Hopps(eds), *Encyclopedia of Social Work*, Washington, D.C: NASW.

Vroom, V. H., 1964, *Work and Motivation*. New York : Wiley.

Wilensky, Harold. L., and N. Lebeaux, 1958, *Industrial Society and Social Welfare*, New York: Free Press.

Wilensky, Harold. L., 1975, *The Welfare State and Equality*, California university Press.

〈신문 기사〉

국민일보, 2006, "광복 이후 우리사회 어떻게 변했나?", 2006년 8월 15일.

_______, 2013, "전문인력이 경쟁력이다: 그로브사원 복지제도", 2013년 7월 25일

_______, 2014, "공기관 복리후생 돈줄 '사내근로복지기금' 논란", 2014년 3월 4일.

_______, 2015, "'갈등공화국' 푸는 능력은 하위권…한국, 사회갈등지수 5위", 2015년 3월 25일

경향신문, 2008, "현대중공업 노사, '그들만의 돈 잔치'", 2008년 7월 26일.

동아일보, 2015, "300인 이상 대기업 10명 중 4명 비정규직", 2015년 7월 1일.

머니투데이, 2014, " 퇴직연금 선진국 호주와 미국사례 보니", 2014년 5월 13일

_______, 2015, "韓 기업소득비중, OECD국가 중 1위…법인세 비중 안 높아", 2015년 10월 5일.

민주노총, 2007, "전환점에 선 민주노총", 2007년 1월 23일.

문화일보, 2006, "日은 직무능력 따라 차이…'직능급'체계", 2015년 8월 19일.

세계일보, 2015, "CEO 댄 프라이스의 '도덕적 책무는 진행 중'", 2015년 10월 26일.

아시아경제, 2011, "직장인 80%, 사내 복지 별로다", 2011년 4월 23일.

_________, 2015, "참치선물세트에… '어머 우리 나비(고양이)밥이네?'", 2015년 9월 26일.

연합뉴스, 2014, "비정규직 600만 넘었다…정규직과 차별 확대 돼", 2014년 5월 22일.

_______, 2014, "정규직만 교통 · 휴가비…금융 · 보험 · 병원 비정규직 차별 여전", 2014년 8월 7일.

_______, 2014, "300인 이상 기업 2016년부터 퇴직연금 의무화", 2014년 8월 27일.

_______, 2015, "국민연금 투자액 삼성 · 현대차 등 '빅4'에 74% 쏠렸다", 2015년 10월 14일.

_______, 2015, "中企직원 우리사주보유하면 근소세 전액 감면", 2015년 2월 2일.
이데일리, 2008, "임금인상 막으니 상품권으로…복리후생비 대부분 상품권 구입에 소진", 2008년 8월 29일.
_______, 2012, "美, 제조업보다 서비스업 수출증대에 집중해야", 2012년 4월 12일.
조선일보, 2015, "파업과 비정규직 실태", 2015년 9월.
_______, 2015, "비정규직의 차별 실태". 2015년 7월 1일.
중부매일, 2015, "SK하이닉스, 상생 모델 폭발적 반응에 '활짝'", 2015년 6월 10일.
파이낸셜뉴스, 2015, "비정규직 차별실태", 2015년 5월 5일.
_______, 2015, "노사정합의, 대기업노조 잇단 파업", 2015년 10월 1일.
프라임 경제, 2014, "미혼 직장 선택기준, '연봉보다 복지' ", 2014년 12월 12일.
한겨레신문, 2013, "누구를 위한 직장체육대회란 말입니까?", 2013년 1월 17일.
한국경제, 2015, "우리사주제 47년 만에 손질", 2015년 8월 6일.
한국일보, 2015, "조세전문가 54%, '한국 세제, 공평하지않다'", 2015년 10월 1일.

〈인터넷 문서〉

네이버 블로그, 2015, "조직화되고 관료화된 '노동조합의 변태'", http://blog. naver. com.
잡코리아, 2013, "기업복지에 길이 있다", http://blog. naver. com.
_______, 2014,"좋은 직장의 조건", http://blog. naver. com.
다음 백과사전 enc.Daum.net.
두피디아 http://www.doopedia.co.kr/
위키백과 http://ko.wikipedia.org
한국민족문화대백과사전 http://encykorea.aks.ac.kr
www.etbs.co.kr
www.Workdream.net

찾 아 보 기

저자 약력

김의명

캐나다 Don Mills Collegiate Institute(고등학교)

캐나다 University of Toronto (B. A 문학사)

캐나다 University of Toronto (M. S. W 사회복지학 석사)

캐나다 University of Toronto (Ph. D 철학박사 – 사회복지정책 전공)

캐나다 Brookside School(소년원) Social Worker Ⅱ(사회사업가 Ⅱ) 역임

사회복지사 1급 시험 출제위원(산업복지), 공무원 5급 시험 출제위원(사회복지정책) 역임

현재 대구대학교 산업복지학과 교수

중화민국 연변과학기술대학 겸임교수

사단법인 가정복지회 이사

〈저서 및 논문〉

1. 저서

A Critical Examination of Occupational Welfare and Its Implications for Korea. Toronto: University of Toronto.

2. 연구 논문

- 한국 기업복지제도의 특성: 기능적인 면의 비교 분석
- 전환점에 서 있는 한국기업복지제도의 한 대안으로서 근로자 협조프로그램의 적용성에 관한 연구
- 선택적 기업복지제도의 필요성과 적용성에 관한 고찰
- 선진 기업복지프로그램이 한국 기업복지제도에 제시하는 대안에 관한 연구
- 한국기업복지제도: 인적자원개발기능에 관한 연구
- 직업사회복지와 코칭의 통합적인 방향 모색에 관한 연구
- 복지국가의 기여요소를 통한 한국사회복지의 진단적 분석
- 캐나다 복지국가 퇴조요인을 분석의 틀로 하여 본 한국사회복지제도 발달과정에 대한 연구
- 복지국가의 성경적 기초에 관한 연구 외 다수

:: 한국 산업복지론

1판 1쇄 인쇄 2016년 2월 15일
1판 1쇄 발행 2016년 2월 20일

저　　자 | 김의명
발 행 인 | 강철원
발 행 처 | 양성원
주　　소 | 경기도 고양시 일산서구 송산로18(구산동)
전　　화 | 031-912-3301(代)
팩　　스 | 031-912-3304
이 메 일 | tnwpub@naver.com
출판등록 | 2015년 8월 31일 제2015-000211호

ISBN 979-11-87118-27-5

정가 20,000원